AF131820

Paul Lindau

Nord und Süd

5. Band

Paul Lindau

Nord und Süd
5. Band

ISBN/EAN: 9783744639538

Hergestellt in Europa, USA, Kanada, Australien, Japan

Cover: Foto ©ninafisch / pixelio.de

Weitere Bücher finden Sie auf **www.hansebooks.com**

Nord und Süd.

Eine deutsche Monatsschrift.

Herausgegeben

von

Paul Lindau.

V. Band. — April 1878. — 13. Heft.

(Mit einem Porträt in Radirung: Leopold von Ranke.)

––•–•–

Berlin.

Verlag von Georg Stilke.

NW. 52. Louisenstraße.

Untrennbar.

Novelle
von
Adolf Wilbrandt.

Wenn man so beisammen sitzt und redet von Diesem oder Jenem, den man kennt, — „wie alt mag er wol sein?" fragen oft die Leute. „Wie alt mag er wol sein?" Bin ich dabei, so möcht' ich statt dessen fragen: „Wie viel Todte hat er?" Denn nicht die Jahre, däucht mir, sollte man zählen, sondern die theuren und nothwendigen Menschen, die man verlor; ihre Zahl macht uns jung oder alt. Wenn im Winter der Dämmerung die Nacht gefolgt ist und ich allein in meinem Zimmer sitze, in traulich=trauriger Freude an der Finsterniß, die der rothe Flammenschein aus meinem Ofen durchflackert, dann fühl' ich, wie alt ich bin. Ich bin nicht mehr jung; denn in den schattigen Winkeln sitzen so viele Unvergeßliche, Unersetzliche umher. Jeder sitzt allein; um Jeden schlingt es sich wie ein magischer Kreis, bleich und nebelhaft: der Zauberkreis seines Ich. War er nun groß oder klein, — in jedem dieser Kreise hab' auch ich gelebt. Wie sich um den Kern des Baumstamms die wachsenden Jahresringe legen, so legen sich mir alle diese Kreise um's Herz. Ich bin nicht mehr jung . . . Doch still und feierlich ist es um mich her; und schön ist es, bei seinen Schatten zu sein. Und in die rothe Flamme blickend, die so leise singt, so tief glühend warm in die Winkel leuchtet: holde Lebensflamme, sag' ich, die du mich noch wärmst, die du mir gibst und nimmst, die du nach und nach, unter tausend Freuden, auch diesen Stamm mit all seinen Ringen verzehrst, — erneue mir nur, so lange du willst, den Tag! Daß ich mit Denen lebe, denen du noch leuchtest; daß ich mich verjünge mit Denen,

1*

die noch werden und wachsen; daß ich eine Stätte des Lebens bleibe für
die Stillen und Kalten, die du schon verließest. Bis auch für mich die
lange Dämmerung beginnt, wo ich nur noch in Denen lebe, die an mich
gedenken; wo mich Niemand mehr fragt: wie alt bist du? wo mir keine
Abendstunde mehr zuraunt: zähle deine Todten! — —

Doch nicht Jeder von ihnen sitzt für sich allein: Zwei seh' ich beisammen, Hand in Hand, wie untrennbar. Eins dem Andern so ähnlich;
und so rührend schön diese verschieden-gleichen, diese zusammenklingenden
Gestalten. Oder rühren sie nur mich so sehr? Und wenn ich von ihnen
erzähle, wie sie zusammenwuchsen und zusammenblieben, wird es den
Andern nicht so sehr das Herz ergreifen? Werden sie sich da befremdet
fühlen, wo mir das Innerste aufgeht, wo mich wie ein süßer Schauer
die Nähe des Lieblichsten, Göttlichsten berührt? Ist es nur diese geisterhafte Dämmerstunde, die mich so ganz erweicht, so in Mitfühlen auflöst?
— — Ich zünde die Lampe an. Die Dämmerung flieht; der Schauer
bleibt. Ich sitze am Tische nieder, über dem weißen Papier; mich verlangt so sehr, vor diesen Beiden zu sagen, wie sie lebten, litten, trium-
phirten. Ja, was mich rührt, wird auch Andere rühren; was mich in
der Dämmerung umschwebt, wird auch Andere umschweben, die dann der
Beiden gedenken. Und wenn ich hinter dem Schleier der Erdichtung verhülle, was heilig und unenthüllbar ist, — das Aehnliche wirkt gleich dem
Aehnlichen. Die Wirklichkeit, nicht die Wahrheit werde ich verlassen.
So wie ein Maler, den der Geist einer Gegend ganz erfüllt hat, sie in
freier Nachbildung auf die Leinwand hinträumt; nicht jede Linie läuft,
wie sie dort verlief, nicht den einzelnen Baum würdest du erkennen; aber
wie die Natur dort sprach, so spricht sie aus der Leinwand zu dir, und
ihre lebendige Stimme wird dich noch ergreifen.

Laßt mich sagen, daß sie Franz und Susanne hießen und Geschwister
waren; und daß Susanne einige Jahre älter war als er, doch von gleicher
Jugend. Denn ihre zierliche, ebenmäßige, elastische Gestalt schien dazu
geschaffen, der Zeit zu widerstehen; aus den reinen Formen des Gesichts
leuchtete eine so wohlgestimmte Seele, eine so frische Kraft, mit dem Leben
zu kämpfen, daß ich schon damals, als ich sie zum ersten Male sah, bei
mir sagte: Die wird mit dreißig Jahren sein, wie jetzt mit fünfundzwanzig;
und mit vierzig nicht anders, als mit dreißig! — Sie lebte damals
in B.; die Mutter hatte sie schon lange, den Vater vor Kurzem verloren;
Franz, der einzige Bruder, war seit Jahr und Tag in der Fremde, als
junger Gefährte eines ältern Naturforschers, der durch Südamerika zog.
Schon damals, wie mir schien, hatte ihr liebevolles Herz sich mit einer
gewissen schwärmerischen Innigkeit an diesen Bruder gehängt. Seine
Reisebriefe lagen in einem zierlichen Täschchen, das sie fast nie verließ;

sein Bild trug sie im Medaillon auf der Brust. Und so gern sie allen
Menschen gefiel, jede Bewerbung wußte sie leise von sich zu entfernen.
Da sie bei einer Tante wohnte, die die Geselligkeit liebte, sah sie unzählige
Menschen; Jedem that es wohl, in diese großen, mattblauen, etwas
träumerischen Augen voll Heiterkeit und Güte zu sehen und der stillen
Anmuth ihrer Bewegungen zu folgen; — mehr ward Keinem zu Theil.
Wenn ich sie zuweilen beobachtete, mitten in großer Gesellschaft, von
Männern und Frauen umgeben, die alle ihrer Schönheit und Liebens-
würdigkeit den Vorzug gaben, und sie nun so recht gegenwärtig schien,
glitt plötzlich ihr Blick hinaus, in die leere Luft, mit einem so abwesenden und klagenden Ausdruck, als sagte sie heimlich zu Einem, der in der
Ferne war: sieh her, lieber Franz, wie allein ich bin! — — Eines
Tages kam ich in das Haus (als alter Freund des Bruders und der
Tante war ich gern gelitten) und fand Niemand, als Susanne; in dem
dunklen Kleide, das sie liebte, eine tief-violette Schleife um den Hals,
über dem Medaillon. Sie hatte den Kopf schräg nach vorn geneigt, so daß
ihr zwei ihrer schönen, dunklen Locken über die Wange fielen, und auf
ein offenes Buch hinunterblickend, so wie Jemand, der sich müde gelesen
hat und dem Sinn nicht mehr folgt, machte sie ein wehmüthig klagendes
Gesicht.

Was haben Sie, Fräulein Susanne? fragte ich.

Ich bin sehr unglücklich, sagte sie, etwas mühsam lächelnd. Nehmen
Sie mir das Buch da weg; ich versteh' es doch nicht. Franz zu Liebe
wollte ich es lesen; über die Thierwelt, die Fauna, in Amerika; — mein
Gott, wozu hat man denn so viele Thiere geschaffen! — Ich habe gar
kein Talent, den amerikanischen vom afrikanischen Löwen zu unterscheiden;
ich interessire mich nicht für den Kuguar, und für den Jaguar auch nicht.
Nehmen Sie es weg — —

Ich gehorchte und nahm das Buch. Wenn Sie wirklich keinen
andern Kummer haben, fing ich an —

Ach, die Tante hat Recht, fiel sie mir in's Wort. „Wir armen
Kinder haben keine Wissenschaften." Ihr altes Citat, das sie so oft
wiederholt! — Was ist mir der Jaguar. Ich hasse ihn. Und Franz,
dieses Kind, das nun schon ein Gelehrter ist; und auf mich herabsieht.
O wir Frauenzimmer, was für elende, überflüssige Geschöpfe sind wir!

Ich konnte nicht umhin, laut und herzlich zu lachen. Lassen Sie
doch Ihrem Bruder Franz die Wissenschaften, antwortete ich dann, und
bleiben Sie, was Sie sind!

Was ich bin? Was bin ich, sagte sie mit unschuldig tragischem Gesicht. Hab' ich denn Kenntnisse? Gar keine. Hab' ich Talente? Nicht
ein einziges. Ich sollte einmal Klavier spielen lernen; es hat nichts
geholfen. Ich habe wenig Gehör; und eine schwache Stimme. Andere
können wenigstens zeichnen oder malen; ich kann nicht einmal das. Wenn

ich noch wenigstens wie Emilie wäre, die junge Professorin: daß ich
eine ganze Gesellschaft unterhalten, daß ich sie durch meinen Geist entzücken könnte! Ich habe keinen Geist; — bitte, schweigen Sie. Noch nie
in meinem Leben hab' ich einen Witz gemacht! Wenn ich noch ein großes,
weites Herz hätte, das viele Menschen auf einmal lieben könnte; — auch
das hab' ich nicht. Ich habe hier (sie deutete auf ihr Herz) nur für
ein paar Menschen Platz; und kaum für ein paar! — Wenn nun Franz
zurückkommt, wird er sich verlieben, selbstverständlich; wird eine Frau
nehmen, natürlich; und dann hab' ich meinen einzigen Zweck, meinen einzigen Menschen verloren — — ein wirklicher Schauder überlief sie — —
und wozu dann leben!

Wie dieses Gespräch verlief, könnt' ich nicht mehr sagen; vermuthlich endete es in Humor und Scherz, für den sie (wenn sie auch in der
That keine Witze machte) immer Sinn und Gefühl hatte; doch ihre tragische
Stimmung war sehr ernst gemeint. Gutes Fräulein Susanne, dachte ich,
wie Manche wünschte sich wol, so „talentlos“ und dabei so liebenswerth
und geliebt zu sein! Und wie unaussprechlich gut muß es dem Einen
ergehen, dem einmal der ganze Platz in deinem Herzen gehört! —
Nicht lange nach diesem Gespräch kam Franz zurück. Die stille, strahlende
Vorfreude Susannens auf diesen Tag war rührend und unbeschreiblich.
Wo sie ging und stand, lachten ihr die Augen; die verkehrten Antworten,
die sie gab, waren nicht zu zählen. Zuweilen sah sie mit einem so seligen,
gefüllten Blick in die Ferne, gleichsam ihm entgegen, daß mich dieser
Ausdruck bis in den Traum verfolgte . . . Wir waren drei, die wir
auf den Bahnhof gingen, um ihn zu empfangen: Susanne, eine ihrer
Freundinnen — jene „geistreiche“ Emilie — und ich. Noch seh' ich sie
in der Halle, an einem Pfeiler, neben dieser hochgewachsenen Frau Emilie
stehen. Susanne, die Zierliche, hell gekleidet, ein leuchtendes rothes Band
im dunklen Haar, die Arme in der Freude der Erwartung in einander
gelegt und an die Brust gedrückt. Die Andere — eine Jugendgespielin
der Geschwister, seit einem Jahr vermählt — mit niederhängenden Armen
und unruhigen Fingern, sonderbar erregt; die Augen halb eingedrückt,
die vollen, stark gerötheten Lippen fest zusammengeschlossen. Ich bemerkte
dies alles, weil man mir vor Zeiten gesagt hatte, diese schöne Frau —
deren Junogestalt mich begeistert hatte — sei dem jungen Franz sehr
geneigt gewesen und habe ihren Gemahl vermuthlich ohne Liebe genommen.
Franz war jünger als sie, und noch in den Lehrjahren; ihr Mann schon
ein angesehener Gelehrter, Professor — der vergleichenden Anatomie, wenn
ich nicht irre — und von großem Vermögen. Nun stand sie hier auf
dem Bahnhof, den Jugendfreund zu erwarten, der in ihrem Hause wohnen
sollte, um mit ihrem Mann gemeinsam zu arbeiten, ihm bei einer großen
Untersuchung wie ein jüngerer Bruder an die Hand zu gehen. Sie war
erregt, und verbarg es nicht. Die sonderbaren Widersprüche in ihrem

Gesicht, die mir schon früher aufgefallen waren — wilde, leidenschaftliche
Bewegungen, dann wieder etwas sanft traurig Schmachtendes — wechselten
rasch und ganz unverhüllt. Wie das enden wird, mußt' ich bei mir
denken — —

Ich freue mich, ich freue mich, sagte Susanne leise.

Wissen Sie, welches die glücklichsten Momente sind? sagte Frau Emilie
und wandte sich zu mir.

Ich sah das eigenthümlich Verzehrende, melancholisch Verlangende,
das in ihrem halbverschleierten Blick lag, und dadurch verwirrt schüttelte
ich nur den Kopf.

Sie lächelte, ich kann nicht sagen wie. Wenn man den Zug — fuhr
sie fort — mit dem man einen geliebten Menschen erwartet, eben herein=
fahren sieht. Das ist der schönste Moment.

Warum? fragte Susanne.

Weil man nun die Gewißheit hat: da kommt er; — und weil
diese Empfindung glücklicher, idealer ist, als Alles, was dem noch folgen
kann — —

Sie brach ab.

Das weiß ich nicht! murmelte Susanne, den Kopf schüttelnd. Sie
schüttelte ihn noch einmal und lächelte, als sähe sie alle die andern glück=
lichen Augenblicke, die da kommen würden: ihren gebräunten Reisenden
an's Herz zu drücken, ihn anzuschauen, ihn erzählen zu hören, an seinem
Arm durch die Straßen zu gehen. Sie warf mir einen strahlenden Blick
zu. Ein langer Pfiff meldete den Zug. Das dumpfe Rollen der Wagen
ward vernehmbar. Franz! Franz! rief Susanne aus, sobald sie nur den
Rauchfang der Locomotive entdeckte. In diesem Augenblick drückte Frau
Emilie die Augen zu, und mit der ganzen Gestalt gegen den Pfeiler ge=
lehnt, den Kopf zurückgebogen, öffnete sie die vollen Lippen, die sie leise
zuckend bewegte, als athme und sauge sie das Glück dieses Moments. Mich
überlief ein unheimliches Gefühl. Ich mußte sie beständig betrachten, bis
der Zug herein war; — dann erst blickte sie auf und starrte die lange
Reihe der Wagen an. Susanne stand schon vor der Thür eines Coupés,
in dessen Fenster die hohe, helle Stirn, das verbrannte Gesicht ihres Franz
erschien. Seine graublauen Augen, ganz den ihren gleich, leuchteten sie
an. Er sprang aus dem Wagen und in ihre Arme.

Bist Du es? Im Ernst? Du? Du? stammelte sie, ihn so recht
umschlingend. Sie reichte ihm nur bis an's Kinn, dem stattlichen jungen
Mann; ihre zarte, elfenbeinern gelbliche Farbe mischte sich sonderbar mit
seinem bräunlich blühenden Gesicht. Doch aber klangen die Formen, von
den hohen Stirnen bis zum sanften Kinn, so verwandt zusammen, daß
wol Jeder gesagt hätte: das ist ein Bruder, der seine Schwester um=
armt! — Endlich begrüßte er auch mich — mit einem übermüthigen
Scherz, wie gewöhnlich — und trat dann vor Frau Emilie hin, die sich

kaum bewegte. Er fing an zu lächeln. Irgend ein heiteres, unbefangenes
Wort schien er sagen zu wollen, das er vermuthlich während der Fahrt
überlegt hatte, und in dem gewiß viel Vernunft war. Doch als er nun
in diese vom „Glück des Moments“ gesättigten, leidenschaftlich ernsten
Züge sah, brachte er nichts hervor. So braun er war, sah ich ihn doch
erblassen. Es schien ihn ein plötzlicher Schreck zu überfallen, daß in ihm
selber etwas vorging, was er nicht erwartet; daß in diesem Augenblick
Niemand lächeln konnte, weder er noch sie . . . Ich stand beklommen
da. Wie wird das enden, dachte ich unwillkürlich von Neuem. Nur Susanne, wie in die Nebelwolke ihres Glückes eingehüllt, schien nichts zu
bemerken. Sie nahm ihr Tuch und wischte ihm ein Kohlenstäubchen von
der edlen Stirn; wir müssen ihn waschen! sagte sie, in Thränen lachend.
Komm, Jaguar, komm! — Gott mag wissen, wie in diesem Augenblick
dieses Wort ihr einfiel; — doch große Freude hat selten große Worte.
Sie hängte sich in seinen Arm, zog ihn zum Ausgang fort. Und so
endete dieses Wiedersehen, das mir in ein paar flüchtigen Sekunden einen
offenen Abgrund gezeigt hatte, dessen Tiefe ich nicht zu ermessen wagte.

Bald darauf verließ ich die Stadt; was sich weiter am Rande
dieses Abgrunds begab, erlebte ich nicht mehr. Später hab' ich's erfahren . . . Franz zog sogleich in des Professors Haus. Er begann seine
Sammlungen zu ordnen, daneben die gemeinsame Arbeit mit jugendlichem
Feuereifer anzugreifen. Aber es schien, als reiche seine Gesundheit für
diese neue Anspannung nicht aus; denn die frische Blüthe seiner Haut-
farbe fing an zu welken, und der Glanz seiner Augen ward nach einiger
Zeit so unstet und übermäßig, daß es die Freunde besorgt machte. Sogar sein phantasievoller Humor nahm ab; er brütete oft still vor sich
hin. Susanne sagte nicht viel, ging aber mit heimlich traurigen Blicken
um ihn herum. Frau Emilie redete ihm zuweilen lebhaft zu, von der
Arbeit zu lassen, warf einmal den Gedanken hin, daß er dieses nordische
Klima wieder meiden sollte, widerrief es aber noch in derselben Stunde.
Eine sonderbare Unruhe war über sie gekommen; auch sie schien zu
leiden. Doch wenn ihr Mann — der in seinem arglosen Gelehrtenstolz
nur der Arbeit lebte, und das Innere eines Kaninchens oder eines
Frosches besser kannte, als das einer Frauenseele — wenn er zerstreut-
zärtlich fragte, ob nicht ärztlicher Rath für sie nöthig sei, so schüttelte
sie ablehnend den Kopf . . .

Der Herbst verging, man gerieth allmählich in den Winter hinein.
Die Gesellschaften, die Hausbälle begannen. Eines Abends sollte Susanne
in den Wagen steigen, zu einem dieser sogenannten „Zauberfeste“ zu
fahren. Sie hatte sich gesträubt, weil ihr die Freude an vielen Lichtern
und Menschen jetzt so ganz versagte; doch die lebenslustige Tante ließ sie
nicht gewähren. Thörichtes, sentimentales junges Volk! war ihr ge-
wöhnlicher Vorwurf, der auch diesmal nicht fehlte. Auch Emilie will

lieber das Haus hüten, ebenso wie Du — ich möchte wol wissen, warum; aber ihr Mann, der sonst ein alter Dachs ist, hat sie heut aufgerüttelt, und so fahren sie hin, — und Du auch, mit mir! — Susanne widersprach nicht mehr; sie schüttelte nur den Kopf. Ich fahre noch erst zu Franz, sagte sie, und ging. Die Tante schwieg. Eine stille Sehnsucht zog Susanne, vorher den Bruder zu sehen, der, körperlich und geistig ermattet und menschenmüde, in seinem Zimmer blieb; der nun einsam dasaß, vielleicht wieder über die Bücher gebeugt, die er meiden sollte, vielleicht mit Gedanken beschäftigt, die er noch mehr hätte meiden sollen... Sie stieg ein und fuhr in die Vorstadt am Park, in der er wohnte. Ihr Seidenkleid rauschte die Treppe hinauf, und durch die leeren Zimmer — Emilie schien nicht mehr zu Hause zu sein — bis an die letzte Thür. Hier war es dunkel; doch Franzens Thür konnte sie nicht verfehlen. Nach leisem Klopfen trat sie leise ein. Es befremdete sie, daß Franz im Finstern saß. Als er das Rauschen ihres Kleides hörte, stand er auf, ihr entgegen. „Emilie!" hörte sie ihn flüstern. Dann fühlte sie sich von seinen Armen umschlungen, an sein Herz gedrückt, und von leidenschaftlichen Küssen bedeckt, die ihr die Augen schlossen und die Worte erstickten.

Franz! rief sie endlich voll Entsetzen aus.

Der Unglückliche hörte ihre Stimme und ließ sie aus den Armen. Franz! Franz! wiederholte sie. Doch im nächsten Augenblick fuhr ihr schon der Gedanke, was denn nun zu thun sei, durch den Kopf. Sie trat wieder an die Thür und drehte den Schlüssel im Schloß.

Ich bin nur Susanne, sagte sie dann leise. Franz! O mein Gott! Er schwieg.

Die lange Schleppe eines andern Kleides rauschte heran, bis zur Thür. Leises Klopfen folgte. Susanne stand neben Franz und legte, im Dunkeln, eine ihrer zitternden Hände auf seinen Arm. Darauf schwieg er denn wie sie, und sie rührten sich nicht. Frau Emilie klopfte noch einmal, und wieder. Das Herz der armen Susanne schlug so stark, ihr Athem ging so laut, daß sie dachte: muß sie es nicht hören! — Doch Emilie hörte nichts. Nach einer Weile rauschte sie endlich stumm hinweg, wie sie gekommen war. Die nächste Thür fiel in's Schloß. Bald darauf konnte man auch Schritte auf der Treppe hören, und des Professors Stimme, die sich entfernte und zuletzt verhallte. Der Wagen mit ihm und ihr fuhr die Straße hinab. Nun endlich fühlte Susanne, daß die Kniee ihr zitterten, und sie suchte mit den Händen einen Stuhl, sank hinein und begann zu schluchzen.

Emilie! murmelte Franz verstört. Dann, sich verbessernd: Susanne! — Ach, verdamme mich nicht. Glücklich bin ich nicht. Warum weinst Du, Susanne. O, verdamme mich nicht!

Sie richtete sich auf, wieder Kraft gewinnend. Du hast Recht, sagte sie: warum weine ich. Muß ich Dir nicht helfen, statt zu weinen. Franz! Unglücklicher Franz! — — Sie trat an den Tisch. Wo ist Dein Licht, fragte sie. Doch da er schwieg, dachte sie: ihm ist besser, wenn er mich nicht sieht, und sie fragte nicht mehr. Nachdem sie das Schluchzen und Zittern ihrer Stimme ganz überwunden hatte, suchte sie seine Hand und zog ihn sanft mit sich fort, auf den Divan nieder.

Ich gehe mit Dir, wohin Du willst, sagte sie. Fort mußt Du; nicht wahr.

Er antwortete nicht. Erst nach einer Weile sagte er: Für was für einen Verbrecher magst Du mich wol halten. Wie Du mich wol ver= achtest. Susanne — wie soll ich es Dir sagen. Ich bin ein großer Sünder; aber Du weißt das Schlimmste. Du weißt Alles. Ver= stehst Du!

Desto besser, antwortete sie. Aber Du mußt, mußt fort. O wie blind wir sind: nie hätt' ich gedacht, daß mein Bruder, daß Du —! — — Doch ich sage nichts; wozu Vorwürfe; die retten Dich nicht. Ach, wie weit ist es schon gekommen: wie blind muß Deine Leidenschaft sein, daß Du mich, die kleine Susanne, für Diese da nehmen konntest — — Ein Schauder schüttelte sie, eine jungfräuliche Empörung, gegen die sie mit aller Kraft der Schwesterliebe kämpfte. Wir gehen also fort, wiederholte sie. Eh Alles verloren ist; eh Du ihren Mann, der Dir so vertraut, der gegen euch ohne Schuld ist, — eh Du ihn und sie zu Grunde richtest! Morgen, morgen fort —

Ja, ich will; ich muß, sagte er verzweifelnd. Doch wie kann ich! wie kann ich denn! setzte er, in seiner Noth aufspringend, hinzu. Du kennst sie nicht! Sie läßt mich nicht fort. Sie will mit mir sterben, lieber als mich lassen! Was liegt ihr am Leben; nichts. Sie will glück= lich sein. Sie will mich haben, behalten, oder sterben. Wie ist ihr das gekommen, mich, gerade mich — — ich weiß nicht. Nun ist es so, und sie läßt mich nicht. Und Du — Du — wie willst Du mich retten!

Von diesem Ausbruch, diesem Bekenntniß erschüttert saß Susanne wie verzagend da. Und Du liebst sie? fragte sie nach einer Weile.

Hilf mir, Susanne! gab er nur zur Antwort. In jugendlicher Fassungslosigkeit warf er sich auf den Divan hin.

Ja, ich helfe Dir, sagte sie wieder muthig. Du bist jung; sollst noch lange, lange leben. Du mir sterben! O Gott! — — Wir werden nicht bis morgen warten; nicht bis sie zurückkommt; noch heute Nacht gehen wir fort. Wenn sie Dich dann nicht mehr findet, muß sie Dich ja lassen — — Wir aber, lieber, lieber Franz — — Sie sprach nicht aus, sondern sie stand auf, suchte Licht und zündete es an. Nur mit einem halben, schonenden Blick auf ihn, der sich die Hand vor die Augen legte, fuhr sie lächelnd fort: Hab' ich Dir nicht Deine Sachen durchgesehen, ge= ordnet; weiß ich nicht von jedem Stück, wo es liegt. Was Du brauchst, pack' ich Dir zusammen. In zwei Stunden zur Bahn, und hinaus in die Welt!

Sie sah in einer Ecke einen Koffer stehen, öffnete ihn und begann zu packen. Er sah ihr verwundert, bestürzt eine Weile zu. Endlich schüttelte er hoffnungslos den Kopf.

Ach, es hilft ja nichts, murmelte er. Laß, laß.

Warum hilft es nichts?

Er zögerte mit der Antwort. Ob ich sie liebe? stieß er dann hervor. Ich bin ja von Sinnen, Susanne. Ich will sie nicht lieben, denn es ist nur Qual; Glück ist es nicht; — aber wer fragt mich, ob ich will. Ihr sagt, ich sei krank. Sie ist meine Krankheit! Wenn ich an sie denke — wenn es über mich kommt — dann verlier' ich Verstand, Willen, Fassung, Alles. Wie wenn eine Kraft von ihr ausginge — wie wenn die Atome, sag' ich Dir — — Laß mich hier, Susanne; laß mich sterben! Ich werde aus dem Wagen springen, wenn Du schläfst, um wieder her zu kommen; sobald ich allein bin, werd' ich Dich verlassen. Denn wenn dies kommt, hab' ich keine Vernunft ... Verachte mich nicht! Laß mich daran sterben!

Susanne kniete vor dem Koffer, ohne die Hände zu rühren, und weinte still vor sich hin. Wenn es so stand, — was konnte sie thun! — — Doch sie weinte nicht lange; dann erhob sie sich, setzte sich neben ihn und sah ihm mit den nassen Augen still und fest in's Gesicht. Und ich helfe Dir doch, sagte sie. Als Du damals für todt in Deinem Bett chen lagst, und ich, auch noch ein Kind, heimlich zu Dir hineinschlich, weil mir so schrecklich um's Herz war, und ich meine beiden Arme um Dich legte und rief: Franz, Du darfst nicht todt sein! Franz, Franz, flieg' mir nicht fort! — und Du nun aus dem Starrkrampf erwachtest und mich so sonderbar ansahst: da dacht' ich, durch mein Rufen und Flehen hätt' ich Dich aufgeweckt, und lief durch die Zimmer und rief: ich hab' ihn wieder lebendig gemacht! Franz ist wieder da! — — Nun sind wir große Leute, Franz, aber ich komme wieder, Dich zu wecken; und Du sollst mir auch aufwachen — großes Kind, das Du bist! Kümmere Dich nicht darum, daß ich wieder weine. Ich habe doch Muth, und sterben laß' ich Dich nicht! — Morgen sind wir fort, Niemand weiß wohin; und wo wir auch sind, nie verlaß' ich Dich, meinen Gefangenen — — sie streichelte ihn, sie umschlang ihn, sie drückte ihren Kopf an den seinen — — bis Du mir sagst: nun bin ich gesund! Denn Du hast nur mich, und ich nur Dich, und ich muß Dich retten. Sag' mir nichts mehr, Franz! Schwöre mir nur: Du gehst mit mir. Sieh mich an und schwör' mir's!

Noch heute Nacht? fragte er, durch ihre Liebe, ihre Stimme, ihre Worte erschüttert.

Ja, noch heute Nacht.

Und was sagt dann die Welt? Wenn ich so verschwinde —? — Was wird man denken, Susanne?

Sie sann eine Weile nach. Einer muß uns helfen, sagte sie dann vor sich hin.

Wer muß uns helfen?

Der Doctor F., sagte sie getrost. Der ist ein alter, kluger Arzt, und ein kluger Mann: der weiß, wie es hier steht. Nun versteh' ich erst, was er mir neulich sagte: „unser blasser Patient, Ihr Bruder, hat so eine Art von Leiden, dem ich nicht beikommen kann. Ein anderes Klima — recht, recht weit von hier — könnte da nur helfen" — — Ja, er wußte es wohl. Er kennt Dich und sie! — — Wenn ich hier fertig bin, schließe ich Dich ein — sie lächelte liebevoll und umarmte ihn -- und fahre zu ihm. Wie schnell wird er begreifen ... Morgen soll er dann den Andern sagen: um Deiner Gesundheit willen hätt' er Dich fortgeschickt, in den Süden, — nach Italien, oder wohin Du willst; und so in aller Stille hätt' er es gethan, damit nicht irgend eine Einrede Dich wieder wankend mache und zur — zur Arbeit zurück locke; zur geliebten Arbeit, die Dich zu Grunde richtet — — oder wie der weise alte Herr es dann ausdrücken will. So wird es gehen; denn es muß. Sag' nun nichts mehr, Franz; Du gehörst nun mir. Süßer, lieber Bruder, ich sag' Dir heute noch einmal: „Franz, Franz, flieg' mir nicht fort!" — —

Er lag in ihren Armen, willenlos, in Thränen. Was erzähl' ich weiter; — es geschah, wie sie wollte. Noch an diesem Abend fand sie den Arzt, fand ihn mit ihr einig; noch in der Nacht reisten sie ab. Wie man es der Tante beibrachte, weiß ich nicht zu sagen; — auf ihren nicht viel denkenden Kopf war leicht zu wirken. Wie Emilie, die an Mann und Haus Gekettete, es ertrug, sagt Jeder sich selbst. Aus Venedig kam Susannens erster Brief; dann aus Mailand, Genua und so fort; von jedem Ort schrieb sie, doch immer erst wenn sie ihn verließen, und ohne zu melden, wohin.

Er war ihr Gefangener, wie sie ihm gesagt hatte; und kein Kerkermeister hätte ihn besser als diese kleine Susanne bewacht. Doch auch Keiner so lieblich, so schmeichelnd ... Wenn sie sich trennen mußten, wenn sie ihn in seinem Zimmer allein ließ, schmiegte sie sich an ihn, liebkoste ihm ein wenig, mit irgend einem heitern Wort, dem er nicht widerstand; und dann ging sie hinaus und verschloß die Thür. Wenn sie durch die Städte, durch die Straßen zogen, hing sie an seinem Arm; ihr sonst so gern nach innen träumendes Auge schien jetzt nur dazu geschaffen, in die Welt zu schauen, Alles zu genießen, über Alles zu staunen und zu denken, und ihre fröhliche Empfänglichkeit steckte ihn an. Sah sie dann, mit diesem heimlich tastenden Frauenblick, daß es wieder „über ihn kommen" wollte, so ward sie auch träumerisch und still; und mit ihrer lieben, weichen Stimme kam sie endlich: „Sag' mir von ihr! Du haft Kummer, Franz. Ich versteh' Dich, Franz. Wie ein Gewitter ist es über euch gekommen. . . . Lassen wir die Gallerien und die Fische und die Blumenmärkte; sag' mir nur von ihr!"

Oft erreichte sie dann, was sie wollte: sein jugendlich weiches, frisch blutendes Herz entlud sich, und der „Magnetismus der Atome" verlor, unvermerkt, allmählich, seine dunkle Kraft. Oft mißlang es auch. Sie sah dann in stiller Angst, daß es heftiger, wilder an ihm nagte; daß er stumm dahinging, daß aus seinen freundlichen blauen Augen ein Blick des Hasses auf sie fiel, der sie schaudern machte. Dann lenkte sie etwa heim, ohne daß er es wahrnahm, und in seinem Zimmer mit ihm angelangt, sagte sie wol zuweilen: „Da ist Feder, Tinte und Papier! Willst Du ihr schreiben, um mein Gott, so thu's. Ich lasse Dich allein. Willst Du ihr sagen, daß Du nicht verzichtest, daß Du wiederkommst, daß Du nicht leben kannst ohne sie, — ich kann Dich nicht hindern. Wenn Dein Gewissen Dich nicht hindert, so thu's!" — — Zweimal schrieb er nicht, raste sich nur aus, bis er stille ward. Das dritte Mal nahm er sie beim Wort und warf einen Brief auf's Papier, in dem er Zukunft, Glück und Leben an Emilie hingab. Susanne trat wieder ein und sah den Brief, dessen Inhalt sie errathen konnte. Ihr geheimes Zittern überwindend, sagte sie: „Wir mit einander tragen ihn zur Post. Das Wetter ist schön. So komm!" — Sie gingen hinaus. Es war in Genua. Sie führte ihn über einen Platz, den er besonders liebte; von dem er auf's Meer hinaus und zum Monte fino hinübersah. Die feierliche Schönheit des Anblicks und die frische, abendliche Luft kühlten sein blutüberfülltes Hirn. Er begann zu seufzen, ihre Hand zu drücken . . . Als sie das wahrnahm, führte sie ihn weiter; dann unter einem Vorwand nach Haus. Sie zündete seine Kerzen an, legte stumm den Brief auf seinen Tisch, und ging leise hinaus. Ihr Schwesterherz täuschte sie nicht. Schwarze, zarte Asche lag umher, als sie wiederkam; er hatte den Brief verbrannt. Etwas Feuchtes im Aug', fiel er ihr um den Hals: „Verachte mich nicht, Susanne!" rief er aus. „Verzweifle nicht an mir; hilf mir!"

So zogen sie durch Italien weiter; ein so seltsames Paar, wie man wol je eines gesehen. Sie zogen an der Küste fort, über Florenz nach Rom; — der Genesung zu. Seine edle, reine Jugend, ihre gläubige Kraft, sich wie Geschwister an einander stärkend, gewannen endlich den Sieg. Das Bild der leidenschaftlichen Frau mit den melancholischen Augen, dem verzehrenden Blick ward in Franzens Seele blasser, undeutlicher; die rührende Gestalt, die jeden Morgen an seinem Arm hing, den andächtigen Gang durch das alte Rom mit ihm anzutreten, dieses heiter zu ihm auflächelnde Gesicht schien ihm endlich fast wie ein Theil von seinem eigenen Ich. Eines Tages saßen sie oben auf den Ruinen des Colosseums. Das Forum unter ihnen lag in bläulichem, kühlem

Schatten, die Sonne leuchtete über den Palatin. Milde, erwärmte Februarluft wehte sanft dahin. Es war sehr still um sie her, und sie sprachen nicht. Franz hatte mit den klaren, ablesenden Forscheraugen, die ihn älter scheinen ließen, als er war, die ganze Runde durchwandert; er war dessen müde geworden und sah vor sich hin, auf die Quadersteine; doch etwas Finsteres beschäftigte ihn nicht, denn er lächelte still. Susanne bemerkte es wohl. Ein heiteres, übermüthiges Gefühl gab ihr ein, wieder einmal, wie vordem, zu sprechen: „Franz! sag' mir von ihr!"

Von wem? fragte er zerstreut.

Sie lächelte.

Du dachtest eben nicht an Emilie? fragte sie zurück.

Laß mich! sagte er. Dann nach einer Weile: Ich weiß sehr gut, was Du willst. Triumphiren willst Du. Das ist eure Art!

Sie schüttelte den Kopf. Beide schwiegen wieder. Es war ihm, als träume er, und als steige eben Frau Emilie die steinerne Treppe neben ihm herauf und stelle sich vor ihn hin. Doch sie machte ein fremdes, nordisch kaltes Gesicht. Ihre zu vollen Lippen verzogen sich auf eine unliebliche Art, und es war noch etwas, das ihm nicht gefiel. Wie unglücklich wär' ich mit ihr geworden, dachte er; oder gleichsam nicht er, sondern Jemand in ihm. Auch wenn ihr Mann nicht wäre! dachte dieser stille Jemand weiter; — Franz saß da, als hörte er nur zu. — Auch wenn ihr Mann gestorben und begraben wäre. Auch wenn Alle sagten: nimm sie; sie ist dein! — — Er drückte die Augen zu, ohne zu wissen, warum; und Emiliens Bild verschwamm in dem rothen Schimmer, der durch die Lider drang, und er versuchte auch nicht, es festzuhalten. Was für eine Frau könnte ich denn lieben? dachte er beklommen. Es schwebte ihm etwas vor der Seele, doch ohne Form und Gestalt; etwas rührend Zartes, Feines, süß Beruhigendes. Ihm war, als fühle er es, ohne es zu sehen; als streichle ihn eine körperlose, liebevolle Hand, als wehe ihn die beschwichtigende Musik eines seelenvoll sanften Lachens an. Auf einmal trieb es ihn, wieder aufzublicken. Er sah Susannens große, strahlende Augen auf sich gerichtet; doch sowie sie seinen Blick bemerkte, schaute sie vor sich hin.

Wie sonderbar rührend saß sie da auf den Steinen. Der Hut beschattete ihre hohe Stirn; die zarte Gestalt war nach vorn geneigt, ein verhaltenes, süßes Lächeln hob die runden Wangen und verband sie mit den sanften, etwas schmalen Lippen. Um die Augen, die sonst so mitleidig und mitfühlend blickten, hatte sich ein heiterer Ausdruck selbstloser Freude verbreitet; es lag wie ein stiller Feiertag auf dem ganzen Gesicht, — und die Glocken, die eben aus der Tiefe und aus der Ferne heraufklangen, schienen die rechte himmlische Musik zu diesem himmlischen Ausdruck ihrer Züge zu sein. Er betrachtete sie froh und tief bewegt. Dieses zarte Wesen, dachte er, hat nicht nachgelassen, bis sie mich gerettet . . .

Wie war das möglich . . . Nur so Eine wie Susanne könnt' ich lieben! setzte er dann, unwillkürlich leise murmelnd, hinzu.

Sie blickte auf. Sagst Du etwas zu mir? fragte sie.

Nein, antwortete er. — — Doch nun sag' ich etwas zu Dir. — Ich bin genesen, Susanne.

Bist Du es wirklich? — — Ein feuchter Schimmer trat ihr vor die Augen. Sie legte sich beide Hände auf die Brust.

Um seine eigene Rührung zu verbergen, machte er ein satirisch-lustiges Gesicht, wie in alten Zeiten. Ich war ein recht jammervoller Narr, Susanne, setzte er hinzu.

Du warst wol etwas dergleichen, sagte sie und nickte.

Und wie alle Narren war ich unausstehlich, fuhr er fort. Mich überkommt eine gewisse Uebelkeit, wenn ich an mich denke. Homo insipiens, Linné! — — Wie hast Du es ausgehalten, meine arme, zappelnde Seele aus diesem tiefen Sumpf heraufzuziehen! nicht an mir zu verzweifeln, Susanne!

Zuweilen verzweifelte ich, gab sie ihm zur Antwort.

Und worin äußerte sich das? Ich hab's nie bemerkt.

Dann dachte ich: „ich kann nicht mehr", ging in mein Zimmer und weinte. Doch in's Taschentuch, daß Du mich nicht hörtest. Hatte ich mich dann ausgeweint, so sagte ich Dir in Gedanken, was für ein Narr, was für ein Kind Du seiest — und daß Du mich doch nicht besiegen solltest — und daß ich ja sterben müßte, wenn es nicht gelänge — — und mir kam wieder Muth.

Und woher kam Dir immer wieder dieser Muth, Susanne?

Aus der Liebe, denk' ich! — —

Er sah sie wieder still von der Seite an, und sie vor sich hin. Es fiel ihm auf einmal ein, daß ein Bruder und eine Schwester oben auf der Höhe des Colosseums säßen und von einer Liebe sprächen, die so wenig begehrt und so viel dahingibt; die kein „Magnetismus der Atome" in verlangende Arme zieht, und die doch Uebermenschliches vollbringt; — und all seiner jungen Mannheit zum Trotz kam ihm die Versuchung, vor tiefer Freude zu weinen. Doch er zuckte nur mit den Wimpern, und es ging vorüber. Arme Susanne! sagte er, als er fühlte, es werde ihn nun nicht mehr übermannen.

Warum arme Susanne? fragte sie und sah ihn glückselig an.

Warum? — Weil Du mit so viel Liebe im Herzen — so viel unbegreiflicher, unaussprechlicher — — weil Du Niemand hast als einen Bruder; als mich.

Findest Du das so bedauernswerth? — Glaubst Du, nur die andere Liebe kann uns glücklich machen? Hältst Du nicht viel von Geschwisterliebe, Franz?

Doch! antwortete er. Ich kann Dir nicht sagen, wie viel ich von ihr halte. Ich kann Dir nicht sagen, Susanne — —

Er unterbrach sich, und es dauerte wieder eine Weile, bis er weiter sprach. — Mir kommt's heute vor, Susanne, als wäre Geschwisterliebe — Bruder und Schwester, mein' ich — als wäre das die beste, sonderbarste, feinste, menschenwürdigste auf der Welt. Als wäre die ganz genug! Als müßte man irgend einem Schöpfer danken, daß — — als gäb' es nichts, das so edel ist — —

Er setzte sich neben sie auf ihren Stein und drückte sie stumm an seine Brust.

Denkst Du wirklich so, Franz? sagte sie, an seinem Halse hängend, und nun flossen ihr die langen Thränen. Ich will Niemand, als Dich! — Ich hab' Dich mir erkauft, Franz. — Ich will ja Niemand, als Dich!

— — — —

Wer von uns kennt sich ganz? Wer weiß im Voraus, was er über's Jahr, in einem Monat, in der nächsten Woche, morgen fühlen und wollen wird? Wir sagen: ich bin so oder so, ich will nur dies oder das, — und irgend ein Schicksalswind weht um eine Ecke und bläst eine dunkle Gluth in uns, die wir nicht kannten, zu leuchtender Flamme an. Wir glauben unser Thun zu bestimmen, und wir nehmen eigentlich nur in unserm Bewußtsein wahr, was in uns geschieht. Wir lesen uns, während eine unsichtbare Hand uns schreibt; wir erleben uns; und wie auch unsere erworbene Vernunft, unser geläuterter Wille auf unser Thun und Leiden einzuwirken vermag, — woher nahm unser Bewußtsein diese Vernunft, diesen Willen? Woher denn anders, als aus dem Wechselspiel der lebendigen, unsichtbaren Kräfte — in uns und außer uns — die unser Dasein sind, die uns Alle erschaffen, entwickeln und verzehren?

„Ich will ja Niemand, als dich!" sagte Susanne an jenem Abend, auf dem Colosseum. Gute Susanne, auch du kanntest dich nicht ganz! — — Die Zeit in Rom ging zu Ende; die beiden Geschwister, einig, zufrieden und glücklich, zogen nach Neapel weiter, und suchten hier dem regnerischen März jede schöne Stunde, jeden heiteren oder bedeutenden Augenblick abzugewinnen. Wenn ein kalter Wind sauste, frischer Schnee auf den Vesuv herab und Hagel in die Straßen von Neapel fiel, dann blieben sie in ihren Gemächern, lasen italienische Bücher mit einander — nothdürftig genug, denn seine wie ihre sprachlichen Talente waren gar gering — feierten mit einigen Gleichgesinnten, die sie fanden, poetische, halbantike Symposien, und genossen noch wie Studenten diese letzten Wochen ihrer Freiheit: denn sobald Franzens „Genesung" sich hinlänglich bewährt hatte, riefen ihn und sie die alten Pflichten zurück. Franz hatte beschlossen, sich an einer süddeutschen Universität — fern von Emilien — niederzulassen und seine amerikanischen Forschungen zu verarbeiten; nach Susannen seufzte die Tante; und auch Susanne seufzte, aber nicht nach ihr ... Zu jenen Gleichgesinnten, die mit ihnen künstlerisch lustig lebten, gehörte außer einigen Malern und Bildhauern auch ein vornehmer junger Mann, ein Deutscher wie sie; nicht ohne Vermögen, aber noch ohne Beruf. Er war nicht eigentlich schön; aber er hatte diese aristokratische Gestalt und Haltung, diese Poesie der Formen, die zumal ästhetisch gesinnte Frauen so sehr bezaubert. Auch war in ihm eine unwiderstehlich anziehende Mischung von heroischer Leidenschaftlichkeit und kindlicher Hingebung; von vornehmer Denkart und demokratischer Verachtung aller Vorrechte der Geburt. Er war auf dem Wege nach Aegypten, wie er sagte; doch die Schönheit Neapels hielt ihn fest. Er kam von B., wo Franz und Susanne gelebt hatten; er erzählte von Frau Emilie, die er sehr gut zu kennen schien, und die nach seiner scheinbar unbefangenen Schilderung nicht sowol schwermüthig, als aufgeregt und von Extrem zu Extrem lebte: bald voll auffallender Freigeisterei, bald in ebenso auffallender abergläubischer Mystik; heute lebenssatt und mit sich allein, morgen im Fieber und Wirbel der Zerstreuung.

Bei diesen Berichten fühlte Franz noch einige Beklemmung; aber es bedurfte nicht mehr der Künste seines lieblichen „Kerkermeisters", ihn davon zu befreien. Seine eigene Kraft reichte hin. Ihn beunruhigte mehr, daß der junge Freiherr — ich nenne ihn Ferdinand — der ihm anfangs sonderbar kühl und forschend, fast konnte man sagen: feindselig, entgegengetreten war, sein Benehmen auf einmal geändert hatte, als er eines Abends Susanne in all ihrer poetischen Heiterkeit, ihrem innigen Mitgenießen kennen lernte. Von da an schloß er sich den Geschwistern, mit feinster Rücksicht und ohne jede Zudringlichkeit, aber voll Feuer an. Er überraschte Susanne täglich mit zarten Aufmerksamkeiten, auf die kein Andrer verfiel. Er war rührend beglückt durch jede Aeußerung ihrer Dankbarkeit. Sein ganzes Wesen erhöhte, veredelte sich in ihrer Gegenwart; man konnte nichts Liebenswürdigeres sehen. Auch seine Kenntnisse, seine Talente setzten in Erstaunen. Er zeigte eine Fähigkeit, die ästhetischen Genüsse dieser kleinen Gesellschaft mitzugenießen, die in eine wirkliche Künstlerseele blicken ließ. Er zeichnete Susanne, er besang sie in deutschen und italienischen Versen; und in die stille Poesie ihrer Seele drang er so feinfühlig ein, daß er dazu geboren schien, sie zu begreifen.

Franz erschrak; vor der Wirkung dieser Bewerbungen auf Susanne, und vor sich selbst. Denn je mehr er Susanne dadurch beglückt sah, desto mehr fühlte er sich unglücklich; eine schwermüthige Eifersucht befiel ihn, die er kaum zu verbergen wußte. Was geht denn in mir vor? fragte er sich verwundert und beklemmt. Ein liebevoller Bruder ist anfangs eifersüchtig auf den Geliebten, sagt man; daß auch ich es sein würde, hab' ich immer gewußt. Aber dieser Kummer, den ich fühle, — ist denn darin Vernunft? Sie liebt diesen Ferdinand; oder wenn sie ihn noch nicht liebt, wird sie ihn bald lieben; — warum sollte sie nicht? Verdient er's nicht? Soll sie einsam bleiben, nur weil mir's besser gefiele? Wenn ich einmal ein Mädchen finde, das ich noch lieber haben kann, als sie, werd' ich dann fragen, ob ihr das gefällt? Werd' ich dann nicht um dieses Mädchen werben und kämpfen, bis es mein wird, — ob nun Susanne sich darüber freut, oder nicht? — — Mit solchen Gedanken sprach er sich zur Ruhe; sie gingen ihm nach bis in Schlaf und Traum. Bruderliebe ist selbstlos! sagte er sich, gleichsam auf Schritt und Tritt. Bruderliebe ist edel, ist opfermüthig, ist ein feines Ding. Gönne Susannen ihr Glück!

Es kam, wie er fürchtete: Baron Ferdinand erklärte sich, und Susanne — nachdem sie an Franzens Brust sich ausgeschüttet, sich seiner Zustimmung versichert hatte — willigte ein. Ach, es ist seltsam, Franz! sagte sie, als es geschehen und sie mit dem Bruder allein war; mehr als Dich kann ich ihn nicht lieben; — nie, Bruder, nie; — — doch ich muß ja auch nicht, setzte sie hinzu. Du warst mein Alles, Franz! — Ich habe geweint, daß ich Dich verlasse! — Doch wie kindisch ist das von einem so alten Mädchen: Dich verlaß' ich ja nicht. Er hat mir gelobt, geschworen, Dich wie ein Bruder zu lieben. Er ist gut, edel, zart! — Doch wie komm' ich dazu, ihn vor Dir zu rühmen... Sie schloß den Bruder in ihre zitternden Arme: Franz! Immer mein Franz!

Ferdinand hatte aus eigenem Antrieb erklärt, daß er sein bis dahin zweckloses Reisen und Studiren, seinen „edlen Müßiggang" aufgeben, daß er „zu seinen Kenntnissen ein Amt suchen" wolle. Die Vermählung sollte so lange aufgeschoben werden; und um den Ernst und die Festig= keit seines Vorhabens zu zeigen, riß er sich schon nach wenigen Tagen los und ging nach Teutschland zurück. Hier wollte er in M., wo er günstige Anknüpfungen hatte, sich um eine Stelle bewerben, die seinen Wünschen entsprach. Eh er Abschied nahm, klagte er sich in seiner liebenswürdig beredten Weise vor Susannen an, daß er, durch die Leichtigkeit seiner Eroberungen verführt, sein Herz oft vergeudet und dem weiblichen Geschlecht mehr gehuldigt habe, als gut war. Doch nachdem er sie durch dieses Bekenntniß betrübt habe (sie war blaß geworden und litt sehr), werde er sie nie mehr betrüben; sie habe jeden seiner Bluts= tropfen treu und rechtschaffen gemacht! — Er schien ihr noch etwas be= kennen zu wollen; doch das peinliche Gefühl, das ihre jungfräulichen Züge verstörte, schreckte ihn offenbar ab. Er verließ sie, ohne darauf zu= rückzukommen. Wenige Tage nach seinem Abschied brachen auch die Geschwister auf. Sie wollten nur noch Capri, Amalfi und die Rosen von Pästum sehen, und dann die Heimreise antreten; beide als Ver= wandelte: er von der Liebe geheilt, sie von ihr gefangen.

Franz hatte seinen Koffer gepackt und stand in seinem Zimmer am

Fenster, um noch einmal den Molo und den Golf von Neapel sich recht in's Gedächtniß zu prägen, wie es seine Art war. Ein trauriges Vor- gefühl lag ihm auf der Seele; er vermied es, sich zu fragen, warum. Man brachte ihm einen Brief, der soeben noch gekommen war, für Baron Ferdinand. Ich werd' ihn ihm nachschicken, sagte Franz, und behielt den Brief. Einen verlorenen Blick auf die Aufschrift werfend, erstaunte er: er erkannte Emiliens Hand. Es durchfuhr ihn ein sehr sonderbares Gefühl. Das erste Mal, daß er wieder diese Handschrift sah; denn nach einigen Fehlversuchen, seinen immer wechselnden Aufenthalt zu erfahren, hatte die tiefgekränkte Frau sich, wie er, in tiefes Schweigen gehüllt. Nun hielt er einen Brief von ihr zwischen seinen Fingern; doch der Brief war nicht für ihn, sondern für Ferdinand. Wie kam sie dazu, an Ferdi- nand zu schreiben? Nie hatte dieser gesagt, daß er in so vertraulichem Verkehr mit ihr sei; im Gegentheil hatte er einmal angedeutet, daß er auf den Umgang mit ihr verzichtet habe. Warum jetzt dieser Brief? — — Es rührte sich einen Augenblick der mißtrauische Gedanke in Franz: wenn ich ihn öffnete! — Doch er ward roth, daß er das denken konnte. Er warf ihn aus der Hand, auf den Tisch. Dann siegelte er ihn in ein neues Couvert, schrieb Ferdinands Adresse darauf und schickte ihn ab.

Die letzten Reisetage gingen schnell dahin; die Rückkehr nach Deutsch- land kam, und danach die Trennung. Franz war stiller geworden mit jedem Tag; Susanne erschien oft mit verweinten Augen, doch eine gewisse äußerliche, aufgeregte Heiterkeit blieb ihr meist getreu. Als sie Abschied nahmen, wollte Franz — sonst der männlich Härtere — sie nicht aus den Armen lassen; er nannte sie mit einem Kosenamen, den er ihr als Kind gegeben hatte, und drückte ihr die Hand so sehr, daß sie „Wehe" seufzte. Sie schien ruhiger; erst im letzten Augenblick flüsterte sie ihm zu: „liebster, liebster, liebster aller Menschen!" — — Susanne allein fuhr nach B., dort zu bleiben, bis ihr zukünftiger Gatte zur Vermählung komme. Franz zog seinem „gelehrten Nest", wie er es nannte, seinem „Bienenkorb" zu. Er kam an, packte aus, warf sich auf die Arbeit. Ihm war wie einem Knaben, der ein wunderbares Märchen gelesen, mit Prinzessinnen, Zauberern, singenden Schwänen gelebt hat, und nun ab- gerufen wird, um zur Schule zu gehen. Die Wirklichkeit, die „Schule des Lebens" gähnte ihn an. Unbedeutend war ihm die nordische Natur, und keiner der Menschen wollte ihm gefallen. O Italien! o Susanne! seufzte er; überall einsam — ob nun unter Menschen, oder allein — und überall betrübt.

Doch wie viel tiefer noch sollte er sich betrüben, als ihm nach und nach aus M., über Ferdinand, seltsame Nachrichten zugingen. Sie waren so unglaublich für seinen hohen Begriff von diesem Manne, und für seinen Bruderstolz, daß er sich sträubte, ihnen Gehör zu schenken. Eine Frau

2*

von abenteuerlicher Existenz — man nannte sie Verena — die dem Baron bei einem früheren Aufenthalt in M. zu gut gefallen, habe ihn jetzt wieder anzulocken gewußt; er gerathe mehr und mehr in ihre Netze, und versäume darüber, die Sache zu betreiben, die ihn nach M. geführt. Traurige Nachrichten über Susanne folgten nicht lange darauf: sie hatte von diesen Dingen erfahren, wollte nicht glauben, zweifelte, härmte sich heimlich ab. Endlich kam durch einen zuverlässigen Freund, einen Augenzeugen, zu Franz die Kunde: man habe diese Verena, ein Wesen von verführerischer Schönheit, aber von durchaus unwürdiger Vergangenheit, öffentlich an Ferdinands Arm gesehen. Auf einen Brief, den Franz hierauf an den Verlobten seiner Schwester schrieb, ward ihm keine Antwort. Dagegen meldete Susannens Tante aus B.: Baron Ferdinand sei so tief gesunken, daß er, wegen seines treulosen und unedlen Benehmens zur Rede gestellt, in der sinnlosen Aufregung des Rausches mit beleidigenden Aeußerungen über seine Braut geantwortet habe. Gleich darauf freilich habe er es bereut und zurückgenommen; Susanne aber, der man dies Alles sofort zu Ohren gebracht habe, sei dabei in Ohnmacht gesunken.

Was Franz empfand, brauche ich nicht zu sagen. Seine friedfertige, ästhetische Natur ward nur noch von dem einen wilden Gefühl beseelt, Susannens Rächer zu sein. In der nächsten Nacht fuhr er nach M. Er drang bei Ferdinand ein und erklärte ihm, er sei gekommen, um ihn zur Rechenschaft zu ziehen, um ihn zu tödten. Baron Ferdinand — ohne Furcht, doch nicht ohne Scham — ward beim Anblick von Susannens Bruder wieder von Reue ergriffen. Er klagte sich seiner unglückseligen, unbegreiflichen Schwäche mit plötzlicher Leidenschaft an. Er verdammte sich; es sei unwürdig, unfaßbar; — wie ein Fieber sei es über ihn gekommen. Er betheuerte, daß Susanne der gute Engel seines Lebens sei, und erklärte sich bereit, Alles gut zu machen. Doch in jedem Wort fühlte Franz eine Beleidigung. Zu einer bürgerlichen Versöhnung, sagte er, bin ich nicht gekommen. Wer hier von „gut machen" spricht, der hat nie gewußt, was für eine Gnade von Gott ihm in der Liebe meiner Schwester zugefallen war! Diese Schwester haben Sie mir auf den Tod verwundet ... Wenn Sie Ihrem ehrlos gewordenen Leben nicht selber ein Ende machen, nun so muß ich es thun! — —

Ein Zweikampf, auf Pistolen, war das Ende. Ferdinand hatte sich als Schütze einen Namen gemacht; Franz, dem leicht das Blut zu Gesichte schoß, dem jede Aufregung die Ruhe und Sicherheit der Hände nahm, war das Gegentheil eines guten Schützen. Dennoch traf er tödtlich; unmittelbar nachdem ihn selber Ferdinands Kugel in der Brust verwundet hatte. Beide sanken hin, und Beide verließ das Bewußtsein.

Als Franz wieder zu sich kam, sagte man ihm — den man inzwischen verbunden hatte — daß Ferdinand ihn vor seinem bevorstehenden Ende noch zu sprechen wünsche. Er ließ sich hinführen, wo Ferdinand, mühsam athmend, unter einem Baum im Gehölze lag; es war früher Morgen. Ich muß Ihnen noch etwas sagen — fing der Unglückliche an — das mich sehr bedrückt. Sagen Sie's Ihrer Schwester, wenn Sie mich über= leben; — und wenn ich bei diesem pfeifenden Athem so undeutlich spreche, daß Sie mich nicht verstehen, so fragen Sie! — Dieses Duell war Ihnen eigentlich schon in Neapel zugedacht; und nun kam es so! — — Als Sie Frau Emilie verlassen hatten, lernte ich sie kennen. Ich hielt sie für die Krone der Frauen. Ich bewarb mich um sie; doch ich erreichte wenig ... Endlich sagte sie mir: „schaffen Sie diesen Menschen aus der Welt, der mich so unerhört beleidigt, so schmachvoll verlassen hat; dann gehör' ich Ihnen!" — Ich war sinnlos vor Leidenschaft. Ich reiste Ihnen nach; fand Sie in Neapel. Meine Absicht war, Sie in einem gelegenen Augen= blick in einen Streit zu verwickeln, der so enden sollte, daß — — Ohne= hin waren Sie mir von vornherein verhaßt ... Da lernt' ich Susanne kennen. Ach! — Franz, ich schwör' es Ihnen, meine Liebe zu Susanne war rechtschaffen, edel, gut. Ich vergaß, was ich wollte; ich trachtete nur noch, ihrer würdig zu werden! Damals beim Abschied wollt' ich ihr Alles gestehen; doch ich fand nicht den Muth. Nun erst find' ich ihn, hier, in der letzten Stunde! — Treulos war ich Emilien geworden um Susannens willen; sie erfuhr es und marterte mich mit vorwurfsvollen Briefen; — so einen Brief, den letzten, schickten Sie mir noch aus Neapel nach. Und nun hab' ich Susanne — ich Unbegreiflicher, ich zur Charakter= losigkeit verdammter Mensch — nun hab' ich den Engel um dieses Weib da verlassen. Vielleicht nur weil diese Phrynen, diese Laisse — — ein gewisses Etwas — — Ach, ist das das Leben. Franz! geben Sie mir die Hand! Suchen Sie mir zu verzeihen!

Franz reichte ihm erschüttert die Hand. Dann verlor er diese und jede andere Empfindung, und mit ihnen die Sinne. — —

Es war ihm seltsam und fremd zu Muth, als er in's Leben zurück= kam. Ein unsicheres, gleichsam flackerndes Gefühl sagte ihm, er sei Der und Der, weiter wußte er nichts; er erkannte nur, daß er sich in einem nie gesehenen Zimmer, unter einem Betthimmel befand, und daß eine weiße Decke heiß und schwer auf ihm lag. Da er sich noch so fremd schien, und da eine von ihm abgewandte Gestalt sich in der Nähe bewegte, fiel ihm endlich ein, zu sprechen und einen Spiegel zu fordern: damit der Klang der Stimme und der Anblick des Gesichts ihm sagten, ob dieses Ich so beschaffen sei, wie es ihm ungefähr vorschwebte. Die Gestalt ver= schwand und kam mit einem Spiegel zurück. Als er hineinsah, erschrak er; denn das Gesicht war wie die Stimme: dünn, hohl und farblos. Er betrachtete diese traurigen Züge fort und fort. Es war ihm ein grau= sames Vergnügen, mit dem wieder auflebenden Naturforscher=Blick die ganze Verwüstung zu studiren, die irgend Jemand hier angerichtet hatte; sich in den fleischlosen „Säulenheiligen", den „Büßer" und „Märtyrer",

der da lag, hineinzusehen. Doch ein Tropfen störte ihn, der ihm auf
die Stirn fiel. Er versuchte ihn wegzuwischen; aber der Arm blieb müde
auf der Decke liegen. Ein zweiter Tropfen fiel ihm auf die Wange.
Nun sah er auf, und ein Gesicht, dessen traurig-frohe Lieblichkeit ihm
plötzlich das Herz bewegte, lächelte schwach, doch süß, auf ihn herab. Er
erkannte Susanne, deren Thränen flossen.

Wie blaß sie ist, dachte er. Dann hörte er sich mit seiner klang-
losen, hohlen Stimme sprechen: Daß Du so schön wärst, hätt' ich nie
gedacht ... Wie kommst Du hierher, unter diesen Baum? — — Nun
fiel ihm erst wieder ein, daß er ja nicht im Gehölz, sondern unter einem
Betthimmel lag. Doch das grünliche Gesicht des sterbenden Ferdinand,
unter jenem Baum, tauchte in ihm auf. Wo ist Er? fragte er mit Zögern.

O Franz! Franz! rief Susanne aus und sank schluchzend über sein Bett.

Ein Mann trat vor — der Arzt — und zog Susanne flüsternd
und sanft zurück. Bald darauf verwirrten sich wieder die Bilder in
Franzens Gehirn; er bemühte sich nicht mehr, zu sprechen und zu denken.
So verging die Nacht, die unterdessen hereingebrochen war. Erst als
das erste rosige Licht durch die Vorhänge hindurchfloß und die Lider des
Schlafenden mit unhörbarem Wellenschlag umkreiste, rührte sich in ihm
ein deutliches Gefühl, daß um ihn her etwas sei. Er ließ die Augen
geschlossen, doch er hörte Töne, und es ward ihm bewußt, daß sie von
außen kamen. Ein Gewand rauschte leise; eine Stimme, die ihm wohl-
that, flüsterte über ihm. Sie hatte einen traurigen, doch seinen Sinnen
schmeichelnden Klang, so daß ihn ein süßer Frost überschauerte. Endlich
verstand er auch die gehauchten Worte. „Franz! Franz!" hörte er's leise
klagen; und auf einmal wußte er, daß Susanne sprach. Er horchte auf.
— Ach! flüsterte sie. Ach! warum hast Du mir das gethan! Ach, warum
hast Du ihn umgebracht! Wie kann man so grausam sein. Franz! Du
mein Franz!

Er riß die Augen auf, bis in's Herz erschrocken; richtete sich halb
empor und starrte ihr in das wehklagende Gesicht. Plötzlich stand ihm
Alles, was geschehen war, was er gethan, vor der Seele. Er wollte
ihr etwas zurufen; ihm versagte die Stimme. Gleich darauf faßten ihn
ihre beiden Hände und drückten ihn wieder auf sein Kissen zurück.

Franz! was ist Dir? fragte sie bestürzt, mit nicht mehr weinender,
sondern besorgter Stimme. Warum fährst Du so auf?

Du hassest mich, sagte er mit Mühe.

Ich Dich hassen? Träumst Du?

Er ist also todt; und Du sagst, ich war grausam — —

Weiter sprach er nicht.

Franz! flüsterte sie nach einer Weile, jammervoll; was hast Du
gehört?

Alles, antwortete er.

Ich Dich haffen, Franz? sagte sie und bedeckte ihn mit Küffen.
Würd' ich Dich wol so küffen, setzte sie dann hinzu, wenn ich etwas
gegen Dich im Herzen hätte? — Was hab' ich gesagt, Franz. Kümm're
Dich darum nicht! — Und mit schwerster Anstrengung, mit zitternder,
doch gehorchender Stimme fuhr sie fort: Ich muß Dir ja danken für
das, was Du gethan haft —

O Susanne! Schwester!

Bei diesem Ausbruch des Schmerzes aus seiner matten Bruft be=
sann sie sich wieder, was für ein Kranker da lag. Sie faßte sich, und
legte ihm ein kühlendes Tuch auf die heiße Stirn. Guter, lieber Franz!
sagte sie leise, ruhig, und kauerte an seinem Bette nieder; wovon reden
wir. Was für eine pflichtvergessene barmherzige Schwester bin ich.
Still; ach, sei still. Träume wieder; schlafe. Denk' an etwas Lieb=
liches, schlafe dabei ein. Nur gesund werden, Franz!

Ach, Susanne —

Still! — —

Gesund werden, fing er nach kurzem Schweigen wieder an. Ich
hab' eine Wunde, nicht wahr.

Ja. Sei nun still.

Hier auf der Bruft, nicht wahr.

Ja.

Wie lange lieg' ich denn hier? — Wo bin ich? — Wie kamst
Du her?

Auf diese drei Fragen will ich Dir noch antworten, sagte sie mit
ihrem lieblichsten Lächeln, als hätte sie nie und über nichts geklagt; —
dann geh' ich in's andere Zimmer, und Du fragst nicht mehr! — In
diesem Hôtel hab' ich Dich gefunden, als ich kam; und ich kam aus B.,
weil sie mir telegraphirten, daß — — daß Du mich nöthig hätteft;
und Du liegst hier schon eine Woche lang. Doch Du bift „durch", sagt
der Arzt; und die Bruft wird gesund und Alles gut werden, wenn Du
nichts Unnützes denkft, sondern ruhst und fromm und still und gut bift
— — und mich lieb haft, Franz! Und nun geh' ich; — doch noch ein
Wort. Hier habe ich Deine Hand. So wahr ich sie küffe, Franz, —
ich will nie mehr klagen; weder daß er ftarb, noch daß er lebte, noch
daß ich ihn liebte. Immer nur, Morgens und Mittags und Abends,
will ich mich freuen und denken, daß ich Dich behalten habe, mein Beftes.
Du nun wieder mein Alles! Auf ewig! — Nun aber lieg' still wie ein
Philosoph; gute Nacht!

Franz genas; es blieb zwar eine gewisse Schwäche in der Bruft
zurück, die immer der Schonung bedurfte, aber er setzte sich, wie er es
nannte, „wieder an den Tisch, an dem die Lebendigen sitzen". Man ver=

urtheilte ihn wegen des Duells zu Gefängnißhaft; doch durch königliche Gnade ward er frei, noch eh' er die Strafe angetreten hatte. Damals erhielt ich, als erstes Lebenszeichen von ihm seit langer Zeit, eine Photographie, die den Genesenen darstellte. Er war nicht schöner als früher, aber auffallender, bedeutender; die Formen des Kopfes, schien mir, hatten sich vergrößert, die hohe Stirn sich noch mehr gewölbt. Der Blick war eher träumerischer als lebhafter geworden, und um die Lippen — nicht voll, sondern fein und schmal wie die Susannens — glaubte ich einen Zug von leiser Melancholie zu bemerken; der schöne, energische Bart aber und das Haar, das sich plastischer und kühner lockte, gaben diesem frühreisen Gesicht den Charakter voller Männlichkeit. Bald darauf kam noch ein Bild, das mir mehr erzählte, als lange Briefe vermocht hätten. Susanne und Franz saßen Hand in Hand; sie mit den großen innigen Augen dem Beschauer zugewandt, und mit einem kaum wahrnehmbaren Anflug von glückseligem Lächeln; er sie in stiller Versunkenheit, in rührender Hingebung, gleichsam dankbar, betrachtend. In ihrem dunklen, einfach anliegenden Kleid, das die feinen Formen sprechen ließ, und mit der dunklen, offenbar violetten Schleife über dem Spitzenkragen, erinnerte sie mich an jenen Tag in B. — nicht lange vor Franzens Rückkehr aus Südamerika — als ich sie am Fenster sitzend fand und sie mir klagte, daß sie ohne Kenntnisse und ohne Talente sei. Glücklich und zufrieden — so schien es — saß sie nun auf dieser Photographie, neben dem Bruder, da. Aber viel zu tief lagen die großen Augen; und irgend etwas heimlich Zehrendes hatte ihr die Rundung der Wangen weggepflückt . . .

War es zu verwundern? War sie nicht zart, und fein? — Diese zweite Photographie stand vielleicht zwei Tage auf meinem Schreibtisch, als ich hörte, daß eine hitzige, lebensgefährliche Krankheit in Susannen ausgebrochen sei. Der nagende Kummer um Ferdinands Verschuldung und Untergang, der rastlose Kampf um Franzens Leben, an seinem Siechbett, hatten zu lange gewühlt; als sie sich endlich wieder glücksfähig fühlte, brach sie zusammen. Da begann denn nun Franzens Dank; da begann denn seine in's Gränzenlose gewachsene, von allen edlen Gefühlen genährte Bruderliebe sich in reinster Opferfreude zu bewähren. Wenn je ein Mensch einem Menschen vergalt — Doch das nicht zu Schildernde zu schildern, soll man nicht versuchen. Wie sie ihn gepflegt hatte, pflegte er nun sie; wie sie ihm und sich sein Leben gerettet hatte, rettete er das ihre, ihr und sich. Nur auf Viertelstunden bracht' er es über sich, sie zu verlassen. . . . Seine erneute Jugendkraft hielt dieser Aufgabe Stand. Ihn belohnte das Glück. Susannens so recht zum Ausharren geschaffener Lebensgeist, der sich in der zarten Gestalt geheimnißvoll bewegte, steuerte durch alle Stürme hindurch. Man konnte sie endlich auf's Land bringen; unter Bäumen, auf einer Wiese, konnte sie die

letzte Zauberkraft der Herbstsonne genießen. Das ferne Gebirg sah, wie
das Land der Hoffnung und Verheißung, herüber. Dort gedieh sie, lang=
sam, doch mehr und mehr. Eines Tages kam er dorthin zu ihr zurück,
nachdem er den Arzt bis zur Landstraße an den Wagen begleitet hatte;
in der Gewißheit des Sieges lächelnd, heiter lächelnd, ihre Hände streichelnd,
immer streichelnd und küssend; endlich kniete er wie ein Verliebter vor
ihr hin.

Was hast Du nur? sagte sie, wie verwundert lächelnd. Doch sie
heuchelte: denn von Franz verwunderte sie nichts mehr.

Du bist nun „entlassen“, antwortete er. Vom Doctor, mein' ich.
Als geheilt entlassen. Dein Krankheitsfall interessirt ihn nun nicht mehr.

Wirklich? fragte sie.

Wirklich.

Ich wäre gestorben, Franz — das weiß ich gewiß — wenn mich
dieser barmherzige Bruder hier nicht behütet hätte! Und wenn ich nicht
gewußt hätte — fuhr sie fort — daß Du mich durchaus behalten
wolltest, wär' ich gern gestorben. — Doch nun leb' ich gern! gern! setzte
sie hinzu.

In einigen Wochen, erwiderte er, mit einem sonderbar übermüthigen
Gesicht, — in einigen Wochen kannst Du wieder thun, was Du willst.
Gehen, wohin Du willst.

Gehen? Wohin?

Nun, jedenfalls wohin es Dir beliebt!

Wohin es mir beliebt?

Nun, Du wirst Dich doch wieder von mir trennen wollen, sobald
die Kraft dazu da ist. Entweder zur Tante zurück; oder an irgend einen
Ort, wo ich nicht lebe — —

Es überlief die Arme plötzlich, während er das sagte. Doch sie
antwortete nichts.

Warum so still? fing er, noch immer in scheinbarem Gleichmuth,
wieder an. Du wirst Dir ja schon überlegt haben, wie Du nun Dein
Leben ohne mich gestalten willst — —

Sie wandte den gesenkten Kopf zu ihm und blickte ihn wie hülflos
an. Ach! sagte sie nur; dann war sie wieder still.

Du hast Dir's noch nicht überlegt —?

Warum bist Du nur so grausam, antwortete sie endlich. Was willst
Du. Laß mir doch diese schöne Zeit. Darüber hinaus — — Großer
Gott! was für ein Gedanke!

Nun, was für ein Gedanke?

Mich wieder trennen! von Dir! Mich noch einmal trennen! —
— Franz!

Sie legte ihre beiden Hände auf seine Schultern und brach in solches
Weinen aus, daß es sie schüttelte.

Doch auch das rührte ihn, wie es schien, nicht gar so sehr. Er stand auf, rieb seine Hände an einander und sah nur strahlend auf die kleine Hülflose herab.

Was hast Du, Franz? sagte sie endlich. Mein Kopf ist wol noch sehr schwach: ich verstehe Dich nicht —

Ich will Dir etwas sagen, antwortete er. Und sich auf den Tisch setzend, der vor ihrem Lehnsessel stand: Suse! Suse! sagte er. Du bist nun sechsundzwanzig Jahre alt, und dafür noch sehr unbedacht; und ich bin dreiundzwanzig, und dafür wunderbar gescheidt! — Wir uns wieder trennen? Dachtest Du wirklich, daß es so kommen könnte? — Das müssen wir uns nun abgewöhnen, Suse; denn ich glaube, ohne einander halten wir's nicht mehr aus. Wer kann mir das sein, was Du mir bist. Wenn ich an die Frauen oder Mädchen denke, die ich kannte: wie von einem andern Stamm kommen sie mir vor; aus irgend einem un= bekannten Erdtheil an unsrer Insel gelandet, auf der Du und ich mit einander wohnen. Die Patagonierinnen waren mir nicht fremder, als mir jetzt meine sogenannten Landsmänninnen sind! — Wo Du bist, kleine Susanne, da ist mein Glück; meine Lebenslust, mein Humor, mein Drang, etwas zu werden, meine guten Gefühle und Gedanken. Du bist die Luft für mein Ich; wo ich Athem hole. Und Du! Du! setzte er mit übermüthigem Glücksgefühl hinzu, was bist Du ohne mich?

Sie antwortete nicht auf diese Frage. Ach! Guter, thörichter Franz! sagte sie nur, mit einem Blick voll Liebe.

Muß denn Jeder heirathen? sprach er weiter, seine Füße schaukelnd. Wie viele große Männer blieben ledig; — ich will Keinen nennen, damit ich Die nicht beleidige, die ich nicht nenne. Einsamer Junggeselle bleiben, ist vielleicht eine Dummheit; aber viel Verstand ist schon darin, wenn zwei Junggesellen mit einander leben; und das Ideal scheint mir zu sein, wenn diese Beiden Bruder und Schwester sind!

Was Du alles redest! sagte sie, im Herzen doch ganz glückselig. Und Du denkst also wirklich, Franz —

Daß wir uns nie mehr trennen! das denk' ich. Will die Tante die Dritte sein, nun so sei sie die Dritte; will sie nicht, so bleiben wir Du und Ich. Susanne! Ich glaube, Du bist auch erst dreiundzwanzig wie ich, und nur eine halbe Stunde vor mir auf die Welt gekommen. Zwillingsschwester! Wirkliche bessere Hälfte! — — Ich bin höchst überaus glücklich! — — Ich nehme mein Kreuz auf mich! rief er plötz= lich aus, hob den Lehnsessel sammt der darin sitzenden leichten Last empor, drückte ihn an sich und trug ihn über den Rasen in's Haus. — —

Dieser Tag war gewissermaßen der Geburtstag des geschwisterlichsten Zusammenlebens, das ich je gesehen; das über tiefe Noth hinweg so jugendlich froh begann, und so traurig=schön mit ihnen enden sollte. Nach Susannens Genesung reisten die Beiden noch einmal dem Süden

zu, die Wiederherstellung ihrer Kräfte zu vollenden; kamen dann über
die Alpen zurück, blieben aber in W., wo sie sich für die nächsten Jahre
niederließen: denn Franz hatte seinen Gedanken, die akademische Lauf=
bahn einzuschlagen, wieder aufgegeben, und theilte nun sein Leben, wie
seine Seele getheilt war: zwischen Natur und Kunst. Das Bedürfniß
nach Schönheit und nach der inneren Harmonie, die die Kunst gewährt,
war in ihm — vielleicht durch das Zusammenleben mit der zarteren
„Zwillingsseele" — ebenso mächtig herangewachsen, wie vordem sein
Drang, die Natur zu beobachten, zu erkennen. Doch daß er sich nun
zersplittert hätte, könnte man nicht sagen; ein sehr feiner, vermittelnder,
zusammenfassender Sinn leitete ihn vom Einen zum Andern, und seine
Naturkenntnisse wuchsen ebenso sehr wie sein Schönheitscultus, mit dem sie
für ihn denselben Mittelpunkt hatten: jene unbekannte Sonne, die man
die Weltseele nennt. Von den bedeutenden Ergebnissen seiner Studien zu
reden, ist hier nicht der Ort; ich kehre nach W. und zu den Geschwistern
zurück ... Das Vermögen, das sie besaßen, reichte hin, sorgenfrei zu
leben. Der Reiz ihres Umgangs machte ihnen Freunde, wohin sie kamen;
sie waren beide sehr empfänglich für ausgewählte, schöne Geselligkeit, bei
der sie sich selbst nicht verloren. Da die Tante (die schon nach einigen
Jahren starb) sich nicht entschließen konnte, ihre gewohnten „Kreise" zu
verlassen, blieben sie zu Zweien, als „Du und Ich". Um so reiner
vielleicht war ihre Eintracht, ihr Zusammenklang. Doch die eigentlichste
Poesie dieses Zwillingslebens begann, wenn der Sommer kam und sie
in die Berge oder in's Vorland des Gebirges zogen; wenn ihre Fähig=
keit, mit einander wie Zwillingsblumen anzugehen, gleichsam in der Gluth
des Sommers sich sonnte, unter dem erwärmten Himmelsblau, an lieblich
kühlenden Gewässern aufblühte; — am schönsten und am liebsten in jener
Gegend, wo Susanne genesen war, wo er „sein Kreuz auf sich genommen",
und das sonderbare Märchen ihrer „Zweieinigkeit" sich vollendet hatte.

Dort sah ich sie wieder, einige Sommer danach. Wo die flache
Hochebene von M. sich den Bergen nähert und gleichsam in Wellen=
bewegung geräth, liegt der Ort, der ihnen so gefiel; eigentlich nur ein
Wirthshaus und ein paar Landhäuser, auf die Höhe gebaut und mit
weitem Blick. Die lange Kette des Gebirgs lag am Horizont, nah und
fern zugleich, so daß sie den reinen Genuß ihrer Schönheit gab und zu=
gleich leise Sehnsucht weckte; diese Kette durchbrechend zog ein Fluß
heran, führte sein klar grünes Alpenwasser durch heitere Thalbreiten
zwischen den Vorbergen hin, schäumte an Felsen auf, die aus dunklen
Fichtenwäldern vorsprangen, und verschwand endlich im Norden, wie er
von Süden kam: hinter grünen Höhen, die alte verwitternde Kronen
von Burggemäuer oder Wallfahrtskapellen trugen. Durch lichten und
dunklen Wald stieg man von dem Berge, auf dem die Geschwister in
ihrem „Schlößchen" thronten, an den rauschenden Fluß und zu einem

schweigsamen Nonnenkloster hinab. Rückwärts aber sammelten sich andere Hügel zu ungleichen Wellenreihen, hinter denen ein großer, villenreicher See sein schönes Geheimniß verbarg. Die Gegend gefiel mir sogleich, durch den Doppelreiz, der aus Nähe und Ferne wirkte; wie abwechselnde Winde wehten uns Frieden und Verlangen, Genügen und Wanderlust an. Das „Schlößchen", das wir gemiethet hatten — ich mit ihnen — war im Geiste einer gewissen kindlichen Romantik gebaut, die wenigstens Franzens Humor vielfach beschäftigte. Er hatte es „Lautereck" getauft, weil es mit seinen Thürmen, Vorsprüngen und Winkeln wirklich wie eine dieser geometrischen Figuren auf Vorlegeblättern aussah, an denen die zeichnen lernende Jugend sich übt. Inwendig aber schoben sich die Räume lustig und fast malerisch durcheinander; — und es waltete darin ein holder Geist, vielleicht der holdeste, beruhigendste, den ich je gekannt: die „Zwillingsseele" Susanne.

Sie war älter geworden, wenn man an die Erfahrungen des Herzens denkt; man sah es ihr wol an, daß sie „Todte hatte"; aber ein stiller Glanz unzerstörbarer Jugend lag auf ihr, wo sie ging und stand. Man mußte sie lieben, da war keine Frage; auch verlieben mußte man sich in sie, wenn man ein freies Herz hatte; — meins aber war nicht frei, und so konnte ich sie mit der Unbefangenheit des Freundes betrachten und ihre Nähe so rein beglückt genießen, wie man die sanft schwärmerische Verklärung einer warmen Mondnacht genießt. Sie ward mir schwesterlich zugethan, wie ich bald der Bruder ihres Bruders war; — so weit man bei ihm und ihr noch von geschwisterlichen Gefühlen für einen Dritten reden darf. Naturstudien mit Franz, Kunsttreiben mit Beiden, weite Wanderungen, bei denen sie unternehmend voranzog, Träumen im Gras, thränenlachende Heiterkeit, Poesie und Gesang füllten unsere Tage. Dann kam auch die Zeit, wo sie mir Alles erzählten, was ich hier erzählte. Ich sah auf den Grund ihrer Herzen; man konnte nichts Reineres sehen. Sie verdienten ihr Glück; — denn sie waren glücklich.

Als der Herbst kam, fiel ein Schatten hinein: die Nachricht von Emiliens Tod ... Ein Brief an Susanne brachte diese Nachricht. Sie zeigte ihn mir stumm und ging dann damit, leise und still, zu Franz; — an diesem Tage sah ich ihn nicht mehr. Doch am andern Morgen erschien er wieder in der „Frühstückslaube", gefaßt und ruhig; ging dann, meinen Arm nehmend, in das nahe Wäldchen und setzte sich auf eine Bank, von der man in's Weite sah. Ist es nicht sonderbar, fing er ruhig an: so zufrieden ich war, — ich glaube: ich — oder der Theil von mir, der in die unglückliche Emilie verliebt war — der hat sie eigentlich noch bis zu dieser Stunde geliebt. So zusammengesetzt sind wir! — Ich habe diese Nacht darüber nachgedacht; ich glaube — fuhr er mit einem trüben, feinen Lächeln fort — diesem Theil von mir hat es geschmeichelt, daß sie mich damals durch Ferdinand wollte tödten laſſen; denn verachtet oder gehaßt hab' ich ſie darum nicht! — — Er wurde ernſthaft: Sie war auch nicht ſchlecht; ich weiß es. Irgend ein irgendwie vererbter diaboliſcher Wahnſinn war in ihr, der ihr von Zeit zu Zeit über den Kopf wuchs; der einen verrückten Zauber hatte über ſie und Andere; doch das Meiſte in ihr war von edler Herkunft! — Auch ihr Verlangen nach Liebe ... Schwärmeriſch und überſinnlich war es; leidenſchaftlich vom Vater her, überſinnlich-zart von der Mutter; — ewiger Widerſpruch! Sie lechzte immer nach Liebe; und den eigentlichen Urtrieb der Liebe hatte ſie doch offenbar nicht. So ging es ihr mit mir, ſo mit Ferdinand. Sie zog an, ſtieß ab. Sie erweckte das glühendſte Verlangen; dann wollte ſie lieber mit dem Geliebten ſterben, als mit ihm leben ... So verlor ſie Alles. Das ertrug ſie nicht. Ihr ſtarker Geiſt zerrüttete ſich; — Wahnſinn, Krankheit — und Tod!

Er gab mir einen zweiten Brief, der an ihn ſelber gekommen, in dem dieſer Verlauf ihres Schickſals umſtändlicher erzählt war. Während ich ihn las, mußte ich bei mir denken: Was für ein frühreiſer Geiſt wohnt in dieſem fünfundzwanzigjährigen Franz, der ſeine Geliebte nachträglich ſo ergründen, ſo begreifen konnte! — — Er ſtand auf und ſchnitzte Buchſtaben in einen Baum; dann kam er zurück. Mich mit ſeinen blauen Forſcheraugen anblickend, ſagte er langſam: Wir Menſchen denken Wunder was wir ſind. Jeder ein Gedanke eines Schöpfers; eine Einheit, ein Kunſtwerk. Zuſammengewürfelt ſind wir; alle! alle! Und die ſogenannten harmoniſchen Naturen ſind nur eben die, bei denen es am wenigſten auffällt, daß Vater Hinz, Mutter Kunz, Großväter und Großmütter und Ahnen und Urahnen im Würfelbecher getanzt haben! — Dieſe unglückliche Emilie war zuſammengeſetzt aus Widerſprüchen; doch Jeder von uns hat in der großen Familienſtube, ſeinem Gehirn, ſo und ſo viele Ichs, die ſich beſſer oder ſchlechter vertragen, je nachdem. Du verſtehſt mich nicht falſch; darum ſag' ich Dir: ich zum Beiſpiel, ich habe von Zeit zu Zeit Stunden — nein, nicht Stunden; aber Augenblicke — wo ich Suſannen verdenke, ihr faſt feind darum bin, daß ſie mich nicht damals mit Emilien im Rauſch der Leidenſchaft zu Grunde gehen ließ ... Und Suſanne — — ich glaube, zuweilen klagt ſie mich noch im ſtillen Kämmerlein an, daß ich ihren Ferdinand getödtet habe; zuweilen denkt ſie wol noch — — —

Er brach ab und ging. Ich glaube, ich erwiderte nichts; wir kehrten nach Hauſe zurück.

Es ſchien ſeit dieſem Tage in Franz etwas vorzugehen, das freilich an und für ſich nicht überraſchen konnte: eine allmählich wachſende Neigung, ſich dem andern Geſchlecht wieder zu nähern. Wie wenn ihn bis jetzt eine letzte geheime Einwirkung Emiliens an dem „todten Punkt" feſtgehalten hätte, wo er, gleichgültig gegen die andern Evaskinder, nur in dieſer brüderlichen Kameradſchaft lebte: ſo trat er nun wieder auf den unsicheren Boden, wo der Kampf zwischen dem Mann und dem Weib beginnt, wo die „Elemente" einander locken. Noch bis tief in den Spät=herbst blieben wir in „Lautereck", aber nicht zu Dreien: Besuche kamen und gingen. Auch Freundinnen Susannens erschienen, darunter sehr jugendfrische, liebenswürdige. Franz huldigte ihnen ritterlich; zuerst mit stetem Humor, dann ernsthafter, eifriger. Eine besonders schien ihm zu ge=fallen. Ich weiß noch, wie wir eines Tages in's Thal hinabwanderten; Franz ging mit dieser Dame — einem jungen Mädchen — voran und unterhielt sie mit seinen phantastischen Possen, daß ihr Lachen durch den Wald erschallte; ich mit Susannen folgte. Sehen Sie wol, was da vor=geht? sagte Susanne zu mir. Ach! — — Verzeihen Sie, wenn ich seufze. Wir werden wol bald Verlobungsanzeigen drucken lassen; und dann wird Franz sich sein Nest bauen; und dann werd' ich allein sein ... Doch er soll bauen! Nur zu! Dazu hab' ich ja diese Mathilde kommen lassen. Ihr gönne ich ihn! Nur zu!

Doch Susanne irrte: wir ließen nichts drucken, und er baute nicht. Eine Woche später reiste Fräulein Mathilde wieder ab; wir Drei waren wieder allein. Wir saßen um den Kamin, in dem ein Feuerchen brannte — denn es wehten schon winterliche Lüfte — und sahen einander mit komischer Zurückhaltung, alle schweigend, an. Franz streckte seine langen Beine recht mit Behagen aus, ließ seine Schuhsohlen von der rothen Gluth beleuchten, und beobachtete das Spiel der flackernden Lichter auf unsern stummen Gesichtern. Endlich sagte er heiter: Kinder! was für ein an=genehmes Reisewetter sie hat! — Ein vortreffliches Mädchen! — — Gott sei Dank, damit bin ich durch!

Womit bist Du durch? fragte ich.

Ich habe meine Schuldigkeit gethan, antwortete er. Ich habe mich verliebt. Ich hab' es so weit getrieben, daß ich eine schlaflose Nacht hatte; — wenigstens bis zwei Uhr habe ich gewacht: dann dachte ich aus Versehen einmal an etwas Anderes und schlief darüber ein ... Aber so wahr ich hier sitze, ich war wirklich verliebt! — Mehr, denk' ich, könnt ihr nicht von mir verlangen. Heirathen kann ich sie nicht!

Warum kannst Du nicht? fragte Susanne.

Sie ist doch auch eine Patagonierin, antwortete er.

Das soll heißen —?

Daß sie nicht von der Susannen=Race ist; und daß ich nur mit Einer von dieser Race leben kann; — aber die find' ich nicht. — Ja, mein Theurer! fuhr er fort, zu mir gewandt und mit tragikomischem Gesicht: das ist das Unheimliche, das tief Erschütternde in meinem Leben, daß dieses Mädchen da (er deutete auf Susanne) mir die andern Weibsen immer wieder verleidet; daß sie mir eine richtige, lebenslängliche Verliebung un=möglich macht; daß ich nie so dumm, blind und taub werde, wie man

sein muß, um ein niedliches Entchen für einen Phönix zu halten! — —
Aber gutes Reisewetter hat sie! setzte er hinzu.

So verging diese „flüchtige, angenehme Verdummung", wie er es
nannte. So vergingen noch manche ähnliche nach ihr, in den folgenden
Sommern oder Wintern; denn von Zeit zu Zeit kam immer wieder dieses
Gelüst über ihn, „sich unter den Patagonierinnen eine Landsmännin zu
suchen". So oft ich ihn wiedersah, war so ein Versuch vorbei, oder ein
neuer im Werden. Zuletzt gewöhnten wir alle uns daran, wie man sich
an Mondfinsternisse und an Sternschnuppen gewöhnt. Immer blieb er
für Susanne von der gleichen Liebe; wie bei allen wechselnden Erscheinungen
des Weltraums die Kraft der Anziehung fortdauert, die die Sonnensysteme
in ihren Geleisen hält und ihre Bahnen rundet.

Ich war dann, nach mancher neuen Begegnung, ihnen wieder Jahre
lang fern; lebte dann sommerlang mit ihnen, wuchs mit ihnen in die
„reifen Jahre" hinein: denn auch Franz, der Jüngste, hörte endlich auf,
„junger Mann" zu sein. Die Winkel seiner Stirn zogen sich höher hinauf, der Blick der Augen ward schärfer, die Wangen schmaler. Nur Susanne veränderte sich nicht. Hatten sich etwa einmal ihre Formen etwas
behaglicher gefüllt, so fand ich sie beim Wiedersehen in das alte Ebenmaß zurückgekehrt; sie „blieb stehen", wie Franz tragikomisch von ihr behauptete: „die einzige große Lüge in der Natur, in der sich sonst Alles fort
und fort verändert!" — Eine Sorge nur bedrückte ihr edles Herz: daß
Franz sich um ihretwillen nicht beweibte. Sie, die jede Bewerbung, die
ihr nahte, gleich im Keim erstickte, als gehöre sie nicht zu Denen, die
man freien kann, sie wollte ihm seinen Einwand nicht gelten lassen. Trag'
ich denn wirklich die Schuld! sagte sie einmal klagend, als ich bei ihr
(in „Lautered") in ihrem Thurmzimmer saß. Wer ist denn dieser Jemand,
der mir so unbemerkt eine Schuld aufgebürdet hat, von der ich nichts
wissen will? Was hab' ich denn gethan, oder was thu' ich, ihn zu hindern,
daß er glücklich wird?

Ich wüßte nicht, daß er nicht glücklich wäre, gab ich ihr zur Antwort.

Aber er soll Weib und Kind haben, wie die andern Menschen! Er
soll nicht als Hagestolz enden! Er soll noch glücklicher sein!

Glücklicher? — Wenn er nun ein Exemplar von der Susannen-Race
nirgends finden kann —

Wollen Sie auch noch so reden? fiel sie mir in's Wort. Schämen
Sie sich!

Sie stand auf. Sie trat zurück an's Fenster. Wer sie nicht gekannt
hätte wie ich — diese zierliche Frau, mit dem drollig strafenden Ausdruck im Gesicht — sicherlich hätte der nicht geahnt, was für ein tragischer
Heldenmuth sich hinter diesen Reden verbarg. Doch ich ahnte es; denn
ich kannte sie. Susanne! sagte ich, und erhob mich auch. Warum reden
Sie so! Wen wollen Sie täuschen: sich, oder mich?

Sie sah mich betroffen an. — Täuschen? — Was meinen Sie?

„Er soll noch glücklicher sein!" sagen Sie — zu mir. Zu mir! der ich besser weiß als irgend ein anderer Mensch, wie glücklich Franz all die Jahre her ist; der ich auch weiß, Susanne, daß er glücklicher gar nicht werden kann! — Widersprechen Sie nicht. Wenn Sie es thun, so ist Jemand in Ihnen, der wiederum Ihnen widerspricht. Und Sie selbst, Susanne? Was würde aus Ihnen, wenn Ihr Bruder ein Weib nähme und Sie allein blieben, ohne Franz, ohne Zweck?

Sie wollte etwas erwidern, doch mein Blick entmuthigte sie, brachte sie außer Fassung. Plötzlich überlief es sie, daß sie zitterte. Sie ward todtenbleich.

Ich kenne Sie ja doch, Susanne, sagte ich bewegt. Warum heirathen Sie nicht? Oder, wenn Ihr Blick mir sagen soll, die Jahre seien vorbei — warum thaten Sie es nicht? Warum durfte kein Mann auch nur durch die stummste Bewerbung fragen, ob er hoffen dürfe? — Weil Franz Ihr Leben, Ihr Glück ist. Weil Sie nur für ihn auf der Welt sind. Weil Ihr Schöpfer Sie dazu geschaffen hat, seine Zwillingsseele zu sein. Keine Verehrung, keine Anbetung, keine Leidenschaft könnte Sie so beglücken, wie diese brüderliche Freundschaft Ihres Franz, der Sie so still vergöttert. Hab' ich Recht, so gestehen Sie es; so nicken Sie mit dem Kopf!

Sie sah mich an, mit tiefem, offenem, schwärmerisch ernstem Blick, und nickte.

Ich frage Sie noch etwas, Susanne; Sie können ja antworten, was Ihnen beliebt. Wenn Sie nun Franz verlieren, hergeben müßten — so oder so — was würde aus Ihnen werden?

Sie blickte hinaus, gen Himmel. Dann schloß sie die Augen, als thäte das Licht ihr weh. — Ich stürbe, antwortete sie.

Sie könnten nicht leben —

Nein! Nein! sagte sie zitternd.

Und doch wollen Sie ihn von sich treiben — in ein sogenanntes Glück, das es für ihn nicht gibt? Geben Sie Acht. Das ist zu erhaben. Das ist Unvernunft. Geben Sie Acht!

Aber ach, mein Gott! sind wir allwissend? gab sie mir zur Antwort. Wenn mir nun doch eines Tages Jemand sagen könnte — oder ich mir selbst —: du, du hast ihn um das Beste betrogen! du bist daran Schuld!? — Lieber sterben! Eh' ich an dem Liebsten, das ich habe, solches Unrecht thue — — Lassen Sie mich! Ich habe meine Pflicht — ich fühle sie hier im Herzen. Quälen Sie mich nicht. Lassen Sie mich! — —

So endete dieses Gespräch. Sie vermied ein zweites. Aber sie ruhte nicht. Diese stille Sorge, daß sie den Bruder vielleicht zu selbstisch an sich gefesselt habe — sie, die selbstloseste der Frauen! — trieb sie immer wieder, auf ihn einzuwirken, daß er sich entschließe. In Scherz und Ernst

hielt sie ihm vor, daß er sehr in die Jahre komme; daß er seine Bürger=
pflichten versäume; daß sie eines Tages sterben werde und ihn dann ein=
sam zurücklassen. Hätte sie geahnt, wie dies enden werde! — In reiner,
opfernder Liebe trieb sie ihn und sich dem Verhängniß zu — —

Eines Tages erhielt ich, der ich die Beiden lange nicht gesehen, einen
Brief von ihm: ich solle nun endlich wieder kommen, und wo möglich
sogleich. Es sei Alles gut und schön: er habe sich verlobt. Mit wem?
Mit einem Mädchen, das mir hinlänglich bekannt sei, ja dessen Dasein
er meinen Ahnen verdanke: denn es seien noch ein paar verwandte Bluts=
tropfen in ihren und meinen Adern; kurz, Ottilie St . . . Und er er=
warte mich; und er bitte um meinen Segen; — — und so weiter. Ich
weiß nicht, warum mich diese Botschaft nicht erfreute; ich glaube, weil
es mir ein Schmerz war, an die Auflösung dieses schönsten Zwillings=
lebens zu denken; vielleicht auch weil die Fassung des Briefes mir nicht
gefiel. Gegen die Wahl an sich konnte ich nichts sagen. Diese Ottilie,
eine entfernte Verwandte von mir, und schon seit Jahr und Tag mit
den Geschwistern bekannt, hatte etwas Ungewöhnliches, Frühreifes, Ge=
winnendes; ein interessantes Gesicht und eine volle, junonische Gestalt,
die sehr an Emilie erinnerte. Auch sonst waren einige auffallende Aehn=
lichkeiten da. Etwas Emilienhaftes, dacht' ich, sollt' es also doch sein . . .

Es dauerte einige Wochen, eh' ich reisen konnte. Endlich kam ich
nach „Lautereck", wo die Geschwister wieder einmal wohnten; es war
Sommer, und große Gluth. Das „verrückte Haus" lag wie in einem heißen
Duft auf seiner Höhe. Als ich von der Fahrstraße hinaufstieg, sah ich
in dem Eckthurm zur Rechten, den allemal Susanne bewohnt hatte, ihre
liebliche Gestalt oben im offenen Fenster; links, wo dieser Thurm seinen
Zwilling hatte, tauchte Ottilie, auch oben am Fenster, auf und sah in
die Ferne. Mir war's sonderbar, so im ersten Blick vor Augen zu haben,
was sich hier zugetragen hatte . . . Ottilie, die mit einer älteren Schwester
gekommen war, wohnte in dem Thürmchen links; diese Schwester in der
Mitte, Franz zu ebener Erde. Franz war der Erste, der mir entgegen=
kam. Er schwenkte sein Taschentuch, statt etwas zu sagen, und umarmte mich.

Du bist ja blaß, Franz, waren unwillkürlich meine ersten Worte.

Das hat seine Richtigkeit, antwortete er mit einem Lächeln, das nicht
recht gelang. Ich kann Dir auch den Grund sagen: weil ich nicht ganz
wohl bin. Wahrscheinlich geschieht mir das nach dem Gesetz der Aus=
gleichung: wem es sonst sehr gut geht, dem stellt das Schicksal ein Bein,
damit die Welt hübsch gleichmäßig miserabel bleibt. Komm hinein! Wir
geben Dir zu essen. Da ist Ottilie!

Er nannte sie nicht seine Braut . . . Ottilie erschien mit ihrer
Schwester, einer heiteren, nicht mehr jugendlichen Blondine. Sie selber
stand hoch und majestätisch in der Thür, fiel mir aber gleichfalls durch
ihre Blässe auf und hatte etwas Gespanntes, Unruhiges zwischen den

schön gewölbten Brauen. Zuletzt kam Susanne; stiller als gewöhnlich. Obwol es so heiß war, reichte sie mir eine kühle Hand. Als sie sah, daß ich sie und die Andern nachdenklich betrachtete, sagte sie rasch, als errathe sie meine Gedanken: Die große Gluth, lieber Freund! Wir kriechen alle wie matte Fliegen herum. Muntern Sie uns etwas auf! — Auch sind wir traurig, weil Franz — — Seine alte Wunde — oder was ist es. Seine Lunge wird so empfindlich, sag' ich Ihnen; er schläft auch schlecht — — Aber er will keinen Arzt. Wie die Männer sind; — doch wem sag' ich das: wer ist eigensinniger als Sie. Kommen Sie, helfen Sie uns essen. Und Alles, was Sie trinken, trinken Sie auf Franzens Gesundheit!

Sie nahm meinen Arm und wir traten in den gemeinschaftlichen Salon, der der kühlste Raum war. Wie immer, wenn Susanne eine „Festtafel" deckte, war der Tisch mit poetischer Phantasie geschmückt; Blumen in eigenthümlichen Arabesken geordnet, Rosen in unsern Bechern, Farrnkräuter und wilde Gewinde, die den Nachtisch malerisch verdeckten. Dennoch ging es nicht festlich her. Wir waren bald still, bald gezwungen lustig. Ich sollte „aufmuntern" und fühlte selber die Schwüle, die in jedem Sinn auf diesem Hause lag. Was geht hier vor? dachte ich. Nur daß Franz nicht wohl ist? Weiter wär' es nichts? — — Wir saßen da wie gebildete Menschen, die sich zusammennehmen; nicht wie froh gestimmte, die sich gehen lassen. Endlich kam der Schluß, und die Zeit der Nach= mittagsruhe. Man ging auseinander.

Ich sah Ottilien nach, die sich still entfernte; nachdem Franz ihr mit einem geflüsterten Wort, und mit einem auffallenden Erröthen der bleichen Wangen, die Hand gedrückt hatte. Sie trug sich nicht aufrecht, sondern etwas gebeugt, als sie hinausging; den Kopf zur Seite geneigt, wie wenn eine Last ihn drückte. Franz kam zu mir und zog mich sacht durch die andere Thür hinaus. 'S wird nun doch frischer draußen, sagte er; auf der Wiese, im Schatten. Fünf Uhr; — wir saßen lange . . . Oder willst Du schlafen?

Nein, sagte ich.

So komm!

Wir traten zunächst auf den Hof; dort blieb er stehn. Es schien ihm etwas an der Mauer aufzufallen, die den Hof umfaßte; dann schweifte er davon offenbar zu andern Gedanken ab, denn er starrte in einen Win= kel, rieb sich mit einem unbewußten Seufzer die Stirn und hatte ohne Zweifel vergessen, was er wollte. Mir kam er so verändert vor, daß es mich beklemmte. Ich beobachtete ihn still. Endlich sah er mich an.

Ich war ein Narr, sagte er.

Warum?

Er antwortete nicht. Der Klang seiner eigenen Worte schien ihn erschreckt zu haben. Er erröthete wieder so auffallend, wie vorhin. Ach!

seufzte er nach längerem Schweigen, faßte meinen Arm und zog mich mit hinweg.

Wir kamen in's „Wäldchen" hinaus, und von da zur Wiese. Es war der Platz, wo Susanne in ihrer Genesungszeit so gerne gesessen hatte. Unter einer Eiche — einem schön entwickelten Baum — stand ein Tisch, mit Stühlen. Nicht weit davon war eine Laube, dicht von mächtigen Kürbisblättern überwachsen, so daß man von dieser Seite nicht hineinsehen konnte. Das noch in Duft gehüllte Gebirg blaute über die Wellen des Vorlandes herüber.

Franz setzte sich auf den Tisch. Es fiel mir noch mehr als bei Tafel auf, wie tief seine Augen lagen. Das Gesicht schien sich gestreckt, zugespitzt zu haben; so viel magerer war es geworden. Franz! Franz! sagte ich endlich, durch diesen Anblick betroffen und geängstigt.

Hm! murmelte er fast befriedigt, als hätte er das erwartet. Nicht wahr, sagte er dann, ich gefalle Dir nicht.

Was geht mit Dir vor, Franz?

Wir müssen einmal darüber sprechen, sagte er mit scheinbarer Ruhe. Damit Du mich nicht falsch beurtheilst; nur darum: denn helfen kannst Du mir nicht. — Er wiederholte diese Worte vor sich hin; es war der Ton stiller Verzweiflung. — Helfen kannst Du mir nicht!

Wer weiß, sagte ich und suchte mich zu fassen. Bist Du körperlich so leidend, Franz, weil Du unglücklich bist, oder hältst Du Dich nur für unglücklich, weil es Dich körperlich drückt?

Er lächelte trübsinnig: Du willst mir, wie es scheint, einen Trost anbieten. — Ich werde Dir also kurz sagen, wie es ist! — Sonst sagt' ich Susannen Alles; dies kann ich ihr nicht sagen. Und es fort und fort ganz allein zu tragen, das halte ich offenbar nicht aus! — — Ich verliebte mich in Ottilie. Ich sah, daß ich ihr gefiel. Susanne sagte mir: heirathe! Heirathe, eh' es zu spät ist! — Ferner weißt Du: sie hat Aehnlichkeit mit Emilie. Mir kamen wieder Gefühle — uralte Gefühle — — und eine Art von Aberglauben — — Kurz, sie ward meine Braut. — Und nun bin ich ein unglücklicher Mensch! Ich bin verloren!

Die dumpfe Ruhe dieses Bekenntnisses hatte etwas Verwirrendes; ich starrte ihn nur an. Zugleich aber verstörte mich, daß ich in der Kürbislaube ein Geräusch zu hören glaubte. Jetzt fiel mir erst ein, daß man ja dort jedes unsrer Worte hören könnte. Wenn etwa Jemand dort war — —

Vor Allem sprich leise, flüsterte ich ihm zu; oder laß uns gehen. Solche Bekenntnisse — —

Doch er hörte mich nicht. Das Herz war ihm zu voll. Indem er an meinem Rockärmel zerrte, offenbar ohne es zu wissen, fuhr er fort: Glaube nicht, daß ich ihr mein Wort nicht halten werde. Ich werd' es halten! Ich hab' sie mit hineingerissen, hab' ihr Herz gewonnen und

3*

gestohlen; ich würde mich verachten, wenn ich nun sagen wollte: mir ist wieder anders zu Muth, heirathen kann ich dich nicht. Nein, ich werd' es halten! Ich werde sie heirathen — — und dann gibt es ja nur einen Unglücklichen mehr, weiter nichts. Ich hatte ja Glück genug! Nun tret' ich ab, und ein Andrer kommt dran!

Franz! sagte ich. Was sind das für Worte. Warum ein Unglücklicher —

Mensch! Mensch! gab er mir zur Antwort. Und wenn ich auch vom Morgen bis zum Abend wie ein Verzweifelter mich bemühen werde, ihr nur Liebe zu zeigen — — es ist aus. Ich hab's nicht. Kann sie so lächeln, so trösten, so verstehen, so unsäglich gut sein, so voll himmlischer Liebe und Treue sein, wie Susanne ist? Es gibt nur Eine Frau: das ist meine Schwester. Ich bin zur Ehe verdorben; rettungslos verdorben. Und doch hab' ich's gewagt; und es ist ein Frevel ... Darum schwind' ich so hin; darum wird meine Lunge wieder schlecht; darum schlaf' ich nicht — —

Nun? kannst Du mir helfen? setzte er nach einer Pause hinzu. — Was blickst Du da hinüber? Was siehst Du?

Ich hatte wieder meine Augen auf die Laube gerichtet; doch es rührte sich nichts. — Also hatte ich mich getäuscht!

Ich blickte nur so in die Luft, ohne etwas zu sehen, antwortete ich. Doch vor Allem laß mich hoffen, Franz, daß Du übertreibst — —

In diesem Augenblick sah ich Susanne in dem Wäldchen erscheinen, und sprach meinen Satz nicht aus. Sie spähte mit Unruhe, wie mir schien, zu uns herüber. Franz bemerkte sie nun auch und stand plötzlich auf. Ach! sagte er leise: und vor ihr zu heucheln! Ihr zu verbergen, was hier vorgeht! Sie zu belügen! — Er seufzte tief; es war überaus traurig zu hören. Dann nahm er sich zusammen und ging auf die Schwester zu. Langsam folgte ich nach.

Was sollte geschehen? Was konnte hier geschehen? — —

Susanne setzte sich am Rande des Wäldchens auf die Erde nieder; dichtes Gebüsch gab ihr Schatten. Sie legte die blau geäderten, sammetweichen Hände in einander, warf die dunklen Locken zurück und blickte mit ihrem unbeschreiblichen Blick zu Franz hinauf. Er stand neben ihr. Sie sprach zu ihm. Ich hörte die Worte, ohne sie nachzudenken; mich beschäftigte, bewegte nur der Ton ihrer Stimme. Es war die freundlichste, seelenvollste Stimme, die man hören konnte. Hat der Unglückliche nicht Recht? sagte ich zu mir. Wenn eine Schwesterseele, wie diese, all ihre Liebe und Holdseligkeit, all ihr Fühlen und Denken Dir gegeben hätte, könntest Du dann eine Andere recht von Herzen lieben? — — Es schien mir in diesem Augenblick unwahrscheinlich, undenkbar. Ich schüttelte den Kopf.

Plötzlich sah ich einen langen Schatten am Boden, und Ottilie

stand neben mir. Sie hatte ihr Taschentuch in der Hand, so zusammen=
gedrückt, daß man es kaum mehr sah. Völlig wachsfarben war sie im
Gesicht, und ihre Augen gingen ohne Blick an mir vorbei. Woher kam
sie so plötzlich? Vom Hause her konnte sie nicht kommen; dann hätte
ich sie gesehen. Hinter mir, von der Wiese? Dann hätte ich sie vorhin
bemerken müssen. Denn auf der freien Wiese konnte sie nichts verdecken
— — Nur die Kürbislaube, fiel mir auf einmal ein. Indem ich das
dachte, stockte mir das Herz.

Woher? und wohin? fragte Susanne arglos, da Ottilie nicht stehen
blieb, sondern weiter wollte.

Ich komme wieder! gab sie rasch zur Antwort. Dann beschleunigte
sie ihre Schritte, und die hohe Gestalt verschwand bald in dem Thor
der Hofmauer, das zum „Schlößchen" führte. Franz hatte, wie es schien,
von ihrer Verstörtheit nichts bemerkt. Er sah ihr nur mit müden, halb
geschlossenen Augen nach. Seine mehr als je gelockten, dunklen Haare
strebten von den Schläfen hinweg und ringelten sich fast bis in den
Nacken hinab. Nie waren die Geschwister sich so ähnlich! mußte ich denken.

Du bist heute noch nicht gewandert, sagte Susanne endlich.

Ja, ja, ja, Du hast Recht! erwiderte Franz sogleich. Doch heute
verlasse ich meine drei Grazien — er lächelte ein wenig — und halte
mich an Den da! — Nämlich von meinen neuen Forschungen muß ich
Dir erzählen, sagte er zu mir. Ich bin unter die Philosophen gegangen;
ich spekulire heftig. Ich sage Dir, ich habe zu den Atomen seit einiger
Zeit ein zarteres Verhältniß; diesen geheimnißvollen Geschöpfen such' ich
ein wenig hinter die Schliche zu kommen — so spröde sie auch sind.
Wir gehen an den Fluß hinunter; zum Abendessen kommen wir zurück.
— Adieu, Zwilling! rief er noch im Gehen. Er nahm meinen Arm;
wir entfernten uns.

Als wir zur Straße kamen, blickte ich noch einmal rückwärts über
die Schulter. Susanne war aufgestanden, und sie schien zu weinen ...
Oder täuschte ich mich? War ich heute in so sonderbarer Stimmung,
daß ich überall mehr sah, als wirklich war? — — Wir stiegen durch
den Wald in das Thal hinab. Der Fluß rauschte heran; Kiesgeröll und
Weidicht bedeckten das flache, trockene Gebiet, das ihm noch unterthan
war, dann kam steiles Ufer rechts und links, das ihm nicht mehr ge=
hörte. Verlassen wir endlich die Straße! murmelte Franz und zog mich
dem Weidicht zu. Dünne Stämmchen, wie Bettler, denen kaum eine
Streu gehört, krochen aus dem unfruchtbaren Boden hervor. Gerölle
knirschte oft unter unsern Füßen. Franz schien das Oede, Unliebliche
dieser Wanderung wohlzuthun. Er hatte von Ottilien noch kein Wort
gesprochen; als sei das abgethan und nichts mehr darüber zu sagen und
zu klagen, vertiefte er sich in seine Grübeleien, in die Ur=Atome, „die
Freunde seiner schlaflosen Nächte", wie er sagte, und baute sein Welt=

gebäude vor mir auf. Ueberraschend helle, neue Gedanken leuchteten hinein; dann wieder kamen labyrinthische Gebiete, denen „das Licht noch fehlte", wie er selbst bemerkte. Er sprang darüber hinweg und sprach hastig weiter; hastiger, als sonst. Zuweilen überstürzten sich die Worte; als dürfe keines dem andern Zeit lassen, eine andere Gedankenreihe zu wecken. Dazu rauschte der Fluß unruhiger, lauter; denn sein Bett ward eng, die steilen Ufer traten hart an ihn heran. Endlich schwand uns gleichsam der Boden unter den Füßen; Alles war Fluß und Fels, weiter konnten wir nicht mehr.

Wir müssen umkehren, sagte ich.

Er schüttelte den Kopf.

Dort hinauf! murmelte er und deutete auf den Fels.

Hinaufklettern?

Ja.

Guter Franz! Du kannst nicht. Höre, wie kurz Du athmest. Schon dieses rasche Gehen hat Dich außer Athem gebracht —

Ja, wir gingen rasch, antwortete er. Diese verwünschte Schwäche. Diese Lungen! Ach! — — Er seufzte gequält und lehnte sich plötzlich an mich, mit ganz farblosem Gesicht.

Du wirst schwach!

Er schwieg.

Franz! sagte ich, nach einer traurigen Stille. Was helfen Dir die Atome, was hilft alles Denken. Du bist elend; krank. Du zerstörst Dich.

Ach was! sagte er matt.

Du mußt ein Ende machen, Franz: entweder mit dieser unglück= seligen Furcht vor dem neuen Leben, oder mit diesem neuen Leben selbst, das Dich, Ottilie, Susanne, euch alle zu Grunde richtet, wenn Dein Herz nicht dabei ist. Deine Gesundheit ist ja schon dahin! Du warst immer zart; — so lange Du glücklich warst, schadete es nicht. Unglück hältst Du nicht aus. Raffe Dich heraus, Franz; so oder so!

Er antwortete nicht, hatte nur ein Lächeln.

Fühlst Du nicht, daß Du Susannen Deine Gesundheit, Dein Leben schuldig bist? — Glaubst Du, daß sie Dich überleben könnte?

Er sah mich mit seinen tiefen Augen wunderbar an (ich sehe noch diesen Blick); doch er erwiderte nichts. Er wandte sich, um zu gehen.

Laß mich! sagte er endlich. Es wird dunkel; und die Nebel steigen. Woher kommt dieser rothe Schein da oben? So ein Abendroth hab' ich nie gesehen.

Und doch wird es wol — —

Ich sprach nicht aus. Und es ist wol auch keins, verbesserte ich mich. Es sieht wie Feuerschein aus.

Ja, ja, ja, sagte er und nickte. Nun, wo brennt's denn? Wo sind wir? — Er sah nachdenkend umher, um sich zurechtzufinden; ich desgleichen. Das Flußbett hatte hier eine Biegung gemacht und lief nicht von Süden nach Norden, sondern fast von West gegen Ost. Hinter uns mußte das Feuer sein; oben auf der Höhe. Was lag denn dort? „Lautereck" und noch zwei, drei Häuser; weiter nichts. Wir sahen uns an; wir hatten denselben Gedanken. Plötzlich rief er aus: Bei uns —! — Susanne!

Warum denn grade bei uns, antwortete ich. Uebrigens, wenn man hier auf die Höhe steigt, kann man ja wol Lautereck sehen. Bleib' hier; laß mich hinauf — —

Doch in diesem Augenblick fing er schon an zu klettern. Franz! rief ich. Franz! Du nicht! — Deine Lungen, Franz! — — Ich sprach umsonst. Er kletterte hastig eine Weile fort, wie um unmöglich zu machen, daß ich ihn zurückzöge; dann rief er, schon keuchend, zurück: ich muß selber sehn! — Die Wand war steil, und fast nirgends ein Vorsprung oder Gebüsch, sich daran zu halten. Der Athem schien ihm auszugehen, denn er klammerte sich an eine alte Baumwurzel an. Doch sowie er sah, daß ich ihm folgte, kletterte er weiter. Ueber uns wuchs der Feuer= schein, und röthete nun auch die Wand, die wir erstiegen. Endlich war ich oben; und er auch. Sich gegen einen Baum lehnend, der am Rande aufstieg, und von der Anstrengung zitternd, deutete er auf den dunklen Rauch, der mit Flammen gemischt zwischen den Eckthürmen unseres Schlößchens in die Höhe wallte. Siehst Du? stammelte er.

Ich rang selber nach Athem. Franz war leichenblaß. Ich beschwöre Dich, keuchte ich hervor, bleib' hier. Geduld. Ich voraus — — ich thue, was ich kann! — Damit setzte ich mich wieder in Bewegung. Er aber rastete nur noch einen Augenblick; dann rief er mit so viel Stimme, als er hatte: Susanne! ich muß sie retten! und lief mit überraschender, unbegreiflicher Geschwindigkeit auf das Schlößchen zu.

Die Entfernung war nicht mehr groß, denn der Fluß krümmte sich hier fast bis an unsere Höhe zurück; aber auf dem unebenen, von Ge= stein durchwachsenen Boden stürzte man mehr, als man lief. Einmal sah ich ihn fallen; darüber erschrocken, glitt ich selber aus, und rollte eine Strecke zurück. Als ich wieder aufstand, flog er schon wieder über das Erdreich hin; eine dunkle Gestalt, die in roth glühende Luft hinein= zufliegen schien. Seine Haare flatterten; sein Hut war ihm entfallen. In wachsender Angst stürzte ich ihm nach . . . Endlich kamen wir zugleich auf die letzte kleine Anhöhe, auf der das brennende Haus stand. Einige Leute aus der Nachbarschaft hatten sich dort gesammelt und liefen rath= los umher. Wie weit die mächtige Flamme schon um sich gegriffen hatte, konnte man von unten nicht sehen; man sah nur, daß sie den linken Thurm und das Dach des Mittelstücks umhüllte. Ottiliens Schwester stürzte uns entgegen: Helft! helft! rief sie aus. Sie wies zu den Thürmen hinauf. Ottilie und Susanne — Beide sind verloren!

Ein erschütternder Schrei kam aus Franzens Brust. Susanne! rief es aus ihm. Gleich darauf verschwand er in der Thür des Hauses. Schwärzlicher Qualm brach schon daraus hervor. Eine Stimme schien ihn zu durchdringen, von oben her; doch bei dem wüsten Geschrei der Menschen — denn sie stiegen nun auch von der Straße und vom Thal herauf — wußte das Ohr nicht mehr, was es hörte. Ich dachte nur, Franz zu helfen; wollte ihm nach. Ottiliens Schwester hielt mich am Arme fest. Ottilie ruft! sagte sie und horchte. Aber nicht im Thurm! Dort! Dort!

Sie wies hinter sich.

Sie hatte Recht; nicht aus dem Hause, sondern vom Freien her kam ein matter Ruf, und es schien Ottiliens tiefe Stimme zu sein. Was be= deutete das? War es Hülferuf? — Ich eilte der Richtung zu. Der Ruf wiederholte sich, und führte mich. Um die Ecke des brennenden Thurms, an der Hofmauer und am Wäldchen hin, kam ich auf die Wiese, die nun düster röthlich leuchtete. Unter dem Baum, an dem mir Franz am Nachmittag sein trauriges Bekenntniß gemacht hatte, lag Ottilie, halb aufgerichtet und gegen den Tisch gelehnt. Wie aus einem Traum erwacht, wie eben zu sich gekommen, starrte sie den Feuerschein und mich mit ihren sonderbaren Juno=Augen an. Feuer! rief sie. O Gott!

Wie kommst Du hierher? fragte ich verwirrt.

Feuer in meinem Thurm! — Alles brennt! — Ich, ich hab' die Schuld!

Ich richtete sie auf. Was ist geschehen? Was hättest Du denn gethan?

Sie sah mir eine Weile mit starrem Blick, fremd und abwehrend, in's Gesicht; dann aber sank sie mir an die Brust. Ich muß fort! sagte sie. Du warst immer gut zu mir. Hilf mir fort! Ich muß fort! — Ich hab' heut Alles gehört; in der Laube war ich . . . Dann bin ich in meinen Thurm, auf mein Zimmer gegangen; hab' zu packen begonnen; — hab' die Briefe verbrannt, die er mir im Frühjahr schrieb — — eh' ich kam . . .

Sie stockte; sie ließ mich los; ihre Thränen wollten wieder fließen. Ottilie! sagte ich, von tausend Gefühlen zugleich bestürmt, und auf das Feuer deutend. Unglückliche, und wie kam's dann —

Dann hielt ich es nicht aus — lief hierher. Und an diesem Platz, so scheint es, verließen mich die Sinne. Und wie ich erwache, brennt's . . . Ich hab' die Blätter fallen lassen, als sie loderten — hab' das Feuer nicht ausgetreten. O, wie sinnlos war ich. Wo ist Susanne! Wo ist meine Schwester! Ihr habt sie gerettet, nicht wahr. Sag' mir, sag' mir: ihr habt sie gerettet!

Ottiliens Schwester eilte zum Glück herbei, und schwenkte schon von Weitem ihr Tuch. Wir haben sie! rief sie aus, als sie näher kam. Er hat sie heruntergetragen, auf seinen Armen. Sie wußte nichts mehr von sich; der Qualm — — doch sie lebt!

Und Franz? fragte ich in geheimer Angst; doch ich konnte Ottilie dabei nicht ansehen.

Er liegt jetzt da, wie betäubt; und Du mußt kommen . . . Ach, wie sieht er aus. Doch es wird ja vorübergehn — —

Es durchzuckte mich. Ich warf einen flüchtigen Blick auf Ottilie, die zu zittern anfing und über diesen neuen Schreck sich selbst zu vergessen schien; ich flüsterte ihr zu, daß jetzt ihre Pflicht sei, sich zu fassen. Dann eilte ich zu der Unglücksstätte zurück.

Das Haus war nicht zu retten; die Flamme, der diese hülflosen Menschen nicht zu wehren vermochten, loderte ruhig fort. Ich fand Susanne und Franz, fast taghell beleuchtet, auf den Stufen, die von der Straße bis zum Schlößchen führten. Die blasse, doch wieder belebte Susanne saß auf einer der Stufen, und Franzens Haupt lag in ihrem Schooß. Er hatte die Augen geschlossen, doch er athmete heftig, stürmisch. Ueber sein Gesicht floß der Schweiß herab. Sie sah mit einem Blick zu mir auf, der mir durch's Herz ging. Dann deutete sie durch eine stumme Neigung des Kopfes auf ihren Franz.

Du wirst mir doch nicht schon sterben, Franz? sagte sie, als ich näher trat.

Ich stammelte irgend ein beruhigendes Wort; ich weiß nicht, was.

Ach, noch nicht! noch nicht! fuhr sie fort, zu Franz. Oder ich mit Dir — —

Er schlug nun die Augen auf. Als er das holde Gesicht über sich sah, und auch mich erblickte, kam ihm sogleich das Bewußtsein zurück. Ein schwaches Lächeln gelang ihm. Siehst Du, murmelte er mit heiserer Stimme. Ich habe sie gerettet . . . Wo ist Ottilie . . . Uebrigens, mich friert. Tragt mich in's Haus — —

In's Haus! In welches Haus? — Die Gluth brach schon aus der Thür hervor.

Ein paar Männer traten herzu; wir nahmen ihn aus Susannens Schooß und hoben ihn auf. Das nächste Haus stand hundert Schritte entfernt. Dorthin trugen wir ihn. Susanne folgte.

Ich hörte hinter mir ihren leisen Schritt. Wenn er stirbt, flüsterte sie — — Sie sprach nicht aus. Doch sie weinte auch nicht; ruhig ging sie hinter mir her. Ich wußte, was sie dachte.

———

Welt der Widersprüche! der grausamen Schönheit, der erbarmungslosen Herrlichkeit! — Ich sehe noch das Bild dieser nächsten Tage. Goldenes Licht zittert über der erwärmten Erde; es spielt an dem umrankten Fenster des Gemaches, in dem ich sitze, und wallt, empfindungslos verklärend, über das ausgebrannte, geschwärzte, todte Gemäuer da draußen, das einst „Lautereck" hieß. Holde Kühle schleicht aus dem angrenzenden Zimmer zu mir herein; durch die offene Thür kommt beruhigende Dämmerung, die die Augen streichelt: dort sitzt eine zarte Gestalt an einem Krankenbett, darin der fieberheiße Athem eines nach Leben Ringenden fliegt. Sie liebt ihn zu sehr, um zu klagen; so oft er die Augen öffnet, lächelt sie ihn an. Doch was ist ihr das goldene Licht, wenn er nicht genest. Was soll ihr die holde Kühle, wenn er in's Kühlere hinuntersteigt . . . Und sie fühlten Beide so tief, wie schön das Leben doch ist. Mit herrlicher Sinnen= und Seelenkraft haben sie's genossen. Und ich, der ich nebenan regungslos sitze und horche, wie verächtlich thöricht finde ich die Erde, die sich so kummerlos von so edlen Geschöpfen trennt. Wie eine alberne Mücke kreist sie weiter um das „goldene Licht", dem sie gehorcht. Sie rollt durch den Aether dahin, ein sternbeschienenes Siechenhaus, ein besonnter Friedhof. Was ist ihr ein Todesseufzer aus edler Brust; lachende Thoren wachsen dafür nach und sonnen sich über den Gräbern. Und wo die Flamme der Erde ein „Lautereck" verzehrte, senkt sich die Flamme der Sonne, die immer neues Spielzeug schaffende, neue Lust entfachende, herab! — —

Susannens Rettung ward hoch bezahlt; eine furchtbare Entzündung hatte Franzens Brust ergriffen, es ging auf Leben und Tod. Durch Zufall fügte es sich, daß die Bewohner des Nachbarhauses eben im Begriff waren, auf Monate zu verreisen; sie traten uns für den Rest des Sommers ihre Wohnung ab, und so gut es ging, richteten wir uns ein. Susanne, mit dem Kranken und mir, wohnte im Erdgeschoß; über uns die Schwestern . . . In diesem Elend war Ottilie weich, aufgelöst und gut. Sie klagte sich an, daß sie an Allem schuld sei; sie litt mit Franz, den sie für seine heroische Liebe zur Schwester so leiden sah; sie verzieh ihm Alles, und konnte ihn jetzt nicht verlassen. Ich will ihn nicht sehen, sagte sie zu mir; ach, mein Anblick könnte ihn nur schmerzen. Aber bleiben muß ich, von ihm hören muß ich, bis ich weiß, es wird wieder gut! — — Scheinbar ward es auch gut. Die Entzündung wich. Die Kräfte, die sich bis zur Neige erschöpft hatten, kamen langsam wieder. Es überraschte den Arzt, und uns, wie schnell dies geschah. Susanne, die sich während der tiefsten Noth wunderbar still in sich verschlossen hatte, fing wieder an, mit den Menschen zu leben. Man ließ auf Franzens Verlangen die Sonne zu ihm hinein. Ottilie saß draußen im Garten; sie weinte vor Freude und Weh, da der Arzt ihr versichert hatte, „Alles werde gut". Morgen kann ich fort! sagte sie zu mir. Morgen muß ich fort!

Am nächsten Mittag kam sie, Franz zu sehen und von ihm Abschied zu nehmen. Susanne — die längst Eingeweihte — und ich standen an seinem Bett. Er blickte voll Unruhe, und erröthend, auf die hohe Ge=

stalt, die im vollen Sonnenlicht über die Schwelle trat. Er wußte schon durch mich, daß sie Alles wußte. Als sie, nach einer unwillkürlich zuckenden Bewegung, seine durchsichtig magere Hand ergriffen hatte und schweigend drückte, zog er die ihre an seine Lippen und küßte sie fort und fort. O genug! genug! sagte sie endlich gerührt.

Nie kannst Du mir verzeihen, flüsterte er. Niemals. Niemals.

Doch! sagte sie leise und löste ihre Hand aus der seinen. Und wie um ihm zu sagen, daß sie ihm verzeihe, weil sie ihn begreife, nahm sie Susannens Hand; schien sie küssen zu wollen, legte sich dann aber an Susannens Brust und küßte sie auf den Mund.

Ich danke Dir! flüsterte seine matte Stimme.

Ottilie kam noch einmal zu ihm zurück. Ich bleibe Dir gut; schwesterlich gut, sagte sie laut und mit fester Stimme. Es klang, als hätte sie wirklich Alles überwunden; — wie ich sie kenne, glaub' ich auch, daß es so war. Sie hatte die Ruhe und Kraft, nun auch ihn zu küssen. Seine tief eingesunkenen Augen füllten sich mit Thränen, als sie sich wieder aufgerichtet hatte. Ihr Frauen seid viel zu gut, murmelte er. Ach! doch wenn Du wüßtest —!

Ich weiß, flüsterte sie. Dann sah sie ihm noch einmal in die Augen, und ging still hinaus.

Dieser Abschied hatte ihn getröstet, doch auch tief erregt; mit oft geschlossenen Augen und zitternden Wimpern lag er den Nachmittag da. Was mochte er fühlen; er, dem es schon weh that, dem letzten aller Wesen weh zu thun ... Doch er vermied es, von Ottilien zu sprechen. Sie war fort; über ihm tiefe Stille; sein geschärftes Ohr hatte sonst zuweilen ihre Tritte gehört. Das Leben begann wieder seinen alten Kreislauf; Tage, Wochen vergingen. Langsam, allmählich schien er zu gedeihen. Er verließ das Bett, vertauschte es mit dem Divan; ging zuweilen ein wenig hin und her. Zwar seine Stimme blieb schwach; sein Lächeln kam wieder, aber nicht sein Lachen. Zuweilen legte er sich eine Hand auf die Brust und verzog schmerzvoll das Gesicht ... Werd' ich ihn behalten? fragte mich Susanne.

Ich nickte; doch ich glaubte es nicht mehr, und ich wußte, warum. Der Arzt hatte, auf mein Verlangen, offen zu mir gesprochen. Der gefährliche Rest jener Entzündung, ihre Hinterlassenschaft, wollte nicht mehr weichen; unaufhaltsame Zerstörung hatte die Lunge ergriffen. Täglich kam das Fieber zurück, das ihm am Leben nagte. Andere, schmerzliche Leiden gesellten sich dazu. Langsames Hinsiechen konnte ihm noch bevorstehen; doch Genesung nicht. Und nun waren wir uns die liebsten Freunde auf dieser Erde; und er sollte sterben ...

Eines Nachmittags, schon gegen Abend, war ich mit ihm allein; Susanne hatte sich entfernt, er horchte noch auf ihre leisen Schritte. Als ich schon nichts mehr vernahm, sah ich ihm noch an, daß er — den

Kopf ein wenig vom Divan aufgerichtet — weiter horchte: denn dieser eine seiner Sinne war krankhaft feinfühlig geworden und „um eine halbe deutsche Meile verlängert", wie er einmal im Scherz betheuert hatte. Bitte, rück' ein wenig näher! sagte er auf einmal. Es wird endlich Zeit, daß wir uns über die Hauptsache aussprechen.

Ueber welche Hauptsache?

Ueber meinen Abschied vom Leben, antwortete er.

Warum denkst Du daran?

Weil ich weiß, was hier steckt, sagte er und legte seinen mageren, fast weiblich zart gewordenen Zeigefinger an die Brust. Und weil ich die bekannten langen Ohren habe. Ich hörte neulich ein paar Worte, die der Doctor Dir sagte; ihr ahntet nicht, daß ich's hören könnte. Uebrigens, auch ohne das hätt' ich's bald errathen! setzte er mit einem herzergreifenden Lächeln hinzu. Sieh' mich an und höre meine Stimme!

Es steht schlecht, Franz, gab ich ihm zur Antwort. Wir Menschen sind aber unwissende Geschöpfe, und unsere Pflicht ist, zu hoffen — .

Er unterbrach mich, indem er, auf italienische Art verneinend, seinen Zeigefinger hin und her bewegte. Nichts da von Hoffnung, sagte er; ich weiß Alles; das ist abgemacht. Gräßlicher Gedanke: immer noch zu hoffen und zu hoffen, bis man sich in den tiefsten Abgrund der Entkräftung hineingehofft, bis man die Kraft verloren hat, sich über die lange Qual hinwegzuhelfen! bis man zur Caricatur eines Menschen geworden ist, und den Liebsten, Theuersten, die man auf Erden hatte, monatelanges Grauen und Elend geschaffen hat! — Kann man von uns verlangen, daß wir so unwürdig endigen? daß wir nach rastlosem Ringen, unserm Dasein eine edle, würdige, schöne Gestalt zu geben, uns so wurmartig in unserer Qual winden und wälzen? ein so verzerrtes Bild von uns zurück= lassen? — Wenn ich sterben soll, gut, ich bin bereit. Aber Monate, Jahre lang sterben — — nein, das nicht! das nicht! rief er aus und richtete sich auf. Das ist unmenschlich, entwürdigend! Das hab' ich nicht unterschrieben, als ich in's Leben eintrat! Dazu zwingt man mich nicht!

Ich war still; was sollte ich erwidern. Fühlte ich doch wie er. Immerhin aber überschauerte es mich . . .

Bruder! sagte er nach einer Weile, mit der dumpfen Stimme.

Was? murmelte ich.

Seine Augen leuchteten so tief, daß es mich bewegte. Wie schön wär' es, fuhr er fort, wenn man als Mann, als Philosoph sich faßte und unter sein Leben ruhig „Ende" schriebe, — mit einer Anmerkung dazu: „das Buch war nur kurz; doch der unbekannte Verfasser meinte offenbar, es sei lang genug; mög' es euch so gefallen!" Und wenn man dann zu seinen Freunden sagte: Adieu; geh' es euch gut; — und man stieße noch einmal mit ihnen an, und tränke sich dann mit einem

festlichen Trunk in den Schlaf hinüber! — Am andern Morgen läge man
friedlich, und unzerstört, wie ein Abgerufener, da; und wie viel ekelhafte
Pein hätte man sich und euch erspart ... Ja, euch, euch! rief er aus,
und mit einem Blick voll Liebe sah er mich an.

Wozu sagst Du das alles? fragte ich erschüttert; da ich errieth, was
er wollte.

Er dämpfte seine Stimme. Wenn Susanne nicht wäre, flüsterte
er fast, so hätte ich's schon gethan! Denn was Dich betrifft, — mit
Dir würd' ich wol einig. Aber sie ist eine Frau ... Er dachte offenbar mit ganzer Seele an sie; denn die blauen Augen umschleierten sich
feucht, und flüchtige rothe Sterne erschienen auf seinen Wangen. Sie
wird mich behalten wollen, murmelte er, bis zur letzten Stunde. Und
ich ertrag' es nicht! Ich kann so nicht leben! — — Sag' Du's ihr!
Sag' Susannen, sie soll mich freigeben, sie soll mich sterben lassen!
Sag' ihr, sie soll fühlen, was ich fühle, soll mich nicht halten, mir nicht
diese Hölle des langen Hinschwindens zur Pflicht machen! Sie soll mich
wie einen Menschen sterben lassen!

Er drückte die Augen ein und die Lippen zusammen, — ein Bild
des Leidens; dann legte er sich erschöpft in die Kissen zurück.

Ich war stumm, und wir schwiegen beide. Mir war elend zu Muth,
wie ihm. Endlich, da er sich nicht rührte, stand ich leise auf und ging
durch das Zimmer. Er hörte mich gewiß, doch er regte sich nicht. Die
Zimmerluft, der enge Raum lagen schwer auf mir. Nur ein paar Athemzüge unter dem hohen Himmel! dachte ich und ging still hinaus.

Als ich vor die Thür trat, sah ich nicht weit davon, auf einer Bank
unter längst verblühtem Flieder, die in sich versunkene Susanne sitzen.
Sie blickte in ihren Schooß, oder auf die Erde. Ein abgepflücktes Blatt
hielt sie zwischen den Lippen; doch diese öffneten sich, und von einem
leichten Wind gefaßt flatterte das Blatt langsam in's Gras hinab.
Susanne sah ihm nach, lächelte und seufzte. Mich bewegte ihr Anblick
so, daß es mir unmöglich schien, jetzt mit ihr zu reden. Ich wollte leise
zurücktreten. Doch bei dem ersten Geräusch, das ich machte, fuhr sie auf
und sah mich.

Mit einem langen Blick überlas sie alle meine Züge. Sie sind
auch nicht froh! sagte sie dann langsam.

Ich schüttelte nur den Kopf.

Franz hat mit Ihnen gesprochen. — Ich will Ihnen auch sagen,
wovon. Daß er sterben möchte. Daß ich ihn nicht halten soll.

Ich blickte sie auf diese überraschenden Worte wol sehr verstört
und betroffen an. Sie lächelte; so, wie nur Susanne lächeln konnte.
Denken Sie, Ihr Gesicht wäre so ganz verschlossen? sagte sie. Und
denken Sie, wenn man so lange mit seinem Bruder gelebt hat, wenn
man jeden seiner Athemzüge bewacht hat, könnte man ihm seine Gedanken

nicht nachdenken? — — Sie erhob sich und die zarte Erscheinung stand wie vergrößert da. Die Augen hatten etwas Unsagbares, das mit so schmerzlicher Gewalt auf mich wirkte, daß ich fortfuhr, zu schweigen; und daß ich Alles, was in mir vorging, von mir ablesen ließ. Sie trat endlich auf mich zu und nahm meine Hand.

Wollen Sie mir etwas versprechen? fragte sie.

Was?

Wollen Sie mir auf das, was ich Sie nun frage, ehrlich die Wahr= heit sagen? Nicht wie sonst die Männer mit den Frauen reden, die sie wie Kinder behandeln?

Susanne! Hab' ich Sie jemals so behandelt?

Wie kann ich das wissen? — Heut' aber werden Sie mir die Wahrheit sagen; oder Sie waren nie mein Freund.

Ich nickte. — In diesem Augenblick mußt' ich denken: wie un= zerstörbar doch ihre Anmuth ist! Und nach so viel Gram, und bei solchen Gedanken ...

Sie athmete tief; dann erst fragte sie: Er kann nie, nie mehr ge= sund werden, nicht wahr?

Ich schüttelte den Kopf.

Doch noch lange leiden!

Ja, Susanne.

Und nur ich hindere ihn, dem Elend ein Ende zu machen — — Antworten Sie. Sie haben keine Achtung vor mir, wenn Sie so lange zögern.

Sie allein hindern ihn, Susanne, antwortete ich.

Eine Weile schwieg sie. Doch ein unbeschreiblich süßer, gramvoll, doch tröstlich süßer Ausdruck lag auf ihrem Gesicht. Ich danke Ihnen, Lieber, Guter, sagte sie dann. Wollen Sie noch ein wenig draußen bleiben? Ich möchte mit Franz noch reden, eh' es dunkel wird; eh er schlafen soll. Ich weiß einen andern Ausweg, als er denkt; einen bessern ... Lassen Sie ihn heute. Gute Nacht!

Sie gab mir ihre weiche Hand, und ging in's Haus.

An diesem Abend sah ich die Geschwister nicht mehr. Ich durch= irrte die Gegend, die sich umnachtete; kam dann still zurück und ver= brachte in meinem Zimmer eine schlaflose Nacht. Erst am Morgen ent= schlief ich. Als ich dann erwachte, war es hoher Tag. Mein Kopf war heiß, und voll wüster Träume. Ich kleidete mich an, trat auf den Vor= platz, und hörte vom Garten her Susannens Stimme. Sie rief mich. Es klang so hell und fast so heiter, wie in alten Tagen. Ich ging ver= wundert hinaus und sah sie, wie sie über den Rasen wandelte. Sie war frisch wie der Tag. Nur unter den Augen lag es wie ein dunkler

Halbmond, leise hingeschattet; im Blick aber war ein lebensvoller, sonn=
täglicher Glanz, der mich überraschte.

Wie kann man diesen goldenen Morgen so verschlafen! rief sie mir
entgegen.

O Susanne! sagt' ich — —

Sie fiel mir in's Wort; als sei mein Ton nicht der rechte, der von
dieser Stunde an zu gelten habe. Kommen Sie zu Franz, sagte sie; früh=
stücken Sie dort. Er verlangt nach Ihnen! — Sie nahm meinen Arm,
um mich hinzuführen. Im Gehen sagte sie leiser: Und nun noch ein
Wort. Sprechen Sie mit ihm und mir nicht mehr von der Zukunft...
Wir leben nun nur noch in der Gegenwart; freuen uns an ihr. Sie
geloben mir das!

Ich drückte ihr die Hand. Doch noch verstand ich sie nicht. Was
war ihr geschehen? Was für einen „bessern" Ausweg hatte sie gefunden?
— — Wir kamen zu Franz; er lag wieder auf dem Divan, doch —
wie soll ich sagen — mit sichtbarerer Sorgfalt als gewöhnlich gekleidet,
und ein Gefäß mit Blumen stand neben ihm auf dem Tisch. Auch lag
er nicht, wie sonst, abgewandt vom Licht, sondern ihm zugekehrt, und
athmete mit einer Art von „Wollust", wie er sagte, die besonnte Luft,
die durch die Fenster hereinfloß. Ich sah ihn betroffen an, denn er
hatte denselben freudigen Glanz im Blick, wie seine Schwester, so daß die
Aehnlichkeit seiner und ihrer Augen fast gespenstisch ward. Nur hatte
dieser Glanz bei ihm etwas Fieberhaftes; es schien dahinter die Lebens=
flamme schonungslos zu brennen und zu leuchten, gleichgültig, was sie
verzehre, wenn nur das volle Gefühl des Lebens sich entzünde.

Mir ist heute besser, sagte er mit einem seltsamen, rührend freund=
lichen Lächeln. Darum diese festlichen Blumen; und dieser Lichtgenuß,
dieser Sonnencultus! — Susanne hatte draußen noch einige Rosen ge=
pflückt; sie steckte Jedem von uns, auch sich, eine blaßgelbe Rose an die
Brust. Es fielen ihr die zierlichen gelben Rößlein ein, die zuweilen in
öden Straßen Roms plötzlich zu Tausenden über einer halbverfallenen
Gartenmauer sichtbar werden, in dichten Gebüschen gedrängt, und den
stillen Wanderer berauschend. Erinnerst Du Dich, sagte sie zu Franz, als
wir an jenem Abend vom Colosseum kamen und an den Thermen des
Titus vorbei durch jene wüste Straße gingen, deren Namen ich nie be=
hielt; da hobst Du mir auf einmal das Kinn, und nun sah ich über mir
so ein Rosenmärchen, von einer Terrasse herab; und ich freute mich wie
ein Kind — — denn ich war so glücklich — —

Sie sah still vor sich hin.

Es war jener Abend, flüsterte Franz mir zu, als ich ihr auf dem
Colosseum für ihre Liebe dankte — als ich genesen war — —

Was hätt' ich ihr nicht zu danken, fuhr er lauter fort. Alles —
Alles — Alles —

Er sagte ihr durch einen Blick, was er dachte. Ein allzu weiches Gefühl schien ihn und sie übermannen zu wollen; Susannens Lippen bewegten sich, und ihr Busen hob sich. Erweichen wir uns nicht! sagte sie, sich fassend. Essen und trinken Sie! Es wird hohe Zeit. Und während Sie so Ihre Pflicht thun, geh' ich in Ihr Zimmer, wenn Sie mir's gestatten, um unter Ihren Büchern eins auszusuchen, daraus Sie heute vorlesen sollen: denn Franz bittet darum, und Sie dürfen ihm nun nichts mehr abschlagen — — wissen Sie das wohl! setzte sie mit scheinbarer Heiterkeit hinzu. Wir wollen recht edel leben; ganz im Schönen — ganz „menschenwürdig" — —

Sie brach ab, und in ihrer stillen Anmuth schwebte sie hinaus.

Wie gern las ich sonst Susannen vor! sagte Franz; das ist nun vorbei ... Doch ich verstehe auch zuzuhören; das weißt Du. Ich hab' eine Sehnsucht nach Shakespeare, Goethe und Sophokles, daß ich's nicht sagen kann. Kennst Du das Gefühl, wenn Einem nur das Beste eben gut genug ist; wenn alles Andere so klein wird, das Erhabene so na-türlich, das Höchste so selbstverständlich — —

Viele wunderbare Gaben sind uns doch gegeben! murmelte er, wie dankbar, vor sich hin.

Seine Gedanken kehrten zum Colosseum zurück, und Rom, Italien, unser altes Lieblingsgespräch, das unerschöpfliche, war sogleich im Gang. Wir plauderten eine Weile; endlich fiel mir auf, daß Susanne nicht wiederkam. Ich sah, daß Franz ermüdet die Augen schloß, und ging ihr nach, in mein Zimmer. Da saß sie, ein Buch im Schooß, in dem sie, mit sanft geneigtem Kopfe, las. Leise bewegten sich ihre blassen Lippen.

Ich trat hinzu; es war Goethes Faust. Einige Thränen waren auf die Blätter gefallen. Ein großer Tropfen zerfloß eben auf der Stelle, wo der alte Faust, von der „Sorge" angehaucht und erblindet, spricht:

> Die Nacht scheint tiefer tief hereinzubringen,
> Allein im Innern leuchtet helles Licht;
> Was ich gedacht', ich eil' es zu vollbringen — —

Susanne! sagte ich. Was haben Sie vor? Wollen auch Sie, Sie mit Franz hinweg — —

Fragen Sie mich nicht, erwiderte sie. Sie trocknete ihre Thränen. — Versprechen Sie mir, mich nach nichts zu fragen; seien Sie hold und gut!

Ich schwieg. Sie stand auf und legte das Buch in meine Hand. Nicht wahr, den Faust lesen Sie uns vor; — es war sein Lieblingsbuch, seit der Knabenzeit ... Ich blickte eben so zufällig in den zweiten Theil, den ich nie verstand. Heute aber war mir, als verstünd' ich ihn. Und da kam es wol über mich, zu weinen ... O, was für ein Buch!

Was für eine Frau! dachte ich.

Sie wollte gehen; doch ehe sie zur Thür kam, stand sie noch einmal still. Mir ernst in die Augen blickend, fragte sie: Lieber Freund! haben Sie je etwas Krankhaftes, Ueberspanntes an mir bemerkt?

An Ihnen! Welche Frage. Sie waren immer gesund an Geist und Herz —

Und wenn ich nun etwas thäte, das nicht gewöhnlich, nicht alltäglich ist, würden Sie mich dann auch, wie die Andern, überspannt oder krankhaft nennen?

Ich? Susanne! Niemals! — — Doch was wollen Sie — —

Sie haben mir schweigend versprochen, mich nach nichts zu fragen, fiel sie mir in's Wort. Sie wollten hold sein und gut!

———

Es kamen noch drei, vier Tage, die ich nie vergesse. Das „goldne Licht" leuchtete herein; Blumen schmückten unsere Tafel, wie in alten Zeiten. Die Spätsommerluft schmeichelte so mild; Franz genoß sie von seinem „Freudenlager", wie sein Heroismus es nannte, mit verjüngten Sinnen, mit erschütternder Dankbarkeit. Einige verspätete Sänger zwitscherten noch draußen in den Bäumen ihr breitöniges Lied. Wir saßen zuweilen still beisammen und lauschten, als spräche in ihnen jener stumme Geist, der sonst nicht spricht; — oder ernste, heitere, tiefsinnige Gespräche, die nicht enden wollten, schweiften über Vergangenes, Unvergängliches, und übertönten lieblich den Flügelschlag der entfliehenden Zeit. Wenn der Nachmittag kam, riefen wir die „Alten": ich las ihnen vor, was sie begehrten, — Faust, König Lear, Romeo und Julie, Antigone, Elektra. Mit strahlenden oder feuchten Augen und erglühten Wangen saßen sie, diese wunderbar bewegten, · aus tiefer Brust genießenden Menschen, da. Höher und höher wuchsen unsere Gefühle; Alles blieb unter uns, was in diesem Aether nicht mehr leben konnte; eine reine, edle, innige Heiterkeit verklärte uns Alles, ohne daß wir's dachten. Nur wenn ich dann plötzlich hinsah und mir sagte: da sitzen sie, diese Theuren, und eine Stunde wird kommen, wo dies nicht mehr ist — — dann umschnürte es mir das zu volle Herz. Ich stand auf, ging umher; ging hinaus, warf mich in meinem Zimmer auf's Bett, still für mich zu leiden . . .

In der letzten Nacht lag ich schlummerlos da; vor den geschlossenen Augen stand mir immer wieder Franzens bleiches Gesicht, das mir zum „Gute Nacht" so brüderlich abschiednehmend gelächelt hatte, und Susannens überirdisch groß verklärte Augen, die mir noch gefolgt waren, als ich sie verließ. Das stumme Grauen der Ahnung lag auf mir. Eine räthselhafte Macht überwältigte mich, als müsse ich ruhig dulden und erwarten, was da kommen werde; als verbiete mir etwas Heiliges, mich zu widersetzen. Und doch sträubte sich ein qualvolles Gefühl in mir . . . Endlich kam der Tag. Ich stand auf, ich wandelte durch die Morgenstille. Ich

hoffte wieder; — auf was? Auf Alles, was Hoffnung weckt; auf den
Geist des Lebens, den ich in mir selber suchte; auf das Unbekannte. So
saß ich lange auf der Wiese, unter jenem Baum. Sprühender Nebelregen
durchfröstelte mich endlich bis an's Herz; ich kehrte zurück.

Als ich die Thür zu dem Zimmer öffnen wollte, in dem wir diese
Tage verlebt hatten, fand ich sie verschlossen. Ein zusammengerolltes
Papier steckte im Schlüsselloch. Ich zog es heraus, riß es auf. Es
enthielt folgende Worte, von Susannen geschrieben:

„Lieber, lieber Freund! Wenn Sie dies lesen, athmen wir nicht
mehr, und Alles ist gut. Ich kann meinen lieben, armen Franz nicht
verlassen. Leben Sie denn wohl!

„Sie verkennen mich nicht; werden mich nicht verdammen! — Er
muß sterben, und er stirbt um mich, und ich nicht mit ihm? — Wenn ich
ihn nicht mehr habe, wofür leb' ich dann noch? — Wirklich wie Zwillings=
seelen haben wir miteinander gelebt; uns glückte es nicht da draußen in
der Welt, mit der andern „Liebe", die die Menschen so nennen: da fanden
wir in unsrer Bruder= und Schwesterliebe den Fels, der uns Beide trug.
Und wir wurden einander Stab und Schirm und Leben; und haben ein=
ander nie betrübt, als wenn wir litten; und nun ließe ich ihn fort und
bliebe hier allein? — Ach, ich kann nicht, ich kann nicht! — — Er
hat nicht gewollt, daß ich mit ihm ginge, aber ich hab' ihn besiegt, und
ich werde gehn. Edel und schön soll er sterben; nicht mehr leiden ...
Gute Nacht! — Noch in dieser Stunde an dem Tisch, an dem Sie uns
„Antigone" und „Elektra" vorlasen — — o, ihr Schwesterseelen! — —
da werden wir den Abschiedstrunk mit einander trinken, und noch Ihrer
gedenken.

„Ach, verkennen Sie die arme Susanne nicht! — Friedlich wird er
sterben, wenn er weiß: seine Susanne bleibt nicht allein, ohne Zweck, in
Verzweiflung zurück! — — Gern, gern haben wir gelebt; — doch ein
schaurig süßes Gefühl ist es mir nun auch, so den Gram zu betrügen,
der bei mir bliebe, wenn ich meinen Franz überlebte — und so heimlich,
heimlich ihm davonzugehn. Ich glaube, ich that meine Schuldigkeit, so
lang' ich lebte! Nun aber laßt mich nicht im Elend der Einsamkeit
verschmachten, ohne Lieb' und Pflicht; laßt mich fort, laßt mich mit
meinem Franz den Becher des Friedens trinken! —

„Wie er noch leidet um Ottilie ... Sie ist kräftig und lebensfroh;
sie wird noch glücklich werden; das ist meine Hoffnung. Seien Sie es
auch! wie wir es waren! — — Was für ein wunderbarer Gedanke ist
das nun, so in stiller Nacht sich hinwegzustehlen; und während die Andern
schlafen, um zu erwachen, einschlafen auf immer!

„Franz soll nicht mehr schreiben ... Armer, blasser, todesmatter,
süßer, geliebter Franz. — — Lieber Freund, gute Nacht!"

Darunter noch, wie ein Echo, von Franzens Hand:

„Gute Nacht!" — — —

Als der Gärtner und ich die Thür erbrochen hatten, sahen wir die Beiden; Jeder in einer Ecke von Franzens Divan; in den Kleidern von gestern, Susanne mit einer Rose an der Brust. Sie schienen beide zu schlafen. Freundlicher, ernster, kummerloser Schlaf! Ein holderes Bild des Friedens konnte man nicht sehn.

Auf dem Tisch vor ihnen stand der Becher, aus dem sie diesen Frieden sich getrunken hatten.

Ich besitz' ihn noch. Niemand trinkt aus ihm; doch so lang' ich lebe, will ich ihn behalten.

Ich verkenne Dich nicht, holde Schwester Susanne! — — Aber ach, ich habe euch nicht mehr!

Zur Geschichte der italienischen Kunst.

Von

Leopold von Ranke.

— Berlin. —

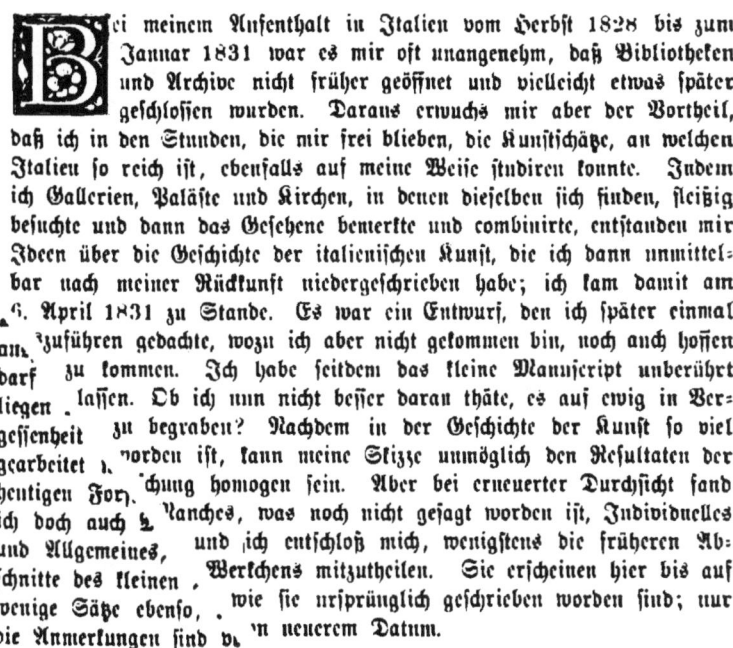

Bei meinem Aufenthalt in Italien vom Herbst 1828 bis zum Januar 1831 war es mir oft unangenehm, daß Bibliotheken und Archive nicht früher geöffnet und vielleicht etwas später geschlossen wurden. Daraus erwuchs mir aber der Vortheil, daß ich in den Stunden, die mir frei blieben, die Kunstschätze, an welchen Italien so reich ist, ebenfalls auf meine Weise studiren konnte. Indem ich Gallerien, Paläste und Kirchen, in denen dieselben sich finden, fleißig besuchte und dann das Gesehene bemerkte und combinirte, entstanden mir Ideen über die Geschichte der italienischen Kunst, die ich dann unmittelbar nach meiner Rückkunft niedergeschrieben habe; ich kam damit am 5. April 1831 zu Stande. Es war ein Entwurf, den ich später einmal auszuführen gedachte, wozu ich aber nicht gekommen bin, noch auch hoffen darf zu kommen. Ich habe seitdem das kleine Manuscript unberührt liegen lassen. Ob ich nun nicht besser daran thäte, es auf ewig in Vergessenheit zu begraben? Nachdem in der Geschichte der Kunst so viel gearbeitet worden ist, kann meine Skizze unmöglich den Resultaten der heutigen Forschung homogen sein. Aber bei erneuerter Durchsicht fand ich doch auch Manches, was noch nicht gesagt worden ist, Individuelles und Allgemeines, und ich entschloß mich, wenigstens die früheren Abschnitte des kleinen Werkchens mitzutheilen. Sie erscheinen hier bis auf wenige Sätze ebenso, wie sie ursprünglich geschrieben worden sind; nur die Anmerkungen sind von neuerem Datum.

I.

Grundlage und Anfänge.

Es kann nicht Unfähigkeit gewesen sein, was Bildhauer und Maler die so langen Jahrhunderte des Mittelalters in dem Formlosen zurück= hielt; die Bauwerke zeigen, was man Großes zu ersinnen, die Zierrathen den Grad der Feinheit, den man zu erreichen vermochte; ihre Intention ging vielmehr auf etwas Anderes.

So wie wir in die Basiliken treten, empfängt uns das musivische Bild des Heilandes mit seinen Aposteln, welche in großen Gestalten die Apsis einnehmen. Man weiß, daß die christliche Basilika unmittelbar aus der heidnischen herübergenommen worden. Es ist allemal sehr merk= würdig, daß auch die heidnische Basilika in ihrer Apsis ein Augusteum, einen Tempel der Cäsaren, enthielt, mit welchem sie schloß; dort waren die Bilder der Kaiser. Als das Christenthum die Menschenvergötterung stürzte und der Anbetung der Cäsaren die Anbetung des Sohnes Gottes ent= gegensetzte, erhob sie auch an geweihter Stätte den Gottes= und Menschen= sohn an ihre Stelle. So ward die Basilika unmittelbar zur Kirche. In der Regel sieht man dann den Menschensohn, mit seinen Aposteln antik gekleidet, die Menschenform mehr typisch als nachgeahmt, großartig, schrecklich. Oder man erblickt die Mutter Gottes, groß, schlank, aber ganz und gar verhüllt, nur die Gesichtszüge sieht man; und die Arme mit steifer Bewegung von der Brust herausstreckend, wendet sie gleichsam segnend das Innere ihrer Hände der Gemeinde zu. Zuweilen sind die Namens= züge hinzugesetzt. Es ist nun diese heiligende Abbildung des Göttlichen, was man ohne weitern Anspruch beabsichtigt. Oder es ist das Symbol. Man hat kein Arg dabei, wie in S. Stefano zu Bologna und in so vielen andern Orten, die Evangelisten geradezu durch ihre Abzeichen dar= zustellen, und diesen die Namen derselben hinzuzufügen. Man versinn= bildet Christus als das große Lamm unter 12 Lämmern.

Oder man schreitet endlich bis zur Darstellung des Geheimnisses, oder der heil. Geschichte fort. Nicht allein durch Worte unterrichtet man. Auch der Anblick belehrt. Die Umgänge in San Marco enthalten die wichtigsten Momente der heil. Geschichte oft mit einer fast anstößigen Naivetät. Vorzüglich merkwürdig fand ich eine uralte Mosaik in Tor= cello, welche aus den Zeiten des Glanzes und der Größe dieser Insel stammen wird, welche so früh verloren ging. Hier ist Kreuzigung und Welt= gericht nach griechischen Begriffen dargestellt. In der höchsten Abtheilung sieht man den Gekreuzigten, in der darauf folgenden den Auferstandenen, wie er, das Kreuz in der Hand, die Erzväter erlöst. Dann folgt das Weltgericht. Auf dem Regenbogen sitzt er, um ihn die Apostel: tiefer hinab geben Erde und Meer ihre Todten her; dann folgt weiter zu seiner

Rechten das Paradies und priesterliche Chöre; zu seiner Linken Fegfeuer,
Satanas und Höllenstrafe. Hier hat man Mythe und Geheimniß dar=
zustellen gewagt. Das Paradies ist verschlossen, von dem Cherub be=
wacht; man sieht davor einen Mann mit dem Kreuz; ferner eine Frau,
einen alten Mann mit Kindern. Es ist die altchristliche Mythe. Der
Mann mit dem Kreuz ist der gute Schächer; der alte Mann ist Abraham,
der die auserwählten Seelen auf seinem Schooße und zu seinen Füßen
hat, die Frau ist Eva. Wenn man aber von dem Stuhl Christi einen
rothen Strom nach dem Fegfeuer fließen sieht, aus welchem Engel die
Sündigen erretten, so ist dies schwerlich, wie man es erklärt hat, ein Feuer=
strom, um jenes Fegfeuer anzuzünden; es ist vielmehr der Strom des
rettenden Blutes, durch dessen Verdienst Jener Erlösung vollbracht wird.
Die ganze Auffassung ist groß gedacht, erschreckend und belehrend. Dieser
Anblick erzählte der Gemeinde Mythe und Geheimniß der Kirche. Dazu
allein sollte er dienen. Hier ist kein Hervordrängen der Form, es ist Alles
gigantisch, von Bedeutung und aufgegangen im Dienste der Kirche.

Wol mag es sein, daß Kunstgriffe der Technik vorhanden waren,
welche später verloren gegangen sind. Allein übrigens sind diese Gestalten
der ältesten Maler isisartig ja mumienhaft; Bewegung und Haltung
dem Herkömmlichen völlig untergeordnet; nur in den Extremitäten sind
sie ausgebildet.

Es war ein großer Schritt selbst in Bezug auf die Religion, als
man sich zuerst von dem Herkömmlichen und Ueberlieferten zu dem Gefühl
der Form und der Freiheit sie zu suchen erhob.

Schon im 13. Jahrhundert hatte die aufblühende Bildnerei es ge=
wagt, von dem Gewohnten, Altherkömmlichen abzuweichen. Für dies Be=
streben ist nichts merkwürdiger als ein Relief an der Kanzel des Baptisteriums
zu Pisa. — Bei der Geburt des Heilandes liegt Maria allerdings auf
einem symbolisch von Lämmern getragenen Bette; allein sie liegt darauf
in der Haltung einer römischen Kaiserin; in ihrem Antlitz nichts von
jungfräulicher Verschämtheit und Demuth, sie ist ganz Stolz und Adel.
Mit einer fast heidnisch göttlichen Hoheit hält sie in der Anbetung ihr
Kind dem Könige entgegen. Eben hier sind alle Köpfe bis zur Vollendung
ausgearbeitet.

Bei Niccolò Pisano, dem Schöpfer der modernen Plastik, dem auch
dieses Denkmal angehört, finden sich allenthalben Spuren der Nachahmung
antiker Kunstwerke, die er eben in die Kirchenmonumente einflicht, welche
er zu entwerfen hat.*)

Je sorgfältiger übrigens die Ueberlieferung beibehalten ist, um so

---

*) Das Moment, das mir bei dem ersten Anblick imponirte, finde ich bei
Schnaase, Geschichte der bildenden Künste, VII, S. 276 mit vortrefflicher Kenntniß
hervorgehoben.

mehr machen diese Abweichungen Eindruck. Aber dabei wird man doch
auch den Widerspruch inne, der in der einen und der andern Auffassung
liegt. Und es ließ sich nicht erwarten, daß auf diese Weise die christ=
liche Kunst umgestaltet werden würde. Denn nicht auf Ausübung künst=
lerischer Fertigkeiten kam es dabei an, sondern zugleich auf Darstellung
des vollen religiösen Inhaltes der Ueberlieferung. Nur langsam und
zaghaft ließ sich die Malerei in der zweiten Hälfte des 13. Jahrhunderts
zu einer Veränderung herbei.

Die Madonnen des Cimabue*) gehören noch ganz zu der Familie
jener griechischen Gottesmütter, deren eine den Anfang der Florentiner
Gallerie macht. Was bewirkte aber, daß man, wie die Sage geht, ein
Bild dieses Meisters Carl von Anjou feierlich zeigte; daß es einer Straße
den Namen gab? In S. Maria Novella wird eben dieses Werk auf=
bewahrt. Noch sind Mutter und Kind kolossal, das Kind halb entblößt;
wie auf griechischen Bildern und in der Art und Weise derselben sitzt
ihr das Kind in dem Schooß; nur durch eine kleine Aenderung in der
Lage und die damit zusammenhängende Ausstreckung der Hand ist es
der Natur angenähert; der Ausdruck der Mutter bleibt sehr einfach. Wenn
aber in den griechischen Bildern die Gesichtszüge mehr die Menschen=
gestalt andeutend, als abbildend erschienen, so sind sie hier entschieden
menschlich. Von Individuellem jedoch, wie von dem Ideal finde ich sie
gleichweit entfernt; auch die Nebensachen einförmig.**)

Ueber die Werke, welche diesem Meister in der obern Kirche von Assisi
zugeschrieben werden, zu urtheilen, ist schwer, einmal weil man nicht
weiß, wie viel an ihnen ächt, sodann weil sie von den Einwirkungen
der Zeit ziemlich stark gelitten haben.

An seinen Werken sah man, sagt Philipp Villani, daß die alten
Maler geirrt hatten. Es ist der erste Versuch, die religiösen Darstellungen
der Natur anzunähern, was man an ihm rühmte.

II.

Giotto und seine Nachfolger.

So fand Giotto die Bahn eröffnet. Der Versuch war gemacht, Ge=
sichtszüge und Bewegungen der Natur anzunähern. Mit einem außer=
ordentlichen Talent der Auffassung, ja mit wahrem Genius begabt, legte
er Hand an, den Gestalten Bedeutung und wesentlichen Inhalt zu geben.

---

*) Daß Cimabue in Pisa arbeitete, ist durch die von Ciampi herausgegebenen
Documente bewiesen. Er lebte von ungefähr 1240 bis nach 1300.

**) Des Bildes, von dem anderwärts Copien existiren, wird bei Förster, Ge=
schichte der italienischen Kunst, Bd. 2 p. 189 ff. ausführlich gedacht. Auf ihn hat
es noch größeren Eindruck gemacht als auf den Autor.

Es ist wahr, daß man ihm aller Orten viele zweifelhafte Sachen zuschreibt; anderwärts sind die ächten Werke entweder durch die Zeit oder durch spätere Hand zu Grunde gerichtet.

An dem Werk in Sta. Croce zu Florenz, das, obwol nur auf dem Rahmen mit den Worten Opus magistri Jocti bezeichnet ist, zweifelt selbst der entschlossenste Leugner nicht. Es ist eine Krönung der Jung= frau. Die Menge der Engel und Heiligen auf den beiden Nebentafeln bildete gewiß eine große Aufgabe für diese junge Kunst. Man wird die Mannichfaltigkeit der Physiognomien, bei einem der Wahrnehmung so wenig Raum lassenden Gegenstande, die Abstufungen der Bewunderung, der Hingebung und Anbetung, wie sie hier lebendig erscheinen, anzuerkennen haben.

Unbezweifelt und durch die nämliche Inschrift, aber nicht blos auf dem Rahmen, beglaubigt, ist ein anderes Bild, von dem man eine Hälfte in Mailand, die andere in Bologna aufbewahrt. Hier tritt uns in S. Paul schon ein glücklich aufgefaßter Charakter entgegen. Es ist ein Mann, obwol mit der Glatze, aber noch kräftig, in den besten Jahren; seine Haltung königlich: seine Stirn gebieterisch und voll Nachdenken.

Man versichert, daß eine unzweifelhafte Urkunde vorhanden sei, welche das Abendmahl in dem Refectorium zu Sta. Croce dem Giotto vindicire. Es ist wahr, daß in demselben die Lage des Johannes, wahr= scheinlich die nämliche, wie sie in früheren Werken vorkam, unbeholfen; und einiges Andere mag minder wohl gerathen sein; allein in den meisten Gestalten ist eine mit Feinheit vollzogene Nachahmung der Natur sicht= bar. Ich will dies nicht auf jenes genaue Eingehen in die Verhältnisse der festen Gesichtstheile beziehen, wie man dies an gelungenen Porträts lobt; allein es ist in ihm eine Wahrheit, Wärme und Majestät, welche Bewunderung erweckt. Leider geht dies Werk von Tag zu Tag seinem Untergang mehr entgegen. Von den dreizehn Gestalten sind nur noch sieben in gutem Zustand und wer weiß wie lange. Schon bringt das vernichtende Naß bis in die Nähe des Heilandes heran.

Andere seiner Werke mögen gegründetem Zweifel Raum geben: oder, wie jenes von Assisi, schlechter erhalten sein. Vielleicht bedeutender als alles Andere ist die Capelle der Arena zu Padua.

Das Zeugniß des Benvenuto von Imola läßt keinen Zweifel übrig, daß die Malereien nicht von seiner Hand seien; sie sind so gut wie unberührt.*)

---

*) Als ich dies schrieb, war die Capelle, wenn auch nicht unbekannt, doch un= beachtet. Der geistvolle Kenner von Rumohr würde ein anderes Urtheil über Giotto gefällt haben, wenn er ihr seine Aufmerksamkeit geschenkt hätte. Sie sind seitdem durch italienischen, englischen und deutschen Fleiß allgemein bekannt ge= worden. Besonders hat ihnen E. Förster, Gesch. d. K. in Ital., II., p. 237 (1870) eine ausführliche Schilderung gewidmet.

Es ist eine Capelle, in der Giotto die Wand des Eingangs und die zwei Seitenwände bis zu dem Chor hin in der Weise jener Alten ausgeschmückt hat, welche die heilige Geschichte und die letzten Dinge auf diese Weise vorzustellen liebten.

Mit aller Wärme, welche Liebe und Schrecken einflößen kann, stellte Giotto über dem Eingang das jüngste Gericht dar. Die Seligen sind bekleidet. Sie sind in der Regel der wohlbekannte Idealkopf des Giotto, der mit verschiedenen Abwandlungen wiederkehrt; in einigen finde ich ein inniges vor Liebe und Freude verlangendes Hinschauen auf die Gottheit. Auf der anderen Seite erscheinen die Verdammten: in grubenartigen Abtheilungen mannichfaltig gepeinigt; in gränlicher Gestalt steht der Fürst der Unterwelt zwischen ihnen. Diese Vorstellung ist minder gigantisch, geheimnißvoll und mythisch, als jene zu Torcello, aber vielleicht ist sie nicht minder wirksam, weil sie sinnlich leichter zu ergreifen und anreizender.

Das eigentliche Verdienst des Giotto in unserer Capelle dürfte man indessen nicht in diese Fresken setzen.

Damit Jedermann erfahre, wodurch Seligkeit erweckt und verscherzt werde, hat Giotto längs den Wänden zur Seite der Hölle die Laster, zur Seite des Himmels die Tugenden dargestellt.

Was an sich nur begrifflich zu denken wäre, hat er unmittelbar versinnbildet. Aus dem Munde des Neides geht die Schlange hervor, die ihm sein eigenes Gehirn frißt; das Scepter der Ungerechtigkeit, welche in dem Throne sitzt, ist mit Haken bewaffnet; und geballt sieht man ihre klauenartigen Fäuste. Der Unglaube (infidelitas) hält ein Idol auf seinen Händen, welches ihm hinwiederum den Nacken gefesselt hat. Die Unklugheit schlägt mit einer Keule nach den Fliegen, während die Klugheit sinnend mit einem Zirkel sitzt. Nicht so ganz sinnlich natürlich konnte er die Tugenden abbilden; doch sind sie unverkennbar; selbst die Hoffnung ist glücklich hingeworfen.

Aber nur den untern Theil der Wände nehmen diese Abbildungen ein; über ihnen sind in vielen Abtheilungen die wichtigsten Momente aus dem Leben der Jungfrau und des Heilandes dargestellt.

Hier ist es nicht mehr die dogmatische Mythe; es ist nicht mehr Allegorie; es ist das Leben selbst, das er in gelungenen Phantasiestücken vergegenwärtigt. Wol erkennt man an ihm das Studium der alten Ueberlieferung, die er festhält. Einige Zustände aus dem Leben der Jungfrau kann man nur aus den Pseudoevangelien erklären.

Andere Meister haben den Ausdruck der Gesichtszüge weiter ausgebildet, die Wirkungen von Licht und Schatten kunstvoller gezeigt; in einfacher und klarer Auffassung des Lebens, in der Poesie der Composition möchte ich Giotto hinter keinem anderen zurücksetzen. Ich wüßte nicht, welche Grablegung, so viel es ihrer auch gibt, mit einer vollkommneren

Wahrheit aufgefaßt wäre. Hier ist keine Möncherei und keinerlei un=
gehörige Fiction. So tief und innig und mannichfaltig ist die Klage;
und Nicodemus, der wie betroffen über diesen Anblick, mitleidsvoll er=
staunt, wie er mit gefalteten Händen dasteht, ist ein vollkommener Mensch.
Der zum Himmel erhobene Erlöser ist frei von jenem nach Erden
schauenden Selbstgefühl, was ihm Spätere geben: nach vollendetem Erden=
leben, vollen Fluges, mit ausgebreiteten Armen eilt er dem Vater zu.
In allen diesen Darstellungen, von der ersten bis zur letzten, ist der
Versuch sichtbar, den religiösen Moment mit der Vergegenwärtigung des
menschlichen eigenthümlich aufgefaßt zu verbinden.

Sollte es uns wol sehr kümmern, wenn hier ein mechanisches Talent in
Farben und Technik das Ungewöhnliche leistete? In dieser menschlichen
Darstellung erscheinen die Bestrebungen eines, sei es von dem Gefühl der
Schönheit, sei es von höheren Gedanken erfüllten Geistes. In andern
Werken des Giotto findet sich die nämliche Tiefe, ja Unergründlichkeit der
Physiognomie —; jede seiner Figuren ist geistig empfunden; — seine
Vorstellungen der heiligen Geschichten sind sinnlich warm, ohne daß sie
den religiösen Forderungen Abbruch thäten. Sie sind ein schönes Denk=
mal dieses bestrebungsreichen Jahrhunderts. Ueberhaupt traten nun die
Zeiten eines allgemeinen Umschwunges der Studien und der Cultur in
Italien ein. Von dem Latein der Schulen riefen die Alten zu der
ächten Sprache der Römer zurück; das mütterliche Idiom, welches die
Jahrhunderte zu einer von seinem Ursprung ganz abweichenden Gestalt
gebildet hatten, faßte man das Herz, auch in Schriften zu brauchen. Ein
Ereigniß umfassendster Bedeutung ist es doch, daß Dante, der in Sprache
und Poesie das Beste leistete, mit dem Erneuerer der Malerei in jenen
Räumen der Arena zusammengekommen ist.

Giotto, der sich in Toskana, Umbrien, Rom, Neapel und der Lom=
bardei aufgehalten, hatte eine ungemeine Wirkung.

Ein solcher Geist beherrscht natürlicher Weise seine Nachahmer auf
lange Jahre hinaus, doch ist es viel gesagt, daß er die Entwicklung der
Kunst aufgehalten habe. Sowol in denen, welche seinen Weg hielten, als
in denen, welche etwa nicht, läßt sich doch, und wir glauben ohne Täuschung,
ein Fortschritt wahrnehmen.

Selbst einige Werke des Giottino, wie die Erscheinung der Jung=
frau, sind mit großer Wahrheit ausgeführt. Agnolo Gaddi, der Sohn
Taddeos, welcher 24 Jahre in der Schule Giottos gearbeitet hatte, malte
den Chor von Sta. Croce. Nicht allein die Gruppirung der Kreuzauf=
findung ist reich und lebensvoll ohne überladen zu sein. Einige seiner Ge=
stalten nähern sich — ich erinnere nur an die beiden Begleiterinnen der
h. Helena — der Größe und Schönheit antiker Formen. In S. Miniato
arbeitete Spinello in verwandtem Sinne. Was er in Farben zu leisten
fähig war, hat er wenig gezeigt. In den wohlerhaltensten Bildern sind

es lauter Mönche in weißen Kleidern, was er darstellt. Allein leugnen dürfte Niemand, daß z. B. jener Alte, der mit seinem Stabe am Bette des Sterbenden steht, in Motiv und Ausdruck nicht streng gedacht und in seiner Art vortrefflich wäre. Leicht der geistig bedeutendste von denen, welche im Camposanto zu Pisa arbeiteten, ist Andrea Orcagna. In dem Triumph des Todes stellt er der Verwesung, die er ohne Schonung abbildet, diejenigen zur Seite, welche ihre Tage spielend leben, und unbekümmert um die Zukunft in heiterem Genusse schwelgen; — allein schon steht der Tod neben ihnen; noch kein Gerippe, aber mit der Sense: furchtbar fliegt ihm sein Haupthaar rückwärts. Glücklicher selbst, als Giotto, wußte er in dem jüngsten Gericht die Gesichtszüge der Heiligen, wie sie in hingebendem Entzücken der himmlischen Erscheinung Christi, seiner Mutter und den Aposteln zugewendet sind, auf das Mannich=faltigste abzustufen. In den Verdammten ist es nicht sofort die Strafe; es ist eine Klage, ein tiefes Sehnen, ein schmerzliches Verlangen des Zurückgewiesenen. Er sucht es uns so deutlich und andringend wie mög=lich zu machen. Zur Seite der Erwählten sieht man einen Mönch aus seinem Grabe hervorgezogen: er wird zu den Verdammten fortgewiesen. Ein Anderer ersteht zur Seite des Verdammten, sein Schutzengel führt ihn fürbittend vor S. Michael. Diese Gruppe, des auferstandenen Er=wählten, des bittenden Schutzengels, des gewährenden Michael ist groß=artig und voll Gefühl. Ich will das jüngste Gericht, das man in Sta. Novella zu Florenz von dieser Hand sieht, nicht mit dem pisanischen ver=gleichen: vielleicht ist es Niemand vergönnt, denselben Gegenstand zweimal mit gleicher Vortrefflichkeit vorzustellen. Allein große Züge hat auch das andere. Glücklich sind die zu der Herrlichkeit Eingehenden, wie sie zögern, sei es aus Demuth, sei es aus einem übermächtigen Gefühl des Entzückens.

Man wird nun wol inne, worin der Charakter dieser Bemühungen liegt, die sich um Giotto her gruppiren und mit seinem Namen bezeichnet werden können.

Sie machen es sich zur Aufgabe, die mystischen Vorstellungen, welche die Kirche früher geradezu überlieferte, symbolisch=typisch auszudrücken, um die heiligen Erzählungen, in denen man ehedem nur das Wunder ab=bildete, den Menschen näher zu bringen. Daher wählt diese Zeit nur würdige und große Gegenstände. Dahin führte der republikanische Geist der Communen, der noch eine religiöse Ader in sich trug. Was diese stadtbeherrschenden Zünfte, die ihres Reichthums und ihrer Größe im Dienste Gottes inne werden wollten, zu solchem Zwecke auf den Mauern der heiligen Gebäude abbilden ließen, oder was selbst ein Privatmann, wie es auf diesem und jenem Bilde heißt, für seiner Seele Heil dar=stellen ließ, konnte nicht so leicht profan sein. Es sind dies, wie wir sehn, die heiligen Geschichten in einfachster Auffassung, die jüngsten am

Ende der Welt zu erwartenden Dinge; oder die große kirchliche Mythe, etwa wie S. Thomas mit seinem Buche und S. Petrus mit seinem Schlüssel von Gott berührt und dadurch geheiligt werden, was man vorzugsweise vergegenwärtigt; es ist das Dießeit und Jenseit. Man faßte dies auf die naivste Weise beinahe handgreiflich ab. Bei Spinello sieht man die Seele des eben Gestorbenen auf einer schrägen Stiege gen Himmel fahren: ein Engel empfängt sie, ein anderer kommt ihr nach; die an dem Bette An= wesenden sehen sie. So wird bei Simone de' Crocifissi zu Bologna die Seele der Madonna nach ihrem Tode von dem Erlöser empfangen, und ruht in seinen Armen, wie er in irdischer Gestalt in den ihren.

Bei Orcagna sieht man die Seelen aus dem Munde der Gestorbenen unmittelbar zur Verdammniß oder zur Begnadigung hervorgehen; ja an dem Schatten des Mönchs bemerkt man die Tonsur. Teufel und Tod werden selten abgebildet. Wir sehen, wie der Geist des Bildners sich eines noch völlig unbearbeiteten Stoffes bemächtigt. Was ihm Dogma, Lehrmeinung, oder auch der noch nicht durch Poesie geläuterte Volks= glaube darbietet, stellt er ohne Bedenken und ohne immer das Häßliche zu vermeiden, doch auch mit einer Frische und Jugendlichkeit, wie sie nie wieder erschienen ist, dar.

Für ihre Darstellungen fanden diese Meister große geheiligte Räume, ja ganze Kirchen und Capellen, wie in Assisi, Macerata, Padua; oder die weitläufigen Umgänge eines Campo Santo. Sie bilden diese Räume gleichsam zu einem aufgeschlagenen Buche um. So ist mir das Capitel der Dominicaner zu Treviso bemerkenswerth gewesen. Durch eine Darstellung der Kreuzigung, in großen Gestalten, zu des Herrn Seite S. Petrus und S. Paul, bei der von nachahmender Darstellung des menschlichen Leibes wenig die Rede sein kann, indem man sich begnügt hat, nur die Linien genau zu markiren, welche die Gesichtszüge bilden, hat man den Raum geheiligt. Zu der Seite desselben hat man in dem 14. Jahrhundert in den oberen Räumen die Notabeln des Ordens abgebildet: zu ihrer Rechten zuerst zwei Heilige, alsdann die Seligen, zu ihrer Linken zwei Päpste und darauf die Cardinäle dieses Ordens. Beide Reihen treffen über der Thür des Eingangs zusammen. Darunter sind die Provinzen des Ordens und ihre verschiedenen kleineren Abtheilungen bildlich ver= zeichnet; und dieses Capitel ward zu einer Geschichte des Ordens in den ersten zwei Jahrhunderten seiner Existenz. In streitigen Fällen hat man selbst von Rom aus bei diesem gemalten und auf die Mauer geschriebenen Buche anfragen lassen. Unglücklicher Weise wird das nicht so leicht wieder geschehen können. Eine Schule, die in dem Saal eingerichtet worden war, und die erst vor Kurzem weggebracht ist, war nicht sehr geeignet, dieses alte Werk zu conserviren.

Wir kehren zu den künstlerischen Bestrebungen jener Zeit zurück. Wie man nur den ersten Schritt machte, das Ideal der Erscheinung zu nähern, so begnügt man sich, die Gesichtszüge und Bewegung im Umriß darzustellen. Mit wenigen Zügen ist es gethan. Hier sind keine der durch das Leben zerrissenen, schwer an den Spuren der Jahre tragenden Physiognomien zu finden. Das Menschenantlitz erscheint fast durchaus heiter, sonnenhaft, naiv; selbst das Alter ist nur durch Würde aus= gezeichnet; und der weißwallende Bart gesellt sich zu einem reinen Aus= druck des Gefühls.

In dieser Hinsicht werden wir an die Art und Weise erinnert, welche dieses Jahrhundert auch in schriftlichen Werken beobachtet. Ihre Sprache hat noch jene unschuldige Unmittelbarkeit, welcher die eigenste Bezeichnung dessen was sie denkt, Natur ist. Die Charaktere, wie sie Dante, wie sie Joh. Villani schildert, sind eben mit wenigen Zügen vollendet; uns doch unverkennbar. Wol ist eine Wirkung des Alterthums in beiden Arten des Ausdrucks wahrzunehmen, aber die Gesinnung ist noch durch= aus von den christlichen Ideen beherrscht.

Von allem dem, was Italien jemals der Rede Werthes geleistet, ist der Keim in den sinnreichen, jugendkräftigen, glücklichen Bemühungen dieses Jahrhunderts vorhanden.

III.

Quattrocentisten.

Es konnte nicht anders sein, als daß man, nachdem man einmal den Weg der Natur ergriffen, auf demselben zu genauerer Nachbildung der einzelnen Gestalt fortschritt.

Schon Duccio in Siena übertrifft wol in der strengen Ausbildung der Gesichtszüge den Giotto. Giovanni da Milano arbeitet nicht allein Bärte und Hände mit außerordentlichem Fleiß; er schließt sich auch in den feinen Zügen des Gesichts der Natur mit augenscheinlichem Erfolge an. Ich sah einen Hiob von 1365, großartig, entschlossen, heroisch, ein geistig herrliches Gesicht.

Einen neuen Schritt auf dieser Bahn that Fra Angelico da Fiesole*). Zwar gehört er im Ganzen noch sehr der Schule der Nachfolger Giottos an. Die heitern Antlitze derselben wurden von ihm bis zu dem Engel= gleichen verklärt. Aber eine besondere Beschränkung lag über ihm. Gar nicht zu verkennen ist es, daß das Emporkommen der beiden großen Bettelorden auf die Entwicklung der Kunst einen fördernden Einfluß ausgeübt hat. Die reichen Mittel, welche den Orden zu Gebote standen, und die Bauwerke, in deren Errichtung sie ihren Ruhm sahen, be= schäftigten tausend fleißige und kunstgeübte Hände. Aber sie legten den

---

*) Joannes Petri del Mugello, geb. 1387, † 1455, trat 1407 in das Kloster der Dominicaner.

Meistern auch beengende Bedingungen auf. In diesem Zusammentreffen der Kunst und des Klosterlebens hat sich Fiesole, der selbst in den Orden getreten war, entwickelt. Die Anschauungen eines so frommen und eingezogenen Klosterbruders konnten nicht von großem Umfang sein. Ihn beherrschte überdies ein Idealgesicht, das fast allen seinen Darstellungen zu Grunde liegt. Um diese Züge zur Verschiedenheit durchzubilden, sah er sich veranlaßt, sie, nur in sich selber arbeitend, in immer neuen Modificationen gründlich zu variiren.

Vorzüglich das Dominicanerkloster S. Marco, in welchem er lebte, hat er im Refectorium, Gängen und Zellen mit seinen frommen Werken ausgeschmückt.

In seiner Verkündigung zeigt namentlich die Bekleidung noch einen Rest von griechischer Manier; doch ist die Jungfrau nicht ganz im Licht aufgegangen: es ist in ihr ein irdisches Selbst.

In der Kreuzigung war er nicht versucht, etwa der historischen Wahrheit nachzustreben. Er umstellt das Kreuz mit lauter Heiligen, S. Girolamo, S. Francesco, S. Lorenzo und wie sie alle heißen. Ueber einem breiten Wandraum stehen sie hier; sie nehmen sich etwas vereinzelt aus; ähnlich unter einander sind alle; der Maler sucht die Mannichfaltigkeit, doch sucht er sie mit großer Zurückhaltung.

Indessen fehlte es ihm nicht an dem Talent, treffende Motive aufzufinden. Bei der Kreuzabnahme finde ich's so natürlich, daß man den Umstehenden, wie er dies thut, die Nägel und die Instrumente der Marter zeigt. Das Bedauern, das er heilig erscheinen läßt, hält den Betrachter durch die Wahrheit fest, und er kann von diesem Bilde nicht lassen.

In den kleinen, miniaturähnlichen Werken, auf Goldgrund, die besonders charakteristisch für ihn sind, wie in der Krönung der Maria, haben seine Heiligen ihre Insignien in den Händen: die Weihrauchfässer werden geschwenkt, hoch empor sind die Trompeten gerichtet: es ist alles eine einzige erlesene Schaar; trotz alledem ist in ihnen Leben und Ausdruck.

Ich will ihn nicht als einen der ersten Genien preisen; er ist oft genug der Manier nahe und von mönchischen Ansichten nicht frei; es ist eben ein Klosterbruder, der seine Phantasien in einer glücklichen und im Ganzen liebenswürdigen Weise überliefert.

Von ganz anderem Stoff war Masaccio.*) Wol mögen jene streng markirten Köpfe älterer Männer, die man ihm oft zuschreibt, nicht immer sein Werk sein; aber in den Fresken im Carmine zu Florenz hat er ein sicheres Gefühl für Individualität des männlichen Ausdrucks, für die Wirkung von Licht und Schatten und das Geziemende der Gruppirung an den Tag gelegt.

---

*) Tommaso Guidi, genannt Masaccio, geb. 1402, † 1443.

Betrachten wir indeß im Allgemeinen die Stufe, auf der die Kunst=
übung in dieser Rücksicht in den ersten Jahrzehnten des 15. Jahrhunderts
in Italien und in Niederdeutschland stand, so möchte man wol den
Niederdeutschen den Preis geben.

Die Erfindung der Oelmalerei beförderte durch die Erleichterung
der Technik die Entwickelung der höheren Leistungen der Kunst.

In den Werken des Johann van Eyck tritt uns das Abbild der
Natur unmittelbar ungesucht entgegen. Diese Könige, welche ihr Opfer
dem Kinde darbringen, leben; sie scheinen nicht von vergangenen Jahr=
hunderten: man sah sie heut und gestern. Es ist hier kein Ideal. Der
Meister wußte in der erscheinenden Welt das Edle und Würdige auszu=
wählen. So ist in der Darbringung im Tempel in der Mutter eine
gleichmüthige Größe, in ihrer Begleiterin eine edle junge Gestalt, nichts
als eine solche dargestellt. Schon begann man die Kleidung, etwa den
geblumten Damast mit besonderem Fleiß nachzubilden.

Ich habe hier der Vermittelung nicht nachzuforschen, durch welche
die niederländischen Kunstbestrebungen auf Italien Einfluß erlangten.
Ein solcher traf aber mit dem einheimischen, dem schon entwickelten und
gefühlten Bedürfniß zusammen, und gewiß wurde, daß für die Mitte des
15. Jahrhunderts ein anderer Geist herrschend ist, als früher.

In den deutschen Schulen verfiel das Charakteristische oft in das
Burleske; die italienischen bildeten es im einfachen Fortschritt zum
Idealen aus.

Mit großer Strenge ging Verrocchio*) zu Werke. Sein Johannes
z. B. ist hager, mit völlig individuellem Gesicht; fern von dem Ideal.

Filippino Lippi erhob sich auch in schwierigen Situationen bis zum
Ausdruck höherer Natur. In der Auferweckung der Drusiana durch den
heil. Johannes in der Capelle der Strozzi nimmt man das erstaunte
Gefühl des wiedererwachenden Lebens wahr; sie wacht auf, zwar wie
aus einem Traum, aber nicht wie nach dem Schlaf; das Bewußtsein tappt
gleichsam nach sich selber.

Noch mangelt hier, wie das Colorit, das der Natur entsprach, so
jene Freiheit, welche sich von dem Gegebenen und Ueberlieferten ganz
loszumachen den Muth hätte. So suchte unter anderen Sandro Botti=
celli Symbole und Natur zu vereinigen. Seine Jungfrau taucht die Feder
in das Tintenfaß, das ein Engel hält, um das Magnificat zu schreiben;
goldene Strahlen umgeben das Haupt des Heilands: in seinen Händen
hält er die geöffnete Granate; dieses starke Symbol strebte Botticelli durch
den Ausdruck der Gestalten, innere Hingebung, Freudigkeit und Ruhe zu
überwältigen, ja vergessen zu machen.

---

*) Geb. 1435 zu Florenz, † 1488 zu Venedig.

Die Mönche, mit welchen Cosimo Roselli die Einkleidung S. Filippo Benizzis umgab, beweisen, einmal, wie gut er die Natur faßte, da sie heute noch die nämlichen sind, überdies aber, wie sich dies unfrucht= bare Geschlecht demohnerachtet so eigen und vollkommen fortpflanzt.

Es gab in dieser Zeit eine ungemeine Anzahl von Malerwerkstätten in Florenz; und ein Verzeichniß, das uns zufällig zu Handen gekommen, setzt uns in Erstaunen.

Unter allen diesen Meistern thut sich durch strenges und folgerechtes Bemühen vorzüglich Domenico Ghirlandajo*) hervor.

Schon in seinem ersten Werke, dem Abendmahl in Ognisanti, hat er die Apostel zu ihrem besonderen Charakter herauszuarbeiten gewußt. Es ist als, hörte man sie reden. Gleichsam bedauernd, daß es mit der Schlechtigkeit der Welt so weit gekommen, lehnt der eine auf seinem Arm. In dem Stirnrunzeln eines anderen liest man das bittere Gefühl, daß auch unter ihnen, unter den Erwählten ein Verräther gefunden werde. Nur dieser sieht kühn und frech seinen Herrn und Meister an.

Diese Art von Charakterisirung übertrug er auf die Behandlung seines Stoffes. Wenngleich der Gegenstand seiner Haupthandlungen weder neu noch auch sehr glücklich gewählt ist, so weiß er ihn doch durch geistreiche Züge zu erfrischen. Das Präsepe in Sta. Lucia ist durch die kühne Wendung Josephs nach dem die Begebenheit feiernden Himmel glücklich gehoben. Bei der Anbetung der Magier in Sta. Maria degli Innocenti sieht man die Seelen der unschuldigen Kinder, deren Ermordung uns oben entsetzt, tiefer unten, nachdem sie schon zu Heiligen geworden sind, knieen und anbeten; sie werden das Leben nie vermissen. Leicht als sein vornehmstes Werk sind die Scenen aus dem Lebenslauf der Maria anzusehen, womit der Chor von Sta. Maria Novella ausgeschmückt ist. Die Entfernung Joachims aus dem Tempel ist durch die naive Verwunderung des Weggewiesenen, der sein Opfer auf den Armen mit sich nehmen muß, vermenschlicht. In der Geburt der Jungfrau erscheint das Lächeln derjenigen, welche das Kind hält und von ihm angelacht wird, wohl motivirt und belebend. In der Begegnung Marias und Elisabeths ist lautere liebreiche Würde. Diese Handlungen nun pflegt er mit würdigen Gestalten, Männern und Frauen zu umgeben. Es ist gewiß schon eine Neuerung, obwol etwas Aehnliches auch bei Giotto vorkommt, dem man aber hierin bisher nicht gefolgt war, die Porträts der Stifter knieend in dem Raume des Hauptwerkes anzubringen, aber noch ganz etwas anderes ist es, seine Freunde und Gönner, wie er es that, un= mittelbar als Zuschauer der heiligen Handlungen aufzunehmen. Wir lernen die Gesichtszüge des Lorenzo be' Medici und einiger seiner Zeit=

---

*) Domenico Currado del Ghirlandajo geb. 1449, † 1498; übrigens be= rühmt als Verbesserer der Technik.

genossen, des Ficino, Polizian, Landin, auch die Züge der damals schönsten Frauen in Florenz auf diesen Bildern kennen. Dadurch bekommen aber diese Werke nun ihre ganz eigene Lebendigkeit. Sie haben eine solche auch, wo die Köpfe nicht Porträt sind. Es sind in der Regel Gestalten von gesetzten Jahren, die eine männliche Festigkeit, eine Haltung, welche die Spuren ernster Beschäftigung trägt, mit jener Freiheit und Offenheit verbinden, welche sie fähig macht, einen großen Eindruck aufzunehmen. Vielleicht war seine Anschauung hierdurch wieder gebunden. Bei dem Tod und der Auferweckung des heil. Franz in Sta. Trinita kehren früher dagewesene Gestalten zurück. Das Zarte und Feine wurde ihm, wo es nicht Porträt war, besonders schwer. In jenem ersten Abendmahl ist Johannes, der zu schlafen scheint, unstreitig nicht gerade gelungen; seine Madonnen sind selten glücklich. Es macht ihm große Ehre, daß er, wenn wir nicht irren, diesen Mangel fühlte und auf jeden Fall ihn zu heben bemüht war. In S. Girolamo hat er höhere geistige Regung durch eine Milderung der männlichen Gesichtszüge zu stillem, wol ernstem Nachdenken auszudrücken das Mittel gefunden. In der Geburt des Heilands, in der Akademie zu Florenz, hat er nicht allein die Männer, Joseph wie die Hirten, wohl motivirt, sondern in der Mutter hat er sich selbst übertroffen. Die Fülle jugendlicher Gestalt, die er ihr verleiht, hat ihn nicht gehindert, ihr den geistigen Ausdruck schöner Zartheit zu geben.

In dieselbe Zeit mit Ghirlandajo fällt Andrea Mantegna, der in Padua fast noch einen größeren Ruhm erwarb, als jener in Florenz.

Mit vielem Gefühl für die Form entwarf Andrea die Fresken bei den Eremitanern in Padua, die sein Andenken, obwol in verkommenem Zustand, bis auf unsere Zeit lebendig erhalten. Glücklicherweise sind in dem Leiden S. Christophs, das einen Theil derselben ausmacht, die Köpfe noch wohl erhalten. Vornehmlich erscheinen die Zuschauer in aller Lebensfülle und eigener Gestalt. Auch er nahm die Porträts berühmter Zeitgenossen in seine Composition auf. Ich glaubte in seinen Werken eine glückliche Auffassung der Unterschiede des Alters wahrzunehmen. Mit unverdrossenem Fleiß suchte er das Vorbild der Natur zu erreichen.

Mantegna führt uns in die venezianischen Gegenden.

Wohl ist's wahr, daß es einen Unterschied der Schulen gibt, jedoch sehr auffallend wird man einen solchen allein dort finden, wo die Schulen einander succediren. Der wesentlichste Unterschied liegt in den Zeiten.

Wie könnte es auch anders sein, als daß der allgemeine Sinn, den die großen Elemente der Entwickelung in einem Jahrhundert mit Nothwendigkeit hervorbrachten, nicht in den Werken der Zeitgenossen an verschiedenen Orten zugleich hervorgetreten wäre. Nie waren in dem engen und stets bewegten Italien die Stätten der Cultur so ganz von einander getrennt.

Immer aber behauptete ein Jeder von denen, welche der Rede werth sind, seine Freiheit.

Es dauerte lange, ehe man sich in Venedig zu eigentlichem Malen erhob.

Jener Podesta Memmo und seine Frau, beide neben der Figur eines Heiligen knieend, die man früher als die erste Probe venezianischer Malerei aus der zweiten Hälfte des 14. Jahrhunderts betrachtete, sind zwar von geschickter Hand, aber mit äußerst geringfügigen Mitteln ausgeführt.

Von Nicolo Semitecolo ist eine Madonna auf Goldgrund mit ganz bekleidetem Kinde von 1394 erhalten.*) Doch ist von Auffassung der Natur nicht viel die Rede. Drei musicirende Engel sind wie Verzierungen auf Säulen aufgestellt.

Einer großen Celebrität erfreute sich Antonio von Murano, der eine Zeit lang das Monopol der Malerei in Venedig gehabt zu haben scheint. Betrachtet man aber sein Werk, jene Maria mit den vier Doctoren, das man in der Akademie sieht, in ihren abgetheilten Räumen, mit ihren Heiligenscheinen, über ihnen die sich hinziehenden geweihten Räume und abgrenzenden kleinen Zimmer, so ist es, als ob er mehr eine Ausführung in Holz, als die Natur nachgeahmt hätte. Man schreibt den Deutschen die Blumenverzierungen hier und in einem anderen Werke in S. Zaccaria zu: ich will dies nicht bekräftigen noch widerlegen; ohne Zweifel sind sie aber der bessere Theil dieser Arbeiten.

Es mag wol unter anderen kunstreichen Handwerken anfangs auch die Malerei ausgeübt worden sein. Von eben da ging die Rivalität aus, mit der allererst ein Versuch ächter Darstellung eintritt.

Dann und wann wagt sie sich schon an das Nackte. In einer Arbeit dieser Zeit, S. Onofrio und S. Giov. Crisostomo, lassen sich einige Fehler bemerken; allein das Nackte ist zart und weich behandelt. Und die Köpfe haben beides, Würde und Größe; S. Onofrio, der Einsiedler, ist durch eine zwar etwas gedrückte, jedoch lange noch nicht pfäffische Haltung glücklich bezeichnet.

Carlo Crivelli**) umgibt seine Madonnen mit reicher Blumenverzierung oder vielem Gold, und er vermag hierdurch nicht viel Bedeutung zu geben. Allein er strebt nach dem Ausdruck. Seine Klage zu der Grablegung ist schneidend unschön, aber eigenthümlich. Auch die Andacht seiner Heiligen ist stark markirt, ihr Lächeln wird zuweilen ein Grinsen. Manche Gestalten, die dem Porträt näher sind, haben Leben und Wahrheit. Bei einigen dieser Venezianer ist das Bestreben fast ausschließend der Wiedergabe des Gegenstandes gewidmet. Gentile Bellini liebte große Züge, auf weiten Plätzen, am Kanal, über die Brücken abzubilden. Es sind so zu sagen Porträts nicht einzelner Personen, sondern im Ganzen.

---

*) Crowe und Cavalcaselle setzen dies Bild in das Jahr 1367.
**) Carolus Crivellus Venetus; er reicht in die 2. Hälfte des 15. Jahrhunderts.

Gentile Bellini stellte die Marcuskirche so genau dar, daß, nachdem die Mosaiken verändert worden, seine Bilder dazu dienen, die alte Gestalt derselben sich zu vergegenwärtigen. Genau läßt sich erkennen, wie weit man zu seiner Zeit an dem Bau der den Marcusplatz umfassenden Gebäude gekommen war. Auch die Procession, die er auf dem Platze vorgehen läßt, ist, so zu sagen, vortrefflich porträtirt. Noch heutigen Tages sieht man oft diese Processionen. Man bemerkt in ihnen einen Ernst, der vielleicht nicht unbedingt in der Natur des Menschen liegt, derselben aber auch nicht widerspricht und sich gut ausnimmt, da er die Eigenthümlichkeiten der Personen bestehen läßt; — diese Nachahmung macht keinen anderen Anspruch als den der Genauigkeit. Man unterscheidet auch hier die Porträts historischer Personen, die eigene des Malers und seines Bruders, welcher seine Züge hat.

In demselben Sinne ist die Predigt des h. Marcus zu Alexandrien ausgeführt. Die verhüllten Gestalten, der Gegensatz des orientalischen und occidentalischen Kostüms, wie man es vormals zu Venedig häufig sah, geben diesem Bilde eine besondere Mannichfaltigkeit.

Hierin ahmte ihm Lazzaro Sebastiani am treuesten nach; aber beinahe in allen Venezianern werden diese Darstellungen großer Massen, vornehmlich venezianischer Senatoren in ganzen Reihen, gewöhnlich.

Auch Victor Carpaccio übernahm, ein Wunder, das am Rialto vorgegangen, und dabei unzählige Zuschauer, ja die Orsola mit ihren elftausend Jungfrauen und zehntausend Gekreuzigten auf dem Berge Ararat darzustellen. Er ist jedoch an dieser Aufgabe trotz ihrer Ungeheuerlichkeit nicht gescheitert. Nicht allein wird man, wenn man das Einzelne genau betrachtet, in Bewegung und Haltung Wahrheit und Natur entdecken, sondern er weiß selbst die der Natur widerwärtige Darstellung der zehntausend Gekreuzigten durch die drei schönen Gestalten der jugendlichen Bekenner, die er in den Vordergrund gebracht, zu vermenschlichen.

Carpaccio weiß die Architekturen, mit denen er seine Szenen umfaßt, perspectivisch anzulegen; den Nebendingen widmet er eine in's Einzelnste gehende Aufmerksamkeit. In seiner Geburt der Jungfrau sieht man den ganzen venezianischen Hausrath dieser Zeit: die Wanne, das Kind zu baden, die Mittel der Stärkung, die man der Mutter bringt, Kerze und Flasche, in ihrem Bett die Wöchnerin. Das Ganze verräth den Geist eines niederländischen Werkes. Die Einheit wird nur locker durch den eben eintretenden Joachim zusammengehalten.

Noch gestattete die damalige Sitte dem Nackten wenig Raum. Carpaccio sucht die Fleischtinten besonders zart auszuführen, doch hat er etwas Trockenes.

In seiner Tafel mit der Beschneidung ist die Zeichnung glücklicher, als das Colorit. Die Begegnung der Jungfrau und ihrer zwei Beglei-

5*

terinnen mit den drei geistlichen Männern, ihr gegenüber, ist mit un=
nachahmlichem Fleiß ausgeführt.

In gleichem Sinne arbeitete Ambrogio Borgognone*) zu Mailand.
In seiner Madonna mit Heiligen ist viel Studium in den Gesichtszügen,
der Männer, sowie der jungen Frauen, doch in der Abbildung der
Hände und des Gewandes fehlt gar viel an der Vollendung. In der
Halle bei S. Ambrogio ist Christus einmal lehrend, sodann zu seiner
Mutter wiederkehrend von ihm dargestellt worden. Die aufmerksamen
Alten sind ihm am besten gelungen: das Zarte und Feine ist noch nicht
sein Fach.

Eine stark angefaßte Naturwahrheit haben auch die Arbeiten von
Lorenzo Costa zu Bologna. Seine Madonna in der Capelle der Benti=
vogli hat fast eine Familienähnlichkeit mit diesem Geschlecht.

IV.

Uebergang vom 15. in das 16. Jahrhundert.

Will man demnach die vornehmste Veränderung bezeichnen, welche
seit ungefähr 1450 in der Kunstübung eintrat, so ist es die Einführung
des Porträts.

Als es Phidias gewagt hatte, in der Amazonenschlacht auf dem
Minervenschilde sein und des Perikles Bild anzubringen, ward er der
Gottlosigkeit angeklagt.

Wir können nicht sagen, daß die Neuerung, die wir betrachtet, dem
religiösen Sinne geschadet hätte, welchen die Kunst auszusprechen und
darzustellen berufen ist.

Die Früheren hatten sich begnügt, die Mysterien und Erzählungen
der Religion deutlich und sinnlich vorzutragen. Es ist ihnen hinreichend,
wenn sie ihren Phantasien eine menschlich anmuthende Form geben, ohne
daß es ihnen beikommt, mit der Erscheinung der Natur zu wetteifern.
Jetzo aber hat man sich diese Aufgabe gesetzt. Mühevoll sucht man das
Individuellste nachzubilden; man sucht den Gegenstand wiederzugeben:
nur in diesen bedingenden Formen erscheinen ferner die religiösen
Phantasien.

Da ist es sehr merkwürdig, welchen Weg ihre Darstellung nahm
und welche Manier um das Jahr 1500 in ganz Italien geltend ward.

Es ist hinreichend, daß wir die Namen, deren Ruhm die damalige
Zeit bezeichnet, Francesco Francia, Pietro Perugino, Gian Bellini, zu=
sammenstellen, um zu erkennen, daß es vornehmlich das Liebliche, An=
muth und Unschuld war, was diese Epoche zur Darstellung zu bringen

---

*) Man kennt kein Werk von ihm vor 1490. Er lebte noch 1535.

strebte, ebenso in der umbrischen und toskanischen Schule, wie in der venezianischen.

Früher hatte man sich wol begnügt, die Jungfrau, wie überall, mit den Heiligen, die an jedem Ort verehrt wurden, zusammenzustellen; alles in abgesonderten Räumen; dann verband man sie, indem man einem der Heiligen etwa das Bild der Stadt darreichen ließ, das er dann gleich= sam zu weihen hatte; jetzt vereinigte man sie zur Gruppe. In den Bildern der ersten Jahre des 16. Jahrhunderts finden wir die Madonna in der Regel auf einem Thron: um sie die Heiligen, welche der Be= stimmung der Kirche entsprachen. Nicht immer sind sie mit einander in einer unmittelbaren Beziehung des Momentes. Oft stehen die Heiligen ruhig dem Beschauer gegenüber: stille halten sie Wacht; zu den Füßen des Thrones spielen Engel.

Es ist unglaublich, wie oft man sich an diesem Gegenstand, welcher in Abbildung der Heiligen der dichtenden Phantasie einen großen Spiel= raum ließ, versucht hat.

In den Werken des Francesco Francia*) sind die Heiligen von minderer Bedeutung. Fast auf jedem dieser Bilder erhebt Johannes den deutenden Finger; wol ist S. Georg über dem Lindwurm dargestellt, doch hat er nicht die Gestalt eines Kämpfenden. Jedoch drückt gleich das erste Bild dieses denkwürdigen Goldschmidts von 1490 die ganze Fülle seiner Gutmüthigkeit aus, die ihm eine unergründliche Tiefe zu geben scheint. Vornehmlich war ihm ein Ideal weiblicher Reinheit zu Theil geworden, das er oft mit Vollkommenheit wiedergibt. In seiner Annun= ziata welch ein ganz frisches und jugendliches Gefühl von Unschuld und erhebendem Entzücken. Wir haben in München eines seiner schönsten Werke. Im Rosengarten liegt das göttliche Kind; mit einer leisen Beugung der Kniee naht sich ihm die Mutter. Sie ist wie die Frische der Rosen; wie die Anmuth des Frühlings kommt sie daher; jede ihrer Gebehrden ist Demuth und Reinheit.

Die Gestalten des Pietro Perugino**) drücken nicht sowol diese Lauter= keit, als ein hingerissenes Entzücken aus. Sie sind brauner, — voll Natur: vielleicht nicht immer so ganz in ursprünglicher Auffassung hervorgebracht und etwas eintöniger; allein Milde und Huld ist ihnen in der Regel eigen.

In ähnlicher Weise arbeiteten lange fort die Maler um Assisi. Die Pietà des M. Angelo Anbine, und ihr gegenüber die Mutter mit dem Kind in Spello, sind voll stiller Wahrheit und Schönheit. Es sind Hervorbringungen nicht allein der Kunst, sondern innerer Anschauung und Religion.

---

*) Francesco Raibolini aus Bologna, geb. 1450, † 1533, der von seinem Meister den Namen Francia annahm.

**) Pietro Vanucci geb. 1446 in Città della Pieve, † 1524 in Perugia.

Vornehmlich in Venedig folgte man dieser Richtung.

Der mühevolle Carpaccio näherte sich doch wenigstens in einem seiner Werke dem Idealen. Es ist die Begegnung von Joachim und Anna in der Akademie zu Venedig. Die außerordentliche Sorgsamkeit, mit welcher die Gewänder ausgearbeitet sind, so daß die Falten beinahe gar zu regelmäßig fallen, tritt vielleicht in den beiden Hauptfiguren, von denen übrigens vorzüglich Anna glücklich ist, allzu stark hervor. Aber die beiden anderen, die h. Barbara und der h. Ludwig, sind auch von diesem kleinen Tadel frei, und wol die schönsten Gestalten, die Carpaccio erfunden hat. Engelrein ist Barbara: in dem heiligen Ludwig ein unschuldiges Gefühl der Würde, in der er daher tritt. Sie sind durchsichtig bis auf den Grund ihrer Seele.

Wir finden seine Zeitgenossen in einem belebenden Wetteifer mit ihm unter denselben Schwierigkeiten.

Vincenzo Catena*) faßte zuweilen die Sache etwas gröber an. In seiner Madonna mit S. Girolamo ist besonders das Kind unglücklich gerathen. Oft aber gelang es ihm besser. Seine Madonnen sind einfach und gut. Ernste Heilige stehen um sie her, lange Haare beschatten ihr bräunliches Gesicht. In der Madonna mit dem Dogen Gritti und S. Marcus, einem seiner spätern Werke, erhob sich Catena bis zu wahrer Darstellung geistiger Gestalt. Ihr Antlitz hat den Ausdruck der Heiterkeit und aus innerer Freiheit hervorgehender Milde. Unnachahmlich zu ihren Füßen kniet der betagte Doge.

Auch Basaiti**) gehörte zu dieser Schule. Er liebte lebhafte Farben, blaue Lufttöne, lichte Darstellung und versetzt seine Geschichten gern in eine heitere Landschaft. Nicht immer stimmt dies zum Charakter seines Gegenstandes. Der Heiland im Garten ist eine Darstellung wie eine Novelle, und entspricht vielleicht nicht dem Ernst ihrer Aufgabe. Dagegen die Berufung der Zebedäer, in eine schöne Landschaft am See verlegt, unter hohe grüne Berge, in eine Ortschaft mit mittelalterlichen Befestigungen, ist originell und geistreich. Vornehmlich ist der jüngere Sohn, in der Blüthe schlank aufwachsender Jugend, wie er mit unschuldiger Schülernaivetät hervortritt, ohne doch des Vaters zu vergessen, ganz ein Erzeugniß schöner Natur.

Cima da Conegliano***) thut sich durch glückliche Gegensätze der Farben und die feinste Ausarbeitung z. B. der Hände hervor. In seinen Madonnentafeln gelingt ihm immer das eine oder das andere vorzüglich. Bald ist es dieser bräunliche Rittersmann, S. Georg, welchen er, ohne

---

*) Vincenzo di Biagio geb. 1470 in Venedig, † 1530.

**) Marco Basaiti, von griechischen Eltern geboren. Bei einem seiner Hauptwerke erscheint das Jahr 1510. Er lebte in Venedig.

***) Giovanni Battista Cima, geb. zu Coneglians 1460; er lebte noch 1517.

daß er weiter an den Umstehenden Theil nähme, in seinem Schmuck uns gegenüberstellt, bald ist es einer von seinen Engeln, in dem die entgegengesetzten Eigenschaften, welche die Aufgabe fordert, der Kindlichkeit und des Nachdenkens, der Zierlichkeit und Bedeutung, glücklich vereinigt sind.

C. Cordella weiß seine Madonnen mit einer, so zu sagen, reichen Einfachheit zu umgeben. Die Heiligen zu ihren Füßen sind hohe Gestalten, stattlich bekleidet, wie venezianische Senatoren.

Zu diesen Zeitgenossen gehört Liberale von Verona. Noch liebt er Zierrathen, Halsketten, überhangende Festons, lebhafte Farbe in den Gewändern. Zum Erstaunen mannichfaltig ist das Ideal der Madonnen. Auch er verlieh den seinen einen eigenthümlichen Ausdruck der Jugend, Unschuld und Güte.

Unter allen aber erweist sich Gian Bellini*) leicht als der Bedeutendste. Nicht allein durch die Eigenartigkeit und Vollendung seiner Darstellung, sondern auch durch den Fortschritt, den wir an ihm wahrnehmen.

In seinen älteren Sachen zeigt er viel Gefühl, einen fleißigen und geschickten Pinsel, aber eine wie es scheint sich selber zurückhaltende Darstellungsweise, welche sich scheut, das Herkömmliche zu verlassen und nur in der Ausarbeitung desselben ihr Lob sucht. Ruhig sitzt die Jungfrau auf ihrem Thron: sie ist sehr ernst und nicht eigentlich schön; das nackte Kind steht ihr bewegungslos auf dem Schooß; es ist kein Ausdruck wechselseitiger Zärtlichkeit in ihnen. Zur Anbetung der knienden Gemeinde gegenüber sind sie dargestellt; stille stehen die Heiligen ihr zur Seite; der Meister begnügt sich, sie etwa in einen ansprechenden Gegensatz zu bringen, und das tiefsinnige Alter neben heiterer Jungfrauengestalt auftreten zu machen; mit sehr devotem Ausdruck singen die Engel. Nur dann und wann verknüpft er Gebilde seiner Phantasie zu einer leisen Fabel. Er bringt die Mutter auf der einen, das Kind auf der andern Seite mit den Heiligen in Berührung. In dem schönen Werke mit dem Dogen Barbarigo läßt er diesen von S. Marcus berühren.

Wie er nun denn doch zuweilen sehr früh, z. B. hier eine gewisse Neigung zu freierer Anordnung zeigt; wie er sich dann glücklich im Porträt versucht, wie er endlich, was wir auch aus seinem Verhältniß zu Dürer wissen, fremde Arbeiten hochachtete und sich anzueignen wünschte, so geschah ihm, daß er in den Schwung, den seine Zeitgenossen nahmen, wirklich mit eintrat. Seine Tafel in der Capelle del Sacramento zu S. Salvatore, Christus in Emaus, sollte gar nicht ihm anzugehören scheinen: so frei ist die Anordnung, so zwanglos die Bewegung, so groß sind die Formen. Es weht hier schon ein anderer Geist; es ist ein

---

*) Gian Bellini ist nach 1421 geboren, 1516 gestorben.

anderes neues Bestreben; und in ihm hat seine Schule sich selber zu einem neuen Dasein verjüngt.

Nirgends aber ist diese Entwickelung bedeutender aufgetreten, als in Florenz. Die Kunst hat hier unter Cosimo und Lorenzo den glänzendsten Aufschwung genommen. Plötzlich nach dem Sturze Pieros de' Medici trat ihr eine Verfassung, die ein mönchischer Volksführer einrichtete, gegenüber, die Allem ein Ende zu machen drohte. Savonarola konnte nur eine Kunstübung billigen, wie sie durch einen andern Dominikaner, Fiesole, gepflegt worden war; ganz aufgegangen in den kirchlichen Ideen, ohne alle Zuthat und anderweite Erfindung. Er war unendlich mächtig, da er die demokratischen Ideen in religiöser Form durchzuführen den Anlauf nahm. Unter dem Jubel des Volkes ist eine Anzahl von künstlerischen Hervorbringungen, die ein anderes Ziel verfolgten, vernichtet worden. Seine unglückliche Katastrophe war eine Art von Glück für die Kunst, die nun wieder in den gewohnten Wegen, aus denen sie hatte verdrängt werden sollen, weiter fortschritt. Besonders denkwürdig auf dieser Stufe der künstlerischen Bewegung ist Fra Bartolommeo.

Um das Jahr 1500 malte Raffaellino del Garbo für die Kirche S. Spirito in Florenz. Noch nicht bis zur Vollkommenheit vollendet erscheinen die Werke, die er daselbst hinterließ, aber wenn bei S. Gregorius, dem der Gekreuzigte erscheint, die Engel den doppelten Mangel haben, zugleich sehr porträtartig und einander allzu ähnlich zu sein, so ist dagegen der Kopf des Gregor (mager), bei starkem Knochenbau, hingeschrieben mit unverkennbaren und unvergänglichen Zügen. In der Kirche ist nur seine Madonna und S. Bartholomäus erhalten.*) Die Aufgabe, einen S. Johannes in seinem Alter zu malen, hat er glücklich gelöst. Es ist ein lebenserfahrener geprüfter Greis; sein geistig starker Ernst ist von Sanftmuth durchdrungen; in langen Locken nicht allzureich bekleiden Haar und Bart sein Gesicht. Auch Dürer, wie man weiß, hat in einem seiner schönsten Werke diese Aufgabe bearbeitet. Er hat sich nur noch etwas näher an das gemeine Leben gehalten, und in demselben eine höhere Würde abzuspiegeln gesucht. Raffaellino aber ist weich und zart; mehr als ein anderer steht er auf dem Punkte, wo sich aus dem Charakteristischen das Milde zugesellte: zuweilen fehlte seinen Werken, so zu sagen, ein Schatten der irdischen Welt.

Bartolommeo Paolo del Fattorino; von dem Hause, in dem seine Mutter lebte, della Porta, später nach seinem Eintritte in das Dominikanerkloster Fra Bartolommeo genannt, hat eine entschiedene Richtung zu dem Großen, dem Erhabenen. In seinem S. Marcus stimmt Archi-

---

*) Dabei findet sich die Angabe Raphül de Krolis pinxit mit der Jahreszahl 1502. Der Name, unter dem er bekannt ist, scheint eine Bezeichnung seiner anmuthigen Art und Weise zu sein.

tektur und Bekleidung, einfach und großartig, zu der edlen Haltung und dem männlich hohen Ausdruck des Gesichts. Er malte die Evangelisten wie M. Angelo die Propheten. So gruppirte er sie in einem seiner schönsten Werke im Palazzo Pitti um den auferstehenden Heiland. So ließ er die Madonna della Misericordia über dem Volke von Lucca und seinem Gonfaloniere erscheinen. Ihr Erbarmen ist Entzücken, und entzücktes Vermitteln zwischen Gott und den bittenden Menschen; voll Gnade nimmt sie dieser wahr; mit der Sicherheit der Gewährung streckt sie die Arme zu jenem empor. In den Lucchesen zu ihren Füßen ist Genüge und Fülle des Daseins. In ursprünglichen Conceptionen wußte Bartolommeo das oft Dagewesene zu verjüngen. Seiner heiligen Familie gesellte er Engel hinzu, welche dem Ganzen nicht allein Rundung und Mannichfaltigkeit, sondern auch eine heitere Erfrischung geben, ohne in dies Stilleben, das die Aufgabe feiert, etwas Fremdartiges hineinzutragen Es ist eben dies Talent, was in der glücklich gedachten Pietà des Palastes Pitti hervortritt. Schon lange bildete der sinnende Geist an dieser Gruppe. Es wäre wol zu erörtern, woher und wie die Madonna mit dem Kinde so früh und so durchgehend in die abendländische Christenheit gekommen. Für die Kunst erwies sie sich unendlich fruchtbar und alle die heiligen Familien, an denen die sinnreiche Phantasie gläubiger Jahrhunderte gebildet und gearbeitet, sind ihr entsprungen. Ihr gegenüber stand eine andere, auch ursprüngliche und unergründliche Conception. Eben der Mutter, welche den Säugling trug, gab man den todten Sohn auf den Schooß. An der Stätte seines Ursprungs wird das verblühete Leben des Menschensohnes beklagt. Einsam erscheint sie uns über den Eingängen zu den Klöstern und zu den Kirchhöfen. Viele halten die Darstellung dieser Idee, in athmendem Marmor, mit reinem Bemühen, das sich ganz dem Gegenstande widmet, ausgeführt, für das schönste Werk des M. A. Buonarretti. Die Malerei verschmähte diese Vorstellung nicht und ich erinnere nur an das Werk eines anderen, allerdings eines unberühmten M. Angelo genannt Andrea, welcher sie für die Kirche von Spello stillehin, ohne Prunk, aber mit aller der Tiefe ausführte, welche die Religion gewährt, so wie sie in der Seele lebendig ist.

Seit die Malerei sich dem Leben näher anschloß, suchte man auch diese Gruppe aus der noch fast typischen Auffassung, in welcher sie dargestellt wurde, zu menschlicher Faßlichkeit auszubilden.

Francesco Francia fügte zu der Mutter und dem Todten, der ihr ausgestreckt in dem Schooße liegt, Engel hinzu, welche die Füße und den Kopf des Gestorbenen halten. Pietro Perugino ist auch hier auf einem ähnlichen Pfade. Statt der Engel aber in der nämlichen Stellung bildet er Johannes und Magdalena ab. So kommt man dem Leben näher, ohne es noch recht zu ergreifen. Glücklich fand der Frate den Moment, in welchem sinnliche Haltung und geistiger Ausdruck zusammenstimmen.

In der Mutter ist eine sehr strenge Individualität von zarter und tiefer Empfindung durchdrungen. Ueber dem Schooß des Heilandes, von dem es eine gute Bemerkung ist, daß dieser Leib in der Mitte zwischen Tod und Schlaf, in jugendlicher Männlichkeit, nicht ganz aufgehend in seinen Begriff, mit einem sich selber erkennenden Gefühle des Schmerzes, kniet Johannes das Haupt haltend. Eine der schönsten Gestalten, die man ersinnen kann, ist die zu den Füßen des Heilandes hingegossene Magdalena. Erde und Himmel ist in diesem schönen Werk. Es ist kein Fleiß gespart, um in Ausführung der technischen Theile und in Pracht der Farben der Natur beizukommen, leise schlagenden Fittigs schwebt der Geist darüber.

Nicht immer war der Frate so glücklich. Man weiß, welch entschiedener Anhänger Savonarolas er war, und man wird leicht erachten, daß es in dem mönchischen Element, welches er unter demselben in sich aufnahm, etwas gab, was sich dem Ausdruck in reinen Kunstformen nicht so leicht fügte. Noch sieht man in der Akademie zu Florenz die Erscheinung der Jungfrau vor S. Bernhard, sein erstes Werk, seit er in das Kloster gegangen, wo er der Kunstübung lange entsagt hat. Ich finde es nicht sehr gelungen. Die Bewegung ist so heftig; gleichweg sind die Angesichter. Erhob er sich nun in der Entwickelung, die er seitdem nahm, über diese Beschränktheit zu übereinstimmendem Ausdruck der Erscheinung und des Gedankens, so trat sie doch, als seine Kräfte abnahmen, in seinem Alter in den letzten Arbeiten, die er hinterlassen hat, wieder hervor. Man sieht sie in S. Maddalena, in Pieve di Mugnano. Er wiederholte unter ihnen die Pietà. Allein indem er die Lage des Todten, die Mutter, den Johannes vollkommen, und die Magdalena nur mit einer kleinen Abweichung, etwas mehr aufrecht, wiederholte, so fügte er dieser Gruppe ein paar Nebengestalten, zwei Zuschauer mönchischen Ausdrucks hinzu, welche dem Werke die so glücklich gefundene Einheit wieder nehmen.

Seine Jungfrau wurde zu fleischig; — das wahrhaft eminente Talent, das seine früheren Sachen aussprechen, bemerkt man nicht mehr.

Es ist nämlich, als hätte er sich mit zu wenig Zurückhaltung den klösterlichen Ideen hingegeben.

Aber hier war es, wo sein Freund Albertinelli sich von ihm schied. Auch er liebte die Darstellung großer Gestalten, und in ihrer ursprünglichen Kunstrichtung waren sie, wie man weiß, einmüthig gewesen. Aber schon ein solches Werk, wie die Begegnung Maria und Elisabeth, zeigt, wie Albertinelli sich gegen das eigentlich Religiöse verhält. So ist hier Alles menschlich. Elisabeth faßt Marien freundlich tröstend als eine Höhere an. Das kirchliche Element ist hier völlig verwischt. Dies ist aber so sehr die Natur Albertinellis, daß er selbst das nicht erreichen kann, wo er es sucht. Wir sehen die Dreieinigkeit dem antiken Symbol gemäß von ihm dargestellt. Bei seiner Verkündung erscheint Gott Vater; es mangeln nicht Tauben, Lilien, musicirende Engel; zart und gefühlvoll ist die Jungfrau; geistreich Gabriel: allein von dem, was fromm und was kirchlich wäre, weichen sie doch bedeutend ab.

In der Durchdringung des Stoffes durch den Gedanken und die Auffassung liegt die Vollendung. Der Stoff hat aber einen geistigen Inhalt. Sollte man diesen bei Seite setzen dürfen? Die Ausführung hat eine sinnliche Forderung. Es ist nothwendig, sie zu befriedigen. Ich sage nichts, als daß auch so entschiedenen Talenten wie Albertinelli und Fra Bartolommeo die Durchdringung des Einen mit dem Andern nicht immer gelang.

Auch hatte man es schwerer als früher. Nicht allein, weil man von den alten Vorstellungen emancipirt, von dem Herkömmlichen frei war, sondern auch, weil die Zeitgenossenschaft, die Umgebung weltlich geworden, die Erfindung in dem religiösen Sinne nicht mehr so leicht, so natürlich machte.

Der medicinische und der religiöse Dualismus.

Von

J. Henle.

— Göttingen. —

Theodicee nennt man seit Leibnitz den Versuch, die Unvollkommen=
heiten dieser Welt, die Leiden und Schmerzen, denen die
empfindenden Wesen ausgesetzt sind, mit den Vorstellungen von
der Macht, Güte und Gerechtigkeit Gottes in Einklang zu
bringen. Unter der Voraussetzung, daß Gott die Gewalt und den Willen
habe, seine Geschöpfe zu beglücken, sucht man nach einer Rechtfertigung,
warum es ihm gefallen haben möge, einen Planeten mit Wesen zu be=
völkern, welche nicht anders, als Eines auf Kosten des Andern zu exi=
stiren vermögen. Diese Rechtfertigung findet der Mensch, der sich als
Mittelpunkt und Endzweck der Schöpfung fühlt, allenfalls darin, daß er
seinen natürlichen Feinden die Ausbildung seines Verstandes und seiner
Erfindungsgabe verdanke. Gibt er aber die vernunftlosen Wesen preis,
erkennt er Gottes Güte in der Herrschaft, die dem Menschen über die=
selben verliehen ist und faßt er allein sein und seiner Mitmenschen Loos
in's Auge, so ist es das Vertrauen auf die Gerechtigkeit Gottes, das
in's Wanken geräth. Denn daß das Meisterstück der Schöpfung inner=
halb derselben nicht immer nach Verdienst behandelt wird, daß es Fälle
gibt, in welchen die Unschuld untergeht und die Bosheit triumphirt, ist
eine unwiderlegliche, in der Prosa und Poesie aller Völker und Zeiten
anerkannte Wahrheit. Stützt sich doch auf die Betrachtung solcher Fälle
der Glaube an ein Jenseits, in welchem das hier Versäumte an Strafen
und Belohnungen nachgeholt werden soll.

Kant hat in einer eigenen Abhandlung die Leistungen der Advocaten
Gottes einer Kritik unterzogen und das Resultat dieser Kritik in dem
Titel seiner Schrift „über das Mißlingen aller philosophischen Versuche

in der Theodicee" ausgesprochen. Denen, welche meinen, daß Gott uns in diese Welt voll Trübsal gesetzt habe, damit wir durch den Kampf mit Widerwärtigkeiten der Herrlichkeit seines Paradieses würdig werden sollten, entgegnet er: es könne zwar vorgegeben, aber schlechterdings nicht eingesehen werden, daß diese Prüfungszeit (der die Meisten unterliegen und in welcher auch der Beste seines Lebens nicht froh wird) vor der höchsten Weisheit durchaus die Bedingung der dereinst zu genießenden Freuden sein müsse, und daß es nicht thunlich gewesen, das Geschöpf mit jeder Epoche seines Lebens zufrieden werden zu lassen; man könne also freilich diesen Knoten durch die Berufung auf die höchste Weisheit, die es so gewollt, abhauen, aber nicht auflösen, welches doch die Theodicee zu verrichten sich anheischig mache.

Sie ist denn auch bescheidener geworden und in ihrer heutigen Gestalt schützt sie den Glauben an die Allmacht, Allgütigkeit und Gerechtig= keit Gottes dadurch, daß sie an die Kluft erinnert, welche zwischen der göttlichen Weisheit und der menschlichen Fassungskraft besteht. „Seine Wege," heißt es, „sind nicht unsere Wege; sein Rathschluß ist höher, als alle Vernunft." Damit wird auf die philosophische Lösung des Pro= blems verzichtet.

Die religiösen Weltanschauungen haben dasselbe von Anfang an auf einem anderen Wege zu lösen versucht, durch den Dualismus, und man kann sagen, daß sie es sich leicht gemacht haben. Dem weisen, gütigen, vom besten Willen beseelten Gott stellen sie die Mächte der Finsterniß, die gefallenen Geister, die Versucher gegenüber und machen die letzteren verantwortlich für die Schattenseiten des irdischen Daseins und des menschlichen Gemüthes. Um die Güte der Gottheit zu retten, entkleiden sie sie ihrer Allmacht und lassen den Teufel Unkraut unter den Weizen säen. Wie sehr unsern Orthodoxen der Böse noch heute am Herzen liegt, ist aus den Controversen über die Taufformel bekannt. Man bedarf seiner, um begreiflich zu machen, wie es geschehen könne, daß sehr gläubige Männer zuweilen auf dem Pfad der Tugend straucheln und sich zu Vergehen gegen das Eigenthum und gegen die Sittengesetze hinreißen lassen. Und selbst die Aufgeklärten unter den Frommen, die den Teufel seiner zoologischen Charaktere, der Hörner und des Schwanzes, ja der Persönlichkeit überhaupt entkleideten, haben damit dem Dualismus nicht entsagt. Sie haben mit dem Teufelsglauben nur die Veränderung vorgenommen, die sie bezüglich des Gottesglaubens als Verirrung ver= dammen. Sie bekämpfen den Pantheismus, der Gottes Persönlichkeit leugnet und dessen Wohnsitz in die Natur verlegt; sie selbst aber schaffen eine Art Pansatanismus, indem sie unser sämmtliches sogenanntes Fleisch dem Teufel zum Wohnsitz anweisen, von welchem aus er die Uebung der Tugend möglichst erschwere.

Daß Vorstellungen, die so entschieden den Stempel des Mythischen

tragen, neben allen Fortschritten der kritischen Philosophie ihr Dasein bis
auf unsere Tage fristen konnten, ist für Viele ein Gegenstand der Ver=
wunderung; Andere berufen sich auf die Zähigkeit, mit der der Teufels=
glaube festgehalten wird, um die Uebereinstimmung desselben mit den
Forderungen der menschlichen Vernunft zu beweisen. Ich glaube, jene
Verwunderung beschwichtigen und diese Argumentation widerlegen zu
können durch eine kurzgefaßte Geschichte der medicinischen Theoreme, die,
von ähnlichen Voraussetzungen ausgehend, nach langem Ringen doch endlich
zu geläuterteren Ansichten durchgedrungen sind. Indem ich die Anfänge,
die Blüthe und den Sturz des medicinischen Aberglaubens, der, wie sich
zeigen wird, mit dem religiösen aus der nämlichen Wurzel entspringt,
vorüberführe, werden sich die Analogien beider von selbst ergeben und so
werden die Reflexionen, die uns aus dem Einen erlösten, vielleicht auch
im Streite gegen den Andern zu verwenden sein. Vergessen wir aber
nicht, daß die die Fortschritte fördernden und hemmenden Einflüsse auf
beiden Gebieten sehr ungleich vertheilt sind. Bei den Fortschritten der
Heilkunde sind die Höchstgestellten ebenso interessirt, wie die Niedrigsten;
die Discussion ist so frei als möglich und sie wird nur im Kreise der
Eingeweihten geführt, deren allgemeine und wissenschaftliche Ausbildung
von Facultäten und Staatsprüfungs=Commissionen überwacht ist. Wenn
unter diesen Umständen eine dualistische Fabel von den um unseres
Leibes willen sich bekämpfenden wohl= und übelwollenden Gewalten Jahr=
hunderte überdauerte, wie viel größer muß die Widerstandskraft des
religiösen Dualismus sein, der von den Mächtigen dieser Erde als ein
Mittel, die Massen zu lenken und als Surrogat für eine verständige Er=
weckung des Pflichtgefühls gehegt, durch Strafgesetze gegen Anfechtungen
geschützt wird und bei dessen Beurtheilung die Stimmen der Unmün=
digen den Ausschlag geben!

Im Kindesalter der Menschheit wird den Krankheiten dieselbe Auf=
fassung und Behandlung zu Theil, wie allen andern durch Elementar=
gewalten hervorgerufenen Schrecknissen. Die Priester sind zugleich Aerzte.
Sie sehen in Seuchen ebensowol Wirkungen des Zornes der Götter,
wie in Ueberschwemmungen, Erdrissen, Gewitterstürmen. Sie empfehlen
zur Abwehr die gleichen Mittel, Opfer, Buße und Gebet. Indessen
lehrt der Zufall materielle Heilmittel kennen und es löst sich von dem
Priesterstande eine Corporation ab, die, wie man zu sagen pflegt, Gott
einen guten Mann sein läßt und schon durch ihre ausschließliche Be=
schäftigung mit der rein körperlichen Seite des Menschen in den Geruch
des Materialismus gerathen mußte. Wie wenig kennen die, welche den
ärztlichen Stand mit diesem Vorwurf belasten, den Entwickelungsgang der
medicinischen Wissenschaft. Sie hat aus ihrer ehemaligen Verbindung

mit der Theologie die dualistische Weltanschauung mit herübergenommen; sie hat den Mythus von den einander bekämpfenden guten und bösen Geistern, von Engeln und Teufeln auf die Theorie der Krankheit übertragen und in den mannichfaltigsten Variationen bis auf unsere Tage festgehalten. Nur in einem Punkte standen der religiöse und der medicinische Mythus einander jederzeit diametral gegenüber. Dem Teufel, der die Seelen holt, lassen sich Mißgriffe andichten; das Volk stellt ihn, sich zum Trost, als dummen Teufel vor, den der gute Genius überlistet. Der Teufel, der die Körper holt, erreicht seinen Zweck nur zu augenscheinlich; der Arzt stellt ihn, sich zur Entschuldigung, als ein verschmitztes Ungeheuer dar, welches seinen Sitz zu behaupten, im Nothfall scheinbar zu weichen und an andern Stellen hervorzubrechen wisse und sich namentlich nicht gern dahin bringen lasse, offen und ehrlich auf die Haut herauszutreten. In der Medicin ist der Engel der Dumme und Geprellte, der nicht selten in seinem täppischen Zugreifen den Leib, den er schützen will, selber schädigt.

Die Naturereignisse unter dem Bilde eines Kampfes aufzufassen, kann auch die nüchternste, mathematische Anschauung sich nicht versagen, da der jedesmalige Aggregatzustand, sowie die Ruhelage der Körper nur aus dem Gleichgewicht anziehender und abstoßender oder unterstützender Kräfte zu erklären sind. Dem Cohäsionsbestreben der Materie wirkt die Wärme, die die Materie ausdehnt, entgegen, der Ausdehnung widerstrebt die Elasticität, der Schwerkraft die Resistenz der Unterlage. So liegen auch die lebenden Wesen mit der todten Natur in Streit: der herabfallende Stein, der ein Insect zerschmettert, bedeutet einen Sieg der anorganischen Welt über die organische. Aber Erscheinungen dieser Art, Vernichtung der Organisation durch übermächtige äußere Einflüsse würden kaum den Scharfsinn des Forschers geweckt, kaum zum Versuch einer Erklärung aufgefordert haben. Der Ausgangspunkt der pathologischen Theorien war nicht der Tod, sondern die Genesung. In dem Vermögen, Störungen auszugleichen, die geschädigte Form und Function wieder herzustellen, zeigte sich die Eigenthümlichkeit des Lebendigen und die Erscheinungen, unter welchen die Wiederherstellung erfolgte, die sogenannten Krankheitssymptome, bildeten das Material, aus welchem die medicinischen Schulen ihre Hypothesen spannen.

Man erzählt von einem Lehrer der Geburtshülfe, daß er seine Vorträge mit der Bemerkung zu eröffnen pflegte, Geburt und Wochenbett seien schon den alten Griechen und Römern bekannt gewesen. Ohne Zweifel darf man dasselbe von den meisten der bei uns herrschenden Krankheiten, namentlich von dem großen Heere der Katarrhe, Fieber und Entzündungen behaupten. So gut, wie wir, und vielleicht noch eher, da ihre Behandlung sich wenig eingreifender Mittel bediente, mußten die Griechen die Beobachtung machen, daß diese Krankheiten, die wir acute nennen, einen abgemessenen Verlauf zeigen, eine Reihe von Tagen an Heftigkeit zunehmen und dann, langsam oder auch plötzlich, wenn nicht in Gesundheit, doch in einen Zustand übergehen, den der Kranke als Befreiung von dem lästigsten Theil des Leidens empfindet und der Arzt mit dem Namen Reconvalescenz belegt. Es konnte auch den Griechen nicht entgehen, daß das Stadium der Reconvalescenz häufig von einer un= gewöhnlichen Ausleerung eingeleitet wird. Ich darf nur beispielsweise an das verbreitetste, sicherlich Jedem aus eigener Erfahrung bekannte Leiden, Schnupfen und Husten, oder, um auch eine respectable Krankheit zu nennen, an eine Lungenentzündung erinnern: im Beginne der Krank= heit Trockenheit, beim Nasenkatarrh der sogenannte Stockschnupfen, beim Kehlkopf= und Lungenkatarrh Kitzel und Reiz zum Husten, der nichts fördert; weiterhin mehr oder minder mühsame Aussonderung eines dünnen, zähen, bei der Lungenentzündung blutigen Schleims, der zuletzt, wenn die Genesung bevorsteht, unter Nachlaß des Fiebers reichlicher, dicker und lockerer wird. Hat es nicht den Anschein, als habe der ganze Sturm nur der Ausscheidung dieser Producte gegolten? So sah in der That die hippokratische Schule diese und ähnliche Krankheitsprocesse an und damit im Einklange stand ihre Erklärung der Vorgänge.

Den Beginn der Krankheit leitet sie her von einer ungleichmäßigen Mischung der Elemente, auf deren harmonischer Mischung die Gesundheit beruhen sollte. Je nach dem Uebergewichte des einen oder andern — und es bedarf bei dem bekannten damaligen Zustande der Chemie nicht der Versicherung, daß diese Elemente reine Phantasiegebilde waren — variirten die Symptome des Leidens; immer aber lag denselben ein Stoff, eben das die normale Proportion überschreitende Element zu Grunde. Die hippo= kratische Medicin nannte diesen Stoff roh und nahm an, daß er durch Kochen zur Ausscheidung aus dem Körper vorbereitet werden müsse. Nach dem Zeitraum, den das Kochen in Anspruch nimmt, sollte sich die Dauer der Krankheit richten; mit der Vollendung des Kochprocesses und der Entfernung der gekochten Krankheitsursache sollte die Lösung der Krank= heit, die Krisis, eintreten. Die ärztliche Kunstsprache bedient sich noch heute dieses Ausdrucks, — der ursprünglich wol mehr die Aus=, als die Entscheidung bedeutete, — um eine rasche Wendung der Krankheit, freilich nicht blos zur Genesung, zu bezeichnen, so wie sie auch heute noch den dickern Schleim, der am Schlusse katarrhalischer Affectionen ausgesondert wird, einen gekochten nennt.

Gekocht aber wird im Organismus, nach der Ansicht der griechischen Aerzte, mittelst der eingepflanzten Wärme, die durch das Athmen erhalten wird; sie selbst ist Ausfluß der allgemeinen Naturkraft, Physis, deren instinktmäßiges Walten das Leben unterhält und beschützt. In der mehr gelegentlichen und weniger systematischen Darstellung, welche der Physis in den hippokratischen Schriften zu Theil wird, tritt der Gegensatz derselben zu den Krankheit erregenden Ursachen nicht scharf hervor. Aber schon durch Galen erhielt sie den Charakter einer specifischen Heilkraft mit dem Vermögen, Schädlichkeiten auszutreiben, und von nun an nannten sich die Aerzte Minister, d. h. Diener dieser von Gott eingesetzten Kraft, die sie in ächter Hofschranzenmanier als Inbegriff der Weisheit priesen und doch zugleich unterstützen, mäßigen, auf die rechten Wege leiten zu müssen behaupteten.

Die hippokratische Theorie hatte in ihren ersten naiven Anfängen weder das Bedürfniß, noch die Prätension, den Gang der Krankheit bis in das Einzelne, bis zu den besondern Symptomen zu erklären; doch scheint es sich ihr von selbst zu verstehen, daß die Ursache alles dessen, was dem Kranken Widerwärtigkeiten bereitet, in dem Krankheitsstoff liegen müsse. Wie die dualistische Anschauung sich entschiedener ausprägte, mußte auch das Bestreben erwachen, den Antheil der beiden streitenden Mächte an den Erscheinungen der Krankheit zu sondern. Der kranke Leib wurde die Bühne, auf welcher sie ihren Kampf ausfechten und die Krankheitssymptome wurden Handlungen der agirenden Persönlichkeiten.

Einem Zeitgenossen Luthers, dem schweizerischen Arzt Paracelsus, fiel die Aufgabe zu, die medicinische Theorie, die sich während des Mittelalters nur in Umschreibungen der galenischen Lehre bewegt hatte, wieder in Fluß zu bringen. Ich verweile nicht bei der Umgestaltung, die das dem Organismus feindselige Princip, der Krankheitsstoff oder die Krankheitsursache erfuhr; die Umgestaltung bezog sich nur auf die Zahl und die Natur der Elemente, die den menschlichen Körper zusammensetzen sollten, während die Vorstellung, als handle es sich um Störung des Gleichgewichts der Elemente, um die „Hoffahrt, womit eins derselben sich erhebt und sondert", auch Paracelsus geläufig blieb. Von schleimigerdigen Substanzen, die sich im lebenden Organismus wie der Weinstein in den Fässern absetzen sollten, leitet er Brennen und Schmerzen einzelner Körpertheile ab. Diesen Angriffen entgegen operirt das Lebensprincip, der Alchymist im Organismus oder der Archäus nach Paracelsus' Bezeichnung, dessen Geschäft Stoffaufnahme, Verarbeitung der Nahrung und Ausscheidung des Unbrauchbaren ist. „Der Archäus sträubt sich wider den Tod, regt alle gesunden Glieder auf, um gegen die Krankheit zu fechten und scheidet das fremde Leben der Krankheit von sich, wie der Chemiker das unreine Metall vom Golde." Danach deutet schon Paracelsus die Fieber als heilsame Naturbemühungen; der bedeutendste unter seinen Nachfolgern, van Helmont, erkennt gar im Fieberfrost einen Act des gereizten Archäus, der in seiner Wuth den Patienten schüttelt.

In den nachfolgenden Systemen gilt die Zusammensetzung des Krankheitsverlaufs aus den Operationen des Angriffs und der Vertheidigung als unantastbare Wahrheit; nur die Vorstellungen von diesen beiden Factoren bilden sich um und zwar nach entgegengesetzten Richtungen: der Krankheitsstoff wuchs zum Krankheitsorganismus heran, während der Archäus das mythische Gewand abstreifte und sich zum abstracten Begriff verfeinerte.

Fassen wir nacheinander die Metamorphosen des Einen und Andern in's Auge und beginnen wir mit dem angreifenden Princip.

Zunächst drängten die Erwerbungen der Chemie zu einer präciseren Bestimmung der krank machenden Schädlichkeit. Die folgenreiche Entdeckung des Gegensatzes zwischen Säuren und Laugensalzen eröffnete in der Mitte des 17. Jahrhunderts den medicinischen Hypothesen eine neue Bahn. Zwar hatte gleichzeitig Morgagnis berühmtes Werk „über den Sitz und die Ursachen der Krankheiten" den Grund zu einer pathologischen Anatomie gelegt und man hatte angefangen, die Leichenöffnungen auszubeuten, um die mit bestimmten Krankheiten verbundenen greifbaren Veränderungen der festen Theile des Körpers, der einzelnen Eingeweide kennen zu lernen. Doch wurde damit vorerst der Humoralpathologie, d. h. der pathologischen Theorie, die die Humores, die allgemein verbreiteten Säfte für die eigentlichen Träger des Krankheitsstoffs erklärte, der Boden nicht entzogen; blieb doch immer die Ausrede, daß der ursprünglich in den Säften enthaltene Krankheitsstoff von da aus auf die Organe übergehe und deren Entartung bewirke, eine Deutung, die sich auf die Fälle berufen konnte, wo man mehrere Organe gleichzeitig oder nacheinander den nämlichen Veränderungen verfallen sah, oder wo man, wie nach manchen Fiebern, augenfällige Veränderungen fester Theile überhaupt vermißte. So rückten denn, trotz der pathologischen Anatomie, die sauren und alkalischen Schärfen an die Stelle der empedocleischen Elemente des Hippokrates, der alchymistischen Elemente des Paracelsus; als der Nachweis bestimmter Säuren oder Alkalien mißlang, blieb die Schärfe allein übrig, die nun ihren Namen nach den Krankheiten empfing, als deren Ursache sie vorausgesetzt worden war: gichtische, scrophulöse, rheumatische Schärfe u. s. f., und so steht die Sache noch heute, wenngleich der ehrliche deutsche Name „Schärfe" mit dem sanftern griechischen „Dyskrasie" vertauscht wurde. Versuche, die Fortschritte der Chemie und Physiologie für die Beurtheilung der Dyskrasien nutzbar zu machen, wurden auch in späteren Tagen unternommen: an die Revolution, welche die Chemie durch Gründung des antiphlogistischen Systems erfuhr, schlossen sich die pathologischen Systeme, die den Ursprung der Erkrankungen auf Uebermaß oder Mangel an Sauerstoff, Wasserstoff, Stickstoff rc. zurückführten; die Entwickelung der organischen Chemie und die genauere Einsicht in die Zusammensetzung des Blutes gab Anlaß, die Krankheiten in Gruppen einzutheilen je nach dem relativen Uebergewicht des einen oder andern der wichtigeren Blutbestandtheile. Manche Thatsache von bleiben dem Werth wurde durch diese Blutuntersuchungen zu Tage gefördert, wie z. B. die Verminderung der Blutkörperchen und des Eisengehaltes des Blutes in der Bleichsucht, die Beziehung der übermäßigen Harnsäure= production zur Gicht und Steinkrankheit. Für die meisten Krankheiten aber kam man doch nicht über die Annahme eines Stoffs hinaus, den man zwar nicht isoliren und nicht chemisch definiren konnte, den man aber doch sich da= und dorthin werfen, schlummern, zurück= und hervor= treten ließ.

Wäre es dabei geblieben! Aber die Pathologie hatte noch eine Kinderkrankheit durchzumachen, von der sie in den früheren Entwicklungs= jahren verschont geblieben war, und es bestätigte sich an ihr die Er= fahrung, daß derartige Krankheiten den erwachsenen Körper schwerer zu schädigen pflegen, als dies bei dem kindlichen der Fall gewesen sein würde.

Man hatte sich nachgegeben, zunächst nur im Sprachgebrauch, die Krankheit als ein Wesen zu behandeln; man bediente sich der Ausdrücke Krankheitsstoff und Krankheit ohne strenge Unterscheidung und so konnte von der Krankheit wie von dem Krankheitsstoff gesagt werden, daß sie entstehe oder eindringe, sich localisire und versetze, ruhe und schwinde. Hierin liegt kein Unrecht, zumal so lange man noch unbefangener Weise den ganzen Symptomencomplex mit dem Einen Worte begreift. So faßt man in dem Worte „Gewitter" eine Summe von Naturerscheinungen, Blitz, Donner und Regen zusammen und läßt die Frage nach den Ur= sachen und dem innern Zusammenhang dieser combinirten Erscheinungen offen. Die Gefahr, zu irren, ja zu schwärmen, beginnt erst, wenn der Versuch gemacht wird, die Gleichzeitigkeit oder die regelmäßige Reihen= folge der in Einem Begriffe vereinigten Ereignisse dadurch zu erklären, daß man sie als Wirkungen Einer Kraft oder gar als Aeußerungen Einer Individualität auffaßt. Ich weiß nicht, ob nicht in den Anfängen der Poesie irgend eines Urvolks die Vorstellung sich finden mag, daß der Donner das Gebrüll eines überirdischen Ungeheuers, der Blitz ein Strahl aus seinen Augen, der Regen eine Schweiß= oder andere Secretion des= selben sei, aber daß die Krankheitserscheinungen auf ein ähnliches Geschöpf der Phantasie bezogen wurden, haben wir in frischer Erinnerung. Paracelsus nannte gelegentlich die Krankheit ein „Leben" oder einen „Lebensproceß", und zwar einen parasitischen, weil er gleich den Parasiten des Thier= und Pflanzenreichs nur auf lebenden Individuen zu vegetiren vermag. Aber den durch die Naturphilosophie unseres Jahrhunderts er= zogenen Aerzten war es vorbehalten, diesen Gedanken zu seinen letzten Consequenzen zu verfolgen. Dem Geiste, der in der ganzen organischen Schöpfung nur eine Reihe mehr oder minder gelungener Abdrücke eines gemeinschaftlichen Typus sah, lag es nahe, den Krankheitsproceß als eine niedere Form des normalen Lebens in die Stufenleiter einzufügen. Die sorgfältigere Beobachtung und die feineren Hülfsmittel der Diagnose hatten es möglich gemacht, die Krankheiten, nach Art der Thiere und Pflanzen, systematisch zu beschreiben und in Gruppen zu ordnen. So gerieth es immer mehr in Vergessenheit, daß das, was wir Symptome der Krankheit nennen, eigentlich Symptome, d. h. Lebensäußerungen des erkrankten Menschen sind, und es konnte geschehen, daß ein Pathologe, der freilich kein Praktiker, aber ein von der Hegel'schen Schule gefeierter Professor war, die Häutung des Kranken nach acuten Ausschlägen für den Mauserungsproceß der Krankheit ausgab. Eine reiche Gelegenheit zu Mißdeutungen eröffnete sich der medicinischen Ontologie — so nennt man in der Sprache der Philosophen die Personification abstracter Be= griffe — in den ansteckenden Krankheiten. Die Krankheit pflanzt sich fort! Sie erzeugt einen Stoff, der auf geeignetem Boden sich zur näm= lichen Krankheit entwickelt. Man fand es begreiflich, daß sie zu einer gewissen Reife gediehen sein müsse, um zeugungsfähig zu werden; damit erklärte man die Unfruchtbarkeit der nicht contagiösen Krankheiten; damit schien ferner erklärt, warum manche epidemische Krankheiten sich anfangs nur miasmatisch verbreiten und erst, nachdem sie eine Zeit lang geherrscht haben, den contagiösen Charakter annehmen. Das Contagium, den An= steckungsstoff betrachteten die Einen als Keim, die Andern als Samen der Krankheit; jene ließen ihn im Blute zur Entwickelung gelangen, diese schrieben ihm eine das Blut befruchtende Kraft zu. Wo die ansteckenden Krankheiten von Hautausschlägen begleitet sind, die, wie beispielsweise die Pockenpusteln, den impfbaren Ansteckungsstoff enthalten, da glaubte man in diesen Ausschlagsformen bald den parasitischen Organismus, bald dessen Befruchtungsorgane zu sehen. Schönlein und seine Schüler be= schrieben sie mit einer der botanischen bis in's Kleinliche nachgebildeten Terminologie.

Ich darf mich rühmen, diesen Verirrungen ein Ziel gesetzt und der nüchternen Reflexion wieder zu ihrem Rechte verholfen zu haben durch den einfachen Nachweis, daß es nicht eine Krankheit, sondern eine Krankheits= ursache ist, welche übertragen wird, sich fortpflanzt, sich in dem Körper des Kranken vermehrt und in den Krankheitsproducten desselben, dem Pockeneiter u. s. f. sich wiederfindet. Nicht die Krankheit reproducirt den Ansteckungsstoff, sondern dieser reproducirt sich selbst unter den in dem kranken Organismus ihm gebotenen Bedingungen. Also auch nicht der Krankheit, sondern der Krankheitsursache kommt das Prädicat eines parasitischen Organismus zu, der die gesetzmäßige zeitliche Entwickelung, die Neigung, sich an bestimmten Stellen anzusiedeln und die Fähigkeit, sich auf Kosten fremder Geschöpfe zu ernähren und zu vermehren, mit anderen thierischen und pflanzlichen Parasiten theilt. Wie nun aber die Zeugungskraft dem Krankheitsorganismus abgenommen und der Krankheits= ursache zugewiesen wurde, so wurden auch die übrigen ihm zugeschriebenen Lebensäußerungen als Aeußerungen des leidenden Individuums erkannt und Krankheit wurde wieder, was sie nie hätte aufhören dürfen zu sein, ein Wort, mit dem man gewisse, nicht allzu unbedeutende und nicht allzu vorübergehende Störungen des Wohlbefindens bezeichnet.

Ich verlasse das böse Princip der Krankheit und wende mich dem guten, dem Schutzgeiste des Organismus zu, von dem ich sagte, daß er seine Metamorphose in einer der Metamorphose des bösen Princips entgegengesetzten Richtung, von der ontologischen zur abstracten Auffassung, durchgemacht habe.

Nahe verwandt dem Archäus des Paracelsus und v. Helmont war das Wesen, welchem Stahl die Mission zutheilte, den Kampf mit der Krankheit aufzunehmen. Er nannte es „Seele", aber er verstand die Seele im Sinne der Scholastiker als eine Substanz, welche sowol den Körper baut, als in ihm denkt (Una est anima in homine, cujus potentiae sunt vegetabilis, sensibilis, rationalis in una substantia fundatae. Albertus Magnus). Willkürlich, sagt Stahl, aber unbewußt, wie etwa in den eingeübten Bewegungen des Gehens, Clavierspielens, die man ohne Aufmerksamkeit vollziehen lerne, wirke die für die Erhaltung des Körpers besorgte, stets wachsame Seele den Krankheitsursachen entgegen und aus den durch sie angeregten Bewegungen und den Hinderungen derselben setze sich das Krankheitsbild zusammen. Das Fieber ist eine autokratische Bewegung der Seele, um den Fieberreiz zu entfernen; die Convulsionen sind die gewaltsamen Anstrengungen, wodurch die Schädlichkeit beseitigt werden soll; je nach der Energie, mit der die Seele ihr Ziel verfolgt, entstehen acute oder chronische Krankheiten.

Stahls Verquickung der bildenden mit der denkenden Seele fand nur vorübergehenden Anklang. Je mehr in dem Wirken der denkenden Seele die Freiheit, in dem Wirken der bildenden Seele die Gesetzmäßigkeit betont wurde, um so mehr erweiterte sich die Kluft zwischen beiden. Der denkenden oder der schlechthin sogenannten Seele nahmen sich die Philosophen an; um die Leistungen der bildenden Seele zu begreifen, erdachten Physiologen und Aerzte nach dem Vorbilde der exacten Naturwissenschaften eine eigene Kraft, d. h. eine immaterielle Potenz, welcher der Trieb und die Fähigkeit zugesprochen wird, die materiellen Elemente nach der Seite zu bewegen, nach welcher man sie sich bewegen sieht, eine Potenz also, mit deren Annahme man zugleich die bewegende Ursache erfaßt haben will. An dieser Kraft aber — man nannte sie Lebenskraft, Vis vitalis (Vis essentialis C. F. Wolff, Bildungstrieb Blumenbach) — haftete von ihrer Abstammung her die Vorstellung eines Wirkens nach Zwecken und einer, wenn auch beschränkten Freiheit in der Wahl der Mittel.

Im Grunde ist die Richtung auf ein bestimmtes Ziel, auf etwas zu Erstrebendes von dem Begriff der Kraft unzertrennlich und so ist jede Erklärung, die eine hypothetische Kraft zu Hülfe nimmt, teleologisch, d. h.

sie gibt uns die Art von Erklärungsgründen, die wir bei menschlichen Handlungen anzuerkennen gewohnt sind, sie nennt uns statt der Quelle oder des Ursprungs der Vorgänge die Motive derselben. Wenn ich den Fall der Körper von der Schwerkraft herleite, so schreibe ich der Schwerkraft die Tendenz zu, die Körper zu Fall zu bringen; hinter der Schwerkraft steht nichts, als der Schöpfer, der die Kraft und die Materie mit einander verband, oder, wenn man lieber will, das sogenannte Naturgesetz, welches diese Verbindung anordnete, ein Gesetz, dem man um der Consequenz willen, mit der es herrscht, die Achtung entgegenbringt, die man dem Gesetzgeber widmen würde, wenn man ihn zu finden wüßte.

Formell befindet sich demnach die Lebenskraft zu den Lebenserscheinungen in demselben Verhältniß, wie die Schwerkraft zur Schwere, die Anziehungskraft zu den factischen Anziehungen, die Cohäsionskraft zur Cohäsion der Körper u. s. f. Eine Kraft anzunehmen, die auf ein Ziel lossteuert, lag Keinem näher, als dem Forscher im Bereiche der organischen Welt, wo jedem Wesen ein bestimmter Entwickelungsgang vorgezeichnet ist. Was aber der Lebenskraft mit Recht vorgeworfen wurde und was sie schließlich zum Gespött gemacht hat, das war, um es mit Einem Worte zu sagen, ihre Vielseitigkeit. Der Fehler lag darin, daß man sie auch in den Fällen unmittelbar eingreifen ließ, in welchen die Stoffe des Organismus mit den chemisch-physikalischen Kräften wirken, die ihnen als Stoffen inne wohnen. Die Lebenskraft sollte nicht nur in den mannichfaltigen Keimen, in jedem nach seiner Art, die Entfaltung der besonderen Organe leiten und überwachen, sondern auch in den fertigen Organen thätig sein; sie sollte die Nahrungsstoffe lösen, vertheilen und in die verschiedenen Gewebe überführen; sie sollte die Elemente, der Neigung derselben zuwider, in complicirte Verbindungen zwingen und in denselben festhalten, ja die Elemente selbst erzeugen; sie sollte das Blut dahin treiben, wo wachsende oder gereizte Theile desselben benöthigt sind und es aus den dem Untergange geweihten Organen zurückziehen; sie sollte Wärme und Electricität produciren.

Ein Wendepunkt trat ein, als sich im Jahre 1834 die Gelegenheit bot, die Verdauung an einem menschlichen Individuum mit einer durch die Bauchwand zugänglichen Oeffnung im Magen zu studiren, als es sich zeigte, daß der dem Magen entnommene Saft außerhalb des Körpers die geronnenen eiweißartigen Substanzen löst, und als endlich Schwann aus dem Magensafte den Stoff, das Pepsin, darstellte, der in Verbindung mit käuflicher Säure in einer erwärmten Retorte die Speisen ebenso verändert, wie dies im Magen geschieht. Nicht als ob es früher an Versuchen gefehlt hätte, die Stoffumwandlungen im Lebenden auf chemische Vorgänge zurückzuführen; aber der Mehrzahl der Physiologen und namentlich den Aerzten war dies Herabziehen, wie man es nannte, des Organischen in die Sphäre des Unorganischen als Entweihung, als eine Sünde gegen den in der organischen Schöpfung waltenden Geist erschienen. Jetzt fielen die Schranken, mit denen eine sentimentale Auffassung das Leben gegen die rohen Kräfte der todten Natur umgeben zu müssen geglaubt hatte; man durfte die Einnahmen und Ausgaben des Organismus, die Wanderungen der Elemente von einem Bestandtheil des Körpers zum andern, ihre Verwendung zur Heizung oder zu mechanischen Leistungen wie die Bilanz, den Aufwand und die Erträgnisse einer Fabrik berechnen. Zuletzt ging man so weit, die erste Entstehung organischer Materie aus einer zufälligen Mischung der anorganischen Elemente, die Mannichfaltig= keit der organischen Formen aus tellurischen Einflüssen zu erklären, wo= bei die Hexerei nicht, wie üblich, in der Geschwindigkeit, sondern in der Langsamkeit bestand, mit der sich die Metamorphosen im Laufe der Millionen von Jahren vollziehen sollten.

Unter all diesen großartigen Fortschritten und noch großartigeren Hypothesen erhielt sich indeß der Glaube an ein specifisches, den Orga= nismus vertheidigendes Etwas. Man rühmte sich, die Lebenskraft de= possedirt zu haben; in der That hatte man ihr nur einige Grenzgebiete abgenommen und sie in den Rest ihrer Herrschaft unter einem täuschen= den neuen Namen wieder eingesetzt, unter dem Namen der Reaction.

Man muß wol unterscheiden zwischen der Bedeutung, welche die organischen Naturwissenschaften, und derjenigen, welche die Chemie dem Worte Reaction beilegen. Im chemischen Sinne versteht man unter der Reaction eines Körpers nichts anderes, als eine charakteristische Eigen= schaft desselben. Eine Flüssigkeit reagirt sauer, heißt so viel, als sie ist sauer; der Chemiker, der sein Lacmuspapier in dieselbe taucht, denkt nicht entfernt daran, sie dadurch zu reizen, und in dem Niederschlag, den er durch Vermischung von zwei klaren Lösungen erzeugt, sieht er nichts weniger, als ein Bestreben der einen oder anderen, eine lästige Bei= mischung auszuscheiden. In der Bedeutung dagegen, in welcher die Sprache der Physiologen die Reaction versteht, ist sowol das Re, wie die Action ernsthaft gemeint: es ist eine Handlung, und zwar eine gegen den Eingriff gerichtete. Die Kräfte der todten Natur, welche im Verkehr unter sich nur Ursachen von Bewegungen und von Umsetzungen der materiellen Theilchen sind, werden, wenn sie auf einen Organismus treffen, zu Reizen, d. h. zu Anlässen, die eine schlummernde Thätigkeit wecken und zur Abwehr herausfordern.

Es ist nicht schwer, in dieser physiologischen Darstellung den alten Dualismus wiederzuerkennen. Der Reiz bleibt Angriff, die Reaction Vertheidigung, der Reiz ein Werk der feindseligen Außenwelt, die Reaction eine That des Organismus oder seiner einzelnen Bestandtheile, der Nerven, Muskeln, Zellen u. s. f. und noch immer hatte man zur Erklärung einer solchen That weniger die Ursache, als den Zweck in Bereitschaft, wenn man dem reagirenden Organ auch nur im Allgemeinen die Tendenz, sich

den Außendingen gegenüber behaupten zu wollen, zuschrieb, da eine Zu=
muthung, wie die, daß das Auge einen Druck durch eine Lichterscheinung
abzuwehren beabsichtige, doch gar zu absurd gelautet hätte. In dieser
Beziehung war die Pathologie in besserer Lage; sie durfte die Abwehr
wörtlich nehmen. Die entzündliche Reaction, die den Eiter erzeugt, durch
den ein eingedrungener Splitter ausgestoßen, ein brandiger Körpertheil
vom gesunden abgeschnürt wird, hat so ganz den Anschein der Zweck=
mäßigkeit, daß die Versuchung nahe lag, bei dunkleren inneren Vor=
gängen die gleiche Richtung auf den Zweck und die Anwendung der
gleichen Mittel vorauszusetzen. So erhielt Alles, was den Eindruck der
Action macht, wie Entzündung, Fieber, Krämpfe, die Bedeutung der
Reaction. Man kann den Mythus nicht schärfer ausprägen, als es Schön=
lein that, indem er in seinem pathologischen Systeme das Bild jeder
einzelnen Krankheit in die eigentlichen Krankheits= und die Reactions=
symptome zerlegte. An jeder Pockenpustel weist er der Reaction ihren
Antheil zu: die Krankheit erzeugt das eitrige Centrum, die Reaction den
rothen Hof. An die Spitze der Reactionssymptome aber tritt überall das
Fieber, dessen Mission, wie ehedem die der eingepflanzten Wärme, darin
bestehen soll, den Krankheitsstoff, die Krankheit, die Schädlichkeit, die
Noxe — alle diese Ausdrücke hatten sich im Laufe der Zeit zu gleicher
Bedeutung abgeschliffen — irgendwie, am liebsten durch die Haut, aus
dem Körper zu eliminiren. Daß der Arzt dem Fieber zu dieser Mission
unter die Arme greifen müsse, verstand sich von selbst. So hinderte ein
theoretisches Vorurtheil den genialsten Praktiker unserer Tage, zu be=
merken, wie sehr die Wärme, durch die man dem Heilbestreben des
Fiebers im Typhus, im Scharlach und ähnlichen Leiden zu Hülfe kam,
die Qual des Kranken und die Gefahr der Krankheit steigerte. Die
Aerzte mußten erst, statt nach dem Zweck, nach der Ursache des Fiebers
forschen lernen, um den Muth zu gewinnen, dem Patienten die Ab=
kühlung, nach der er schmachtet, nicht zu versagen.

Woran aber lag es, daß unter dem Aufschwung aller exacten Wissen=
schaften, nachdem längst durch Spinoza die Teleologie verurtheilt und
durch Baco die ächte Methode der Untersuchung gelehrt war, die Phy=
siologie und zumal die Medicin auf dem unreifen Standpunkt verweilte
und sich an der Kenntniß der Absichten genügen ließ, ohne nach den
Mitteln der Ausführung zu fragen? Zwei Eigenthümlichkeiten des ärzt=
lichen Beobachtungsmaterials sind es, welche diese etwas beschämende
Thatsache wenn nicht entschuldigen, doch begreiflich machen. Der einen
dieser Eigenthümlichkeiten habe ich bereits gedacht, der augenfälligen
Zweckmäßigkeit des organischen Baues und der organischen Functionen.
Man gibt sich der Betrachtung des Skelets, der Gelenke, der Kreis=

laufsorgane mit ihrem Klappenapparat, des Auges mit seinen brechenden, des Ohrs mit seinen schwingenden Medien hin, wie man eine kunstvoll gefügte Maschine betrachtet. Beantwortete man uns bei der letzteren die Frage, „warum diese Schraube?" mit Hinweis auf die eigentliche, bewegende oder genetische Ursache, „weil der Mechanicus N. N. sie an diese Stelle gesetzt hat", so würden wir dies nur als einen wohlfeilen und unter Umständen schlechten Witz aufnehmen. Wir wollen den Gedankengang erfahren, der darauf geführt hat, die Schraube anzubringen. So meinen wir auch den Gedanken der Schöpfung noch einmal zu denken, wenn wir zu errathen suchen, welche Leistung dem einzelnen Geschöpf, dem einzelnen Organ in dem allgemeinen Haushaltsplan übertragen ist und wir üben unsern Scharfsinn um so mehr in dieser Richtung, je aussichtsloser das Forschen in der entgegengesetzten Richtung erscheint, das Forschen nach dem Urheber der Geschöpfe und ihrer Apparate und nach den Ursachen, durch welche sie ihre Form und Wirksamkeit erhielten.

Und hier gelange ich zu der anderen, die Teleologie in der Medicin begünstigenden Eigenthümlichkeit unseres Beobachtungsmaterials, zu der Verborgenheit derjenigen Ursachen, die ich im Gegensatz zu den teleologischen oder Endursachen die genetischen nannte.

So lange die Gelehrten und Ungelehrten an eine Erschaffung der mannichfaltigen Thier- und Pflanzengeschlechter glaubten, konnte der Gedanke nicht ankommen, den Einflüssen, denen die besonderen Formen ihre Entstehung verdanken, nachzugehen, und was, seit dieser Gedanke aufkam, an Hypothesen geleistet wurde, um die Ursachen der Bildung organischer Körper verständlich zu machen, rechtfertigt nur die frühere Zurückhaltung. Freilich ist der Schöpfer eine Unbegreiflichkeit, der, wie die ältere Naturphilosophie ihn sich dachte, erst an niederen Organismen die Uebung erwerben muß, um höhere herzustellen; aber ich kann nicht finden, daß das Geschöpf begreiflicher wäre, welches, der neueren Naturphilosophie zufolge, den veränderten Verhältnissen sich anzupassen versteht und z. B. weil es zufällig vom Lichte beschienen wird, sich einen Sehnerven mit Zubehör anschafft.

Ist nun der Arzt schon durch die vorbereitenden Studien in den beschreibenden Naturwissenschaften gewohnt, mit der Frage nach dem Warum? abgewiesen zu werden, so wird ihm in seinem eigentlichen Berufe die Erforschung der Ursachen vollends verleidet und eine gewisse logische Leichtfertigkeit geradezu aufgedrängt. Wie viele Krankheiten entwickeln sich so langsam und unmerklich, daß weder der Moment ihres Anfangs, noch die Umstände, die ihn hervorriefen, der Beobachtung zugänglich sind! Bei wie vielen Leiden spielt das verhängnißvolle „von selbst" die nämliche Rolle, die es bei kleinen häuslichen Unglücksfällen im Munde der Dienstboten spielt! Es wird nichts gebessert, wenn die Fachmänner es in's Lateinische übersetzen und dem Uebel eine spontane

Entstehung zuschreiben. Und wenn nun, um den Wissensdurst zu be=
schwichtigen, der Arzt dem Patienten oder der Patient dem Arzt oder
dieser sich selbst eine Ursache, wie etwa Erkältung, hinwirft, glauben wir
an dieselbe, die in hundert ähnlichen Fällen ohne ähnliche Folgen vor=
überging? Und wenn wir an dieselbe glauben, ahnen wir etwas von dem
innern Zusammenhang dieser Ursache und ihrer hunderterlei Wirkungen?
Auch das gehört zu den Schattenseiten der medicinischen Aetiologie (der
Lehre von den Krankheitsursachen), daß die Mittelglieder zwischen dem
Ausgangspunkt, der Erkältung, und dem Endpunkt, dem Schnupfen, sich
dem Auge entziehen. Und da sie das eine Mal, trotz angestrengten
Suchens, nicht zu ermitteln sind, so hat man andere Male darauf ver=
zichtet, sie zu suchen. Es ist noch nicht lange her, daß man die Mög=
lichkeit von Functionsstörungen ohne materielle Aenderung der fungirenden
Organe zugab, daß man von dynamischen, d. h. auf anomalem Zustande
der Kräfte beruhenden Leiden, von einer Hypochondria sine materia
handelte. Jetzt sind wir zwar, nach dem philosophischen Bekenntniß
unserer Zeit, berechtigt, anzunehmen, daß jeder Aenderung der Kraft eine
Aenderung der Materie zu Grunde liege, auch wo unsere Forschungs=
methoden nicht hinreichen, die letztgenannte Aenderung nachzuweisen.
Aber selbst da, wo es an wahrnehmbaren, zum Theil recht groben
materiellen Aenderungen nicht fehlt, ist die Beziehung derselben zu den
Functionsstörungen geheimnißvoll oder verschiedener Auslegung fähig.
Regelmäßig ist das Wechselfieber von Milzanschwellung, fast immer der
Typhus von Darmgeschwüren begleitet. Dürfen wir deswegen die An=
schwellung der Milz für die Ursache des Wechselfiebers, die Darmgeschwüre
für die Ursache des Typhus erklären? Es gibt Pathologen, welche gerade
das Umgekehrte vermuthen und es gibt wol kaum Einen, der sich einer
klaren Einsicht in den Causalzusammenhang berühmen möchte.

So steht es mit der Kenntniß der genetischen Ursachen in der Medicin
und so wird es, trotz mancher Fortschritte im Einzelnen, noch lange stehen.
Denn das Mittel, das die positiven Resultate der exacten Wissenschaften
schaffen hilft, das Experiment, verlangt einfachere Bedingungen, als sie
bei der Complication einerseits des organischen Baues, andererseits der
äußeren Verhältnisse zu schaffen sind. Wer, der an einem periodischen,
öfters wiederkehrenden Uebel, an Migräne, Asthma oder dergleichen leidet,
hat nicht versucht, den Umständen auf die Spur zu kommen, die einen
Anfall hervorrufen? Zuweilen fehlt es an Ereignissen, welchen die Schuld
beigemessen werden könnte; häufiger schwankt der Verdacht zwischen
mehreren. Zuletzt gibt man die nutzlose Ursachenjagd auf und duldet,
ohne zu grübeln.

Indem wir aber die Anlässe aufdecken, die der mythischen Erklä=
rung zu der langjährigen Herrschaft in der medicinischen Theorie ver=
halfen, bezeichnen wir zugleich den Weg, den sie einzuschlagen hat, um

sich der physikalischen Wissenschaft als ebenbürtige Schwester zur Seite
stellen zu dürfen. Es gilt, die täuschende Befriedigung zu verschmähen,
welche die teleologischen Erklärungen bieten und bei der Controle, der
man die vorüberziehenden Erscheinungen unterwirft, nicht so sehr das
Wohin, als das Woher zu betonen; es gilt ferner, darüber zu wachen,
daß in der Kette von Ursachen und Wirkungen, denen unsere Aufmerk=
samkeit zugewandt ist, nicht ein Glied unbeachtet entschlüpfe und so das
nächstfolgende ein selbständigeres Ansehen gewinne, als ihm zukommt.

Hält man sich bei der Betrachtung der Erscheinungen des gesunden
und kranken Lebens an diese Grundsätze, so wird man in der Reaction
vor allen Dingen die Folge der Reizung, man wird in der gesteigerten,
verminderten oder irgendwie veränderten Thätigkeit des Organismus die
Wirkungen der mechanischen, chemischen oder irgendwie materiellen
Aenderung der Organe, man wird endlich in dem sogenannten Reiz die
Ursache dieser Aenderung erkennen. Man wird sich überzeugen, daß das=
selbe causale Verhältniß waltet, ob die materielle Veränderung, die der
Reiz veranlaßt, Schmerz oder Empfindungslosigkeit, Krampf oder Läh=
mung, Hitze oder Kälte zur Folge habe. Man wird also endlich die
Zeichen der Anfregung ebensowol, wie die der Depression, für Wir=
kungen der krankmachenden Einflüsse und für Aeußerungen der Krankheit
erklären. Ein Auflehnen gegen die Krankheit oder gegen die Krank=
heitsursache ist das Fieber ebenso wenig, wie das Glühen des Eisens
eine Auflehnung gegen die Temperaturerhöhung.

———

Ich habe schon im Vorübergehen angemerkt, wie mit dem Sturz des
medicinischen Dualismus die Beurtheilung mancher Krankheitserscheinungen
eine andere geworden ist. Die Fieberhitze, weit entfernt, unter die heil=
samen Veranstaltungen der Natur gerechnet zu werden, steht heutzutage
sogar im Verdacht, den durch die Krankheitsursache eingeleiteten Zer=
setzungen, denen sie vielleicht selbst ihren Ursprung verdankt, Vorschub
zu leisten. Für die Behandlung ergab sich hieraus die Indication, die
Temperatur herabzusetzen, und die Erfahrung hat den Werth der auf
diese Indication gegründeten Curmethoden bereits über alle Zweifel er=
hoben.

Nachdem ich die Irrwege gezeigt habe, auf welche die Krankheits=
lehre durch die unbedachte Anwendung der Teleologie verführt worden
ist, möchte ich doch nicht denen zugezählt werden, die den Zweckbegriff
aus der organischen Naturwissenschaft gänzlich verbannt wissen wollen
und die Bewunderung der Zweckmäßigkeit nur noch als eine Art kind=
lichen Vergnügens erlauben. Wir wissen, daß der Zweck der Organe
keinen Schluß gestattet auf die Kraft, durch welche sie geschaffen wurden;
aber wir möchten deshalb die Aufschlüsse nicht entbehren, die wir über

ihre gegenseitigen Beziehungen aus der Erwägung ihres Zweckes schöpfen.
Wir können die Frage, wie die Zweckmäßigkeit zu Stande kam, auf sich
beruhen lassen, ohne deshalb zu verleugnen, daß der Organismus den
Eindruck des Werkes eines berechnenden Geistes macht. Wir müssen dann
aber auch die Consequenzen dieser Vergleichung ziehen und festhalten, daß
das einmal vollendete Werk seinen eigenen Gesetzen folgt. Darin liegt
eine Einschränkung der Zweckmäßigkeit, die die ältere Teleologie ver=
kannte. Zweifellos besitzt der thierische Organismus Einrichtungen, die
sich den Sicherheitsventilen unserer Maschinen vergleichen lassen, Ein=
richtungen, welche zur Beseitigung von Gefahren dadurch dienen, daß
der Angriff auf ein Organ in zweiter oder dritter Linie Thätigkeiten
weckt, die dem Angriff entgegenwirken. Die Nervensympathien liefern
zahlreiche, nicht mißzuverstehende Beispiele dieser Art von Vorsichtsmaß=
regeln. Der Thränenfluß, der durch ein Stäubchen auf dem Augapfel,
die vermehrte Speichelabsonderung, die durch scharfe Stoffe in der Mund=
höhle hervorgerufen wird, das Niesen auf Berührung der Nasen=, das
Husten auf Berührung der Kehlkopfschleimhaut, das Erbrechen nach Ueber=
ladung des Magens: alle diese Bewegungen sind durch den anatomischen
Bau des Nervensystems vorgesehen und erfolgen durch Uebertragung von
Strömungen innerhalb desselben mit der nämlichen Regelmäßigkeit, wie
an einem mechanischen Apparat. Aber weil sie in dem ursprünglichen
Plan des Organismus ein für allemal begründet sind, erfolgen sie auch
da, wo sie keinem vernünftigen Zwecke dienen, wo kein äußerer Reiz zu
entfernen oder zu mäßigen ist und so stellt Thränenfluß, Niesen, Husten
u. s. f. auch dann sich ein, wenn die Erregung der betreffenden Häute,
wie im Anfang des Katarrhs, von innern Anlässen, von Ueberfüllung
der Blutgefäße ausgeht. Eine, wenn auch unbewußt, doch mit vernünftiger
Wahl der Mittel den Reizen entgegenwirkende Seele dürfte sich solche
Mißgriffe nicht zu Schulden kommen lassen.

Im Jugendalter der Medicin, als man vorzugsweise die einfachen
und durchsichtigen Fälle vor Augen hatte, wo die Eiterbildung dazu dient,
einen eingedrungenen Splitter zu entfernen, erwarb sich die Eiterung
zunächst das Prädicat eines heilsamen Vorgangs. Für die reifere wissen=
schaftliche Forschung ist sie zunächst weder heilsam, noch schädlich, sondern
nothwendig; die Nothwendigkeit erfahren wir aus ihrem Entwickelungs=
gang und begreifen wir dadurch, daß wir jedes Stadium als Wirkung
des vorhergegangnen, das erste Stadium als unmittelbare Wirkung der
äußern Schädlichkeit erkennen lernen. Ob die Eiterbildung Nutzen oder
Schaden stifte, danach fragt die Natur nicht, die in ihrer starren Ge=
setzmäßigkeit, unbekümmert um das Wohl und Wehe der Einzelnen,
überall von gleichen Grundlagen zu gleichen Folgerungen gelangt. Die
Frage hat lediglich praktisches Interesse: der Arzt weiß sehr wohl, daß
er den Uebergang der Entzündung in Eiterung, den er an äußeren

Körpertheilen durch feuchte Wärme begünstigt, mit allen Mitteln des so=
genannten antiphlogistischen Apparats hintanhalten muß, falls der Splitter,
den die Eiterung entfernen will, seine Lage im Gehirn hat. Dort ist
die Aufgabe des Arztes, die Natur zu unterstützen, um die Genesung
rascher und schmerzloser herbeizuführen; hier arbeitet er der Natur ent=
gegen und wenn er die primitive Ursache des Krankheitsprocesses, den
Splitter, nicht zu entfernen vermag, so schiebt er der einen oder andern
ihrer Wirkungen einen Riegel vor und hemmt beispielsweise durch Ver=
minderung der Blutmenge oder durch Anregung des Contractionsbestrebens
der Blutgefäße (Kälte) die Ansammlung der Flüssigkeit, die zur Umwand=
lung in Eiter neigt.

Wenn wir von unserm menschlichen, praktischen Standpunkte die
Naturgesetze kritisiren, die dem Organismus sein Verhalten gegen ein=
gedrungene Splitter vorschreiben, so dürfen wir immerhin dankbar aner=
kennen, daß die Fälle, in welchen sie die Heilung fördern und also in
unserem Sinne zweckmäßig sind, die Mehrzahl bilden. Wer noch größere
Rücksicht erwartet hätte, dem bleibt nichts übrig, als seine Ansprüche
herabzustimmen.

Ich habe mich bisher des Ausdrucks „Schädlichkeit" als des An=
lasses zum Erkranken in dem üblichen populären Sinne bedient; aber
wie die unparteiische, auf den natürlichen Zusammenhang der Dinge ge=
richtete Untersuchung von der Heilsamkeit der Reaction abstrahirt und in
ihr nur Wirkung sieht, so abstrahirt sie auch von der Feindseligkeit der
äußern Einflüsse und sieht in ihnen nur Ursachen.

So löst sich der erträumte Dualismus in einen Conflict von Natur=
kräften auf, die zwar zeitweilig, „wie wenn Wasser mit Feuer sich mischt",
in Opposition gegeneinander gerathen, aber doch auf einen gemeinsamen
Urquell, wie man ihn nennen möge, zurückweisen. Das Eigenartige des
Conflicts, wenn lebende Wesen von demselben betroffen werden, ist da=
durch bedingt, daß das Lebende in einem ununterbrochenen Erneuerungs=
und Entwickelungsproceß begriffen ist. Durch die stetige Erneuerung
wird die von krankmachenden Einflüssen veränderte Substanz, wie sonst
die gesunde, entfernt. An die Störung einer Function können sich Folgen
knüpfen, die auf mehr oder minder weiten Umwegen die Störung oder
deren nachtheilige Wirkungen aufheben. Schließlich muß ich noch der
eigenthümlichen, lange verkannten Krankheitsursachen gedenken, die selber
eine zeitlich begrenzte Entwickelung durchmachen und mit der Beendigung
dieser Entwickelung aufhören, den Leib, gegen den sie ihren Angriff ge=
richtet hatten, zu molestiren. Ich denke an die Trichinen, die nach dem
Sturm, den sie durch ihre rapide Vermehrung im Darm des Kranken
und durch ihre Wanderungen erregen, sich in den Muskeln einkapseln
und dann ohne weitere lästige Symptome von dem Besitzer getragen
werden. In ähnlicher Weise heilen Typhus, Ruhr und die ansteckenden

Hautausschläge (Pocken, Masern, Scharlach) dadurch, daß die Krankheitsursache für den Körper, in welchem sie ihre Entwickelungsstadien durchgemacht und allenfalls sich vervielfältigt hat, unschädlich wird. Es ist
nicht zu verwundern, daß man, so lange die Genesung unmotivirt, wie
ein Gnadengeschenk auftrat, ein Wesen fingirte, welchem die Macht, diese
Gnaden zu verleihen, zustand; aber es wäre unverzeihlich, wollte man
heute noch verkennen, daß es dieselbe, in der Anlage unseres Organismus
und der Außenwelt begründete Naturnothwendigkeit ist, die hier zur
Heilung, dort zum Tode führt.

Ich kehre zum Ausgangspunkt zurück. Man hat damit angefangen,
die Wechselfälle des körperlichen Befindens den mannichfaltigen Glücks-
und Unglücksfällen, unter welchen das Menschenleben sich abspinnt, als
eine Species unterzuordnen und mit ihnen aus der gleichen Quelle, dem
Willen himmlischer und höllischer Mächte, herzuleiten. Es muß jetzt
erlaubt sein, die bessere Einsicht, die wir von dieser Einen Species gewannen, auf die ganze Classe zu übertragen, um so mehr, je hervorragender die Stelle ist, welche wir der Gesundheit in der Reihe der
Glücksgüter, den Krankheiten in der Reihe der Heimsuchungen einräumen.
Die Pathologie hat, indem sie sich des Dualismus entäußerte, einen
Standpunkt eingenommen, auf welchem der Gegensatz zwischen Freundlichem und Feindlichem verwischt und die Parteilosigkeit der Naturgesetze
anerkannt wurde. Offenbar ist dieser Standpunkt, mögen wir ihn mit
sittlichem oder wissenschaftlichem Maße messen, der höhere, objective,
gegenüber dem egoistischen und subjectiven, der alle Dinge nach ihrer
nützlichen oder schädlichen Beziehung zu dem eigenen Selbst classificirt.
Sollten wir Bedenken tragen, uns zu jenem höheren Standpunkt auch
dann aufzuschwingen, wenn wir Geschicken gegenüber stehen, deren Ursprung man nicht mit der Sorgfalt, wie den Ursprung leiblicher Be-
schwerden verfolgt hat, weil man von ihrer Unberechenbarkeit voraus
überzeugt war? Ihre gesetzmäßige causale Begründung steht nichtsdestoweniger außer Zweifel. Oder wäre das unmittelbare Eingreifen
überirdischer Mächte bei einer Feuersbrunst, einer Explosion, einem
Lotteriegewinn wahrscheinlicher, als bei einem Nervenfieber?
In der Weltanschauung der Gebildeten hat der Teufel aufgehört,
eine Rolle zu spielen; die Reflexion aber, die uns von der Furcht vor
seinen Tücken befreite, sollte uns auch lehren, der Hoffnung auf besondere
Gunstbezeugungen von Seiten wohlgesinnter Geister zu entsagen. Weih-
rauch liebende und Gnaden spendende Götter wurden von den Menschen
in ihren ursprünglichen patriarchalischen Vereinigungen nach dem Vorbilde ihrer despotischen Häupter erdacht; das Ideal des heutigen Staats-

und Weltbürgers ist das gleiche Recht, die gleiche Unterwerfung unter
das Gesetz für Jeden.

Es läßt sich an einen Gott glauben, der Alles vorausbestimmt hat
und Alles voraussieht; aber es ist unmöglich, mit diesem Glauben die
Vorstellung zu verbinden, daß Gott gezwungen werden könnte, sich zu
corrigiren, auf halbem Wege umzukehren und einer Ursache, die er zu-
gelassen hat, ihre Wirkung abzuschneiden. Die wahre Theodicee, die
Rechtfertigung Gottes wegen der Nachtseiten unserer Existenz, kann nur
darin gefunden werden, daß Gott selbst sich an die Gesetze, nach denen
er die Welt regiert, gebunden erachte, und die wahre Ergebung trägt
ihr Loos, weil kein Gott das Geschehene, aus welchem es resultirt, unge-
schehen machen kann. Und nicht die Ergebung allein entspringt aus dem
Vertrauen auf die Unwandelbarkeit des ursächlichen Zusammenhangs; auf
diesem Vertrauen beruht auch der rechte Trieb zum Handeln. „Es kann
die Spur von meinen Erdentagen nicht in Aeonen untergehn," sagt Faust,
und wie mikroskopisch diese Spur meiner Erdentage auch sein möge, wie
abhängig meine Thaten von Anlagen und Schicksalen, die mir ohne meine
Zustimmung octroyirt sind, so bin ich mir doch bei jedem Entschluß der
Verantwortlichkeit bewußt, die ich als so oder so geformte Welle im
Strome der Ereignisse übernehme. Man sträubt sich gegen die Einsicht,
daß alles irdische Geschehen, die Resultate unseres Gedankengangs mit
eingeschlossen, das Werk gesetzmäßig wirkender Kräfte sei und meint,
durch dieselbe dem Geschehenlassen, dem Fatalismus, Vorschub zu
leisten. Thörichte Besorgniß! Wie ich nicht weiß, was das Schicksal
mir zugedacht hat, so weiß ich auch nicht, was es von mir erwartet.
Theoretisch ist zuzugestehen, daß der Ausschlag des menschlichen Willens
in jedem Einzelfalle, wenn alle denselben bedingenden Factoren bekannt
wären, mit mathematischer Sicherheit vorausberechnet werden könnte;
aber im Augenblick der Entscheidung sind dem Entscheidenden ebenso
wenig wie einem Dritten diese Factoren sämmtlich bekannt. Nichts sagt
uns voraus, welche Motive zu betonen, welche zu bekämpfen wir bestimmt sind und so bleibt für das praktische Verhalten nur die eine
Richtschnur, die Wahl nach bestem Wissen und Gewissen so zu treffen,
daß wir uns, wenn Wünsche unerfüllt bleiben, wenn das Ziel des Wirkens
verfehlt wird, von eigener Verschuldung freisprechen dürfen.

Die moderne Gesetzgebung gegenüber der Waarenfälschung.

Von

H. Wiener.

— Leipzig. —

Wer die Erscheinungen des heutigen Verkehrslebens und die durch sie hervorgerufenen Stimmungen mit einiger Aufmerksamkeit beobachtet, dem drängt sich die Wahrnehmung auf, daß der bisher innegehaltene principielle Standpunkt in Betreff des Umfanges der im Interesse der Verkehrstreue erzwingbaren Verpflichtungen auf verschiedenen Verkehrsgebieten nicht mehr zureichend ist und daß unsere Anschauungen hierüber in einer Wandelung begriffen sind.

Unser ganzer bisheriger Rechtlichkeitscodex für das Verkehrsleben, soweit es sich um das Strafrecht handelt, läßt sich in den Satz zusammen= fassen, daß, soweit wir uns äußern, wir dies der Wahrheit gemäß thun sollen und daß wir dann, aber auch nur dann, wenn an unser bloßes Schweigen sich eine bestimmte unrichtige Vorstellung des Andern nach unserem Wissen knüpfen müßte, uns äußern müssen. Ueber die für die Entschließung des Andern wichtigsten Punkte darf geschwiegen werden, sofern nur der Andere bei vernünftiger Ueberlegung sich des vorhandenen vacuum innerhalb seines Vorstellungskreises in Betreff der gedachten Punkte bewußt sein mußte. Mit einer gewissen Genugthuung, welche die bewußte Bethätigung seiner Arbeit hervorruft, wissen gerade die denkendsten Köpfe unter den juristischen Praktikern in den subtilsten Fällen aus der Umkleidung begleitender verdächtiger Umstände als den wahren Kern die bewilligte Zurückhaltung mit einem Geschäftsgeheimnisse herauszuschälen. Auf dem Boden dieses Geschäftsgeheimnisses soll der Handelnde sein Interesse auf Kosten des Andern wahrnehmen dürfen. Das Publikum

ſoll es ſich ſelbſt zuzuſchreiben haben, wenn es trotz zurückgehaltener In=
formation ſich für ein Geſchäft entſchließt. Mit dieſem Vorwurf hilft
man ſich über das Unzureichende des ganzen freilich nach gegebenem
Geſetz begründeten Standpunkts hinweg. Und doch wäre die bewußte
Unterwerfung unter das Unbekannte unvermeidlich, wenn alle Geſchäfts=
treibenden auf dem Gebiete für das Publikum nothwendiger Anſchaffungen
ſich in das Geſchäftsgeheimniß hüllten. Sie iſt, auch abgeſehen hiervon,
ſchwer vermeidlich, wenn auch nur mächtige Anreize für das Geſchäft
vorhanden ſind.

Es gibt kaum ein Geſchäft im Verkehr des gewöhnlichen Lebens,
bei welchem wir, das Publikum, über die geſammten Eigenſchaften des
uns zu gewährenden Leiſtungsobjectes, über Maß und Qualität der ſich
in ihr darſtellenden Aufwendungen beſtimmte Vorſtellungen haben könnten.
Die Lücken in unſeren poſitiven Vorſtellungen füllen wir durch den
Willen aus, loyal bedient zu werden. Wir contrahiren in weſentlichen
Punkten auf das wohldenkende, unſer Intereſſe wahrnehmende Ermeſſen
der ſog. Gegenpartei hin. In dieſer Bethätigung von Entſcheidungen
in unſere Seele hinein und in unſerem Intereſſe liegt gegenüber ge=
ſinnungsloſem Schacher weſentlich die Erſcheinung der Perſönlichkeit im
Gewerbebetriebe, die Individualität, die Gewerbsehre des Gewerbe=
treibenden.

Jene Annahme der Unterwerfung unter das Geſchäftsgeheimniß
führt aber im Erfolge auch zur Erſchütterung des Satzes von der Ver=
antwortlichkeit für das falſch Geäußerte. Das Geſchäftsgeheimniß bleibt
auf die Dauer nicht undurchdringlich. Allmählich ſickern Theile deſſelben
durch und es entwickelt ſich im Publikum ein Aggregat unſicherer Vor=
ſtellungen über das, was wirklich geſchieht, auf das hin es unternommen
werden kann, nunmehr ein wirklich der Wahrheit zuwider Geäußertes im
Hinblick auf ein hinlängliches Bekanntſein des Gegentheils als eine blos
conventionelle Verdeckung deſſelben, als euphemiſtiſche Behandlung von
etwas, was da iſt, wovon man aber nicht gern ſpricht, als etwas nicht
Seiendes darzuſtellen. Stereotyp und nicht ohne Anhalt war in Gründer=
prozeſſen der Einwand gegenüber Proſpecten, die von Ueberlaſſung der
Etabliſſements an die Actiengeſellſchaften zu den an die letzten Beſitzer
gezahlten Kaufpreiſen ſprachen, daß es allgemein bekannt geweſen, wie
die Gründer nicht ohne erheblichen Aufſchlag auf dieſe Preiſe ſolche Ge=
ſchäfte vornähmen. Was aber war in Wahrheit bekannt? Von welchem
Zeitpunkte war ein ſolches Bekanntgewordenſein zu datiren? Bis in
welche Kreiſe war das Bekanntſein gedrungen? Der nicht zureichende
principielle Standpunkt erzeugt in ſeinen Conſequenzen Unſicherheit des
Publicums, Unſicherheit ihm gegenüber ſich Aeußernder in Betreff der Auf=
nahme ihrer Aeußerungen, Unſicherheit in der richterlichen Rechtsfindung.

Die Freiheit, auf ein Unternehmen eine beliebige Anzahl von

Werthsrechten in Verkehrspapieren auszugeben, kann nicht als Willkür schrankenlosen Eigennutzes, sondern als Ermessen im Dienste des Interesses derer, für welche die Verkehrspapiere bestimmt sind, aufgefaßt werden. Die Offenbarungspflicht über die Bethätigung dieses Ermessens wird gekennzeichnet auf diesem Verkehrsgebiete mit der Forderung des obliga= torischen Prospects.

Man möchte meinen, daß für solche Betrachtungen kein Raum wäre auf dem Gebiete des einfachen Waarenhandels, wo ein bestimmter Typus oder Name ein bestimmtes Erzeugniß anzeigt, insbesondere dann, wenn das Gesetz den Niederschlag deloyaler Gesinnung, wie er sich in der Usur= pirung dieses Typus oder Namens für in Wahrheit andere Bestandtheile enthaltende Erzeugnisse offenbart, als Sachfälschung straft. Gewiß ge= währt dieser Begriff gegenüber dem des Betruges eine freiere Bethätigung von Repressivmaßregeln. Es genügt das Feilhalten, ohne daß mit der Waare ein Geschäft gemacht ist und es kommt daher auch nicht auf den Inhalt des concreten Geschäfts, das gemacht, an. Der Thatbestand liegt vor, auch wenn er an einem Geschäft zur Erscheinung kommt, bei welchem gerade der Käufer Kenntniß von der Fälschung, vielleicht selbst Interesse an derselben hat. Es wird vermieden die minutiöse Untersuchung, der man beim Betruge nicht glaubt entgehen zu können, ob der Käufer, mag er auch nicht das erhalten haben, was er gewollt hat, nicht in Wahrheit ein Erzeugniß im Werthe des von ihm gezahlten Preises erhalten hat, weil ohne Vermögensbeschädigung kein Betrug. Die Fahrlässigkeit kann bestraft werden, während ohne beabsichtigte Täuschung kein Betrug.

Die Erregung des Scheins eines bestimmten Erzeugnisses durch Be= nutzung seines Namens oder Herstellung seines äußeren Ansehns ist das objectiv gemachte falsche Vorbringen.

Sonach, möchte man glauben, würde einem Bedürfniß nach Gesetzes= reform wegen zunehmender Täuschungen im Waarenhandel einmal durch Erstreckung des Herrschaftsgebietes des Begriffs der Fälschung über seine jetzige Grenze, den Handel mit Eßwaaren und Getränken auf ein er= weitertes Waarengebiet hinaus und ferner dadurch genügt werden, daß man bei der Ahndung dieser Fälschung, statt sie wie heute mit 1—150 Mark Geldbuße in den Formen eines Strafmandats, wie es auch bei unter= lassener Anmeldung eines neuen Dienstboten ergeht, zu bestrafen, sich der Abstammung der Strafvorschrift von einer kräftigeren Ahnin, der Be= stimmung der peinlichen Gerichtsordnung Kaiser Karl V., ein klein wenig mehr erinnerte, welche Bestimmung im Artikel 113 sagte, daß „wer Specerey oder andere Kaufmannschaft fälscht und für gerecht ausgibt, zu peinlicher Straff angenommen, in das Land verboten oder an seinem Leib als mit Ruten ausgehauen und es möcht solcher falsch boßhaftig geschehen, zum Todt gestrafft werden soll". Allein so zweckmäßig der= artige Aenderungen des Gesetzes auch sind, die eigentliche Schwierigkeit

beruht in dem, was man als anscheinend unzweifelhaft voraussetzt, in
der Entscheidung, wann gegenüber einer nicht anfechtbaren Bergung eines
Erzeugnisses unter einem bestimmten Namen oder äußerem Ansehn deren
fälschliche Usurpirung vorliegt.

Die Engländer, welche in der Kunst der Gesetzesredigirung ziemlich
dilettantisch verfahren und die schwierigen Begriffe in gemeinplätziger
Weise zu umschreiben, sich nicht scheuen, bestimmen in ihrem neuesten
Gesetze betreffend den Verkauf von Nahrungsmitteln und Arzneiwaaren
in reinem Zustande vom 15. August 1875 unter der Rubrik: „Verbot
des Verkaufs von Nahrungsmitteln und Arzneiwaaren not of the proper
nature, substance and quality", „es solle Niemand bei Strafe bis zu
20 Pfund zum Nachtheil des Käufers ein Nahrungsmittel oder eine
Arzneiwaare verkaufen, welche nicht von der Natur, Substanz und Beschaffenheit der vom Käufer — such a purchaser — geforderten Waare".
Welches ist denn aber die normale Natur, Substanz, Beschaffenheit, die
solcher Käufer fordert oder voraussetzt?

Bei ganzen Kategorien von Waaren hat der Käufer von deren
Substanz und Beschaffenheit überhaupt keine Vorstellung. Bei vielen
kann die Vorstellung über Natur und Beschaffenheit wesentlich durch die
besonderen Umstände des Kaufs, insbesondere durch den Preis beeinflußt
werden, so daß die Preisnotirung, bez. Preisbedingung zugleich eine die
Wirkung des äußeren Ansehens wieder unschädlich machende Angabe
geringerer oder anderer Beschaffenheit enthält, indem der geforderte Preis
erkennbar nicht die Kosten der Herstellung einer dem äußern Ansehn
entsprechenden Waare, sondern nur eines Surrogates derselben zu decken
vermag. Wie weit reicht aber diese Erkennbarkeit und kann die erwie-
sene Preisangemessenheit und eine in gewisse Kreise des Publikums gedrungene Kenntniß der Preisverhältnisse den einzelnen Käufer des Ein-
wandes berauben, daß er die ächte Waare zu einem ungewöhnlich billigen
Preise habe kaufen wollen und dürfen?

Waarentypus und Waarennamen decken keine absolut bestimmten
unveränderlich bleibenden Substanzverbindungen. Vielmehr vollziehen
sich innerhalb derselben stetige und wesentliche Veränderungen, immer
unvermeidlicher, je weitere Fortschritte die Technik in der Verwerthung
bisher unbenutzter Elemente für die Herstellung von Erzeugnissen des
Waarenhandels und der Industrie macht. Wenn es irgend einmal eine
Zeit gegeben hat, in welcher der Name „Chocolade" der legitime Ausdruck einer Verbindung von Cacaobutter, Zucker und aromatischem Gewürz gewesen, so hat derjenige Fabrikant eine Waarenfälschung begangen,
der zuerst einen Theil der Cacaobutter behufs Herstellung desselben
Waarenvolumens durch andere geringwerthigere, wenn auch alimentäre
Substanzen ersetzt und die Waare zum gleichen Preise verkauft hat.
Darf man heute einer solchen Verbindung den Namen „Chocolade" ver-

7*

sagen? Der Legitimitätserwerb vollzieht sich für Typen und Namen im Waarenhandel in gleicher Weise, wie auf vielen anderen Gebieten. Es gibt einen Moment, in welchem listige Behauptung eines Anspruchs den wirklichen Rechtstitel in der Menge der Opfer und der Indolenz und Sorglosigkeit der Zuschauer findet und in Recht umschlägt. So haben sich im Laufe der Entwickelung unserer Technik offenbar zahllose Bastard=erzeugnisse, wenn man von der ursprünglichen Bedeutung der Waaren=typen und Waarennamen ausgeht, die Legitimität erschlichen und die Typen und Namen sind gegenüber ihrer ursprünglichen Bedeutung dege=nerirt. Wir reagiren gegen solche Usurpirungen nur noch, wenn die an die Stelle gesetzten Substanzbestandtheile nicht alimentärer Natur sind.

Von diesen Ergebnissen einer Degeneration der Typen und Namen, soweit sie der Vergangenheit angehören, kann uns keine nur strafschär=fende oder den Fälschungsbegriff erweiternde, neue Gesetzgebung befreien. Ob die Erweiterung des Gebiets des Fälschungsbegriffs gegenüber dem Betrugsbegriff mit der umfassendsten und präcisesten Definition des Be=griffs der Fälschung allein entscheidend verhindern wird, daß sich die gedachte Degeneration auch in Zukunft immer wieder von Neuem voll=ziehe, steht dahin. Die beste Definition dessen, was Fälschung ist, wird doch immer auf die Vorstellung, welche im Durchschnittskäufer durch An=sehen und Bezeichnung der Waare erregt werden konnte und sollte, als das Unfixirbare, recurriren müssen und für die Ermittelung, bez. Re=construirung dieser Vorstellung wird man von denjenigen Vorstellungs=unsicherheiten und Erwartungsherabstimmungen, welche durch Indolenz des Publikums während längerer Zeiträume gegen die Versuche, den ein=zelnen Typen und Namen degenerirte Erzeugnisse zu unterstellen, ein=treten, nicht absehen können. Ob die derzeit in Folge der etwas plötz=lichen Entdeckung gesteigerte Initiative der Einzelnen und Vereine auf die Dauer Stand halten wird, ist nicht sicher.

Endlich aber erscheint der Fälschungsbegriff unsicher, wenn es sich um Gegenstände handelt, die, um genießbar zu werden, einer Zubereitung oder Fabrikation bedürfen. Hier soll nach der herrschenden Rechtsmeinung Fälschung vorliegen, wenn bei der Zubereitung andere Substanzen ver=wendet werden, als zur bestimmungsmäßigen Herstellung erforderlich. Was ist das Bestimmungsgemäße? Wessen Bestimmung entscheidet? Ist ein gallisirter — mit Zuckerwasserzusatz zum sauren Most versehener — Wein unter allen Umständen ein verfälschter Wein? Ist er Kunstwein oder Naturwein? Ist der alte Wein, dem junger beigemischt, der, dessen Gährung beschleunigt, dessen Gährung vorzeitig coupirt, gefälscht?

Die Gerichte Rheinbayerns haben in den fünfziger Jahren die Gal=lisirung des Weins für Weinverfälschung erachtet und Gall selbst hat sich nur durch Flucht der Verfolgung entzogen. Noch im Jahre 1863 hat der oberste Gerichtshof für Rheinbayern unter der Herrschaft des bayeri=

schen Strafgesetzbuchs von 1861, welches die Fälschung von Nahrungs=
mitteln oder Getränken durch Beigabe fremder Stoffe strafte, die Wein=
fälschung überall dann für vorliegend erachtet, wenn demselben Bestand=
theile, die ihm nach dem Ergebnisse der chemischen Analyse eigen, auf
künstlichem. Wege von Außen zugeführt werden, statt mit dem Trauben=
safte, aus dem der Wein bestehen soll, naturgemäß emporgewachsen
zu sein.

Dagegen haben sowol die preußische herrschende Meinung unter der
Geltung des preußischen Strafgesetzbuchs der Auffassung gallisirter Weine
schlechthin als gefälschter, wie die preußischen Behörden der Zumuthung
der Weinproducenten, die Fälschungsstrafen auf die Gallisirung zu er=
strecken, widerstanden und diese Stellung zur Sache dürfte auch unter der
derzeitigen Herrschaft des Reichsstrafgesetzbuchs in Teutschland die gesetz=
liche sein.

Analog der Forderung des obligatorischen Prospects auf dem zuerst
hier erörterten Verkehrsgebiete scheint daher aus wesentlich ähnlichen Er=
wägungen heraus auf dem Gebiete des Waarenhandels die Forderung
nach der obligatorischen Marke in der Entstehung begriffen.

Gemeint ist, um den vieldeutigen und auf ganz verschieden geartete
Postulate angewendeten Ausdruck hier näher zu kennzeichnen, die Ver=
pflichtung des Gewerbetreibenden zu einer die vorhandenen Substanzen,
wie ihre Verbindungen und den Herstellungsprozeß in der Weise indivi=
dualisirenden Sachbezeichnung, daß Abweichungen von bisher herkömmlich
unter einem bestimmten Namen oder Waarenansehen begriffenen Sub=
stanzverbindungen oder künstliche Zuführungen von Bestandtheilen bei
Herstellung eines Naturproducts durch besondere Hervorhebung, sei es
mittelst einer wesentlich abweichenden Waarengestalt oder eines wesentlich
abweichenden Waarennamens oder eines deutlichen, die Modification er=
gebenden Zusatzes bez. denselben vertretenden Zeichens auf Waare oder
Etikette zum Ausdruck gebracht werden müssen und jede Nichtbeobachtung
dieser Vorschriften mit Strafe geahndet wird.

Gewiß kann kein allgemeines Gesetz solche Anordnungen im Detail
treffen, aber es kann einer Behörde die Befugniß verleihen, für die ein=
zelnen Waarengattungen derartige Verordnungen zu erlassen und zugleich
die Strafe für deren Uebertretung bestimmen. Die gedachte Behörde
kann alsdann nach Maßgabe der Ergebnisse ihrer Waarenuntersuchungen
die Erzeugnisse, welche unter erborgtem Namen und Ansehn existiren,
aus diesem Besitz für die Zukunft hinausweisen, neue Degenerirungen
auf den Weg neuer Namens= und Gestaltenbildungen, unter welchen sie
um die Gunst des Publikums erst zu werben haben, weisen, bestimmte
Zeichen für bestimmte bez. in bestimmter Form hergestellte Erzeugnisse
als ausschließliche und obligatorische feststellen, und den fortgesetzten Zwie=
spalt zwischen dem Begriffsgemäßen des Naturproducts und den herkömm=

lichen Bereitungsgebräuchen eines bestimmten Districts durch die Gestattung, zugleich aber auch Auferlegung der Kennbarmachung jener Bereitungsacte beseitigen.

Die thatsächliche Duldung des Publikums kann dann für den Legitimitätserwerb keinen Rechtstitel mehr geben, wenn das Erzeugniß im Widerspruch gegen eine formelle Verordnung existirt.

In Frankreich hat die obligatorische Marke in anderer Bedeutung vor 1789 unter der vom Staate reglementirten Industrie existirt. Auf großen Gebieten der Industrie und des Handwerks bestimmte die Regierung für jede Gattung der Erzeugnisse die Art, Beschaffenheit und das Gewicht des zu verwandelnden Materials, die Bedingungen der Fabrikation und beaufsichtigte selbst die Handarbeit. Sodann verificirte sie die Uebereinstimmung des Erzeugnisses mit dem von ihr festgestellten Typus in Form eines Stempels, welcher den Charakter eines öffentlichen Garantiezeichens hatte. Die Uebereinstimmung wurde demnach geprüft, bevor die Waare in den Verkehr trat und das Ergebniß der Nichtübereinstimmung wurde mit Vernichtung des Erzeugnisses, beträchtlichen Geldstrafen und unter Umständen mit Verlust der Gewerbsrechte bestraft. Niemand wird daran denken, ein solches Präventivsystem einführen zu wollen.

Lediglich eine Repression soll stattfinden, wenn Waaren unter Bezeichnungen und Gestalten gefunden werden, welche nach ihrer Zusammensetzung oder Bereitung ihnen nach den getroffenen Verordnungen nicht gebühren. Obligatorische Marken in dieser Bedeutung kennt Frankreich nach der durch die französische Revolution decretirten Freigebung der Industrie in einzelnen Specialgesetzen. Durch die Decrete vom 1. April und 18. September 1811 ist für die in Frankreich fabricirten Seifen, je nachdem sie aus Olivenöl, Samenöl, Talg oder Fett gefertigt sind, eine in der Form verschiedene, deutlich erkennbare, die Worte: „Olivenöl", „Samenöl", „Talg" oder „Fett" enthaltende Marke für jede Seifentafel unter Beifügung des Namens und Wohnortes des Fabrikanten vorgeschrieben. Auf Zuwiderhandlungen gegen diese Vorschrift steht neben der Confiscation eine Geldbuße von 1000 Francs, die im Wiederholungsfalle verdoppelt wird. Ein Decret vom 22. December 1812 vindicirt den Seifenfabrikanten in Marseille für Olivenölseifen eine besondere, speciell bezeichnete Marke, deren Nachahmung in derselben Weise bestraft wird. Ein Decret vom 10. Mai 1805, betreffend die Gold- und Silberarbeit bei Seidenstoffen und die Sammetfabrikation, verordnet, daß bei Anwendung unächter oder halbächter Vergoldungen die Stoffe an jeder der beiden Sahlleisten, bez. bei Verbindung theils ächter, theils unächter Vergoldungen an einer der beiden Sahlleisten einen schwarzen Steg von mindestens 40 Faden, die Sammete, je nachdem sie ein- oder mehrbrätig, eine bestimmte Anzahl von Kettchen an einer, bez. an beiden

Sahlleisten tragen, Sammete, in welchen Einschlag oder roh gezwirnt;
Seide vorhanden, zwei weiße Sahlleisten haben müssen. Für die Ueber=
tretung ist in jedem Decret Confiscation der Waare, Verbrennen der
Gold= und Silberstoffe auf öffentlichem Platze, Verkauf der Sammete zu
Gnusten des Hospitals des Urtheilsortes, öffentliche Bekanntgebung des
Urtheils und im Rückfalle Geldbuße bis zu 3000 Francs angeordnet.

Nur zum Theil in diese Kategorie gehörig, aber doch hier erwähnens=
werth, weil auch für Deutschland ein Gesetz, betreffend den Feingehalt
von Gold= und Silberwaaren, zu erwarten steht, und solche Gesetze den
Gedanken zum Ausdruck bringen, daß Waare, deren Qualität das Publi=
kum nicht ohne Weiteres prüfen kann, ihre Qualität selbst anzuzeigen
hat, sich als Waare bestimmter Art für den Verkehr legitimiren muß,
ist das französische Gesetz vom 19. Brumaire des Jahres 6 (9. November
1797), betreffend die Ueberwachung des Feingehaltes der Gold= und
Silber=Waaren und Arbeiten, welches, nachdem das Jahr 1791 mit der
Aufhebung der ganzen bisherigen Gewerbeverfassung auch die Controle
über die Ausübung der Goldschmiedekunst über den Haufen geworfen,
dieselbe von Neuem organisirte und im Wesentlichen noch jetzt gilt.

Nur Gold= und Silberwaaren eines bestimmten Feingehaltstitels
dürfen in Frankreich fabricirt werden. Jedes Erzeugniß in tausend
Theile zerlegt, sind für Goldwaaren drei Kategorien, für Silberwaaren
zwei allein gestattet, entsprechend welchen der wahre Goldgehalt gegenüber
anderen Metallen 920, 840, 750 Tausendstel, der Silbergehalt 950 bez.
800 Tausendstel betragen muß. Die Verificirung erfolgt durch Garantie=
bureaux, welche in der Regel aus einem Gold= oder Silberprobirer,
einem Steuererheber — es wird für die Garantieertheilung eine Abgabe
erhoben — und einem Controleur bestehen. Der Probirer, der ein
Qualificationsattest von der Münzverwaltung haben muß, wird vom
Präfecten, der Controleur vom Finanzminister ernannt. Jeder Fabrikant
muß das Fabrikat, noch ehe es völlig vollendet, aber doch, nachdem es
bereits soweit vorgeschritten, daß Substanzänderungen ausgeschlossen, mit
seinem Fabrikationsstempel versehen, dem Bureau einreichen. Dort prüft
es der Probirer auf die nach dem Gesetz allein zulässigen Feingehalts=
kategorien. Bleibt es hinter den Anforderungen der zulässigen geringsten
Kategorie zurück, so wird es zerschlagen. Der Fabrikant kann, wenn er
mit den Ergebnissen der Probe nicht einverstanden, eine zweite und
eventuell Entscheidung der Münzverwaltung fordern. Hat der Probirer
den Argwohn, daß das Stück inwendig von geringerem Metall, so kann
er es in Gegenwart des Fabrikanten zerschlagen. Erweist sich der Ver=
dacht begründet, so wird der Fabrikant mit einer Geldbuße im zwanzig=
fachen Werth des Objects bestraft; andernfalls wird dem Fabrikanten
der Schaden ersetzt. Entsprechend dem Ergebniß der Feingehaltsprobe
versieht der Controleur das Stück mit dem der Feingehaltskategorie

vorgeschriebenen Stempel, welcher das öffentliche Garantiezeichen bildet. Es dürfen daher vollendete Stücke ohne jenen Stempel in den Geschäften nicht vorhanden sein. Der Fabrikant hat aber hiermit, wenn man von betrüglicher Induzirung des Probirers absieht, seine Verpflichtungen erfüllt. Jeder Eigenthümer des Stückes kann es bei Verdacht, daß der Feingehalt dem Stempel nicht entspricht, der Münzverwaltung einsenden. Bestätigt sich hier der Verdacht, so hat dies keine andere Wirkung, als daß der Probirer Geldbußen und bei Wiederholungen der Absetzung verfällt. Alle diese Bestimmungen gelten auch für die eigentlichen Juwelierarbeiten — Goldwaaren mit Steinen, Perlen oder in Emaille, — sofern nicht die Probe ohne deren Verletzung unausführbar. Die Juweliere dürfen bei ihren Arbeiten falsche Steine zu ächten nicht gesellen, ohne es dem Käufer ausdrücklich zu sagen. Auf der Uebertretung steht Ersatz des Werthes, den die Steine, ächt, hätten und Geldbuße, im Wiederholungsfalle Anheftung des Urtheils im Bereich des ganzen Departements, bez. Verlust des Rechts zum Gewerbebetrieb. Besonderer Stempelung als auswärtiger Erzeugnisse unterliegen die vom Auslande eingeführten Gold= und Silberwaaren.

Nach bayerischer Verordnung vom 28. October 1868 ist für Gold= und Silberwaaren jede Legirung gestattet, aber der Verkäufer darf die Waare mit einem entsprechenden Feingehaltsstempel nur versehen, wenn der Feingehalt in Gold mindestens $\frac{58}{100}$, in Silber mindestens $\frac{80}{100}$ beträgt. Der Fabrikant muß im Falle dieser Stempelung die Waare auch mit seinem Namen oder Zeichen versehen und haftet für die Feingehalts= angabe. Er kann die Feingehaltsangabe amtlich bestätigen lassen.

Werden die in solchen Detailvorschriften enthaltenen Keime zu einem allgemeinen Princip obligatorischer Bezeichnung der Abweichungen der Waare von einer Normalwaare, bez. Normalreinheit, die nicht von den Vorstellungen des Käufers und deren nachträglichen Auffindung durch den Richter, sondern von der Statuirung einer einsichtigen, die ganze Production wie den Debit übersehenden Behörde abhängt, entwickelt, so erfolgt damit in Wahrheit eine wesentliche Umbildung der bisherigen Verkehrsgrundsätze. Der Gewerbetreibende hat dann nicht mehr blos die Pflicht, den positiven Gehalt des Vorstellungskreises seines Abnehmers in Betreff der Waare, der unausbleiblich bei fortgesetzter Duldung von Waarendegenerirungen sich abschwächt, nicht zu verletzen, sondern die Pflicht, positiv bestimmte Vorstellungen zu erregen und wahrzuhalten.

Diese Aenderung hat nichts Auffallendes. Unsere bisherige Auf= fassung über die Pflichten im gewerblichen Verkehr ist die Erbschaft der Zeiten, in welchen Staats= oder Zunftaufsicht die Kraft hatten, Miß= bräuchen bei der Waarenherstellung vorzubeugen und diese Kraft auch bis zu einem gewissen Grade bethätigt haben.

In den Städten des Mittelalters bilden die sämmtlichen Betreiber eines und desselben Gewerbes eine corporative Genossenschaft. Nur in Unterordnung unter sie und vermöge des Bandes, das ihn mit ihr verknüpft, übt der Einzelne sein Gewerbsrecht aus. Die Zunft aber erachtete es für ein Correlat ihrer gewerblichen und municipalen Rechte, für die Güte und Qualität des Products durch detaillirte Vorschriften über gute Herstellung der Waare und über die Prüfung und Schau der Waare, bevor sie zum Verkauf gestellt wurde, mittelst Umganges ihrer Alterleute Sorge zu tragen.

Die deutschen Zunftrollen des Mittelalters, wie die Statuten zahlreicher italienischer Städte zwischen dem 13. und 15. Jahrhundert enthalten in's Einzelne gehende Vorschriften über regelmäßige Schau von Tuch, Wollwaren und anderen Gewerben, die letztgedachten Statuten auch insbesondere von Steinmetzarbeiten, Seide, Wachs und Rohwaaren, wie Fleisch, Saffran, Pfeffer.

Wo, wie in Frankreich, eine centrale Staatsgewalt früh erstarkt war, traten Gewerbe und Industrie früh unter staatliche Aufsicht. Im dreizehnten Jahrhundert ließ zuerst Ludwig der Neunte auf Grund einer Enquête bezüglich hundert verschiedener Professionen deren Reglements und Gebräuche als réglement des arts et métiers officiell rebigiren. Von jenem Zeitpunkt ab kann man im Princip die staatliche Reglementirung der Gewerbe und der Industrie in Frankreich datiren, welche unter Colbert durch Aufstellung von Qualitäten, auf deren Höhe die Fabrikate gebracht werden mußten, durch Androhung und Vollziehung schwerer Strafen, sofern sie dahinter zurückblieben, wie Anschlagen der Erzeugnisse an den Pfahl unter Benennung des Fabrikanten, bei Rückfällen auch des Fabrikanten selbst und Ernennung von Manufactur-Inspectoren ihren Gipfelpunkt erreichte.

Die Fälschung von Waaren, insbesondere von Genußmitteln, ist zu allen Zeiten im Gefolge jeder Cultur einhergegangen.

Schon in den Georgiken Virgils wird eine Verbesserung des Weins durch Zusatz von Alkohol empfohlen. Plinius berichtet, daß man in Rom gewissen Weinen des Narbonensischen Galliens mißtraute, weil Droguen in dieselben gemischt seien.

Die Gesetze der alten Germanen ahnden den Verkauf verfälschter und schadhafter Waaren.

In dem Gulathinggesetze der Norweger ist ein Rechtsgedanke ausgesprochen, der noch heute für Fälle fahrlässigen Verkaufs nicht unfruchtbar ist, daß nämlich, wer behauptete, unwissentlich gehandelt zu haben, dies beweisen können und seinen Vordermann nennen mußte, damit der Urheber zur Rechenschaft gezogen werden konnte.

In den angelsächsischen Städten wurde der Handel mit Victualien streng beaufsichtigt und Brauer, die schlechtes Bier lieferten, wurden auf den Schandstuhl gesetzt. Die Statuten der Brauer von Paris vom Jahre

1292 verboten die Mischung des Bieres mit Beeren, spanischem Pfeffer und Baumharz, die der Pariser Weinhändler, überhaupt in den Häusern Wein mit irgend einem Zusatz zu haben.

Im vierzehnten Jahrhundert erließen die Obrigkeiten in Bologna, Zürich, Frankfurt und London Vorschriften zur Verhinderung der Verfälschung des Weines mit Kalk und Alaun. In den Städten Flanderns, in Wien, Regensburg und Stendal durfte Wein in jener Zeit ohne vorangegangene Prüfung durch vereidete Sachverständige überhaupt nicht verkauft werden. Das Stadtstatut von Modena, welches gleich anderen Statuten die Vermischung des Weines mit anderen Stoffen verbot, bestimmte, daß, wer Wein verkaufe, besonders zu erklären hatte, ob er ungemischt sei.

Die Aechtheit der Gewürze und Färbestoffe, wie Saffran und Indigo, wurde in Barcelona 1372 durch besondere Verordnungen zu wahren gesucht.

Unter scharfer Controle standen die Bäcker, Müller, Schlächter und Fischverkäufer. In Marseille wurden die Fischhändler darauf vereidet, die Fische nur in gehöriger Güte zu verkaufen. Den in Basel am Markttage nicht verkauften Salmen mußte von den Verkäufern sogleich der Schweif abgeschlagen werden. Die deutschen Reichsabschiede von Rotenburg von 1487 und Freiburg von 1497 enthalten kaiserliche Verordnungen, nach welchen die „Weinber ohne alles Gemechte und Zusätze ausgepreßt, die Möste mit steter ordentlicher Fülle gehalten, damit die vollkommenlich und gänzlich ire Verjerung haben mögen und auch fürter den Weinen keine schädliche und böse Gemechte gethan werden". Es wird genau bestimmt, inwiefern der Wein geschwefelt werden dürfe. Bei anderer Bereitung des Weins soll den Fässern der Boden ausgeschlagen und der Wein verschüttet werden. Fuhrleute und Schiffer sollen an Ehre, Leib und Gut unnachsichtlich gestraft werden, wenn sie unterwegs, in Herbergen „oder ihren Wohnungen aus den Fässern Weine nehmen und nach irem Gefallen verzehren und an des genommenen Weines Statt Wasser gießen".

In den Reichspolizeiordnungen von 1548 und 1577 und dem Augsburger Reichstagsabschied von 1551 wird das Feilhalten von gefärbtem Ingwer, gefälschtem Saffran, verlegenen und untauglichen Apothekerwaaren und die Einmischung anderer Materien in Zucker, Pfeffer und sonstiges Gewürz untersagt und bestimmt, daß in jedem Kreise Aufseher zur Anzeige solcher Fälschungen verordnet werden sollen. Die Reichstagsabschiede von 1498 und 1500 und die Reichspolizeiordnungen von 1530, 1548 und 1577 enthalten Vorschriften gegen das Recken und Strecken von Tüchern, von denen dann „im Wasser dem Käufer ein merkliches abgehe" und gegen das Anbringen von großen Planen an Kramläden, „wodurch die Farben und Faden an Tüchern und anderer Waare geblendet werden, daß man sie nicht wohl erkennen mag". Endlich wenden sich die Reichspolizeiordnung von 1577 und das Reichsgesetz von 1668 gegen die Anwendung der „neulich erfundenen, schädlichen und betrüglichen, fressenden oder corrosiv Farb, so man die Teufelsfarbe nennt" bei Wollentüchern und Seidenwaaren und verordnen, daß alle im Reich gemachten Tücher und Zeuge durch jedes Orts geschworene Zeugmeister am Rahmen besichtigt, die tauglichen gesiegelt und gestempelt, die untauglichen aber verschlagen werden sollen.

Die Criminalistik des Mittelalters unterstellte alle solche Fälschungen dem überkommenen Begriff des Falsum und wußte zwischen dem Falschmünzer und dem Waarenfälscher keinen principiellen Unterschied zu machen. Noch das funfzehnte Jahrhundert war deshalb Zeuge von den drakonischsten Bestrafungen. Besser erkannten den gewerbepolizeilichen Charakter der Materie die Statuten der einzelnen gewerblichen Corporationen selbst. Sie bedrohten die Fälschungen mit Geldbußen, Confiscation der Waare, Ausgießen der Getränke vor dem Geschäftslocal, öffentlichen erniedrigenden Proceduren an den Uebelthätern, welche die Minderung der Gewerbsehre symbolisch zum Ausdruck brachten, auch körperlichen Züchtigungen und in Wiederholungsfällen mit Ausstoßung aus der Zunft und Verbannung.

Wo in fortschreitender Kenntniß jener Anschauungen die Staatsgesetzgebung im sechszehnten und siebzehnten Jahrhundert besondere Vorschriften über die Verhütung einzelner Waarenfälschungen erließ, recurrirte sie in Betreff der Ahndungen in der Regel auf jene milderen Strafen.

Die Criminalisten des achtzehnten Jahrhunderts subsumiren daher auch die Waaren- und die Lebensmittelverfälschungen unter den Polizeivergehen. Entsprechend dieser Kategorisirung und die Strafen im Geiste gemilderter Sitten mildernd, haben die großen Codificationen, welche der französischen Revolution folgten, die gedachten Handlungen nach ihrer durchschnittlichen Erscheinung, soweit nicht der Thatbestand des Betrugs oder der Körperverletzung vorlag, als Polizeiübertretungen angesehen.

So eclatant hierbei die fortschreitende Humanisirung der Anschauungen zu Tage getreten, so beruht diese Milderung doch auf der Verkennung der Gefährlichkeit der Handlungen und auf der Ignorirung, wie mit dem Wegfall der Zunftverfassung die in der Knüpfung des Rechts und des Ansehens des Einzelnen im Publikum an die Schätzung und Billigung der Genossen liegende Schutzwehr gegen Ausschreitungen, welche sich zum Mindesten ebenso stark erwiesen haben wird, als die vorhandenen Strafvorschriften, eingestürzt war.

Die Erkenntniß der Zunahme der Fälschungen mit zunehmender Vervollkommnung der Technik hat denn auch in diesem Jahrhundert in den meisten Culturstaaten zu einer verschärfenden und detaillirteren Specialgesetzgebung, insbesondere in Bezug auf Lebensmittel und Gegenstände des täglichen Gebrauches geführt. Wenn Deutschland hinter anderen Staaten in dieser Beziehung zurückgeblieben ist und erst jetzt im Begriffe steht, das bisher Unterlassene nachzuholen, so ist auch dies ein Zeichen unserer in Folge der politisch unfertigen Zustände und der relativen materiellen Ohnmacht zurückgebliebenen ökonomischen Entwickelung. Der Neigung der einzelnen menschlichen Organisation, die körperliche Inferiorität lediglich durch gesteigerte geistige Entwickelung auszugleichen zu wollen, unterliegt auch der Volksorganismus und die Befolgung des Satzes: „Erst Kraft, dann Bildung" setzt eine fest in sich beruhende, normale Organisation voraus.

In der Zeit, in welcher in Deutschland jede Verminderung der Aufgaben der Staatsgewalt als ein Fortschritt individueller Freiheit empfunden wurde, wäre auch die Forderung einer kräftigen staatlichen Gesundheitspflege vielleicht als Polizeiplackerei desavouirt worden. In der That setzt sie, um nicht in solche auszuarten, ein wirklich entwickeltes Verwaltungsrecht mit den erforderlichen Rechtsbehelfen voraus.

Die Specialgesetzgebungen der Nachbarstaaten lassen in ihrer verschiedenartigen Behandlung der Sache die charakteristischen Züge der einzelnen Volksindividualität wol erkennen.

Was zunächst Frankreich anbelangt, so belegt auch die Detailgesetzgebung auf dem hier in Rede stehenden Gebiet das Axiom, daß in diesem Lande, in welchem die Staatsform täglich in Frage zu stehen scheint, es sich in Wahrheit hauptsächlich um die Ablösung in der Herrschaft von Gesellschaftsklassen, Parteien und Personen auf der Grundlage einer von Allen adoptirten festen, eminent autoritären Regierungsgewalt mit starkem Schutze des Besitzes und der materiellen Interessen handelt. Zugleich documentiren die Gesetze, welche Gesellschaftsklassen es hauptsächlich sind, in welchen der Inhaber der Regierungsgewalt seine besonderen Stützen gefunden zu haben glaubt. Bereits 1838 wurde in der französischen Deputirtenkammer constatirt, daß die fremden Nationen die Weine anderer Länder vorzögen, weil es in Frankreich Leute gäbe, welche zu viel Wasser in die zu exportirenden Weine mischten.

Cobden sprach öffentlich aus, daß die Franzosen zwar so gut fabricirten, als die Engländer, aber nicht loyal im Verkaufe wären. Die Wissenschaft war unablässig bemüht, durch Nachweis der sich täglich mehrenden Fälschungsmethoden — Chevallier bezeichnete nicht weniger als 416 Objecte des Handelsverkehrs als Objecte von Fälschungen — die Nothwendigkeit einer Repression durch Gesetz zu erweisen. Die Bestrebungen gelangten endlich zu einem ersten Abschluß durch Gesetz vom 27. März 1851, betreffend die wirksamere Unterdrückung gewisser Betrügereien im Waarenhandel, zu einer Zeit also, zu welcher man erst in Preußen daran ging, das Strafrecht in Anlehnung an den Code pénal neu zu codificiren. Man darf indessen bei Würdigung des Bedürfnisses in Frankreich nach neuer

Specialgesetzgebung nicht außer Acht lassen, daß das daselbst bestehende allgemeine Strafrecht in Bezug auf den Betrug hinter den Anforderungen zurückgeblieben war, welche die herrschende Doctrin mit Recht stellte und welche insbesondere auch in der preußischen Codification verwirklicht wurden. Es gab kein Betrugsvergehen in dem allgemeinen Sinne, daß jede Täuschung oder jeder Täuschungsversuch in gewinnsüchtiger Absicht mit Beschädigungserfolg strafbar gewesen wäre. Sieht man von der Täuschung mittelst listiger Kunstgriffe, einem besonderen, hier in der Regel für unanwendbar erachteten Begriffe ab, so stand die Betrugsstrafe beim Waarenhandel nur auf bestimmten Täuschungsfällen: Täuschung über den Feingehalt von Gold und Silber und Täuschung in Betreff der Natur einer Waare; in Betreff der Qualität nur, wenn statt ächter Steine falsche verkauft waren, in Betreff der Quantität nur bei Gebrauch falschen Gewichts oder Maßes. Andere Täuschungen in Betreff der Qualität oder Quantität waren als Betrugsvergehen nicht vorgesehen.

Unter der Kategorie der Uebertretungen, die mit ganz geringfügiger Geldbuße geahndet wurden, stand die Fälschung von Getränken, die nur, sofern diese der Gesundheit schädliche Mischungen enthielt, als Verletzung der Gesundheit schwerer gestraft wurde. Mit Rücksicht auf diese Specialbestimmungen in Betreff der Getränke war es zweifelhaft, ob überhaupt für Getränke die allgemeinen Bestimmungen bezüglich des Betruges, sofern ihre Voraussetzungen vorlagen, angewendet werden konnten. In Betreff der Natur einer Waare erachtete man nur eine Täuschung für vorhanden, wenn einer Waare eine gänzlich andere substituirt worden oder wenn die Veränderung die Waare für den Zweck ihrer Bestimmung völlig unbrauchbar machte. Bei eclatanten Waarenverfälschungen zwang die Judicatur den Fall zwar häufig unter das Gesetz für Täuschungen über die Natur der Waare, aber nur wenn der Grossist verkauft hatte. Auch war bei allen diesen Betrugsfällen nur die vollendete That strafbar. Die hauptsächlichsten Waarentäuschungen waren daher straffrei, oder standen, wenn es sich um Getränke handelte, die nicht gesundheitswidrig, unter einer Geldbuße von 6 bis 10 Frcs., im Wiederholungsfalle unter Gefängnißstrafe bis zu 5 Tagen.

Der Bericht der Commission der Nationalversammlung über den neuen Gesetzentwurf schildert in beweglichen Worten die Mißstände des bisherigen Fälschungsunwesens auf dem Gebiete der nothwendigen Genußmittel für den Arbeiter und empfiehlt das Gesetz als ein Mittel zur Hebung des Looses der arbeitenden Klassen.

In Wahrheit verbindet das Gesetz mit der Absicht, die unmotivirten Beschränkungen des Betrugsbegriffs zu beseitigen, die Tendenz, auf dem Gebiete der Gegenstände des gewöhnlichen Gebrauchs aus Betrugselementen ein besonderes, rasche Repression ermöglichendes Vergehen der Fälschung zu construiren.

Es belegt mit den Strafen des Betrugs einmal die Fälschung von Lebensmitteln, alimentären Substanzen und Arzneiwaaren, ferner den Verkauf oder das Feilhalten solcher Gegenstände mit Kenntniß der Fälschung oder des Verdorbenseins derselben, endlich die Täuschung oder den Täuschungsversuch in Betreff der Quantität verkaufter Waare überhaupt mittelst Erregung des Anscheins eines größeren Gewichts oder Volumens. Mit Strafen, wenn auch geringeren, belegt wird schon der bloße wissentliche Besitz gefälschter oder verdorbener Gegenstände der erwähnten Art in den Magazinen und Werkstätten ohne rechtmäßigen Grund, auch wenn diese noch nicht verkaufsbereit sind. Als rechtmäßiger Grund ist nach den Motiven insbesondere die erkennbare Absicht anzusehen, Mischungen unter einer Bezeichnung und zu einem Preise, durch welche die wahre Zusammensetzung angezeigt wird, zu verkaufen.

Nur als strafschärfende Qualification erscheint in allen diesen Fällen die Gesundheitsschädlichkeit der Waaren. Es muß auf Confiscation der Waaren und kann auf deren Ausschüttung oder Vernichtung vor dem Geschäftslocal und auf öffentliche Anheftung des Urtheils, wie Insertion desselben in den Blättern erkannt werden. Zwei Drittel der erkannten Geldbußen fließen in die Kassen der Gemeinden, innerhalb deren die Vergehen constatirt werden.

Dieses Gesetz umfaßte noch nicht die Getränke. Aber obwol die Pariser Bevölkerung im Laufe von funfzig Jahren auf das Erheblichste zugenommen hatte, war die Einführung von Wein in das Weichbild von Paris in dieser Zeit nicht merklich gewachsen. Der erforderliche Mehrbedarf wurde durch Weinfälschungen innerhalb der Bannmeile gewonnen. Man schätzte im Jahre 1844 das Quantum in Paris durch Fälschungen erzielten Weins auf ca. ein Drittel des ganzen Verbrauchs, 600,000 Hektoliter auf 1,800,000. Der für die Einbringung nach Paris zu erlegenden Steuer wurden die Fälschungen innerhalb der Bannmeile nicht zugeschrieben, weil auch aus den Provinzen die gleichen Klagen kamen und insbesondere in den funfziger Jahren in den Departements Doubs und Jura in der Nähe von Fabrikationsstätten gefälschter Weine eine steigende Bewegung gegen die Fälschung sich geltend machte.

Durch Gesetz vom 5. Mai 1855 wurde das Gesetz von 1851 auch auf Getränke ausgedehnt.

Der Begriff der Fälschung — falsification — ist in diesen Gesetzen nicht definirt. Aber es ist nach Motiven und Anwendung außer Zweifel, daß darunter die Herstellung einer Waare unter dem äußeren Anschein einer Beschaffenheit, welche dieselbe in Wahrheit nicht hat, in der Absicht zu täuschen, verstanden wird und zwar, wie es in der Judicatur feststeht, gleichviel ob eine Herstellung mit der Wirkung jenes Anscheins mittelst ganz oder zum Theil anderer oder geringwerthigerer Substanzen erfolgt oder der erzeugten ächten Waare wesentliche Bestandtheile ent-

zogen werden. Täuſchungen über den Waarencharakter in anderer Weiſe,
als in Folge unmittelbarer Einwirkung auf die Waare ſelbſt, insbeſon=
dere durch Angabe auf Verpackungen und Etikettirungen ſind für alle
Waaren vorgeſehen durch das Geſetz vom 28. Juli 1824, welches über
das entſprechende deutſche Geſetz hinausgehend neben der wiſſentlichen
Uſurpirung des Namens oder der Firma des legitimen Fabrikanten auch
die des Namens der legitimen Fabrikationsſtätte auf Waaren und ihren
Verpackungen als Betrug ſtraft, und durch Beſtimmungen des Marken=
ſchutzgeſetzes vom 23. Juni 1857, welche über den in Deutſchland im
entſprechenden Geſetze allein berückſichtigten Schutz des berechtigten In=
duſtriellen ebenfalls hinaus im Intereſſe des Publikums die wiſſentliche
Anwendung entſprechender Waarenzeichen oder von Waarenzeichen mit An=
gaben oder Hinweiſen, welche über die Natur des Products zu täuſchen
geeignet ſind, unter Strafe ſtellen.

Endlich erging zum Schutze des Ackerbaues, für welchen eine ganz
oſtenſible Fürſorge aus den Motiven des betreffenden Geſetzentwurfs her=
vorleuchtet, nachdem die Präfecten das Feilhalten von Düngemitteln nur
unter Angabe der Miſchungsverhältniſſe der einzelnen darin enthaltenen
Elemente hatten geſtatten wollen, ihre Anordnungen aber vom Caſſations=
hofe als außerhalb ihrer Zuſtändigkeit liegend erachtet worden waren,
ein Geſetz vom 27. Juli 1867, welches beim Verkauf von Düngemitteln
oder Dungzuſätzen Täuſchung oder Täuſchungsverſuch über Natur, Zu=
ſammenſetzung, Miſchungsverhältniß, Herkunft oder durch Beilegung eines
nicht zukommenden Namens, ſowie das wiſſentliche Feilhalten gefälſchter
Dungmittel unter Strafen gleich denen des Betruges unterſagte. Für
den franzöſiſchen Bauer als einen Hauptfactor des plebiscitären Regi=
ments ſuchte man eine Schutzwehr nach allen möglichen Richtungen hin
aufzuſtellen.

Erwogen wurde bei dieſen Fälſchungsgeſetzen, ob nicht bereits die
Herſtellung von Subſtanzen, welche zur Bewirkung der Fälſchung dienen,
für ſtrafbar zu erachten, dies aber aufgegeben, weil ſolche Herſtellung
auch zum Zwecke der Verwendung für als Surrogate zu bezeichnende
Waaren erfolgen könne und ohne eine beabſichtigte Beziehung einer ſolchen
Herſtellung zu einer concreten Fälſchungsbethätigung kein ſtrafbarer That=
beſtand vorliege. Für den Weinhandel wird aber noch ein Decret von
1813 als in Kraft erachtet, welches den Pariſer Weinhändlern verbietet,
irgend welche flüſſige oder feſte Subſtanzen, die zur Fabrikation, Fälſchung
oder Miſchung von Wein geeignet, in ihren Kellern und Magazinen
auch nur zu halten.

Dieſe Geſetzgebung, ſo fürſorglich ſie iſt und ſo glatt ſich ihre Para=
graphen leſen, erſcheint nicht frei von erheblichen Mängeln.

Zunächſt ſetzt ſie überall für eine Ahndung wiſſentliches Handeln
voraus und ladet dem Verfolgenden den ſchweren Beweis der Wiſſent=

lichkeit auf, während die pflichtwidrige Sorglosigkeit des Gewerbetreiben=
den in der Information über die Beschaffenheit der feilzuhaltenden
Waare frei ausgeht. Die anerkannte Befugniß der Municipalbehörden,
durch Verordnungen auch das nichtwissentliche Feilhalten verdorbener
Lebensmittel zu verbieten und zu bestrafen, ist nur ein unzureichender
Ersatz.

Sodann hat der ganze Fälschungsbegriff den bereits allgemein be=
rührten Mangel, daß er abhängig ist von einem nicht fixirten Bilde
eines Normalinhalts oder Reinheitsverhältnisses einer ächten Waare, wie
es im einzelnen Falle den Käufern vorgeschwebt haben muß und nach
den Voraussetzungen des Gewerbetreibenden, den Gutgläubigkeit schützt,
vorgeschwebt haben durfte. Die Praxis hat sich deshalb bei Anwendung
der Gesetze zu zahlreichen Einschränkungen und ziemlich äußerlichen Be=
helfen genöthigt gesehen.

Schon in den Motiven des Gesetzes, betreffend die Getränkever=
fälschung, wird hervorgehoben, daß hergebrachte legitime Gebräuche, be=
treffend die Mischung von Weinen verschiedener Qualitäten, pour donner
satisfaction au gout du public ou au besoin du bon marché, sowie
bestimmte herkömmliche Bearbeitungsproceduren, insbesondere das Chap=
talisiren der Weine — Verbesserung saurer Weine durch Entziehung der
Säure und Vermehrung des Alkoholreichthums durch Zusatz von Zucker
zum Most — durch das Gesetz nicht betroffen werden sollen. Ebenso
wenig sollen getroffen werden des fictions pour ainsi dire convenues de
faux titres de noblesse admis dans la circulation. Man soll demnach die
in Paris hergestellten cidres nach wie vor als cidres de Normandie ver=
kaufen dürfen.

Die französische Praxis neigt in Anlehnung an das Steuergesetz,
welches den Zusatz von mehr als $^{15}/_{100}$ Alkohol beim Wein der besonderen
Steuer für Alkohol unterwirft, dazu, in einem Alkoholzusatz zum Wein,
— dem sogenannten vinage du vin — erst dann eine Weinverfälschung
zu erblicken, wenn der Zusatz jene steuerliche Mischungsgrenze überschreitet.
Besondere Schwierigkeiten hat in der Gesetzesanwendung der sogenannte
plâtrage du vin — im mittäglichen Frankreich gebräuchlicher Zusatz von
Gips zur Klärung des Weins — erzeugt. Die Gerichtshöfe an den
Heimatsorten dieser Weine haben in der Regel diese Zusätze für statthaft
erachtet. Wissenschaftliche Expertisen sind über die Gesundheitsschädlich=
keit dieser Zusätze von der Regierung veranlaßt worden, welche die Zu=
sätze innerhalb gewisser Grenzen für unschädlich erachtet haben. Man
duldet sie danach in der Regel, wenn nicht vin pur ausdrücklich verkauft
worden, obwol bereits die Sachverständigen es für angezeigt erachtet
hatten, daß man solche Weine nur als vins plâtrés verkaufe.

Auf anderen Lebensmittelgebieten sucht man gegenüber den Bestrebungen,
bestimmten Substanzen geringere zu surrogiren, einen principiellen Stand=

punkt dadurch zu gewinnen, daß man Fälschung annimmt, wenn diese Surrogate nicht alimentärer Natur sind.

Endlich und nicht zuletzt vermißt man in Frankreich trotz des Vorhandenseins consultativer Gesundheitspflegebehörden von dem dem Ministerium zur Seite stehenden comité consultatif d'hygiène de France bis hinab zu den den Präfecten, Unterpräfecten und Maires zur Seite stehenden Departements-, Arrondissements- und Cantonal-Gesundheits-Räthen eine irgendwie wirksame Initiative jener gegenüber der Machtconcentration in den betreffenden Verwaltungsbeamten nur ein schattenhaftes Dasein führenden Organe, während nur eine stets wache Fürsorge für die sanitären Bedürfnisse und Beobachtung der Erscheinungen des gewerblichen Lebens die wohlmeinendsten Gesetze auf diesem Gebiete vor Verkümmerung schützen kann.

Wesentlich gleichartige Bestimmungen galten seit 1856, modificirt durch die im Jahre 1867 bewirkte Revision des Code pénal, in Belgien. Die Strafen sind für gesundheitsschädliche Fälschungen verschärft, für nicht in dieser Weise qualificirte gemildert. Bei gesundheitsschädlichen wird auch Verkauf und Verschaffung der zur Fälschung dienenden Substanzen zum Zweck der Fälschung, und es wird überhaupt die Verbreitung von Verfälschungsmethoden und die Ertheilung von Anweisungen für dieselbe geahndet. Das Gesetz von 1856 sah auch den nicht wissentlichen Debit der gefälschten Objecte als Uebertretung vor, so daß im Sinne der französischen Auffassung in Betreff der Polizeicontraventionen nur der Nachweis eines unwiderstehlichen Irrthums diese Strafe auszuschließen vermochte, und der belgische Justizminister bezeichnete diese Bestimmung gegenüber erhobenen Einwänden als die Quintessenz des ganzen Gesetzes für die praktische Anwendung wegen des schwierigen Wissensbeweises. Nichtsdestoweniger wurde diese Bestimmung 1867 nicht mit übernommen. Die Gesundheitspolizei ist in Belgien wesentlich in den Händen der Gemeinde. Die Communalbehörden wachen mit Hülfe des fast in jeder Gemeinde organisirten Comité de salubrité insbesondere über die Aechtheit des Lebensmitteldebits und sorgen für Anwendung der gedachten Gesetze.

Am tiefsten erfaßt ist die Aufgabe in England. Während es früher daselbst nur Detailbestimmungen über die Verfälschung einzelner Nahrungsmittel gab, ringt, seit durch Parlamentsenquête im Jahre 1855 die Verfälschung der Lebensmittel in bedeutendem Umfange auch dort constatirt worden, die Gesetzgebung auf dem gedachten Gebiete nach den entsprechenden Abhülfemitteln, wohl einsehend, daß die bloße Einführung des Begriffs: „Fälschung" in die Terminologie noch keinen entscheidenden Anhalt für sichere Beurtheilung der einzelnen Fälle, bez. gegen fortschreitende allmähliche Degenerirungen der sogenannten Normalwaare bietet und daß eine wesentliche Bedingung heilsamer Wirkung des be-

treffenden Gesetzes in der Herstellung von Einrichtungen behufs wirksamer
Beobachtung der Befolgung des Gesetzes und systematischer, wie dauern=
der Fühlung mit den sich auf dem Productions= und Debitgebiet voll=
ziehenden Hergängen besteht. Demnach steht die Regelung dieser Materie
in inniger Verbindung mit der Gestaltung der ganzen öffentlichen Ge=
sundheitspflege überhaupt. Hier aber ist der Ausgleich zwischen den
Forderungen einer kräftigen und gleichmäßigen Centralcontrole und dem
tiefen Zuge nach Erhaltung der communalen Selbstverwaltung noch nicht
endgültig vollzogen. Der öffentlichen Gesundheitsacte vom Jahre 1848
folgen in kurzen Zwischenräumen die Local government act von 1858
mit Organisirung localer Sanitätsbehörden im Anschluß an die Organe
der Selbstverwaltung unter organisirender Centralgewalt des Ministers des
Innern, die Local government board act vom 14. August 1871, in dem
Local government board eine besondere Central=Gesundheitsbehörde
schaffend, und die die Gesundheitspflege betreffende Reorganisationsacte
vom 10. August 1872. Letztgedachtes Gesetz ist bereits wieder durch ein
neues vom 11. August 1875 abgelöst worden. Langsam und nicht ohne
Rückschritte vollzieht sich im Ganzen eine Einschränkung des bloßen Be=
liebens der localen Selbstverwaltung durch eine centralisirte Staatsge=
walt. Für die Fälschung von Lebensmitteln folgt einem Gesetze von
1860 eins von 1872 und diesem das noch jetzt geltende „for the sale of
food and drugs in a pure state" vom 11. August 1875.

Besonders kategorisirt sind in diesem Gesetz die gesundheitsgefährlichen
Fälschungen von Nahrungsmitteln und Arzneiwaaren. Mischung, Fär=
bung, Beizung und Bestreuung eines Nahrungsmittels, worunter auch
die Getränke zu verstehen, mit der Wirkung der Gesundheitsschädlichkeit,
einer Arzneiwaare mit der Wirkung ihrer Qualitätsverminderung, zum
Zweck des Verkaufs, sowie der Verkauf derselben werden mit Geldbuße
bis zu 50 Pfund, im ersten Rückfalle mit harter Arbeit bis zu sechs
Monaten bestraft. Behufs Abwendung der Strafe liegt dem Beschul=
digten der Beweis ob, daß er von der gedachten Fälschung keine Kennt=
niß gehabt und auch trotz Anwendung der Sorgfalt eines ordentlichen
Mannes nicht hätte erlangen können. Bei einer Strafe bis zu 20 Pfund
soll Niemand Nahrungsmittel oder Arzneiwaaren von anderer Natur,
Substanz oder Beschaffenheit, als der Käufer gefordert hat, verkaufen.
Unschädliche Zusätze sind, abgesehen von den bei der Präparation unver=
meidlichen Mischungen mit fremden Stoffen und den Specialheilmitteln,
wie patentirten und der Patentspecification entsprechenden Erzeugnissen,
statthaft, sofern sie erforderlich sind, um den Gegenstand als Handels=
artikel zur Versendung geeignet oder zum Verzehren schmackhaft zu
machen, oder wenn bei der Lieferung eine deutlich lesbare Bezeichnung
der Waare als „mixed" mitgegeben wird. Beide Ausnahmen setzen aber
voraus, daß die Zusätze nicht zu dem Zwecke erfolgt sind, die Menge,

das Maß oder Gewicht der Waare zu vermehren oder die geringere
Qualität zu verhehlen. Untersagt ist bei gleicher Strafe die Entziehung
von Theilen aus den gedachten Waaren, durch welche ihre Natur, Substanz oder Beschaffenheit verändert wird, zum Zwecke des Verkaufs der
so geänderten Waare, wie der Verkauf derselben ohne Kundgebung der
Entziehung.

Wissentlichkeit ist kein Erforderniß für die Anwendung dieser Bestimmungen, aber der Beschuldigte ist freizusprechen, wenn, was er nachzuweisen hat, er den Artikel als so beschaffen, wie ihn sein Ankläger von
ihm gefordert, mit Empfang einer schriftlichen Bescheinigung eingekauft
hatte, nach welcher er keinen vernünftigen Grund hatte, gedachte Beschaffenheit zu bezweifeln. Demnach soll sich offenbar der Detaillist durch
Benennung einer für zuverlässig zu erachtenden Bezugsquelle lösen dürfen.

Die Grafschaftsgerichte und in Städten, welche einen besonderen
Gerichtshof oder eine besondere Polizeidirection besitzen, die Stadträthe,
bez. in London andere bestimmte Behörden dürfen, und sofern es das
Central-Gesundheitsamt verlangt oder ein bereits vorhandener Functionär
abgeht, müssen eine oder mehrere Personen zu Waaren-Analytikern für
den betreffenden Bezirk bestellen. Anstellung wie Entlassung bedarf der
Bestätigung der Centralbehörde. Jeder Käufer eines Nahrungsmittels
oder einer Arzneiwaare kann die Untersuchung der gekauften Waare und
die Ausstellung eines Certificats nach bestimmtem Formular über das
Ergebniß von dem zuständigen Analytiker gegen eine im Gesetz limitirte
Vergütung fordern. Die Analytiker haben vierteljährlich den Behörden,
von denen sie angestellt, über die Zahl der von ihnen untersuchten Waaren
und die Untersuchungsergebnisse Bericht zu erstatten und diese Behörden
senden diese Berichte alljährlich an das Central-Gesundheitsamt. Jeder
ärztliche Gesundheitsbeamte oder Inspector für Uebelstände — Beamte,
welche jeder Sanitätsdistrict haben muß, — ebenso jeder constablo kann
unter der Direction und auf Kosten seiner Localbehörde Proben der gedachten Artikel kaufen und dem Analytiker zur Untersuchung übergeben.
Die Gewerbetreibenden sind zum Verkauf an die Beamten zum entsprechenden Preise bei Geldbuße verpflichtet. Wird zum Zweck der
Untersuchung gekauft, so ist dieser Zweck dem Verkäufer gleich nach
Abschluß des Kaufs kundzugeben. Es erfolgt dann die Theilung der
Probe in drei Theile, für Verkäufer, Käufer und Analytiker unter Vorkehrungen für Sicherung ihrer Identification.

Wird Anklage erhoben — und als Ankläger sind neben den Privatpersonen hauptsächlich die erwähnten Beamten gedacht, — so macht das
Certificat des Analytikers vollen Beweis. Der Beschuldigte kann aber
das Erscheinen des Analytikers in Person als Zeugen verlangen. Auf
das Verlangen einer der Parteien kann das Gericht die Probe an die
Centralsteuerbehörde zur nochmaligen Analyse durch ihre Chemiker senden.

8*

Erkannte Geldbußen fallen, wenn auf Anklage eines Beamten erkannt, der Behörde, bei der er angestellt, zu.

Die im Gesetz von 1872 vorgesehene Veröffentlichung der Ver=
urtheilung wegen rückfälligen Verkaufs gefälschter Artikel ist im neuen
Gesetz weggefallen.

Offenbar besteht der Grund= und Eckstein des ganzen Gesetzes in
den Analytikern und da die Casuistik des Gesetzes keinen festen Maßstab
für die Erfordernisse der ächten Waare bietet, so wird über die Be=
dingungen, der eine Waare zu entsprechen hat, um Normalwaare zu sein,
in allen subtilen Fällen das Ermessen der Analytiker entscheiden. Das
Certificationsformular schreibt ihm auch wörtlich vor, zu sagen, ob die
Waare ächt ist. Den Schritt, die Festsetzung der Erfordernisse einer
Normalwaare unter der Befugniß von Aenderungen der Centralbehörde
selbst oder einer dieser zur Seite gestellten Sachverständigen=Commission
zu übertragen, ist man nicht gegangen.

Erwähnenswerth scheint noch, daß das Züricher Gesundheitspflege=
und Lebensmittel=Polizeigesetz von 1876 den Verkauf gefälschter Lebens=
mittel, wie den Verkauf von Lebensmitteln unter falschen Bezeichnungen,
auch wenn er unwissentlich geschieht, mit Polizeibuße bis zu 1000 Franken
ahndet.

Deutschland steht im Begriff, an eine Gesetzesreform, soweit es sich
um die Fälschung von Lebensmitteln und sonstigen Gegenständen ge=
wöhnlichen Gebrauchs handelt, zu gehen. Sein Zurückbleiben in der
Befassung mit dieser Aufgabe hinter anderen Völkern trägt ihm den
Vortheil ein, deren Lösungsversuche für sich nutzbar zu machen.

Daß jedes solche Gesetz, wenn es, statt eine inerte Materie zu
bleiben, für den deutschen Gewerbeverkehr Säfte umbildend wirken und
die gehobene Circulation erhalten können soll, seinen Schwerpunkt in
localen Einrichtungen suchen muß, welche eine organische wachsame Um=
schau auf dem betreffenden Waarengebiete im Consumenteninteresse garan=
tiren und daß hier die englischen Bestimmungen über die örtlichen
Untersuchungsstationen im Anschluß an örtliche Gesundheitsausschüsse
nachahmenswerth sind, darüber dürfte schon jetzt Einverständniß herrschen.

Was aber die Vergehensbegriffe und ihre Ahndung anlangt, so wird
neben Ergänzung mancher Lücken, zu welchen wir die Nichtahndung des
Feilhaltens von Waaren unter Angabe eines unrichtigen Productionsortes
und — nach dem Vorgange Anderer — unter usurpirten Waarenzeichen
überhaupt auch ohne Antrag der zu diesen Zeichen Berechtigten zählen
möchten, eine Ausdehnung des Verbots des Feilhaltens gefälschter Gegen=
stände über das bisherige, nur Eßwaaren und Getränke begreifende Ge=
biet hinaus auf weitere Kategorien von Gebrauchsgegenständen, die Er=
hebung dieser Handlungen, sofern sie wissentlich erfolgt, durch Strafschärfung
aus dem bisherigen Bereiche bloßer Polizeiübertretungen zum Range be=

trugsähnlicher Vergehen, die gleichmäßige Ahndung der Fälschungshand=
lungen zum Zwecke des Verlaufs, die Befugniß zur öffentlichen Bekannt=
machung der Strafurtheile und die besondere Qualificirung bei Gesund=
heitsschädlichkeit gewiß zweckmäßig sein.

Aber das Entscheidende einer Reform suchen wir nicht allein in
diesen Besserungen, nicht darin, daß für eclatante Täuschungen eclatante
Strafen möglich sind. In dieser Richtung erachten wir die bestehenden
Gesetze nicht für in dem Maße unzulänglich, wie dies von manchen
Seiten angenommen wird.

Es handelt sich wesentlich nicht sowol darum, eine bösartige Natur
unserer Gewerbetreibenden, die einen wesentlichen Factor unseres Bürger=
thums bilden, durch Abschreckungen im Zaume zu halten, als vielmehr
den Ergebnissen unzureichender Erziehung unseres Gewerbestandes zu
Solidität und den Empfindungen der Verantwortlichkeit wie der auf
loyaler Berücksichtigung des Consumenteninteresses beruhenden indivi=
duellen Gewerbsehre abzuhelfen, einer Reaction gegen eine Gewissensver=
wirrung, welche nicht zum kleinsten Theile auch der Stumpfheit der Con=
sumenten zuzuschreiben ist, Vorschub zu leisten.

Diese erziehende und corroborirende Kraft würden wir wesentlich
beimessen einmal der Aufstellung einer freilich durch Strafvorschriften
sicher zu stellenden Pflicht der Gewerbetreibenden zur besonderen Hin=
weisung durch Namens= oder Gestaltsbesonderheiten oder sonstige merkliche
Zeichen bei allen Abweichungen der Waare von einem Normalinhalt oder
einem Normalherstellungsact, wie solchen als dem betreffenden Waaren=
charakter eigenthümlich die Central=Untersuchungsstelle des Reichs für be=
sonders Degenerationsprozessen ausgesetzte Erzeugnisse durch Verordnungen
festzustellen hätte, sowie ferner einer Ahndung des Feilhaltens von ge=
fälschten Waaren wie von Waaren ohne den erforderlichen Surrogats=
hinweis mit geringeren Strafen auch bei Nichtwissen und zwar nicht auf
Grund des bereits jetzt vorgesehenen Schulbegriffs einer Fahrlässigkeit,
so daß die Gerichte den Nachweis eines besonderen Versehens fordern
dürften, sondern in der Weise, daß nur ein überzeugendes Darlegen des
Beschuldigten, wie er trotz Anwendung der Sorgfalt eines ordentlichen
Gewerbetreibenden die Waare für ächt erachten durfte, denselben entlastet.

Ueber die Bedeutung der Blumen.

Von

A. de Bary.

— Straßburg. —

s ist oft schwer, für eine Darstellung, wie die hier beabsichtigte, einen zugleich kurzen und bezeichnenden Titel zu finden, und ich fürchte, daß es mit dem oben stehenden nicht gelungen ist, ein Mißverständniß völlig zu vermeiden.

Berechtigte Eigenliebe und verkehrte Anschauungen, welche uns Allen anerzogen sind, haben den allverbreiteten Glauben erzeugt, Alles, was uns umgibt, sei wesentlich dazu bestimmt, dem Menschen zu dienen, oder haben uns wenigstens gewöhnt, die wesentliche Bedeutung der Dinge in ihre Beziehungen zu menschlichen Verhältnissen zu verlegen. Wenn daher von der Bedeutung der Blumen die Rede sein soll, oder wie auch hätte gesagt werden können, von ihrem Zweck, ihrem Nutzen, ihrer Bestimmung, so wird zumeist das Mißverständniß hervorgerufen sein, es sollten ihre mannich=faltigen für uns nützlichen und angenehmen Eigenschaften zur Sprache kommen, oder auch die mancherlei symbolische Bedeutung, welche diesen anmuthigen Geschöpfen beigelegt wird und welche bei Namen wie Ver=gißmeinnicht, Jelängerjelieber, Männertreue vor die Erinnerung tritt.

Solche Absicht würde gewiß Mancher tadeln, wenn er erführe, daß der Verfasser ex officio Botaniker und daher in der Lage ist, sich mit anderen, ich darf wol sagen ernsteren Fragen zu beschäftigen. Ich möchte daher auch zu meiner Rechtfertigung gleich hervorheben, daß es mir nie in den Sinn kam, hier von Beziehungen der Blumen zu menschlichen Dingen zu sprechen. Die Frage, auf welche ich die Aufmerksamkeit lenken möchte, ist vielmehr diese: was haben die Blumen zu bedeuten im Haushalte der Natur? und bei der Beantwortung derselben möchte ich eine Seite dieser Bedeutung besonders hervorheben.

Bezüglich der Gegenstände selbst, mit welchen wir uns beschäftigen wollen, ist keine Ungenauigkeit der Bezeichnung zu berichtigen. Der Ausdruck Blume ist lediglich in dem Sinne gemeint, in welchem ihn das tägliche Leben anwendet für die Blume, die glänzt, duftet und verblüht, nicht für die Blüthe, die Frucht trägt. Zwischen beiden ist ein Unterschied. Wenn man an irgend einer bekannten Pflanze, z. B. am Kirschbaume Blume und Blüthe betrachtet, so gewahrt man in der Mitte des Ganzen die runde grüne Anlage, welche zur Frucht, zur Kirsche heranzuwachsen bestimmt ist, und rings herum die Staubfäden mit den gelben Behältern, aus welchen der Blüthenstaub kommt. Das sind die Organe für die Frucht= und Samenbildung und diese nennen wir miteinander die Blüthe. Dieselben werden, wie bekannt ist, umgeben von 5 schneeweißen Blättern, welche wir die Krone und 5 kleineren grünen Blättern, welche wir Kelch nennen, den bei weitem am meisten in die Augen fallenden Theilen. Diese sind es, was wir, dem gewöhnlichen Sprachgebrauch folgend, die Blume nennen. An Frucht= und Samenbildung sind sie nicht direct betheiligt, sie sind in dieser Beziehung unwesentliche Begleiter der wesentlichen Blüthentheile. Wir können uns vorstellen, daß der Kirsch= baum recht gut ohne sie Frucht tragen könnte, und wenn das bei diesem Baume in Wirklichkeit nicht zutrifft, so kennen wir doch sehr viele Fälle, wo es in der That so ist: unsere Tannen und Fichten z. B. haben Blüthen und tragen Samen, das Getreide blüht und reift seine Frucht, sie haben aber keine Blumen; und auch der umgekehrte Fall von Blumen, die nicht zugleich als Blüthen functioniren, ist nicht selten: die schönen blauen gezackten Röhrchen der „Kornblumen" sind nur Blumen, die ver= blühen, ohne zur Samenbildung jemals gelangen zu können; die zwischen ihnen sitzenden Blüthen, welche Frucht bringen, sind so unscheinbar, daß man sie kaum beachtet, wenn man eine Kornblume pflückt.

Wenn wir die angedeuteten Erscheinungen, welche uns auf jedem Spaziergang entgegentreten, kennen, so muß die Frage entstehen, ob denn diese so mannichfaltigen Bildungen, welche wir Blumen nennen, auf deren Ausbildung die Natur anscheinend so viel Sorgfalt verwendet hat, nicht doch eine directe Bedeutung besitzen für die Pflanze, bei welcher wir sie finden; unbeschadet etwaiger weiterer, ferner liegender Nützlichkeit der= selben. Man hat sich diese Frage seit lange gestellt, die Beantwortungen lauten zu verschiedenen Zeiten sehr ungleich.

Es ist zunächst direct ersichtlich, daß die Theile, von denen wir reden, thatsächlich eine Zeit lang den Staubfäden und der Fruchtanlage Schutz gewähren gegen mögliche von außen einwirkende Schädigungen. Das weiß Jeder, der gesehen hat, wie die Blume vor dem Aufblühen als Knospe jene inneren Theile fest und dicht umschließt, und das ist auch nach dem Aufblühen noch vielfach der Fall, und in sehr mannich= faltiger Weise je nach dem Bauplane der verschiedenen Einzelfälle.

Bis zur Mitte des vorigen Jahrhunderts begnügte man sich in der
That mit der soeben angegebenen Anschauung. Man nahm dazu höchstens
noch weiter an, daß durch die Theile der Blume gewisse für die Frucht=
bildung günstige Ausscheidungen stofflicher Art bewirkt werden; und auch
hierfür hat man ja einen Anhalt in der bekannten thatsächlichen Ab=
scheidung der Zuckerlösung, welche den Honig bildet und der flüchtigen
Stoffe, welchen so viele Blumen ihren Wohlgeruch verdanken. Von
tieferer Erkenntniß der hier in Betracht kommenden Verhältnisse finden
sich bis zu jener Zeit nur schwache, mehr gelegentliche Andeutungen. Be=
stimmter werden diese durch den um die Kenntniß der Fortpflanzung der
Gewächse hochverdienten Karlsruher Botaniker Jos. Gottl. Kölreuter in
der zweiten Hälfte des 18. Jahrhunderts angedeutet. Da erschien im
Jahre 1793 ein für jene Zeit stattliches, mit fünfundzwanzig vom Ver=
fasser äußerst fleißig gezeichneten Kupferstichtafeln ausgestattetes Buch,
dessen Titel „Das entdeckte Geheimniß der Natur im Bau und
in der Befruchtung der Blumen" in der That keine Uebertreibung
enthält, da der Inhalt die ganze damalige Naturanschauung um ein gutes
Stück zu erweitern geeignet war. Der bescheiden und fast kindlich ein=
fach auftretende Verfasser war Christian Conrad Sprengel, Rector in
Spandau. Es ist bezeichnend für die damalige Zeit, daß dem Verfasser
seine Arbeiten Amtsentsetzung eintrugen, daß er fünfundzwanzig Jahre
weiter kümmerlich und von Gelehrten gemieden lebte und daß sein Buch
durch viele Jahrzehnte im besten Falle fast verächtlich behandelt wurde,
im Großen und Ganzen in Vergessenheit gerieth. Erst in den fünfziger
Jahren wurde Sprengel durch Darwin zur verdienten Anerkennung ge=
bracht. Während der letzten fünfzehn Jahre erfuhren dann, theils und
in mustergültigster Weise durch Darwin selbst, theils von zahlreichen durch
ihn angeregten Beobachtern, die bisherigen Kenntnisse eine Fülle von Er=
weiterungen. Suchen wir hier aus der Menge des Materials die Haupt=
gesichtspunkte zu gewinnen und an einigen Beispielen zu erläutern.

Es ist schon auf die bekannte Thatsache aufmerksam gemacht worden,
daß aus der Blüthe die Frucht hervorgeht, deren wesentlicher Bestand=
theil der Samen ist. Der reife Samen enthält als wesentlichsten Theil
eine wachsthumsfähige junge Pflanze, welche der Mutterpflanze gleich ist,
resp. wird: durch die Samenbildung wird die Art erhalten, fortgepflanzt.
Um die Samenbildung in der Fruchtanlage zu ermöglichen, ist es noth=
wendig, daß der Blüthenstaub, der Pollen, wie er mit dem Kunstausdruck
genannt wird, mit der Fruchtanlage in Wechselwirkung trete. Die Vor=
gänge, welche hierbei stattfinden, hier zu betrachten, würde zu weit führen.
Es genügt, auf die Thatsache aufmerksam zu machen, daß jene Wechsel=
wirkung dadurch ermöglicht werden muß, daß der Pollen auf eine be=
stimmte Stelle der Fruchtanlage gelangt, welche den Namen der Narbe
führt und gewöhnlich, wenn auch nicht immer, am Ende eines schmalen

Fortsatzes der Fruchtanlage, des Griffels sitzt. Man nennt dieses Ge=
langen des Pollens auf die Narbe ihre Bestäubung. Die Narbe hat,
um den Blüthenstaub festzuhalten, eine durch geringe Menge von aus=
geschiedener Zucker= oder Gummilösung bewirkte klebrige Oberfläche.
Sobald sie diese angenommen, ist sie für ihre Function tauglich, fertig
ausgebildet. Der Blüthenstaub besteht, wie schon der Name sagt, aus
kleinen Körnchen und jedes dieser ist eine kleine mit Eiweiß, Zucker,
Stärkemehl ꝛc. erfüllte Blase, eine Zelle von charakteristischem, hier nicht
ausführlich zu erörterndem Bau. Dieser Blüthenstaub wird gebildet in
den bekannten, von den Staubfäden getragenen meist gelben Behältern,
den Staubgefäßen, Staubbeuteln oder Antheren, und wenn er
fertig ist, verstäuben diese, d. h. sie öffnen sich und der Pollen tritt
aus ihnen aus.

Mit diesem Proceß ist er noch nicht auf die Narbe gelangt. Es
bedarf hierzu bestimmter Voraussetzungen und Einrichtungen; und da der
Pollen keine selbständige Beweglichkeit besitzt, müssen diese rein mechani=
scher Art sein.

Wenn man sich nun aus der Erinnerung an eine gewöhnliche
Blume, etwa an eine Tulpe, Hyacinthe, Primel diese Einrichtungen zu
vergegenwärtigen sucht, so erscheinen dieselben auf den ersten Blick sehr
einfach. Jeder sieht hier, daß die Antheren und die Fruchtanlage mit
ihrer Narbe dicht beisammen stehen, innerhalb einer und derselben Blume,
welche nach diesem Verhalten eine zwitterige genannt wird. Nichts
erscheint einfacher, als daß der stäubende Pollen aus den nächsten Anthe=
ren auf die Narbe gelange, und die nächsten sind die derselben Blume
angehörigen, ihre eigenen. Es galt daher auch lange als fast selbst=
verständlich, daß bei einer Zwitterblüthe auf dem angedeuteten kürzest=
Wege eine Eigenbestäubung, d. h. mit dem eigenen Pollen, stattfindet.

Es gibt andere Pflanzen, wo dieses schon auf den ersten Blick für
unmöglich erkannt wird, weil die Antheren und die Fruchtanlage nicht in
derselben Blüthe beisammen stehen, sondern zweierlei Blüthen vorhanden
sind, fruchtbildende einerseits, pollenbildende andererseits. Beide stehen
entweder auf demselben Stocke beisammen, wie bei der Eiche, Hasel,
Tanne, dem Mais, oder jede auf besonderem, wie bei Pappeln und
Weiden. Es ist klar, daß in diesen Fällen der Pollen immer aus einer
andern Blüthe auf die Narbe kommen, oder kurz ausgedrückt, statt der
Eigenbestäubung Fremdbestäubung eintreten muß.

Sieht man nun aber die Zwitterblüthen etwas näher an, so liegt
auch hier die Sache anders, als der erste Anblick zu lehren scheint. Frei=
lich nicht so ganz einfach, wie in dem letzterwähnten Falle. Es gibt zu=
nächst bei manchen Pflanzen Blüthen mit nothwendiger eigener und sicher
ausgeschlossener fremder Bestäubung; Blüthen, welche Pollen und Narbe
gleichzeitig ausbilden, beide von Anfang an in Berührung miteinander,

beide in unscheinbaren Blumen enthalten, welche nie aufblühen, sondern stets geschlossen bleiben, bis die schwellende Frucht sie sprengt. Solche Blumen kommen wol immer einer Pflanze neben offenen zu, aber zu anderer Zeit wie diese. Das nächstliegende Beispiel für sie finden wir bei dem Veilchen. Wenn für diese Pflanze die Zeit vorüber ist, wo wir ihre duftenden blauen Blumen suchen, dann beginnt erst die Periode ihres ausgiebigsten Blühens und dauert den ganzen Sommer. Es werden aber jetzt nur unscheinbare, wie verkümmerte Knöspchen aussehende Blüthen, kaum größer wie ein starker Nadelkopf, gebildet, und diesen verdanken die Veilchen den größten Theil ihrer Samen. Wesentlich das gleiche Verhalten zeigt der Sauerklee in unsern Wäldern, ähnliches manche andere Pflanzen, einheimische sowol wie fremde.

Immerhin sind aber die geschlossen bleibenden Zwitterblüthen nur relativ wenigen Pflanzenarten eigen. Die meisten Blüthen „blühen auf", um Narbe und Pollen in's Freie treten zu lassen; und das Beispiel der Veilchen zeigt, daß dies auch für einen Theil der Blüthen solcher Pflanzen gilt, bei welchen ein anderer Theil geschlossen bleibt.

Unter den Zwitterblüthen, welche sich öffnen, gibt es wiederum solche, bei welchen Eigenbestäubung sehr leicht eintreten kann und thatsächlich eintritt, indem Narbe und Blüthenstaub gleichzeitig ausgebildet werden und so gestellt und beschaffen sind, daß der leichte lockere Staub auf die nahe Narbe fallen muß bei der leisesten Bewegung, welche die Blüthe oder der Staubfaden durch Luftzug oder irgend einen Stoß erfährt. Der gewöhnliche Flachs, die Raps=, Kohlpflanzen und ihre zahlreichen Verwandten sind Beispiele dafür. — Es ist aber auf der andern Seite nicht außer Acht zu lassen, daß in jeder Blüthe, welche offen ist, auch die Möglichkeit wenigstens für eine Fremdbestäubung besteht, denn Nichts verhindert, daß zu der frei dastehenden Narbe der Pollen einer andern Blüthe zugetragen werde durch irgend eines der nachher zu nennenden Transportmittel.

Bei vielen, vielleicht bei der Mehrzahl der bekannten Zwitterblüthen aber ist das Verhältniß ein anderes. Es kann zwar wol für keine derselben in Abrede gestellt werden, daß unter bestimmten Voraussetzungen eine Eigenbestäubung zu Stande kommen kann. Diese ist aber in so hohem Grade erschwert und die Fremdbestäubung so sehr erleichtert, daß letztere thatsächlich jedenfalls überwiegend häufig, jene als Ausnahme vorkommt. Versuche haben gelehrt, daß bei so eingerichteten Blüthen der Erfolg der Fremdbestäubung, Menge und Kräftigkeit der Samenbildung, ein günstigerer ist als derjenige der Eigenbestäubung. Der Unterschied zwischen beiden ist je nach den Arten ein sehr ungleicher, kann aber soweit gehen, daß die Eigenbestäubung nicht nur völlige Unfruchtbarkeit zur Folge hat, sondern selbst als tödtliche Vergiftung auf die Blüthe einwirkt. Dies sei zum Verständniß der Sache kurz angedeutet; auf die sehr complicirten

Einzelheiten können wir hier nicht eingehen, wir kehren vielmehr zu den Einrichtungen für Fremdbestäubung zurück.

Die Erscheinungen, welche hier in Betracht kommen, sind von zweierlei Art. Beide können, müssen aber nicht combinirt sein.

Erstlich gibt es viele Blüthen, welche zwar nach der Anordnung ihrer Theile zwitterig sind, aber für die in Rede stehenden Fragen als nichtzwitterig betrachtet werden müssen. C. Sprengel hat sie Dichogame genannt. Ihre Eigenthümlichkeit besteht darin, daß die Staubgefäße einer Blüthe nicht zu gleicher Zeit mit den Narben derselben ihre Ausbildung erreichen, sondern je nach dem Einzelfalle früher oder später; derart, daß aller Blüthenstaub der Blumen entfernt ist, wenn die Narbe ihre Ausbildung in obigem Sinne erreicht, oder daß die Narbe längst abgestorben und vertrocknet ist, wenn die Antheren derselben Blume sich zur Entlassung des Blüthenstaubes öffnen. Es ist hiernach klar, daß jede solche Blume eine Zeit lang wie eine nur pollenbildende und eine andere Zeit wie eine nur fruchtbringende sich verhält. Beispiele hierfür sind unter den bekanntesten Blumen die Geranien oder Pelargonien und die Nelken. Beide haben zuerst die Eigenschaften von Staubblüthen. In der frisch geöffneten Blume der Nelke öffnen sich die in's Freie ragenden Staubgefäße alsbald, während die zwei Griffel mit den Narben noch ganz unentwickelt unten in der Blume stecken. Wenn der Blüthenstaub entfernt ist, treten die ausgebildeten Griffel aus der Blume hervor. Aehnlich, abgesehen von Formdifferenzen, ist es bei den Geranien und einer Menge anderer Pflanzen. Für den umgekehrten Fall späterer Entfaltung der Antheren als der Narben sind die Blüthen vieler Gräser und der nachher zu beschreibenden Osterluzei Beispiele.

Zweitens kennt man Zwitterblüthen, in welchen zwar Pollen und Narbe oft gleichzeitig ausgebildet, die mechanischen Verhältnisse aber derart sind, daß kein Pollen auf die Narbe derselben Blüthe gelangt. Eine sehr große Reihe von Fällen gehört hierher, so mannichfaltig nach den speciellen Bauplänen der einzelnen Blumen, daß selbst ein kurzes Eingehen auf einige Hauptkategorien, welche sich unterscheiden lassen, für den hier zugemessenen Raum zu weitläufig werden würde. Es sei daher ganz abgesehen von der als „Heterostylie" bekannten Erscheinung und nur auf die beiden Haupthindernisse, welche meist combinirt vorkommen, kurz hingewiesen. Das eine ist die Klebrigkeit des Blüthenstaubes vieler Pflanzen. Es ist zwar bekannt, daß der Pollen nicht selten im strengsten Sinne des Wortes leicht verstäubt, seine Körner sich also leicht von einander trennen, ohne irgend fester an einander zu haften. Es ist aber nicht minder erinnerlich, daß viele Blumen, wenn man an ihnen riecht, stark abfärben, und was da abfärbt und oft recht fest anhaftet, ist der klebrige Blüthenstaub. Je nach den Einzelfällen haften solche Körner entweder nur durch geringe Mengen harziger Substanz auf ihrer Außenfläche lose aneinander; oder sind durch größere Menge klebriger Körper zu weichen, manchmal zähe Fäden ziehenden Massen verbunden, wie man z. B. bei den Fuchsien sieht; oder sie sind selbst wie bei unsern Orchis-Arten zu festen, compacten Klumpen vereinigt. Es ist klar, daß nach dem verschiedenen Grade des Zusammenhaftens der Austritt aus der geöffneten Anthere und das Verstäuben in verschiedenem Maße und bis zur Unmöglichkeit erschwert sein muß.

Das andere uns hier beschäftigende mechanische Hinderniß der Eigenbestäubung liegt in der gegenseitigen Stellung der in Betracht kommenden Theile, welche thatsächlich oft so ist, daß in der sich selbst überlassenen Blume der Pollen auf die Narbe nicht gelangen kann. Denkt man sich z. B. den häufigen einfachen Fall, daß die Blume die Gestalt einer aufrecht stehenden Glocke hat, der Griffel die Narbe auf seinem Scheitel trägt und aus der Glocke herausragt, die Staubgefäße aber unten im Grunde der Glocke stehen, so wird bei einigermaßen klebrigem, schwerem Pollen dieser zwar aus der Anthere entlassen, aber sammt und sonders, als schwerer Körper, in den Grund der Blume fallen und kein Körnchen auf die Narbe kommen, wenn nicht besondere Transportmittel dafür in Thätigkeit treten. Diese sind dann aber allemal so eingerichtet, daß Eigenbestäubung nur ausnahmsweise eintritt, Fremdbestäubung die herrschende Regel wird.

Welches sind nun diese Transportmittel, durch welche der Pollen sowol zwitteriger als nichtzwitteriger Blüthen an den Ort seiner Bestimmung gefördert wird? Wir können ihrer zwei Hauptkategorien und in Beziehung auf diese zwei große Gruppen von Pflanzen unterscheiden, deren jede auf eines der Transportmittel angewiesen ist. Die eine Gruppe hat nicht klebrigen Pollen, mit trocknen, leichten Körnchen, welcher im eigentlichsten Sinne des Wortes verstäubt, sobald die Anthere geöffnet ist, und dann zum Transporte an seinen Bestimmungsort den Luftströmungen, dem Wind überlassen ist. Das Verstäuben in die Luft wird bei diesen auf den Wind angewiesenen Pflanzen meist noch durch besondere andere Einrichtungen erleichtert. Bei den einen sitzen die Staubblüthen auf dünnen Zweigen, wie bei den Tannen, oder auf dünnen, schwanken Stielen, welche durch die leiseste Bewegung in Schwingung gerathen und den Pollen ausschütteln. Jedermann hat dies gesehen an den „Kätzchen", d. h. den die Staubblüthen tragenden Zweiglein von Erlen, Haseln, Eichen. Andere haben feststehende Blüthen, aber Antheren, welche auf dünnen langen Staubfäden durch die leiseste Erschütterung stark geschüttelt werden: so viele Gräser, z. B. unsere Getreidearten. Wenn man an einem klaren Sommermorgen eine blühende Nessel oder einen blühenden Maulbeerbaum beachtet, so sieht man ruckweise fort und fort kleine Staubwölkchen aufsteigen. Diese kommen aus den Antheren der aufblühenden Blüthchen. Die Anthere sitzt auf einem

Staubfaden, welcher in der Knospe nach innen gebogen ist. Mit dem Aufblühen öffnet sich die Anthere und zugleich streckt sich der Staub-faden plötzlich gerade mit einem Ruck, durch welchen sämmtlicher Pollen auf einmal hervorgeschleudert wird. Noch eine andere Erscheinung finden wir für die auf Wind angewiesenen Pflanzen charakteristisch: die vergleichsweise kolossale Menge Pollen, welche sie bilden. Gegenüber der Thatsache, daß für die Entstehung eines Samens nur ein Pollenkorn er-fordert wird, haben allerdings wol alle Pflanzen Ueberfluß an Pollen-körnern. Bei den hier in Rede stehenden aber findet die äußerste Ver-schwendung statt, indem viel Tausend mal mehr Pollenkörner als Samen-anlagen gebildet werden. An den Haseln mit ihren wenigen, einsamigen Früchten und den Hunderten von Kätzchen, deren jedes mindestens einige Hunderttausend Pollenkörner producirt, ist das recht anschaulich zu sehen. Der Pollen, welchen der Wind aus den Tannenwäldern mitnimmt, be-deckt wol den Spiegel eines kleinen Gebirgssees als ein weithin sicht-barer gelber Ueberzug. Wäre solch reicher Ueberfluß nicht vorhanden, so könnten bei den uns beschäftigenden Pflanzen voraussichtlich nur wenige Narben ein Pollenkorn erhalten, denn der Wind führt den Pollen in der Richtung, in welcher er bläst und nimmt auf Blüthen keine Rück-sicht, er ist daher für die Bestäubung ein wenig sicheres Transportmittel. Die Unsicherheit wird aber durch die große Pollenmenge compensirt.

Einigen Wasserpflanzen dienen statt des Windes die Bewegungen des Wassers zum Pollentransport; sie sind jedoch so wenig zahlreich und die übrigen Verhältnisse den soeben besprochenen so ähnlich, daß sie hier nur kurz erwähnt seien.

Wir reden daher sogleich von der andern Kategorie von Trans-portmitteln und diese umfaßt die Menge der regelmäßig Blüthen besuchen-den Thiere. Es sind hier Angehörige sehr verschiedener Thierklassen zu nennen; von denselben seien aber die kleinen blüthenbesuchenden Vögel der heißen Länder, die Kolibri, und manche Schnecken übergangen, weil ihrer jedenfalls nicht viele und von ihrem Blüthenbesuch nur wenig Ge-naueres bekannt ist. Um so mehr Beachtung verdienen die blüthen-besuchenden Insecten.

Eine überaus große Menge dieser Thiere, besonders, wenn auch nicht ausschließlich solche aus bestimmten Abtheilungen der Käfer, der Fliegen, der Bienen, Hummeln und Schmetterlinge sieht man bestimmte Blumen regel-mäßig besuchen; theils um in denselben ihre Nahrung zu suchen: Pollen zu fressen, oder ihn zu sammeln und als Nahrung für ihre Brut heim-zutragen; oder den Honig zu saugen mit dafür eingerichteten Rüsseln; andere vielleicht nur, um in gewissen Blumen einen Schlupfwinkel zu finden; eine kleine Minderzahl endlich in Folge einer eigenthümlichen Täuschung, durch welche ihnen die Blüthe ein passender Ort für Bergung ihrer Brut erscheint.

Die in Rede stehenden Blüthen sind ein für die Bestäubung unvoll=
kommener Apparat, durch welchen diese, wenn er sich selbst überlassen ist,
nicht oder kaum zu Stande gebracht wird. Durch das besuchende Insect
wird der Apparat vervollständigt und zu einem höchst wirksamen ge=
macht, und zwar arbeitet derselbe in der Regel so, daß nicht Eigen=,
sondern Fremdbestäubung zu Stande kommt. Mit den angewendeten Aus=
drücken ist im Grunde schon gesagt, daß es sich in jedem Falle um einen
ganz bestimmten Mechanismus handelt, nicht um das, was man, wie
etwa die Windbestäubung, ein Spiel des Zufalls nennen könnte. Be=
stimmte Thiere sind jedesmal mit bestimmten Pflanzen zusammengepaßt:
das Thier von bestimmtem Körperbau und durch diesen bedingten Be=
wegungen, Gewohnheiten; die Pflanze und speciell die Blume für die
Beschaffenheit bestimmter Thiere ihrerseits eingerichtet, für andere nicht.
Einen Theil dieser Einrichtungen haben wir schon kennen gelernt. Es
sind dieselben, welche die Eigenbestäubung erschweren. Dazu kommen
andere und diese bestehen wesentlich in dem Vorhandensein der jeweiligen
Gestalt, dem Bau der Blumen. Diese sind es zunächst in den meisten
Fällen, welche den Zuckersaft, den Honig absondern, den die Thiere suchen.
Die Orte der Absonderung liegen gewöhnlich innen im Grunde der
Blume. Sie werden daher von den Theilen derselben umringt und ge=
schützt; und zwar einestheils gegen beliebige Schädigungen, wie z. B.
das Abwaschen des Honigs durch Regen; anderntheils und ganz besonders
aber vor unbefugten Bewerbern; nur ein bestimmter Körperbau gestattet
den Zugang zu denselben. Den Honig, welchen z. B. die über 2 Zoll
lange enge Blumenröhre des Geisblatts in ihrem Grunde enthält, ver=
mögen von honigsuchenden Thieren nur große Nachtfalter mit ihren langen
Rüsseln zu erreichen; andere, z. B. Bienen können dies nicht, weil ihr Rüssel
zu kurz und die Röhre zum Einkriechen des ganzen Thieres zu eng ist. Die
Blumen sind es ferner, welche den Thieren anzeigen, wo sie ihre ge=
suchte Nahrung finden; durch ihren Glanz und ihre Farben dem Auge,
durch die flüchtigen Riechstoffe dem Geruchsorgan. Der Schmetterlings=
jäger weiß, daß er den Nachtfaltern aufzulauern hat bei weißen Blumen,
welche in der Sommernacht aus dem dunkeln Laube hell vorleuchten;
und es ist bekannt, daß solche, von Nachtthieren besuchte Blumen oft
erst des Abends aufblühen oder, wie beim Geisblatt, erst mit Sonnen=
untergang stärker duften.

Vergleicht man die Einrichtung der Apparate etwas näher, so findet
man deren sehr vielerlei: fast so viele als Blüthenformen, und in ihrer
Construction die reichste Abstufung, von sehr einfachen, so zu sagen roh
construirten bis zu äußerst fein und complicirt ausgearbeiteten.

Von der ersten Kategorie sei nur ein Beispiel statt vieler genannt,
bei welchem die Wirkung des Apparats gleichsam auf eine Täuschung
der Thiere berechnet ist. Es gibt ausländische Pflanzen, deren Blumen

bei Tage geöffnet und deren Duft unliebsam von dem gewöhnlichen aus-
gezeichnet, ein intensiver Aasgeruch ist. Die Farbe dieser meist großen
Blumen ist der von rohem oder schon faulem Fleisch ähnlich; ihre
mechanischen Verhältnisse derart, daß Eigenbestäubung kaum möglich.
Honigsuchende Insecten verschmähen diese Blumen. Dagegen werden sie
von solchen Fliegen, welche ihre Brut in todte Thierkörper abzusetzen
pflegen, nicht nur begierig aufgesucht, sondern auch zum reichlichen Ab-
legen der Eier wirklich benutzt.

Indem diese Aasfliegen und ihre auskriechende Brut in der Blume
herumwühlen und den klebrigen Pollen abstreifen, indem erstere von Blume
zu Blume schwärmen, wird die Bestäubung zu Stande gebracht.

Wie Thiere den Pollen abstreifen und übertragen, das möge durch
die Betrachtung einiger feineren Einrichtungen anschaulich gemacht werden.

Die Meisten kennen wol unsere Wiesen-Salbei. Die Pflanze hat
zahlreiche, in große zusammengesetzte Trauben geordnete Blüthen mit
blauer, oben zweilippiger, unten röhriger Blumenkrone. Der Umriß
letzterer ist in nebenstehender Figur 1 in der
Seitenansicht dargestellt, und die übrigen uns
interessirenden Theile sind hineingezeichnet wie
wenn die Blume durchsichtig wäre. Die Blüthen
sind zwitterig. Ihre Narbe (n) liegt an der
Vorderfläche des untern längern Abschnittes des
Griffelendes, welches abwärts gekrümmt aus der
obern Lippe der Blume hervorsieht; sie bildet
sich erst aus, wenn das Griffelende in's Freie
getreten ist. Gleichfalls nachdem letzteres ge-
schehen, öffnen sich die zwei Staubbehälter (s), von denen das hier gezeich-
nete Profil nur einen zeigt; dieselben bleiben aber, den etwas klebrigen
Pollen festhaltend, in der eng zusammengefalteten Oberlippe eingeschlossen.
Es ist hiernach nicht möglich, daß der Pollen von selbst auf die Narbe gelangt trotz der Nähe beider. Nun sitzt jeder der beiden Staubbehälter unten
an dem äußern Ende eines langen, fadenförmigen, der Oberlippe ähnlich ge-
krümmten Trägers. Das entgegengesetzte innere Ende dieses ist flach verbrei-
tert, etwa von der Gestalt eines Löffels, es steht gerade vor dem Eingang
in den untern, röhrigen Theil der Blume, ist mit dem innern Ende des
andern Trägers fest verklebt und beide sind miteinander so gestaltet und
gestellt, daß sie jenen Eingang versperren. Jeder Träger ist ferner,
etwas hinter seiner Mitte, auf einem der Blume ansitzenden Stielchen
(p) befestigt und um den Befestigungspunkt drehbar wie ein Waage-
balken. Hebt man das innere löffelförmige Ende, so senkt sich das
äußere pollenführende und umgekehrt. Im untersten Grunde der Blumenröhre wird Honig gebildet und honigsuchende Thiere, besonders Bienen
und Hummeln, stellen diesem eifrig nach. Um ihn zu erlangen, gestattet

ihnen die Form der Blumen und ihr eigener Körperbau nur einen Weg. Um überhaupt Zugang zu der Röhre zu erhalten, müssen sie auf der Fläche der Unterlippe landen; und da ihr Rüssel nicht länger ist als die Röhre, müssen sie ihren Kopf in den Eingang derselben stecken. Sucht nun der Rüssel (in der Richtung des Pfeils) abwärts zu gelangen, so stößt er zunächst schräg an das Löffelpaar, welches den Eingang sperrt, der Stoß treibt dieses in die Höhe, die äußeren Enden der beiden dreh=baren Träger mit dem Pollen werden daher gesenkt (s¹) und zwar in dem Maße, daß sie den behaarten Rücken des Thieres treffen und den Pollen diesem ankleben. Würde nun das Thier die Bewegung zum zweiten Male machen, so müßte der an dem Rücken haftende Pollen die Narbe derselben Blume streifen und zum Theil an dieser haften bleiben. Das geschieht in der Regel nicht. Mit großer Schnelligkeit und Ge=wandtheit geht die Biene von Blume zu Blume und führt in jeder ihre Arbeit nur einmal aus; der Pollen von einer Blume kommt daher auf die Narbe der nächstbesuchten.

Andere Salbeiarten zeigen ähnliche, jedoch in Einzelheiten mannich=fach verschiedene Einrichtungen.

Als ein zweites Beispiel seien die von den beschriebenen möglichst verschiedenen, nicht minder feinen Einrichtungen bei unsern Oster=luzei (Aristolochia Clematitis) genannt. Die gelben Blumen dieser Pflanze (Fig. 2)*) stehen zu mehre=ren beisammen in Büscheln und blühen in jedem dieser nach einander, nicht gleichzeitig auf. Die gelbe, über zolllange Blume hat die Gestalt einer trichterförmigen Röhre, welche oben, an ihrem freien Ende schräg abgeschnitten, unten plötzlich zu einer runden, auf der gestielten Fruchtanlage sitzenden Blase erweitert ist. Mitten in der geräumigen Blase steht eine kurze, relativ dicke sechskantige Säule; das concave freie Ende dieser ist die Narbe (n); mitten auf jeder Seiten=fläche steht ein ovales ungestieltes Staubgefäß (s). Wenn die Blume aufblüht (a), steht sie gerade in die Höhe, die Oeffnung des Trichters nach oben. Nun kriechen kleine Mücken in den Trichter hinab bis in die blasige Erweiterung. Was sie anzieht, ist nicht genau anzugeben, da weder Honig noch ein für unsere Sinne wahrnehmbarer Duft vorhanden ist. Den Thieren ist der Ein=tritt leicht, der Austritt aus der Blase zunächst unmöglich, denn über dieser

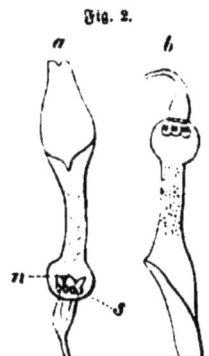

Fig. 2.

---

*) Figur 2 stellt die beiden im Texte beschriebenen successiven Zustände der Blüthe der Osterluzei dar, in natürlicher Größe und schematisch so gezeichnet, wie wenn die Blume durchsichtig wäre. Die Punkte in b sind die verschrumpften Haare.

ist die Innenfläche der Röhre besetzt mit Haaren, welche schräg nach innen und abwärts ragen bis zur Mitte, wie die Stäbe am Eingange eine Fischreuse oder Drahtmausefalle. Sie sind dicht genug gestellt und hinreichend fest, um so kleinen Thieren den Ausgang zu sperren. Wenn sich die Blume in diesem Zustande befindet, ist die Narbe ausgebildet, die Antheren aber noch geschlossen, eine Eigenbestäubung findet also auch mit Hülfe der gefangenen Thierchen nicht statt. Dann verwelkt die Narbe; nachher öffnen sich die Staubgefäße, und jetzt verschrumpfen auch die Haare in der Röhre, indem gleichzeitig der Blüthenstiel sich abwärts krümmt und die Blume entsprechend neigt (b). Die Thierchen suchen jetzt die Freiheit; in dem engen Blasenraum aber haben sie sich zuvor mit Pollen beladen, und wenn sie nun, was in der That geschieht, in eine frisch geöffnete Blüthe einwandern, gelangen sie mit diesem direct auf die klebrige Narbe und setzen ihn auf dieser ab.

Es ist bemerkenswerth, daß wesentlich die gleiche Einrichtung der Blume nicht nur bei mit unserer Osterluzei nahe verwandten Arten, sondern bei ihr fernstehenden, im Uebrigen möglichst unähnlichst tropischen Gewächsen wiederkehrt.

Beispiele wie die beschriebenen finden sich in großer Zahl sowol von Sprengel und Darwin, als auch in den neueren, besonders Hildebrand, Delpino, Hermann Müller zu verdankenden Arbeiten ausführlich dargestellt, und jeder Spaziergang oder Gartenbesuch im Sommer bietet zu ihrer Beobachtung reiche Gelegenheit. Die hier einzuhaltenden Grenzen verbieten auf weitere einzugehen, um so mehr, als die beiden besprochenen, schon von dem alten Sprengel genau dargestellten Fälle als relativ einfache bezeichnet werden können. Manche anderen Mechanismen, denen wir in noch weit höherem Maße das Prädicat sinnreich ertheilen würden, sind zu complicirt, um ohne Betrachtung des Objectes selbst in Kürze anschaulich gemacht werden zu können.

Aus dem Vorstehenden ergibt sich als Hauptleistung der Organe, welche wir im täglichen Leben Blumen nennen, für die Pflanze die Regelung des Insectenbesuchs. Es wird hieraus sofort klar, warum solche Gewächse, welche auf Windbestäubung eingerichtet sind, wie Tannen, Haseln, Eichen, Gräser u. a. m., keine Blumen im Sinne des gewöhnlichen Sprachgebrauches haben. Allerdings ist berichtigend hierzu anzugeben, daß alle Blüthen nach einem bestimmten allgemeinen Bauplane gegliedert sind, und daß auch bei den unscheinbaren Blüthchen der Haseln, Eichen, Gräser jene Theile nicht ganz fehlen, welche bei andern Pflanzen zur Blume werden. Sie bleiben hier aber kleine Blättchen, gleichsam unscheinbare Anfänge und erreichen nicht die Ausbildung, an welche wir bei jenem Worte denken.

Es ist natürlich, daß die Reihe von Erscheinungen, von welchen ich versucht habe die Hauptpunkte darzulegen, das Interesse, welches wir an den Blumen nehmen, beträchtlich steigern muß. Und zwar werden wir die mannichfaltigen Einrichtungen zunächst bewundern, oder uns über dieselben verwundern, dann aber nach einer Erklärung derselben fragen. Die letztere Frage mag etwa, ganz allgemein ausgedrückt, lauten: woher kommt es, daß sich alle diese Dinge so verhalten, welches ist die Ursache, warum dieselben so sind? Man kann nun bei dem Versuch einer Beantwortung dabei stehen bleiben, daß man jene Einrichtungen als in bestimmter Absicht, zu bestimmten Zwecken von dem Schöpfer oder von der Natur gemachte betrachtet. Es ist klar, daß hiermit der Verzicht auf eine Erklärung ausgesprochen ist, denn eine Erscheinung erklären heißt nachweisen, daß sie die Wirkung bekannter Ursachen ist, jene Anschauung aber führt auf eine unerforschliche Absicht, oder auf willkürliche „Einfälle", wie C. Sprengel sich ausdrückt, deren Ursache unbekannt ist. Daß Sprengel über diese Anschauungen nicht hinauskam, darin ist, wie H. Müller mit Recht bemerkt, der Grund für die geringe Beachtung, welche seine Arbeit lange Zeit fand, wenigstens zum Theil zu suchen.

Die so ergiebige Wiederaufnahme der Erforschung der Blumenwelt in den letzten 15 Jahren aber erhielt dadurch ihren gewaltigen Impuls, daß in die Wissenschaft eine Anschauung eingeführt wurde, die für jene Einrichtungen eine wirkliche Erklärung gibt, indem sie dieselben zurückführt auf bekannte, fortwährend in Wirkung befindliche und die gesammten Gestaltungsverhältnisse der Pflanzen- und Thierwelt unter einheitlichen Gesichtspunkten erklärende Ursachen. — Dieselbe ist gegeben durch die Theorie der Descendenz und Selection, welche nach ihrem Hauptbegründer unter dem Namen der Darwin'schen Theorie bekannt ist.

Es kann hier nicht unsere Aufgabe sein, auf den Inhalt und die Begründung dieser Theorie ausführlich einzugehen; wol aber müssen wir einige Hauptsätze derselben hervorheben, um auf ihre Beziehungen zu unserm Gegenstande aufmerksam zu machen.

Es ist allbekannt, daß die auf der Erde lebenden Pflanzen und Thiere in ihrer Gestaltung und ihrem Bau gewisse Uebereinstimmungen und Verschiedenheiten zeigen, welche an die von menschlichen Dingen her bekannten Stammes- und Familienähnlichkeiten resp. Differenzen in so schlagender Weise erinnern, daß man seit lange den Ausdruck Verwandtschaft zu ihrer Bezeichnung gebraucht hat. Es ist ferner bekannt, daß vor den jetztlebenden andere Pflanzen und Thiere die Erde bevölkert haben und daß diese zu den jetztlebenden die gleichen Beziehungen der sogenannten Verwandtschaft zeigen, wie letztere untereinander. Die versteinerten Reste derselben lehren uns, daß während der sehr großen Zeiträume, welche der Jetztzeit unserer Erde vorausgegangen sind, successive neue Formen auftraten, andere dafür ausstarben. Die Mehrzahl der in früheren Erdschichten erhaltenen ist jetzt ausgestorben, nur wenige noch am Leben.

Die Thatsachen, welche durch den Ausdruck Verwandtschaft be=
zeichnet werden, haben nun seit Anfang des Jahrhunderts die Vermuthung
begründet, es seien die heutigen Lebwesen die Nachkommen, Descen=
denten der ausgestorbenen, vorweltlichen, und was zunächst nur ver=
gleichsweise Verwandtschaft genannt wurde, sei der Ausdruck einer wirk=
lichen Blutsverwandtschaft. Eingehendere Betrachtung der Sache,
auf welche wir hier verzichten müssen, führt dann, an der Hand be=
kannter Thatsachen, auf wenige, relativ einfache Ausgangspunkte als erste
Stammeltern zurück. Was man über sie aussagen kann, bleibt zunächst
Vermuthung.

Dieser Ansicht der successiven Entstehung der verschiedenen Lebens=
formen durch Descendenz erwächst zunächst ein Einwand in der bekannten
Thatsache, welche mit dem Namen Beständigkeit der Arten bezeichnet
wird. Es ist bekannt, daß die Eigenschaften eines Thieres, einer Pflanze
erblich sind: aus dem Samen einer Nelke erwachsen wiederum Nelken,
aus den Eiern eines Sperlings wiederum Sperlinge und nichts anderes,
und die sichere Erfahrung lehrt, daß dieses so fort geht durch viele
Hunderte von Generationen und Jahren. Alle die successiven Generationen
gleicher Eigenschaften, welche auf einen Stammvater erfahrungsgemäß
zurückbezogen werden können, fassen wir unter dem Namen Art, Species
zusammen. Ebenso wie die heutigen haben auch die vorweltlichen Arten
durch lange Zeiträume bestanden, bis sie ausstarben. Nähere Betrachtung
zeigt aber sofort, daß die Beständigkeit der Arten in keinem Falle eine
absolut vollständige ist; bei keiner Art sind alle Individuen auch nur in ihren
für die gröbere Betrachtung hervortretenden Eigenschaften ganz gleich, alle
ändern ab, variiren zunächst nach den einzelnen Individuen; bei den einen,
welche für die relative Beständigkeit die Typen abgeben, ist diese Ab=
änderung gering, bei anderen im höchsten Maße vorhanden. Findet aber
einmal Abänderung überhaupt statt, so ist es gerade die Vererbung, aus
welcher sich die Entstehung neuer Arten durch Descendenz ableiten läßt,
denn durch sie gehen ja einmal abgeänderte Eigenschaften auf die Nach=
kommenschaft des Individuums über, in welchem sie sich zuerst zeigten;
successive Generationen können sich in ihren Eigenschaften von denen der
ursprünglichen Stammform und von einander successive mehr entfernen.
Allerdings kann nach den bekannten Thatsachen dieser Proceß nur sehr
langsam von Statten gehen. Allein in den uns umgebenden sowol als
in den fossilen Arten haben wir das Resultat von Veränderungen vor
uns, welche sich durch unzählbare Generationen und Jahre hindurch voll=
zogen haben. Was wir in einer kurzen Frist — und eine solche ist selbst
der im Verhältniß zur Dauer der Erdentwickelung winzige Zeitraum, über
welchen historische Ueberlieferungen vorliegen — davon überblicken, mag
zunächst anders aussehen und den Zusammenhang nicht erkennen lassen.
Wenn wir ein fertiges Kunstwerk betrachten, ist uns daran Alles glatt

9*

und rund; eine Vorstellung von der Art der langen mühevollen Arbeit und den vergeblichen Bemühungen, welche seiner Vollendung vorausgingen, erhalten wir erst, wenn wir der Frage nach seiner Entstehung sehr nahe treten, eigentlich erst dann, wenn wir versuchen, es selbst nachzumachen.

Auf Erwägungen wie die angedeuteten sind, wie schon gesagt, Ansichten von der Descendenzentwicklung der Arten seit lange begründet worden. Darwin fand sie vor und hat sie seinerseits nur in eminenter Weise tiefer und ausgedehnter begründet. Seine ganz eigene Leistung, deren Verdienst er nur mit seinem Landsmann Wallace theilt, ist aber diese, daß er für sie eine wissenschaftlich begründete Erklärung brachte, die allmähliche Entstehung und Weiterbildung der Arten zurückführte auf bestimmt nachweisbare Ursachen, von denen unzweifelhaft ist, daß ihre Wirkung fortwährend andauert und immer stattgefunden haben muß, so lange Lebewesen bestehen. Und zwar ist der ursächliche Zusammenhang, auf welchen ich hindeutete, nicht blos wahrscheinlich gemacht, sondern so zu sagen experimentell festgestellt worden, gezeigt, daß die Vorgänge in der Natur auch im Kleinen nachgemacht werden können und thatsächlich oft werden.

Die Abänderung, Variation lebender Wesen — deren Anfänge hier als gegeben betrachtet und von den hier discutirten Theorien nicht direct berührt werden — sehen wir abhängig erstens von den ererbten Eigenschaften, zweitens von den sie in verschiedenen Richtungen fördernden Eigenschaften der Umgebung, wie Nahrung, Klima, Mitbewerbern um die gleichen Vortheile u. a. m. Eine einmal entstandene Abänderung ist für das Fortbestehen in der Umgebung, wo sie entstand, entweder gleich tüchtig wie ihre Stammform, oder mehr oder weniger geeignet; sie ist, wie man es ausdrückt, den Eigenschaften der Umgebung in verschiedenem Grade angepaßt. In je höherem Maße letzteres der Fall, desto mehr wird die neue Form gedeihen und sich ausbreiten können, und letzteres geschieht auf Kosten minder günstig angepaßter, welche in gleichem Maße verdrängt werden und aussterben. Es besteht zwischen allen lebenden Geschöpfen eine Wettbewerbung, ein „Kampf um's Dasein", aus welchem die bestangepaßten Kämpfer als Sieger hervorgehen. Die ursprünglich für ihren Sieg entscheidenden Eigenschaften müssen in dem Kampfe am meisten weitergebildet werden und im Laufe langer Generationsreihen immer erheblichere Verschiedenheiten von der ursprünglichen, fortbestehenden oder vielleicht längst ausgestorbenen Stammform hervorbringen. Dieser Proceß der Erhaltung und Fortbildung der bestangepaßten, die Vertilgung der minder tüchtigen Organismen wird von Darwin die Natur-Züchtung (oder Zuchtwahl, selection) genannt, weil die Proceduren und Resultate, welche wir bei der Züchtung von Pflanzen und Thieren vornehmen, von ihm nur dadurch

verschieden sind, daß ihr Gang durch bestimmte menschliche Zwecke vorgeschrieben wird, denen die Thiere oder Pflanzen dienen sollen. Ein
Blumenzüchter säet eine Sommerblume aus und bemerkt unter den Säm-
lingen eine durch Farbe, Form, Duft besonders begehrenswerthe Abänderung. Er nimmt, um sie zu erhalten, ihren Samen und verwirft
den der anderen; die neuen Sämlinge erben die erwünschten Eigenschaften
in verschiedenem Maße, von ihnen werden wiederum die „besten" zur
Nachzucht genommen und so successive weiter, bis die neue Form constant
genug geworden ist, um mit Vortheil in den Handel gebracht zu werden.
Von zahlreichen Culturpflanzen, die wir jährlich sicher aus Samen erziehen, kennt man solche Entstehung; um nur ein Beispiel aus der
Blumenwelt zu nennen, sei die erst jüngst durch Kerner aufgeklärte Geschichte der Aurikel erwähnt, deren tausend Farben und Formen ungefähr
vom Jahre 1600 an erzogen wurden aus einer von den Alpen um Innsbruck stammenden Pflanze, von welcher selbst wir die Herkunft genau
genug kennen, um nöthigenfalls im Stande zu sein, sie nachzumachen. —
Für Zuchtthiere gilt nicht nur durchaus Entsprechendes, sondern wir
haben von ihnen weit reichere und sichere Kenntniß als von den Culturpflanzen.

Es ist klar, daß das Verfahren bei der absichtlichen Züchtung ein
relativ einfaches ist, denn der Züchter verfolgt einen bestimmten Gang,
um einen bestimmten Zweck zu erreichen, und hat es in der Hand,
Störungen und Ablenkungen von diesem fern zu halten. Bei der Natur-
züchtung dagegen ist das Resultat abhängig von einer großen Zahl unaufhörlich zusammenwirkender Ursachen, von mitbewerbenden Freunden und
lauernden Feinden der verschiedensten Grade, auch wenn man von den
allgemeinsten Lebensbedingungen, von Klima und Boden ganz absieht. Es
ist wiederum ein Hauptverdienst Darwins, welches ihm auch seine Gegner
nicht streitig machen können, aufmerksam gemacht zu haben auf die lange
Kette von Factoren, von denen der Erfolg des Kampfes um's Dasein in
jedem einzelnen Falle abhängig ist. Es mag gestattet sein, zur Ver-
anschaulichung das Beispiel hier zu wiederholen von der Beziehung
zwischen dem Gedeihen des rothen Klee und den Katzen. Der Klee bedarf
zur Samenbildung der Bestäubung durch Beihülfe von Hummeln, diese
haben einen ihrer mächtigsten Feinde in den Feldmäusen, welche die
Hummelnester und ihre Brut zerstören. Die Zahl der Mäuse findet aber
in den Katzen ihr bekanntes Gegengewicht und nach Untersuchungen in
England sind die zahlreichsten Nester von Hummeln in der Nähe der Dörfer,
wo die Katzen ihre Jagd halten. Eine Vertilgung der Katzen würde
daher, in den besagten Verhältnissen, der Samenbildung jener Pflanze
nachtheilig werden müssen. Allerdings muß hinzugefügt werden, daß die
Sache nicht ganz so einfach liegt, denn auch Bienenarten bewirken die
Bestäubung des Klees und der Hummel stellen weit mehr Feinde nach

als nur die Mäuse; alle diese und auch die der Bienen müßten also in Rechnung gezogen werden.

Die Lehre von der successiven Entstehung der Formen lebender Wesen durch Variation, Vererbung und Anpassung ist wesentlich auf anderem Wege begründet worden als durch die Untersuchung der Blumen und ihrer Einrichtungen. Kennen wir jene aber, so ist einleuchtend, daß letztere durch sie ihre volle Erklärung finden und daß andererseits die Erscheinungen, welche wir Anpassung nennen, kaum irgendwo anschaulicher hervortreten. Wie die Blumen in der Wechselbeziehung der Pflanzen mit ihrer Umgebung, insonderheit mit der Insectenwelt successive entstanden sind, davon können wir uns eine Vorstellung machen, wenn wir von der schon erwähnten Thatsache ausgehen, daß ihre Anfänge oder Anlagen allen blüthen= oder samenbildenden Pflanzen ihrem Bauplan nach erblich eigene sind. Die Vergleichung nebeneinander vorhandener Arten zeigt uns so= dann die Ausbildung dieser Anlagen nach den verschiedensten Richtungen, zu Apparaten der einfachsten Einrichtung bis zu den feinst complicirten. Und die bei absichtlicher Züchtung gemachten Erfahrungen begründen die An= schauung, daß ähnliche stufenweise Verschiedenheiten, wie wir sie bei ver= wandten Formen nebeneinander finden, bei den Nachkommen irgend einer anderen auch in successiven Generationen nacheinander aufgetreten sind. Anfangs leichte erste Abänderungen der ererbten Anlagen regten bestimmte Insecten zum Besuche an und vererbten sich und bildeten sich weiter aus in den Nachkommen der jedesmal durch diese Insecten bestäubten Blumen, so daß in den successiven Generationen eine immer vollkommenere gegen= seitige Anpassung zwischen Thier und Blume eintrat.

Nach den vorhandenen Kenntnissen von der Vegetation früherer Erd= perioden kann mit ziemlicher Bestimmtheit ausgesagt werden, daß die Ein= richtung der insectenbesuchten Blumen größtentheils relativ jungen, neuen Datums ist; denn nicht nur die ältesten, sondern bei weitem die meisten be= kannten vorweltlichen blüthenbildenden Pflanzen überhaupt haben nur un= scheinbare, auf Windbestäubung eingerichtete Blüthen; Blumen werden erst in den späteren Perioden der Vorwelt und in der Jetztwelt häufiger. Es ist hierin unzweifelhaft ein Fortschritt in der Ausbildung der blüthen= und samentragenden Vegetation zu erkennen, eine Weiterbildung der ursprünglichen Anlagen zu immer reicherer und mannichfaltigerer Gliederung. Ob dieser Fortschritt für das Bestehen der Arten, welche ihn am meisten zeigen, von dauerndem Nutzen sei, kann bezweifelt werden, denn die Bil= dung der Samen, welche das Fortbestehen einer Art zunächst sichert, kann um so leichter gestört oder verhindert werden, je einseitiger sie von be= stimmten Thierarten abhängt. Wir sehen das bei einer Menge aus= ländischer in unsern Gärten cultivirter Gewächse, welche ohne menschliche Kunsthülfe nie Samen bilden, aus keinem andern Grunde, als weil be= stimmte, ihre Bestäubung vermittelnde Insecten, welchen sie angepaßt sind, fehlen. Arten, welche für Windbestäubung oder für den Besuch vieler Thierarten günstig eingerichtet sind, befinden sich im Kampfe um's Dasein jenen andern gegenüber im Vortheil.

Diese Andeutung mag zeigen, wie mancherlei Fragen sich an die betrachteten Dinge noch anknüpfen. Wir sind damit zu der Hauptfrage, von welcher wir ausgingen, zurückgekehrt. Dieselbe weiter zu verfolgen, gestattet der zugemessene Raum nicht. Möge es hier nur gelungen sein, in Kürze aufmerksam zu machen auf die Bedeutung, welche die Blumen haben in dem Naturleben, welches uns derzeit überall umgibt, und in der reichgegliederten Kette von Erscheinungen, unter welchen die Gesammtheit der lebenden Wesen auf unserer Erde sich entwickelt hat und weiterer Entwicklung zustrebt.

Verlag von Georg Stilke in Berlin, NW., 32. Louisenstraße.
Redigirt unter Verantwortlichkeit des Verlegers.
Druck von B. G. Teubner in Leipzig.

Unberechtigter Nachdruck aus dem Inhalt dieser Zeitschrift untersagt. Uebersetzungsrecht vorbehalten.

KÜNSTLER-
FESTSPIELE

VON

JULIUS LOHMEYER.

ALBRECHT DÜRER. DIE MALERHÖLLE.
TIZIANO VECELLIO.

MIT TITEL- UND ORNAMENTZEICHNUNGEN

VON

LUDW.
BURGER.

Georg Stilke   Berlin. 1878.

7 Bogen, elegant cart. Ausstattung von „Nord und Süd".

Druck von B. G. Teubner in Leipzig.

Band 5. — Heft 14.

Nord und Süd.

Eine Deutsche Monatsschrift

Mai 1878.

Berlin.
Georg Stilke.

Mai 1878.

Inhalt.

Hierzu das Porträt Berthold Auerbach's, gestochen von Hans Meyer in Berlin.

„Nord und Süd" erscheint am Anfang jedes Monats in Heften von 8—10 Bogen Lex.-8.
— Preis pro Quartal 5 Mark. —
Alle Buchhandlungen und Postanstalten nehmen Bestellungen an.

Nord und Süd.

Eine deutsche Monatsschrift.

Herausgegeben

von

Paul Lindau.

V. Band. — Mai 1878. — 14. Heft.

(Mit einem Porträt in Radirung: Berthold Auerbach.)

Berlin.

Verlag von Georg Stilke.

NW. 32. Louisenstraße.

Der Sohn des Käthchen von Heilbronn.

Erzählung

von

Berthold Auerbach.

— Berlin. —

Das Schauspiel war zu Ende, in der Prosceniumsloge erhoben sich drei Männer; sie hielten zusammen im Gedränge auf Treppe und Flur, wo man unter den das Theater Verlassenden kurze Gespräche hörte.

„Wie war's?" fragte ein Mann, der seine Frau abholte.

„Sehr hübsch! Ich habe mich sehr gut amüsirt."

„Du scheinst ja geweint zu haben?"

„Die Adolphi spielte tief ergreifend."

Zwei Frauen besprachen mit einander die geschmackvollen verschiedenen Anzüge der Adolphi.

Die drei Genossen standen unter der Vorhalle. Friedrich von Büdes=
heim rief mit heller Tenorstimme nach seinem Wagen; er fuhr vor, die drei Genossen setzten sich ein, der Kutscher wußte, wohin er zu fahren hatte.

Der Gummibezug der Räder hätte wohl gestattet, ein Gespräch zu führen, aber es war unverbrüchliche Bestimmung, daß man erst beim Abendessen die Eindrücke und Ansichten austausche.

Friedrich von Büdesheim war ein Mann von guter Bildung, wenn er auch oft darüber klagte, daß sein Bildungsgang unterbrochen worden sei. Er nannte sich bisweilen einen Abonnenten im Kampfspiele des Daseins, das er, ohne persönliche Betheiligung, sich mit gelassener Ruhe betrachte. In seiner Jugend hatte er studiren wollen, mußte aber die Fabrik seines Vaters übernehmen, die ihm indeß in der Gründungszeit zu einem guten Preise abgekauft wurde. Nunmehr lebte er in ungebundener Weise von

Essen und Trinken, von Lectüre und Theater und hatte seine besondere Lust
daran, es minder begüterten Genossen behaglich zu machen. Sein Wagen,
seine Bücher, sein Tisch, seine Loge im Theater standen guten Gesellen
immer bereit. Er war ein Mann von Urtheil und Geschmack und dabei von
überaus läßlicher Gesinnung, die auf einer gewissen besonderen Dankbarkeit beruhte. Er war Jedem, der etwas leistete und darstellte, dankbar.
„Das ist doch etwas, das ist viel," sagte er, auch bei dem Unzulänglichen.
Die Menschen waren ja so emsig, sie malten Bilder, schrieben Bücher
und Dramen, um ihn zu vergnügen. Außerdem wußte er aus dem Umgange mit Künstlern und Künstlerinnen — und er betonte das gerne mit
einem seltsamen Gesichtsausdruck — wie viel mühsame Arbeit in dem
stecke, was man so leicht und obenhin bekrittelt.

Herrn von Büdesheim gegenüber saß ein schlanker junger Mann
von elegischem Gesichtsausdrucke, den man scherzweise den Epigonen oder
auch Fäustle nannte. Er hatte hervorragende dichterische und kritische
Begabung, aber auch in dieser Natur war etwas Gebrochenes. Allem
Alltäglichen, allem Kleinlichen gegenüber widerstrebend und ablehnend,
hatte er das Verlangen, große, streng bemessene Dichtwerke zu schaffen,
und in Plänen, in Vorsätzen und großen Aufgaben war Niemand reicher
als er; in der Ausführung aber stockte er beständig, denn er glaubte,
noch viel Höheres und Mächtigeres zu können und zu müssen, und so
unterblieb, was er eigentlich vermochte. In der ersten Jugend hatte
er einmal gesagt: Nur einen neuen Faust darf ich schreiben, nichts Ge-
ringeres. Daher hatte er den Namen „Fäustle" bekommen, den allerdings
nur Altvertraute ihm noch geben durften. Die Selbstkritik hatte ihm
auch eine große Selbstbeherrschung gegeben, Niemand bemerkte, daß er
eigentlich unzufrieden mit der Welt war, die sich an den flüchtigen
Tageserscheinungen vergnügte und nicht mit seinen ungeschriebenen Werken
sich befriedigt fühlte. Vorläufig war er Lehrer der deutschen Sprache
und Literaturgeschichte an einer sogenannten höheren Töchterschule und
ward das Ideal aller seiner Schülerinnen von der Confirmation bis zur
Verlobung.

Von den hier Vereinten wurde er oft der Epigone genannt, und bei
diesem Namen sei er auch hier bezeichnet; denn er behauptete: wir Neueren
könnten nichts mehr gestalten, was der Mühe werth sei und länger als
eine Saison lebe.

Der Dritte war ein Professor der Philologie, der aber von seinen
Berufsgenossen als Ketzer, ja, was noch schlimmer, als Dilettant und
Belletrist sich ansehen lassen mußte; denn er war der Ansicht, daß nicht
nur Plautus und Terenz genauere Beachtung verdienten, sondern auch
Hinz und Kunz der heutigen Zeit mit ihren Hervorbringungen. Ein
College, der ihn einmal darüber ausspottete, mußte das Wort von ihm
hören: Ihr Hochgelahrten, ihr haltet den ausgestopften Vogel im natur-

historischen Museum für den allein wirklichen Vogel; ich aber glaube, daß der warmblütig bewegte, der fliegende Vogel der wirkliche ist.

In dem Wagen fuhren die drei Genossen geraume Zeit still dahin. Der Epigone aber konnte sich nicht enthalten schon jetzt zu sagen: „Das hat doch ein ächter Dichter gemacht! Und wäre nur die eine Stelle, die stammt aus einer wirklichen Dichterseele. Wie sich die beiden Eheleute zum ersten Mal zanken, und wie der Ehemann sagt: »Sind das unsere Stimmen, die so mit einander reden?« Dieser aus der Tiefe kommende Anruf, der wie ein naiver Naturlaut auftönt und doch aus künstlerischem Bewußtsein hervorbringt, dieses plötzliche Sichbesinnen, dieses wie traumhaft Verwandelt= und Versetztsein, mit einem Wort dieses Außersichfinden, vor sich selbst Erschrecken, das ist ein Accord aus einer volltönenden Dichterseele, ein Strahl aus einem sonnenhaften Dichterauge."

„Es freut mich, daß gerade Sie das sagen," entgegnete Büdesheim. „Die kritiksüchtige Genußlosigkeit unserer Zeit ist undankbar gegen die productiven Geister, die Gutes schaffen, wenn es auch nicht das Beste und Höchste ist."

Man kam beim Gasthofe an, und als man durch den großen Saal nach dem von Büdesheim bestellten kleinen Zimmer gehen wollte, begegnete ihnen ein hochgewachsener Mann in Hauptmanns=Uniform. Der Professor, der ein ehemaliger Schulkamerad des ernst drein blickenden Officiers war, sagte zutraulich: „Es freut mich, Dich einmal wieder zu sehen. Bist Du allein, Curt?"

„Ja!"

„Willst Du Dich uns anschließen?"

Der Officier nickte und so gingen die vier in das behagliche kleine Zimmer. Der Professor war aber doch etwas befangen; denn er wußte, welch ein bitteres Geschick das Gemüth des Hauptmanns bedrückte, und es konnte eben heute Verletzendes oder doch neu Aufregendes im Gespräche sich kundgeben.

Hauptmann Curt, ein wissenschaftlich hochgebildeter Mann, liebte eine Schauspielerin und wollte sie zur Gattin nehmen, aber sie hätte ihren Kunstberuf aufgeben müssen; hierfür waren aber die ökonomischen Verhältnisse Beider unzulänglich, und so standen sie im Kampfe um Resignation, der den Hauptmann vereinsamte und verdüsterte. Die beiden anderen Genossen schienen nichts von diesem Vorkommniß zu wissen, denn sie kannten den Hauptmann nur oberflächlich.

Die Cigarren wurden angezündet, natürlich spendete Büdesheim dieselben, mit dem Hinzufügen, daß sie ächtes Kraut und von der jüngsten Ernte seien.

„Die Herren kommen wol aus dem Theater?" fragte der Hauptmann.

„Ja!" entgegnete der Professor

„Und was wurde gegeben?"

„Ein neues Komödiantenstück," fügte der Epigone hinzu.

Der Hauptmann setzte seine Cigarre nochmals in Brand, nur der Professor sah, wie er bis in die Stirnhaare hinein roth wurde.

„Ich muß sagen," setzte Büdesheim lustig hinzu, „wenn man eine solche Künstlerin, wie die Adolphi, zur Frau hat, dann muß man sie bei ihrer Kunst lassen. Sie ihrem Berufe entziehen wäre ein Raub, ein Verbrechen an der Kunst. Freilich aber auch, eine solche Frau zu heirathen, ist ein Wagestück, und es ist nicht Jedermanns Geschmack, seine Frau auf dem Theater geliebkost oder tragisch gequält zu sehen."

Der Hauptmann stieß schnellere Rauchwollen aus, aber mit ruhiger Stimme fragte er: „Was war denn der Inhalt des neuen Stückes?"

„Ich finde es ungerecht," nahm der Professor das Wort, er schien offenbar in Verlegenheit, „wenn man aus einem Dichtwerke das Schema auszieht; man muß zu viel zerstören. Allerdings ist jede Dichtung in sich hinfällig, von der man nicht kurzweg und nackt den wesentlichen Inhalt und vor Allem den Drehpunkt der Handlung erzählen kann. Es bleibt freilich immerhin, als ob man ein reich instrumentirtes, ein harmonisch zusammengestimmtes Musikwerk nachpfeifen wollte; die Instrumentation fehlt."

Er hielt inne und hätte gern den Genossen gesagt, wie unzuträglich es sei, jetzt gerade dieses Thema abzuhandeln; aber er sah wieder die ruhig gefaßte Miene des Hauptmanns und ließ den Epigonen gewähren, der mit klangvoller, warmherziger Stimme und nicht ohne wohlbemessene Betonungen sagte:

„Ich möchte doch dem Herrn Hauptmann kurz erzählen: Eine liebenswürdige, naturvolle Schauspielerin gibt einem edlen, kunstbegeisterten Baron, nachdem sie an viele Andere Körbe ausgetheilt hat, eben in dem Moment ihr Jawort, wo sie in der niedrigsten Weise von einem — glücklicher Weise nicht auf der Bühne erscheinenden — Recensenten öffentlich verleumdet wurde und von ihren Vorgesetzten eine Zurücksetzung erfährt. Sie heirathet und lebt nun auf dem Gute des Barons; die ehemaligen Berufsgenossen ziehen singend und in toller Lustigkeit vorüber, sie verläßt ihr Schloß und schließt sich den Genossen wieder an, spielt in einem neuen Stücke, das Aehnlichkeit mit ihrer Situation hat, und der Baron, der eben seine Frau nur für sich allein haben wollte, wird bekehrt und willigt schließlich ein, daß sie seine Frau und Schauspielerin zugleich sei."

„Da sehen Sie," fiel Büdesheim ein, „wie ungerecht man wird, wenn man die mit so viel Lustigem und so viel Rührendem, mit so viel ächten Naturlauten ausgestattete Fabel so dürr herausschält."

„Wunderlich!" fügte der Professor hinzu, „alle Personen dieses Stückes, die großen und kleinen Schauspieler und Schauspielerinnen, die da auf-

treten, sind so wahr, so lebensvoll physiognomisch, und die Fabel, vor
Allem die Schlußwendung scheint mir verfehlt. Ich erwartete einen schnur=
stracks entgegengesetzten Schluß. Pereat ars, fiat mundus. Nicht der brave,
edelsinnige Mann, die Schauspielerin mußte bekehrt werden. Nun aber
wird der Baron der Mann seiner Frau, der Gatte einer berühmten Schau=
spielerin; er wird sich mit den Recensenten gut stellen, irgend ein un=
würdiges Subject zu einer Ehrenerklärung oder zu einem Duell bringen
müssen, und dafür hat er das Vergnügen, seine Frau in doppeltem Sinne
beklatscht zu sehen."

„Mich als Epikuräer," wandte Büdesheim ein (er ärgerte sich, wenn
man ihn so nannte, weil er es wirklich war), „mich als Epikuräer würde
es reizen, meine Frau — wenn ich mir ein weibliches Wesen als un=
abtrennlich von mir denken könnte — in verschiedenen Gestalten und
Kostümen zu sehen; aber freilich, ich könnte es nicht verwinden, Schmink=
topfträger zu sein."

„Schminktopfträger! Woher haben Sie das Wort?" fragte der
Professor mit ungewöhnlich bewegter Stimme.

Dem Hauptmann war die Cigarre entfallen, er hob sie auf. Nie=
mand konnte die Betroffenheit in seinen Mienen wahrnehmen.

„Woher haben Sie das Wort?" fragte der Professor noch einmal.

„Ich weiß nicht," entgegnete Büdesheim, „vielleicht habe ich es ein=
mal gehört, vielleicht auch habe ich es jetzt erst gebildet."

Nun trat eine Pause ein, der Hauptmann und der Professor wechselten
bedeutsame Blicke. Der Epigone, der nichts davon merkte, legte sich in
seinen Lehnsessel zurück und sprach in lehrhaftem Tone:

„Was sollen uns Existenzen, die, ich möchte sagen, nicht im all=
gemeinen Sonnenlicht stehen, sondern eine eigene künstliche Beleuchtung,
das jetzt theatergebräuchliche elektrische Licht verlangen? Was soll uns
überhaupt die künstliche Kunst, diese gemalten Maler=Ateliers, diese
gespielten Schauspieler? Dieses Künstlerpathos ist nicht nur ein künst=
liches, auch ein Stück Byzantinismus und Unfruchtbarkeit ist in diesen
Producten. Holt euch ein Stück frisches Leben und sucht es zu fassen
und zu formen. Was die Kunst darstellt, muß aus dem wirklichen Leben
genommen sein und am wirklichen Treiben sich messen lassen. Ich kann
aus vielfacher Erfahrung sagen: unsere heutige Jugend liest nur mit Wider=
streben Goethes Wilhelm Meister oder liest ihn gar nicht. Lust und Leid
des Komödiantenthums bewegt heutigen Tages die Gemüther nicht mehr.
Und nun gar Schauspieler als handelnde Personen vor unseren Augen, die
Rückseite, das Leben hinter den Coulissen für uns herumrücken — es ist
Unnatur und sinnverwirrend zugleich. Jedes Wort hat, wenn ich so sagen
darf, einen schielenden Ton; der Zuschauer muß sich an's Schielen, nicht
nur im Sehen, sondern auch im Hören, gewöhnen. Jeder Zuschauer ist da

ein Stück doppelten Publikums, des fingirten und des wirklichen. Der Spielende ist zugleich der Gespielte, bald müssen wir ihn uns mit der Schminke auf den Backen denken, bald davon befreit. Was verlangt ein Dichter, der einen Schauspieler zum Helden macht, vom Zuhörer und Zuschauer? Drei Empfindungsorchester oder auch Melodien spielen durch einander. Der Mann da draußen heißt als Schauspieler unserer Stadt Herr Müller, als Schauspieler im vorgeführten Stücke heißt er Schulze, und in dem Stück, in welchem er auf's Stichwort hinaus muß, spielt er die Rolle des Herrn Fischer."

Der Epigone hatte laut und heftig gesprochen, jetzt hielt er inne und mit einem liebenswürdigen Lächeln sagte er: „Ich sehe Ihnen an, Herr Hauptmann, Sie wollten etwas fragen."

Der Hauptmann war betroffen, aber wiederum in schneller Fassung sagte er: „Allerdings. Ich wollte fragen, warum sich nicht der Schau=spielerberuf ebenso gut zur dichterischen Darstellung eignen sollte, wie der des Musikers, des Malers, des Professors? oder schließen Sie auch diese aus? Was bliebe Ihnen dann? Beamte, Kaufleute, Soldaten, Handwerker, höhere und niedere Bauern."

„Ich glaube," trat der Professor für den Epigonen ein, „ich glaube, unser Freund will nur das ausschließen, was ein Pathos, eine Span=nung der Nerven voraussetzt, die nicht aus der allgemeinen Menschen=natur heraus sich auf die Zuschauer überträgt, etwas psychologisch Aristo=kratisches mit eximirtem Gerichtstand; die Zuschauer dürfen nicht erst durch allerlei Zuthaten und Reizmittel das Gruseln lernen. Das Gruseln muß sich naturgemäß von selber einstellen, indem jeder Zuschauer sich in die Seele des Handelnden, des Leidenden und Kämpfenden versetzt sieht. Hier aber sagt oder empfindet er doch leicht: das geht dich da draußen an, mich nicht. Ich glaube, unser Freund wollte auch nur sagen, der Accent muß auf dem Allen erkennbaren, allgemein Menschlichen liegen, nicht auf der Besonderheit eines Berufes. Ein Krieger, ein Seefahrer, ein Staatsmann, ein Fabrikant sind dichterische Objecte, wenn durch das berufliche Kostüm die allgemein menschliche Gestalt, und hier vor Allem die Psyche, in ihren Regungen und Bewegungen erkennbar ist."

„Ja," fügte der Epigone wieder an, „ein Hauptmoment ist doch noch allgemein gültig. Die Jungfrau von Orleans muß sterben, nach=dem sie rauschenden Kriegsruhm und Verehrung als Wundererscheinung genossen. Soll sie wieder Hirtin werden, oder soll sie irgend einen Cavalier am Hofe heirathen? Sie muß sterben. Wie soll das Excentrische wieder concentrisch werden? Schon eine Schlupfwespe, die aus der Ver=puppung ausgeflogen ist, kann nicht mehr in dieselbe zurück, sie hat zu viel Luft eingesogen, die Verpuppung ist ihr nun zu eng. Eine Schau=spielerin, an Huldigungen und öffentliche Bethätigung, an den Genuß des rauschenden Beifalls gewöhnt, daß tausend Augen glänzen, tausend Hände sich regen, kann sich nicht im engen Pflichtenkreise einfriedigen und ausleben. Dieses Moment dichterisch auszugestalten, wäre eine schöne und wohl anzuerkennende Aufgabe. Der hier concret gewordene Conflict stammt aus dem Centrum, ich möchte sagen aus der Centralsonne des höchsten und ewigen Conflicts, den wir als Kampf zwischen Freiheit und Nothwendigkeit, oder näher, zwischen individueller Naturbestimmung und socialer Gebundenheit bezeichnen dürfen. Das Absolute und das Bedingte, das Ewige und das Zeitliche geräth in Reibung und drängt zum philo=sophischen oder dichterischen Austrag. Dieses Centrale bricht dann in verschiedenen Strahlungen auseinander, wird Kampf zwischen Genie und bürgerlicher Bescheidung, zwischen Naturtrotz und bezwungener Demuth, zwischen Dämonischem, Märchenhaftem mit Nüchternem und Alltäglichem. Beide in sich berechtigte Gewalten dichterisch zu balanciren und durch That=sachen und typische Figuren zu bemaskiren oder vielmehr die Naturgewalten zur elektrischen Entladung bringen, das könnte auch in dieser Sphäre eine hohe dichterische Aufgabe sein. Hier sind verknotete Kreuzgewebe, hier sind Grenzstreitigkeiten des Gewissens, und es fragt sich, ob die Herbheit der Tragik nicht geschmeidigt, die Härte nicht löslich gemacht werden kann. Den Kunstberuf der Künstlerin dem bürgerlichen Beruf des Mannes entgegenzustellen, der heiligen Natur die profane Gesellschaft, hier die Lösung suchen, das wär's; oder noch mehr: die Collision der Pflichten, der Conflict zweier durch Bande der Natur unlöslich verknüpfter Menschen ist dichterisch ausgiebig, noch ausgiebiger aber, wenn die kämpfenden zwei Naturen in einem einzigen Menschen eingeschlossen sind, wie hier die Künstlerin und die Gattin, das bürgerlich familienhafte Element und das künstlerisch excentrische. Denn Gott Apollo ist ebenso gut wie der alte Gott Jehovah ein eifersüchtiger Gott und befiehlt: Du sollst keinen an=dern Gott neben mir haben."

Der Epigone hatte sehr heftig gesprochen, der Hauptmann ihm mit offenbar gewaltsamer Ruhe zugehört. Geraume Zeit herrschte Stille in dem behaglichen Gemach. Büdesheim nahm endlich das Wort und sagte: „Unser Freund hat einem zukünftigen Dichter wieder eine hohe Aufgabe gestellt. Ich meinerseits möchte diesem Dichter der Zukunft einen kleinen Beitrag geben. — Ich kannte eine Sängerin, die sich im Zenith ihres Ruhmes von der Bühne getrennt hatte; sie fand erst Ruhe, als sie Pietistin wurde und sich immerdar mit ihrem Seelenheil beschäftigen konnte. Sie that das für sich und die Ihren mit einem Eifer, der eine wundersame kleine Geschichte zur Folge hatte. Sie hatte einen Sohn von fünf Jahren, für welchen sie gerne einen Kameraden wünschte. Man brachte ihr einen wohl= und feinerzogenen, gleichalterigen Knaben aus der Nachbarschaft. Eines Tages kommt das Nachbarskind nach Hause, und der Vater fragt: Nun, wie war's? Da antwortete das Nachbarskind: Der Werner hat mir ganz stolz gesagt: Bist Du auch ein Sünder? Ich bin ein Sünder, mein Vater ist auch ein Sünder, meine Mutter ist auch eine Sünderin, wir alle sind Sünder, wir alle; bist Du auch ein Sünder? — Das Sängerinkind war ganz stolz darauf, ein Sünder zu sein."

Mit dieser zu allgemeiner Befreiung und Heiterkeit vorgetragenen Anekdote wendete sich das Gespräch, und man schickte sich endlich zur Heimkehr an.

Auf der Straße bot Büdesheim den Freunden an, sie nach Haus zu fahren, aber der Hauptmann sagte, er möchte mit dem Herrn Professor zu Fuß gehen, und so fuhren die Anderen und die Beiden gingen mit einander.

Mit zögerndem Tone fragte der Hauptmann den Professor: „Deine Freunde hatten gewiß keine Ahnung davon, wie mich das Alles berühren mußte?"

„Gewiß nicht, denn es sind Männer von Takt."

Geraume Zeit gingen die Beiden still dahin; endlich sagte der Hauptmann: „Ich war oft daran, Dich zum Schiedsrichter zwischen mir selbst zu machen oder doch Dich zu berathen, aber ich sehe, daß mir Niemand rathen kann. Ein Jeder wird da zum Prometheus, der das Schwere in sich allein vollführen und schlichten muß."

Mit offenbarer Behutsamkeit im Tone und in der Wortgebung erwiderte der Professor:

„Ich habe viel über Dich und Deine Lage gedacht. Es könnte als Tyrannei erscheinen, daß Dein Beruf die fernere künstlerische Thätigkeit Deiner Frau ausschließt. Aber die Geschlossenheit Deines Standes mit seinem corporativen Geiste, mit seinem Einanderhalten in Reih und Glied, das bedingt eben die Unzuträglichkeit, und ein Ausscheiden aus Deinem Berufe . . ."

„Würde mein ganzes Dasein in Frage stellen," fiel der Hauptmann rasch ein. „Was könnte ich dann noch sein? — Das Wort ›Schminktopfträger‹ hat Dich auch erschreckt, ich sah es, um meinetwillen."

„Nicht blos um Deinetwillen. Komm mit nach Hause, ich will Dir den Beweis geben, und Du wirst mit mir staunen."

Im Hause des Professors, wo man leise auftrat, um die Frau und die Kinder nicht im Schlafe zu stören, führte der Professor den Freund in seine Studirstube, zündete dort eine Lampe an, suchte in einem verborgenen Schubfache nach einem Manuscript und sagte: „Das sollst Du lesen. Ich bedauere nur, daß Du nicht die wohlklingende, tief zum Herzen dringende Stimme hören kannst, mit der die edle, herrliche Frau in hohem Alter mir diese Geschichte dictirte. Du sollst sie lesen, Du wirst finden, daß das seltsame Wort von Büdesheim hier auch eine Rolle spielt. Lies! Ich habe unterdeß noch etwas zu schreiben."

Der Professor übergab dem Hauptmann ein kleines Heft, dann setzte er sich an einen andern Tisch, und der Hauptmann las:

„Ich bin ein Theaterkind, nicht eigentlich Kind von Schauspielern, aber von früh an hörte ich immer vom Theater sprechen und wie wir davon lebten. Mein Vater war Mitglied der fürstlichen Hoskapelle, er war ein still zufriedener und immer bescheidener Mann. Er brachte es sein Leben lang nicht weiter als zum zweiten Geiger, und ich glaube, er wollte es auch nie weiter bringen. Auch im Hause, darf ich sagen, spielte mein Vater nur die zweite Geige, meine Mutter herrschte, und er ließ sie gerne herrschen. Ich habe meinen Vater nie heftig gesehen, auch da nicht, als er mir Musikunterricht gab, und da werden die Väter doch leicht zornig und ungeduldig.

Es schien, als ob ich eine gute Singstimme hätte, aber es zeigte sich bald, daß sie nur sehr dürftig war. Dagegen bemerkte ich schon früh, daß man meine Sprechstimme sehr lobte. Zum Geburtstage der Mutter und zu dem des Vaters hatte ich mein Gedichtchen herzusagen, und ich sehe noch den strahlenden Blick meines guten Vaters; er hörte mir mit den Augen zu, den lieben stillen blauen Augen. Ich kann es nicht fassen, daß mich diese Augen nicht mehr sehen, und doch werde auch ich bald... Aber genug, schreib' nur weiter!

Ich überspringe mehrere Jahre; ich war Schauspielerin. Ich erhielt Anträge nach auswärtigen Bühnen, aber ich konnte mir nicht denken, daß ich meine Eltern verlassen sollte, und der Fürst, der mich als eingeborenes Landeskind besonders hochhielt, erhöhte mein Gehalt. Ich wollte unseren bescheidenen Haushalt nun größer, bequemer machen, aber mein Vater duldete es nicht. Nur das that er mir zu liebe, daß er seine vielen Privatstunden bis auf ganz wenige aufgab.

Noch jetzt zittert mir das Herz, wenn ich jenes Abends gedenke, wo ich das Käthchen von Heilbronn spielte. Mein Vater sah mich, und ich kam einmal fast in Verwirrung, als ich bemerkte, wie er im Orchester mit dem Taschentuch sich die Thränen abtrocknete. Als ich heimkam, sagte er mir: Kind, ich habe rechte Freude an Dir. Kind, Du hast etwas, was sich Gottlob nicht lernen läßt; Du hast den Ton der Wahrhaftigkeit, man glaubt Dir, was Du sagst; das ist recht, das ist das Beste; dabei bleibe.

Diese Freude war die letzte meines Vaters, er starb bald darauf. Ich verließ nun mit meiner Mutter die kleine Residenz und kam an das große Hostheater in N. Ich kann sagen, was an Ehren, was an Liebe und Achtung ein Menschenkind empfangen kann, es ist mir geworden. Ich war so glücklich, daß ich gar nicht dachte, es könne noch ein anderes Glück auf der Welt geben. Ich hatte, was viel sagen will, nicht nur keinen Feind, sondern auch keine Feindin. Meine liebste Rolle blieb das Käthchen, und ich gedachte dabei oft meines Vaters: Ach, wenn er noch da unten säße im Orchester und den Jubelruf des vollen Hauses hören könnte. Es ist hart, wenn man ein Glück hat, das man nicht mit

dem Liebſten auf Erden theilen kann, und meine Mutter war leider taub
geworden, und ſonſt hatte ich Niemand, deſſen Lob mich im Tiefſten erquickte, von all den Verehrern und Lobpreiſern Niemand.

Nun aber lernte ich kennen, daß es doch noch ein anderes Glück
gibt. Ein junger Mann, ſo ſchön als gut, ſo gebildet als reich, warb
um mich, und mein Herz ſchlug ihm entgegen. Aber ich lehnte ſeine
Werbung ab; denn er verlangte, daß ich der Kunſt entſage, und wie
ſollte ich dann noch leben? Ottokar verhielt ſich ruhig und beſtürmte mich
nicht weiter. Er ſah, daß ich keinen Andern liebte und daß ich mich
immer von Herzen freute, wenn er kam. Faſt noch mehr, als ich ihm
gut war, liebte ihn meine Mutter, und wunderbarer Weiſe las ſie ihm
die Worte, die er ſprach, von den Lippen ab, von den guten feinen Lippen,
über die nie ein unwahres, ein übertriebenes oder gar unſchönes Wort kam.

Eines Tags brachte mir Ottokar ſeine Eltern. Es waren gediegene,
biederherzige Menſchen, voll ſchlichter Güte. Auch ſie bedrängten mich
nicht weiter, obgleich ſie mir zu verſtehen gaben, wie glücklich meine Verbindung mit ihrem Sohne ſie machen würde. Ich weinte den ganzen
Tag, als ſie weggegangen waren, die guten Menſchen, und meine Mutter
weinte mit mir; ſie redete mir zu, ſie betheuerte, ſie werde ruhig ſterben,
wenn ſie mich mit einem ſolchen Manne verbunden verließe, aber ich rief
ihr entgegen: Die Künſtlerin in mir tödten, das heißt mich nur halb,
weniger als halb leben laſſen. Und von da ab ſchwieg ſie und zwang
ſich auch offenbar zu heiterer, befriedigter Miene.

Ich hatte am Abend, da die Eltern Ottokars abgereiſt waren, als
Käthchen aufzutreten. Ich ſpielte zum erſten Mal ſchlecht, das Publikum
ſchien es nicht zu finden, aber ich fand es. Ich hatte das Gefühl, daß
mir jener Ton der Wahrhaftigkeit verloren gegangen war, den mein
Vater als das Höchſte geprieſen hatte. Die Kritiken kamen, ſie lobten
meine großen Fortſchritte, die ich noch immer mache; ich begriff das nicht.
Auch Ottokar kam und ſagte: er hätte nicht gewußt, daß ſeine Bewunderung für mich noch einer Steigerung fähig ſei. Und eben jetzt in dieſer
gewaltſamen Gehobenheit, gegen welche doch ein Inneres in mir wider-
ſprach, erklärte ich Ottokar, daß ich die Seine werden und der Kunſt
entſagen wolle. Ich erſchrak, als ich das geſagt hatte, aber ich konnte das
Wort nicht mehr zurücknehmen, und wunderbar! es gibt Zuſtände, wo man
ſeinem Selbſt entrückt iſt. Der Ton, in dem ich vorhin noch mein Wort
gegeben hatte, das war wieder der Ton der Wahrhaftigkeit, ein ſolcher,
wie ich ihn von mir ſelber gehört, und ich hörte ihn, wie wenn eine ganz
Andere ihn geſprochen hätte. Ja, ſo ſeltſame Menſchen ſind wir Künſtler.

Nun aber weiter! Ottokar bezahlte eine namhafte Summe, um mich
von meinem Vertrag loszumachen, und ſo war ich, wie in eine Traum-
wolke gehüllt, verlobt, verheirathet, und wir reiſten nach Italien, während
meine Mutter uns das neue Haus einrichtete.

Wir kamen zurück, voll von den großen Eindrücken, und wie wohl war's mir nun in meiner schönen Häuslichkeit. Ein Porträt von mir im Kostüm des Käthchen war wie in einen Tempel hineingestellt.

Ottokar hatte eine bedeutende Kunsthandlung. Wir verlebten den Winter in angenehmer Häuslichkeit und Geselligkeit; die besten Familien der Hauptstadt besuchten unser Haus. Einmal ließ ich mich dazu verleiten, einige Gedichte zu declamiren. Ich war selber erfreut, ich darf sagen, entzückt über meine schöne Stimme; sie schmiegte sich jedem Empfindungsausdrucke an. Es war dann sehr erheiternd, wie darüber hin und her gesprochen wurde, warum denn nur der Gesang sich zur Geselligkeit eignen solle und nicht auch die Declamation. Wunderlich ergriff's mich, als ein höherer Officier mir sagte: Es ist schön, daß Sie Ihren früheren Beruf nicht verleugnen. Das traf mich tief. Was sollte ich denn verleugnen? Habe ich meinen Beruf verleugnet? Was hatte ich denn gethan? Wie gesagt, es ergriff mich tief. Ich weiß nicht mehr, was ich antwortete, aber wenn ich in meiner Loge im Theater saß, konnte ich es oft vor Unruhe nicht aushalten, ich meinte oft, ich müsse hinunter und der Darstellerin sagen: bitte, lassen Sie mich spielen. Es kann sich Niemand denken, wie das ist, so seine eigenen Worte — denn die Dichterworte waren mir zu eigen geworden — von fremden Stimmen zu hören, und ich vernahm doch auch Accente und sah Bewegungen, die ich nicht gehabt hatte. Es ärgerte mich und freute mich durcheinander, wenn Freunde und Freundinnen in unsere Loge kamen und mir sagten, so wie ich könnte doch Niemand diese oder jene Rolle darstellen. Die Leute erwarteten, daß ich mit der herkömmlichen lügenhaften Bescheidenheit ablehnend darauf antworte, aber ich konnte nicht, denn ich glaubte ehrlich, daß in der That von denen, die da agiren, Niemand es so mache, als es sein sollte.

Den ersten Sommer verlebten wir zum großen Theile auf dem Landgute meiner Schwiegereltern. Mein Mann ließ mich ganz dort und kam nur jeden Sonnabend und blieb bis zum Montag. Ich hatte in meinem Leben nie auf dem Lande gelebt, ich war ein Stadtkind, fast ein Theaterkind, und mir war's, als wäre ich jetzt erst auf die Welt gekommen, und alles Kunsttreiben und alles Gesellschaftstreiben war mir wie ein Traum, ein schwerer Traum, den man vergessen muß. Ich meinte, ich müßte jeden Waldbaum, jeden Obstbaum begrüßen und ihm danken, daß er nun auch mein sei. Die Blumen, das Gras, das wogende Kornfeld, das weidende Vieh, Alles glänzte mir so neu, erschien mir wie ein Wunder.

Meine Schwiegereltern liebten mich als ihr eigen Kind, sie sagten mir das selten, aber ich sah es ihnen an den Augen ab. Und eine besondere Lust war's mir, meinem Schwiegervater, der krank zu Bette lag, vorzulesen. Ich lernte dabei auch eine neue Wirkung meiner Stimme kennen, eine einschläfernde, und sie verdroß mich nicht. Der treffliche Mann entschuldigte sich anfangs oft mit innigen Worten, daß ihn der Schlaf übermanne, aber er litt ja in der Nacht an Schlaflosigkeit, und auf die Erklärung hin, daß mich diese Wirkung durchaus nicht beleidige, sondern nur erfreue, unterließ er fortan, wie das seine Art war, jedes überflüssige Wort. Seltsam aber war es, wie der Mann wachen Geistes sehr oft bis auf's Wort hin sich erinnerte, wann er eingeschlafen. Eines Ausspruches von ihm gedenke ich gern, denn er sagte: Nimm die Freude und den Dank all der Tausende, die Dir huldigen, zusammen, mein Dank ist doch noch größer, als der jener Aller zusammengenommen.

Der Schwiegervater starb im Herbste und segnete mich noch mit seinem letzten Hauch. Ich reiste mit Ottokar wieder zur Stadt, ich hatte ihn gebeten, mich auf dem Lande zu lassen, aber ich mußte doch seinen Gründen nachgeben. Wir kamen in die Stadt zurück. Ich hörte, wie viel darüber geredet wurde, daß wir jetzt bereits im Trauerjahr das Theater besuchten und zwar regelmäßig. Ich kann die Menschen nur einfach verachten, die die Kunst als ein unwürdiges, ein berauschendes, ein blos profanes, ja vielleicht frivoles Genießen gelten lassen. Aus dem Tempel sollte man die Menschen weisen, die das so ansehen; aber freilich, die Theater sind auch keine Tempel mehr, und sie bringen Dinge, derer man sich schämen muß. Ja, welche verborgenen Schleichwege hat die Verführung! Eben das, daß die Kunst so erniedrigt wird, erweckte in mir das Verlangen, mich ihr wieder zu widmen und meinestheils zu ihrer Reinigung und Erhebung beizutragen. Ich war oft traurig, und Ottokar redete mir zu, ich solle mir an ihm ein Beispiel nehmen, er habe sich doch bereits über den Tod des Vaters so weit als möglich getröstet, ich aber erscheine noch untröstlich. Ich rang mit mir, daß ich bekennen sollte, und da fiel mir das Wort meines Vaters ein: Du hast den Ton der Wahrhaftigkeit, laß dir den nicht entwenden. Ich konnte Ottokar nicht ein falsches Wort, nicht einen falschen Ton erwidern, und ich gestand ihm meine Sehnsucht nach meinem Kunstberuf. Bleicher, als es jetzt wurde, war sein Antlitz nicht, als er vom Begräbniß seines Vaters zurückkehrte. Mit seiner gewohnten Fassung und Selbstbeherrschung sagte er indeß: „Bitte, Luise, sprich das nur gegen mich aus, aber gegen Niemand anders. Willst Du?" „Ja!" antwortete ich, ihm die Hand reichend, und er küßte mir die Hand und sagte: „Ich glaube Deinem einfachen Wort und Deinem grundwahren Ton."

Ich hatte ihn also doch noch, den grundwahren Ton, flüsterte etwas im Hintergrunde meiner Seele, aber ich hieß es stumm sein. Ich glaube, ich wollte mich selbst glauben machen, daß ich fern von allem Kunsttreiben im reinen Naturleben zufrieden und glücklich sein werde. Ich sprach nur von meiner Sehnsucht nach dem Landaufenthalt.

Wir lebten diesen Winter fern von aller Geselligkeit, und als der Frühling kam, sagte Ottokar: „Luise, errathe ich einen Deiner Wünsche?"

„Du meinst den nach meinem ehemaligen Beruf."

„Nein, ich glaube, Du hast noch einen andern; Du möchtest auf dem Lande leben, auf dem Gute."

„Ach ja, ja!" rief ich ihm zu.

„Nun denn," sagte er, „ich kann meine Kunsthandlung zu gutem Preise an meinen ersten Geschäftsführer verkaufen, und ich bin, wenn Du entschlossen bist, bereit, das Gut zu übernehmen und zu bewirthschaften."

„Nein, thue es nicht mir zu liebe; ich werde mich schon wieder drein finden."

„Ich thue es nicht Dir zu liebe allein, ich thue es auch mir zu liebe."

Und so zogen wir auf's Land, ich war nun Gutsherrin und hatte meine neue Freude an den Wäldern und Feldern, an unserem schönen Viehstand. Was Anderen ein Alltägliches war, war mir ein Außerordentliches, was Allen so natürlich erschien, war mir ein Wunder. Ich konnte stundenlang einer weidenden Kuh zusehen; wie das so behaglich frißt und schnauft und nur manchmal einen Blick in die Landschaft wirft. Die Kühe kannten mich auch, und ein junges Rind folgte mir wie ein Hund, ja sogar die Rehe im Walde liefen nicht fort, wenn ich kam. Ich war so viel draußen wie noch nie im Leben; denn ich hatte nun auch reiten gelernt. Ich war von der Sonne so verbrannt, daß mich Ottokar oft seine braune Luise nannte.

Ich war keine wohlthätige Fee. Der Schmutz in den Häusern der Landleute war mir zuwider. Ich lernte auch das Leben des Landvolkes kennen, es ist nicht schön, aber offen, man gewinnt bald Einblick in diese gardinenlosen Existenzen, wie meine Nachbarin, die Baronin von Trossen, sie nannte.

Ich finde, soweit ich die Welt kenne, keinen großen Unterschied zwischen dem, was man die Gebildeten, und zwischen dem, was man das Volk nennt; das einzige ist, die Leute aus dem Volke sind ungeschickter im Lügen und im Heucheln und manche können es gar nicht, so wenig als das Thier. Der Fuchs kann nicht schauspielern und sich den Anschein eines treuen Hauswächters geben. Die Heuchelei, das Schönthun ist in der Welt, ich glaube, nicht erst in der heutigen so viel verbreitet; beim Theater noch am meisten, so daß es ein besonderer Schmaus ist, wenn man dahinter kommt, daß einer wirklich einmal die Wahrheit sagt, und daß er so ist, wie er sich gibt. Wie gesagt, daß die Landleute noch etwas vom lügenlosen Thierleben haben ... doch, was soll ich Dir lehren?

So verging der Sommer. Am 25. September, es ist mein Geburtstag, brachte mir Ottokar ein Angebinde, das mich unendlich entzückte. Er hatte mit großer Mühe alle die Theaterzettel sich erworben, auf denen mein Name stand, und überreichte mir dieselben in einem Prachtband. Auf der einen Seite des Einbandes war die Muse Thalia, die über meinem Bilde den Kranz hielt, und darunter stand: „Luisens Ruhm". Auf der anderen Seite war unser Gut abgebildet und wiederum mein Porträt, wie ich zu Pferde saß, und darunter stand: „Luisens Ruh".

Wie gut hatte es Ottokar gemeint, und wie bös war es geworden.

Ich saß tagelang und blätterte die Theaterzettel hin und her und vergegenwärtigte mir alle die wonnigen Abende und die wohligen Tage. Alles Ungemach, das ich erlitten, die abgeschmackten Rollen, die ich ja auch hatte spielen müssen, waren vergessen; nur das Schöne, das Erhebende und Berauschende stieg mir aus diesen Blättern auf.

Ein Zauberkreis von hunderterlei Gebilden schwebte in der Luft und lockte und schmeichelte und rief: Ich bin du und du bist ich, komm wieder und sei wieder du und sei wieder ich. Sinnverwirrend drang es auf mich ein.

Ich konnte nicht anders, ich mußte Ottokar meine Sehnsucht nach meinem Beruf aussprechen.

Er starrte mich lange schweigend an, dann sagte er:

„Luise, soll ich Schminktopfträger werden?"

Es ist das einzige böse Wort, das ich je von ihm hörte. Ich konnte nichts erwidern. Mit einem Blick, der mir fremd war, sah er mich an und ging.

Schminktopfträger! — Das Wort ging mir tagelang nach. Ich hörte es aus dem Bache, der an unsern Fenstern vorüberfloß, ich hörte es im Walde, im Felde, in meinem Schlafzimmer: Schminktopfträger. Ist das nicht Verwerfung meiner ganzen Kunst? Das allein berührte mich; daß eine Erniedrigung Ottokars darin liegen sollte, daß er sich selber damit beschämte, das fiel mir nicht ein.

Und immer wieder und immer stärker kam meine Sehnsucht nach meinem Beruf. Ich erinnere mich, daß ich einmal aufwachte mit den Worten: Mein hoher Herr! Ich hatte offenbar im Traume das Käthchen gespielt.

„Du hast sehr lebhaft geträumt," sagte Ottokar. Weiter nichts.

Ich war in meinem Leben eigentlich nie krank gewesen. Jetzt kränkelte ich und sah den sorgenvollen Blick Ottokars. Er hatte eine nothwendige Reise nach der Hauptstadt, ich konnte ihn nicht begleiten, und war zum ersten Mal mit meiner Mutter allein auf unserem Gute. Die Zeit wurde mir entsetzlich lang, und eines Tages ließ es mir keine Ruhe, ich holte meine Käthchenkleider und spielte mir ganz allein die Rolle vor. Unsere Nachbarn, die Trossens, kamen, und ich war in Verwirrung, mich jetzt zeigen zu müssen. Ich hatte die Kleider bald gewechselt, aber ich meinte, ich müsse mir die Schminke vom Gesicht abwischen, und es war doch nicht nöthig. Ich muß den guten Leuten ganz wunderlich vorgekommen sein, denn ich kam aus einer fremden Welt und sprach offenbar verwirrt.

Als die Nachbarn mich verlassen hatten, stand ich lange wie traumhaft verloren vor meinem Käthchengewande; ich war doppelt auf der Welt und gar nicht. Mein ganzes Dasein erschien mir wie ein halbvergessener

Traum, auf den man sich allmählich besinnt. Und doch eben damals, — aber höre weiter … Wie von selbst kam anderen Tages der Arzt, er that, als ob er zufällig käme, aber offenbar hatten die Nachbarn ihn geschickt. Man brachte mich in's Bett.

Ottokar kam; bald nach der ersten Begrüßung setzte er sich auf den Bettrand, zog ein Papier aus der Tasche und sagte: Luise, ich habe es fertig gebracht mit mir und dem Intendanten, hier ist der Vertrag, er bedarf nur noch Deiner Unterschrift, und Du bist wieder engagirt. Da faßte ich ihn um den Hals und vergrub mein Gesicht an seiner Brust und sagte: Vater!

Den Jubelschrei, den er da ausstieß, werde ich nie vergessen. Dem Himmel Dank, rief er, nur eins gibt es, nur eins konnte es geben, was Dich von Deiner Kunst auf immer abscheidet. Es konnte nur ein so gleich Großes sein als die Kunst, die Kunst ist die zweite Natur, aber die mächtigere ist die erste …"

„Ich danke Dir, ich danke von Herzen," sagte der Hauptmann, als er gelesen, dem Professor das Heft darreichend. „Bitte, gib mir einen Briefbogen und Umschlag."

Mit rascher Hand schrieb der Hauptmann, dann reichte er das be= schriebene Blatt dem Professor. Dieser las: „Erneuern Sie Ihren Vertrag."

Während der Hauptmann das Blatt in den Umschlag legte und adressirte, sagte er mit bewegter Stimme:

„Alle Empfindung ist bereits ausgesprochen, aller Seelenkampf aus= gegründet. Wir haben ausgemacht, daß ich die Entscheidung mit solchen kurzen Worten gebe. Diese Aufzeichnung hier und das schlimme Wort ›Schminktopfträger‹ hat nicht die Entscheidung herbeigeführt, nur sie be= stärkt. Ich danke Dir. Aber wie kommst Du zu dieser Aufzeichnung?"

„Das fragst Du? Ich bin ja der einzige Sohn von Luise und Ottokar. Ich habe das geschrieben, wie meine Mutter es mir dictirte. Ich will nicht sagen, daß eine Mutter gewordene Frau nicht mehr darstellende Künstlerin bleiben kann. Es läßt sich gar kein gutes Stück ohne Mutter ausgestalten, ohne Anstandsdamen, ohne Heroinen. Ich kenne Schau= spielerinnen, die die besten Mütter sind, und dazu kommt das Genügen, daß auch die Frau die Erwerbende sein kann. Wie gesagt, daraus soll keine allgemeine Regel gelten, aber sie galt für den besondern Fall. Bei meiner Mutter hieß es nur: Im Anfang war die Natur."

„Einer von uns," sagte der Hauptmann endlich, „mußte seinem Be= ruf entsagen. Ich versuchte natürlich behutsam — denn wenn man bei meinen Oberen erfährt, daß ich Lust zum Austritte hatte, so ist es um mein regelrechtes Aufsteigen geschehen — ich versuchte eine Stellung im Eisenbahndienst oder auch im Polizeidienst zu gewinnen. Die Aussichten waren nicht günstig, und Du weißt es ja besser als ich, wie zusammen= gesetzt unsere Empfindungen sind. Es beruhigte mich, daß ich meine Schuldigkeit gethan, und eben jetzt, als ich meinen Beruf verlassen sollte, eben jetzt wurde mir erst recht deutlich, wie lieb er mir war; ich bin doch mit Leib und Seele Soldat."

Der Professor sah in die inneren Kämpfe des Mannes hinein, und es war ein nicht unwirksamer Trost, wie er ihm sagte, er solle sich freuen, daß ihm einmal das volle Glück der Liebe zu Theil geworden, Tausend und Abertausende stürben hin, Ledige und Verheirathete, die nie in Wahrheit empfunden, was Liebe ist. Der Hauptmann seufzte tief, es war der einzige Seufzer, den der Professor von ihm vernahm.

Sie sprachen noch lange; sie, die bisher Schulkameraden gewesen, wurden in dieser Stunde Freunde. Der Hauptmann drückte endlich dem Professor die Hand zum Abschied. Er sagte es nicht in Worten, aber der Druck seiner Hand sagte es: Ich habe eine Liebe aufgegeben, aber einen neuen vollen Freund gewonnen.

„Ich begleite Dich noch, ich bin zu aufgeregt, um schlafen zu können," sagte der Professor, und ging mit dem alten Kameraden und neuen Freunde durch die stillen Straßen.

An einem Briefkasten blieb der Hauptmann stehen, zog den Brief heraus, betrachtete beim Scheine der Gaslaterne noch einmal die Adresse, dann schob er den Brief in den Kasten. Ein leises Beben ging durch seine kräftige Gestalt, als der Schieber mit dem eigenthümlichen schättern= den Tone niederfiel. Es war geschehen.

Die Freunde gingen weiter, am Hause des Hauptmanns nahmen sie nochmals Abschied, und in einem fast hellen Tone sagte der Hauptmann:

„Gute Nacht, Sohn des Käthchen von Heilbronn."

„Nenne mich aber nur zwischen uns Beiden so!" rief der Professor ihm nach.

Zur Geschichte der italienischen Kunst.

Von

Leopold von Ranke.

— Berlin. —

V.

Erinnerung an Lionardo und Michelangelo.

Das ist das Zeichen des wahrhaft Lebendigen, daß es immer fortzeugend etwas Neues hervorbringt.

Aus der Religion war die Kunst hervorgegangen. Die religiöse Idee menschlich, andringlich, gegenständlich vor Augen zu stellen, ist ihr ursprüngliches Bestreben; daraus ist sie erwachsen.

Das Bemühen aber, die Idee, den Gedanken zum Gegenstand zu machen, ihn in die Welt einzuführen, kann nicht stattfinden, ohne demselben künstlerisch gegenüberzutreten; — die Kunst bleibt nicht mehr ein Mittel; sie wird sich selber etwas, sie wird ein Vermögen, das auch an andern Ideen, als der religiösen, sich versuchen kann. Sie tritt unter die Kräfte ein, welche die Welt überhaupt bewegen, und in einen Contact mit denselben, durch welche sie neue Impulse empfängt; die großen Weltereignisse wirken auf sie mit unwiderstehlicher Gewalt. Wie mußte doch auch in der künstlerischen Welt Alles so ganz anders werden, nachdem die Franzosen im Jahre 1494 in Italien eingedrungen waren, alle Staaten und Städte in ihrem Bestehen schwankten und endlich ein Weltkampf zwischen zwei Monarchien in Italien sich ausfocht. Der municipale Geist, von dem die bisherigen Bestrebungen getragen worden, bildete nicht mehr das Fundament, auf dem Alles beruhte; die Beziehungen selbst, in die ein Jeder persönlich gerieth, wurden zweifelhaft und wechselnd. Erinnern wir uns nur, wie Lionardo da Vinci, in den Hofhalt und die

Staatsverwaltung Ludwigs des Mohren aufgenommen, dessen Unglück und Verderben an seinem Theile mit erfuhr. Toskana, von wo er stammte, gab ihm doch keinen sicheren Rückhalt. Er nahm Theil an der Wieder= herstellung der Medici im Jahre 1512; denn er erscheint als Freund jenes Giuliano, welcher anfangs in der Republik die große Rolle spielte; aber bald wurden die Franzosen so mächtig, daß Italien sie nicht wieder zu verdrängen vermochte; Lionardo selbst fand sich bewogen, nach Frank= reich zu gehen; er ist daselbst mitten in einer hydrotechnischen Arbeit gestorben, mit der er beauftragt worden war. Wie hätte unter so wechsel= vollen Lebensverhältnissen eine stetige, auf sich selbst beruhende Existenz sich entwickeln können, wie die war, deren sich bisher die Meister und ihre Schüler erfreut hatten. Aber vielleicht darf man sagen, daß die Kunst als solche, von allen localen Beziehungen losgerissen, ihre Schwingen um so freier regen konnte.

Gegen das Ende des fünfzehnten Jahrhunderts war zu Mailand um Ludwig den Mohren eine Schule von Männern versammelt, welche in Architektur, Musik, Plastik und auch in der Malerei neue Gesichtspunkte faßten, neue Ziele verfolgten; unter ihnen Bramante und Lionardo da Vinci.

Ist jemals ein begabter Geist gewesen, geschickt zu mannichfaltiger Kunst, frisch, das Neue zu beginnen, mitlebend mit der Natur, so war es Lionardo. Sein Leben ist wie das Leben des Jahrhunderts: niemals kommt es zur Ruhe. Seine Unternehmungen zu würdigen, seine Reliquien zu verstehen, würde ähnliche Fähigkeiten und unermeßliches Studium er= fordern. Ohne in der Kunst absolut aufzugehen, war er doch einer der ersten Maler seiner Zeit. Was er in der Malerei leistete, ist leider unvollständiger, als gewöhnlich in dieser Zeit, erhalten worden. Auch zu Mailand sind fast nur Anfänge oder unvollkommene Reste seiner Werke übrig. Man sieht, wie er die Arbeit nicht von den Contouren, sondern von Innen heraus anfing; was eine ungemeine Festigkeit der ihm vorschwebenden Idee voraussetzt. Eine hinreißende Wirkung übt seine Darstellung des Abendmahls auch in dem ruinenhaften Zustande aus, in dem sie übrig ist. Nicht allein ist die Schwierigkeit der Zusammen= stellung so vieler Köpfe durch ihre Trennung in die vier Gruppen, welche so natürlich zusammengehören, vollkommen überwunden, sondern die Auf= fassung der Gesichtszüge ist unter all den zahlreichen Versuchen, diese große Scene zu vergegenwärtigen, die gelungenste. Unmittelbar aus dem Boden der Menschheit sind diese hervorgegangen; sie haben lebendigen Odem.

Wenn es ihm oblag, eine heilige Geschichte darzustellen, so mußte er ihr nicht allein etwas Menschliches abzugewinnen; er machte sie zu= gleich zu einer malerischen Aufgabe.

Eine solche ist etwa Christus unter den Doctoren, einer der wenig gekannten Schätze des römischen Palazzo Spada. Es ist ein junger Mensch, lehrend unter Greisen. Nur lehrt er nicht, als ein Gelehrter, als ein Wiederholender, sondern findend, ableitend, beweisend. Voll Unschuld und Größe steht er im Vordergrund; einige jüdische Physiognomien um ihn, zuhörend und verwundert.

Oder er bildet die Jungfrau, ganz kindlich mit dem Kind; die Blume, die der Knabe hält, vollendet den Ausdruck der Unschuld und Innigkeit.

Oft wandte er sich anderen Aufgaben zu. In dem herrlichen Medusen= kopf mit dem grünlichen Schlangenhaar in der Gallerie von Florenz hatte er, wie mir scheint, jene Furien des Dante im Sinne, deren wilde Schläfen statt des Haares mit grünen Schlangen umwunden sind. In einem Carton, welcher leider verloren ist, hat er eine Reiterschlacht aus den Zeiten der alten italienischen Feldzüge dargestellt, deren Trefflichkeit eine allgemeine Nacheiferung hervorrief.

Er hat, wie man weiß, ein ihm ganz eigenthümliches Frauenideal, welches auch in den Porträts, die man ihm zuschreibt, hervortritt: große, feine und geistreiche Züge, mit denen sich gern frische Jugend, Adel und ein wohlstehender Reichthum verbinden. Auch an ethischen Darstellungen hat er sich versucht oder man schreibt ihm doch solche Versuche zu.*) Ruhig schöne Natur setzt er warnend, etwas nonnenhaft, der Selbst= gefälligkeit, welche mit Blumen und Zierrathen aufgeputzt ist, aber noch immer fähig scheint, Rath anzunehmen, entgegen; wie fein ist diese Arbeit, wie zart die Hände, wie wohlgelungen die Haltung. Das eigen= thümliche Verdienst dieses Meisters auszusprechen, ist unmöglich; seine Art und Weise übte auf die Kunstbeflissenen aller Orte den größten Einfluß aus.

Am unmittelbarsten schloß sich an ihn Bernardo Luino an; auch das Frauenideal nahm er von seinem Meister in sich auf.

Luinos Fresken erinnern in Schärfe der Formen zuweilen an antike Gemälde, von denen er nichts wissen konnte. Seine Figuren sind fein erfunden. In seinen Männern zeigt sich eine schlaue Entschlossenheit; die Nebenpersonen haben etwas, das man gentil nennen könnte. Vor Allem ist ihm der junge Johannes in der ambrosianischen Bibliothek ge= lungen; er wußte in demselben die ungezwungene Stimmung einer durch ihren eigenen Schwung erhobenen Seele auszudrücken.

Im Grunde ist Luino nicht aus dem Kreise der gewohnten Dar= stellungen herausgetreten. Es ist jene Madonna mit ihren Engeln und Heiligen, was auch er am häufigsten vor Augen stellt. Beinahe scheint es, als thäte ihm das Ideal seines Meisters selbst Schaden. Seine Figuren

---

*) Wie bei einigen Anderen, so am meisten bei Lionardo kommt es vor, daß man Zweifel darüber erhoben hat, ob die Bilder, die ihm zugeschrieben werden, wirklich von ihm herrühren. Ich bin der herrschenden Angabe gefolgt.

gerathen zuweilen allzu gleichartig und sie fallen lächelnd aus. In der
Regel unterscheidet er sich von den früheren Auffassungen durch größere
Formen, besonders in den Engeln und in den Kindern. Für manchen
Reisenden ist das Bild in Como das letzte, welches er in Italien sieht.
Ein schönes geistiges Ebenmaß spricht aus demselben. Tiefer Friede
liegt in diesen Gestalten; der Genuß des göttlichen Daseins, der in
ruhiger Größe der Existenz besteht.

Wie Lionardo und selbst noch mehr als dieser geht Michelangelo
Buonarroti über den Rahmen unserer Betrachtung hinaus.

In ihm stellt sich noch eine andere Phase der öffentlichen Verhältnisse dar. Das Papstthum war von jenem reformirenden Versuche
Savonarolas nur eben berührt, nicht etwa erschüttert worden. Und
wie ferne hätte es den Päpsten gelegen, der Bildnerei oder Malerei jene
strengen Fesseln anzulegen, wie sie dem Sinne des Dominikaners entsprachen. Das Papstthum der Epoche nahm alle Bestrebungen der weltlichen Kunst, Wissenschaft und Thätigkeit in sich auf. Gewiß, es
verweltlichte sich, aber darin lag im Anfang des sechszehnten Jahrhunderts
seine Größe. Sich dem Papstthum anzuschließen enthielt keine Ent-
fremdung des Künstlers von den Gegenständen, die er sich wählen mochte.
Michelangelo ist der Architekt, dem man die Kuppel von St. Peter
verdankt. Unter den Werken der Sculptur nehmen die seinen eine hohe
Stelle ein. Sie athmen nicht den Geist der Antike; es ist vielmehr ein
moderner Geist, der sie inspirirt hat, aber von ungewohnter Stärke und
Macht. In seinem David, so koloſſal er auch ist, tritt die Fülle der
Jugendkraft vor die Augen; in Moses zugleich ein großer Wille und
die Einheit des Gedankens. Aber in Michelangelo lebten Ideale, die
in dem Marmor allein nicht dargestellt werden konnten. So ging er
zur Malerei über, die jedoch unter seinen Händen immer einen Anhauch
von Plastik behielt. Papst Julius II., der ihn dazu berief, ihm ein
Grabmonument von größtem Umfang auszuarbeiten, gewährte ihm, als
die Ausführung Schwierigkeiten fand, den wünschenswürdigsten Raum für
die Entwickelung seiner malerischen Virtuosität. Es waren die Traditionen
über die Urgeschichte der Menschheit, an deren Darstellung sein Genius
Hand anlegen konnte. Nicht eigentlich der kirchliche Mythus, wie er bisher die Erfindungsgabe und die geschickten Hände der Künstler beschäftigte,
sondern die Erzählung der heiligen Urkunde selbst in ihrer einfachen Größe
bildete seinen Gegenstand. Ein vor keinem Hinderniß zurückschreckender,
das Gigantische gestaltender Geist, wie der dieses Meisters, gehörte dazu,
um die Aufgabe zu fassen und zu lösen. Michelangelo führte sie mit
einer Energie und Großheit aus, die des Gegenstandes würdig war. Alles
ist zugleich malerisch und plastisch. Die Malerei ist für ihn eine Art
von Supplement zur Sculptur; sie stellt dar, was jener versagt bleiben
mußte. Erinnern wir uns des Gegensatzes, der bei den ersten Ein-

wirkungen der antiken Plastik auf die christliche Kunst so schneidend
hervortrat, so ist es die Signatur der ersten Decennien des sechszehnten
Jahrhunderts, daß ein solcher Gegensatz nicht mehr bestand; in den
Deckenbildern der Sixtina ist er in Form und Inhalt überwunden. Ich
wage nicht darauf näher einzugehen; denn leider ist es mir nicht möglich
gewesen, die originalen Deckengemälde mit der Ruhe und der Genauigkeit
in der Nähe zu betrachten, die mich befähigen würde, dem Eindruck, den
die Abbildungen machen, eigenthümliche Wahrnehmungen über die Motive
und die Art der Ausführung hinzuzufügen. Auch war das vielleicht um
so weniger unbedingt erforderlich, da Michelangelo auf dem erreichten
Standpunkt nicht stehen blieb.

Nach Vollendung dieses Werkes hat er noch über ein halbes Jahrhundert gelebt und immer gearbeitet. Gleich das jüngste Gericht zur
Seite der Deckengemälde in der sixtinischen Capelle verräth einen veränderten Geist. Uns aber kann es nicht darauf ankommen, die Geschichte
des Meisters, in welchem bei aller seiner Selbständigkeit die verschiedenen
Phäsen der späteren Abwandlung sichtbar werden, darzulegen. Mein
Augenmerk war auf die allgemeine Geschichte der Malerei gerichtet, für
welche jene großen Hervorbringungen einen Moment von unendlicher
Nachwirkung bilden. Der Bann war gehoben, welcher die strebsamen
Geister bisher in gewissen Schranken zurückgehalten hatte. Und noch
einem andern Talent erster Größe wurde durch Papst Julius II. ein ähnlicher Wirkungskreis eröffnet, wie der Michelangelos war.

Der wichtigste Moment für die Kunstgeschichte ist auch für Politik
und Historie von höchster Bedeutung. Es ist der, in welchem Julius II.
die Waffen ergriff, um Italien, wie er sagte, von den Barbaren zu befreien; er selbst zog in den Krieg. Die Ideen von der Einheit von
Italien, die plötzlich erwachten, schlossen sich ihm an. Zugleich wurden
die conciliaren Tendenzen niedergeworfen; der Humanismus, der an das
Alterthum anknüpfte, und die Kirche traten noch einmal in einen Bund
mit einander, der freilich bald vorübergehen sollte. Unter dieser Con-
stellation war es, daß die beiden größten Meister im Vatican neben
einander arbeiteten, — der Florentiner Buonarroti und Raphael Sanzio
von Urbino.

VI.
Raphael.

Schon an den ersten Werken des jungen Raphael, auch da, wo er
noch ganz in der Weise seines Meisters Perugino und gleichzeitiger Kunst-
genossen arbeitete, nimmt man eine Abweichung in der äußeren Behandlung
wahr. Seine Schatten sind durchsichtiger; die Ecken in den Gewandfalten
feiner; eigen ist ihm, daß er die Brauen etwas weiter aus einander
treten läßt, Sanftmuth anzuzeigen.

Dennoch hätte man auch aus so vorzüglichen Werken, wie die Ver=
mählung der Jungfrau in der Brera ist, die spätere Entwickelung
Raphaels nicht ahnen sollen. Wol ist der Ausdruck der drei Haupt=
figuren gelungen: der Priester geistreich und fein, Joseph ergeben, die
Jungfrau voll Huld; die Bewegung der Hände anmuthig und zierlich;
allein die übrigen Gestalten der Frauen sind doch sehr einförmig, und die
Männer nicht besonders bedeutend. Er scheint noch wesentlich in dem Be=
streben der Schulen dieser Zeit befangen zu sein. Er zeigt Talent und Innig=
keit, jedoch nicht ohne Manier. Ich will sagen, daß er die Art und Weise
dieser Schulen, aus der er emporstrebt, sich gleichwol noch nicht mit völliger
Freiheit zu eigenthümlichem Ausdruck seiner Intention angeeignet hat.

Völlig ist er ihrer Herr in dem schönen Werk der Madonna del
Granduca (im Palast Pitti), wol dem schönsten, das er in seiner Jugend
gemalt hat. Jenes Ideal von Huld und Anmuth ist durch den Aus=
druck stiller, unbewußter Bescheidenheit fixirt: hier ist nicht allein Un=
schuld und Liebreiz, sondern Seele.

Riß sich selbst Johann Bellin in seinem Alter von dieser Darstel=
lungsweise los, wie hätte ein junger strebender Geist ihr getreu bleiben
sollen? Raphael sah die Arbeiten Lionardos und der Florentiner. Nicht
ohne Eindruck ließen ihn die Werke des Masaccio. Hier lernte er den
Zügen der Natur nachbildende Aufmerksamkeit widmen, und er nahm eine
freiere Composition wahr.

In den Porträts, die er damals ausführte, kann man diese Einwir=
kung verfolgen. In dem Bild der Maddalena Doni wetteiferte er in
Feinheit der Behandlung und dem Colorit mit den Köpfen Lionardos.
In Angelo Doni ergreift er mit eigenem Verständniß die Gesichtszüge
eines völlig praktischen Mannes; er suchte die Carnation der Natur zu
erreichen. Ueberall bemerkt man bereits technische Meisterschaft. Als
er Florenz verließ, war er von Allem frei, was in der früheren
Manier beschränkend und bindend für ihn gewesen war; mit dem ihm
eingeborenen Bestreben, dem Ausdruck der Seele, einer alle Regungen
zusammenfassenden Innigkeit beizukommen, verband sich jetzt das andere,
den größeren Formen der Natur nachzueifern. So finden wir ihn im
Jahre 1507 in der für eine Dame aus der in Perugia herrschenden
Familie Baglioni sorgfältig und bedachtsam vollendeten Grablegung. Man
hat darin zwei Gruppen vor sich, die eine der hinsinkenden Mutter, die
andere des todten Sohnes. In den Männern zeigt sich eine glückliche
Mischung leiblicher Anstrengung und geistiger Begabung. Da sind schon
freigefaßte Formen mit künstlerischer Einsicht der schöpferischen Natur nach=
geahmt; die Kniende bei der Mutter hat den Ausdruck der wahrsten,
reinsten Güte: durchaus warme eigene Auffassung; Alles ist kräftig und schön.

So weit war Raphael, als er nach Rom gelangte und die Fresken
der Camera della Segnatura begann.

Auch das Schöne ist eine Hervorbringung der Natur, ein Erzeugniß der im Innern des Menschen wirksamen Kräfte. Eben da liebt es hervorzugehen, wo die Tiefe innerer Wahrheit mit der Absicht, den freien Ausdruck der Natur zu erreichen, zusammentrifft. Gleichsam unsichtbar ist sie mit dem Großen verbunden, nicht allein es zu schmücken, sondern in ihrem Wesen selbst.

Die Gegenstände, die Raphael hier darstellt, sind ebenso umfassend als ideal. Es ist ein Act des verweltlichten, aber doch den höchsten Zielen der Menschheit zugewandten Papstthums, daß Julius II. in den Stanzen die Darstellung zugleich der weltlichen und der geistlichen Wissenschaft sich doch wol nicht allein gefallen ließ, sondern sie anordnete.

Betrachtet man Disputa und Schule von Athen einander gegenüber, so bilden sie den erhabensten Gegensatz. Auf der einen Seite stehen die Philosophen in den heiteren Hallen eines tempelartigen Gymnasiums unter den Bildern des Apollo und der Minerva, studirend, sprechend, lehrend. Auf der andern sitzen die Doctoren der Kirche: in ihrer Mitte ist das Wunder des Sacraments; über ihnen sieht man Moses und die Bücher der Evangelien: Erzväter und Heilige: die Dreieinigkeit selbst. Dort lernt man forschend, durch Betrachtung und Nachdenken: hier lernt man anbetend, aufnehmend, durch Offenbarung und Erleuchtung. Diesen Gegensatz des menschlichen Strebens und der göttlichen Gabe, der das geistige Leben eines Jeden ausmacht, sinnlich fest und anmuthend darzustellen, forderte alle Kraft und Besonnenheit. Bald war es gefunden, daß dort die alten Philosophen zu vergegenwärtigen waren. Pythagoras schreibt über die harmonischen Proportionen; einsam, mit sich selbst begnügt, sitzt Diogenes; mit dialectischer Schärfe geht Sokrates den Alcibiades an; vor lernbegierigen Schülern zeichnet Archimedes ein Hexagon; Zoroaster und Epicur fehlen nicht. Alle diese Gruppen, die durch Würde in den Lehrern, Anerkennung in den Freunden, mehr oder minder glückliches Studium in den Schülern belebt werden, — sind dann wieder dadurch verbunden, daß sich einige Jünglinge von den unteren zu den oberen wenden. Es ist, als sollten sie durch die Betrachtung der Zahl oder der Figur oder durch die Dialectik, und wenn dies geschehen, dem innern Triebe folgend, sich zu den Lehrsätzen erheben, welche die höheren Meister vortragen, Plato und Aristoteles, die da oben nebeneinander stehen. Raphael war weder ein Platoniker noch ein Aristoteliker. Suchen der Wissenschaft führt allemal in das Gefolge eines oder des anderen; und in Anschauung ihrer selbst müssen sie einer den andern als gleich würdig anerkennen. So stehen sie hier mehr im Gespräch, als im Streit begriffen.

Es entspricht der Natur der Sache, daß man in dem andern Werke, da die Offenbarung zur Schrift geworden, aus Büchern lernt. Denjenigen, die das Wunder zu verzeichnen bemüht sind, stehen andere gegenüber, welche aus ihren Büchern bereits eifrig demonstriren. Wißbegierige

Schüler hören ihnen zu; andere aber wenden sich zu denen, welche mit halbgeschlossenem Buch das Wunder anschauend verehren. Denn immer ist es gegenwärtig und über ihnen sieht man, wie gesagt, den Himmel offen. Man hat oft die Frage aufgeworfen, ob die Auffassung, die Allem zu Grunde liegt, von Raphael selbst herrühre. Man darf wol kaum annehmen, daß er eine Stelle des Sidonius Apollinaris, die ihm bei seinem Entwurfe vorschwebte, selbst aufgefunden haben sollte; und andere Momente der Gelehrtengeschichte mag ihm einer oder der andere von seinen Freunden an die Hand gegeben haben. Aber die Gesammtheit des Entwurfs muß doch dem Meister zugeschrieben werden, dessen Namen sie trägt. Ein junger Mann von Geist hat die Fähigkeit, auch das zu fassen und zu begreifen, was ihm ferner liegt; die Größe seiner Aufgabe führt ihn empor in die Region der reinen und allgemeinen Gedanken. Jene Gegensätze der menschlichen Wissenschaft und der kirchlichen Theologie lagen nicht tief verborgen. Raphael brauchte nur offene Augen zu haben, um sie allenthalben um sich her wahrzunehmen. In diesen Werken ist Fülle der Gestaltung mit Einsicht in die Dinge und großartiger Auffassung vereinigt. Die Mannichfaltigkeit ist zu schöner und doch nicht zwingender, systematischer Einheit verknüpft; unter der Bedeutung ist das Leben nicht untergegangen. Das Gold der Disputa verschwindet bei dem Anblick der vollkommenen Natur. Die Mühe, die doch vielfältig angewendet worden ist, bemerkt man nicht. Hier ist keine gewollte Form, keine gezwungene Harmonie der Theile. Es spricht uns an wie ein Gedicht, dessen schöner Sinn in vollkommenem Wohllaut mitgetheilt wird, ein Gedicht, das sich ohne Arbeit und Zeitverlust dem Auge auf einen Blick darstellt und enthüllt.*)

Niemand erreicht ohne Anstrengung ein erwünschtes Ziel. Anlagen werden verliehen, doch ihre Ausbildung bleibt mehr oder minder ein persönliches Verdienst.

Und so wird es nicht unnütz scheinen, wenn wir diesem Meister, dessen Werke eine größere Anerkennung genießen als vielleicht irgend eine andere Production in Literatur und Kunst, in seine Werkstatt folgen. Viele seiner Zeichnungen, durch welche er seine Gemälde vorbereitete**),

---

*) Passavant I, 147 ff. hat 1839 das Studium des Diogenes Laërtius bei Raphael nachweisen zu können geglaubt. Wahrscheinlicher ist es, daß Raphael durch Abbildungen alter Philosophen an den Wänden eines zu den Studien eingerichteten Gymnasiums, von welchen Sidonius Apollinaris in seinen Briefen eine Beschreibung gibt, angeregt worden ist und denselben einige Motive entnommen hat. Schon der Abbé Du Bos hat darauf aufmerksam gemacht. Herman Grimm, Raphael I, 216 hat die Analogien weiter entwickelt.

**) Den Vorarbeiten Raphaels zu seinen Werken hat man, seitdem ich dies schrieb, eine eingehende Durchforschung gewidmet; ich sah damals nur den Weg im Allgemeinen vor mir.

hat Marc Anton im Stich seinen Zeitgenossen bekannt gemacht. Das Verhältniß nun, in welchem der Marcantonische Stich der Cäcilia, dessen Zeichnung durch die Unterschrift für unzweifelhaft authentisch erklärt wird, zu dem ausgeführten Werke steht, das man in Bologna sieht, finde ich sehr charakteristisch. Es sind in beiden die nämlichen fünf Figuren, doch haben sie eine merkliche Verschiedenheit. In der Zeichnung richtet Magdalena ihren Blick geradehin aufwärts dem Himmel zu. In dem Gemälde fand es der Meister besser, diese Gestalt, obwol ihre Aufmerk=samkeit dieselbe bleibt, dennoch sich halb nach dem Beschauer hinwenden zu lassen, so daß ihre schönen Formen großartig hervortreten. In der Zeichnung hat S. Paulus das Buch in der einen, das Schwert in der andern Hand. Dem Meister mochte es scheinen, als trete hier das Symbol mehr hervor, als die innere Bedeutung fordere. Indem er das Buch in eine Rolle verwandelte, und diese dem Apostel über das Schwert in die linke Hand gab, bekam er den rechten Arm frei; auf diesen stützt jetzt in dem Gemälde S. Paulus seinen Kopf. Diese einfache Veränderung fügt seiner männlichen Haltung den Ausdruck eines tiefen Versunkenseins in sich selbst bei. In der Zeichnung waren noch einige Reste eines conventionellen Herkommens: der Bischof in seiner Mütze contrastirte zu stark mit den übrigen barhäuptigen Gestalten: die Engel spielten auf Violine, Triangel und Harfe. In dem Gemälde zog Raphael es vor, den Bischof mit dem Hirtenstabe zu bezeichnen; die Engel stellte er singend dar; und das Buch, dessen er nun bedurfte, benutzte er zu einem breiten Vordergrund für diese glücklich gruppirten geistreichen Kindesangesichter. So erreichte er, daß das Herkömmliche, Typische vor den Forderungen der Schönheit und An=muth zurücktrat, daß die Gestalten freier concipirt nicht allein größere Formen zeigten, sondern auch tieferen Ausdruck; und die Gruppen sich harmonischer rundeten. In der That kann man nun nichts Vollkommneres sehen. Es ist, als hörte man diese himmlische Musik, welche die Tonkundige zu hingegebener Entzückung: — so senkt sie ihr Instrument, — den Ernst=gesinnten zu tieferem Nachdenken, die Neugläubige, jene Magdalena, zu frischem Aufmerken, jeden seiner Natur gemäß zu dem Gefühl des Gött=lichen fortreißt.

Wenn man dem Papst Julius das Wort zuschreibt, Raphael habe sich an die urbinatische Manier gehalten, bis er die Werke Michelangelos gesehen habe, so liegt darin mehr eine Schmeichelei für den letzteren, als die volle Wahrheit. Von jener Manier war Raphael schon abgegangen, ehe er nach Rom kam. Michelangelo war einen Schritt voraus. Es würde nicht zu begreifen sein, wenn nicht die Art und Weise Michelangelos auf Raphael Einfluß ausgeübt hätte. Die Tiefe und Eigenthümlichkeit des Genius schließt die Empfänglichkeit nicht aus. Raphael wird von Michelangelo ge=lernt haben; er nahm wahrscheinlich von ihm einige Vortheile der Technik herüber; aber der Stetigkeit seiner Entwickelung geschah dadurch kein Eintrag.

Mehr als irgend ein anderes seiner Werke erinnert Isaias bei den Augustinern durch seine Haltung und einige unbekleidete Gliedmaßen an Michelangelo. Doch diesen Ausdruck der Würde, der Tiefe, des Stolzes, den er ihm so glücklich gab, konnte er nur aus eigener, verwandter Conception schöpfen.

Die Sibyllen erinnern vielleicht durch die Wahl des Gegenstandes, nicht aber in der Ausführung und den Motiven an Michelangelo. Wie Cäcilia und ihre Begleiterinnen, sind die Sibyllen eine jede von ihrem Theil empfangener Erleuchtung hingerissen. Sie geben ein ruhiges, oder ein antwortendes oder ein entzücktes Aufnehmen zu erkennen. Ihre Zusammenstellung mit den Engeln verleiht der Gruppe lebendige Anmuth.

Durch die Richtung und den Schwung seiner Intentionen wird auch das Porträt geadelt. Nicht allein wird es, wie in Bartolo und Balbo, indem man die Adern schwellen sieht und das Leben der Haut wahrzunehmen glaubt, zu augenfälliger Wahrheit durchgebildet, sondern die Individuen werden zu Repräsentanten von Classen. Julius ist nicht allein ernst und entschlossen; um Lippen und Backen spielt ihm ein leiser Zug jenes Anflugs von Trunkenheit, der er ergeben war, und die so leicht zu Jähzorn ausschlug. Unnachahmlich ist Leo mit seinen beiden Cardinälen. Sie scheinen Rath zu pflegen und es ist als habe der eine Vortrag gehalten, nicht eben über die erfreulichsten Sachen, wie es das Ansehen hat, und als wolle der Papst, der keineswegs schön ist, den Mund öffnen, um zu reden. Ruhig wartet der andere, was er sagen werde. Es ist ein Stillleben des Cabinets; bei aller Ruhe, welche schon der Gegenstand gebietet, lebhafte Bewegung des Innern. Dürfen wir von ihm auf die barberinische Fornarina übergehen? Denn die florentinische ist leider durch die Restauration unächt geworden. Jene ist in der ersten Frische ihrer Entwickelung. Sie hat keineswegs klassische Formen und eine sehr braune Grundfarbe des Gesichts; aber es ist durch den frischen Hauch der Jugend begeistigt. Sie lächelt; aber es ist ein Lachen nicht des Willens, sondern der glücklichen Existenz, wie die Flur lacht.

Wenn nun Raphael wiederum an die Bearbeitung jener Madonnenscenen ging, wie sie Sitte und Bedürfniß dieser Zeit forderten, so konnten sie nicht in dem Sinne des Francia und Perugino ausgeführt werden; dieser vorgerückten, so eng anschließenden und doch idealen Nachahmung der Natur mußten sie entsprechen. ·

Man wird sich nicht verbergen, daß hierbei um so mehr eine gewisse Gefahr war, je erfindungsreicher der Geist des Meisters. Hatte er sich von der gewohnten Art und Weise losgerissen, versuchte er dann jedes Mal einen neuen Weg, eine eigene Vorstellung, sollte es ihm immer auf gleiche Weise gelingen, diese den unleugbaren Forderungen der gegebenen Idee gemäß hervorzubringen?

Ein unbefangener Beschauer könnte meinen, daß ihm das nicht immer gelungen sei. Die Madonna della Seggiola ist vollkommen in ihrer Art; allein der Gedanke ist doch nur eine junge Mutter, die ihren Knaben mit Muttergefühl und Herzinnigkeit an sich drückt; etwas Göttliches ist hier nicht; sowol hier, wie in jener zweiten Jungfrau der Tribune zu Florenz, wo die Mutter nur ein wenig älteres Kind ist, das mit dem jüngeren spielt, überwiegt das menschlich Anmuthende. Die Gegenwart des Johannes mit seinem ecce agnus kann darin Nichts ändern.. In der Madonna bei Candelabri finde ich die Mutter beinahe kalt, allein das Stück rührt nur zum Theil von der Hand des Meisters her; zu der unter dem Namen der Impannata bekannten Madonna hat Raphael, so viel man weiß, nur den Carton gearbeitet. Die Anna auf diesem Bilde hat einen Zug von Ironie; es scheint fast, als habe sich der Meister nicht in jener Stimmung befunden, welcher sich das Göttliche offenbart.

Dagegen empfängt man den Eindruck einer solchen Stimmung bei anderen Arbeiten. So nahe die Madonna mit dem Vogel dem Spiel ist, so ist doch jenem frohen Darreichen des Johannes eine himmlischruhige Unbeweglichkeit des Kindes entgegengesetzt; die Mutter ist gerührt und göttlich.

Die Madonna di Fuligno, im Genuß und Gefühl ihrer Seligkeit, wendet sich voll Güte zu ihren Gläubigen, die ihr hinwieder eine zutrauliche Verehrung widmen. Es ist das Verhältniß der Jungfrau zu ihren Devoten, wie es die Gebete noch bis auf den heutigen Tag ausdrücken.

Das vollkommenste dieser Werke ist ohne Zweifel die Madonna di S. Sisto. Es ist nur eine Erweiterung der gewohnten Vorstellung der Madonna auf dem höheren Thron mit ihren Heiligen. Aber welch eine Erweiterung. Die Jungfrau wird von dem Thron auf die Wolke erhöht. Wenn es die Aufgabe der religiösen Kunst überhaupt war, das Göttliche in sinnlicher Gestalt erscheinen zu lassen, so ist diese Aufgabe vielleicht nirgends so vollständig gelöst worden, als in diesem Bilde. Die Jungfrau ist durch und durch Natur und Erscheinung, der Knabe ist erhaben, göttlich, vollkommen entsprechend der kirchlichen Vorstellung, wie sie einmal gefaßt war, und doch durchaus menschlich. Ideal und Realität durchdringen einander. Raphael hat das Bild in einer glücklichen Stunde in einem Zuge auf die Leinwand geworfen: das großartigste Zeugniß des Geistes und der künstlerischen Bildung, die in ihm lebten.

Wir sehen wol den Fortgang der Entwickelung: von jener durch den Begriff des Lieblichen, Heitern und Unschuldigen umfangenen und gleichsam gebundenen Darstellung zu der muthigen Auffassung eines freien Ausdrucks und großer Formen; es ist überdies ein anderer Moment eingetreten, nahe damit verknüpft; aber beinahe noch wirksamer: von der Ruhe zur Bewegung; von dem Sinnreichen zu dem Leidenschaftlichen.

Die Malerei machte vornehmlich durch Michelangelo den entscheiden=
den Fortschritt von der Bekleidung zu dem Nackten. Nicht als ob man
nicht auch früher in gar manchem Sebastian und verwandten Heiligen und
Eremiten die Nachahmung der Carnation und Gliederform menschlicher
Gestalt zum Zweck gehabt hätte, aber es ist ein Unterschied, ob sie durch
die Fabel geboten oder ob sie frei gesucht war. Jetzt traf diese Richtung
mit der allgemeinen Nachahmung der Antike zusammen; man wählte
Gegenstände, welche die Darstellung des Nackten begünstigten. Wenn man
nun auch hierin eine natürliche Fortentwickelung der Kunst erblicken kann,
so ist doch unleugbar, daß sie dadurch von ihrem religiösen Ursprung noch
weiter abgeführt wurde.

Der christlichen Tradition stellten sich die mythologischen Dichtungen
des Alterthums zur Seite; sie wurden mit immer wachsendem Eifer er=
griffen, sie eröffneten der Kunst als solcher in jeder Rücksicht eine neue
Bahn. Sobald es die Aufgabe des Malers geworden war, die Natur=
form des menschlichen Leibes in ihrer Fülle und Abwechselung zu repro=
duciren, so mußte er eine größere Bewegung suchen, jenen starken Schwung,
den die Leidenschaft der Action gibt. Eine solche boten ihm die Mythologie
und selbst die historischen Erinnerungen aus der Vorzeit in reicher Fülle dar.

Raphael trat zuerst in der Farnesina in diese Bahn ein. An der
Fabel von Amor und Psyche stellte er vornehmlich die weiblichen Ge=
müthsbewegungen dar. Venus erscheint einmal ruhig in ihrem Wagen;
alsdann im Tanz; wir sehen sie den Jupiter kindlich, die Götterversamm=
lung mit vieler Würde bitten, und sich entrüstet über ihre Nebenbuhlerin
beklagen. Hier ist es nun augenscheinlich, daß die Figuren ganz um des
Ausdrucks willen erfunden sind und in solchem beinahe aufgehen. Die
Gestalt der Venus ist immer eine andere. Um Jupiter geht sie mit
einer fast Cranachischen Demuth wie eine Eva; als Tänzerin ist sie zier=
lich schlank, vollkommene Tänzerin; wie sie sich beklagt, mit diesem rück=
wärts gewandten Blick, ist sie eine sehr stolze, modern römische, hohe
Gestalt; vielleicht die vollendetste von allen, die hier erscheinen. In der
sogenannten Galatea sehe ich auch nur eine phantastische Anadyomene.

Es konnte nicht anders sein, als daß diese Tendenzen in den ferneren
großen Compositionen, wie sie in der Camera della Segnatura in der letzten
Zeit Julius II. und unter Leo X. auszuführen waren, zu Tage traten. Ein=
mal stellte Raphael statt jener erdichteten Zustände Handlungen vor, welche
eine größere, von dem Eindruck und der Forderung des Augenblicks be=
herrschte Bewegung geboten. Sodann führte er nackte Gestalten ein. In
Heliodor ist es noch ziemlich sparsam; in den zur Rache bewaffneten
Engeln, in den Frauen und Kindern im Vordergrund erscheint es eben=
falls gemäßigt. Im Attila tritt es in den halbbekleideten Kriegern schon
stärker auf; noch mehr in dem Brande des Borgo: in dem Siege über
die Saracenen herrscht es vor. Man kann bemerken, daß diesem Fort=

gang entsprechend die Werke des Meisters mehr äußerlichen Ausdruck als innere Bedeutung haben. In dem Heliodor wie schön und groß=gedacht ist der rächende Engel in seinem strafenden Ernst; wie stolz steht er da, so wie im Attila der zuversichtliche Glaube der Priester den durch die himmlische Erscheinung erschreckten Kriegshelden und dem niedergeschmetterten Verbrecher gegenüber. In dem Brand sieht man der Natur glücklich abgelauschte Gestalten; wenngleich in diesen nur Aeneas etwas seltsam erscheint. Vor dem Siege über die Saracenen aber steht man still, ohne weitere Empfindung; die Krönung des Kaisers ist fast eine reine Nachahmung des Gegenständlichen, nur durch eines oder das andere wahre Antlitz belebt; und daß in diese kirchlich würdige Versammlung die unbekleideten Fachinen hereintreten, ist wol nur dem Bedürfniß von großen nackten Gestalten zuzuschreiben.

Es ist wahr, daß diese Bilder meist eine politische, historische Be=ziehung haben; daß sie geboten waren: aber dieser unaufhaltsame Fortgang von dem Moment, wo der Werth eines Bildwerkes in der Bedeutung seines Gegenstandes, zu dem anderen, wo er nur in der Vollendung der äußer=lichen Nachahmung liegt, ist historischer, als alle jene Anspielungen auf die vorübergehenden Ereignisse der Zeit.

In den Jahren 1515 und 1516 sind die Arazzi entworfen worden.[*]) Bestimmt, öffentlich vor die Augen des Volkes ausgehängt zu werden, werden sie mit der Rücksicht, sich populären Vorstellungen anzupassen, aus=gearbeitet worden sein. So sind schon bei der Krippe die Pifferari nicht vergessen worden, welche alle Jahre gegen Weihnachten aus den Abruzzen nach Rom kommen, und bei keinem Präsepe in den Häusern so leicht fehlen. Bei der Anbetung der Könige hat man den Elephanten dargestellt, der damals zum ersten Male wieder, nachdem man Jahrhunderte lang einen solchen Anblick entbehrt hatte, nach Rom gebracht worden war. Die Mahlzeit von Emaus findet in der Weinlaube einer Vigna statt. Dies Talent, sich verständlich, sinnlich, populär auszudrücken, hat der Maler hier vornehmlich in allem Beiwerke trefflich bewahrt. Vielleicht hat ihn eben dies veranlaßt, der schon eingetretenen Neigung, auf der einen Seite starke Bewegungen zu zeigen, auf der anderen solche zu sehen, nur um so mehr nachzugeben. Vergleicht man alsdann ein älteres raphaelisches Bild, wie es die Anbetung der drei Könige in der Engelsburg ist, mit diesem späteren Entwurfe, so findet man einen ungemeinen Unterschied.[**]) Dort stehen die drei Könige ruhig vor dem Kinde, ihre Gabe in der Hand; stille Bewunderung drückt sich in ihnen aus: neben ihnen die

---

[*]) Die Cartons Raphaels wurden nach einer Teppichfabrik nach Arras ge=schickt, von wo ein Theil derselben unter Karl I. nach England gekommen ist.

[**]) Ueber die früheren und späteren Schicksale des Bildes wird man von Passavant Raphael II, S. 17 unterrichtet.

Vornehmsten ihres Gefolges; von welchem ein fernerer Zug von Weitem herkommt. Wie ganz anders ist das hier! Wie inbrünstig küßt der alte König dem Kinde den Fuß: mit wie lebhafter Bewegung strecken die Schaaren der Begleiter die Arme aus! Höchst mannichfaltig ist die Wirkung des Ereignisses der Auferstehung auf die Wächter; Blendung, neugierige Verwunderung, Erstaunen, Erschrecken; Fliehen, Fallen, Sich-zurückwenden. Die Scenen des Kindermordes erscheinen im Kampfe zwischen den Mördern und den Weibern, welche ihren Feinden selbst in die Augen fahren und von ihnen bei den Haaren gefaßt werden.

Diese Vorliebe zu leidenschaftlicher Darstellung, in großen Formen, nicht ohne das Nackte, bildete sich in eben diesem Zeitpunkte aus und in Raphael war sie so sehr vorhanden, wie in irgend einem andern Zeitgenossen.

Auch in seinem letzten schönen Werke, der Verklärung, tritt sie hervor. In dem Vater des Besessenen wenigstens ist ein so leidenschaftlicher, in dem Johannes ein so lebhaft theilnehmender Ausdruck, daß man nicht weiter gehen könnte. Der nackte Knabe bietet in seinen krampfhaften Gliedmaßen allen Anlaß dar, Kenntniß der Anatomie an den Tag zu legen. Jedoch wird man die Motive glücklich und natürlich, die Vereinigung der irdischen Handlung mit der himmlischen geistreich, die Haltung der himmelan Schwebenden erhaben und groß finden. Es ist die volle Höhe dieser Richtung, und noch ohne ihre Fehler.

Denn wie sehr Raphael auch dem Zuge der herrschenden Bestrebungen folgte, so war er doch weit entfernt, sich ihnen rücksichtslos hinzugeben. Man kann auf ihn selber anwenden, wie er den S. Lucas dargestellt hat, dem die Jungfrau erscheint, indem er sie malt. Indem Raphael die Wirkung dieser geistigen Anschauung auf den empfangenden und wiedergebenden Menschen darzustellen hatte, — ließ er seinen Lucas zwar lebhaft gerührt, hingerissen bis zu liebender Verehrung erscheinen, allein nicht ohne den Ausdruck einer an sich haltenden Scheu, einer sich selber mäßigenden Zurückhaltung.

Auch die lebhafteste Bewegung mildert er durch ruhige Gestalten.

Es zeigt sich in Raphael, wie aus einem großartigen Stil Manier hervorgehen kann.

Raphael hatte durch innere Arbeit eine sich selber gleichartige Ausdrucksweise erworben, die ihm so zu sagen in der Hand lag; diese fuhr fort ihm auch dann beizuwohnen, wenn er seine Werke ohne tiefere Bewegung entwarf; allein man fühlt, daß diese Art der Vollendung auf der Oberfläche liegt; hier bleibt auch der Eindruck stehen; man wird nicht in das Geheimniß einer großen Erscheinung eingeführt.

Eben dies ist der Punkt, an welchem seine Schüler beginnen; sie haben glatte Form und eine nicht von innen herausgearbeitete, sondern fast zufällig angegriffene, nicht eigen durchgebildete Fabel.

In den Zeiten, in welchen die großen Hervorbringungen zu Stande kamen, der Kunst die vollkommensten Darstellungen gelangen, wich man doch auf allen Seiten wieder von der Höhe dieses Standpunktes ab. Denn nur ein Moment ist die Production des Schönen. Nur aus der glücklichen Regung der Seele geht sie hervor, aus welcher auch Tugend und Frömmigkeit, mit ursprünglicher Naivetät und Unschuld dem Reiche der Ideen zustrebend, emporwachsen. Aber zugleich gehören begünstigende Umstände des gesammten Lebens und Zeitalters dazu, um der persönlichen Entwickelung Raum zu gewähren.

VII.

Tizian und einige seiner Zeitgenossen.

Die Schranken der Schulen, in die man die Geschichte der italienischen Malerei einzutheilen pflegt, sind vor uns so gut wie gefallen. Es ist ein und derselbe Fortschritt, den wir zu der nämlichen Zeit in allen bemerken: von dem Herkömmlichen, Gebundenen zu freier Auffassung; von der Darstellung gewisser Seelenstimmungen zu einem Wetteifer mit der Erscheinung, mit den Werken der unerschöpflich bildenden Natur; von dem Lieblichen zu dem Großen. Die Bewegung geht von Innen hervor nach Außen; doch ist sie ganz von der Idee des Schönen beherrscht. Dieser das Höchste anstrebende Sinn, der im übrigen Italien mit allen Schwankungen der Ereignisse und der öffentlichen Stimmung zu kämpfen hatte, fand nun in dem ruhigen, auf sich selbst angewiesenen, sich selber gleichen Venedig eine besondere Stätte der Entwickelung. Hier, wo die Wogen der Weltbewegung minder gewaltsam brandeten, gelangte er zu einem eigenthümlichen Ausdruck.

Man hält Giorgione für den Gründer der venezianischen Schule, insofern sie die neue Richtung in sich aufnahm. Leider ist es unmöglich, die Wirksamkeit Giorgiones zu verfolgen. Seine größeren Werke sind meistens untergegangen; die, welche sie sahen, nahmen in ihnen feurigen Schwung, energische Handlung und eine kunstvolle Farbengebung, welche den Eindruck des Lebens machte, wahr. In den Arbeiten, die sich erhalten haben, bemerkt man glückliche Gegensätze: brauner, sonnverbrannter Männer und zarter Mädchen; nachgiebiger Schönheit und des bejahrten Versuchers; mönchischer und ritterlicher Heiligen; des siegreichen Knaben und des niedergeworfenen Riesen; — frei lösen sich seine Porträts ab von der Tafel und treten neben einander heraus: Alles geistvoll, zuweilen bizarr. Da man nicht weiß, wie weit die Stücke, die ihm an vielen Orten zugeschrieben werden, eigentlich ächt sind, so kann man nicht mit Bestimmtheit sagen, inwiefern von ihm eine beherrschende Richtung ausgegangen sein könne. Von einigen der schönsten seiner angeblichen Reliquien ist es ungewiß, ob nicht auch dem alten Meister Bellin ein sehr wesentlicher Antheil daran zugehört. In dem Umgange Gian Bellins mit so begabten Schülern, wie Giorgione ohne Zweifel war, und wie wir Tizian in allen seinen Spuren erkennen, ward der neue Geist lebendig ergriffen; so faßte er Wurzel in Venedig.

Wir vermögen nicht die Schwingungen anzugeben, durch die derselbe eindrang, jedoch lassen sich wol einige Spuren davon bemerken. Von Tizian ist es nicht zweifelhaft, daß er von Anfang ein selbständiges Verfahren einschlug. Schon an so alten Tafeln, wie die kleine Tizians in der Sacristei der Frari ist, läßt sich eine eigenthümliche malerische Auffassung wahrnehmen. Es ist vornehmlich die Carnation, welcher Tizian besser beizukommen suchte. Schon hatte Giorgione den Rath ertheilt, die Natur nicht geradezu wiedergeben zu wollen, sondern so, wie sie sich dem Auge des Beschauers darstellt. Darauf beruht die Vertheilung von Licht und Schatten und das unvergleichliche Colorit der venezianischen Darstellungen. Tizian übertraf seine Zeitgenossen noch durch die Harmonie seiner Erfindung.

In der Composition blieb man in Venedig wol nicht ganz frei von einer Nachwirkung der Toskaner. In dem S. Marco in der Salute ist der S. Marco des Fra Bartolommeo nicht zu verkennen.

Zugleich übte man sich an den Bildwerken des Alterthums. In gewissen Engeln Tizians hat man eine Nachahmung von Gemmen bemerkt, die noch in Venedig aufbewahrt werden, und die Wirkung der Antike kann sich nicht darauf beschränkt haben.

Begriffen in diesen Bemühungen, leise berührt, nicht beherrscht, von diesen Einflüssen, gehoben von der Umgebung, trat Tizian in seine große Laufbahn.

In dem Porträt ist es nicht sowol der Ausdruck des Geistes oder das Ideal, als die zusammengreifende Wirkung der verschiedenen Elemente der Erscheinung, was er wiederzugeben sucht. Er hebt das volle, blonde, befehlshaberische Frauengesicht durch schwarze Tracht und schwarzes Kopfzeug; die frische Munterkeit einer bräunlichen Schönen, beweglich wie sie ist, stellt er in enganschließendem Kleide dar, das ihre schlanke Gestalt zeigt; edle Fürstinnen erscheinen in Dunkelgrün, reich angethan mit Ketten; die Bescheidenheit aber kleidet er in Weiß. Unmittelbar bis zur Gegenwart treten seine Aretine und Arioste, seine Carle und Philippe vor uns hin, in dem ganzen Stolz der Vollendung, der eine würdige Existenz ausspricht.

Von diesem Punkt aus war er in Einem Moment bei dem Ideal; sei es ein sinnliches, das ist die Ausbildung der Gestalt bis zur Vollendung; oder ein geistiges. In der Venus bei den Barbarigo ist in den Gliedern der anschwellenden Muskeln der Arme, der runden Weichheit der Hüften eine Fülle bis zum Ueberfluß; sie ist dem ohnerachtet schlank; und das üppige Gesicht wird von den seitwärts gewandten, aber in dieser Richtung

geradaus schauenden Augen beherrscht. Die Natur schwelgt in ihrer
Hervorbringung; Amoren sind in der Nähe beschäftigt; man kann keine
lebensvollere Vergegenwärtigung eines schönen Geschöpfes haben.

Ihr gegenüber hängt dort eine Magdalena. Sie ist nicht weniger
reich ausgestattet; es sind dieselben Formen der in ihrem Geschöpf ver=
schwenderischen Natur. Die Verschiedenheit der Absicht tritt aber schon
in der Umgebung hervor. Statt des wohl eingerichteten, reich verzierten
Zimmers finden wir uns in zurückgezogener Einsamkeit, draußen bei dem
Gebirge. Um diese Gliedmaßen legen sich nicht, wie dort, Armbänder
und Ringe, noch sind die Haare sorgsam geflochten; die langen Locken fallen
aufgerollt über die Schultern herein. Die ganze Wirkung aber faßt sich
in den Augen zusammen. Es ist nicht, wie dort, nur das Aufathmen
einer sich selber fühlenden Creatur. Hier ist nichts Verführerisches; das
Auge ist gen Himmel gerichtet und von Thränen gefüllt: in diesem Wesen
ist das Bewußtsein einer andern Welt lebendig geworden; gleichsam ver=
langend nach einem andern Gut, ist der Mund geöffnet.

Oft zweifelt man an der Aechtheit der Frömmigkeit, weil ihr Sünde
vorhergegangen. An der Aechtheit der Buße, wie sie hier auftritt, kann
kein Zweifel aufkommen.

Der Geist unseres Künstlers schwelgt selbst in dieser doppelten
Welt. Er unterscheidet oft genug ausdrücklich seine devoten Productionen
von seinen profanen, die er Poesien nennt.

In den Compositionen der ersten Art suchte er nicht minder als
in den andern den ganzen Ausdruck der Natur; nur eine geistige Rich=
tung unterscheidet sie. Jene Madonna, die er im Wettstreit mit seinem
Nebenbuhler Pordenone in einer Capelle zu Treviso ausführte, ist eine
vollkommen schöne, ganz ausgebildete Gestalt. Aber wie sie nach der
himmlischen Erscheinung halb hingewendet ist, so ist sie von wahrer
Unschuld und aufnehmender Ergebung überleuchtet. — Selbst wo er sich
dem Traditionellen, wie in der Anordnung der Präsentation der Maria, in
welcher wie auf früheren venezianischen Bildern eine lange leere Treppe
fast die ganze linke Seite der Tafel einnehmen sollte, zu bequemen hatte,
wußte er es doch, die Erscheinung, wie sie vor ihm stand, wie er sie
sah, darauf zu schreiben. Diese Zuschauenden sind vor allen Dingen
Venezianer; edle Gestalten, von denen es gut ist, daß sie der Vergessen=
heit entrissen worden, in würdigem Kostüme; ihrer viele, aber bequem,
ohne sich zu drängen. So schön gruppiren sich die dürftige Frau und
der sein Almosen ernsthaft darreichende Senator, den schon wieder ein
anderer anspricht. Es ist ein so natürlicher Gegensatz zwischen der
Alten, die mit ihrem Eierkorbe trotzig an der Stufe sitzt, und der
jugendlich heranschreitenden, wohlgekleideten venezianischen Edeldame;
zwischen dem Kind, das bemüthig die Treppe hinaufsteigt, und dem andern,
das anmuthig an derselben hinlehnt. Für diese Mannichfaltigkeit des

12*

anscheinend gemeinen Lebens ist die alt gewohnte Anordnung gerade er=
wünscht, sie gibt den Werken doch den Ausdruck einer religiösen Conception.

Zu ganz neuen Schöpfungen führte es aber, wenn Tizian nun in
großen Compositionen diese wiederhervorbringende Nachahmung der Natur
mit seinen Idealen durchdrang.

Mit aller Pracht sinnlicher Erscheinung ging er daran, die Assum=
tion der Jungfrau für die Kirche der Frari zu malen.*)

Es ist eben jene Gestalt, der er die Verkündigung geschehen ließ;
die Schönheit einer vollkommen, großartig in allen ihren Formen ent=
wickelten Frau, in der nicht Demuth noch Unschuld noch eine andere be=
sondere Eigenschaft oder Tugend vorzugsweise hervortritt, sondern ein
Wesen von Fleisch und Blut, aber ohne die Zuthat der Jahre und rein
von Mängeln; jetzt durch ein heiliges Entzücken verklärt; himmelwärts
emporgehoben so ihre Seele, wie wir den Leib sehen.

Anbetend schauen die Apostel ihr nach; diese sind in größten Formen
gehalten; man sieht die Arme ausgestreckt, und den Körper in lebhafter
Bewegung; doch könnte man nicht sagen, daß dies gemalt wäre, um das
Spiel der Muskeln oder die Bildung der Glieder zu zeichnen; es ist in
ihnen die mannichfaltigste Abstufung von der jugendlichen Anbetung, die
im Selbstbewußtsein der Religion, der diese bestätigenden Erscheinung
gegenübersteht, bis zu dem Entzücken des Greises, welcher von derselben
überwältigt und gleichsam aufgelöst wird. Jede dieser Gestalten ist von
der Idee belebt und durchhaucht.

Ueber ihr erscheint Der, welcher sie empfangen wird, — man sieht,
wohin sie geht. Wol hat die ursprüngliche Mythe dies eigentlich ver=
standen. Aber wenn wir Andern auch wissen, daß dies nicht geschah,
daß sie nicht auf Wolken emporgetragen worden, daß dieser persönliche
Gott ihr nicht empfangende Arme entgegen gebreitet hat, so müssen wir
doch den Mythus als ein herrliches Gedicht anerkennen; es ist die zugleich
kindliche und religiöse Vorstellung der innigsten Vereinigung des Gött=
lichen und des Menschlichen. Das reine Geschöpf, wie es ist, von Engeln
wird es emporgetragen und gefeiert; von der Gottheit aufgenommen,
von den Menschen da unten vermißt und angebetet. Wol könnte man
von dem Zweifel beschlichen werden, ob es nun auch der volle Ernst der

---

*) Aus den Diarien des Sanuto hat man erfahren, daß dieses Werk den
20. März 1518 in der Kirche de' Frari zur Aufstellung gelangte. Die Technik des
Werkes hat indeß so viel auch für jene Zeit Auffallendes — man sagt sogar, die
Frari hätten Lust gehabt es zurückzuweisen —, daß dies Erörterungen der maleri=
schen Motive veranlaßte; vgl. Ticozzi, Vite dei pittori Vecelli, p. 24 ff. Bei
den neuesten Beschreibern kann man sehen, wie viel weiter sie hierin gehen. Man
nimmt an, Tizian habe von Natur gewußt, was wir heute durch die Beobachtung
der Photographien lernen. Es heißt dort, er habe auf einer einzigen Bildfläche
die Erfahrungen eines halben Jahrhunderts der Oelmalerei zusammengefaßt.

Religion ist, was hier hervortritt; ob der Auffassung nicht zu viel irdische Elemente beigesellt sind. Allein den großen Meistern gegenüber, die das Wunder veranschaulichen, denkt man daran nicht; man lebt nur in dem Mitgefühl der Kunst.

Wenn ich verschiedene wohl gelungene Werke hintereinander sah, so empfand ich den Eindruck des Wohllautes der Musik. Dies Gemälde ist, wie wenn alle in einem Tonwerke angeregte Motive vereinigt werden und in laute Harmonien zusammenströmen.

Tizian umfaßt ebenso wie Raphael und Michelangelo profane Mythologie und geistliche Darstellungen. Von dem, was er, wie schon berührt, seine Poesien nannte, habe ich keine gesehen, welche eine auch nur von ferne ähnliche Wirkung zu machen fähig wäre. Sie sind, wie Adonis und Venus, zwei junge und jugendliche Gestalten, von denen die weibliche zurückzuhalten sucht, die männliche sich zu entfernen ent= schlossen ist, glücklich gefaßt und ausgeführt. Die Età dell' uomo ist ein Idyll, durchsichtig und sinnreich. Reich und prächtig ist ihm die Landschaft unter dem Pinsel hervorgequollen.

In der Größe der allgemeinen Intention läßt sich Tizian dem Michelangelo und dem Raphael nicht gleich stellen. In diesen lag etwas Weltumfassendes, über die bisherige Sphäre der Malerei weit hinausgreifendes; eine innere Genialität, die mit den Gegenständen ringt. Tizian ist mehr ein Maler seiner Zeit, seiner Vaterstadt. Ueber den Kreis der gewohnten Vorstellungen geht er nicht hinaus, aber innerhalb desselben entwickelt er eine Virtuosität, die wieder ihres Gleichen nicht hat.

Die Behandlung der Landschaft war in Tizian ein eigenthümliches Verdienst; sie diente vollkommen seinen Zwecken.

Als er Pietro Martire darzustellen hatte, konnte er dies auch thun, wie andere, bei denen etwa der Heilige mit dem Beil im Kopfe erscheint. Statt dessen ergriff er nur den Augenblick der Handlung; der Mörder steht bereits über den Niedergeworfenen. Diesem Moment fügt er eine neue belebende Gestalt hinzu, den weichenden entsetzten Begleiter: die Wirkung der schreckenerfüllten Augen, der aufgehobenen Arme wird durch das Gewand, das vom Winde berührt wird, verstärkt. Um aber dem Bilde überdies die ganze Fülle der Erscheinung zu geben, braucht er die Landschaft. Im Vordergrund einer grünen, jedoch nicht blühenden Gegend erheben sich ein paar überaus hohe und starke Sambucobäume; sie geben uns das Gefühl der Einsamkeit; in seiner Wanderung sehen wir den Heiligen angefallen: dort unter den Bäumen geschieht die Frevelthat. Aber schon erscheinen in ihren Wipfeln lichthelle Engel, „die schönsten, die je aus dem Paradies kamen".

Nicht allein zu deutlicher Versinnlichung, auch zu höheren Zwecken dient ihm die Landschaft. In der Scuola del Santo hatte er die Mord= that, die ein Ritter an seiner Gemahlin vollzieht, in ihrem ganzen Gräuel darzustellen; wer möchte dies ansehen, wenn nicht das hohe und wilde Gebirg, in welches die Handlung verlegt ist, den Blick an sich zöge und den Eindruck mäßigte. Man hätte über diese Landschaft kein größeres Lob aussprechen können, als daß sie den Effect störe; diesen grausen Effect zu stören, war sie eben bestimmt.

Zuweilen aber stimmt auch die Landschaft zu dem Gegenstand. Dort, wo David den Goliath erlegt hat, und nach vollbrachter, nie ge= hoffter That zum Gebete hinsinkt, sieht man das dunkle Gewölk prächtig von glänzendem Lichte zerrissen.

Indem Tizian dergestalt sich der sichtbaren Welt, insofern sie in Farben dargestellt werden kann, bemeisterte, machten seine Zeitgenossen, sei es durch sein Beispiel oder im Wetteifer mit ihm, oder auch durch den Schwung, der diesen Bestrebungen nun einmal mitgetheilt war, be= günstigt, Fortschritte, den seinen analog.

Bei Palma dem Aelteren und Paris Bordone nehmen wir noch hie und da die alte Schule wahr. Die Assumtion Marias von dem erstern ist noch sehr symmetrisch. In der Mitte erscheint weniger auffliegend, als auf einem Engel beinahe stehend, die Jungfrau; zu beiden Seiten unter ihr aufschauend zwei Apostel, denen sich am Fuß zweier in der nämlichen Erhebung aufsteigender Hügel die anderen gleich symmetrisch anschließen. In den Gesichtszügen herrscht der legendenartige Ausdruck dieser Zeit; unschön finde ich, daß auf dem Boden die Menge der nackten magern Füße, gerade wegen der symmetrischen Anordnung, um so mehr in die Augen fällt. Die Werke des Paris Bordone sind reich an Gestalten, mit Lebhaftigkeit aufgefaßt und geordnet, doch seien sie gegenständlich, wie in der Versammlung, in der dem Dogen der Ring gebracht wird, oder ideal, wie in der Glorie des Paradieses, so konnte ich an ihnen kein besonderes Verdienst ersehen. Glücklicher entfaltet sich ihre Eigenthüm= lichkeit in dem Porträt. Wem wären jene zahlreichen Brustbilder der Venezianerinnen unbekannt, die einander sehr ähnlich und mit fast gleichem Talent ausgeführt in den Gallerien bald mit dem Namen des Giorgione, oder des Tizian, bald mit Palma, Bordone oder Pordenone bezeichnet werden? Hierin hatten sie nur der Natur, die sie vor sich sahen, zu folgen. Es sind vornehmlich diese Gestalten, welche den venezianischen Malern gelingen: hie und da haben sie dieselben zum Ideal erhoben. So hat sie Bordone der Jungfrau, als Magdalena in ihrem Schmerz ver= loren, in dunkler Landschaft glücklich beigesellt.

Dem Fra Sebastiano del Piombo gelangen vornehmlich männliche Porträts. Er hat Clemens VII., so mit erbleichendem Bart, wie er von seiner Flucht nach Rom zurückkam, abgebildet; schon ohne Kraft, doch nicht ohne Würde; wie trefflich stimmen diese grauen Schatten zu dem alternden Gesicht! Seine Tafel in S. Giovanni Crisostomo ist ein reizendes Stillleben der Heiligen. S. Chrysostomus, ein heiliger Autor,

ist im Schreiben begriffen; er scheint auszusprechen was er nieder=
schreibt. Zuhörend umstehen ihn heilige Männer. Heilige Frauen
nähern sich ihm mit leisem Fußtritt; eine von ihnen mit einem Gefäß.
Mit dem Porträt ist das Ideal nahe verwandt. Jenes ist das edelste;
dies streift hart an die Natur. Der religiöse Begriff bleibt dabei
immer in seiner Integrität. Man scheidet von einem solchen Bilde
wie von einem Manne, den man etwa auf Reisen, eines Abends, traf;
er trat an uns heran, ohne uns zu stören, wir nahmen seine liebens=
würdigen Eigenschaften wahr; obwol er uns nur leise berührte, stimmte
er die Saiten unsres Gemüthes zu Behagen und Harmonie; lange
gedenkt man eines solchen. Auf umfassenderen Bahnen bewegte sich
Pordenone. Es war ihm nicht genug, diese wenig idealisirten Porträts
in Gruppen zu vereinigen, obwol ihm dies vortrefflich gelang, und er
devote, aber rüstige Männer, lebensvolle und doch einfache Frauen,
die mannichfaltige Physiognomie junger strebender Menschen, z. B. in
dem Bilde, das ihn selbst unter seinen Schülern darstellt, treffend wieder=
gab. So wie er aber diese Schüler in das Studium des Nackten und
der Antike begriffen abgebildet hat, so wohnte auch ihm ein solches bei;
hie und da nehmen wir bei ihm eine Nachwirkung davon wahr. Er hatte zu=
weilen ganz symbolische Vorstellungen wiederzugeben. In einem seiner Werke
zeigt Johannes der Täufer das Lamm, das er verkündigt, dem heiligen
Franziscus, der es anbetet. An das Symbol rührte Pordenone nicht; er
begnügte sich, S. Johann, der ihm ein reiches Nackt erlaubt, mit großen
Formen, die durch das darüber geschlagene Fell eher hervorgehoben als
verdeckt werden, darzustellen. Auch in den wenigen Resten, die von diesen
Arbeiten übrig sind, sieht man, z. B. bei Kain und Abel, seine auf das
Große gerichtete künstlerische Intention. Seine Fresken in Treviso dagegen
sind wohlerhalten. Er hat es gewagt, in der Anbetung der Magier den
Joseph nicht allein in ungewöhnlicher Jugend, sondern auch fast nach dem
Vorbild einer alten Büste völlig in antikem Stil darzustellen; Gott Vater,
ein stattlicher Greis, fliegend, dicht von Engeln umgeben; die stolzen
Formen einiger Nebengestalten erinnern an raphaelische und michel=
angelo'sche Werke. Dabei ist jedoch viel Eigenthümlichkeit, Kunstfertigkeit
und natürliche Anlage.

Pordenone war, wie berührt, ein Nebenbuhler Tizians; in technischer
Ausbildung nähert er sich ihm hie und da an, allein in wahrem Verdienst
ursprünglicher Auffassung bleibt er hinter ihm zurück.

Die Nebenbuhler und die Freunde starben; lange blieb Tizian
übrig. Wir haben einen Brief von ihm an König Philipp II., in dem
er sagt, er sei nun 95 Jahre alt. In diesem Staate, in welchem bei
aller Freiheit doch Alles einem höhern Zweck diente, mußten auch seine Werke
sich fügen, zu Geschenken gebraucht zu werden, um die Gunst fremder Könige
oder Staatsbeamten zu erwerben.

Indeß hatte die Welt ihren Geschmack und ihre Vorliebe vielfach ge=
ändert.   In den letzten Werken Tizians finden wir, daß er einer Rich=
tung Raum gegeben hat, welche nicht ganz die seinige noch die seiner
Jugend war. Die Ausgießung des heiligen Geistes in Salute ist gleich=
sam materieller behandelt, als er früherhin pflegte. Von dem Lichtglanz,
in welchem die Taube, läßt er die Strahlen wirklich herabfahren und
über den Köpfen in feurigen Zungen erscheinen.   Das Entzücken, das
hierdurch entsteht, drückte er sowol in den Aposteln, welche die Leiber
zurückbeugen, die nervigen Arme auseinander strecken, oder einander dem
Lichte zuwenden, selbst in der Mutter auf das stärkste aus. — In
S. Lorenzo bei den Jesuiten ist die Marter in ihrer vollen Grausamkeit,
der nackte Leib in seiner Qual; Henker, Feuer, Fackeln entsetzend und
ohne Mäßigung abgebildet. Eine Pietà war sein letztes Werk. Doch
nur die Magdalena hat er vollendet. Sie beweint den Gestorbenen.
Wild fliegen ihr die Haare über das Gesicht; bitter und heftig ist ihre
Klage, zu der sich ihr Mund eröffnet. Jacob Palma setzte das Werk,
wie er sagte, mit Ehrfurcht fort und widmete es Gott.

———

Ich bemerke, daß ich an dieser Stelle inne halten kann. Das
Werdende in seinen Ursprüngen und seinen ersten Abwandlungen zu be=
gleiten, hat einen unendlichen Reiz; und mit Vergnügen verweilt man
da, wo sich das Gewordene in seiner Fülle und Größe darstellt. Diese
Kunstwerke erscheinen in ihrer Gesammtheit als eine der größten Hervor=
bringungen des italienischen Geistes, des Geistes der abendländischen
Nationen überhaupt. Sie sind zugleich Kunstübung und Poesie im innig=
sten Zusammenhange mit der Religion. Ihre Entwickelung zu vergegen=
wärtigen, ist nicht allein der Beruf der Kunstgeschichte, es bildet einen
Theil der historischen Studien überhaupt.

Zur Revision der Gewerbeordnung.

Von

H. B. Oppenheim.

— Berlin. —

Alle Welt spricht, bald ablehnend, bald zustimmend, von der Reform oder Revision der Gewerbeordnung, aber bei näherer Betrachtung ist der Sinn, der mit diesen Worten verbunden wird, je nach Stellung und Interesse des Redners ein sehr verschiedner. Sogar darüber, was unter Gewerbeordnung zu verstehen sei, gehen die Meinungen manchmal auseinander. Handelt es sich für die ganze Grundlegung unserer wirthschaftlichen Ordnung und eines neuen Gewerberechtes wirklich nur um jenen legislatorischen Act vom 21. Juni 1869, dessen 156 Paragraphen als die Gewerbeordnung des norddeutschen Bundes später zum deutschen Reichsgesetz erhoben wurden?

Dieses Gesetz ist nicht das Ganze, wol aber der Mittelpunkt einer Reihe von Bestimmungen oder Einrichtungen, auf welchen das wirthschaftliche und theilweise auch das staatsrechtliche Leben der Nation beruht; der Mittelpunkt eines noch nicht abgeschlossenen Systems, zu dessen Vollendung noch Vieles erforderlich ist. Man könnte sich doch z. B. — um ein Beispiel zu nehmen, das eigentlich die Sache selbst ist, — die Gewerbefreiheit nicht ohne die Freizügigkeit denken; ebenso wenig, wie man die Zugfreiheit, das erste und wichtigste Grundrecht des deutschen Reichsbürgers, ohne die Gewerbefreiheit für verwirklicht halten könnte. Die verschiedenen Gesetze nun, welche die Freizügigkeit (Paßfreiheit u. s. w.) begründeten, enthalten ein staatsrechtliches und socialpolitisches Princip, dessen Inhalt erst zum vollen Ausdruck gekommen ist in dem sogenannten Unterstützungswohnsitz-Gesetz, d. h. der Regelung des Heimatsrechtes für den verarmten Arbeiter. Neben diesen Gesetzen, welche dem Arbeiter überall ein Heim und eine Arbeitsstätte eröffneten, ohne welche die beste Gewerbeordnung nur eine Zwangsanstalt wäre, ist eine andere Reihe von

den Arbeiter hebenden oder die Arbeit befreienden Gesetzen zu nennen,
wie z. B. das Normativ=Gesetz über die (von Schulze=Delitzsch gegrün=
deten) Wirthschafts= und Erwerbs=Genossenschaften, welche den kleinen
Mann mit einer vorher unbekannten Creditfähigkeit ausstatten; das Gesetz,
welches die Beschlagnahme der Arbeits= und Dienstlöhne verbietet; das
Hülfscassengesetz; das Gesetz, welches die Haftbarkeit für Beschädigungen
bei gewissen Gewerbebetrieben zwischen Arbeitgebern und Arbeitern zu
ordnen versucht, u. a. m.   Auch die Gesetze zum Schutz der geistigen
Arbeit und des geistigen Eigenthums auf industriellem Gebiet, der Marken=
schutz, Musterschutz und Erfinderschutz (Patentgesetz) sind nicht blos als
Beförderungsmittel der großen Industrie hierher zu ziehen, sondern auch,
wie man in England und Amerika aus langjähriger Erfahrung weiß,
weil sie zur Förderung und Hebung des Arbeiterstandes wesentlich bei=
tragen.

Ob diese Gesetze nun die eigentliche Gewerbeordnungs=Acte vorbereiten
halfen oder durch sie bedingt waren, ob sie nach äußeren Zufällen oder
inneren Bedingungen vor oder nach ihr entstanden, ihre Wurzeln in der=
selben vorfanden oder das Erdreich für sie lockerten, darauf kommt wenig
an: es handelt sich jetzt um einen Complex, der als ein Ganzes begriffen
werden muß, zumal wenn man das, was noch zu thun ist, nicht an
Abstractionen, sondern an den Voraussetzungen des concreten Lebens
ermessen will.

Gewiß gehört das Gesetz vom 21. Juni 1869 zu dem Besten, was
der norddeutsche Bund aus seiner noch ungetrübten Schaffensfreude dem
deutschen Reiche als Morgengabe mitgebracht hat. Selbst die Gründe,
warum wir das Gesetz unvollkommen nennen, gehören zu seinen Ruhmes=
titeln.   Das Bedürfniß danach und die Bedingnisse des gewerblichen
Lebens waren richtig erkannt; zunächst galt es, im Gewerbewesen die
Rechtseinheit zu schaffen. Daß dieses nur auf dem Boden der Frei=
heit geschehen könne, darüber war man allseitig einverstanden, soweit man
überhaupt die Einheit erstrebte. Es verhielt sich mit anderen wichtigen
Fortschritten genau ebenso. Der lächerliche doctrinaire Gegensatz von
Einheit und Freiheit, der in so manchem Parteiprogramm noch heute
spukt, ist längst an dem Lichte der Thatsachen geschmolzen.

Aber auch darüber täuschte man sich weder im Bundesrath, noch im
Reichstage, daß man weder die Zeit habe, noch die Zeit es gestatte, Voll=
kommenes oder auch nur für eine längere Frist Abschließendes zu ge=
stalten. Das Werk und sein Ausbau fallen ja in eine Epoche social=
politischer Kämpfe, denen wol Waffenstillstände abzugewinnen sind, aber
keine endgültigen Friedensschlüsse. Die überaus verwickelten, mannich=
faltigen und complicirten Ordnungen und Zustände der Berücksichtigung
verlangenden Einzelstaaten, — um so verwickelter und anspruchsvoller
vertreten, je zurückgebliebener der Einzelstaat war, — mußten sich freilich,

wenn auch nicht immer ohne Vorbehalt, dem Lebensprincip der größeren industriellen Staaten fügen, in welchen die Gewerbefreiheit, obgleich spät und nicht unbedingt, doch schon eine geraume Weile eingeführt und unumgänglich geworden war. Der Gesetzgeber durfte sich hier mit der größten Bestimmtheit auf die öffentliche Meinung stützen. Von den Cassandra-Stimmen der späteren kritischen Epoche ließ sich damals kaum eine vernehmen; andrerseits fand sich unter den angeblichen Anhängern des verrufenen Satzes: „Laissez faire et laissez passer" kein Einziger, der die Gewerbefreiheit nicht durch strenge, aber humane Ordnung hätte beschränken wollen. Die deutsche Freihandelspartei hat dem Verdächtigungstrieb ihrer vielfachen Gegner keine derartige Blöße gezeigt.

Die Gewerbeordnung von 1869 ist nicht einmal vollständig in Bezug auf den materiellen Umfang ihrer Competenz; manches gewerbliche Gebiet hat sie — besonders in §. 6 — künftiger Regelung vorbehalten. Die Landwirthschaft, die gelehrten Professionen und einiges Näherliegende sind ihrer Zuständigkeit noch nicht unterworfen. Erschöpfend sind nur das Handwerk und die Fabrik-Industrie behandelt. — Manche Freiheit scheint gleichsam versuchsweise gegeben; mancher legislatorische Gedanke mehr angeregt als ausgeführt; manche Institution nur für die fernere Ausbildung angedeutet; so z. B. in den Paragraphen über das schiedsrichterliche Verfahren (§. 108), über Hülfscassen u. a. m., welche Paragraphen der Jurist als Leges imperfectae bezeichnen würde. Wer also von Revision, Ausbau oder Fortbildung spricht, der steht auf dem Boden des Gesetzes selbst und handelt im Geiste des Gesetzgebers. Nur muß er dabei nicht an eine Umkehr denken, wie Die, welche uns ihre unreifen sogenannten Reform-Gedanken aufzutischen pflegen. Bei jedem einzelnen Schritte wird zu prüfen sein, wo die Grenze zwischen Freiheit und Ordnung zu ziehen ist, um die Freiheit nur nach dem Maße des Nothwendigen zu beschränken. Denn ausnahmslos lehrt uns die Geschichte der so mannichfaltig verschlungenen gewerblichen Thätigkeiten und Oganisationen, daß der Zwang nur Unordnung schafft, daß Freiheit und Ordnung zusammen gehen und sich gegenseitig bedingen. Handelt es sich um gesetzliche Einwirkungen, so fragt es sich, ob die Mittel dazu in die Hände der Bureaukratie zu legen sind, oder den Organen der Selbstverwaltung anvertraut werden können. Vieles, was noch außerdem wünschenswerth erscheint, muß der freien Selbstthätigkeit — einzelner oder verbundener Individuen oder anerkannter Corporationen und juristischer Persönlichkeiten — überlassen bleiben. Der sittliche Kern der Selbsthülfe erhöht den Werth des zu Schaffenden, der Zwang vernichtet oft den ganzen Werth der Leistung. Die Erfahrung muß hierbei leiten und helfen, das Richtige zu treffen; aber über der Erfahrung stehen gewisse allgemeine Grundsätze, z. B. der, daß das Recht überall von Obrigkeitswegen geschützt werden muß, daß Niemand vergeblich Recht suchen darf, oder daß

erwachsene und geistig normale Personen nicht bevormundet werden
sollen.

Wenn die Zeiten schlecht sind, wird auf alle wirthschaftlichen Gesetze
raisonnirt, besonders inmitten eines politisch und volkswirthschaftlich noch
so wenig geschulten Volkes, wie das unsrige, wo selbst berühmte Gelehrte
sich gegen die erfahrungsmäßigen Wahrheiten der Nationalökonomie zu
versündigen pflegen. Wer schlechte Geschäfte gemacht hat, schiebt die
Schuld daran lieber auf alles Andere, als auf seine eigene Dummheit
und Habgier. Und
    „weil Dein Brünnlein trübe läuft,
    Meinst Du, die Welt sei auf der Neige!"

In solcher Stimmung oder Verstimmung finden die Tadler leicht
Gehör, woher sie auch kommen mögen. Das Fundament unserer Gewerbeverfassung wird aber von zwei Seiten durch fundamentale Gegner ange-
feindet; das sind die Zünftler und die Socialisten. Beide greifen sie an
der Wurzel an, und selbst wenn sie sich auf Einzelheiten kritisch einlassen,
so geschieht das nur, um für ihren künftigen Vernichtungskampf einzelne
Etappen voraus zu befestigen. Die Einen wollen eine andere Gewerbeordnung, die Andern gar eine ganz andere Gesellschaftsordnung; freilich
fällt bürgerliche Gesellschaft und Wirthschaft für Diese zusammen. Der
Freiheit Feinde sind Beide; was sie Freiheit nennen, ist keinesfalls das,
was wir unter persönlicher Freiheit verstehen; Beide erstreben ein System
voll Reglementirungen. Die Zunft-Schwärmer beabsichtigen eine Rückkehr zu dem corporativen Leben des Mittelalters, dem die Menschheit
seitdem völlig entwachsen ist. Wenn sie die Zustände innerhalb der
Zunft aus deren Blüthezeit so rosig schildern, so mag das der Kürze
wegen unwidersprochen bleiben; — den Zunftmeistern war das Zunftrecht
ebenso angenehm, wie das Feudalrecht den Lehnsherren. Aber wie ging
es der armen Menge, welche draußen stand? Als diese rechtlose proles
zur Mehrheit heranwuchs, da mußte die Zunftherrlichkeit ein Ende
nehmen, und das ist schon vor Jahrhunderten geschehen. Es beruht auf
grober Täuschung, wenn Anhänger des Zunft-Ideals sich jetzt anstellen,
als sei ihr Reich erst mit dem Jahre 1869 gebrochen worden. Zwischen
der Zunftherrlichkeit und der Gewerbefreiheit liegt eine lange Periode
der unbedingten Polizeiherrschaft. Das gebundene Handwerk konnte schon
neben der entfesselt auftretenden und von allen technischen Wissenschaften
geförderten Groß-Industrie seine Stellung nicht behaupten. Es war aber
bereits in sich zerfallen, ehe es mit der Welt zerfiel. Schon früher hatten
die Gesellenverbindungen seine Auflösung vorbereitet.

Nicht rückwärts gekehrten Blickes, wie der Zunftgeist, sondern voll
unerschütterlicher Zuversicht auf eine erträumte Zukunft erhebt der Socialismus sein Haupt. Von allen Denen, welche Halbdenkerei mit Leidenschaft treiben und die die nüchterne Kost des gesunden Menschenverstandes

vornehm verschmähen, dient ihm ein beträchtliches Contingent. Mit fana=
tischem Eifer und siegesgewisser Gläubigkeit baut hier eine Secte ein
neues Jenseits auf, das Jenseits des überwundenen Privateigenthums,
das Paradies der materiellen Gleichheit auf Erden. Für Viele, die ein
Cultusbedürfniß fühlen, ist es ziemlich gleichgültig, bei welchem Mode=
prediger sie es befriedigen. Und wie auch diese verschiedenen, einander
befehdenden Bekenntnisse der gesammten socialistischen Richtung heißen mögen,
ob Socialdemokratie oder Communismus oder Collectivismus oder christlich=
sociale Partei oder Staatssocialismus, auf welchen Heiligen sie auch schwören
mögen, ob orthodoxe Hofprediger oder radicale Junghegelianer die Phraseo=
logie vorschreiben, oder pedantische Professoren das socialistische Laienbrevier
mit philosophischen Formeln verbrämen, der Kern ist überall derselbe: die
phantastische Construction einer von den natürlichen menschlichen Trieb=
federn und den wirthschaftlichen Grundbedingungen losgelösten Gesellschafts=
ordnung. Sieht man von den zeitgemäßen Aeußerlichkeiten ab, so ist
der Socialismus seinem Wesen nach unter allen Namen und zu allen
Zeiten ganz derselbe, und sein größter Prophet ist nicht Karl Marx,
sondern Charles Fourier, der ihn da beließ, wohin er gehört, nämlich
im Reiche der Phantasie, und der wohl begriff, daß man, um ihn logisch
zu construiren, eine Veränderung der menschlichen Natur und darum auch
der äußeren Natur zum Ausgangspunkte nehmen muß. Will man erst
den gesellschaftlichen Menschen ohne den Trieb zum Privatbesitz und zum
abgeschlossenen Familienleben für möglich erachten, so kann man auch,
wie Fourier, Individuen mit Schwänzen und Augen an deren Ende in
diese Welt hineinsetzen, in welcher das Meer sein Salz verliert und die
Landseeen nach Limonade schmecken.

Vom Socialismus zur gegebenen Gesellschaftsordnung führt keine
Brücke, und die Vertreter des Socialismus würden auf die Länge wol
im Interesse ihrer eigenen Sache besser thun, sich als Secte zu con=
stituiren, denn als politische Partei.

Ganz anders steht es mit der Zunft=Partei. Das Ewig=Gestrige
hat eine reale Macht. Die reactionairen Parteien haben den Zünftlern
stets die geöffneten Arme entgegengestreckt. Und es hat den achtbaren
Interessen des Handwerks in der öffentlichen Meinung oftmals geschadet,
daß die Vertheidiger derselben reactionair gefärbt oder mindestens zünft=
lerisch angehaucht waren. Gleich den Schutzzöllnern, den Agrariern und
anderen Interessenvertretern, finden die Zünftler ihre Kraft darin, daß
sie sich auf gewisse greifbare Nothstände berufen und gewisse leidende
Privat=Interessen zu beschützen vorgeben. Die Nothstände sind allerdings
vorhanden, aber die von Charlatans vorgeschlagenen Heilmittel ruiniren
den Gesammt=Organismus. Was irgend eine Industrie durch den Schutz=
zoll, irgend ein Gewerbe durch ein Innungs=Bannrecht gewinnen kann
oder zu gewinnen glaubt, das stellt sich leicht in Ziffern dar, und die

guten Leute wollen gar nicht begreifen, daß ihnen eine solche Kleinigkeit versagt werden soll, die scheinbar Niemandem etwas kostet und ihnen erlaubt, ruhig auf beiden Ohren zu schlafen. Denn was die Gesammtheit verliert, vertheilt sich auf so viele Einzelne und macht bei dem Einzelnen scheinbar so wenig aus. Das Alles fällt in das Gebiet der indirecten Steuern, die das Volk erst merkt, wenn es ihnen erliegt. Der Herr Omnes ist eben der zurückgesetzte Mann, dem man einen breiten Rücken und starke Schultern zutraut, und der viel weniger eifrige, weniger intrigante Advocaten findet, und sie allerdings auch kärglicher bezahlt, als so ein armer Fabrik-Millionär, der um Hülfe schreit.

Wie die Socialdemokratie am leichtesten unter den Arbeitern, besonders den in Masse zusammenlebenden des großen Fabrikbetriebes ihre Truppen wirbt, so wird selbstverständlich das Zunft-Ideal fast ausschließlich von den mit so vielen Schwierigkeiten kämpfenden Handwerksmeistern willkommen geheißen.

Es mag mißbilligt werden, daß diese Schwierigkeiten in liberalen Kreisen nicht immer die rechte Würdigung fanden, daß auch die Theilnahme der volkswirthschaftlichen Schulen sich mit Vorliebe der großen Industrie zuwandte. Das Handwerk ist geschichtlich nicht zur Selbständigkeit und Selbsthülfe erzogen worden, und daran hapert es noch heute; gerade weil es zu ungeschickt ist, sich selbst zu helfen, darum entgeht ihm die Sympathie der Andern. Das berechtigt aber nicht, seine ungeheure Wichtigkeit im Haushalt der Nation zu verkennen. Es kann und soll von der Groß-Industrie eingeschränkt werden, eingeschränkt, nicht verschlungen; verdrängt und ersetzt werden kann es nicht. Ich brauche hier nicht die zahlreichen Verrichtungen aufzuzählen, welche nicht fabrikmäßig zu vollziehen sind. Aber das Handwerk ragt auch weit in die Fabrik-Industrie hinein; nur selten wird in dem durch die Groß-Industrie concentrirten Gewerbe die persönliche Leistung ganz durch die Maschine ersetzt. Und in den Fächern des Fabrikwesens, wie z. B. im Maschinenbau, müssen die besten und nützlichsten Arbeiter, z. B. Schmiede, Tischler, Drechsler, Schlosser u. a. den gelernten Handwerkern entnommen werden. Die Uebrigen mit der geistlosen Beschäftigung einer in monotonem Einerlei sich ewig wiederholenden Verrichtung werden in der Fabrik selbst zur Maschine. Wenn man sich ein Land denken könnte, das nur Fabrikbetrieb hätte, in welchem also einigen großen Arbeitgebern die Masse der Arbeiter unvermittelt gegenüber stände, ein solches Land wäre eine Brutstätte des wirthschaftlichen, auch innerlich verkommenden Proletariats. Das Handwerk bildet die Uebergänge und Vermittelungen, es bietet eine größere Mannichfaltigkeit intellectueller und manueller Functionen; es eröffnet dem fleißigen und strebsamen Arbeiter die Aussicht auf zu erringende Selbständigkeit. Auf die Poesie des wandernden Handwerksburschen, der Herbergs- und Gesellenscherze und der gutmüthigen Frau Meisterin wollen

wir gern verzichten, nicht aber auf das, was ein höher entwickeltes Hand=
werk zu dem Culturleben der Nation beizutragen vermöchte. Uebrigens
zeigt die neueste deutsche Gewerbestatistik noch ein numerisch ganz un=
geheures Uebergewicht des Kleingewerbes über den Großbetrieb.

Das Gebiet der großen Industrie ist die wohlfeile Massenproduction,
die Aufgabe des Handwerks ist die persönliche Geschicklichkeit und die
feinere, mehr individualisirende Leistung. Nur wenn das Handwerk in
dieser Richtung vorwärts kommt, ist es zu retten, nicht aber durch die
künstliche Herstellung corporativer Verbände, welche es noch schwerfälliger
machen und seine zeitgemäße Erneuerung noch mehr hinhalten, während
die ganze Entwickelung der großen Industrie auf Freiheit begründet ist.

Mit anzuerkennendem Eifer hat man neuerdings durch die Ver=
bindung mit der bildenden Kunst einzelnen wichtigen Zweigen des Hand=
werks einen Aufschwung zu geben gesucht. Wenn die kunstgewerblichen
Anstalten im Stande sind, den inneren Zusammenhang herzustellen, der
in der Blüthezeit der Renaissance zwischen Handwerk und Kunst bestand,
so werden sie sicherlich nach beiden Seiten die segensreichste Wirkung ent=
falten. Was die Kunst durch Anpassung an das concrete Leben an lebens=
vollem Stil, was die Künstler durch die Eroberung des Verständnisses
und der Theilnahme weiterer Kreise an geistiger Anregung, an persön=
licher Unabhängigkeit, an Befreiung von den geschmackverderbenden Ein=
flüssen eines plutokratischen Mäcenatenthums gewonnen, das würden sie
durch Veredelung der technischen Thätigkeiten, durch Hebung des Ehrgefühls
und Selbstbewußtseins der arbeitenden Classen, durch Eröffnung weiterer
Perspectiven reichlich abbezahlen. Das ganze äußere Leben wird durch
das Kunstgewerbe geadelt. Jedoch man bilde sich nicht ein, daß sich die
Kunst dem Gewerbe hinzufügen läßt wie ein äußerliches Ornament. Ara=
besken und sonstigen Zierrath stümperhaften Arbeiten anzukleckfen, ohne
inneren Zusammenhang, ohne künstlerische Durchbildung, — das wäre nur
eine tiefere Stufe des Verfalls, ein Mißbrauch der Kunst, keine Hebung
des Handwerks. Die äußere Ausschmückung muß aus der inneren Vollen=
dung hervorgehen und dieser entsprechen als ein innerlich Gegebenes.
Die geschmacklosen Formen des Hergebrachten werden sich leicht beseitigen
lassen, wenn erst die technische Leistung auf der rechten Höhe steht; nur
der wirkliche Handwerksmeister kann sich den Luxus des Kunstgewerbes
vergönnen.

Die erheblichste Aufgabe bleibt also immerhin die praktische Ausbil=
dung des Handwerkers: die Lehrlingsfrage.

Das Lehrlingswesen war freilich in der alten Handwerks=Innung
weich gebettet, der Lehrling hatte seine bestimmten Rechte und Pflichten, zu
deren Wahrung auch die Polizei ihre starke Hand lieh; er ward viel
mißhandelt, oft mißbraucht, aber auf hergebrachte Weise wurde er jeden=
falls in den Schlendrian des Handwerks eingeführt. Heuer ist das Alles

in das Ungewisse gestellt; es bedarf neuer Regelungen, neuer Formen. Juristen und Gesetzgeber suchen einen wirksamen Lehrvertrag zu construiren. Ehe wir diesen Punkt, den eigentlichen Rechtspunkt der Materie erörtern, möchte ich mich der meines Erachtens wichtigeren Seite der Frage, näm= lich dem darin liegenden Culturmoment zuwenden.

In weiteren Kreisen, als wohin sich Sitte, Tradition und Einwirkung des Handwerks noch erstrecken können, ist das Bedürfniß nach öffentlichen Anstalten für gewerbliche Erziehung wachgerufen. Seit Jahrzehnten sind in den verschiedenen Industriestaaten demgemäß Anstrengungen gemacht worden, aber noch ist eine gemeingültige Organisation und Methode nicht zur allgemeinen Anerkennung durchgedrungen. Je nach den Hauptrich= tungen der großen Länder ist in England durch Privatthätigkeit Beträcht= liches geleistet worden, hat in Frankreich die Staatsgewalt viele gleich= mäßige Einrichtungen bewerkstelligt, hat bei uns die Staatsverwaltung die Gemeinden zur Ausführung des Nöthigen und Nützlichen möglichst heranzuziehen gesucht. An technischen Universitäten (Polytechnika u. dergl.) fehlt es in Mitteleuropa nicht, auch nicht an den dazu vorbereitenden höheren Gewerbeschulen. Wenn aber in Preußen vielfach und auch in Frankreich gelegentlich darüber Klage geführt wurde, daß man den Bau der Pyramide an der Spitze beginne, statt mit der Grundlage anzufangen, so liegt das eben an der noch sehr verbreiteten Unklarheit über die untersten Elemente der gewerblichen Erziehung.

Meines Erachtens muß zwischen den elementaren Fortbildungs= schulen und den gewerblichen Fortbildungsschulen, welche durch die Namensgemeinschaft und andere äußere Berührungspunkte oft Verwechse= lung hervorrufen, strenge unterschieden werden. Wer immer der leider wohl begründeten Ansicht huldigt, daß unsere bisherige Volksschule nicht genug leistet und daß der auf die allgemeine Wehrpflicht und das allge= meine Stimmrecht, d. h. überhaupt auf die äußerste Spannung der Volks= kraft gegründete Staat an die allgemeine Volksbildung höhere Anforde= rungen stellen muß, der fordert elementare Fortbildungsschulen, welche nichts Anderes bieten, als die Fortsetzung und Erweiterung der allgemeinen Bildung für Jedermann. Für diese müssen denn auch dieselben Grund= sätze gelten, wie für die Volksschule selbst, nämlich der Schulzwang und die ihm entsprechende Unentgeltlichkeit, — zwei Grundsätze, welche die Bedeutung und Wichtigkeit von Grundrechten oder Verfassungsparagraphen beanspruchen dürfen.

Anders steht es mit den gewerblichen Schulen. Der Staat mag Jedem die Gelegenheit bieten, daß er ein guter Schlosser, Tischler oder Schuster werde, aber er kann den Einzelnen nicht dazu zwingen, der viel= leicht zum Tagelöhner geboren ist. Wol mag die zweckmäßig verclausulirte Bestimmung getroffen werden, daß der Besuch der gewerblichen Fortbil= dungsschule von der Zwangspflicht zur elementaren Fortbildungsschule

dispensiren kann, ungefähr wie der Beitritt zu einer freien Hülfscasse
von der Zwangscasse befreit; aber der Schulzwang darf nicht über das
Allgemeine hinaus dahin bringen, wo die Einzelnen die mehr individuelle
Ausbildung suchen. Nach den in Württemberg, der Schweiz und anderen
Ländern gemachten Erfahrungen ersetzt sogar die Forderung eines geringen
Schulgeldes die äußere Nöthigung durch einen gewissen moralischen Zwang.
In Württemberg zumal wurden beide Systeme erprobt und nur das zweite
bewährte sich. Zunächst liegt in der Freiwilligkeit und dem Schulgelde
eine unverkennbare Garantie, daß nur die Eifrigen und die Befähigteren
die Schule besuchen. Widerwillige und unfähige Schüler, Zwangsschüler
drücken das moralische und das intellectuelle Niveau der Schule herab.
Nach der Gewerbeordnung sollen Ortsstatuten den Schulzwang auferlegen,
und in Preußen wird der Zuschuß seitens des Staates zumeist von dem
ortsstatutarischen Zwang abhängig gemacht. Vielfach meint man, das
System der Freiwilligkeit habe sich nicht erprobt, wo nämlich nicht das
Richtige, Zweckentsprechende geboten wurde; dem Zwang gegenüber findet
allerdings die Kritik der Betheiligten keinen erkennbaren Ausdruck. Ferner
wird für den Schulzwang angeführt, daß ohne denselben die Arbeitgeber
nicht verpflichtet wären und nicht genöthigt werden könnten, ihren Lehrlingen oder jugendlichen Gehülfen den Besuch der Gewerbeschule zu gestatten. Allein abgesehen davon, daß die Fortbildungsschulen meistens die
freien Stunden des Sonntags und der Abende in Anspruch nehmen und
daß die allermeisten Arbeitgeber an der Ausbildung ihrer Lehrlinge und
jugendlichen Arbeiter doch auch ein unmittelbares Interesse nehmen, so bedarf es nur einer kleinen Ausdehnung eines in der Gewerbeordnung schon
ausgesprochenen Verbotes (§. 106 Abs. 2), um die Arbeitgeber auch für
den freiwilligen Schulbesuch von jeder feindseligen Einwirkung abzuhalten.
Im Großherzogthum Baden hat ein Strafgesetz (vom 29. Januar 1868)
in dieser Richtung Genügendes geleistet. — Andrerseits würde man eine
Ungerechtigkeit begehen, wenn man, wie oft vorgeschlagen wurde, das betreffende Schulgeld den Arbeitgebern aufladen wollte; es ist absolut kein
Rechtsgrund hierfür ausfindig zu machen. Am wenigsten aber würde das
zum System des freiwilligen Schulbesuches passen.

Wer die Aufgaben der gewerblichen Erziehung näher in's Auge faßt,
wird alsbald davon abstehen, sie nach einer allgemeinen Schablone zu
behandeln. Specialisirung ist dabei die Hauptsache und dem entsprechend
auch Localisirung. Die Betheiligung der Gemeinden und selbst lebens-
fähiger Localverbände ist unumgänglich, schon um das wahre Bedürfniß
der verschiedenen Localitäten zur Geltung zu bringen. Denn je nach den
die verschiedenen Gegenden beherrschenden Industriezweigen müssen auch
die Einrichtungen der Gewerbeschulen modificirt werden. An gewissen
Orten sind specielle Fachschulen angezeigt, an anderen muß eine mehreren
oder vielen Fächern gemeinsame Grundlage gefunden werden. In den

Mittelpunkten der Industrie sollten specielle Fachschulen der Initiative der Gewerbtreibenden selbst zu verdanken sein, welche überhaupt auf diesem Gebiete ihr eigenes Interesse noch besser erkennen und verstehen müßten. An vielen Orten wird es sich nur um die allgemeine gewerbliche Vorbildung (Zeichnen, Buchführung, Entwerfung von Voranschlägen, kaufmännisches Rechnen) handeln.

In Frankreich und Belgien hat man versucht, der speciellen Fachschule sogenannte Lehrwerkstätten zu coordiniren. Der Gedanke hat wol eine Zukunft in der Form, daß man praktisch bewährte Meister verpflichtet, gegen billigen Ersatz und unter entsprechender Controle eine Reihe von Lehrlingen auszubilden.

Im Ganzen soll und muß die gewerbliche Erziehung Das leisten, was früher das Prüfungswesen leisten wollte, aber niemals geleistet hat, das und noch unendlich viel mehr.

In den Ländern der allgemeinen Wehrpflicht stößt die gewerbliche Erziehung auf das schwer wiegende Hinderniß, daß sie meistentheils gerade in dem Momente unterbrochen wird, wo die selbständige Bethätigung anheben könnte, und zwar unterbrochen wird durch einen dreijährigen Kriegsdienst, der den ganzen Menschen absorbirt. Von wohlwollenden und gemäßigten Praktikern ist dagegen der Vorschlag gemacht worden, je nach der höheren Stufe der gewerblichen Ausbildung die Dienstzeit zu kürzen oder längere Beurlaubungen eintreten zu lassen. Ich bezweifle nicht, daß eine solche Maßregel, welche aus den industriellen Lebensbedingungen der Nation dringend erheischt wird, auch im Interesse der zu verallgemeinernden militairischen Ausbildung zu verwerthen wäre.

Das Alles ist aber weit entfernt, den Lehrlingsvertrag überflüssig zu machen. Die beste Baugewerkschule gleicht den Schaden nicht aus, wenn bei Maurer= und Zimmermeistern die Lehrburschen nach der ersten oberflächlichen Unterweisung davonlaufen, um einen lohnenderen Dienst zu finden. Wer den Lehrdienst treulos verläßt, wird auch der Schule nicht treu sein; die Zügellosigkeit in diesen Verhältnissen befördert die Zuchtlosigkeit und Verbummelung in den weitesten Kreisen. Das Interesse der öffentlichen Moral geht hier mit den Forderungen der Rechtssicherheit Hand in Hand. Was die Industrie unmittelbar dabei verliert, zeigt sich sonnenklar dem blödesten Auge. Je stärker der Unfug um sich greift, desto mehr werden gerade die besseren Meister sich gegen die Annahme von Lehrlingen sträuben, und die ernsthaft Lernbeflissenen finden keinen Platz, weil nun einmal die festen Bande gelockert sind. Denn das Wesen des Lehrlingsvertrages besteht darin, daß er auf eine bestimmte Zeitdauer berechnet ist, während deren zweiter Hälfte oder letzter Frist der Lehrherr an den unentgeltlichen oder unter ihrem Werthe veranschlagten Leistungen des Schülers ungefähr einen Ersatz findet für die in der ersten Frist der ausbedungenen Lehrzeit aufgewendeten Anstrengungen, Mühe, Zeitverluste und selbst Verluste an Materialien oder Werkzeugen. Wie die Berechnung hier stattfindet, mit oder ohne Lehrgeld, auf längere oder kürzere Zeit, mit einer Durchschnittslöhnung für die ganze Zeit, einer steigenden oder erst später beginnenden Löhnung, oder auch ohne Lohn, aber für weniger Jahre u. s. w., das wird sich in jedem einzelnen Fall anders gestalten.

Muß der Lehrherr gegen den Vertragsbruch geschützt werden, so muß der Lehrling gegen den Mißbrauch der über ihn eingeräumten Gewalt, gegen Mißhandlungen, gegen Verleitung zur Unsittlichkeit, gegen Ausbeutung seiner Kräfte zu häuslichen Arbeiten geschützt sein. Je nach= dem der Lehrbursche Hausgenosse des Meisters ist oder nicht, je nachdem Eltern oder Vormünder sich thatkräftig seiner annehmen, je nach dem Grade der Gesittung in seinem Gewerbe werden diese Gefährdungen mehr oder minder stark hervortreten. Das Gesetz trifft wohlmeinende Bestimmungen, die sich aber zumeist als papierene Schanzen erweisen, so lange keine Behörde zu ihrer Vertheidigung dahinter steht. Und doch handelt es sich hier um den Schutz der Unmündigen, die zunächst gegen den Mißbrauch der Vorgesetzten, aber auch beschützt werden müssen gegen die Verlockungen ihrer eigenen Willkür, gegen den Conflict ihrer Neigungen mit ihrer übernommenen Verpflichtung.

Gegen Ueberanstrengung enthält das Gesetz keine sichernde Verfügung; die für Kinderarbeit und die Arbeit der sogenannten jugendlichen Arbeiter in der Fabrik=Industrie auferlegten Zeitbeschränkungen sind bei uns noch nicht auf das Handwerk und die Haus=Industrie ausgedehnt worden.

In der Gewerbeordnung wurde das Princip der Vertragsfreiheit rückhaltlos auf den Lehrlingsvertrag angewendet, wobei der Gesetzgeber übersah, wie selten bei den hier in Betracht kommenden Verhältnissen die privatrechtliche Entschädigungsklage einen hinreichenden Erfolg haben und die Mühe lohnen wird. Der Lehrling kann sogar (§. 122) das Verhältniß jederzeit lösen, wenn er zu einem anderen Gewerbe oder Be= rufe übergeht oder — überzugehen vorgibt. Das Verfallen des Lehr= geldes oder vielmehr eines verhältnißmäßigen Theiles desselben ist die einzige Garantie, welche die Gewerbeordnung dem verkürzten Lehrherrn bietet. Allein heutzutage kommt das Lehrgeld immer mehr außer Gebrauch, und so versagt auch diese schwache Sicherheit.

In Frankreich, wo das Handwerk eine so hohe Blüthe erreicht hat, wurde seit jeher auf die strenge Sicherung des Lehrvertrages ein überaus großer Werth gelegt. So viele Schranken die erste Revolution auch nieder= riß, als sie die alte Zunftverfassung beseitigte, suchte die Gesetzgebung der neunziger Jahre alsbald deren positive Leistungen durch moderne Ein= richtungen zu ersetzen. Sogar Marat plaidirte in seinem „Ami du peuple" für einen streng erzwingbaren Lehrvertrag und für eine siebenjährige Lehrzeit. Das neueste französische Lehrlings=Gesetz (vom 4. März 1851) enthält ungefähr alles Wesentliche, das wir der deutschen Gesetzgebung empfehlen möchten. Zuvörderst die Schriftlichkeit des Lehrvertrages, die bei uns bereits in vielen Gegenden und in ganzen Gewerben zur Rechts= gewohnheit geworden ist. Wenn man bedenkt, welche verwickelte Verhält= nisse dabei unter einfachen und wenig rechtskundigen Menschen, noch dazu für einen Dritten, und zwar auf längere Zeitfristen geordnet werden sollen, kann man mündliche Abmachungen nur für eine nie versiegende Quelle der Verwirrung und der Mißhelligkeiten halten. Die schriftliche Abfassung des Lehrvertrages muß direct zur Bedingung seiner Gültigkeit gemacht und nicht, wie es in der neuen Bundesrathsvorlage geschieht, erst auf Umwegen veranlaßt werden. Der Einführung von Arbeitsbüchern bei Lehrlingen, wie überhaupt bei unmündigen Arbeitern steht keines der Bedenken entgegen, welche die Arbeitsbücher für den gesammten Arbeiter= stand unhaltbar erscheinen ließen. Mit der Einführung der Arbeitsbücher für alle Kategorien jugendlicher Arbeiter ist jedem Arbeitgeber, der einen entlaufenen Lehrling aufnahm, die Einrede genommen, daß er in gutem Glauben gehandelt habe; ein Gesetz, welches den den Lehrling zum Ver= tragsbruch verleitenden oder den vertragsbrüchigen Lehrling wissentlich aufnehmenden Arbeitgeber dem verlassenen Lehrherrn für den verursachten Schaden (nach gewissen gesetzlich zu normirenden Berechnungen) haftbar machen würde, könnte demnach seine volle Wirkung üben. Ferner empfiehlt sich eine bestimmte Probezeit, bis zu deren Ablauf jeder der beiden Theile von dem Vertrage einseitig zurücktreten darf. Damit wäre namentlich der Anforderung genügt, welcher der vorhin erwähnte §. 122 einen zu breiten Spielraum gewährt. Das französische Gesetz statuirt eine Probe= zeit von zwei Monaten; die neue Bundesrathsvorlage will dieselbe nicht unter vier Wochen und nicht über drei Monate bemessen lassen. —

Von dem Contractbruch der Lehrlinge führt unser Gedankengang zum Contractbruch der Erwachsenen. Heutzutage ist diese Frage keine so brennende, wie vor wenig Jahren; sie kann jetzt ohne Aufregung und ohne Leidenschaft besprochen werden. Damals wurde die Erörterung schon dadurch verwirrt, daß die eigentliche Rechtsfrage nicht in strenger Ab= sonderung behandelt, vielmehr mit anderen, zwar nahe liegenden, aber innerlich verschiedenen Materien in einen aufregenden Zusammenhang ge= bracht wurde; so mit den verabredeten Arbeitseinstellungen, mit der Coalitionsfreiheit überhaupt, mit Blüthe oder Verfall der Industrie.

Die Freiheit der Arbeiter, sich über Arbeitseinstellungen zu verab= reden, so zwar, daß die Verabredung nicht strafbar, aber auch nicht ein= klagbar und jeder äußere Zwang dabei ausgeschlossen sei, ist nun endlich gemeines Recht geworden. Diese Freiheit, für welche schon die Gesellen= verbindungen des späteren Mittelalters lange und oft blutig gekämpft haben, wurde zuerst von dem englischen Arbeiterstande vor mehr als einem halben Jahrhundert legal errungen; allein die englische Gesetzgebung behielt daneben die strafrechtliche Ahndung des Arbeitsvertragsbruches bei. In Frankreich wurde erst unter dem arbeiterfreundlichen zweiten Empire dieses Grundrecht gegeben, aber mit sehr scharfen strafrechtlichen Cautelen gegen jeden Mißbrauch verclausulirt. Die erste Regierungsvorlage unserer Gewerbeordnung enthielt eine mäßige Contractbruchstrafe als eine nach der Regierungen Ansicht unentbehrliche Ergänzung der vollen Transactionsfreiheit des Arbeiterstandes; aber der Reichstag wollte keine Ausnahme in dem System des Allen gemeinen und gleichen Rechtes mehr gelten lassen.

Freilich bezieht sich die betreffende Reform nach dem Wortlaut des Gesetzes blos auf die Industrie und weder auf die Landwirthschaft, noch auf das Gesindewesen. Auf diesen Gebieten könnte die zwangsweise Zurückführung verpflichteter Arbeiter oder Dienstboten in der alten Weise weiter betrieben werden, wenn nicht die allgemeine Anschauung so mächtig auf die Rechtssitten einwirkte, daß neuerdings selbst das preußische Obertribunal eine solche Executio ad faciendum, wie die zwangsweise Zurückführung eines Dienstboten für nicht mehr zulässig erachtet hat. Sicherlich war die früher gebräuchliche Maßregelung zu Zwangsdiensten oder der sogenannten Zwangsgesellenschaft eine der gehässigsten Einrichtungen, für beide Theile lästig und nutzlos und mit einem höheren Stand der Industrie völlig unverträglich. Daß die ersten Flügelschläge der jungen Transactions- und Coalitions-Freiheit der Arbeiter in eine Zeit fielen, in welcher unter den trügerischen Selbsttäuschungen der Unternehmer der maßloseste Gründungsschwindel ausgebrochen war, erhöhte die Gefahr des jugendlichen Mißbrauchs und der Ueberhebung. In dem Strike erblickten die Arbeiter zunächst die Panacee, welche alle Uebel heilen, alle Unebenheiten glätten, alle Mißstände ausgleichen könne; die Kopflosigkeit der Arbeitgeber bestärkte für eine Weile diese gefährliche Illusion. Freilich ist die Arbeitseinstellung das unbestreitbare und unbestrittene Recht des Arbeiters, vorausgesetzt, daß sie nicht mit Vertragsbruch befleckt sei. Da die Gewerbeordnung eine vierzehntägige Aufkündigung als Regel feststellt, so drückt diese Fessel des Sittengesetzes nicht allzu schwer, und eine in jener Zeit verfaßte Statistik der Arbeitseinstellungen weist eine ganz erhebliche Anzahl derselben auf, welche im großen Ganzen ohne Contractbruch verliefen. Auch ist die Arbeitseinstellung an sich für das Gesammtleben der Industrie nicht das Gefährlichste; das schlimmere Uebel liegt in der überhandnehmenden Gewöhnung des Arbeiterstandes, das gegebene Wort gering zu achten und zu brechen. Selbstverständlich verliert die Arbeitseinstellung jede Berechtigung, wenn sie z. B. mit Vertragsbruch darauf gerichtet ist, gegen einen Unternehmer, der unter hohen Conventionalstrafen beträchtliche Bestellungen übernahm, Erpressung zu üben. In dem Maße, als der Arbeitgeber Lieferungsverpflichtungen einging, muß er auch mit den Arbeitern Verträge abschließen können. Wird hier gewohnheitsmäßig Treu und Glauben gebrochen, so kann der

Arbeitgeber sich überhaupt auf größere Geschäfte nicht einlassen, die große Industrie stockt alsdann, Mangel und Noth treten ein. Der redliche Arbeiter leidet dann am meisten unter der Verderbtheit seiner Kameraden. Es war bei uns schon so weit, daß kein Baumeister einen bindenden Voranschlag entwerfen wollte, außer mit dem Vorbehalt, daß die Arbeits= löhne sich nicht veränderten.

Sprechen wir mit Bescheidenheit von jenen Verirrungen! Die Zu= verlässigkeit ist in unserer industriellen Welt überhaupt nicht überall zu Hause, und die Arbeiter haben sich selten an guten Beispielen erheben können. Wie wenig genau nehmen es die meisten Handwerker mit den ihren Kunden gegebenen Versprechungen; und hat es nicht der deutschen Industrie im Auslande vielfach geschadet, daß die Contrahenten bei ver= änderten Conjuncturen an den Vertragsbedingungen gemäkelt und ge= deutelt haben, oder daß die Lieferungen den Proben nicht immer ent= sprachen?! Von dem Actienschwindel, von den lügenhaften Verheißungen der Prospecte gar nicht zu reden. Das Alles ist äußerst verwerflich, aber es birgt kaum in demselben Grade eine Calamität für das ganze Verkehrsleben, wie eine epidemisch gewordene Hintansetzung der Arbeitsverträge, welcher auf dem gewöhnlichen Prozeßwege des Privat= rechts sicherlich noch viel weniger beizukommen ist, als den flüchtigen Lehrlingen. Denn kein Stand benützt und verwerthet das Recht der Freizügigkeit so reichlich, wie der Arbeiterstand der großen Industrie; kein anderer bietet so wenig greifbare Garantien des Schadenersatzes. Wie weit der gewöhnliche dolose Vertragsbruch des Arbeiters durch die massenhafte Vervielfältigung der Fälle den öffentlichen Frieden und das öffentliche Recht bedrohen kann, mag vorläufig unentschieden bleiben. Es gibt jedenfalls eine Art von Vertragsbrüchen, welche durch ihre Rich= tung und Folgenschwere unter das Strafrecht fallen sollten und, soweit sie nicht darunter fallen, eine bedenkliche Lücke der Gesetzgebung auf= weisen. Das sind die Vertragsbrüche, welche direct eine materielle Ge= fährdung größerer Bevölkerungskreise muthwillig heraufbeschwören, ja auf dieselbe speculiren. Man nehme z. B. an, daß besoldete Feuerwehrmänner während einer gewaltigen Feuersbrunst plötzlich den Dienst verweigern, um der allgemeinen Nothlage den zehnfachen Lohn abzupressen; daß Lazarethgehülfen oder Abfuhrarbeiter die Zeit einer Epidemie zu einem solchen Manöver mißbrauchen und zwar in einem Moment, wo sie gar nicht oder nicht rasch genug ersetzt werden können; daß die vereinigten Schornsteinfeger oder Gasarbeiter durch plötzliche Arbeitseinstellung eine ganze Stadt schwerer Gefahr aussetzen, daß die ländlichen Arbeiter einer ganzen Provinz in dem Augenblick, wo die Ernte unter Dach gebracht werden muß, unerschwingliche Forderungen stellen oder überhaupt die ver= sprochene Arbeit verweigern.

Man sieht bereits aus diesen wenigen Beispielen, daß der com=

binirte Vertragsbruch ein Gemeinwesen in seinen Fugen zu erschüttern
vermag und daß demgemäß die Gesellschaft das Recht haben muß, sich
dagegen mit den schärfsten Waffen zu vertheidigen. Als vor einigen
Jahren ein solcher Fall, der der vertragswidrig strikenden Londoner Gas=
arbeiter, vor das Gericht gebracht wurde, dictirte der Richter die schwere
Strafe für conspiracy nach einem alten Gesetz, dessen fortdauernde Geltung
allerdings mehr als zweifelhaft war. Der Urtheilsspruch wurde lebhaft
angegriffen, aber darüber, daß hier ein Gegenstand des Strafrechtes vor=
läge, herrschte keine Meinungsverschiedenheit.

Nun bin ich weit entfernt, solchen Fällen, wie den hier aufgezählten,
die gewöhnlichen Verletzungen des Arbeitsvertrages an die Seite zu setzen.
Aber unter Umständen kann die allgemeine Unsicherheit des Arbeits=
vertragsrechtes einen Nothstand erzeugen, der die energische Abhülfe durch
ein Nothgesetz erheischen würde. Ein solcher Nothstand bedrohte uns
vor vier bis fünf Jahren; soweit er eintraf, hat er zur Beschleunigung
der industriellen Krisis erkleklich beigetragen. Hoffen wir, daß der wieder
aufblühende Verkehr einen besonneneren, einen gereiften Arbeiterstand
vorfinden wird und daß künftig die Arbeiterführer den Arbeitern nicht
blos von deren Rechten, sondern auch von ihren Pflichten sprechen werden!

Wenn jetzt auf das drastische Mittel der Contractbruchstrafe ver=
zichtet werden kann und in Rücksicht auf eine starke Strömung der
öffentlichen Meinung verzichtet werden muß, so ist damit nicht gesagt,
daß die juristischen Gründe, welche, im Widerspruch mit unseren ersten
juristischen Autoritäten, von gewissen Socialpolitikern vorgebracht wurden,
viel Gewicht hatten. Die Grenze zwischen dem Privatrecht und dem
Strafrecht ist keine so fest gezogene und unveränderliche, wie der Un=
wissende sich manchmal einbildet. Vielmehr ist sie geschichtlich in fort=
während er Bewegung, und es gibt wol kein Rechtssystem, in welchem
nicht eine ganze Reihe von Verletzungen des Obligationenrechts unter
das Strafrecht fällt. Auch der Einwand, daß kein Specialgesetz für einen
einzelnen Stand geschaffen werden dürfe, trägt nicht weit; er wäre ebenso
gut anwendbar gegen die Aufstellung besonderer Amtsvergehen.

Eine große Wirksamkeit hätten wir übrigens der eventuellen Be=
strafung des Contractbruchs nicht zugeschrieben. Abgesehen von den be=
deutenden juristisch=technischen Schwierigkeiten der richtigen Formulirung
des darauf bezüglichen Strafparagraphen, würde die erfolgreiche An=
wendung desselben einen energischen Arbeitgeberstand voraussetzen, der
sein Recht so eifrig verfolgt, wie seinen Vortheil. Ein solcher würde sich
aber zur Noth auch mit anderen Mitteln zu helfen wissen.

An anderen Versuchen hat es übrigens nicht gefehlt. Besonders wurde
die Aufmerksamkeit der Betheiligten den Arbeitsbüchern zugelenkt. Unsere
raschlebige und gedächtnißarme Generation hat schon vergessen, warum
dieselben abgeschafft worden sind. Wie bei gewissen verschollenen Zunft=

einrichtungen, sieht der wehmüthige Arbeitgeber nur die schönere Seite der=
selben. Es liegt ja im Wesen des menschlichen Erinnerns, daß die Schatten=
seiten immer mehr zurück= und die Lichtseiten immer stärker hervortreten.
Thatsache ist, daß in industriereichen Ländern (z. B. im Königreich Sachsen)
die Arbeitsbücher schon vor der Gewerbeordnung, trotz Gesetz und Polizei,
nicht durchweg aufrecht erhalten wurden, daß die ungemeine Bewegung der
Arbeitskräfte, selbst vor der Freizügigkeit, sich der regelmäßigen Controle
naturgemäß entzog und daß die Arbeitgeber selbst, wenigstens die der großen
Industrie, die Umgehung der veralteten Anordnung theils mitmachten, theils
stillschweigend geschehen ließen. Heutzutage würde sich, zumal bei dem
häufigen Wechsel des Aufenthalts und der Beschäftigungen der arbeitenden
Classen, eine regelmäßige Controle gar nicht mehr durchführen lassen.
Selbst in dem besser disciplinirten Frankreich treten die früher beliebten
Livrets d'ouvrier in der allgemeinen Anerkennung und Anwendung zurück.

In jener Krisis des um sich greifenden Contractbruchs nun hatte sich
eine ganze Anzahl von Arbeitgeber=Vereinen gebildet, deren Mitglieder sich
unter einander verpflichteten, die Arbeitsbücher (in der einfachsten Fassung,
ohne Censuren) auf eigene Faust einzuführen, aufrechtzuhalten und keinen
Arbeiter ohne Arbeitsbuch anzunehmen. Es ist aus diesen Anläufen
nicht viel geworden, und ich beklage es nicht. Während der letzten
mageren Jahre wäre die Verabredung sogar leichtlich und ohne Schaden
durchzuführen gewesen, aber da erschien sie nicht mehr als ein dringendes
Bedürfniß. Während der fetten Jahre hatte jedoch die Mehrzahl der
Arbeitgeber den Verlockungen einer rücksichtslosen Ausbeutung des Arbeits=
marktes, Viele trotz Wort und Unterschrift, nicht widerstanden. Sobald
Arbeitermangel eintritt, halten die festen Grundsätze solcher Vereine nicht
Stich; nicht in demselben Maße leiden die Arbeitervereine unter den
widrigen Conjuncturen; der Associationstrieb der Arbeiter ist eben der
stärkere. Wenn ich den Verfall dieser Arbeitgeberorganisationen nicht
beklage, so ist es, weil ich ihrem Gebahren zwar die juristische Be=
rechtigung nicht absprechen kann, aber einen Terrorismus darin erblicke,
der nur als Kriegsmittel unter besonderen Bedingungen gestattet und
heilsam sein mag. Ein System von Legitimationen unter der Controle
unparteiischer Behörden bietet dem Arbeiter wenigstens Garantien gegen
unbillige Beurtheilung und gegen einseitige Verurtheilung. Wo aber
kann er Recht finden, wenn sein Arbeitgeber als Mitglied einer in Kraft
bestehenden weitverzweigten Verbindung, die vielleicht alle ihm zugäng=
lichen Arbeitsstellen umfaßt, ihm mit Unrecht, vielleicht aus einer persön=
lichen Rancüne, das Zeugniß verweigert? Er ist dann vervehmt, seinem
Berufe entzogen, für immer broblos gemacht. Hat er aber wirklich den
Vertrag gebrochen oder sonst ein Unrecht begangen, so ist diese Art der
Strafe, welche noch dazu unterschiedslos für jedes Vergehen, ob groß
oder klein, die gleiche ist, jedenfalls eine unverhältnißmäßig harte.

Der neueste Vorschlag, die Arbeitsbücher facultativ zu machen, d. h. dem Willen des Arbeiters die Führung eines solchen Buches anheimzugeben, hat eine sehr geringe Tragweite und ist keineswegs geeignet, die alte Einrichtung auf schmerzlose Weise wiederherzustellen. Zu allen Zeiten werden die besseren und geschickteren Arbeiter von selbst für Legitimationen und Zeugnisse sorgen, und bei den Anderen wird die in den Grenzen der Freiheit mögliche Controle wenig vermögen. Nehmen wir also solche kleine Nachtheile um der Freiheit willen mit in den Kauf!

Zu Zeiten der erregten Contractbruch=Debatte tauchte von Seiten namhafter Führer der „Gewerkvereine" ein abenteuerlicher Vorschlag auf, den ich nicht wieder hervorholen würde, wenn ich ihm nicht in allerletzter Zeit zu meinem Erstaunen in der Schrift eines berühmten Professors der Nationalökonomie wieder begegnet wäre; hier lautet er wörtlich dahin, „der leidigen Frage des Contractbruchs durch solidarische Haft der Arbeitergruppe, resp. der Arbeitnehmergruppe innerhalb der Corporation (des Gewerkvereins) vorzubeugen." Früher hatten sich, dem entsprechend, die Wortführer der Gewerkvereine anheischig gemacht, gegen Verzicht auf anderweitige Verfolgungen für die Vertragsbrüche ihrer Mitglieder mit dem Vermögen der Gesellschaft einzustehen und eventuell gegen das räudige Schaf an seinen Hülfscassen=Antheilen u. dgl. m. Regreß zu nehmen. Der Gedanke war absolut ungefährlich, weil absolut unausführbar; allein es gehört doch ein hoher Grad von Naivetät und eine absolute Abwesenheit alles juristischen Verständnisses dazu, um ihn ernsthaft zu vertreten. Zunächst setzt er voraus, daß alle Arbeiter Gewerkvereins= Mitglieder seien; wenn nur ein einziger Arbeiter den Beitritt verweigert, so ist diese Lösung der Contractbruchsfrage vereitelt. Ferner setzt er voraus, daß die Gewerkvereine nicht blos die erstrebte Anerkennung als juristische Personen erlangen, sondern daß sie zu wesentlichen Factoren des Staates, zu Organen der Rechtspflege erhoben würden. Die moderne Gesetzgebung müßte ihr ganzes System, ihren höchsten Rechtssatz, den der persönlichen Verantwortlichkeit aufgeben und sich für die Sühnung des Rechts an eine sehr fragwürdige Corporation halten. Die geheiligte Justizgewalt des Staates würde an eine Gesellschaft ausgeliefert, welche den Ehrlichen für den Spitzbuben bezahlen ließe. Das wäre eine Ausbeutung der Ehrlichen, eine Ermunterung zur Rechtsverletzung, eine Sanctionirung des Vertragsbruches im Großen, das Verbrechen in Entreprise. In den dunkelsten Zeiten des Mittelalters haben die mächtigsten Corporationen Aehnliches nicht beansprucht.

Es war gewißlich so böse nicht gemeint; beabsichtigt war nur, die allgemeine Verlegenheit zu Gunsten der Gewerkvereine zu verwerthen. Wie sehr man aber auch deren Aufblühen wünschen mag, das moderne Recht gestattet nicht, derartigen Corporationen öffentliche Functionen einzuräumen, welche die Rechtspflege fälschen würden.

Ein anderer Vorschlag jener kurz verflossenen Zeit war gegen die
14tägige Kündigungsfrist gerichtet. Bei der eintägigen Frist fällt der
Vertragsbruch von selbst fort. Jeden Abend wird ausbezahlt, jeden Abend
ist der Mann frei und entlassen. Das erinnert an Heinrich Heines Wort:

„Und wird uns der ganze Verlag verboten,
Verschwindet am End von selbst die Censur!"

Man könnte ebenso gut den Ehebruch dadurch beseitigen, daß man die
Ehe abschafft. Nicht der Vertragsbruch, sondern die Industrie würde
unter dieser Atomisirung schwinden. Denn welche Anwendung fände diese
neue Regel auf die ganze, umfangreiche und besonderer Förderung würdige
Stücklohn- oder Accord-Arbeit? — Solche Kuren sind ja ärger, als
die Krankheit.

Neuerdings kamen noch zwei Vorschläge zur Erörterung, die, wenn
annehmbar, doch das Uebel nicht gerade an der Wurzel fassen. Den
einen haben wir schon bei der Lehrlingsfrage angeführt; es ist die Schadens-
ersatz-Verpflichtung des zum Contractbruch verleitenden oder den Contract-
brüchigen wissentlich aufnehmenden Arbeitgebers. Fraglicher ist schon der
andere Vorschlag, der von einer Seite kommt, die sich als besonders
arbeiterfreundlich gerirt; er besteht darin, das aufgehobene Recht der Lohnbeschlagnahme für die dem Arbeiter aus dem Contractbruch erwachsenden
Verbindlichkeiten wieder aufleben zu lassen, so daß das werthvolle Privilegium dem künftigen Erwerb nicht zu Gute komme, ehe das Unrecht ge-
sühnt ist. Jedenfalls müßte dann das Recht der Lohnbeschlagnahme erst
vor den Civilgerichten durch den Nachweis des Vertragsbruches erstritten
werden, und es ist kaum anzunehmen, daß diese Gattung von Processen
viel erfolgreicher wäre, als die bisherigen Klagen aus dem Arbeits-
vertrage. —

Wir sind in unserer bisherigen Darstellung mehrfach der anerkannten
Thatsache begegnet, daß das regelmäßige Gerichtsverfahren mit den Sicher-
heiten, welche es nach allen Seiten bieten muß, selbst in der Form des
summarischen Verfahrens noch zu schleppend und schwerfällig für die
eigentlichen Gewerbestreitigkeiten ist. In den meisten Fällen gestattet das
materielle Interesse nicht die Betreibung solcher Rechtsstreitigkeiten vor
den ordentlichen Gerichten, zumal selbst bei geringfügigen Gegenständen
die kostspielige und zeitraubende Zuziehung von Sachverständigen erforderlich sein könnte.

Der Kaufmannsstand hat sich aus einer ähnlichen Nothlage heraus
seine Handelsgerichte geschaffen, welche wiederum die Ausbildung des
Handelsrechtes förderten. Je größer die Rechtsverwirrung in Deutschland
war, desto berechtigter waren solche Gerichte, welche man nicht als privi-
legirte Standesgerichte, sondern als Specialgerichte für bestimmte Rechtsgebiete betrachten muß. Mit der großen Justizreform des deutschen Reiches
aber mußte die strengere juristische Anschauung wieder zur Geltung kommen

und den Anspruch erheben, daß die Handelsgerichte nicht neben und außerhalb der ordentlichen Gerichtsbarkeit bestehen, sondern unter ordentlichen Richtern in die Justizverfassung eingefügt werden.

Dem Gewerberecht ist es so gut nicht geworden, wie dem Handelsrecht. Seit dem Verfall der Zunftgerichte hat sich die Polizei die letzte Entscheidung in allen Gewerbe=Streitigkeiten angemaßt und, den Arbeitsvertrag dem Gesindevertrag gleichstellend, beide der gleichen Willkür der Auslegung und Ausführung unterworfen. Der zünftigen Entscheidungsgewalt hatte es wenigstens nicht an Sachkenntniß gefehlt, die polizeiliche glänzte nur durch energisches Einschreiten; auch der Gemeinde gegenüber war der Arbeiter rechtlos, der Ausweisung, dem sog. Schub jederzeit ausgesetzt. Das Alles war nicht haltbar; wie sollte nun den freieren Verhältnissen und den höheren Rechtsansprüchen in Bezug auf die Gewerbejustiz genügt werden? Die Einen wollten die Gemeinde an die Stelle der Polizei treten lassen, die Anderen plaidirten für freie Schiedsgerichte. §. 108 der Gewerbeordnung ist ein Zwitterding dieser beiden populairen, aber unklaren und in sich zusammenhanglosen Anschauungen. Er hat sich darum auch in der Praxis schlecht bewährt und wird von keiner Seite mehr zu unveränderter Aufrechthaltung empfohlen. Es gereicht den Gemeindebehörden nicht zur Unehre, daß sie durchweg höchst widerwillig an die ihnen übertragene Aufgabe gingen. Sie sollen nämlich, wo keine besonderen Behörden dafür bestehen, entweder selbst die Entscheidungen aussprechen, und dann bleibt allerdings die Berufung auf den Rechtsweg vorbehalten, oder sie sollen sogenannte Gemeindeschiedsgerichte „unter gleichmäßiger Zuziehung von Arbeitgebern und Arbeitnehmern" bilden. Nur an wenig Orten wurde dieser Auftrag vollzogen, an vielen ausdrücklich abgelehnt; wieder an anderen erwiesen sich die neuen Schöpfungen nicht lebensfähig. Auch hatte ja die Gesetzgebung vergessen, dieselben mit dem Nöthigsten auszustatten, nämlich mit der Regelung des Verfahrens und der Vollstreckbarkeit ihrer Erkenntnisse, mit der Beantwortung der Frage nach Berufung oder Revision.

Auch abgesehen davon, war die Verwirrung noch groß genug. Sollte das wirkliche Justiz sein oder nicht? — Wenn es wirkliche Rechtspflege sein soll, wo sind die Garantien derselben? Die Gemeinde ist ein Selbstverwaltungskörper, immerhin also ein Verwaltungsorgan; wir waren aber bisher gewöhnt, in der Trennung von Verwaltung und Justiz die erste Sicherung der Rechtspflege zu erblicken. Und wer ernennt den Obmann bei dem Gemeindeschiedsgericht, bei dessen eigenthümlicher Verfassung der Obmann die Hauptsache ist? — Unterscheiden sich doch dadurch derartige Gewerbegerichte im besten Fall ungünstig von den Handelsgerichten, daß bei jenen die Beisitzer aus zwei verschiedenen, sich gegensätzlich verhaltenden Gewerbeclassen gewählt oder ernannt werden müssen. Da thut vor allen Dingen ein Vorsitzender Noth von so unabhängigem

Charakter und so hoch erhaben über den Parteien, wie ihn nur der best=
organisirte Richterstand liefern kann. In den Ernennungen der Communen
dagegen wird immer ein gerade vorherrschendes Classeninteresse, in der
Regel das der Arbeitgeber, zum Ausdruck kommen.

Wird aber gar nicht der Anspruch gestellt, daß hier strenge Ge=
rechtigkeitspflege geübt werde, so ist die Berufung an die ordentlichen
Gerichte nicht auszuschließen. Damit wird aber der eigentliche Rechts=
gang verzögert, statt beschleunigt, und die rasche Entscheidung nur da=
durch ermöglicht, daß die unterliegende Partei auf ihr Recht verzichtet.

Um keinen Preis sollte zugegeben werden, daß auf dem vulkanischen
Boden der gewerblichen Streitigkeiten, wo oft hinter den streitenden
Parteien zwei sich argwöhnisch beobachtende Gesellschaftsclassen mit von
Außen genährter Erbitterung stehen, etwas Anderes, als unverbrüchliches
klares Recht geschöpft werde. Dem Arbeiter, der in der Durchführung
seines Rechtsanspruches seine Ehre zu wahren meint, soll sein Recht werden,
für ihn oder gegen ihn, aber volles Recht. Das scheint mir an diesem
Punkte die allerwichtigste Culturaufgabe, der sicherste Schritt zur Schlichtung
der socialen Wirren. Wenn den beliebten französischen und rheinischen
Gewerbegerichten (Conseils des prud'hommes) mit ihren Beisitzern aus
beiden Classen der rechtsgelehrte Obmann fehlt, so darf nicht übersehen
werden, daß diese Einrichtung sich vor den Zeiten des leidigen „Classen=
kampfes" eingebürgert hat, daß der Gerichtsschreiber (Greffier) dabei die
Jurisprudenz vertritt und daß seit 1848 in Frankreich der Kreis der
darin vertretenen Arbeiter erweitert worden ist. Heutzutage bleibt
uns vernünftigerweise nichts übrig, als die Gewerbegerichte, gleich den
Handelsgerichten, in die Justizverfassung einzufügen, und nicht, wie die
neueste Regierungsvorlage will, noch einmal den Versuch mit Gemeinde=
schiedsgerichten zu machen, von denen die Berufung gestattet werden muß,
weil sie dem Rechtsuchenden keine hinreichende Garantie bieten.

Hier und da wurden noch Einigungsämter, nach den Mustern
der von Mundella und Kettle in England versuchten Einrichtungen, mit
lächerlichster Uebertreibung „zur Lösung der socialen Frage" anempfohlen.
Innungen und Vereine erboten sich großmüthig der leidenden Menschheit,
sie auf eigene Kosten und Gefahr in Scene zu setzen. Bei der all=
gemein herrschenden Confusion wurden denn auch Einigungsämter und
Schiedsgerichte mit einander verwechselt, so daß die ganze gewerbliche
Rechtspflege in dieser Form zum Austrag kommen sollte. Wie groß oder
gering man von solchen Versuchen denken möge, welche darauf ausgehen,
die Arbeits=Einstellungen und Arbeiter=Aussperrungen durch friedliche Ver=
ständigung zu verdrängen, — um an ihre durchgreifende Wirksamkeit zu
glauben, muß man auch für möglich halten, daß die brutalen Kraftproben
der großen Politik durch strategische Schachspiel=Uebungen oder durch ein
Bluntschli'sches Völkerrechtstribunal zu ersetzen seien.

Ein Einigungsamt kann in einem einzelnen Fall für kurze Zeit die Lohnhöhe bestimmen, welche eben keine Rechtsfrage ist; ein von den streitenden Parteien freigewähltes Schiedsgericht mag in einzelnen Vorkommnissen die guten Leute abhalten, vor den Richter zu ziehen, sich zu ärgern und Sporteln zu bezahlen. Aber Justiz ist das Alles nicht und kann die Justiz nicht ersetzen. Was der Staat jedem Einzelnen schuldet, das ist eine wirkliche unabhängige Rechtspflege für jede Art von Rechtsstreitigkeiten.

Wenn die Gewerbegerichtsbarkeit noch nicht hergestellt ist, so steht es mit wichtigen Theilen des materiellen Gewerberechtes kaum besser. Viele sind noch gar nicht, manche recht ungenügend geordnet. Unter den letzteren ist die Frage der Haftpflicht für die beim Gewerbebetrieb herbeigeführten Beschädigungen besonders hervorzuheben.

Man sollte glauben, daß diese Materie nach allgemein civilrechtlichen Grundsätzen zu behandeln sei und keiner besonderen Regelung bedürfe. Die Praxis hat diese Auffassung widerlegt; die große Industrie hat Verhältnisse geschaffen, welche das römische und das gemeine Recht und selbst das preußische Landrecht nicht kannte und für welche nur bei einer hoch entwickelten juristischen Dialektik auf die alten Schadensersatz-Normen Bezug genommen werden könnte. Bekanntlich gehören aber auf dem größten deutschen Rechtsgebiete die Schadensersatz-Processe zu den schwächsten Seiten der praktischen Jurisprudenz. Zudem bedarf das deutsche Gewerberecht der gleichen Behandlung in allen deutschen Rechtsgebieten. Die Gewerbeordnung enthält nichts über diesen Stoff; nur ganz entfernt erinnert §. 107 daran, welcher jeden Gewerbe-Unternehmer verpflichtet, „auf seine Kosten alle diejenigen Einrichtungen herzustellen, und zu unterhalten, welche mit Rücksicht auf die besondere Beschaffenheit des Gewerbebetriebes und der Betriebsstätte zu thunlichster Sicherung der Arbeiter gegen Gefahr für Leben und Gesundheit nothwendig sind". Wie aber, wenn ein Gewerbe-Unternehmer seine Pflicht vernachlässigt? — §. 148 al. 10 ordnet eine Geldstrafe bis zu 150 Mark und im Falle des Unvermögens Haft bis zu vier Wochen an, wenn er „der Aufforderung der Behörde ungeachtet" den Bestimmungen des §. 107 entgegenhandelt. Bis jetzt bestehen aber noch keine Behörden, welche verbunden und damit beschäftigt wären, solche Aufforderungen zu erlassen oder gar die dazu erforderlichen Untersuchungen anzustellen. Außerdem ist eine so überaus geringfügige Buße, eine bloße polizeiliche Ordnungsstrafe nicht im Verhältniß zu der Größe des Unrechts und seiner Gefährlichkeit. Ferner ist nirgends gesagt, daß der Gewerbe-Unternehmer für den durch seine Nachlässigkeit an Leben und Gesundheit der Arbeiter verursachten Schaden hafte.

Zwei Jahre nach Erlaß der Gewerbeordnung veranlaßte ein grauenvolles Unglück in einem sächsischen Bergwerk eine etwas eilige und höchst

unvollkommene Behandlung dieser Fragen. Das Gesetz vom 7. Juni 1871,
betreffend die Verbindlichkeit zum Schadenersatz für die bei dem Betrieb
von Eisenbahnen, Bergwerken, Steinbrüchen, Gräbereien (Gruben) und
Fabriken herbeigeführten Tödtungen und Körperverletzungen, umfaßt, wie
schon der Titel besagt, nicht die Landwirthschaft und durchaus nicht die
ganze Industrie, weder das Baugewerbe, noch das übrige Handwerk, noch
die Schifffahrt u. s. w. Unmöglich ist das Princip zu finden, wonach die
Auswahl der haftbaren Betriebe getroffen ist. Was eine „Fabrik" ist, wurde
nicht gesetzlich definirt, sondern dem richterlichen Ermessen überlassen, welches
in diesem Fall zu großen Ungleichheiten führen kann. Die strengere Haft=
barkeit der Eisenbahnen, welche schon im preußischen Eisenbahn=Gesetz von
1838 ausgesprochen ist, besteht darin, daß der Unternehmer für den Schaden
haften muß, sofern er nicht beweist, daß der Unfall durch eigenes Ver=
schulden des Opfers oder durch höhere Gewalt verursacht worden sei. Bei
den anderen verantwortlichen Betrieben muß von dem Beschädigten oder
des Getödteten Rechtsnachfolgern der Beweis geliefert werden, daß die
fragliche Verschuldung einem der Leiter oder Bevollmächtigten des Unter=
nehmens zur Last falle. Hier also hat der Kläger zu beweisen, dort der
Beklagte. Nicht in der Natur der Sache liegt diese Unterscheidung be=
gründet, sondern in der Vorstellung, daß man den Eisenbahnbesitzern recht
viel aufbürden dürfe und solle. Die so gestaltete Unterscheidung betreffs
der Beweislast ist principlos; principlos ist auch die Beschränkung des
Gesetzes auf diese bestimmten Betriebsarten. Art und Betrag der Schad=
loshaltung sind in dem Gesetze gut geordnet, und mit Recht erklärt §. 5
die dem Gesetz zuwiderlaufenden Privatverträge für nichtig. Dagegen
enthält §. 4 die Bestimmung, daß der ersatzpflichtige Unternehmer die
Leistung einer Versicherungsanstalt an seiner Entschädigung in Abrechnung
bringen dürfe, wenn er für mindestens ein Drittel zu der Versicherungs=
prämie des Beschädigten oder Getödteten beigetragen hat. Diese Be=
stimmung ist natürlich ein todter Buchstabe geblieben, da die Arbeiter,
welche ohnedies schon zu anderen Cassen beitragen müssen, wenig Lust
verspüren, die Entschädigungspflicht des Unternehmers zu theilen. Sie
sind diesem Gesetz ohnehin nicht hold und haben gute Gründe dafür.
Auch nach einer anderen, als der vorhin besprochenen Richtung ist die
Haftpflicht darin beschränkt; eine Reihe von Unfällen wird nicht davon
berührt. Der legislatorische Gedanke, die Haftbarkeitsfrage nur für die
gefährlicheren Gewerbe zu ordnen, ist an sich ein unrichtiger; denn wo
ein Unglück geschah, da war Gefahr vorhanden, und es ist nicht abzusehen,
warum die größere Häufigkeit der Unglücksfälle dem einzelnen Betroffenen
mehr Rechte verleihen soll. Noch falscher ist die Behauptung, daß andere
Betriebsarten, z. B. das Handwerk, nicht im Stande seien, die Last der
Entschädigungspflicht zu tragen. Einer muß sie doch tragen! Und der
Verunglückte ist gewöhnlich weniger leistungsfähig, als der Betriebsunter=

nehmer. Freilich bezahlt gegenwärtig bei den vielen ungeschützten Ge=
werben von größerer Gefährlichkeit der Unternehmer in dem höheren Lohn
die Unfallsprämie, die er bei den geschützten Gewerben an die Unfalls=
versicherungsgesellschaft entrichtet. Die Natur der Sache will eben, daß
der Unternehmer das Risico trage, das ganze Risico, auch für den Arbeiter,
— natürlich vorbehaltlich des Gegenbeweises von Verschuldung des Ver=
letzten oder höherer Gewalt. Auf diese volkswirthschaftliche Wahrheit
müßte das Haftpflichtgesetz gebaut sein. Damit wäre den Unternehmern
der stärkste Antrieb gegeben, mit Sorgfalt alle möglichen Vorsichtsmaß=
regeln zu treffen. Das wäre ein besserer Schutz, als §. 107 und §. 148
al. 10 der Gewerbeordnung! Dann würde sich auch die Unfallsversiche=
rung in großartigen Dimensionen ausbilden, und zwar zu wohlfeileren
Sätzen. Es würde dann auch nicht mehr vorkommen, daß ein Unter=
nehmer, der sich mit dem Opfer eines Unfalls ohne Rechtsstreit vergleichen
will, von der Versicherungsgesellschaft daran verhindert wird, so daß der
Geschädigte noch einen langen und manchem Zufall ausgesetzten Proceß
durchzuführen hat.

Soll mit den nöthigen Schutzmaßregeln für das Wohl der arbeitenden
Classen Ernst gemacht werden, so bedarf es dazu nicht allein wohldurch=
dachter Gesetze, sondern auch einer gesicherten Ausführung derselben. Wenn
man sich vergegenwärtigt, welcher langwierige und zähe Widerstand bei
Durchführung der englischen Fabrikgesetze zu überwinden war, wird
man sich die Sache in Deutschland nicht allzu leicht denken, wo die Aus=
führung der Reichsgesetze dem guten Willen der Einzelstaats=Behörden
anvertraut ist. Eine unbestrittene Erfahrung lehrt uns, die seit einigen
Jahren functionirenden preußischen Fabrikinspectoren zeigen es in ihren
„Jahresberichten“, für das übrige Deutschland bestätigen es die auf Be=
schluß des Bundesraths angestellten „Erhebungen“, daß die wichtigsten
Fabrikgesetze, die über Kinderarbeit, über Concessionspflichtigkeit gewisser
Betriebsarten, über Schutzvorrichtungen an den Maschinen u. a. m., fort=
während verletzt werden, und zwar vielfach nicht ohne Connivenz der
Behörden, welche ein Auge zudrücken, wo sie beide Augen geöffnet halten
sollten. Die niedrigen Strafandrohungen des Gewerbeordnungsgesetzes
haben wenig Abschreckendes, desto schärfer müßte darum wenigstens die
Controle über die Einhaltung der schützenden Bestimmungen sein. Diese
controlirende Aufsicht darf also nicht ausschließlich der Landespolizei über=
lassen bleiben; eine höhere Instanz muß Sicherheit und Gleichmäßigkeit
hineinbringen; das Reich muß sein Gesetz selbst schützen. Kurz, wir
bedürfen der Reichs=Fabrikinspectoren. Die Polizei, selbst wenn sie überall
den besten Willen und die erforderliche Zeit dazu hätte, ist schon aus
Mangel an technischen Kenntnissen der schwierigen Aufgabe nicht gewachsen;
diese erfordert jedesmal einen ganzen Mann von besonderem Eifer und
Sachkenntniß. Es war ein Fehler, daß der Reichstag 1869 den Antrag

auf Fabrikinspectoren zurückwies, der freilich von mißliebiger Seite kam.
In Preußen war bereits in Gesetzen von 1849 und 1853 auf Fabrikinspectoren hingewiesen. Fast in allen Industrieländern hat das Institut
sich glänzend bewährt, und England verdankt ihm die Rettung der auf-
wachsenden Arbeitergeneration. Es ist ein schönes und erhebendes Bild, mit
welcher Unermüdlichkeit hochbegabte Männer in den vierziger Jahren sich
der schweren und undankbaren Aufgabe unterzogen, die neuen Gesetze
über Kinderarbeit in den Fabriken durchzusetzen, wie sie mit kaum hinreichenden Befugnissen die minutiöse und chicaneuse Casuistik des Eigennutzes in der Mißdeutung der Gesetze durch alle Schlupfwinkel verfolgten
und durchbrachen und aus den erbitterten gerichtlichen Kämpfen mit
wechselndem Kriegsglück schließlich als Sieger hervorgingen. Allein nicht
blos zur Bekräftigung und Verwirklichung des gegebenen Gesetzes, sondern
auch zur Weiterbildung desselben auf Grund reifer Erfahrungen trugen
sie Außerordentliches bei.

Fast überall haben die ersten Anfänge der sogenannten Fabrikgesetzgebung bei der Sorge für die mißbrauchten Kräfte der Kindheit angesetzt.
In England beginnt diese lange Reihe rühmlicher Anstrengungen und
schwerer parlamentarischer Kämpfe mit der Acte des älteren Sir Robert
Peel von 1802, welche die „Moral- und Gesundheitsacte" genannt ward
und die gerichtet war gegen die grauenvollste Mißhandlung und Ausbeutung der von den Kirchspielsbehörden an die Baumwollenfabrikanten
vermietheten Armenkinder. Das Gesetz betraf Zustände, von denen der
Ausbruch um sich greifender Epidemien unmittelbar zu befürchten war.
Solche Befürchtungen schärften das Gefühl der Humanität und Philan-
tropie in wirksamer Weise und brachten auch roheren Naturen den Gedanken der gesellschaftlichen Solidarität bei. Aber es handelt sich bei
derartigen Nothständen überhaupt nicht blos um die Gefahr der Verbreitung besonderer Krankheitsstoffe; weit über die Grenzen der öffentlichen Gesundheitspflege hinaus ist die Abwehr der Entartung und Kraft-
minderung einzelner Gesellschaftsclassen ein directes Interesse aller anderen Classen. In Deutschland braucht das zum Glück nicht erst bewiesen zu werden; nur über die richtigen Mittel und Wege ist die Ver-
ständigung schwierig. In der Schweiz wurden schon 1815, in Frankreich
erst 1841 Schutzmaßregeln für die Fabrikkinder beschlossen, in Preußen
datiren die ersten diesfälligen Verordnungen von 1827 und 1828.
Wenn England allen voranging, so war dort auch die große Industrie
am frühesten entwickelt und der Nothstand weitaus am schreiendsten. Seitdem hat in England die gesetzgeberische Thätigkeit in dieser Sache nicht
still gestanden; nach britischer Eigenthümlichkeit ging sie Schritt für Schritt
vorwärts, specialisirend je nach den in den verschiedenen Industriezweigen sich ergebenden Bedürfnissen, bis sie zum Schluß wieder zusammen-
fassen und verallgemeinern („consolidiren") mußte. Das ist der her-

kömmliche Lauf der englischen Gesetzgebung, bei dem sich wenig gewagte
Abstractionen, aber gewisse Stadien der Verwirrung ergeben. Unser her-
kömmliches Verfahren ist das umgekehrte; wir pflegen mit einer allgemeinen
Regel zu beginnen und uns erst nachderhand von den praktischen Bedürfnissen die Ausnahmen dictiren zu lassen. So geschah es auch bei
den wenigen und noch ungenügenden Fabrikgesetzen unserer Gewerbeordnung, deren humanen Inhalt wir uns aber nicht verkümmern lassen
wollen, wenn wir auch hier und da den wohl zu prüfenden Forderungen
der industriellen Technik durch unschädliche Modificationen Rechnung
tragen sollten.

Alles in Allem, ist unser Maß erlaubter Kinderarbeit weitaus das
geringste, selbst dem schweizerischen Fabrikgesetz von 1877 gegenüber,
welches doch für die ganze Industrie die socialistische Institution des Normal-
arbeitstags enthält.

Doch haben die Engländer seit 1867 den großen Vorsprung, daß
ihre Schutzgesetze sich nicht mehr blos auf die Fabrikindustrie, sondern
auf alle Werkstätten, auch des Handwerks und der Hausindustrie, beziehen. Daß dieses gerade in dem Lande, welches die persönliche Freiheit
und das Hausrecht so hoch schätzt, für zulässig erachtet wurde, enthält für
uns die Aufforderung, die englische Fabrikgesetzgebung im Zusammenhang
mit den anderen englischen Rechts-Institutionen zu studiren. — Seit 1844
stellt die englische Gesetzgebung die Frauen den „jungen Personen" (unseren „jugendlichen Arbeitern") in Bezug auf den gesetzlichen Schutz und
die Arbeits-Einschränkungen auf gleiche Linie. Diese Scheidelinie zwischen
arbeitenden Kindern und jugendlichen Arbeitern kommt eben auch aus
den Gesetzen Englands. Die englische Rechtsanschauung gestattet es, alle
Frauenzimmer als Unmündige zu betrachten und derartig zu bevormunden,
daß ihnen auch gegen ihren Willen die beschränktere Arbeitszeit zuge-
messen wird.

Für volljährige Männer würde keine politische Partei in England
einen „Normalarbeitstag" verlangen oder zulassen; er würde als ein Eingriff in die persönliche Freiheit perhorrescirt werden. Ich würde eine
solche allgemeine Zeitgrenze der freien Arbeit schon für unzulässig halten,
weil sie die verschiedensten Industrien über einen Kamm scheert, und für
inhuman, weil die einmal gezogene Grenze die Bewegung unter dieselbe
herab auf die längste Zeit verhindern würde. Wie kann sich z. B. der
schweizerische Arbeiter mit seinem 11stündigen Normaltag freuen, wenn
er sieht, daß in vielen Industriezweigen Großbritanniens und der nord-
amerikanischen Vereinstaaten eine 10stündige und selbst eine 8stündige
Zeitbeschränkung angestrebt und zuweilen erreicht wird! — Wie oft sind
die Arbeiter nicht, in Zeiten der Geschäftsstockung, sehr gegen ihren
Willen, auf kürzere und selbst halbe Arbeitszeit angewiesen, und sie sollten
nicht auch den höheren Ansprüchen günstiger Conjuncturen gelegentlich mit

besonderen Anstrengungen entsprechen wollen! Die langwierige englische
Agitation (besonders des damaligen Lord Ashley, späteren Earl of Shaftes=
bury) für die zehnstündige Kinderarbeit, welche im Jahre 1848 das Ziel
erreichte, hatte allerdings den ausgesprochenen Zweck, indirect auch die
Arbeitszeit der Erwachsenen zu kürzen, da bei dem allmählich eingeführten
Relais= oder Schichtsystem die Zeit der Kinderarbeit einen Divisor für
die Arbeitszeit der Erwachsenen bildet. Und wie lange hat es gedauert,
daß dieses Relaissystem den Vorwand bot, um die Fabrikgesetze durch die
raffinirtesten Betrügereien unwirksam zu machen!

Bei jedem Schritte vorwärts ging das Jammern der Industriellen
an, daß die neue Beschränkung sie der auswärtigen Concurrenz schutz= und
rettungslos preisgebe. Und jedesmal haben die Fortschritte der Mechanik,
die bessere Schonung der Arbeitskräfte und die intensivere Leistung in der
kürzeren Frist den gefürchteten Ausfall mehr als ausgeglichen. In un=
geahnter Weise hat sich die englische Arbeiterbevölkerung physisch, mora=
lisch und geistig gehoben; das Fabrikproletariat, das eine öffentliche
Gefahr in sich barg, überwuchert nicht mehr. Dennoch beschäftigt die
englische Industrie noch immer 8jährige Kinder, freilich nicht mehr 12
Stunden lang, wie Anfangs, sondern etwa halb so lang. Die deutsche
Industrie, in welcher die Kinderarbeit verhältnißmäßig sehr gering (mit
nicht viel über 20,000 Kindern unter 14 Jahren, die aber auf die
Industriezweige und darum auch auf die Gegenden sehr ungleich vertheilt
sind) vertreten ist, darf kein Kind unter 12 Jahren annehmen und wird
hoffentlich mit der Zeit dazu kommen können, die untere Grenze auf
14 Jahre erhöhen zu dürfen. Leider spricht die deutsche Gewerbeordnung
nur von der „regelmäßigen Beschäftigung" der Kinder und läßt somit den
Mißbrauch der „unregelmäßigen Beschäftigung" zu, doch wird das zweifels=
ohne bald verbessert werden. Das französische Gesetz läßt bei 12jährigen
Kindern 12stündige Arbeit zu, das schweizerische Gesetz vom 23. März
1877 rechnet auf die 11stündige Normalfrist nur einen 3stündigen Schul=
besuch ein, aber es läßt keine Kinder unter 14 Jahren zur Fabrikarbeit
zu und rechnet die Kindheit bis zum vollendeten 16. Jahre.

Fast so wichtig, wie die Zeitgrenzen, sind die Bestimmungen über
die Vertheilung der Pausen und Mahlzeiten, die Verbote der Nacht= und
der Sonntags=Arbeit, die richtige Auseinandersetzung mit den Forderungen
der Schule, die Untersagung gesundheitsschädlicher Arbeiten u. s. w. Bei
den weiblichen Arbeitern das Verbot der Nachtarbeit, besonders in Berg=
werken, gewisser gesundheitsschädlicher Beschäftigungen, die Schonung vor
und nach den Wochenbetten. Leider verbietet die mir gezogene Grenze das
Eingehen auf diese wichtigen Einzelnheiten. Die ganze hierauf bezügliche
Gesetzgebung ist noch im Fluß befindlich und wird an der Hand der Er=
fahrung wiederholt revidirt werden. Hoffen wir von der Entfaltung unserer
gesellschaftlichen Zustände, von den gleichzeitigen Fortschritten der Humanität

in den mit uns concurrirenden Ländern und vor Allem von den zunehmen=
den Hülfsmitteln der technischen Wissenschaften, daß jede Revision eine Er=
leichterung der arbeitenden Classen bedeuten wird! Der humane Fabrikant
wird selbst dabei seine Sicherung gegen unloyale Concurrenz erstreben.

Freilich ist die größte Vorsicht angezeigt; die arbeitende Classe selbst
verträgt es nicht, daß man in ihren Kindern ihre Erwerbsmittel zu stark
beschneide. Hungern ist ungesünder, als Arbeiten. Oder wie will man
beispielsweise die Wöchnerinnen auf sehr lange Fristen von den Arbeits=
stätten entfernt halten, wenn die Arbeiterhülfskassen sich, mit Berufung
auf ihre rechnungsmäßige Grundlage und in billiger Berücksichtigung der
unverheiratheten Mitglieder, dagegen sträuben, die Zeit vor und nach der
Niederkunft als unterstützungsberechtigte Krankheit anzuerkennen? — Wie
weit Wohlthätigkeitsvereine und das humane Interesse der Arbeitgeber
solche Härten mildern können, fällt nicht in den Bereich meiner Betrachtung,
welche sich auf die Revision der Gesetze beschränken mußte.

Ich fürchte, die Geduld der Leser schon mißbraucht und den mir ver=
gönnten Raum überschritten zu haben. Und doch wäre noch eine ganze Reihe
neuerdings ventilirter Fragen zu besprechen. Ich erinnere nur an die
mit mehr als berechtigter Bitterkeit besprochene Frage der Wander=
lager, des Hausir= und Auctionswesens, an die dringend gewünschte Be=
schränkung der Schankconcessionen, an die Forderung eines Normativ=
gesetzes für Invalidenkassen, an die Controle der einseitig erlassenen
Fabrikordnungen, an die Errichtung von Gewerbekammern neben den
Handelskammern, an die Befreiung des Apothekergewerbes von den aus=
schließenden Realberechtigungen. Da ist kaum ein Artikel der Gewerbe=
ordnung, der nicht erneute Controversen hervorgerufen hätte, und selbst
die unschuldige Theaterfreiheit, die uns hier in Berlin schon so manchen
ästhetischen Genuß verschafft hat, wird von Theater=Intendanten und theore=
tisirenden Pedanten angefochten.

Gerade diese Fülle des Stoffes liefert mir die Entschuldigung, daß
ich nur die wichtigsten Angelegenheiten Musterung passiren ließ, um an
diesen die Principien der Freiheit und Gerechtigkeit zu vertheidigen und
damit die Methode auch für die Entscheidung der anderen in Frage ge=
stellten Materien zu gewinnen.

Der Dänholm.

Idylle

von

Heinrich Kruse.

— Berlin. —

Fischer.

Junge, das Segel gefaßt! Hoch auf! Nun ist es gewendet.
Setze das kleine noch bei! Wir müssen uns sputen. In Stralsund
Schließet der Wächter des Hafens den Baum, sobald es nur dämmert.

Knabe.

Das war heut noch ein Fang!

Fischer.

Ja, das tröstet doch noch, wenn man manchmal
Fischet und fischt und nichts am Ende nach Hause zurückbringt,
Als ein zerrissenes Netz, das triefend vom Maste herabhängt.
Wie wird Mutter sich freuen! Die See trieb heute die Schäfchen
Ueber die Weide; da fängt es sich gut, doch muß man sich mühen.
Da ist der Dänholm schon.

Knabe.

Ihn erblicket doch immer zuletzt noch,
Wer von der Stadt fortschifft; den, welcher zur Heimat zurückkehrt,
Grüßet er wieder zuerst mit den Wipfeln des Wäldchens.

Fischer.

Die Frauen
Pflegen bis dort zu begleiten den Mann mit ihren Verwandten.
Und so vergeß ich es nicht, wie Vater zuletzt von uns wegging.
Mutter, sie saß, ihr Jüngstes im Schooß, auf dem Ufer und strickte,
Und ich spielte umher. Als dämm'rig es ward, und das weiße
Segel man nicht mehr sah in der Ferne, erhob sie sich endlich,
Holte den Athem dabei so tief aus der Brust, und ich sagte:
„Mutter, was grämest Du Dich um Vater? Er geht ja in Krieg nicht."
„Ja, wohl geht er in Krieg," so sprach sie, „in jeglichem Jahre

Gegen das schreckliche Meer, und einmal kommt er nicht wieder.
Als vor nun zwei Monden zum Zingst wir hinübergefahren,
Unsere Freundschaft dort zu besuchen, so ging ich zur Kirche,
Fand sie geschlossen und lehnte mich still an die Mauer des Friedhofs.
Schon kam einer herauf nach dem andern die Stiege des Ufers;
Aber es waren nur Kinder und Frau'n, da die Männer des Sommers
Alle zur See fort sind; denn sie geben nicht viel auf den Pflug dort.
Lieber Himmel, was ist denn der Zingst, als wandernde Dünen,
Wo Strandhafer nur wächst? Drum pflügen sie lieber die Wellen.
Und ich sah auf die Frau'n, daß alle in Trauer sie gingen.
Da war keine dabei, der nicht im vergangenen Jahre
War ein Bruder geblieben zur See, der Vater, der Gatte,
Oder ein blühender Sohn. Da fuhr es mir heimlich das Herz durch:
Auch ich habe mir bald zu nähen die dunkelen Kleider!"
Und sie konnte nicht mehr sich der bitteren Thränen enthalten:
„Dann kehrt Vater nicht mehr, dann haben wir Hunger und Kummer."
Also sprach sie, und faßte mich an, und wandte sich heimwärts.
Wie sie gesprochen, geschah's. Bald lag mein Vater bei Schottland,
Alle die Seinen umher. Dran denk' ich, so oft ich die Insel
Seh' und das buschige Ufer. Doch macht es mit nichten mich traurig;
Denn das ist nun einmal nicht anders. „Zu schiffen ist nöthig,
Doch nicht nöthig zu leben!" So steht's in der Schiffergesellschaft.

Knabe.

Das ist, Vater, ein kerniger Spruch! Und Jeder ist froh ja,
Wer vom Sunde befähret die See, wenn er wieder den Holm sieht
Wißt Ihr, wie er mir däucht? Wie der Maibusch, den man heraussteckt
Am Wirthshaus, der uns sagt: Hier kehret man ein! so ladet
Freundlich er Jeden zur Stadt, die hinter dem Laube hervorblickt.
Vater, versprcht Ihr nicht oft davon zu erzählen, vom Dänholm,
Warum so man genannt vor Zeiten die liebliche Insel?
Immer vertröstet Ihr mich. Heut, dächt' ich, am fröhlichen Tage —

Fischer.

Donner und Hagel! Die Leinen gepackt! Wir gerathen auf Steine!
Taugenichts, gib Acht! Nun, nun, ich war nur erschrocken.

Knabe.

Seht, hier bind' ich die Schoten mir fest. So setz' ich mich still hin;
Denn Ihr laßt Euch ja doch, das weiß ich, das Ruder nicht nehmen.

Fischer.

Ist mein ewiges Lied: Zu gar nichts bist Du zu brauchen!
Immer gelehrt und verkehrt! Wie das Kukuksei mir in's Nest kam!

Knabe.

Aber nun thut, wie Ihr es versprcht, und berichtet vom Dänholm.

Fischer.

Höre mir zu, so ward mir erzählt, so erzähl' ich es wieder.
Wo Du die Kirchen da siehst und die Spitzen, die sieben, vom Rathhaus,

Wohnten nur wenige Fischer vordem, und ruderten über,
Wer nach Rügen verlangte, der heiligen Insel der Heiden,
Wo von den Küsten und Inseln sie rings hinwallten zu opfern.
Doch dann kamen die Deutschen in's Land und bekehrten die Heiden.

Knabe.

Wenden, so hießen die Völker damals an den Küsten der Ostsee;
Drum sind die Wendischen Städte geheißen die Städte der Ostsee,
Die, wie ein Kranz um die Schaale gelegt, rings blühten am Wasser,
Dort, wo Lübeck thront und das siebenthorige Rostock,
Bis wo der Preuße den Bernstein sucht nach dem Sturm aus dem Seegras.

Fischer.

Nicht zum letzten der Sund, der günstig gelegen und sicher;
Denn drei Teiche umgeben die Stadt, und das And're umbrandet
Offen die See. Doch wer hätte gedacht, daß das ärmliche Fährdorf
Also höbe dereinst sein Haupt vor den Städten der Hansa,
Daß wol Fürsten sich gleich dort hielten die Bürger? Ein Rathsherr
Ließ zum Traugang sich von dem Haus, wo er wohnte, am Markte
Bis in die Kirche den Weg mit dem köstlichsten Laken belegen,
Scharlach, in London gewebt. So zog er mit stolzem Gefolge
Bis vor den Priester auf Tuch. Und dem übermüthigen Eheweib
Mußten — ich will nicht sagen, wofür — fortwährend die Mägde
Schier aus Rigischem Flachse die saubersten Bündel bereiten.
Aber das Weib trieb also hernach es mit Buhlen und Hoffart,
Daß ihr zuletzt nichts mehr von alle der Herrlichkeit nachblieb,
Als ein silberner Teller. Den nahm sie, und stand an der Kirchthür,
Hielt ihn hin und sprach: „Um Gottes Willen," so bat sie,
„Schenket der armen reichen Frau einen Pfennig zu leben!"
Und hat eine der Mägde sie da barmherzig mit Linnen
Sich zu bekleiden beschenkt: „Ich spann's von dem Flachs, den Ihr wegwarft."
Soll wohlfahren ein Gut, so ist es nicht allzugeringe;
Soll es zu Grunde geh'n, so ist es zu groß und zu viel nicht.

Knabe.

Seht, da blicket die Sonne noch einmal hinter dem Strand auf.
Wie sie die Segel durchglüht! Doch erzählet nur weiter von Stralsund.

Fischer.

Ja, wie hab' ich gehört von dem Alten so manche Geschichte,
Wenn er verkürzen sich wollte die Weile des müssigen Winters.
Wie mir grauste als Kind bei dem furchtbaren grauen Gespenste,
Welches erscheint auf dem Schiff, das auf einsamem Ocean umtreibt,
Während die Mannschaft verschmachtet vor Hunger und Krankheit. Da geht es
Auf und ab, von dem Bugspriet an, und weiter um Einen
Schritt an jeglichem Abend. So weit es gelangt auf dem Decke,
Muß in der selbigen Nacht darunter, was Leben hat, sterben,
Mensch und Thier. Da schleppen entsetzt sich die kranken Matrosen
Weiter und weiter nach hinten die Hängematten; doch endlich

Setzt es zum Ruder sich hin — und Alles ist still auf dem Schiffe.
Und was hatt' er für Fahrten erlebt! Doch ich wollte erzählen.
Als mit der Stadt es zuerst ein Ansehn hatt' und Gedeihen,
Litten es Bugslav nicht und Casimir, Fürsten von Pommern,
Ueberfielen den Ort und brannten und brachen ihn nieder.
Darauf theilten sie sich in den Raub und zogen von dannen.
Aber die Stadt lag öde, so daß, weil nirgends die Schwalben
Fanden ein Dach, sie bauten ihr Nest auf den Masten der Schiffe.
Und nicht lange hernach, da der Ort sich in etwas erholte,
Konnten's den Sundischen Leuten nicht gönnen die Herren von Lübeck,
Traten mit Macht auf's Land und zerstörten die Stadt uns noch einmal.
So viel Arbeit gab's, um die Stadt zum Sunde zu gründen!
Aber Du schwebst in der Luft wie ein Vogel da über dem Kiele.
Siehe Dich vor!

Knabe.

Achtzehn! Neunzehn!

Fischer.

Was machst Du?

Knabe.

Ich zähle.

Wie viel Kähne der Fischer, mit rothen Segeln und weißen,
Blinken von nah und von fern! Man ermüdet, beginnt man zu zählen.
Wenn auch manchen die Stadt durch waldige Ufer verdeckt wird,
Steuern doch alle zum nämlichen Ziel, zum Hafen von Stralsund,
Wie ein Schwan hinrudert zum Nest, das im Röhricht versteckt liegt.
Sieh, wie der schillernde Schaum vor dem tanzenden Kiele heraufspritzt!

Fischer.

Neu drauf bauten die Bürger sich an und ließen vom Lande
Nur drei Dämme zur Stadt, und die Brücken mit hängenden Ketten
Zogen am Abend sie auf. Dahinter erbauten sie Zwinger
Und Wykhäuser und Thore, die drohend in's Land mit den Warten
Wehrten den Feinden den Weg; doch sperrten sie nicht ihn dem Unglück.
Einst am Ostertag, als kaum noch graute der Morgen,
Stieg, wie er pflegte, der Pfeifer hinauf mit seinen Gesellen
Oben nach Sanct Marien.

Knabe.

Da droben, wie lieblich verschlungen

Sieht man da Land und Meer und Küsten und Buchten und Inseln!

Fischer.

Und indessen sie spielen, bemerkt der Gesell, der nach Norden
Bläst zu der Luke hinaus, was Weißliches stehen im Sunde,
Sagt es den Andern, und eh' mit dem Lied sie zu Ende gekommen,
Sehen sie Segel auf Segel bereits aufziehen. Sie ahnen
Gleich nichts Gutes davon und ziehen mit Macht an den Glocken,
Die in dem Trallwerk hängen, um anzuschrecken die Bürger.
Da hat Manche vergessen die Ostereier zu sieden!
Jeglicher kam vor die Thür und frugen einander: „Wo brennt es?"

Doch da es kundbar ward, daß nicht vom Feuer das Unglück,
Sondern vom Wasser uns drohe, so rannten sie Alle zum Hafen.
Siebenzig Schiffe und mehr mit der Löwen-Flagge des Dänen
Sahen sie zieh'n auf die Stadt und näher schon kommen und näher.
Da war groß im Sunde die Noth. Sie hatten nicht Schiffe.
Früh wie das Eis aufging, war Alles nach Schonen zum Fischfang
Weggesegelt bereits, mit den Andern die rüstigste Jugend.
Und kein einziges Schiff war anders im Hafen vorhanden,
Als auf den Helgen im Bau, halbfertig, mit nackenden Rippen.
Nichts als Jammern und Angst war rings im Hafen; die Männer
Rannten umher und schrieen nach Waffen, und wußten nicht Abwehr,
Wenn an die offenen Brücken die Macht anlegte der Feinde.
Und gleich hätten die Dänen die Stadt in dem Schrecken genommen,
Wenn sie nicht erst an die Insel gelegt um zu essen und trinken
Und sich zu stärken zum Streit. Und die Obersten traten an's Ufer
Rath zu halten, wie jetzt, da sie spürten am Läuten und Lärmen,
Daß sie bemerkt in der Stadt, am besten geschehe der Angriff.
Aber im Sunde verzagten da schier sie Alle, im Schurzfell
Also der Handwerksmann wie in Marderschaube der Rathsherr.
Nur abwärts rathschlagten die Fischersleute zusammen,
Was sie könnten vielleicht, und der Aelteste trat vor die Menge
Endlich und sprach: „Wir wollen in Gottes Namen es wagen!"
Und so schritten sie gleich an das Ufer und lösten die Taue,
Aeltliche Leute die meisten — denn Fischen ist nur so ein Halbdienst,
Ehrlich, doch spärlich, zuletzt — die wohl sich des Wassers verstanden.
Bald auch kamen die Knaben mit eisenbeschlagenen Stangen
Und was sonst sie zusammengerafft, Bootshaken und Piken.
Damit stiegen sie ein. Drauf hißten sie schweigend das Segel.
Frisch blies hinten der Wind, sie fuhren zur waldigen Insel.
Und schon strahlte die Sonne; es lag vor ihnen die Flotte
Wie ein Berg von Silber, so klar, mit den schwellenden Segeln.
Jenseits standen die Dänen und sahen verwundert sie kommen,
Eilten sogleich auf die Schiffe zurück, nach dem Kampfe begierig,
Welcher alsbald sich erhob; doch ungleich war er für Beide.
Denn wol konnten die Fischer das Ruder gebrauchen und hierhin
Wenden und dorthin den Kahn, und soweit hatten sie Vortheil
Ueber den Dänen, der träg dalag auf mächtigem Schiffe;
Aber sie konnten hinauf nach den hohen Verdecken nicht reichen.
Dazu waren die Dänen mit besserer Wehre versehen,
Männer in Eisen und Seehundsfell, mit Halbarden und Hämmern,
Welche sie schwangen zum Streit; auch schossen sie scharf mit der Armbrust.
Und sie kämpften herab als wie von der Mauer und lehnten
Ueber den Bord sich mit großem Geschrei. Auch führten sie Steine,
Die in den Strom vor der Stadt sie zu werfen gedachten, zu stören
Stralsunds Seeschifffahrt; die wälzten sie nieder von oben.
Da war übel zu sehen der Kampf für die Unsern; es wurden
Viele der Sundischen Böte versenkt, und die andern entflohen.
Wie sie langsam kamen daher mit zerrissenen Segeln,

Ging ein großes Geschrei aus dem Volk im Hafen zum Himmel;
Aber es thaten die Frau'n sich hervor und standen am Bollwerk,
Riefen sie zorniglich an sich zu wehren, und schalten die Männer.
Auch ein Weib, ein Mädchen noch fast, und säugend ihr Erstes,
Kam, aus dem Schlafe geschreckt, mit fliegenden Haaren gelaufen,
Drängte sich vor, und schrie so laut, daß Alle es hörten:
„Soll mein herziges Kind ich im Morden und Brennen verlieren,
Besser, ich werf' es sogleich in's Wasser, und springe ihm selbst nach!"
Also sprach sie, das muthige Weib, und mit kräftigen Armen
Hob sie das Knäblein empor, das zurück sich wandte mit Wimmern.
Alle entsetzten sich drob, und Jeder gedachte der Seinen,
Wandten die Kähne zurück, das Herz voll Muth und Verzweiflung.
Denn schon war es die äußerste Noth; schon hatten die Dänen
Anzustimmen begonnen aus heiseren Kehlen das Siegslied,
Und sie bewegten sich schon von der Insel. Sie kamen geschwommen
Gleich einer anderen Stadt, und das Königs=Schiff, das voranfuhr,
Wie ein Kirchthurm stand es empor, mit wehenden Bannern.
Auf das hielten die Fischer vereint, als wär' es besprochen,
Drängten sich unter den hohen geschnitzten und goldenen Spiegel.
Und sie ersahen es sich, und klommen hinauf zu den Luken,
Stiegen hinein. Das sahen mit Staunen die anderen Schiffe,
Wollten es wehren, und segelten mühsam herbei; es erhob sich
Aber ein Sturm: ihn sandte der Herr, um die Seinen zu retten.
Denn es verwirrten die Schiffe sich arg und stießen zusammen.
Mann für Mann aufstiegen bereits aus dem Bauche die Fischer,
Griffen mit spitzigen Haken herum, und stürzten die Feinde
Nieder zu Boden, und spießten sie dann, wie Aale von oben.
Blasses Entsetzen befiel die Besatzung; sie sahen die Feinde
Steigen aus eigenem Schiff, und wußten nicht, wie es geschehen;
Hielten die Waffen nur vor und starrten noch, während sie fielen.
Und nun klettern die Fischer herauf von jeglicher Seite,
Immer noch schweigend dabei und mordend. Wie Schnitter am Abend,
Wenn schon unter die Sonne: es gilt! so mähten sie mächtig.
Aber die anderen Schiffe, die ihre gewappneten Ritter
Sahen zu Boden geschlagen von Leuten mit bastenen Schuhen,
Leuten, die still sonst geh'n mit Korb und Haken zum Fischmarkt,
Waren erschreckt, schon schlagend im Sturm an einander und sinkend.
Und da das Banner des Reichs auf dem Königs=Schiffe gefallen,
Ließen sie ab und nahmen die Flucht; doch es folgten die Unsern.
Hast Du im Frühling geseh'n, wenn die sämmtlichen Fischer des Flusses
Sich zum Treiben vereint, und das Netz am Ziele gestellt ist?
Fast ist mit Nachen das Wasser verdeckt; so fahren sie abwärts,
Störend den friedlichen Fluß mit Stangen und rufend und lärmend:
Also hielten mit Jubelgeschrei nun die Sundischen Treibjagd.
Uebel gerieth da die Flucht in der Enge den dänischen Schiffen,
Und wir nahmen die meisten. Die aber das Weite gewannen,
Deren doch wenig, entfloh'n, um übel empfangen zu werden,
Als sie zu Hauf' anlangten. Sie hatten verloren den Reichsschatz:

Denn wo er Schiffe nicht hat, kann nichts ausrichten der Däne.
Unabläſſiges Siegesgeſchrei erfüllte die Enge,
Ging von der Inſel zur Stadt, von der Stadt vielſtimmig zur Inſel.
Hierher kamen gemach mit der Beute die Fiſcher und zählten
Ihre Gefangenen nach und warfen die mancherlei Waffen
So kaltblütig an's Land, als wären es Fiſche geweſen,
Welche man ließ aus dem Netz, und des Meer's ſeltſame Geſtalten.
Als ſie die Haufen gethürmt, ſo traten ſie all' an das Ufer,
Fielen auf's Knie, und dankten Gott, der die Stärke des Schwachen —
Was war das für Geräuſch?

Knabe.
Nur Rabengekrächz' auf dem Drigge.

Fiſcher.
Sind Seeraben, die Fiſche die Meng' aus dem Waſſer ſich holen.
Gierige Brut! Man ſollte ſie all' wegſchießen, die Räuber!

Knabe.
Aber erzählt doch zu Ende.

Fiſcher.
Ja ſo, von den tapferen Fiſchern!
Dänholm nannten die Inſel ſie drauf, das iſt, Inſel der Dänen,
Die einſt Strela hieß und den Namen gegeben der Stadt hat.
Darauf kehrten ſie heim, voraus ihr prunkendes Hauptſchiff.
Wie wenn es ſtürmt aus Nord, und ein Wallfiſch nahet dem Strande,
Auf Untiefen geräth und ſpritzt, daß die Leute es merken,
Raſch hinfahren und ihn todtſchlagen und ziehn an das Ufer,
Ueber die Beute erfreut: ſo ſchleppten die Fiſcher das Hauptſchiff.
Erich, der däniſche Prinz, war gefangen und mußte ſich löſen
Alſo ſchwer, daß daraus wir uns bauten das mächtige Rathhaus.
Daran prangte, gehauen aus Stein, dreiſpitzig der Haken,
Mit dem unſere Fiſcher die Dänen am Holme geſchlagen.
Ja, der Fiſcherhaken — der Stral, wie man ſagte vor Zeiten —
Wurde das Zeichen der Stadt, im Oſten gefürchtet und Norden.
Niemand ſoll ſich verachten, mein Kind. Ich muß Dir das ſagen,
Denn Du trachteſt nach oben hinaus, und es ſollte mir leid thun,
Wenn Du Dich niedrig geboren zu ſein einſt ſchämteſt. Wir ſind nur
Arm und gering; doch haben die Stadt einmal wir gerettet.

Knabe.
Nicht blos wurde gekämpft denn um Salamis, dorten allein nicht
Setzten dem Feinde ſie nach, wie Fiſcher nachſtoßen dem Thunfiſch!
O du lieblicher Holm, du Heldenhügel im Meere,
Siehe, ſo biſt du mit nichten die kleinſte der baltiſchen Inſeln;
Denn auf dir iſt Großes geſchehn, und geprieſen vor allen,
Wenn mein Wort es vermag, ſoll einſt dein Name noch werden!

Fiſcher.
Wenn Du die Inſel umgehſt, umkreiſend das hohe Geſtade,
Zählſt Du der Schritte gerade ſoviel, wie die andere Inſel
Mißt, auf welcher die Stadt ihr Haupt zum Himmel erhebet.

Itnabe.

Nachbarlich liegen sie so und wie zwei Schwestern zusammen,
Und wenn immer der Kampf um Stralsunds Mauern getobt hat,
Wurde geröthet von Blut auch der grünende Bord, wo die Welle
Ruhig an's Ufer nun schlägt und bespület die moosigen Kiesel.
So als Wallenstein vor der Stadt lag, welcher der Ostsee
Herrn sich nannte bereits, doch herein nicht konnte nach Stralsund,
Welches der Schlüssel dazu: denn die Meerumgürtete trotzte.
Ueber zum Dänholm waren die Kaiserlichen gefahren,
Um zu beschießen die Stadt. Da bemannten die Fischer die Jachten
Ohne Befehl zu erwarten, und legten sich rund um die Insel,
Schossen so feindlich darein, daß die Kugeln dem Herrn Feldmarschall
Schlugen in's Boot, und im Schrecken er gleich an den Wampen zurückfuhr.
Hat Hans Arnim geheißen. Sie haben ihn tüchtig gehänselt!

Fischer.

Wo kommt Dir denn die Wissenschaft her von dem Alten?

Itnabe.

Es wird uns
In der Lateinischen Schule erzählt am Tag vor dem Feste.

Fischer.

Schule und Schule und Schule! Das weiß doch — Ja, in den Bänken
Sitzen, verdamm' mich! die Jungen nun lieber, als sonst in den Masten.
Als mein Vater noch lebte — Der brauchte nicht Netze zu flicken,
Sondern er fuhr ein Schiff, und den flinkesten Segler vom Sunde.
Einmal saß er so da, ganz traurig, und seine Genossen
Fragten ihn, was ihn denn quäl'. Ihn niedergeschlagen zu sehen,
Waren sie gar nicht gewohnt. „Ach," seufzt' er da, „hol' es der Henker!
Sagt, wie soll ich es machen? Da komm' ich zu meinem Patrone,
Ob er was hätte für mich. Gleich fragt er: „Ihr bringt doch die Rechnung
Ueber vergangenes Jahr? Ihr schriebt mir doch endlich die Rechnung?"
Sag' ich: „Der Wind ist Ost." „Nein," sagt er, „wir sprechen von Rechnung."
Sag' ich: „Das Wetter ist gut. Sonst habt Ihr mir nichts zu befehlen?
Und wie steht es mit Frachten?" Da merkt' er nun wohl, daß die Rechnung
Wieder nicht fertig geworden, und schalt und tobte wie unklug.
Das ging länger nicht so wie sonst, daß am Ende des Jahres
Brächte der Schiffer dem Rheder so viel und so wenig er möcht',
Machte ein X für ein U. Ich sollt' ihm werden wie Andre
Bis zum Pfennig gerecht. Ich sollt' ihm schaffen die Rechnung!
Damit ließ er mich stehn." „O," sagten die Freunde zu Vater,
„Wenn Du mehr auf dem Herzen nicht hast, da wäre noch Rath für!"
Und so schrieben sie Alles ihm auf für die Rechnung und ließen
Ihn zu kurz nicht kommen. Damit geht Vater zum Kaufmann.
„So, da ist sie, die Rechnung; und hier bring' auch ich das Geld mit,
Wie auf Rechnung es steht." So setzt er den Sack mit dem Gelde
Ab auf den steinernen Tisch. Da lächelte freundlich der Rheder:
„Seht, so ist es ja gut, Ihr eigensinniger Alter!
Geld und Rechnung, es stimmt auf ein Haar. So ist Alles in Ordnung."

„Je, ich weiß doch nicht, Herr!" entgegnete Vater. „Da hab' ich
Noch ein Säckchen gebracht. Ich weiß nicht, wem es gehöret;
Doch mir gehöret es nicht." So stellt er das Geld zu dem andern.
Groß sah an ihn der Herr. Dann sagt' er: „Wir wollen es lieber
Doch beim Alten nur lassen!" und warf das Geschreibsel in's Feuer.
Da war Treu auch noch und Redlichkeit unter den Menschen!
Ist ein herrlicher Mann, mein seliger Vater gewesen,
Hoch und stark, wie die Menschen denn sind an unserer Küste;
Doch die Verwegenheit hat ihn gestürzt. Da die Blitze schon zuckten,
Fuhr er mit Mars und Top und völligen Segeln und Wimpeln.
Noch hat da ihn gewarnt ein anderer Schiffer von Stralsund,
Der hart neben ihm fuhr — sie riefen sich ab mit dem Sprachrohr.
Vater, er achtet es nicht. Doch der Andere reffet in Eile,
Bis kein Linnen zu sehn. Da fährt ein Sturm wie die Nacht auf,
Wirft auf Seite das Schiff, daß die Masten die Wellen berühren.
Als sich das Schiff aufrichtet, und heiter der Himmel geworden,
War kein Segel zu schau'n in der Runde. Sie fuhren zur Stelle,
Wo mein Vater gelegen: da trieben noch wenige Planken.
So hat arm und zu Waisen gemacht uns ein einziges Wölkchen.
Vor dem Gewitter, da muß man den Hut abnehmen, so sag' ich.
Sieh' auch ab und an nach dem Himmel, ob Wolken heraufziehn,
Daß wir die Segel noch reffen, bevor uns fasset der Windstoß.
Sind gar häufig im Sunde, die Bö'n, und man kentert im Umsehn.

Knabe.

Horch, wie patschen da mitten im Kahn, im durchlöcherten Raume,
Unser heutiger Fang, die goldig getüpfelten Schollen
Und, ein seltener Gast, sechs silberne schöne Makrelen!

Fischer.

Ist doch Sünd' und Schand', wenn oft, da man müde und naß ist,
Feilschet die Köchin im Putz um den Schilling, welcher der Herrschaft
Doch zu Gute nicht kommt und unter die Schürze gesteckt wird.
Aber was wollt' ich doch noch —?

Knabe.

Wenn Ihr anfanget zu reden,
Vater, so ist es beinah, als wenn Windhosen sich bilden;
Alles, was ihm nah kommt, wird fort in den Strudel gerissen.

Fischer.

Wie ist wenig geplagt doch unsere Jugend gewesen,
Und wie haben wir ruhig gelebt in der friedlichen Heimat,
Wo sich die Wiese verläuft in die See, ein smaragdenes Ländchen,
Wohl für Kinder geschickt und die wandernde Hütte des Schäfers.
Heerden und Felder besorgten sie still nach der Weise der Väter,
Und noch für Alle genug gab Nahrung das weite Gefilde.
Nun drängt Einer dem Andern vorbei nach neuem Erwerbe;
Unsere Sprache vergeht; neu werden und fremde die Sitten;
Alles verändert sich jetzt und wird mit Künsten getrieben.

Habe 'nen Neffen, 'was hart von Kopf, doch der prächtigste Junge.
Wie er zur Prüfung kommt im Gott'stischrocke, vor Angst nicht
Rechts mehr wissend, noch links, da fragt ihn einer der Herren:
„Willst Du den Belt durchsegeln, mein Sohn, wie mußt Du da steuern?"
Nun, mein Neffe, er stottert denn dies und das, und so schrammt er
Mitten durch Fühnen hindurch, ist wahr, da auf dem Papier er
Nicht zu segeln versteht. Da machen die Herren ein Wesen,
Sagen, sie könnten ihm nicht ein Schiff zu steuern erlauben.
Als nun der Junge, der arme, zu mir in stiller Verzweiflung
Kommt und Alles erzählt, so geh' ich mit ihm zu dem Herrn hin,
Welcher die Dreiecks macht. „Wenn's da ist, sieht er es auch schon!"
Sag' ich zu Dem, und denke, ich will loseisen den Jungen.
Aber es wirft sich der Herr in seine gelehrteste Miene:
„Schiff und Leute sind nicht zu vertrau'n unwissenden Menschen,
Da steht Leben, mein Freund, auf dem Spiel!" Und er blickte verächtlich
Auf mich Laien herab, der weder die kubischen Wurzeln,
Noch die quadratischen kennt, noch irgend Wurzeln von andrer
Art, als die gelben vom Darß. „Ach," sag' ich zum Examinator,
„Der kennt Fühnen doch besser, als Sie, das können Sie glauben."
Alles umsonst. Da sag' ich: „Empfehl' mich, und wollte, die Herren
Gingen mal selber zu Schiff."
                              Warum? Und wie ich das meinte?
„Nun, ich stehe dafür, wir hörten nicht wieder von Ihnen."
Früher, da wurden die Menschen erprobt; nun prüft man die Leute.
Ja, als ich jung war, war des Seemanns Schule die See noch!
Einmal brachte uns Vater von Porto, in irdene Krüge
Und Sägspähne verpackt, die fleischigsten röthlichen Trauben,
Und so lang und so groß, wir mußten sie hängen auf Stangen,
Wie aus Kanaan einst die Männer sie trugen zu Moses.
Wetter, die machten das Maul mir wässern! Ich wollte sogleich auch
Fort mit Vater zu Schiff; denn wieder auf Portugal lud es.
Mutter erschrak gar sehr; denn es lieben die Mütter die See nicht,
Sagte, ich sei nicht gescheidt, und drohte zuletzt mit der Ruthe,
Das an die Ehre mir griff; denn ich war neun Jahre geworden.
Aber was hab' ich zu thun? Ich verkrieche mich hinter die Kisten,
Lieg' und hungere da, bis das Schiff auf offenem Meer schwankt,
Und dann komm' ich an's Licht. Mein Vater, der eben herab will,
Weiß nicht, wie ihm geschieht. Doch ohne ein Wörtchen zu sagen,
Holt er, o weh, mit dem Stricke Dir aus, den er grad' in der Hand hat,
Und so deckt er mich zu — Nie stäubte man besser ein Kleid aus;
War nur Schade dabei, daß grade darinnen ich steckte.
Aber er freute im Herzen sich doch und nannte mich Blitzjung.
Und dann nahm an die Hand er den weinenden Knaben und führte
Mich zur Cajüte hinab und fütterte mich mit dem Besten,
Gab mir getrocknete Feigen und schenkte mir feurigen Wein ein,
Daß ich es gar nicht begriff, warum er zuvor mich geschlagen.
Und ich frug ihn danach. „Das war nur von wegen der Mutter,
Um mein Theil doch zu thun; sonst sagte sie mir auf den Kopf zu,

Daß wir Beide zusammengesteckt. Wie schön, daß Du da bist!"
Uebelkeit spür' ich nicht mehr, sie war von den Schlägen vertrieben.
Wer war froher als ich? Wie leuchteten Himmel und Meer mir!

Knabe.

Aber ich wollt' Euch ja vom Wallensteine noch sagen.
Rund um den Dänholm lagen die Fischer mit Jachten und Kähnen,
Kreuzten und hielten die Wacht. Nichts ließen wir ab von der Insel
Oder heran. Da saßen sie nun wie die Mäus' in der Falle,
All das Croatische Volk, das geplagt beim Bauern der Muthwill,
Wo nichts gut ihm genug. Nun lernten sie Leder benagen.
Also mußte zuletzt man auf Sundische Böte sich setzen,
Und fortgehen, so wie man gekommen, nur etwas gemagert.
Ruhmlos zogen sie ab, wie Friedland selber am Ende,
Der sich doch hoch und theuer vermaß, wenn mit Ketten am Himmel
Wäre geschlossen die Stadt, so wollt' er herunter sie holen.
Heut noch feiert man fröhlich bei uns ja den Tag, wo er abzog.
Das ist der Wall'nsteinstag und der röthste im ganzen Kalender.
Während im Land und auf Rügen sie mähen und binden und fahren,
Hören das Feiergeläute sie fern von den Thürmen in Stralsund.
Dann sind festlich die Straßen beflaggt und es haben die Fischer
Wieder die Böte bemannt. Nicht hängt ein triefendes Netz heut
Nieder am Mast, heut ziert ihn ein Kranz mit flatternden Bändern.
Kriegerisch schmettern die Hörner vorauf und die stolzen Trompeten.
Das ist der Siegeszug, der jährlich erobert den Dänholm.
Singend ein Lied auf die Väter dabei und die wackeren Fischer
Segeln sie rund um die Insel herum, in fröhlicher Wettfahrt.
Und ein Schießen dabei, als wäre von Neuem der Feind da!

Fischer.

Munter! Wir sind gleich da. Dort kommt schon hinter dem Kloster
Unsere Wohnung hervor. Sie hängt auf der bröcklichen Mauer
Nur wie ein Schwalbennest, und ich muß auf der Leiter hinaufgehn,
Will ich den Umweg nicht durch den doppelten Hof und den Kreuzgang.
Aber da seh' ich den Hafen und Alles, was aus= und was einläuft,
Seh' fern schäumen das Meer; von dem kann mal ich nicht lassen.
Steht nicht geschrieben, es hätt' auf dem Wasser geschwebet im Anfang
Gottes Geist? Und mir däucht, noch heut schwebt frischer er drüber. —
Heut war wol es zuletzt, daß Du beim Fischen geholfen;
Denn Du sollst Dich der Wissenschaft weihn, so sagen die Herren,
Sollst nach Greifswald gehn und studiren, daß Dir der Kopf raucht.
Da sie die Kosten bezahlen, so laß ich's verwundert geschehen.
Nur, so sagt' ich den Herren, nur erwartet nicht, daß ich noch danke,
Weil er mir schlägt aus der Art. Ich wollte, er bliebe ein Seemann.
Mein Großvater und sein Großvater, so viel ich gehöret,
Fuhren sie Alle zur See, und mein urältester Ahnherr
War ein Seehund wohl. Drum gehen nicht gut wir zu Lande.
Aber wir müssen die Kinder so nehmen, wie Gott sie gegeben;
Sonst mag Einer aus Holz sie sich schnitzen nach seinem Gefallen.
Gehe denn hin, mein Sohn, wie Petrus und fische nach Menschen.

Knabe.

Ja, mich freut es, daß Jesus sich Jünger erwählt aus den Fischern,
Schlicht und verständig und fromm; ich glaube, sie glichen Euch, Vater.

Fischer.

Wer auf dem Meer fährt, lernt Gott preisen! So heißt es im Psalter.

Knabe.

Seht, wie pranget die Stadt auf dem Schein der geschwundenen Sonne!

Fischer.

Ja, so ist es mit uns, wir glänzen nur auch so von sonst noch.

Knabe.

Nun, wir haben bis heut doch noch unsere Rechte behauptet,
Geben uns selber Gesetze und können, als wären wir Fürsten,
Münzen noch schlagen mit unserem Stral —

Fischer.

Ach, Possen! Das Münzhaus
Dient nun als Pferdestall.

Knabe.

Man muß uns doch immer noch ehren.
Wem muß Abends in's Haus man bringen die Schlüssel der Festung?
Nicht dem, der sie befehligt im Namen des Königs! Den Bürgern,
Welche sie tapfer beschirmt, sind ewig die Thore vertrauet.
Also befahl es der freudige Held, Carolus der Zwölfte,
Als tief aus der Türkei in vierzehn Tagen geritten
Durch drei Heere er kam in das treue und jubelnde Stralsund.
Und wir sägten das Eis und retteten so ihn nach Schweden.
Wie er befohlen, so bringt man noch heute die Schlüssel der Thore
Stets zum regierenden Consul der Stadt.

Fischer.

Ja freilich! Das thut's auch!
Lieber, so bin ich herum an der See in der Jugend gekommen,
Habe die Städte gesehen der herrlichen Hansa: die Mutter
Lübeck sitzet als Wittib und ihre Kinder als Waisen;
Wisby lieget im Schutt; noch stehen die Pfeiler, am Boden
Liegen die hohen Gewölbe; es ban'n auf dem nackenden Felsen
Wieder die Fischer die Hütten: so kreisen die menschlichen Dinge.
Siehe, wir gleiten soeben noch ein: schon bläst es vom Thurme.

Knabe.

„Ehre sei Gott in der Höh!" Nun verweht es, nun hört man es wieder,
Sanft und feierlich schön, als käm' es herunter vom Himmel.

Wilhelm Hauff.

Von

Julius Klaiber.

— Stuttgart. —

Von einem Leben voll Sonnenschein möchte ich erzählen, von einer herrlich freien und liebenswürdigen Jünglingsnatur, die, in bescheidenen Verhältnissen aufgewachsen, durch die lernfrische Triebkraft eines anmuthigen Talents frühe sich Bahn bricht und, nachdem sie zur lichten Höhe eines heitern und tief innerlich befriedigten Daseins emporgedrungen, plötzlich mit fünfundzwanzig Jahren dahingerafft wird — vom Glück, vom selbsterrungenen Glück getragen bis zum Ende: was könnte sogar ein Solon noch weiter verlangen? Und dieses Ende selbst, in der Fülle der strebenden Kraft und im schönen Bewußtsein dauernder Erfolge, müssen wir es nicht, so schmerzlich es für unser Gefühl ist, in Wahrheit als den reinen Abschluß eines harmonisch in sich vollendeten Lebens erkennen? Wir haben von Hölderlin das in seinem Munde doppelt rührende Wort: „Oft hab' ich gehört, es fallen die Lieblinge des Himmels früh, auf daß sie sterblich Glück und Leid und Alter nicht erfahren." Und Goethe in der Achilleis sagt: „Wer jung die Erde verlassen, wandelt auch ewig jung im Reiche Persephoneias, ewig erscheint er jung den Künftigen, ewig ersehnet."

Von einem solchen Leben zu berichten ist eine Freude, zumal wenn der, von dem man erzählt, vielen Menschen so theuer ist. Und wem, zum wenigsten von der älteren Generation, verknüpft sich nicht der Name Wilhelm Hauff mit den glücklichsten Erinnerungen der Menschenbrust, mit den Bildern aus der goldenen Kindheit und Jugendzeit? War er nicht unser Abgott in jenen Jahren, da wir in seiner Märchenwelt schwelgten? Wie klopfte uns das Herz vor Entzücken, wenn der Kalif Storch mit seinem alten Großvezier in gravitätischen Schritten über die

Wiese dahergestiegen kam und die ersten Versuche im Klappern machte! Wie selig fühlten wir uns mit dem Zwerg Nase unter den Eichhörnchen und Meerschweinchen mit den Nußschalen an den Füßchen, und — guter Gott! — wie haben wir uns um das unverdiente Schicksal der Gans Mimi gehärmt, die doch eine Prinzessin war und des .großen Wetterbocks Tochter! Vollends aber, welche überirdische Empfindungen zogen in unsere junge Brust ein, als wir später zum ersten Male den Lichtenstein lasen und nun der Himmel der Liebe uns aufging und der Ausblick in die reizenden Fernen einer neuen Welt vor uns dämmerte! Wann in unserem späteren Leben haben wir je wieder so rein, so zart und edel gefühlt wie damals, und wenn wir von dem Buche dann in die Wirklichkeit zurückkehrten, wie viel schöner und liebenswerther schien uns die Welt, schien uns das Lockenköpfchen am Fenster des Nachbarhauses!

Ich weiß nicht, wie es anderwärts ist; aber bei uns, im Heimatlande des Dichters, ist noch immer Wilhelm Hauff der Führer, der die jungen Herzen beiderlei Geschlechts auf jener reizendsten Schwelle des Lebens empfängt, um sie vertraulich in das ideale Reich zu geleiten, in dessen weiten Bezirken voll süßer Unbestimmtheit diesem Alter am wohlsten ist. Und das ist gut und möge so bleiben. Er bietet der Jugend die richtige Nahrung, ehe sie für den erhabenen Idealismus Schillers reif geworden; denn er ist im tiefsten Innern rein und seine Idealität erwächst auf dem gesunden Boden der Wirklichkeit.

Erfreut man sich doch auch in reiferen Jahren gerne einmal wieder an dem unvergleichlichen Hauch von Anmuth und ewiger Jugend, der auf allem ruht, was er geschrieben hat, und mancher, der mit der gewohnten Vorstellung, daß diese Sachen zur leichten Unterhaltungsliteratur gehören, in einer müßigen Stunde zu ihnen zurückkehrt, wird fast mit Erstaunen gewahr, daß hier denn doch viel mehr ist als er gedacht hat. Es ist eigen: dieser Lichtenstein, die Novellen und selbst die geistreich feinen Phantasien im Bremer Rathskeller, sie haben ja alle ihre Schwächen und Fehler, Fehler zum Theil, die jedes Auge entdeckt, die sich kaum die Mühe nehmen sich zu verhüllen: hier eine unwahrscheinliche Motivirung, dort die Figuren nur leichthin entworfen, ein drittes Mal die Lösung nicht zu befriedigender Wirkung gebracht, so daß man das Gefühl hat, der Verfasser habe im Strom des Schaffens begonnen, ohne zuvor den Ausgang sich klar zu machen. Auch ist sein Kreis ein beschränkter: er hat weder die Tiefe und den Reichthum einer bedeutenden Gedankenwelt noch den Sinn für die psychologischen Probleme, die großen Kämpfe des Geistes und Gewissens. Für beides scheint er zu jung und zu glücklich. Aber trotz alledem ist man ihm von Herzen gut, und willig vergißt man die höheren Ansprüche, welche die Gegenwart an die Kunst des Romandichters und Novellisten zu stellen sich gewöhnt hat. Was Macaulay von

Goldsmith sagt, paßt ganz auf ihn: „Es hat viele größere Schriftsteller gegeben, aber vielleicht nicht einen, der immer so durchaus liebenswürdig gewesen wäre." Der Eindruck einer köstlichen Fülle, einer göttlichen Leichtig=keit des Hervorbringens umfängt das Herz mit süßem Behagen, man fühlt durch die Worte, durch die Perioden hindurch ein warmes, frisches Herz voll Anmuth und Frohsinn, einen jugendlichen Glauben an das Schöne und Gute, und vor allem, man empfindet in den Schilderungen selbst die Wirklichkeit in ihrer vollen Wahrheit und Gegenwart, aber verklärt von seiner Phantasie scheint das Leben aufzuleuchten in freudiger Schönheit und vor unseren Blicken dahinzuziehen wie ein Strom in sonniger Morgenfrühe, wenn er auf seiner klaren Fläche die Bäume und den blauen Himmel spiegelt.

Daher kommt es doch wol, daß wir Hauff immer als Dichter be=zeichnen, obwol die eigentlichen Gedichte einen sehr kleinen Raum in seinen Werken einnehmen und von dauerndem Werthe im Grunde nur zwei sind, zwei Perlen allerdings, von denen man, wie der alte Scaliger von seinen beiden horazischen Lieblingsoden, sagen könnte, wer sie ge=dichtet, brauche den Perserkönig nicht zu beneiden, das „Morgenroth" und „Steh' ich in finstrer Mitternacht". Als Dichter erscheint er dem unbefangenen Gefühl ganz von selbst im Sinne des bekannten Merck'schen Wortes deshalb, weil er dem Wirklichen eine poetische Form zu geben und unsern innern Sinn mit dem Gefühl einer lebendigen Gegenwart zu vergnügen weiß. Denn in seltenem Maße ist ihm der helle Blick des Epikers eigen, der in dem gewöhnlichsten Vorgang des Lebens den geistigen Gehalt entdeckt und durch den Zauber seiner Auffassung das Alltägliche adelt.

Aber eben hier empfindet man auch sofort, wie vereinzelt Hauff unter den Dichtern seiner engeren Heimat steht. Man denke an Hölderlin, an Uhland, Kerner, Schwab, an Mörike, Waiblinger — so verschieden sie sind, sie haben doch alle mehr oder weniger von jenem schwäbischen My=sticismus, von jenem vertieften Innenleben, das die Welt im ahnungs=reichen Helldunkel des Gemüths reflectirt, und der höchste Reiz ihrer Dichtungen liegt eben in diesem geheimnißvollen Mitklingen des Un=endlichen. Hauff ist von Grund aus eine andere Natur: zwar das schwäbische Gemüth in seiner Wärme und Innigkeit tritt überall her=vor, aber seine Phantasie hat nichts von einem mystischen Element: was sie schafft, ist klar, bestimmt, scharf umrissen, und selbst in dem eigentlichsten Reich des Geheimnißvollen, im Märchen verleugnet sie diesen Charakter nicht; ja man wird den besondern Zauber seiner Mär=chen gerade darin finden, daß der wunderbare Stoff durchaus in den Formen des wirklichen Lebens und mit einer plastischen Bestimmtheit behandelt ist, welche den Schein der Wirklichkeit erzeugt. In der That stellt sein Talent eine Mischung dar, welche in solchem Maße unter

uns selten ist: energisches Gefühl, unerschöpflicher Reichthum der Phan=
tasie und dazu ein überaus heller Verstand mit dem schärfsten Blick für
das Leben gepaart, eine Mischung, die man wol eher in Frankreich suchen
würde, wenn sie nicht eben so ganz vom Gemüth durchdrungen wäre.

Ist es nun an sich schon wunderbar, wie ein Dichter, der mit fünf=
undzwanzig Jahren gestorben ist, zehn Bände hat schreiben können, die
ohne Ausnahme nach fünfzig Jahren noch mit Freude gelesen werden,
so wird man es vollends unbegreiflich finden, daß ein junger Mensch,
der von seinem fünfzehnten Jahr an drei Jahre in der klosterartigen
Einsamkeit eines Seminars und dann in den Mauern des Tübinger „Stifts"
verweilt hat, unmittelbar nachdem er in's Leben hinausgetreten, Romane
und Novellen schreibt, die sich mit der unbefangensten Leichtigkeit in der
modernen Gesellschaft bewegen, und deren Lebensanschauung, wiewol auf
idealem Grunde ruhend, doch ganz vom modernsten Geiste getränkt ist.

Gewiß darf darum eine Studie über die ganz eigenthümliche innere
Entwickelung Hauffs auf freundliches Interesse hoffen. Denn seltsam:
während uns die Lebensumstände von Dichtern, die heute kein Mensch
mehr liest, in langen Bänden erzählt werden, ist über Hauff seit jener
Skizze, welche bald nach seinem Tode Gustav Schwab der ersten Sammlung
seiner Werke vorangestellt hat, keinerlei biographische Untersuchung mehr
angestellt worden. Jüngst bei der Erinnerung an seinen fünfzigjährigen
Todestag — 18. November v. J. — ist dieser Mangel vielfach empfunden
worden und einzelne Versuche, die Lücken auszufüllen, waren von zweifel=
hafter Glaubwürdigkeit. Als Neffe des Dichters und im Besitz seines
literarischen Nachlasses, sowie eines reichen Materials von Briefen und
mündlichen Ueberlieferungen, glaube ich den Freunden Hauffs in den
nachfolgenden Mittheilungen unbedingte Zuverlässigkeit verbürgen zu können.

Die väterliche Familie des Dichters zeigt, so weit wir sie zurück=
verfolgen können, gesunden Verstand mit männlicher Ueberzeugungstreue
gepaart. Ursprünglich in Niederösterreich ansässig und dort im Besitz des
Adels und ansehnlicher Güter, hat sie, als die Zeiten finstern Geistes=
drucks über das schöne Land kamen, entschlossen allem den Rücken ge=
wendet, und, ganz wie Hegels Ahnen, im protestantischen Württemberg
arm und bürgerlich von vorn begonnen. Der klarste Vertreter dieses
Familiencharakters ist der Großvater unseres Dichters, Herr Johann
Wolfgang. Man sieht, er trägt die gleichen Vornamen wie Goethes
mütterlicher Ahn, und wenn dieser Stadtschultheiß von Frankfurt war,
so durfte jener sich als Consulent der württembergischen Landschaft fühlen.
Bekanntlich war das kleine Land im vorigen Jahrhundert stolz darauf,
der einzige Staat des Continents zu sein, der noch eine lebenskräftige
ständische Verfassung hatte. Ihre bestellten Hüter waren die Landschafts=
consulenten, ein hohes aber gefahrvolles Amt, zumal unter Karl Eugen,
als es galt, den Landesherrn beim Reichshofrath in Wien zu verklagen.

Herr Johann Wolfgang Hauff übernahm den bösen Auftrag; sein Muth
und seine Intelligenz verschafften ihm die besondere Gunst des Kaisers
Joseph, und der für das Land überaus wichtige Erbvergleich von 1770
war wesentlich seinen Bemühungen zu danken. Das Bild dieses Großvaters hat Wilhelm Hauff in seiner Novelle „Jud Süß" in dem Consulenten
Lanbeck gezeichnet, während er dessen Sohn nach dem Bilde des eigenen
Vaters gestaltete.

Dieser, mit dem Vornamen August, war eine feine Natur von ge-
winnender Erscheinung und natürlichem Geistesadel. Aber sein männliches
Gefühl für Recht und Freiheit, seine lebhaften Sympathien für die
philanthropischen Ideen des Jahrhunderts sollten ihm leider ein herbes
Schicksal bereiten. Eben erst verheirathet, wurde er 1799 wegen angeblicher Theilnahme an einer hochverrätherischen Unternehmung bei nächtlicher Weile auf die Festung Hohenasperg abgeführt, um nach einem halben
Jahr als völlig unschuldig entlassen zu werden. Die harte Haft hatte
seine Gesundheit in einer Weise erschüttert, für die ihm die rasche Be-
förderung im Staatsdienst keinen Ersatz bieten konnte. Er kränkelte seitdem und ist, nachdem er kurz zuvor einen wichtigen Vertrauensposten im
Ministerium der auswärtigen Angelegenheiten in Stuttgart erhalten hatte,
1809 im frühen Mannesalter gestorben, ein harter Schlag für die Familie,
welche ohnedies durch die Aufhebung der ständischen Verfassung alle die
Vortheile ihrer nahen Beziehung zu der Landschaft verloren hatte.

Wilhelm, am 29. November 1802 in Stuttgart geboren (— die
Familie war dann 1806—1808 in Tübingen gewesen und kehrte jetzt
nach des Vaters Tode dahin zurück —), zählte erst sieben Jahre, als der
Vater starb, aber sein Bild blieb ihm tief in's Herz geschrieben. „Erinnerst du dich des Morgens," sagt er in den Phantasien im Bremer
Rathskeller, „als sie dich hinein führten zu einem wohlbekannten Mann, dessen
Gesicht so blaß geworden war, dessen Hand du weinend küßtest, ohne zu
wissen warum? Denn konntest du glauben, daß die harten Männer, die
ihn in einen Schrank legten und mit schwarzen Tüchern zudeckten, konntest
du glauben, daß sie ihn nicht mehr zurückbringen würden? Sei ruhig,
auch er schlummert nur ein Weilchen."

Von ihm hatte Wilhelm das verständige Geschick im Leben und
die energische Selbständigkeit eines klaren und zweckbewußten Willens.
Die Phantasie kam von der Mutter, Wilhelmine geb. Elsäßer. Sie
war eine bedeutende Frau von seltenem Geist und nicht ohne ge-
heimnißvolle Tiefen des Seelenlebens. In ihrer mütterlichen Familie
fanden sich mehrere Fälle von Schwermuth und Wahnsinn und sie selbst
war zu Zeiten Nachtwandlerin, weshalb sie denn auch von Justinus Kerner,
dessen Mutter derselben Familie angehörte, in dem „Bilderbuch aus meiner
Knabenzeit" als willkommenes Beispiel benutzt wird, um die innere Verwandtschaft der poetischen Begabung mit jenen der Nachtseite der Menschen-

natur angehörigen Erscheinungen nachzuweisen. Ganz unvergleichlich war
ihre Erzählungsgabe; denn alles lebte vor ihrem Auge und der einfachste
Vorgang gewann in ihrem Munde einen eigenthümlichen Reiz. Noch
heute sprechen ältere Männer mit Entzücken von dem Zauber ihrer Unter=
haltung, und wie oft hat mir meine Mutter von den glückseligen Abenden
erzählt, wenn die Kinder um ihren Lehnstuhl gedrängt ihren Geschichten
lauschten! Es war zu Zeiten recht mager bestellt in dem bescheidenen
Wittwenhaushalt, aber immer herrschte Frohsinn, und um die geistige
Atmosphäre, in der die Mutter mit den begabten Kindern zusammen lebte,
wurden diese oft von anderen beneidet. Sie hat ihnen das Köstlichste des
Menschenlebens, das Paradies einer glücklichen Kindheit bereitet, sie hat
insbesondere die Phantasie des fein angelegten Knaben geweckt, und in
der milden Wärme ihrer immer gleichen Liebe haben sich die zarten Keime
seines Seelenlebens erschlossen: man wird nicht irren, wenn man hier
den Boden jener in der Folge so mächtig hervorbrechenden Triebkraft
erkennt, von der freilich damals die Mutter selbst keine Ahnung hatte.

Denn der Stolz ihres Herzens war der ältere Knabe, jener Hermann
Hauff, der vierzig Jahre lang das Morgenblatt in einer Weise geleitet
hat, für die ihm die Geschichte unserer Literatur ein ehrenvolles Andenken
bewahren wird. Es waren merkwürdige Gegensätze, die beiden Knaben:
Hermann, um zwei Jahre älter und über seine Jahre entwickelt, ist sicher
schon von Haus aus die tiefer angelegte Natur gewesen; der Zug seines
Wesens ging von Anfang an auf gediegenes Wissen, auf geistige Durch=
dringung, und die Phantasie äußerte sich bei ihm auch später nicht als
productiver Drang, sondern in der Form wissenschaftlicher Intuition.
Dazu kam, daß der mütterliche Großvater, Obertribunalrath Elsäßer in
Tübingen, ihn schon als kleinen Knaben zu sich in's Haus nahm und
bis zu seinem Tode behielt. Der alte Herr, ein Ehrenmann von hora=
zischer Lebensweisheit, war Wittwer, und die betagte Mamsell, die sein
Hauswesen führte, konnte den Liebling ihres Gebieters wol durch treue
Sorge ein wenig verwöhnen, aber die geistige Einwirkung einer solchen
Mutter nicht ersetzen. So nahm bei ihm der keimende Geist mehr und
mehr die Richtung des großväterlichen Ernstes an: er kannte keine größere
Lust als Lernen, und jede Schwierigkeit, die der Unterricht seiner Denk=
kraft darbot, schien nur ein neuer Reiz zu siegreicher Ueberwindung zu
sein. Aeußerlich spröde und für Lob und Ruhm sein Leben lang mehr
als billig unempfindlich, wurde er doch die Liebe und der Stolz des
Rectors, eines Originals von der alten Schule, der noch Consul mit
Bürgermeister übersetzte, dabei aber ganz geeignet war, eine Natur von
so hervorragender Anlage bedeutend zu fördern.

Ganz anders der kleine Wilhelm: immer lustig und guter Dinge
und im hellen Uebermuth einer sprudelnden Laune an allen Dingen und
Persönlichkeiten sich reibend, schien er doch nur auf der Oberfläche berührt.

Man war ihm gut, man konnte nicht anders, denn er war ein aller-
liebster kleiner Schlingel, aber man nahm ihn als leichtere Waare und
enthielt sich im Stillen nicht eines mitleidigen Gefühls, daß aus ihm
dereinst wol nicht viel werden dürfte. Und, als nun die Schule begann,
als das Lateinische kam und dann das Griechische und zuletzt das
Hebräische — denn nach württembergischem Brauch verstand es sich bei
der Lage der Familie von selbst, daß er Theologe werde, und hiefür
mußte er auch das Hebräische schon im zwölften Jahre lernen — da
ging die Noth an, wenigstens für die Lehrer und die Mutter. „Ich
hatte, was man einen harten Kopf nennt," läßt er in den Satansmemoiren
den Baron Garnmacher sagen, dem er Züge aus der eigenen Knabenzeit
geliehen hat. Schon der kleine Bröder erschien dem jungen Freigeist als
unerlaubte Marter, die griechischen Unregelmäßigen aber und die fremd-
artige Welt des Hebräischen begegneten bei ihm einem resoluten Haß:
der alte Rector schlug einmal über das andere die Hände über dem Kopf
zusammen, daß zwei so ungleiche Aepfel an einem Aste wachsen sollten,
und gerieth desto entschiedener in Verzweiflung, weil der ungerathene
Junge sein Zanken und Mahnen mit heiterer Gelassenheit hinnahm: er
schien nicht einzusehen, weshalb er sich darum den goldenen Morgen
seines Lebens sollte verkümmern lassen, ja er konnte noch recht schelmisch
aus seinen blauen Augen sehen, als hätte er Wunder welche Quellen
der Kraft im Geheimen.

Und so war es in der That: wenn der Abend kam, der ihn an der
Arbeit finden sollte, versammelte er die beiden Schwestern, die, um wenige
Jahre jünger, leidenschaftlich an ihm hingen, und einige begünstigte
Freundinnen der Schwestern in einer hintern Kammer, die nur durch
ein niederes Fenster mit bleigefaßten Scheiben ein spärliches Licht empfing:
hier, im mystischen Hellbunkel, vom Hausrath einer verschollenen Zeit
umgeben, erzählte er die Märchen und Geschichten, die ihm den Tag
über auf der Schulbank durch den Kopf gegangen, und freute sich königs-
lich über den Beifall seines Auditoriums, dessen Entzücken auf das
Höchste stieg, wenn er mit leichter Hand Figuren aus der bekannten
Umgebung einflocht und, mit den alten Kleidungsstücken der Kammer
drapirt, die Opfer seines Humors in Stimme und Geberden nachahmte.

Den Grundstoff aber zu der unversieglichen Fülle seiner Geschichten
holte er in Großvaters Büchersaal. Der alte Herr hatte eine stattliche
Bibliothek, welche, seit ihn die Gicht an den Lehnstuhl fesselte, den beiden
Knaben als Spielzimmer überlassen blieb. Da standen, würdig in Schweins-
leder gebunden, neben den juristischen die schätzbarsten historischen Werke
aus älterer Zeit, zum Theil mit Kupfern, deren Naivetät die Wonne der
Knaben war, da standen ferner die alten Klassiker alle und die deutschen
aus dem vorigen Jahrhundert, dazu die englischen Lieblingsromane des
Großvaters, die Fielding, Smollet, Sterne, Goldsmith u. s. w. Der allzeit

lustige Kleine hätte wol von sich aus die Bücher nur nach ihrer Taug=
lichkeit als Bau= und Wurfmaterial geschätzt, und in der That mußten
sie auch oft zu so profanen Zwecken dienen. Noch im Bremer Rathskeller,
in jener einsamen Nacht tief unten im Schoß der Erde tritt ihm das
heitere Bild von damals vor die Seele: „Gedenkst du noch des geheimniß=
vollen Freudelebens in Großvaters Büchersaal? Ach, damals kanntest du
noch keine Bücher als den schnöden kleinen Bröber, deinen ärgsten Feind,
wußtest nicht, daß jene Folianten noch zu etwas anderem in Leder ge=
bunden seien, als um Hütten und Ställe zu erbauen für dich und dein
Vieh! Gedenkst du noch des Frevels, wie roh du mit der deutschen
Literatur in kleinerem Format umgingst? Hast du nicht deinem Bruder
den Lessing an den Kopf geworfen, wofür er dich freilich mit Sophiens
Reisen von Memel nach Sachsen erbärmlich zudeckte? Damals dachtest
du freilich nicht daran, daß du einst selbst Bücher machen werdest!"

Indeß, der ältere Bruder, längst gewohnt, in diesen ihm heiligen
Räumen sich still und manierlich mit einem Buch in die Ecke zu setzen,
wies ihm den höheren Endzweck, um dessen willen die Bücher auf der
Welt sind, und bald erfaßte nun auch den jüngeren ein unersättlicher
Lesehunger; aber, bezeichnend genug, bei ihm wirft sich dieser schon im
zehnten und elften Jahre ganz allein auf die Gebilde der Phantasie; er
verschlingt wieder und wieder, was von dieser Gattung vorhanden war,
und noch lange nicht gesättigt trägt er jeden Groschen, dessen er habhaft
werden kann, in die alte Leihbibliothek, um sich die zerlesenen Bände der
Spieß und Cramer und Consorten zu verschaffen oder sich in den
Fouqué'schen Zaubergärten zu berauschen.

Es war, wie der Bruder sagt, eine „wunderliche Selbstbildung", die
er in dieser Weise bis zu seinem fünfzehnten Jahre übte: eine gewöhn=
liche Natur würde sie gründlich verdorben haben, bei ihm wurde sie in
Wahrheit die Ursache seiner frühen Triumphe. Zwar hat auch er eine
bedenkliche Periode, in der er die Welt seiner Romane für die wirkliche
Welt nimmt. Man denke an die reizende Erzählung des jungen Garn=
macher in den Memoiren: der alte Rector hat einen Aufsatz gegeben:
wen sie für den größten Mann Deutschlands halten, geschichtlich zu be=
handeln. Stolz darauf, daß in Geschichten Niemand so, wie er, zu Hause
ist, vergleicht er die Helden seines Phantasiereiches, den tapferen Hasper
a Spada, den kühnen Raugrafen von Dassel, den edeln Otto von Traut=
wangen, um schließlich frischweg dem großen Thiodolf dem Isländer die
Palme zu reichen: „Ich setzte mich hin und schrieb voll Begeisterung diese
Rangordnung nieder; wol zehnmal sprang ich auf, meine Brust war zu
voll, ich konnte nicht alles sagen, die Feder, die Worte versagten mir,
wol zehnmal las ich mir mit lauter Stimme die gelungensten Stellen
vor; wie erhaben lautete es, wenn ich von der Stärke des Isländers
sprach, wie er einen Wolf zähmte, wie er in Konstantinopel ein Pferd

nur ein wenig auf die Stirne klopfte, daß es auf der Stelle todt war" u. s. w.

Man muß an diese so ganz aus dem Leben gegriffenen Stellen er= innern, um einen Begriff von der verzehrenden Gluth zu geben, die da= mals in dieser jungen Seele loderte. Ob die grausame Enttäuschung, die dort so drastisch erzählt ist, ihm wirklich zu Theil ward, ob sein eigener Verstand ihn gerettet hat, ist gleichgültig; jedenfalls war er, einmal in's Klare gekommen, für immer geheilt. Er hatte die Nichtigkeit dieser falschen Idealwelt durchschaut und sie innerlich überwunden. Die Frage war nur, ob er im Gefühl seines Triumphes nicht das Wahre mit dem Falschen von sich werfen werde. Zunächst war aber auch das negative Ergebniß von Bedeutung. Er lernte die abenteuerlichen Stoffe jener Romanwelt als reine Formen betrachten, mit denen die Phantasie des Autors nach Willkür schaltet, und indem er mit angeborener Leichtigkeit in ihre Sprache sich einlebte, indem sein energischer Productionstrieb das am Tage Gelesene mannichfach umgeformt und durch eigene Beobachtung aus dem umgebenden Leben bereichert, in jenen abendlichen Erzählungen sofort wieder lustig auflodern ließ, gewann er mit der Herrschaft über die Sprache zugleich die Freiheit des Geistes, die über dem Stoffe steht und, frühzeitig gewitzigt, sah er dann auch seinen Schiller und Goethe, die er auswendig wußte, ehe er sie verstand, mit ganz andern Augen an, als sonst junge Leute seines Alters.

So wurde die Bibliothek seines Großvaters die eigentliche Schule seines Geistes, der von dem öffentlichen Unterricht bis dahin wenig genug gehabt hatte und man sieht, wie durchaus ungewöhnlich seine innere Ent= wickelung verlief.

Nur mit Mühe und ein Jahr später als sonst üblich gelang es ihm, durch die Pforte des berühmten Landexamens in das theologische Seminar Blaubeuren zu gelangen. Das Zeugniß, das ihm die Tübinger Schule mitgab, hätte jeden andern entmuthigt, und sicher dachte, als er im De= cember 1817 als der Letzten einer unter 47 in die Promotion eintrat, von seinen Lehrern und Mitschülern keiner daran, daß unter dieser schmalen Brust bereits ein kräftiges Selbstbewußtsein und eine in ge= wissem Sinne fertige Lebensanschauung sich berge.

Es ist die Periode seines Lebens, von der uns am wenigsten be= kannt ist, weil hier die Mittheilungen des Bruders ausgehen und die erhaltenen Briefe noch nicht beginnen. Und doch ist hier die wichtigste Wendung seines inneren Lebens zu suchen: denn unzweifelhaft ist das Eine, daß er in diesen Jahren sein ganzes Wesen vertieft und jene schöne Idealität gewonnen hat, die sofort in seinen ersten Briefen wie in seinen späteren Schöpfungen so wohlthuend anspricht, die aber, ob auch in seiner Naturanlage begründet, bisher durch das kecke, fast frivole Spielen mit Stoffen von untergeordnetem Werth vielmehr ausgeschlossen war. Zunächst hat er in Blaubeuren das gelernt, was überhaupt erst einem Seelenleben Gehalt und Bedeutung gibt, die tüchtige, redliche Arbeit. Der sicherste Beweis dafür liegt darin, daß er früher als die Andern die Hochschule besuchen und so jenes Jahr, das er durch seinen verspäteten Eintritt verloren, hereinbringen durfte. Offenbar aber ist dies selbst nur die Folge einer tieferen Erregung seines Innern, und wir können kaum fehlgreifen, wenn wir diese dem großen Manne zuschreiben, den er das Glück gehabt hat, unter seinen Lehrern in Blaubeuren zu finden, jenem F. Chr. Baur, dem nachmaligen Begründer der Tübinger Theologenschule, der damals in herrlicher Kraftfülle wirkend, mit genialer Geistesklarheit und zugleich mit der erhabenen Begeisterung eines Mystagogen die ihm vertraute Jugend in die hehren Hallen des klassischen Alterthums und der griechischen Philosophie einführte. Es hat vielleicht nie einen Mann gegeben, der die höchste Aufgabe des Lehrers, seine Schüler im innersten Quellpunkt ihres persönlichen Lebens zu erfassen und ihre tiefsten Kräfte zu geistiger und sittlicher Arbeit zugleich aufzurufen, so sehr durch die Macht einer verehrungswürdigen Persönlichkeit gelöst hat.

Die Familie fand Wilhelm völlig verändert, als er im Herbst 1820 nach Tübingen zurückkam. Aus dem schmächtigen Knaben war ein schlanker, wohlgebildeter Jüngling geworden, dem der feine Schnitt des blassen Gesichts, die blauen Augen im Contrast mit den dunkelfarbigen Haaren einen eigenen Reiz gaben. Die gefällige Leichtigkeit seiner Bewegung stand im Einklang mit der Bestimmtheit seines Urtheils und der Lebhaftigkeit seiner Empfindung, und selbst ein spöttischer Zug, ein ausgesprochener Hang zur Satire störte wenig, weil man das heitere Wohlwollen seines Herzens fühlte und als den Grundton seines Wesens die lautere Offenheit eines freien und dem Idealen zugewendeten Gemüthes empfand.

Er wohnte jetzt freilich nicht bei der Mutter, sondern, in den ersten Jahren wenigstens, in den Mauern des Stiftes. Aber gegenüber der „düstern, nur für das Wissen geschaffenen Einsamkeit seines bisherigen Klosters glaubt er sich, wie er schreibt, jetzt schon in die freie Welt versetzt". Die Behandlung war ziemlich liberal und der Ephorus, ein geistreich wunderlicher Mann, hatte ihn bald so überaus lieb gewonnen, daß er ihm Vieles nachsah.

Auch seine theologische Bestimmung machte ihm wenig Beschwer: weder die damalige Wissenschaft, noch das Kirchenregiment hatte zelotische Elemente, die ihn zurückstoßen konnten; er hat in der Folge gute, zum Theil vorzügliche Zeugnisse in den Prüfungen bekommen und die sieben Predigten, welche ich noch von ihm besitze, zeigen bei poetischer Auffassung eine schlichte Textauslegung im herzlichsten Gemüthston.

Aber neben den Studien wirft er sich mit jubelnder Lust in die Strudel des studentischen Lebens, dessen feinster Reiz für ihn in der bunten Mischung originaler Naturen und Individualitäten liegt. Allein,

wie ihn sein gesundes Gleichmaß von ausschweifender Lustigkeit zurückhält,
so steht er auch in köstlicher Freiheit des Gemüthes über jenen veralteten,
barocken Formen des Studentenlebens: ein Heldengedicht in vier Gesängen
vom Jahre 1822, die Seniade, in Alexandrinern gedichtet, behandelt
diese Dinge, zumal die Paukfreuden, im hohen Stil des romantischen
Epos mit wahrhaft ariostischer Feinheit urbanster Ironie, ein sehr be-
deutsames Zeugniß für die frühe Reife seines Geistes wie seines Dar-
stellungsvermögens, aber leider doch zu flüchtig hingeworfen, um sich zur
Veröffentlichung zu eignen. So ist es auch auf dem politischen Gebiete.
Niemand konnte mit freudigerer Begeisterung die Bestrebungen der
Burschenschaft ergreifen, welche gerade in Tübingen die tüchtigsten
Elemente vereinigte. „Es ist etwas Herrliches um den Gedanken, schreibt
er, mit zweihundert Jünglingen in einem schönen Bunde zu leben."
Er ist ihr Festredner bei den Waterloofesten, er macht für sie eine große
Zahl von patriotischen Gedichten; aber den geheimen Agitationen ging
er aus dem Wege und die phantastischen Auswüchse einer unklaren Begeisterung verfielen erbarmungslos seinem gefürchteten Spotte, wie denn
die Schilderung jener „altteutschen" Jünglinge in den Satansmemoiren,
welche Mützen wie Pfannkuchen über den langwallenden Haaren und Beil-
stöcke wie die römischen Lictoren, auf der Nase aber gelehrte Brillen
tragend zum Grütli wallfahrten, schon der Tübinger Zeit angehört und
auf einer gemeinsamen Schweizerreise geschrieben wurde.

Wenn er übrigens im großen Bunde der Burschenschaft ein von
Jedermann geschätztes und geliebtes Glied war, wenn insbesondere die
norddeutschen Bundesbrüder, wie sein Stammbuch ausweist, große Hoffnungen von ihm hegten, so fühlte er sich doch erst wahrhaft zu Hause
in einem engeren Kreise von wirklichen Freunden. Hier, wo er lieben
konnte, wo er sich verstanden fühlte, erschloß sich der volle Zauber
seines unendlich liebenswürdigen Wesens, hier ergoß er auch die schon
damals unerschöpfliche Fülle seines Talents in scherzhaften Gedichten,
travestirten Dramen, geistreichen Schilderungen aus dem wirklichen
Leben 2c.

Aber so groß und unverhüllt sein Selbstgefühl unter den Genossen
hervortrat, noch bewegte der Gedanke an künftigen Ruhm sein Herz nicht,
und doch gelang ihm eben um diese Zeit sein bestes Lied. Er wohnte
bereits im Hause seiner Mutter: da erwacht er eines Morgens in der
Frühe an einem schwermüthigen Gesang mit eigenthümlich getragenen
Accorden; er öffnet das Fenster und lauscht. Die Töne kommen aus
dem unter seinem Fenster angebauten Raume, in welchem Landmädchen
beim Waschen beschäftigt sind. Vom Texte selbst ist nur wenig zu verstehen, aber die Melodie hat ihn wundersam ergriffen, und — wie über
die Schranken seiner Kraft hinausgehoben, wie von einem leisen Hauch
der Ahnung betroffen, dichtet er im Angesicht der Morgenröthe, die den

Himmel färbt, in einem Zuge das Lied, das für ihn selbst so prophetisch werden sollte, vom Morgenroth, dem Boten frühen Todes.

Er war in der That mit 20 Jahren ein fertiger Mensch: schon in den ersten Briefen an meinen Vater, seinen ältern Freund und späteren Schwager, tritt in auffallendem Maße die Klarheit seiner Begriffswelt und die Bestimmtheit seiner Lebensanschauung hervor: da ist nichts von jenem vagen Gefühlswesen, das sonst diesem Alter eigen ist, nirgends ein halbes Wort, eine schillernde Wendung, in kurzen Sätzen und mit scharf bezeichnenden Ausdrücken bringt er auf dem geradesten Weg auf den Kern des Gegenstandes zu, den er aber stets in der Wärme der Empfindung schon vorausgenommen zu haben scheint.

Immerhin indeß fehlt noch ein Element in seiner Entwickelung, das sein Wesen zu vollenden bestimmt ist, die Liebe. Im Herbst 1823 führt ihn ein lustiger Ferienausflug mit einem seiner trautesten Genossen nach Ulm. Eben liegt dort eines der kleinen Fahrzeuge, welche damals den Verkehr mit Wien vermittelten, eine sogenannte „Ulmer Schachtel" zur Abfahrt bereit. Halb in muthwilligem Scherz improvisiren die Beiden eine Fahrt den Strom hinab nach Donauwörth, und Hauff, von der Nähe verlockt, lenkt nun seine Schritte weiter nach Nördlingen, eine nie gesehene Tante gleichen Namens zu besuchen, welche dort einem geachteten Kauf= mannshause vorstand. Man gefällt sich gegenseitig, aus den Stunden werden Tage, aus den Tagen werden Wochen, und als der junge Ritter zuletzt mit dem Ende der Ferien nach Hause muß, nimmt er tief im Herzen das in holdester Jugendfülle erblühende Bild seiner jüngsten Consine, der schönen Luise Hauff mit. Beim Guitarrespiel, dem er mit Leidenschaft zugethan war, hatten sich ihre Herzen gefunden und in tiefster Verschwiegenheit das süße Bekenntniß der Liebe getauscht. Ein Brief= wechsel hebt nun an, ein offener im heiter unverfänglichen Ton der Galan= terie, und daneben ein geheimer, für den sein romantischer Sinn die abenteuerlichsten Schleichwege sucht und findet, bis ihm ein zweiter Besuch im Frühjahr die Einwilligung der Tante erwirbt.

Höher und reiner erhebt sich nun sein Wesen und eine schöne Idea= lität umleuchtet seine Erscheinung. Es ist rührend, ihn so unaussprechlich glücklich und so dankbar in seinem Glück zu sehen, wie er nicht müde wird, aus der Fülle seines Geistes und seines unendlich reichen Gemüths die Geliebte mit den köstlichsten Schätzen zu schmücken und ihr Inneres ganz mit seinem Wesen zu durchdringen. Denn außer der schönen Gestalt und dem wunderholden Jugendreiz vermochte sie ihm nur einfache Herzens= güte und treue Liebe zu bieten und im Grunde war es eben der Wider= hall seiner Empfindungen, was ihm in ihrem Bilde so bezaubernd süß entgegentrat. Aber unwandelbar, ob fern ob nah, als schlichter Pfarr= candidat wie als gefeierter Dichter, im Brautstand so gut als hernach im trauten Zusammenleben, immer ist seine Liebe gleich reich, gleich zart gleich beglückt und beglückend. In der That, wenn es noch eines Zeug= nisses für die innere Wahrheit und Gediegenheit seines Wesens bedürfte, um dem Manne, dem wir uns nicht enthalten können von Herzen gut zu sein, auch jene vollste Hochachtung zu verbürgen, welche wir den edel= sten Eigenschaften des Gemüths und Charakters zollen, hier in dieser schlichten Treue, in dieser unbedingten Lauterkeit des Herzens wird man es im vollsten Maße finden.

Es fragte sich nun, was mit den frühe Verlobten werden sollte. Zunächst war, wie bei einer so glühenden Empfindung natürlich, das Verlangen nach baldiger Vereinigung übergewaltig. Alle Hebel werden in Bewegung gesetzt, um rasch in den Besitz eines Pfarrdienstes zu ge= langen, die Aussicht auf eine sehr bescheidene Stelle in trostloser Gegend wird dankbar begrüßt, man wiegt sich bereits in süßen Hochzeitsträumen und idyllischen Bildern. Aber rechtzeitig, wie immer bei dieser wohl= gefügten Natur, tritt der Verstand in seine Rechte und überwindet den vorschnellen Drang des Gefühls: „ein Pfarrer von zweiundzwanzig Jahren, meint er, ohne alle Erfahrung ist etwas Arges und ein Ehemann, der gerade vom Studenten her kommt, ist nicht viel besser." Er fühlt es als oberste Pflicht, seine allgemeine Bildung zuvor tiefer und fester zu begründen. Hiefür bietet sich die schönste Gelegenheit in dem Antrag des Kriegsrathspräsidenten und Ministers v. Hügel in Stuttgart, Er= zieher seiner Söhne zu werden. Die Vortheile der Stellung sind un= verkennbar, und nach einem, wie er schreibt, „fürchterlichen Kampfe zwischen Vernunft und Liebessehnsucht" bittet er die Braut um ihre Zu= stimmung.

Es ist in der That der entscheidende Punkt in seinem Leben. Es war in gewissem Sinne die Wahl zwischen Genießen und Schaffen, zwischen dem persönlichen Behagen und dem höheren Preis der Unsterblichkeit, und man wäre versucht an jene Wahl des Achill zu erinnern, wenn es sicher wäre, daß ihm damals sein Dichterberuf schon vor der Seele stand. Da ist es nun in hohem Grade bemerkenswerth und gewiß ein schönes Zeugniß für seine Bescheidenheit, daß er noch um diese Zeit — im Spätsommer 1824 — nicht mit einem Worte von der Hoffnung spricht, sein Leben auf das Talent bauen zu können, das ihm doch schon von allen Bekannten zugesprochen wurde, wie er denn um dieselbe Zeit bei der Uebersendung von Liedern an die Braut schreibt: „ich übersende Dir diese dürftigen Versuche, nicht um als Dichter vor Dir zu glänzen, so weit versteigt sich mein Stolz nicht, nein, sondern — verzeih' meiner kleinen Eitelkeit — um einst meine Worte aus Deinem süßen Munde zu hören." Aber, wenn er auch zu bescheiden oder zu verständig ist, um sich mit Hoffnungen zu tragen, die vielleicht eitel sind, so ist doch aus dem ganzen Ton der Motivirung deutlich herauszuhören, daß er eine Kraft in sich ahnt, die er nicht unterdrücken darf, die es ihm zur Pflicht macht, sich nicht einzig durch den Wunsch der Geliebten und das eigene sehnsüchtige Verlangen bestimmen zu lassen.

Anderthalb Jahre, vom 27. October 1824 bis 30. April 1826, ist er im Hügel'schen Hause gewesen. Es war eine glückliche Zeit und von wesentlichem Einfluß auf sein Talent. Der General, ein früherer Adjutant Napoleons, den er im „Bild des Kaisers" gezeichnet hat, wie seine edle und sein gebildete Frau begegneten ihm mit Vertrauen und Achtung, das Haus war eines der ersten in der Stuttgarter Gesellschaft: so gewann er die glückliche Sicherheit des feinen Welttons, welche seiner schönen und im besten Sinne eleganten Erscheinung so wohl zu Gesicht stand. Die Ferien führten ihn gewöhnlich auf die Güter des Vaters der Frau v. Hügel am untern Neckar, in die schöne Gegend, deren eigenthümlichen Zauber sein „Bild des Kaisers" so glücklich wiedergibt, oder erweiterten sie durch Reisen seinen Gesichtskreis.

Auch sonst sind seine Beziehungen die angenehmsten: seine Mutter, deren ältere Tochter sich nach Stuttgart verheirathet hat, ist ihm mit der jüngeren Schwester nachgezogen; mit ein paar Tübinger Freunden trifft er täglich nach Tisch zu einer Promenade in den Anlagen zusammen, wie sie der Eingang seiner „Bettlerin vom Pont des Arts" schildert; die Predigten, denen er sich aushülfsweise an der Schloßkirche unterzieht, finden vielen Beifall und die Herren vom Consistorium sind ihm freund= lich zugethan, zumal nach dem glücklichen Ergebniß seiner höheren Dienst= prüfung im Frühling 1825. Gar hübsch in ihrer frischen Auffassung ist die Schilderung, die er von einer Scene bei derselben in einem Briefe entwirft: Er erwacht am entscheidenden Morgen mit Fieber und Halsweh, es ist schändliches Thauwetter, Regen und Schnee durcheinander, der Minister bestimmt ihn, seinen Wagen zu benützen. „Da hättest du nun die Gesichter sehen sollen, die aus dem Consistorio herausschauten. Ein prachtvoller Stadtwagen mit Glasfenstern, herrliche Pferde mit schönem Geschirr, der Kutscher in voller Livree, ein Bedienter hinten droben! Vor dem Consistorium schreit der Kutscher: Brrr! die Pferde stehen, der Bediente fliegt heran, öffnet feierlich die Glasthüre, schlägt die reichgestickten Tritte auseinander, ein Paar seidene Strümpfe werden sichtbar, ein Arm mit einem prächtigen Patenthut kommt heraus — wer mag es wol sein? — — Der Magister Hauff!! Heißt das geistliche Armuth, höre ich die Herren sagen, heißt das christliche Demuth?"

Das Examen wurde noch in der Voraussetzung bestanden, durch Vermittlung des Herrn von Hügel eine gute Pfarrstelle zu bekommen. Aber bereits hatte eine Beschäftigung begonnen, welche schon nach einem halben Jahre diese Gedanken alle über den Haufen werfen sollte. Die Stellung im Hügel'schen Hause ließ täglich einige Stunden zu eigenen Arbeiten frei. Da erwachte denn mit einem Male der Drang zu produciren. Das Erste war, daß er die Märchen, die er vor Jahren den Schwestern erzählt hatte, und die jetzt das Entzücken seiner Zöglinge waren, auf den Wunsch der Baronin niederschrieb. Aehnliches hatte er schon in Tü= bingen gethan: auch abgesehen von den vielen Arbeiten, welche eine heitere Satire auf Persönlichkeiten und Verhältnisse enthalten, wie er sie im Kreis der Freunde vorzulesen liebte, besitze ich aus der Tübinger Zeit verschiedene novellenartige Erzählungen oder Anfänge von solchen, welche er später zum Theil in anderer Weise verwendet hat.

Damals hatte er, wie wir sahen, noch nicht an eine schriftstellerische Thätigkeit gedacht; jetzt aber fühlt er lebhafter die innere Kraft, der Beifall seiner Umgebung ermuthigt ihn und er geht nun weiter, indem er einzelne Bilder satirischer Art, die er früher bei verschiedenen An= lässen geschrieben oder entworfen hat, erweitert und in einem gemeinsamen Rahmen zusammenzustellen sucht. Es war noch die Zeit der Hoffmann= Callot'schen Nachtstücke. Das Diabolische spielte eine große Rolle in der Literatur — so entstand der geistreiche Einfall, den Satan seine Me= moiren schreiben zu lassen, der in unglaublich kurzer Zeit in's Leben ge= setzt war.

Am 2. Februar 1825 findet sich die erste Andeutung von literarischen Plänen in den Hauff'schen Briefen. Am 18. November 1827 ist er ge= storben. So umfaßt seine schriftstellerische Thätigkeit nur eine Zeit von 2¾ Jahren, in welche noch eine Reise von 7 Monaten fällt. Bei der großen Zahl der Schriften, welche in so engen Raum zusammengedrängt sind, ist die chronologische Unsicherheit sehr begreiflich, welcher man in den bisherigen Darstellungen begegnet. Die nachfolgenden Angaben be= ruhen durchaus auf urkundlichen Belegen.

Es war noch im Frühling 1825, daß sich Hauff mit einer vor= läufigen Anfrage wegen der Memoiren des Satans an den Buchhändler Franckh wandte, einen unternehmungslustigen, doch im Grunde wenig be= deutenden Verleger. „Es war nicht die Franckh'sche Firma, schreibt er ein Jahr später an seinen Bruder, oder seine miserabeln Verlagswerke, was mich zu ihm lockte, sondern der Stolz, bei dem kleinsten Krämer zu verlegen und einzig durch mich selbst bekannt zu werden." Der Mann war nicht abgeneigt, ein Werk wie das bezeichnete anzunehmen, aber ein eigentlicher Roman wäre ihm lieber gewesen, ein Roman, meinte er, von der Art jener, die zur Zeit „so flott gehen". Vielleicht daß er geradezu Clauren dabei nannte. Denn Clauren war das Ideal der Verleger von diesem Schlag. War er doch der Abgott der großen Lesewelt und sein „Vergißmeinnicht" (seit 1818) lag selbst in gebildeten Familien alljährlich auf dem Weihnachtstisch.

Das hingeworfene Wort des Verlegers hat, wie ich glaube, den „Mann im Mond" hervorgerufen, mag er nun Clauren genannt haben oder nicht. Was jener im ernsthaften Sinn einer Schöpfung im Stil des gangbarsten Modeautors meinte, das griff der junge Schriftsteller

im Uebermuth der kecken Laune im Sinne einer luftigen Myftification
auf, zu der die frivole Hohlheit Claurens die innere und fein Pfeudonym
die äußere Berechtigung zu geben schien. Es war ein Einfall, völlig
im Geift des kecfatirifchen Verfaffers der Satansmemoiren.

Ich vermag diefe Auffaffung allerdings nicht mit urkundlichen
Zeugniffen zu belegen, da in den Briefen vom Mai bis Auguft 1825
eine Lücke ift; aber fie trägt, wie ich denke, ihre Wahrheit in fich felbft.
Bekanntlich ift die Sache zu einer cause célèbre geworden, und während
die Juriften noch heute, nach mehr als 50 Jahren, den Rechtsfall im
Colleg zu befprechen pflegen, intereffirt die literarifchen Kreife die Entftehung
und urfprüngliche Tendenz des Romans, der einen liederlichen Schrift=
fteller durch übertreibende Nachahmung feiner Manier proftituiren will,
dabei aber über diefe Nachahmung eine Grazie und Liebenswürdigkeit
ausgießt, die das verhöhnte Urbild niemals befeffen hat. Weil man fich
nun an den gewöhnlichen Begriff der Satire als Frucht jener Juvenal'fchen
indignatio hielt, welche hernach in der Controverspredigt einen fo wuch=
tigen Ausdruck gefunden hat, und weil man doch fah, daß der „Mann im
Mond" mit jener völligen Freiheit des Gemüths gefchrieben ift, welche
bei fittlicher Empörung fich nicht denken läßt, kam man auf verfchiedene
Erklärungsverfuche, bei denen zugleich eine unbeftimmte Kunde von dem
wirklichen Thatbeftand verwirrend mitgewirkt hat.

Zunächft ift die in der Lebensfkizze vor den Gefammelten Werken
gegebene Notiz, daß der Roman unter der Arbeit felbft, theils durch
eigenes Gefühl des Verfaffers, theils durch den Fingerzeig einiger Freunde
eine bedeutende Modification erlitten habe, wie fo Manches, was dort
über die Entftehung der Hauff'fchen Schriften gefagt ift, nicht zutreffend.
Das Manufcript zum „Mann im Mond" ift nämlich, abgefehen von
zwei fehr kleinen Lücken, vollftändig in meinem Befitz: es ift, wie bei=
nahe alle Hauff'fchen Arbeiten, faft ohne Correcturen, jedenfalls ohne
jeden Zufatz von Bedeutung, in dem eleganten Zug feiner Hand frifchweg
hingefchrieben, und die Clauren'fchen Ingredienzien, welche bekanntlich
fchon auf den erften Seiten in kräftiger Dofis erfcheinen, ftehen hier von
Anfang an im Context. Und wollte man etwa, einzig jener Notiz zu
liebe, ein vorausgehendes Manufcript annehmen, welches durch das eben
bezeichnete verdrängt worden wäre und fich verloren hätte, fo verbietet
fich das durch den außerordentlich kleinen Zeitrahmen, um den es fich
handeln kann, um fo mehr, weil Hauff alles, was er für den Druck beftimmte,
in Folio halbfeitig gebrochen fchrieb, alfo auch für weitgehende Correcturen
und Zufätze fich Spielraum ließ, wie denn einzelne Abfchnitte der gleich=
zeitigen Memoiren fich in diefer Weife umgearbeitet zeigen.

Wenn ich fomit auf Grund des Manufcripts mit Beftimmtheit con=
ftatiren kann, daß während der Arbeit eine Aenderung des Plans nicht
eingetreten ift, wenn ich vielmehr überzeugt bin, daß, wer diefes Manu=

script mit seiner frischen, lecken Schrift vor Augen hat, nothwendig den
Eindruck von einer inneren Heiterkeit, von einem gewissen fröhlichen Muth-
willen auf Seiten des Schreibenden gewinnen muß, so bin ich nun andererseits in der glücklichen Lage, das Mißverständniß nachweisen zu können,
welches die Quelle jener unrichtigen Notiz bei G. Schwab geworden ist.

Ich besitze nämlich neben jenem großen Manuscript allerdings noch ein
anderes, das denselben Gegenstand behandelt, nur bedeutend kürzer gehalten
und ohne alles, was an Clauren erinnern könnte. Aber dieses Manuscript
stammt, wie aus völlig unzweifelhaften Indicien — Papier, Format,
Schrift, gewisse Verzierungen u. s. w. — mit Evidenz hervorgeht, schon
aus der Tübinger Zeit, genauer aus dem Jahre 1823, und gehört in die
Zahl der oben berührten Producte müßiger Stunden, ganz wie z. B.
eine auch im Aeußern durchweg entsprechende ältere Gestalt der später
in die Memoiren aufgenommenen Novelle „Fluch". Leider sind es nur
acht Seiten, auf seinem Briefpapier in Octav, eng geschrieben, und auch
der Titel ist nicht beigefügt; vielleicht hat er damals gar nicht weiter
ausgeführt. Jedenfalls genügt das Vorhandene vollkommen, um zu erkennen, daß es sich um eine im leichten Ton der conventionellen Belletristik
jener Zeit gehaltene Erzählung handelt, von der Art, wie sie in Menge
damals das Morgenblatt, die Abendzeitung u. s. w. füllen, deren Gegenstand ist, daß ein junger Mann — er ist noch nicht zum Grafen avancirt
— der in Folge eines unglücklichen Zweikampfes von finsterer Schwermuth befallen ist, durch die Liebe eines beherzten Mädchens geheilt wird.
— Von dieser älteren Bearbeitung hatte offenbar G. Schwab eine unbestimmte Nachricht erhalten, die er dann unrichtig combinirt hat.

Ich denke, nun ist alles klar. Im Frühling 1825 kommt dem
eben mit der Herausgabe seiner diabolischen Papiere beschäftigten und
sehr satirisch gestimmten Dichter der Gedanke, den seichten und sittenlosen
Schriftsteller, der damals die Lesewelt beherrscht, dadurch lächerlich zu
machen, daß er seine Manier karikirt und diese Karikatur unter dem
Autornamen desselben in die Welt schickt. Lustige Mystificationen dieser
Art im Kreis der Freunde hatte er von jeher geübt, wie nicht minder
sein Bruder. Diesmal war es, wie Hauff selbst Willibald Alexis gesagt hat (Berliner Conversationsblatt 1827, Nr. 238), dessen Walladmor,
was ihm den Gedanken eingab, bekanntlich ein Werk, das sich auf dem
Titel als freie Bearbeitung eines Walter Scott'schen Romans bezeichnete,
während es in Wahrheit ganz von W. Alexis herrührte. Und wenn
hiebei natürlich nicht eine Satire beabsichtigt war, so mochte sich andererseits Hauff von seinem geliebten Fielding erinnern, daß dieser sich seinen
Ruhm durch eine gelungene Verhöhnung der Manier von Richardson,
dem damaligen Götzen der Menge, erobert hatte.

Jedenfalls, der Gedanke brauchte nur aufzutauchen, um für Hauff
etwas Unwiderstehliches zu haben. Hatte er doch einst die Spieß und

Cramer und die ganze Fouqué'sche Romantik nach Herzenslust für sein
Mädchenpublikum zurecht geschnitten, wie sollte es ihm mit einem Clauren
nicht gelingen? Es galt nur einen geeigneten Stoff zu erfinden, je unbedeutender desto besser: da erinnert er sich jener älteren Erzählung, und
wie er es nun gemacht hat, um durch Einfügung der specifisch Clauren-
schen Mittelchen aus einer völlig harmlosen Novelle den „Mann im Mond"
zu machen, das ist so überaus anziehend zu verfolgen, daß ich mich nicht
enthalten kann, den Anfang jener älteren Bearbeitung wörtlich beizufügen,
indem ich den geneigten Leser bitte, seinen gedruckten „Mann im Mond"
daneben zu nehmen:

„Ueber Freilingen lag eine kalte stürmische Decembernacht, nichtsdestoweniger war es sehr lebhaft auf den Straßen. Wagen von allen
Enden und Ecken der Stadt rollten dem Marktplatz zu, auf dem der
goldene Bären (sic), von oben bis unten erleuchtet, sich ausdehnte. Es
war Ball dort als am Namensfest des Kronprinzen, das die Freilinger
aus Gewissenhaftigkeit nie ungefeiert vorüberließen. Die Wagen haben
nach und nach ihre köstlichen Waaren entladen; die Damen hatten sich
aus den neidischen Hüllen der Pelzmäntel herausgeschält, und saßen in
langen Reihen an den Bänken hinauf, aber immer wollte der Hofrath
Werner das Zeichen zum Anfang nicht geben. Präsidents Ida war gestern
aus der Pension zurückgekommen und sollte sich nach drei Jahren heute
zum erstenmal wieder zeigen, und da ließ es sich der alte Junggeselle
nicht nehmen, mit ihr den Ball zu eröffnen. Die Damen wurden ver-
drießlich, aber der alte maître de plaisir ließ sich nicht irre machen.
Endlich gingen die Flügelthüren auf. Der Präsident! rief alles und
der kleine freundliche Alte schritt am Arme seiner Ida herein. Ach, wie
ist das Mädchen so hübsch geworden, welcher Anstand! bemerkten die
Herren, und die wunderschönen Spitzen! bemerkten die Damen. Jetzt
gab der Hofrath das Zeichen und trat mit stolzen Schritten an Ida's
Seite die Polonaise an. Aber sagen Sie, Verehrteste, fragte der Hofrath, als er sie wieder an den Platz führte, ist das etwa ein Cousin
oder dergleichen, der da mit Ihnen kam?" So weit geht die erste Seite
des ältern Manuscripts, welche nun in der zweiten Bearbeitung zu elf
Druckseiten ausgesponnen ist.

Ich habe den Wortlaut zugleich auch deshalb gegeben, weil er die
erwünschte Gelegenheit bietet, das Andenken Hauffs gegen eine neuerliche
Entstellung durch ein Wort von Wolfgang Menzel zu sichern, welches
großes Aufsehen gemacht hat und sich leicht im allgemeinen Urtheil fest-
setzen könnte. In seinen „Rückblicken auf mein Leben" läßt nämlich
K. Gutzkow (S. 67) Menzel im Jahre 1832 sagen: „Wilhelm Hauff
brachte mir eines Tages seinen ›Mann im Mond‹. Es war ein Machwerk ganz à la Clauren und zwar in vollem Ernste so gemeint. Schämen
Sie sich denn nicht? sagte ich ihm. Wollen Sie denn auch dem Berliner

Postrath nachahmen? Können Sie denn nicht höher fliegen? Nach einer Weile milderte ich meinen Ton und fuhr fort: Kehren Sie den Spieß um, tragen Sie das Clauren'sche Colorit noch stärker auf, lassen Sie dann das Buch unter Claurens Namen erscheinen und Jeder wird sagen: Sie haben eine köstliche Satire auf Clauren geschrieben. Richtig, Hauff befolgte den Rath und begründete seinen Ruf mit dem Mann im Monde."

Die Erzählung ist so durchaus in Menzels Art, daß sie das volle Gepräge der Wahrheit trägt. Aber lieber Himmel! was hat der leb=haste Mann nicht alles sich und seinem Rathe zugeschrieben! Wir in Stuttgart pflegten uns, wenn er an seinem abendlichen Tische Derartiges mit dem Brustton der Ueberzeugung preisgab, nur verständnißvoll anzu=lächeln, und er selbst nahm sich oft nicht einmal die Mühe, sich zu ver=theidigen, wenn man ihm seine Behauptung einfach verneinte. Wer diese Seite des Mannes noch nicht kannte, hat nun in seinen Denkwürdigkeiten sattsam Gelegenheit, sie zu studiren. Von jener angeblichen Beziehung zu dem Mann im Mond übrigens hat er uns nie erzählt, obgleich ich oft mit ihm über Hauff sprach und er mein besonderes Interesse für diesen sehr wohl kannte. Und auch Hauff erwähnt in seinen Briefen von da=mals Menzel nie, und die kräftige Satire auf den Allerweltskritiker im zweiten Theil der Satansmemoiren macht es wenig wahrscheinlich, daß er ihn kurz zuvor zu seinem literarischen Beichtvater gemacht haben sollte, während er sonst höchstens seinen Bruder einmal um sein Urtheil bittet. Vollends nun aber, daß Hauff „ein Machwerk ganz à la Clauren und zwar im vollsten Ernste so gemeint" geschrieben, daß Wilhelm Hauff von Menzel eine Mahnung sich zu schämen nöthig gehabt haben sollte, ich denke, das wird, zumal nach der vorangehenden Darstellung seines innern Entwickelungsganges, wol Niemand zu glauben geneigt sein. Trotzdem aber ist es mir eine herzliche Freude, nun auch urkundlich die Falschheit jenes Urtheils nachweisen zu können. Denn daß die ältere Bearbeitung, von der also Menzel wol eine dunkle Kunde hatte, auch nicht das Mindeste von jenem prickelnden oder „brüsselnden" Reiz oder all den andern Eigenschaften an sich hat, die das Specifische jenes lüsternen Autors ausmachen, daß sie in Wahrheit eine harmlose Erzählung bietet, die in=deß, wie bereits ausgeführt, nicht einmal für die Veröffentlichung bestimmt war, sondern als eine Art von Exercitium diente, davon kann sich nun Jedermann an der mitgetheilten Probe überzeugen, und ich bekenne gern, daß ich selten einen reineren Genuß gehabt habe, als hier, da es mir vergönnt war, das Bild eines so kernfrischen und gesund empfindenden Jünglings von einem Flecken zu befreien, den gewiß alle Freunde der Hauff'schen Schriften schmerzlich und peinlich empfunden haben.

Möge es also in Zukunft dabei bleiben, daß der „Mann im Mond", so wie wir ihn haben, allerdings von Hauff als Satire gegen Clauren geschrieben ist, nur eben nicht als Ausfluß sittlicher Empörung, sondern im Sinn einer jugendlich lecken Mystification. In voller Herzenslust empfangen, wurde der Gedanke denn auch mit der glücklichsten Heiterkeit eines muthwilligen Humors in's Werk gesetzt: in sechs Wochen, wie der Epigrammatiker Haug, der Vetter des Dichters, im Hesperus (1827 Nr. 279) berichtet, war der „Mann im Mond" angefangen und vollendet.

Im August 1825 gab die Franckh'sche Buchhandlung fast gleichzeitig heraus „Mittheilungen aus den Memoiren des Satan. Herausgegeben von . . . . s." 324 S. 8. und: „Der Mann im Mond. Von H. Clauren. Zwei Bände". 235 und 211 S. 8. Zunächst gingen die Memoiren reißend ab. Am 2. September erschien im Morgenblatt die erste, sehr günstige Recension. „Franckh ist seit gestern wie ein Narr, schreibt Hauff am 3., und es fehlte wenig, so wäre er mir um den Hals gefallen. Ich werde übrigens seine Rührung für meinen Beutel zu benützen wissen. Ich bin doch sehr glücklich, setzt er treuherzig hinzu, ein wenig Talent zu besitzen; denn um den Namen und um das Geld, das man dadurch bekommt, ist es doch etwas Schönes". „Mit den Memoiren, heißt es am 11. December, ist immer noch ein großes Leben. Sogar das ganze Oberconsistorium hat sie gelesen; aber Alle sind mir deswegen nur noch günstiger."

Dazwischen hatte aber auch der „Mann im Mond" seine Wirkung geübt. Der Geheime Hofrath Heun in Berlin ließ sofort eine „Warnung vor Betrug" ergehen und beeilte sich, den Verfasser vor dem Gerichtshof in Eßlingen zu belangen. Die Sache erregte in einer Zeit, die nur von literarischen Interessen bewegt war, riesiges Aufsehen; es wurde bald bekannt, daß der Verfasser der Memoiren auch der Urheber der geistreichen Satire sei und Hauff war über Nacht ein berühmter Mann geworden. Man fand in den Memoiren viel jugendlich Unreifes, zumal in dem Angriff auf Goethe, den er auch später geradezu zurückgenommen hat, und den G. Schwab besser gethan hätte, in der Gesammtausgabe zu streichen; aber die frische Rücksichtslosigkeit, besonders gegen die zopfigen Tübinger Zustände, der lecke und gesunde Witz, die völlige Freiheit von den phantastischen Grillen der Zeit, selbst bei einem so phantastischen Stoffe, vor allem aber die köstliche Lebendigkeit der Auffassung, welche die Wirklichkeit aller stofflichen Schwere entkleidet in ein heiter lichtes Element emporzuheben wußte, — das Alles gefiel im Contrast zu den herbstlich dürren Blättern der Hofrathsliteratur jener Tage, und bei seinem Scherz gegen Clauren hatte er ohnedies den weitaus größten Theil des gebildeten Publikums auf seiner Seite.

Ihm selbst aber lag nun Alles daran, sich der Welt nicht blos in der Gestalt des neckenden Satyrs zu zeigen. Zunächst waren ihm hiezu seine Märchen eben bequem, und sie waren ja auch gewiß die freundlichste und am tiefsten von ächter Poesie durchdrungene Gabe, die er bieten konnte. Am 8. November 1825 erschien denn, mit Beiträgen von

16*

J. Grimm u. A., bei Metzler der „Märchenalmanach auf das Jahr 1826 für Söhne und Töchter gebildeter Stände", das erste Buch allerdings, das seinen wirklichen Namen an der Spitze trug, aber, wie man sieht, erst nach den beiden Romanen herausgegeben.

Aber bereits arbeitet er stark an einem neuen Unternehmen; mit dem Kampfe gegen den verdorbenen Zeitgeschmack wollte er die Förderung seiner gesunden Elemente verbinden; indem er Clauren verdrängte, ging er bei Walter Scott in die Schule, aber mit einer Selbständigkeit, welche ihm um so mehr Ehre macht, weil er, gedrängt von der nahen Abreise, auch diese liebenswürdigste seiner Schöpfungen in unglaublich kurzer Zeit entworfen und vollendet hat. Am 26. November 1825 schreibt er: „Der Schluß des November naht sich; bis dahin habe ich Franck meinen ersten Theil vom Lichtenstein versprochen und ich muß jeden Augenblick benutzen, um fertig zu werden." Die Arbeit wird durch einen längern Besuch der Braut im Anfang des neuen Jahres und durch die Hochzeit meiner Eltern unterbrochen; aber schon am 21. März wird an den letzten Bogen des zweiten Theiles gedruckt und er ist mit dem dritten erst zur Hälfte fertig; „ich muß ungeheuer arbeiten, daß mir die Druckerei nicht zuvorkommt." Bereits indeß kann er von der Aufnahme des ersten Theils das Beste berichten: „er findet überall ungeheuren Beifall, viele Leute sind ganz von ihm erfüllt." Am 18. April wird nun auch der dritte Theil ausgegeben; es ist wie ein Ereigniß, man nennt den Verfasser öffentlich den deutschen Walter Scott; er selbst ist „tief glücklich" und dankt seinem Geschicke, daß es ihm „die Kraft und das Talent verliehen hat, in der Welt etwas zu wirken und sich zu lichteren Höhen aufzuschwingen, während Andere ihren gewöhnlichen, faden Gang durch das Leben hinschleichen".

Trotz seines meteorartigen Emporsteigens schien er keine Neider zu haben und Männer von den verschiedensten Richtungen waren gleichermaßen von der Anmuth seiner Schriften und seiner persönlichen Erscheinung gewonnen. Der Bruder seiner beiden Schwäger, der einflußreiche Consistorialrath Klaiber, war, obgleich auf religiösem Gebiet von der entschiedensten Färbung, trotzdem sein aufrichtigster Gönner. Er hatte ihm schon nach den Memoiren gerathen, durch eine Reise und einen längeren Aufenthalt in Paris sich zu einer Professur in Tübingen vorzubereiten. Die letztere Aussicht hatte für Hauff keinen Reiz, aber das Bedürfniß, seine Bildung zu vervollständigen, empfand er so stark, daß selbst die unüberwindlich scheinende Sehnsucht nach Vereinigung mit der Geliebten davor zurücktrat.

Am 1. Mai 1826 ging er über Nördlingen, wo er durch einige glückliche Tage für die harte Trennung sich stärkte, zunächst nach Frankfurt; hier schrieb er in den Pfingsttagen jene reizendste Partie aus dem zweiten Theil der Memoiren, die Geschichte vom Grafen Rebs dem

Kaninchen, vom Herrn Zwerner aus Dessau und der schönen Rebekka von der neuen Judenstraße. Dann fuhr er über Mainz, wo er den Prinzen Wilhelm von Preußen mit dem Erzherzog Karl ein Manöver commandiren sah, das er irgendwo einmal zu verwenden dachte, nach Metz und von da in langsamer Eilwagenfahrt, die uns das hübsche Fragment „Ein paar Reisestunden" eingetragen hat, nach Paris. Hier bleibt er, im heitersten Verkehr mit Landsleuten, namentlich Julius Mohl und mit Franzosen, und offenen und heitern Sinnes die Bildungselemente der Weltstadt in sich aufnehmend, vom Ende Mai bis Mitte Juli. Doch auch hier verläßt ihn der gewohnte Fleiß nicht; jeden Vormittag wird bis 11 Uhr geschrieben und die Arbeit begleitet ihn in derselben Weise auch auf der weitern Reise, die ihn durch Belgien und dann über Köln, Kassel, Göttingen nach den Hansestädten führt.

Vom Betreten des deutschen Bodens an ist er überall eine bekannte und willkommene Erscheinung: „im kleinsten Städtchen finde ich Leute, die mich durch meine Schriften lieben und mir ihre Verehrung zu bezeugen wetteifern." Am herzlichsten kommt man ihm in Bremen entgegen, namentlich von Seiten der Frauen und Mädchen und er schreibt darüber das schöne Wort an die Lieben in der Heimat: „ich bin unaussprechlich glücklich: ich habe etwas geleistet und fühle, daß ich noch Höheres leisten kann; ich bin geachtet, geehrt, geliebt, und, was das Höchste ist, ich weiß, daß zu Haus ein Wesen meiner wartet, das mich zum glücklichsten der Sterblichen machen wird."

In Berlin ist er von Mitte September an fünf Wochen: „Ich wurde glänzend, fast wie im Triumph aufgenommen. Hier wohnt Clauren und wird von den Gebildeten verabscheut; darum war alles neugierig auf den Menschen, der es gewagt, mit ihm anzubinden. Es geht mir wie in einem Märchen: die berühmtesten Männer, Künstler, Schriftsteller, Buchhändler besuchen mich, Fouqué, Rauch, Schadow, Willibald Alexis, Devrient u. s. w." Die folgenden Briefe sind voll von diesen ehrenden Auszeichnungen und noch am 12. October schreibt er: „gerne bliebe ich bei den lieben Leuten hier noch den ganzen Winter; es ist sehr angenehm, fügt er scherzend hinzu, so geehrt und geliebt zu sein."

Inzwischen hatte er den Proceß mit Clauren verloren, und um seine Absichten gegen jede Mißdeutung sicher zu stellen, seine Controverspredigt herausgegeben: „Ich denke darüber ganz wie Du, schreibt er an den Bruder; auch ich fand immer allzu gut, daß besonders in den letzten Theilen von dem Ton abgewichen ist. Die Schuld davon schreibe nicht mir allein, sondern den Umständen zu: ich fing sie in Paris an, setzte sie in Brüssel fort, schrieb daran in Antwerpen und Gent und vollendete sie in Kassel. Muß man da nicht aus dem Tone kommen? In der literarischen Mittwochsgesellschaft mußte ich sie an Schadows Abschiedsfest vor einer ungeheueren Versammlung von Staats- und Kirchendienern, Künstlern, Dichtern und Gelehrten vorlesen. Sie fand viel Beifall und als ich selbst bemerkte, daß der zweite Theil unkünstlerisch verschieden sei vom ersten, da schüttelte mir der alte Nicolovius, Präsident der kirchlichen Angelegenheiten, die Hand und machte mir das rührende Compliment, daß mich ein edler Zorn im zweiten Theil nicht recht zum Scherz kommen lasse. Diese Predigt=recension von einem Berliner Pabst oder Zionswächter war mir so auffallend als angenehm."

In Leipzig wird er von den Buchhändlern überlaufen: „sie machten es mir, si parva licet u. s. w., wie die Pariser dem Montesquieu: »Schreiben Sie, o schreiben Sie mir diabolische Memoiren, oder Mond=männer oder sonst etwas Witziges und Pikantes!« Dann schlagen sie an die Hosentasche, worin einige Thaler klappern, blinzeln klug die Augen zu und sagen »und ich denke, Sie sollen mich billig finden.« Die schäbigen Hunde! wenn einmal ein Knochen, an welchem noch ein wenig Fleisch, herein fällt in diesen literarischen Hundezwinger, so wollen sie ihn alle auf einmal abnagen, weil sie sonst nichts haben als Leipziger Lerchen und dito Magister. Ich möchte oft weinen über unsere sogenannte Literatur. Was für einem Anblick gehe ich in Dresden entgegen! Da sitzt Tieck, der herrliche Tieck, bei dem ganz Teutschland in die Schule gehen sollte, allein und verlassen! Niemand glaubt an ihn, niemand will etwas von ihm. Gegenüber tanzt das Gnomen= und Zwergvolk um den Abend=(zeitungs)gott Th. Hell, machen Sonettchen und Glossen, Dramachen, Lustspielchen, Triolettchen, quacken lustig im Sumpf und halten sich für ganz tüchtige Nachtigallen, weil es immer einer dem andern versichert, mit der Voraussetzung, der andere fahre retour." Daß er nun in Dresden Tieck sah, daß er „ungemein ehrenvoll" von ihm empfangen wurde, daß er ihn lesen hörte, betrachtet er als den würdigen Abschluß seiner Reise, von welcher er am 17. November nach Nördlingen zu der Braut zurückkam.

Die nächste Sorge war nun die Feststellung seiner Verhältnisse. Schon in Aachen waren die Würfel gefallen. Dort hatte ihn gleichzeitig mit einem Besuch Franckh's, der ihn angeblich für umfangreiche Pläne gewinnen, in Wahrheit aber sich ein Privilegium sichern wollte, ein Brief von dem alten Cotta auf's Aeußerste überrascht, der sich beklagte, daß er seinen bisherigen Annäherungsversuchen ausgewichen sei, und ihm die Redaction seines Damenalmanachs offen, die des Morgenblattes leise und in Andeutungen anbot; vor allem aber wünschte er, daß Hauff seine Reise nach England fortsetze, die Kosten wollte er auf sich nehmen. Das Letztere, so schwer es ihm fiel, lehnte Hauff theils aus Sehnsucht nach der Braut, theils aus Unabhängigkeitstrieb ab; den Damenalmanach nahm er an, hinsichtlich des Morgenblattes war er zurückhaltend: „mein Stolz läßt es mir nicht zu, ihm entgegenzugehen, aber das Morgenblatt zu haben, wäre herrlich." Cotta bedachte sich lange, aber es kam in der That, wie Hauff sich gedacht: er übernahm mit seinem Bruder die Redaction,

in der sichern Hoffnung, die Zeitschrift zum geachtetsten und geistig vor=
nehmsten Journal in Deutschand zu erheben. So auf der gesicherten
Grundlage einer schönen Wirksamkeit stehend, ist er nun von der äußersten
Regsamkeit: den Märchenalmanach für 1827 und die „Bettlerin vom Pont
des Arts" hatte er unterwegs geschrieben; um früheren Verpflichtungen
nachzukommen, arbeitet er jetzt an zwei Novellen zugleich; sein einziger
Schmerz ist, daß die ersehnte Zeit innerer Sammlung und ruhiger Ver=
tiefung wieder um etwas hinausgeschoben ist.

Am 13. Februar 1827 hat er das Glück, die Braut heimzuführen
und ihr nun in Stuttgart ein durch Liebe und Poesie erhöhtes, ein
wirklich wunderschönes Dasein zu bereiten. Er erfüllt jetzt, was er ihr
so oft geschrieben, daß er allen Ertrag seines Talents und seiner Arbeit
an Ruhm und äußeren Mitteln dereinst ihr zu Füßen legen werde. Er
ist von bezaubernder Liebenswürdigkeit in diesen letzten Monaten seines
Lebens. In einer auch äußerlich reizenden Häuslichkeit, von Beweisen
der Verehrung aus fern und nah umgeben, durch natürlichen Seelenadel
über das gemeine Getriebe des Tages emporgehoben, scheint er auf der
Sonnenhöhe des Lebens dahinzuschreiten und es ist, als hätte das Schicksal
eben nur das Holde und Liebliche für ihn aufbehalten.

Der satirische Hang vom Anfang seiner Laufbahn ist verflogen:
mit gesundem Behagen und köstlicher Leichtigkeit gibt er aus dem un=
versieglichen Schatz seines Innern die Bilder, die dort ruhen, mit jenem
lebensheitern Colorit, mit jener tiefinnerlichen Herzlichkeit, die Jedermann
an ihnen liebt. Aber tief in ihm lebt das Bewußtsein, daß diese vollendete
Meisterschaft in der Darstellung des Gesellschaftslebens nur die Vorstufe
zu der vollen Entfaltung seines Talents ist. Seine Briefe sind voll von
Andeutungen, daß er die Kraft zu gänzlich Anderem, zu viel Höherem
in sich fühle. In der Berührung mit dem ursprünglichen Volksgeist,
im Studium gesunder und naturgemäßer Volksthümlichkeit glaubt er eine
Quelle der Vertiefung für sich zu finden. Er wählt sich zum Gegenstand
seines kommenden Romans einen Stoff, zu dem der Tirolerkrieg des
Jahres 1809 den geschichtlichen Hintergrund bilden soll. Noch im August
1827 geht er in das schöne Land, er durchwandert die Thäler des Eisack,
der Etsch und Passeyer und erfüllt sich mit den Bildern der großartigen
Gebirgsnatur und den Eindrücken eines unverdorbenen und herzlichen
Volksstamms. Vielleicht daß er, der stets seinen Stolz darin gefunden,
auf selbstgewähltem Weg voranzugehen, dem schon im Lichtenstein jene
liebliche Idylle im Hause des Pfeifers von Hardt gelungen, dem Tiroler
Felsgestein jenen frischen Quell entlockt hätte, den Immermann auf der
rothen Erde Westphalens entdeckt hat.

Erfüllt von den wogenden Bildern einer neuen Stoffwelt und die
höhere Zukunft schon im Geiste vorausnehmend ist er, nachdem ihm noch
acht Tage zuvor mit der Geburt eines Kindes die Krönung irdischen

Glückes zu Theil geworden, im raschen Sturm eines tückischen Fiebers plötzlich dahingeschieden (18. November 1827).

Es war ein kurzes, aber ein reiches Leben. „Freund, die Tage werden gewogen, nicht gezählt!" hatte er einst einem Studiengenossen in's Stammbuch geschrieben: er hat dafür gesorgt, daß seine Tage, ob auch klein an Zahl, vollwichtig an innerem Lebensgehalt gewesen sind. Den Liebling der Götter hatte ihn Haug genannt, als er die Erkorene seines Herzens errang: in der That, sie hatten ihm die Güter alle gewährt, die herrlichen, die wir im idealen Bilde der Jugend begreifen, Schönheit, Geist, Ruhm, Liebe und über alles den frohen Sinn, der dankbar das Gute genießt, und wenn er nun zu früh von der Erde scheiden mußte, die so leuchtend und schön vor seinem glückverklärten Auge lag, so sollte ihm dafür beschieden sein, als ewig strebender Jüngling im Gedächtniß der Nachwelt zu leben.

Ueber Deutschlands gewerbliche Bestrebungen und Aufgaben.

Von

F. Reuleaux.
— Berlin.*) —

Die letzten fünf Jahre haben in allen Culturstaaten, namentlich aber in unserem Vaterlande, auf dem gewerblichen Gebiete eine rückgängige Bewegung, gleichsam eine Zusammenziehung ein= treten lassen, welche in scharfem Gegensatz zu der mächtigen Ausdehnungsbewegung der vorhergehenden Jahre steht. Diese Bewegungs= erscheinung hat, verschieden von früher beobachteten, nicht den einfachen Charakter einer bloßen Schwingung, die man einem Theil einer normalen Pulswelle vergleichen könnte, sondern vielmehr denjenigen eines Krampfes, welcher das Lebensblut in dem Leibe unseres Volksorganismus fast bis zum Stillstand nach dem Herzen zurückzuzwängen scheint. Dieser Zustand dauert schon lange und noch wird keineswegs deutlich, welches seine vor= aussichtliche Dauer sein werde; mit sorgenvollem Blicke sucht der Gewerb= treibende, mit sehnsüchtigem der Kaufmann die Ferne des Zeitpunktes zu ermessen, welcher die Schwingung nach oben wieder einzuleiten verheißt. Es ist nicht mehr als natürlich, daß solche Zeiten diejenigen überall zu= sammenführen, welche die Mittel zur Besserung aufzufinden bestrebt sind und Hand anlegen wollen, um an jedem einzelnen Punkte der Stockung entgegenzuwirken, indem sie die Krankheitsursachen daselbst zu bekämpfen suchen. Einmüthig wie in den Zeiten politischer Gefahr findet die gewerb= liche Sorge das deutsche Volk. Bereits liegt die Zeit hinter uns, in welcher man es für ein Unrecht hielt, auf die Gefahr hin, unsere Eitel= keit zu verletzen, die eingeschlagenen irrthümlichen Wege als solche zu be=

---

*) Vortrag, gehalten im Kaufmännischen Verein in Leipzig am 4. April 1878.

zeichnen und darum glaube ich mich auch in voller Uebereinstimmung mit
Ihnen zu befinden, wenn ich, Ihrer ehrenvollen Einladung folgend, hier
den Versuch mache, auf einige Punkte der uns bewegenden schweren Frage
einzugehen.

Ist es eine Art von trotzigem oder fatalistischem Trost, wenn wir
sehen, daß andere Völker mehr oder weniger mit denselben Uebeln zu
kämpfen haben, die uns bedrängen, was uns also lehrt, daß äußere
von uns unabhängige Ursachen der Krankheit zu Grunde liegen, so darf
uns das nicht abhalten, die mitwirkenden von uns beeinflußbaren inneren
Schädlichkeiten aufzusuchen. Und in der That, es kann dem aufmerksamen
Beobachter nicht entgehen, daß der ganze Vorgang der Entwicklung unseres
nationalen Lebens Nachwirkungen gehabt hat, welche in Zuständen wie
der heutige verschlimmernd zur Geltung kommen. Zu nahe noch hinter
uns liegt die politische Zerrissenheit Deutschlands, als daß nicht selbst die
Jüngsten in dieser Versammlung unmittelbar deren schädliche Wirkung erkennen, jedenfalls verstehen müßten. Verfolgen wir aber historisch die vom
Anfang des Jahrhunderts anhebenden Bestrebungen, dieselbe zu beseitigen, so
wird uns ihr Einfluß auf die Ausbildung gewisser nationaler Züge, die
uns heute unliebsam entgegentreten, deutlich. Blättern wir zurück in dem
Geschichtsbuch unseres geistigen Lebens in dem genannten Zeitabschnitt;
verstehen wir diese Aufrufe an das Volk, welche eine entschlummerte
Thatkraft wecken sollten, und zu mächtiger That wirklich erweckten, lassen
wir sie vor unserem geistigen Ohre erklingen, diese Freiheitslieder, diese
Schlachtgesänge; hören wir das Lied vom deutschen Vaterland, angestimmt
vor einem halben Jahrhundert zuerst von deutschen Studenten auf der
Jugendhöhe unseres heutigen nationalen Lebens, folgen wir diesen Klängen,
diesen Dithyramben, welche der neu auflebende Genius uns anstimmte
und welche wie elektrische Ströme das ganze Volk durchzuckten, folgen wir
ihnen durch die Zeiten des sich wiederum steigernden politischen Druckes
bis zu denjenigen, wo das nationale Gefühl mit einer Explosion aus-
gelöst wurde — überall Aufstachelung, Anspornung, Verweisung auf
große Beispiele, was Alles seine Wirkung nicht verfehlt und der Nation
einen großen, zum Theil herrlichen Aufschwung gegeben hat. Aber dies
geschah, um mich so auszudrücken, nicht ohne geistige Kosten. Mit diesen
Anregungen der edlen Leidenschaften wurden zugleich die Samenkörner
zu achtloser Selbstgenügsamkeit, zur Ueberschätzung, nicht selten zum blinden
Hochmuth ausgestreut. Die Dichter schmeichelten dem Volke, um es zum
Bewußtsein seiner Kräfte zu bringen. Da waren immer alle Eigenschaften groß, edel, bedeutend; da mußte nur immer das Vaterland größer
sein; da war das zu schaffende deutsche Reich der Inbegriff des Vortreff-
lichsten, was die Erde trägt. Von unserer dichterisch geschaffenen Höhe
blickten wir hinab ringsum auf Andere. Mit Scharfsinn erkannten wir
und verspotteten die Größensucht anderer Nationen, namentlich unseres

westlichen Nachbars, und sahen nicht, fühlten nicht, daß wir selbst in diesem
Fahrwasser in's Schwimmen geriethen, daß wir demselben Ziele falscher
Auffassung unserer internationalen Stellung entgegentrieben. Wir empfanden deshalb auch nicht allgemein genug, als wir die uns lange vor-
enthaltenen politischen Rechte mit einem mächtigen Schlage erwarben, daß
nunmehr die große Arbeit der inneren Gestaltung der Nation beginnen
mußte. Wir nahmen selbstbewußt für vollendet, was begonnen war,
wir glaubten — ich wiederhole es: nicht jeder Einzelne, sondern in der
Allgemeinheit — am Ziele oder doch dem Ziele nahe zu sein, während wir
erst eine Etappe erreicht hatten.

Nicht will ich den poetischen Genius der Nation darum schelten,
indem er seinen Hauch in alle Gemüther blies und sie beseelte mit dem
großen Streben nach dem einigen Vaterlande, daß er da die abkühlende
Mahnung zur Besonnenheit anzufügen unterließ. Mit Recht überließ er
es dem Kopfe der Nation, das erregte und begeisterte Herz bereinst zu
zügeln. Nun aber sind wir an dem Punkte angelangt, wo diese Züge-
lung einzutreten hat, können indessen nicht sagen, daß dies in dem erwünschten Maße geschehen sei. Die Dichtung zwar ist verklungen, die
Poesie durch die Prosa der Tagespresse abgelöst. Aber bis zum heutigen
Tage ist ein Ueberschuß von Schmeichelton geblieben; nicht derjenige warme
Ton allein, der das wahrhaft Verdienstliche anerkennt, sondern der, welcher
übertreibt und färbt. Dieser Ton besitzt die Vorliebe des großen Publikums; dieser Ton, welcher in Versen Begeisterung haucht, in der Prosa
dagegen nur zu leicht zum Bombast wird, ist es, der in einer großen
Schicht der Bevölkerung die ruhige Selbstprüfung, deren wir bedürfen,
nicht ankommen läßt. Der Wunsch und die Erwartung, dem Nationalgefühl geschmeichelt zu sehen, befängt deshalb noch einen großen Theil der
Nation, macht uns taub gegen fremde Stimmen und oft blind gegen
wirkliche Gefahren, ja er entfernt nicht selten uns selbst von einander.
„Deutschland," so sagte mir ein Deutschamerikaner, der aus Heimatsliebe
zurückgekehrt war, dann aber nach sechs Monaten enttäuscht die neue Heimat
über dem Ocean wieder aufgesucht, „Deutschland ist nervös geworden;
man kann mit dem eignen Landsmann nicht reden, ohne jeden Augenblick
seine nationale Empfindlichkeit zu reizen. Das hat mir," sagte er, „das
Leben im neuen Deutschland trotz aller ihm bewahrten Anhänglichkeit
wieder verleidet."

Auf den Gewerbetrieb unseres Vaterlandes hat die Reizung zur
Selbstüberschätzung einen weit tiefer greifenden Einfluß ausgeübt, als Viele
glauben. Sie hat in derselben Nation, von welcher wir wissen, daß sie
vor anderthalb und zwei Jahrhunderten noch die gründlichste Verachtung
des Unechten, des Scheinwesens, des Halben besaß, allmählich eine Nach-
sichtigkeit der Anschauungen sich entwickeln lassen, welche erschrecken kann.
Das große Publikum hat es anfangs verzeihlich gefunden, dann ertragen,

dann für richtig erklärt, daß der Schein dem Wesen in den Gegen=
ständen seiner Einkäufe vorzuziehen sei. Kleider, Schuhe, Schmuck, Möbel,
Geschirre, Geräthe aller Art sollen hübsch aussehen in erster Linie, sie
sollen wo immer möglich etwas Echtes vorstellen, brauchen es aber nicht
zu sein — sie kosten ja auch nicht so viel! Die Industrie hat anfänglich
mit kleiner Unruhe, dann mit Achselzucken und endlich mit dem Bewußt=
sein voller Berechtigung das Fabrikat dem entsprechend hergestellt. Imi=
tation, Surrogat sind die verderblichen Schlagworte für eine ganze
Reihe von Industrien geworden. Und so sind wir denn in Bezug auf
einen beträchtlichen Bruchtheil — ich betone, um nicht mißverstanden zu
werden: nicht in Bezug auf alle unsere Industrien — in eine falsche
Richtung gerathen, welche oft genug geschildert worden ist.

Diejenigen, welchen die deutsche Industrieentwicklung proportional
ihrer Größenausdehnung erschien, haben ihre Ansichten allmählich in Con=
flict mit den Ereignissen gerathen sehen. Während wir zur ersten Londoner
Weltausstellung noch munter hinauszogen, um den Kampf mit den Stärksten
auszufechten, wobei uns die Stahl= und Eisenmänner mit ihrem siegreichen
Auftreten große Erfolge brachten, hörten wir nach der Wiener und während
der Philadelphier Ausstellung ganz unverhohlen den Satz aussprechen,
wir seien eigentlich darauf angewiesen, die „rohere gröbere Waare", Andere
sagten geradeaus: die geringe ordinäre Waare, für den Weltmarkt zu
liefern, wir besäßen nicht das Talent für die feineren und edleren Er=
zeugnisse. O ihr trefflichen Archonten! Das ist also die Rolle, die ihr
dem vielbesungenen großen Deutschland, dem Lande der Denker, der Philo=
sophen, aufgespart habt? Die rohere gröbere Waare! Nicht das Talent!
Während bekannt ist, daß die Geschicklichkeit der deutschen Hand in London,
in Paris, in Amerika die trefflichsten Erzeugnisse hervorbringt.*) Wo
bleibt denn die Selbstschätzung, ja die Selbstachtung der Nation, wenn
dies das erbauliche Ende der industriellen Erziehung sein soll, welche
Deutschland sich gibt, das Land, dessen polytechnischer Unterricht auf's
höchste entwickelt ist, das Land, dessen Volks=, Mittel= und Gelehrten=
schulen sein Stolz sind? Dessen Volk soll die schlechteste Arbeit in der
Werkstatt der Culturnationen übernehmen?!

Es ist keine Frage der Eitelkeit, sondern eine solche des einfachen

*) Wer sind denn die Lühr, Oberhäuser, Hoffmann, König, Ruhmkorff in
Paris? Wer die Steinway, Knabe, Becker, Steck, die Tiemann, Gemrig, Kolbe
in Nordamerika (vergl. meine Philadelphia=Briefe), wer die heimischen mechanischen
Künstler Steinheil, Fraunhofer, Voigtländer, Hartnack, Repsold, Busch, Breithaupt,
Robert und viele viele andere, deren Arbeiten die wissenschaftlichen Institute aller
Länder zieren? Wo sind die Glasbläser, die es an Geschick mit den Thüringern
aufnehmen? Wer sind Buchbindekünstler Zähnsdorf in London, Andersen in Rom?
Verstehen diese alle nur die gröbere rohere Waare zu Stande zu bringen?

Wohlergehens der Nation, daß eine richtige Gewerbepolitik das umgekehrte Ziel im Auge haben muß, dasjenige, die hochveredelnden Industrien nach Kräften zu heben. Denn die edlere Arbeit lohnt nicht nur besser, sondern sie veredelt auch den Werkmann. Um aber neben den grundlegenden Nutzindustrien, welche in Frieden und Krieg gleich nothwendige Erzeugnisse liefern und in denen wir stark sind, die hochverredelnden zu pflegen, sind sowol die Gaben des Deutschen, als seine Kraft und Ausdauer geeignet. Müßten wir daran verzweifeln, so wäre der Tag ein Tag des Unsegens, an welchem wir uns entschlossen, aus einer landbauenden eine industrielle Nation zu werden.

Der industrielle Fehler, in welchen Deutschland verfallen ist, und welcher manche seiner Industrien schwer herabgedrückt, nur wenige Ausnahmen ganz ungeschädigt gelassen hat, ist, wie ich an einem anderen Orte ausführte, kurz ausgedrückt die Concurrenz durch den Preis. Man suchte im In= wie im Auslande durch niedriges Preisangebot den Käufer zu gewinnen, anstatt zu suchen, dasselbe Ziel durch Steigerung der Qualität zu erreichen. Daß unsere allgemeine Waarenqualität unter dem Drucke der Preisconcurrenz zurückgehen mußte, ist so sicher, daß man es greifen kann, und wird, wie ich glaube, auch nur von sehr Wenigen mehr bestritten. Nunmehr handelt es sich vielmehr um die uns Allen gleich= sehr am Herzen liegende Frage, wie von dem eingesessenen Grundsatz wieder loszukommen sei. Drei Hauptfactoren sind vor Allem als solche zu bezeichnen, deren richtiger Einwirkung die Besserung zu verdanken sein wird. Sie sind: das Publikum, die Industriellen und die Staatsregierung.

Das Publikum, diese ungreifbare und doch unwiderstehliche Masse, dieses Nichts und Alles, das einerseits voll von Ansprüchen steckt, anderer= seits zu solchen künstlich veranlaßt wird in dem Wechselspiel von Käufer und Verkäufer, das Publikum, einmal leicht erregt und rasch wechselnd in seiner Stimmung, dann wieder lethargisch und kalt, dieses Publikum, dem wir Alle angehören und zu dem wir ein andermal wieder nicht gerne gezählt sein möchten, muß nothwendig in seiner Allgemeinheit sein Kaufprincip ändern. In seiner erdrückenden Mehrheit hat es sich bei uns dem Princip der Preisconcurrenz in die Arme geworfen; es will und verlangt in erster Linie wohlfeil bedient zu werden. Es hat bei= nahe ganz verlernt, die Qualität seiner Erwerbungen zu prüfen, über= haupt dieselbe, ehe es sich zum Kauf entschließt, festzustellen; der Preis ist ihm das Erste und Wichtigste.

Ich kenne die Einrede und zweifle nicht, daß mancher der ver= ehrten Zuhörer sie im Stillen erhebt: wir sind zu arm, Deutschland ist ein armes Land, auf dem schwere Schicksale durch Jahrhunderte gelastet. Sehen wir ab von den jetzigen gedrückten Verhältnissen, welche überall zu Einschränkungen geführt haben, so ist der Satz einestheils nicht durch=

weg zu halten, wie z. B. bei den Staatseinkäufen nicht, anderntheils ist er jedenfalls anders zu verwerthen. Wer arm ist, soll nicht das Unsolide, auf den leeren Schein Berechnete, sondern das Haltbare, Dauerhafte kaufen. Es ist aber durch Hunderte von Beispielen nachzuweisen, daß die unbegreiflich billigen Waaren wegen ihrer Untüchtigkeit den Käufer zu weit größeren Ausgaben nöthigen, als die nur wenig theureren guten Waaren. Immer wieder macht die Hausfrau die Erfahrung, daß die vom Handwerker gemachten Schuhe am Jahresschluß eine geringere Ausgabe verursacht haben, als die lockenden Magazinkäufe; immer wieder muß gelernt werden, ohne daß es behalten wird, daß die billigen Männerkleiderstoffe den dritten, vierten Theil der Haltbarkeit haben, welche der im Ankauf wenig mehr beanspruchende gute Stoff aufweist. Im Großen wie im Kleinen läßt sich nachweisen, daß der sogenannte billige Kauf thatsächlich der theure ist, daß das Publikum diesen alten ehrlichen Satz nicht mehr achtet und demzufolge demjenigen zur Beute fällt, welche geschickt genug sind, auf diesen groben Mißverstand zu speculiren; darum hat es die Schmarotzergewächse der Wanderauctionen, darum die zu großen Magazinen entwickelten Jahrmarktsbuden, in welchen „Stück für Stück eine halbe Mark" kostet, groß gezogen; darum hat es den Fälschern geradezu Thür und Thor geöffnet. — Sodann: ist Teutschland arm, so muß es suchen, sein geringes Kapital auch rechnerisch gut zu verwerthen. Aber es hat das Borgen und lange Creditiren eingeführt durch alle Schichten, welche kaufen und verkaufen und zieht sich dadurch kolossale Verluste zu. In den Berichten der Handelskammern finden wir die Berechnung, daß bis zu 18% alljährlich mit Bestimmtheit der Verlust anzuschlagen sei, den das lange Creditiren herbeiführe. Am Publikum ist es, und zwar am ganzen Publikum, diesem Verlust durch Einführung der Baarzahlung oder Zahlung mit kurzem Ziel vorzubeugen.

Ferner wird das Publikum, wenn es die Leiden unserer Industrie gehoben sehen will, ablassen müssen von dem grundfalschen Systeme des Jagens nach dem leeren Schein der Waare. Was hat es ihm genutzt? Die Beurtheiler seiner Kaufform sagen ihm in's Gesicht, du bist arm. Zu verbergen ist die Unechtheit des Stoffes also doch nicht, und die eigene Freude am erworbenen Scheinwerk ist Null. Wer Scheinwerk kauft, kauft für Andere, nicht für das eigene Behagen. Er vergißt dabei, daß er im Liede seine Wahrheitsliebe, Geradheit, Treue mit Begeisterung besingt. Er vergißt noch mehr: er vergißt, daß er darauf hinarbeitet, daß die Industrie sich im Erziehen des falschen Scheines überbietet und damit langsam um ihre besten Grundsätze bringt. Denn eines darf das deutsche Volk nicht vergessen: daß die industrielle Thätigkeit ein hervorragender Theil unseres Volkslebens ist und ihre Betriebsweise einen ebensolchen Theil der Volkseigenschaften bestimmt. Die Industrie hat kein

Recht, ihre eigenen, dem Volksgeiste nicht entsprechenden Wege zu gehen.
Ein gutes tüchtiges Volk soll auf eine gute tüchtige Industrie
halten! Dieser Gedanke muß in das Volksbewußtsein eindringen. Ein
Jeder muß wissen, muß fühlen, daß er daran sein Theil hat, daß die
Ehre der Industrie die Nation ehrt, daß er aber selbst an der Ehr=
erwerbung mitarbeiten muß durch seine Kaufweise. Jeder Einzelne, und
demnach das Publikum, muß wissen, daß hier Pflichten zu erfüllen sind
und muß seine Stimme zur rechten Zeit erheben.

Die Stimme des Publikums ist die Tagespresse. Auch an diese haben
wir unsere Forderungen zu stellen, denen sie bisher nur sehr theilweise
gerecht geworden ist. Will die Presse ihre richtige Stellung zur Frage
einnehmen, so muß sie meines Erachtens in ganz anderem Grade als
bisher sich mit Wohl und Wehe, Ehre und Unehre der Industrie be=
schäftigen. Zur Stunde hält es aber auch das kleinste Blatt für noth=
wendig, auf seiner ersten Seite Speculationen über die große Politik
anzustellen und damit in die weiteste Ferne zu schweifen. Unsere In=
dustrie dagegen findet selten einen anderen Platz als vor dem Cursszettel,
d. i. auf der Wagschale des Vor= und Nachtheils. Nur wenn einmal
einem Industriellen die Geduld so weit reißt, daß er zur Feder für die
Zeitung greift, empfangen wir die unmittelbar aus der richtigen Quelle
kommende Mittheilung. Es sollte aber die Pflege der Industrie, dieses
Jahr aus Jahr ein und Tag und Nacht fleißigen Kindes des Vater=
landes, einen der ersten Plätze einnehmen. Die Presse sollte nicht auf=
hören, die Grundsätze eines der Allgemeinheit wirklich dienenden Gewerbe=
betriebs dem Volke klar zu machen, die Verstöße gegen die Pflichten,
welche die Industrie der Nation gegenüber hat, rügen, ihre Fortschritte
in dieser selben Richtung fördern und zur Anerkennung bringen. Damit
würde sie den nur zu gern auf fremde Gebiete abschweifenden Deutschen
immer wieder erinnern an die richtige Verwendung seiner Fähigkeiten
sowie an die Gefahren seiner Irrthümer und würde ihm unangenehme
Ueberraschungen ersparen.

Wenden wir uns nun zu dem zweiten der obengenannten Factoren,
zu den Gewerbtreibenden. Habe ich vorher darauf hingewiesen, welchen
Einfluß das Publikum auf das Verfahren unserer Industrie ausgeübt
hat, so erblicke ich darin eine Entschuldigung, indessen keineswegs die
volle Entlastung der Gewerbtreibenden in Betreff der üblen Gewohnheiten,
welche in einem großen Theil ihrer Werkstätten eingerissen sind. Solcher
Entschuldigungen werde ich noch mehr aufzuführen haben, glaube aber
dennoch, daß wir der eigenen Kraft, dem eigenen Entschlusse die Ablegung
mancher festgewordenen Fehler anheimgeben müssen. Denn sie, die
Gewerbtreibenden, sind die Wissenden, sie kennen die Mängel ihrer Er=
zeugnisse, kennen das trotz ihrem Widerstreben stattgehabte Herabgleiten
von einer früher eingenommenen Höhe, während der Käufer im Allge=

meinen voll Unkenntniß ihnen gegenübersteht und durchschnittlich mit einer durch den Schein bedingten guten Meinung die mangelhafte Waare ent= gegennimmt. Inzwischen führen die Industriellen untereinander einen an Raffinement stetig zunehmenden Krieg, in welchem die Concurrenten sich gegenseitig Schaden über Schaden zugefügt haben bis zum Ruin. Das Publikum aber wird in diesem Kriege durch das Heruntertreiben der Waare auf's schlimmste mitgetroffen:

Tunc delirant reges,
Semper plectuntur Achivi

ist hier mit kleiner Version anwendbar. Ueber alle diesem schwebt über= dies eine Doctrin, sei sie auch falsch verstanden, es ist diejenige der Manchesterschule, wie sie sich nach und nach über Europa verbreitet hat. Diese erklärt den erwähnten Krieg für gesund, indem sie annimmt, daß für das Publikum ein gutes Resultat von selbst herauskommt. Ich habe vergebens nach einem Beweise geforscht, welcher für dieses „von selbst" beigebracht worden wäre. Es fehlt meines Erachtens nicht eines, es fehlt eine ganze Reihe von Zwischengliedern, wenn dargethan werden sollte, daß der bloße Kampf rücksichtsloser Interessen einen menschlich und politisch guten Zustand zur Folge haben müsse. Ich lasse am besten einen von vielen Industriellen, mit welchen ich mündlich Raths über die Frage gepflogen, seine Ansicht aussprechen. „Dies Alles regelt sich," sagt mein Gewährsmann, unter welchem Sie nicht eine einzelne Persön= lеit, sondern den Vertreter einer vielfach getheilten Anschauung verstehen wollen, „dies Alles regelt sich nach Angebot und Nachfrage. So lange eine Waare, obwol gering, noch Käufer findet, fabricirt man sie, das Publikum, der Käufer, begehrt sie ja. Wird die Qualität so schlecht, daß die Waare nicht mehr abgenommen wird, so hört man von selbst auf, sie zu fabriciren, und sucht sich einen neuen Gegenstand." Sie sehen hier eine unbeabsichtigte Ironie auf die Manchesterprincipien in allem ruhigen Ernste ausgesprochen. Daß der „Käufer" in diesem Satze blos ein Wiederverkäufer ist, der in der Regel die Waare abermals an Wiederverkäufer abgibt, also keineswegs das eigentliche Publikum ist, und daß der letzte mit diesem wirklich verkehrende Wiederverkäufer die schlechte Waare nur unter Vorspiegelung eines höheren als des wirklichen Werthes, also durch Aufputz und allerlei Kunstgriffe, an den Mann bringt, ist meinem Gewährsmann gleichgültig. „Das ist nicht meine Sache," er= wiedert er. Meine Entgegnung, daß das Manchesterprincip stillschweigend vorausgesetzt habe, daß nur gute Waare gemeint sei, bleibt völlig wir= kungslos, ebenso der Hinweis, daß bei solchem Verfahren nothwendig ein beschleunigtes Herabschießen auf der Schiefebene eintreten müsse.

Welche Begriffsverwirrung sich in den vorstehenden Ansichten, zu denen ich keine Silbe hinzugethan, kundgibt, brauche ich kaum hervor= zuheben. Verschwunden ist jeder leise Anklang an Pflichten, welche die

Industrie gegenüber der Nation, auch gegenüber dem Arbeiter hätte, übrig=
geblieben ist das knochendürre Handelsprincip, aber nicht desjenigen Handels,
welcher den Austausch der Existenz= und Wohlfahrtsbedürfnisse zu ver=
mitteln übernimmt, sondern desjenigen, welchen die deutsche Sprache als
Schacher bezeichnet. Es gibt glücklicherweise eine große Anzahl Indu=
strieller, welche solche Grundsätze von sich weit abweisen, aber sie sehen
alle das Gespenst derselben als schwarzen Schatten auftauchen, hier, da,
dort, sie sehen, wie es versucht, die besten Grundsätze anzufressen, weil die
mörderische, rücksichtslose, grundsatzlose Preisconcurrenz, in deren Gefolge
es zieht, zwingender ist als aller Fleiß, alle Kunst und Tüchtigkeit.
Es ist offenbar die höchste Zeit für die Nation, alle Kräfte aufzu=
bieten, die begonnene gefährliche Bewegung aufzuhalten und rückgängig
zu machen.

Wie schwer es ist, angenommene industrielle Fehler abzulegen, glaubt
der Laie kaum. Lassen Sie mich Ihnen ein einziges Beispiel vorführen.
In der deutschen Tuchfabrikation hat die Preisconcurrenz ein Verfahren
eingebürgert, welches nach den verschiedensten Seiten hin schadet; es ist
das Ausrecken von Tüchern auf dem Spannrahmen. Wir bearbeiten —
wir Deutsche allein — gegen den Schluß des Herstellungsprocesses das
Tuch auf dem Spannrahmen, indem wir es in Breite und Länge aus=
recken, um 5, 6 ja bis 10 Procent, wobei wir dem Tuch unter allen
Umständen schaden, indem wir die feinen Filzhaare absprengen, oft auch
das Zeug zerreißen. Dies Alles geschieht blos, um dem Tuch vor dem
Verkauf die entsprechende Ellenzahl zuzufügen, beziehungsweise es entsprechend
billiger pro Elle anbieten zu können. Wenn aber der gutmüthige Käufer
das Tuch erworben hat, trägt er es zum Decatirer, welcher durch Netzen
und Dämpfen das Tuch wieder auf das ursprüngliche Maß einschrumpfen
oder „krumpfen" macht. Nothwendig mußte der Käufer genau um so
viel mehr Ellen einkaufen, als der Krumpfer zum Einlaufen bringt; er
gewinnt also nicht nur nichts, sondern muß noch die Kosten des Krumpfens
bezahlen und hat schließlich ein geschwächtes, geschädigtes Tuch. Ja in
dessen Preise stecken auch noch die Kosten für das nutzlose oder vielmehr
schädliche Ausrecken. Demnach muß unser Tuch relativ theurer sein, als
das nadelfertig gelieferte der Fabrikanten, welche nicht recken. Aber es
kommt noch ein Punkt hinzu, derjenige, daß wir Deutsche das Tuch schmäler
herstellen als z. B. die Engländer und Franzosen. Unser Tuch liegt
nämlich (nach dem Krumpfen) 124 bis 130 Centimeter, das fremde 144
Centimeter breit, wobei es völlig krumpffrei ist. Der Zuschneider kann
nun aus dem breiteren Stoffe so viel vortheilhafter schneiden, daß er
10—12% weniger Flächeninhalt, weniger Quadratcentimeter, also weniger
Stoff bedarf. Bedenken Sie nun, daß die fremden Stoffe bei uns nur
5—8% vom Werth an Zoll bezahlen, so muß Ihnen klar sein, daß die
fremde Waare die unsrige mit Leichtigkeit auf unserem eigenen Markte

zu schlagen im Stande ist.*) Wer will sich dem gegenüber auch wundern, oder es als unpatriotisch auslegen, daß wir in so bedeutender Menge eng= lische Zeuge tragen, oder erstaunen darüber, daß wir auf dem Weltmarkt mit unseren nicht nadelfertigen Tüchern verdrängt werden? Man ist end= lich auch im Kreise der Tuchfabrikanten zur richtigen Einsicht gekommen; aber, meine Herren, es ist bisher nicht gelungen, dem Unwesen ein Ende zu machen, nur Einzelne und einzelne Bezirke haben dasselbe abgethan. Und warum will man nicht einig vorgehen? Unser Publikum ist an das sinnlose Verfahren gewöhnt, hält dasselbe für sachgemäß; unser Publikum prüft nicht die Breite des Stoffes, noch weniger seine Nadelfertig= keit, sondern kauft nur nach dem Längenmaß. Hier haben Sie wieder den schlechten Haushalter, welcher das angeblich zu geringe deutsche Kapital so ungünstig wie möglich anlegt. Aber noch mehr. Selbst unsere Armee hält die Nadelfertigkeit der Stoffe nicht für nothwendig; das deutsche Kriegs= ministerium gestattet eine Krumpfung von $\frac{1}{18}$, das ist $5\frac{1}{2}$ Procent, gibt also dem blos schädlichen, üblen Verfahren die öffentliche Sanction, nach= dem ihm vor Jahren, muß ich hinzufügen, von den Fabrikanten selbst so lange zugeredet worden, bis es gläubig geworden ist. Ich kann es jedem Rechner überlassen, zu ermitteln, welche Verluste bei dem enormen Militär= tuchverbrauch dem Reiche erwachsen, in welchem Maße hier wieder der billige Kauf der theure ist, welche Opfer also hier dem hohlen Götzen der Preisconcurrenz von unserem Lande gebracht werden.

Was wir im Allgemeinen thun müssen ist das, worauf ich vor längerer Zeit bereits hingewiesen habe: wir müssen die Concurrenz durch Qualität, oder vollständiger: die Werthconcurrenz an die Stelle der verderblichen Preisconcurrenz setzen. Die Industrie muß überall nicht durch Herabsetzung des Preises, sondern durch Steigerung der Qualität den Käufer zu gewinnen suchen; dieser aber hat die Pflicht gegen sich wie gegen das Ganze, dem Industriellen auf halbem Wege entgegen= zukommen. Beide müssen das Streben und das Suchen nach der Güte der Waare an die Stelle des Preisdruckes setzen.

Die Preisconcurrenz hat uns noch eine Reihe anderer Schäden zu= gefügt, auf welche sämmtlich einzugehen durchaus die Zeit mangelt; auf einen sei indessen hingewiesen. Es ist der Mißbrauch der Fabrik= und Handelsmarke. Unter dem Schutz einer Vertrauen genießenden Marke wird geringwerthige Waare an den Mann gebracht. Es ist eine öffent= liche Gleichgültigkeit hinsichtlich des Markenmißbrauchs bei uns an der Tagesordnung, welche nur erschlaffend auf die Industrie wirkt. Die Gesetzgebung ist deshalb angerufen worden und hat unsere älteren Markenschutzverordnungen durch das im Jahre 1874 erlassene Reichs=

---

*) Vergleiche über die vorstehenden Angaben die Fachzeitschrift „Das deutsche Wollengewerbe" 1869 Nr. 9; 1877 26. Januar, 18. Mai.

gesetz abgelöst. Aber auch dieses zeigt einstweilen noch nicht diejenige
Wirkung, welche zu wünschen wäre; denn unter dem Fittich des so oft
besungenen und beklungenen Rechts= und Redlichkeitsgefühl der Deutschen
haben sich zum Theil empörende Mißbräuche in der in Rede stehenden
Angelegenheit festgesetzt. Bekannt ist ein seit Jahrzehnten geführter Streit
eines berühmten Duftessenzfabrikanten am Rhein mit den Nachahmern
seiner Marke; weniger bekannt, daß auch unter dem neuen Schutzgesetz
ein Concurrent desselben Fabrikanten eine Abbildung von dessen neu=
erbautem Verkaufshaus als Marke angemeldet und im Proceß die
richterliche Bestätigung erstritten hat. Es ist dort üblich, das Ver=
kaufshaus als Marke zu führen; nun aber kann der Besitzer selbst die Ab=
bildung seines eigenen Hauses nicht auf seine Etikette setzen! Es mag
sein, daß es unmöglich ist, Gesetze zu erfinden, welche solchen wider=
wärtigen Mißbräuchen vorbeugen: im Gesetzbuch der öffentlichen Meinung
müßte aber der Fall obenan stehen und durch die Presse und alle anderen
öffentlichen Mittel zur Unmöglichkeit gemacht werden. — Ein anderer
Fall unter einer leider großen Zahl ist folgender. In einer kleinen
deutschen Stadt sitzt ein Hutmacher. Dieser meldet eines schönen Tages
die sämmtlichen sechs Marken einer berühmten englischen Hutmacherfirma
als die seinigen an; notabene, es tragen diese Marken die Namens=
aufschrift jener fremden Firma. Vergeblich wurde das Verfahren in
einer Fachzeitung getadelt; der Mann war nicht einmal zufrieden, sondern
belegte die in einer deutschen Residenzstadt zum Verkauf ausgestellten
echten Hüte des Engländers, wegen Mißbrauchs seiner Marke(!!) mit
Beschlag. In dem amtlichen Verfahren hat schließlich die englische
Firma obgesiegt, und zwar nicht aus inneren, sondern aus formellen
Gründen. Aber, meine Herren, die öffentliche Moral allein müßte im
Stande sein, Derartiges zu verhüten. Das Publikum muß dem Marken=
marder jeden Zweifel benehmen, daß es und daß die deutsche Nation
seine Handlungsweise für verwerflich hält. Es ist außerdem zur Sache
selbst zu empfehlen, wie auch bereits angeregt worden, einen großen
deutschen Markenschutzverein zu gründen, welcher die Mißbräuche gerichtlich
zu verfolgen hätte. Auf alle Fälle aber ist es Sache des Publikums,
der Marke mehr Aufmerksamkeit zuzuwenden, damit wieder die gute
Arbeit, welche durch die gute Marke gedeckt ist, zu Ehren kommt und
die schlechte, in frecher Maskirung sich einschleichende, abgewiesen wird.

Lassen Sie mich, mancherlei Anderes überspringend, noch eine Be=
merkung machen über die vielbesprochene Hebung der Kunstgewerbe.
Seit etwa fünfzehn Jahren sind entschiedene Schritte in dieser Richtung
bei uns gethan worden. Allein man bringt der Angelegenheit, wie ich
glaube, nicht das richtige Verständniß entgegen. Man hält die Kunst=
gewerbe mehr oder weniger für etwas, was für sich besteht; man hält
sie für etwas Angenehmes, aber Ueberflüssiges, das man sich als Cultur=

17*

nation sowol gewähren als versagen könne. Diese Ansicht ist aber nur
sehr theilweise richtig. Denn die kunstgewerbliche Leistung hängt nicht
so zu sagen in der Luft, sondern sie wächst, wenn sie gesund ist, aus der
nutzgewerblichen hervor. So ist es ehedem gewesen und dahin sollen wir
es auch wieder bringen. Die kunstgewerbliche Ausführung eines Geräthes,
Möbels, Stoffes, Buches setzt die Güte und Tüchtigkeit der Arbeit voraus.
Sie greift tief zurück in die innere Ausführung; beim Möbel in die
Schreinerarbeit, Güte des Holzes, beim Teppich in die Webetechnik,
Spinnung und Färbung des Fadens, beim Geräth in's Material u. s. w.,
alles Dinge, welche bei gänzlich schmuckloser Herstellung, die nur solide
sein soll, auch vor Allem in Betracht kommen. Nur ein gut und
tüchtig hergestelltes Stück ist würdig, kunstgewerblich weitergebildet und geschmückt zu werden. Ein Vergleich aus der Pflanzen-
physiologie drängt sich mir auf. Nach dem Gesetze, dessen Entdeckung
wir Goethe verdanken, sind die Blüthen der Pflanze nichts Anderes als
ausgebildete, ja zum Theil ausgeartete Blätter. Die wesentlichsten Lebens-
erhalter außer den Wurzeln sind die Blätter; Schmuck, Frühling und
Hoffnung auf Erneuerung aber wohnen in den Blüthen. So auch beim
Gewerbebetrieb. Wollen wir gewerbliche Kunst in Deutschland entwickeln,
so müssen wir sie als die Blüthen der unmittelbar dem normalen Gebrauch dienenden Gewerbe betrachten und als solche heraufziehen, mit
ihnen beim Publikum aus der Lust am Brauchbaren und Tüchtigen den
Geschmack und den für Kunstformen empfänglichen Sinn. Darum werden
wir einestheils die Fortschritte nicht überhasten dürfen, denn die Zweige
und Blätter müssen erst erstarken; anderntheils aber sehen wir auch, daß
wir durch die Pflege unserer Gewerbe von selbst die kunstgewerbliche
Leistung am allerbesten vorbereiten. Die ganze übrige Industrie darf
deshalb auf die Kunstgewerbe mit Sympathie hinblicken.

Fragen wir uns nun, was der dritte der oben aufgeführten Factoren,
die Staatsregierung, für die Hebung der Industrie thun könne, so tritt
uns dieselbe zunächst in ihrer Eigenschaft als Käufer, d. i. als Publikum
entgegen. An sie haben wir deshalb die schon oben geäußerten Wünsche
ebenfalls zu richten. Die Staatsregierung ist im großen Maßstabe Käufer
industrieller Erzeugnisse auf Grund öffentlicher Ausschreibungen. Daß
die bisherige Methode der Ausschreibungen oder Submissionen mangel-
haft, zum Theil sehr unrichtig gewesen, hat man mehrfach nachgewiesen.
Es bahnt sich aber jetzt eine Aenderung an. Im preußischen Ministerium
und wenn ich nicht sehr irre, auch in anderen, beschäftigt man sich ernst-
lich mit der Feststellung derjenigen Methode der Ausschreibungen, bei
welcher die Concurrenz der Qualitäten, oder genauer gesagt die Werthconcurrenz, die Grundlage bilden soll. Wir dürfen hoffen, ein besseres
Verfahren an die Stelle des bisher befolgten treten zu sehen. Möchte
man an allen Punkten recht bald zu dem besseren System greifen. Wie

sehr es in scheinbaren Kleinigkeiten Noth thut, möchte ich Ihnen an einem Beispiel zeigen. Für die durch das ganze Reich eingerichteten Standes=ämter wird der Papierbedarf regelmäßig nach dem Princip der Preis=concurrenz ausgeschrieben. Die Preise werden dabei so gedrückt, daß überhaupt die Möglichkeit, Papier aus Lumpen dafür zu liefern, aus=geschlossen wird. Die Folge ist, daß Papiere geliefert werden, in welchen Holzstoff und andere Beimengungen eine solche Rolle spielen, daß die Papiere durchaus nicht dauerhaft sein können. Nach zehn, fünfzehn Jahren werden wir deshalb die sonderbarsten Sachen zu erleben haben, indem der langsame natürliche Zusetzungsproceß bis dahin eine Menge von Actenstücken so viel wie aufgezehrt haben wird, welche für das Wohl und Wehe von Familien von unschätzbarer Bedeutung sind. Eine Sammlung solcher Standesamtspapiere, welche ich besitze, läßt jetzt schon voraus=erkennen, in welche Verwirrungen uns das Princip der Preisconcurrenz, gehandhabt von den Behörden, stürzen wird, wenn nicht sofort Einhalt gethan wird.

Wo die Staatsregierung Industrie treibt, hat sie Gelegenheit, gesunde Grundsätze zur Geltung zu bringen. Wir sehen dies auch z. B. in der Bergwerksindustrie. An einer anderen Stelle werden indessen in der neueren Zeit so gewichtige Einwendungen laut, daß sie zur Aufmerksam=keit auffordern. Es ist die Gefangenhausindustrie, die ich meine. Diese fängt an, ganz nach dem rücksichtslosen Princip der Preisconcurrenz solche Einwirkung auf die freie Industrie auszuüben, daß man sich sehr ernster Besorgnisse nicht entschlagen kann. Es ist zu hoffen, daß auch hier eine sorgfältige, vorurtheilsfreie Untersuchung wegen der Zweckmäßigkeit der betreffenden Anordnungen stattfinden werde.

Soll ich nun endlich meiner persönlichen Ansicht Worte leihen über die Verfahrungsweise, welche der Staatsregierung als höchster Behörde, verwaltender wie gesetzgebender, hinsichtlich der Hebung der deutschen Industrie zu empfehlen sein werde, so glaube ich, daß sich die vielartigen Bestrebungen der Gesetzgebung, welche mancherlei fördernde Strömungen zeigen, theils aber auch gegeneinander gehen, mehr in eine einzige Richtung zusammenziehen könnten. Es ist dies eine Richtung, in welcher die Feldrufe „hie Freihandel", „hie Schutzzoll", die heute accentuirte Parteiparolen sind, an Schärfe des Gegensatzes verlieren würden, in denen überhaupt die Parteiungen, welche aus gelehrten und politischen Meinungsverschiedenheiten hervorgehen, sich mildern oder gar verwischen könnten. Diese Richtung ist diejenige, daß man die Industrie als nationale Sache auffaßt, die deutsche Industrie als National=industrie ansieht. Für eine Nationalindustrie ist es niemals der Gesetz=gebung gleichgültig, ob geringe oder ob vortreffliche Waare gefertigt werde, ob die Gewerbtreibenden einzelner Zweige einander bis zu gegen=seitiger Vernichtung bekämpfen oder ob diese sich erhalten und entwickeln;

für die Nationalindustrie wird die Gesetzgebung stets bereit sein, je nach
den verfügbaren Mitteln Verkehrswege zu verbessern oder zugänglich zu
machen. Diese Auffassung der Industrie als nationaler Angelegenheit,
die wir bei den Franzosen ja seit lange vor uns haben, ist nicht besonders
weit verschieden von unserer bisherigen Auffassung, aber sie unterscheidet
sich doch in soweit von derselben, als etwas als Grundgedanke genommen
werden soll, was sonst nur einer der beeinflussenden Ideenkreise ist. Von
diesem Gedanken aus werden dann die Verkehrs=, Zoll=, Steuerfragen,
die gewerbliche Gesetzgebung und manche andere Fragen zu prüfen und
zu beurtheilen sein und ich glaube, in den Linien dieser Auffassung
werden sich Gegensätze verschmelzen und gemeinsame Anschauungen ver=
stärken zum Wohle nicht nur der Industrie, sondern auch des Landes
und Reiches.

Indem ich mich nach dieser Uebersicht über das, was meiner An=
sicht nach Deutschland für seine gewerbliche Stellung in's Auge zu fassen
habe, dem Schlusse zuwende, glaube ich noch, Ihr Augenmerk auf das
richten zu sollen, was in der letzten Zeit in der empfohlenen Richtung
bereits geschehen ist. Mir scheint, daß das Geleistete nicht zu unter=
schätzen sei. Ueberall zeigt sich vor Allem eine tiefgreifende entsprechende
Bewegung in den unteren Schichten. Die Gewerke, deren Mitglieder
durch die Consequenzen der neuen Gewerbegesetzgebung weit über alles
Erwarten auseinandergesprengt worden waren, beginnen, sich ihrer den
Genossen desselben Faches gemeinsamen Interessen zu erinnern, und treten
an vielen Punkten nicht nur zu theoretischem Austausch ihrer Ansichten,
sondern auch zu gemeinsamer Förderung ihrer Fachzwecke zusammen.
Gewerkverbände, welche dieses Ziel im Auge haben, und für welche man
neuerdings den wol bezeichnenderen Namen Fachverbände vorgeschlagen
hat, sind in's Leben getreten. Sie haben, was vor Allem erforderlich
war, das Lehrlings= und Gesellenwesen wieder zu regeln begonnen, welches
vollständig aus den Fugen gerathen war. Sie suchen demselben in
ihren freien Vereinigungen wieder die Würde und Tüchtigkeit zu ver=
leihen, welche es einstens zierte, aber in steifen, leeren Formen verknöchert
war. Ein moderner frischer Geist ist statt des überlebten greisenhaften
in den Verbänden thätig. Diese haben den richtigen Weg betreten,
sich durch Fachblätter einen weitgehenden Austausch über Gegenstände
jeder besonderen Fachkunde zu verschaffen. Ueber 150 derartige Fach=
blätter sind in den letzten zwei Jahren entstanden und zum Theil bereits
zu hoch erfreulicher Blüthe gelangt. Man muß sie nur lesen, diese
Blätter, um sich zu überzeugen, welch guter Kern in dem Stande der
deutschen Industriellen und der deutschen Arbeiter verschlossen ist, ein
Kern, der nun angefangen hat, seine Keime emporzustrecken. Der Gewerbe=
politiker, der diesen Vorgang beobachtet, kann den Staatspolitiker bereits
darauf hinweisen, daß die deutschen Arbeiterstände schon begonnen haben,

sich wieder zu gliedern. Diese Gliederung verspricht den größten Segen. Man bedenke nur, was bei Aufhebung der alten Innungen geschah: man zerbrach und zerbröckelte eine streng gegliederte großartige Einheit in ihre kleinsten Theile. Was man vorher nicht übersah, aber heute als nothwendige Folge begreift, trat ein. Diese der Organisation beraubte Masse verwandelte sich allmählich in ein Chaos ohne andere als nur schwache Spuren der ehemaligen Ordnung; ihm gegenüber aber stand der gegliederte und geordnete übrige Theil unserer bürgerlichen Gesellschaft. Darf man sich wundern, daß es einer neuen Partei von bestimmtem und lebhaftem Zielgefühl nach kurzer Zeit gelang, jene Massentheile für ihren neuen großartigen Organismus zu gewinnen? Das Gefühl für Gemein= samkeit der Bestrebungen, Ueber= und Unterordnung nach festen Satzungen ist so stark im Menschen, daß es kein Erstaunen erregen darf, wenn an die neue Krystallisation sich willig die Elemente anschlossen, deren alte Ord= nung man zertrümmert hatte. Demgemäß kann aber auch die Fachver= bandorganisation in hohem Grade erfolgreich wirken, wenn der Arbeiter verstehen lernt, daß in dieser seine Wohlfahrt besser wird gefördert werden können, als in der ihm dargebotenen, weil er hier wieder selbst= ständig wird und auf einer Stufenleiter steht, sich auch der verzehrenden Unruhe enthoben sieht, welche mit der socialdemokratischen Bewegung un= zertrennlich verbunden ist. Und eines darf man bei dieser Gelegenheit nicht übersehen, immer ausgehend von dem Gedanken, unsere Industrie national gestalten zu wollen. Dies ist eine gewisse Eigenschaft des Deutschen, die im einfachen Arbeiter nicht minder als in den höchsten Schichten der Gebildeten von hoher Bedeutung ist; es ist das ihn erfüllende Interesse für die Sache. Der französische Arbeiter sucht das denkbar Beste zu leisten mit dem Nebengedanken des Ruhmes, der Auszeichnung, der öffentlichen Anerkennung seiner Person; der englische und mehr noch der amerikanische mit dem Gedanken an materiellen Gewinn; der deutsche Arbeiter dagegen concentrirt sein ganzes Denken und Dichten auf die Sache. Er besitzt diesen selbstlosen idealen Zug, der ihn sein eigenes Wohl sogar hintansetzen läßt, wenn er nur damit die Sache gefördert sieht. Es ist derselbe Zug, der den deutschen Soldaten so tüchtig macht, derselbe Zug, wegen dessen der deutsche „Professor" so oft die Zielscheibe des Scherzes wird, derselbe Zug, der als eine der ersten öffentlichen Handlungen der neuen deutschen Reichsregierung die aller nationalen Selbstsucht baren Beschlüsse wegen der Ausgrabungen in Olympia zu Wege brachte. Immer die Sache und nicht die Person! Dieser vor= treffliche Charakterzug ist zu nähren und auszubilden, wenn wir eine bedeutende Nationalindustrie schaffen wollen; man stelle dem Deutschen nur schwere Aufgaben und er wird sie mit unübertrefflicher Energie zu lösen versuchen, wie er sie im Auslande, auf günstigem Boden für seine intellectuellen Triebe fast überall gelöst hat. Derselbe Sinn ist es, welcher als ein erfreulicher Hauch durch die Verhandlungen der Fachverbände und durch deren Zeitschriften zieht.

Dieselben Verbände haben auch eingesehen, welche Bedeutung die von ihnen selbst ausgehende Belehrung für die jüngern Fachgenossen haben könne, und deshalb angefangen, auf eigene Hand besondere Fach= schulen zu gründen. Es ist wol mehr als zufällig, daß zwei dieser Schulen in dem gewerbfleißigsten Lande des Reiches, in Sachsen, soeben errichtet worden sind, die eine für das Klempnergewerbe in Aue, die andere für die sinnreiche Uhrmacherkunst in Glashütte. Zu anderen Schulen legt man anderwärts Hand an's Werk. Ich rechne diese Schulen zu den segensreichsten Veranstaltungen für das deutsche Gewerbe aus zwei Gründen. Einmal weil sie aus dem eigenen Antrieb der Fachleute selbst hervorgegangen sind, die auf dieselben wie auf Kleinodien blicken, dann weil sie den Fachjüngern unmittelbar die für ihre Zwecke erforderlichen Bildungsmittel zuführen und demnach besonders tüchtige Einzelkräfte zu erziehen verheißen. Ob die Unterrichtspläne tadelfrei sind, lasse ich dahin= gestellt; mir scheint u. A. ein dreijähriger Cursus, wie ihn Aue geplant hat, zu lang zu sein. Indessen das wird sich im Verlauf der ersten Jahre regeln. Möchten die Staatsregierungen nirgends anstehen, durch Geldmittel diesen Schulanstalten, welche so gesunde Ziele und eine so gesunde Entstehung haben, das Bestehen zu erleichtern.

Neben dem geschilderten Zuge und seinen Aeußerungen ist noch eine andere bemerkenswerthe Thatsache zu erwähnen. Es ist die, daß sich thatsächlich nach den überraschenden Erfahrungen von Philadelphia die Leistungen der deutschen Gewerbe langsam zu heben begonnen haben. Es liegen Zeugnisse dafür aus den verschiedensten Gegenden Teutschlands vor, welche zeigen, daß eine Ideenwendung angebahnt ist. Einen Industrie= zweig möchte ich kurz hervorheben. Wenn Mutter Germania die Häupter ihrer arbeitsamen Lieben zählt, so ruht ihr Blick mit Wohlgefallen auf einem Liebling; ich meine das in dieser Stadt so besonders gepflegte Buchgewerbe. Kein Gewerbe war in Philadelphia bestimmter, unwider= legbarer überzeugt worden, daß es in vielen Beziehungen in die Irre gegangen war. Keines hat aber auch rascher angefangen, sich auf bessere Wege zu besinnen. Ohne ein Wort der Gereiztheit zu verlieren, hat man begonnen, in Druck, Papier, Schmückung, Bindung des Buches auf der betretenen falschen Bahn Einhalt zu thun und dem Beispiel derjenigen zu folgen, welche vorher vereinzelt und ohne Beifall die guten Traditionen festgehalten und zu verfolgen gesucht hatten. Treffliche Zeugnisse für diese Umkehr hat man mir von allen Seiten vorgelegt und ich glaube mit Be= stimmtheit die Hoffnung aussprechen zu dürfen, daß wir in wenig Jahren eine durchgreifende Besserung auf diesem Gebiete zu verzeichnen haben werden. Wolle aber auch das Publikum nicht unterlassen, dem Buch= gewerbe nunmehr entgegenzukommen. Wir leiden nämlich noch allgemein

an dem Mangel von Hausbibliotheken. Während in Frankreich z. B. unsere Soldaten fast in jedem Hause der mittleren Stände Büchersamm=
lungen vorfanden, oft ganz auserlesen treffliche Büchereien, ist bei uns, bei dem Volke, welches die Bildung als allgemeines Ziel so oft proclamirt, davon herzlich wenig zu finden. Kaufe das Publikum Bücher, lasse ihnen dauerhafte Einbände geben und stelle sie in einigermaßen würdigen Ge=
lassen auf: das Buchgewerbe wird es ihm unmittelbar durch Verbesserungen seiner Leistungen lohnen.

Noch könnte ich von manchen anderen Fächern gute Anfänge melden. Es sei genug an den gegebenen Beispielen. Vieles, sehr Vieles haben wir nachzuholen. Aus allen Beobachtungen aber geht das Ergebniß hervor, daß es anfängt, helle zu werden am Horizont der deutschen Industrie. Lassen wir noch einige Jahre rastlosen, angestrengten, ver=
borgenen Fleißes in's Land gehen, und wenn dann wieder eine Welt=
ausstellung beschlossen wird — möchte sie doch für das Jahr 1883 für Berlin geplant werden —, so werden wir, statt uns anzuschließen, hoffentlich die Einladenden sein, und dann wird, so hoffe ich, die deut=
sche Industrie zeigen, daß sie sich gesammelt hat und daß sie wieder im Wettstreit mit den Besten um die Palme zu ringen versuchen darf.

Der Talmud und die Farben.

Von

Franz Delitzsch.

— Leipzig. —

Im Unterschiede von der Thora, d. i. den fünf Büchern des mosaischen Gesetzes, ist der Talmud der Codex des mündlich fortgepflanzten Gesetzes, welches sich zu jenem auslegend, casuistisch erläuternd und nach vielen unbestimmt gelassenen Seiten ergänzend verhält.

Dieser Codex erstreckt sich, wie der justinianeische, auf alle Gebiete des Staats- und Privat- und Familien- und Strafrechts, welche hier vom jüdischen Geiste wie dort vom römischen gesetzlich geordnet werden, aber seinem Hauptbestandtheil nach auf alle Seiten und Punkte des religiösen Ceremoniells, mittelst dessen das jüdische Einzel- und Gemeinschaftsleben bis in's Kleinste und Feinste geregelt wird, und das Rechtsgültige wird in diesem Codex nicht allein ergebnißweise unter den betreffenden Rubriken zusammengestellt, sondern zugleich biscutirt — wir sehen in dramatischer Unmittelbarkeit, wie die Entscheidung sich herausarbeitet aus dem Streit der Meinungen und dem Für und Wider ihrer Gründe; Gelehrte und Gelehrtenschulen von fünf Jahrhunderten, den fünf ersten unserer Zeitrechnung, sind an der Discussion betheiligt, und die Sprache dieser Jurisprudenz und ihrer Dialektik ist so knapp und fein zugeschnitten, daß sie als das absolute Gegentheil deutlicher Ausführlichkeit fast nur in Gedankenchiffren und Gedankenabbreviaturen verläuft. Man darf behaupten, daß die gesammte menschliche Literatur kein eigenthümlicheres und sonderbareres Schriftwerk besitzt, als diesen Talmud oder vielmehr diese Talmude; denn es gibt deren zwei, einen in Palästina um das Jahr 400 redigirten und nur unvollständig erhaltenen, und den vollständigeren und als normativ geltenden, welcher um wenigstens ein Jahrhundert später in Babylonien unter der damals herrschenden Sasaniden=Dynastie seine Schlußgestalt erhalten hat. Jener umfaßt mit dem unerläßlichen Zubehör seiner Commentare 4 und dieser 12 Foliobände.

Dieses riesige Doppelwerk enthält jedoch hier und da auch leichtere und lichtere Partien allgemeinen religiösen und ethischen Inhalts, welche wie Oasen in der Wüste dem abgearbeiteten Scharfsinn einige Ruhe gewähren. Auf die minutiöse Rechtserörterung oder die Halacha folgt je zuweilen ein abschweifendes Sichergehen in Sprüchen, Gleichnißreden und Erzählungen, die sogenannte Hagada, von welcher Heinrich Heine in einer der hebräischen Melodien seines Romanzero sachkundig sagt:

Letztre aber, die Hagada,
Will ich einen Garten nennen,
Einen Garten, hochphantastisch
Und vergleichbar jenem andern,

Welcher ebenfalls dem Boden
Babylons entsprossen weiland —
Garten der Semiramis,
Achtes Wunderwerk der Welt.

Hoch auf colossalen Säulen
Prangten Palmen und Cypressen,
Goldorangen, Blumenbeete,
Marmorbilder, auch Springbrunnen,

Alles klug und fest verbunden
Durch unzähl'ge Hange=Brücken,
Die wie Schlingepflanzen ausjahn
Und worauf sich Vögel wiegten,

Große bunte ernste Vögel,
Tiefe Denker, die nicht singen,
Während sie umflattert kleines
Zeisigvolk, das lustig trillert.

Nach zeitweilig vergönntem Luftwandeln in diesem Hagada=Garten beginnt wie neugestärkt wieder die „Fechterschule der dialektischen Athleten", und der Lehrstoff wird bald wieder so schwierig, daß auch der jüdische Talmudlerner, um den Faden nicht zu verlieren und von der Situation nicht abzukommen, zu cantilliren und gesticuliren und den Körper hin= und herzuwiegen beginnt; so spitzfindig, so nur aus jüdischer Sitte heraus verständlich und dabei so räthselhaft kurz, daß derjenige, der nicht in der Atmosphäre dieser Denkweise aufgewachsen und von Jugend auf in diese Sprachformen und Rechtsdeductionsweise eingeschult ist, sich wie in einem Gebirgs= oder Waldlabyrinthe befindet, in welchem er ohne Führer nicht fortkommt.

Der Talmud bietet der Betrachtung mancherlei Seiten. Die rechts= geschichtliche fordert juristische Durchbildung, ohne welche sich das darin niedergelegte Recht weder in seinen systematischen Zusammenhängen, noch in seinem historischen Entwickelungsgange und seiner Angleichung griechi= scher und römischer Elemente reconstruiren läßt; diese Aufgabe so zu vollziehen, wie es moderne Wissenschaftlichkeit fordert, sind nur erst einige Anfänge gemacht worden. Eduard Gans, der gelehrte und geistreiche Jurist nach Hegel'scher Schablone, hat in seinem großen Werke „Das Erbrecht in weltgeschichtlicher Entwickelung" auch das talmudische Erbrecht

behandelt, wozu er als Christ jüdischer Abkunft hervorragend befähigt
war, und neuerdings hat ein jüdischer Jurist, Leopold Auerbach, das
talmudische Obligationenrecht systematisch darzustellen begonnen; der erste
Band erschien 1870, der zweite wird wol warten müssen, bis die
Rechtswissenschaft sich Goethes Wort zum Divan aneignen und von sich
sagen wird:

> Wer sich selbst und Andre kennt,
> Wird auch hier erkennen:
> Orient und Occident
> Sind nicht mehr zu trennen.

Eine andere Seite der Betrachtung ist die religionsgeschichtliche.
Diese liegt mir als Theologen so nahe, als die juristische ferne, und
wenn ich ein Charakterbild des Talmud von dieser Seite entwerfen sollte,
so würde ich dies weder in der Richtung von Emanuel Deutsch thun,
dessen vor 10 Jahren im Quarterly Review erschienener vielgelesener
Aufsatz über den Talmud darauf hinausläuft, den Talmud zum Ocean
zu erheben und die heilige Schrift Neuen Testaments zu einem daraus
gespeisten Binnensee herabzusetzen, noch in der Richtung August Rohlings,
der das Albernste und Schmutzigste, welches ihm talmudische Excerpte
älterer Polemiker boten, zusammengekehrt hat und diesen Kehricht für ein
Bild des Talmud ausgibt — ich würde, um eine Brücke zwischen Syna-
goge und Kirche zu schlagen, mit Vorliebe und ohne Fälschung der Zeit-
folge das dem Christenthum Verwandte herausheben, welches der Talmud
enthält, wie sich, um mit Reuchlin gegen Pfefferkorn zu reden, von einem
„von Christi nächsten Verwandten geschriebenen Buche" erwarten läßt.

Diesmal aber soll es der allgemein culturgeschichtliche Gesichtspunkt
sein, unter welchem ich den Talmud betrachte, indem ich sein Verhältniß
zu den Farben und überhaupt zu dem Naturschönen darlege und durch
Beispiele erläutere.

Es ist ein vor zwanzig Jahren durch Gladstones, des englischen
Staatsmannes, homerische Studien angeregtes und neuerdings in Teutschland und England mit Vorliebe behandeltes Thema, zu welchem ich einen
Beitrag zu liefern suche. Lazarus Geiger ist es gewesen, der seit 1867
durch seine genialen Schriften über den Ursprung der Sprache und über
Ursprung und Entwickelung der menschlichen Sprache und Vernunft schnell
berühmt gewordene, aber schon 1870 dem Ausbau seiner Geschichtsphilo-
sophie und dem Genusse seines Ruhms durch frühen Tod entrissene Forscher, welcher die Entwickelung des Farbensinnes auf die neueste Tagesordnung der Wissenschaft gesetzt hat. Im Jahre 1867 zeigte er auf der
Naturforscherversammlung in Frankfurt a. M. in einer zündenden Rede
über den Farbensinn der Menschheit und seine Entwickelung, daß die
Sinneswerkzeuge der alterthümlichen Menschheit gegen die der späteren
noch unentwickelt waren und sich noch nicht zu gleich mannichfaltigen und

scharf unterschiedenen Sinneswahrnehmungen herangebildet hatten. Seitdem ist von Dr. Stein in Frankfurt a. M., Dr. Hugo Magnus in Bres-
lau und Anderen behauptet worden, daß die häufig als Bildungsfehler
vorkommende Farbenblindheit uns noch jetzt das Unvermögen der Farben-
unterscheidung vergegenwärtige, über welches die Menschheit sich nur allmählich erhoben habe, und es gilt als sicheres Ergebniß der Umschau in
der alten Literatur — ich kann mich dafür auf zwei Aufsätze in den
Jahrgängen 1876 und 1877 der Gartenlaube berufen — daß die alter-
thümliche Menschheit blaublind und insbesondere blind für das Blau des
Himmels, zumal des Taghimmels, gewesen sei. Die Beobachtung, aus
welcher diese Folgerung gezogen wird, ist allerdings auffällig. Vergeblich
wird man im Rigveda und in den homerischen Gesängen und in der
alten Edda ein rühmendes Wort von dem schönen Blau des durchsonnten
Himmels suchen. Aber — auch die vielen Folianten der um ein Jahrtausend jüngeren beiden Talmude wird man gleich vergeblich hin- und
herwälzen, um ein directes unzweideutiges Wort vom blauen Himmel zu
finden. In einer Zeit, in welcher das Himmelsblau in der griechischen
und noch mehr in der römischen Poesie wenigstens hier und da zu Worte
kommt, scheint also der Semitismus auf dem alten Standpunkt der
Empfindungslosigkeit dafür zu verharren. Oder haben wir vielleicht anzunehmen, daß der aufgewirbelte Staub der Schulgelehrsamkeit den talmudischen Lehrern die freie und schöne Natur verhülle und keine warme
Theilnahme für sie aufkommen lasse? Diese Annahme liegt nahe, erweist sich aber als unrichtig.

Die Talmude enthalten inmitten ihrer juristischen Prosa Ausdrücke
und Beschreibungen, in denen sich hingebende und genaue Natur-
beobachtung, verbunden mit poetischer Auffassung, kundgibt. So lautet
z. B. eine übliche Zeitbestimmung „von der Hindin der Morgenröthe bis
der Osten sich lichtet". Die ersten Strahlen der Morgensonne, durch die
sie, ohne noch selbst sichtbar zu sein, ihr Erscheinen ankündigt, werden
mit dem gabelförmigen Geweih eines Edelhirsches verglichen, und diese
Lichterscheinung heißt die Hindin der Morgenröthe, weil ihr Strahlen-
geweih dem Frühroth vorausgeht, welches den Uebergang zum Sonnenaufgang bildet. Der mit dem Sonnenaufgang verbundene Wechsel der
Färbung des Himmels vollzieht sich im Orient schneller und das Aufsteigen der Sonne ist ein mehr gerades; die Talmudsprache sagt deshalb: die Säule der Sonne, aber auch: die Säule des Morgenroths und:
die Säule des Mondes steigt empor, und von der Säule des Mondes
wird gesagt: sie steigt gerade wie ein Stab empor, während die Säule
der Sonne sich hierhin und dorthin spaltet, d. h. ihre Strahlen nach
allen Seiten ergießt. Noch unter dem Horizont befindlich arbeitet sie sich
empor, indem sie das Firmament gleichsam durchsägt; ihr Durchbruch
heißt ihr Aufknospen, purpurn oder golden steht sie wie eine erschlossene

Rose am Himmel. Und die Zeit zwischen Untergehen und Untergang der Sonne, wenn schon die untere Hälfte des Horizonts sich zu Weiß entfärbt hat, aber die obere Hälfte noch nicht der unteren gleich geworden, diese Dämmerzeit heißt die Zeit zwischen den Sonnen. Wenn dann die Wände sich schwärzen, ist es Abend, und wenn auch die obere Hälfte des Himmels sich in Weiß entfärbt hat und durch Grau in Schwarz übergegangen und das Licht der Sterne sich von dem dunkeln Grunde abhebt, ist es Nacht.

Solche und ähnliche Naturschilderungen können uns nicht befremden, da die Ausübung der religiösen Satzungen den Israeliten veranlaßte, beobachtend an dem Himmel zu haften. Gleich das erste Blatt der Talmude, indem es die Frage aufwirft, wann das Abendgebet zu sprechen sei, vertieft sich in Begriffsbestimmungen des in die Nacht verlaufenden Abends mit den beiden Dämmerungen als seiner Begrenzung und dem Aufsteigen der Morgenrothsäule als der Scheidewand zwischen der Nacht- und Taghälfte des Gesammttags; der Höhepunkt der Nachthälfte ist die Mitternacht, welche, wie gesagt wird, David daran erkannte, daß der Nordwind, der sich um diese Zeit zu erheben pflegt, die Saiten des über seinem Lager hangenden Saitenspiels in tönende Schwingungen versetzte, so daß er, dadurch aus seinem leisen Schlafe aufgeweckt, in die Psalmworte ausbrach: Wache auf, Harfe und Cither, ich will aufwecken das Morgenroth! Und in dem Tractat über den Versöhnungstag wird erzählt, daß, nachdem die Asche vom Brandopferaltar weggeräumt war, der Vorsteher die Priester aufforderte, hinauszugehen und zuzusehen, ob die Zeit zum Schlachten herangerückt sei, welches so lange es Nacht war nicht geschehen durfte. War der Zeitpunkt da, so sagte der es zuerst bemerkte: Er blitzt, nämlich der Morgen, oder nach anderer Deutung: der Morgenstern. Oder er sagte: Der ganze Osthimmel hat sich geröthet. Und die unterhalb der Warte stehenden Priester fragten dann weiter: Reicht die Röthe bis nach Hebron? Antwortete er: Ja, so war dies die Losung zum Beginn des Morgengottesdienstes. Es wird hinzugefügt, daß man jene Frage stellte, weil man einmal an einem wolkichten Morgen Mondstrahlen, welche durch die hier und da zerreißenden Wolken hindurchbrachen, mit Sonnenstrahlen verwechselte und das Morgenlammopfer früher, als es sein sollte, schlachtete.

Als die Pharisäer und Sadbucäer von Jesus ein himmlisches Wunderzeichen verlangten, lehnte er es ab, indem er sagte: Ihr Heuchler, des Himmels Gestalt könnt ihr beurtheilen, und die Zeichen dieser Zeit beurtheilen könnet ihr nicht? In der That, das Gesetz selbst forderte für Bestimmung der Gottesdienstzeiten und der von den Mondphasen abhängigen Festzeiten scharfes Aufmerken auf das Aussehn des Himmels, und es wäre sonderbar, wenn diese pflichtmäßig auf den Himmel gerichteten Augen von seinen Farben und Farbentönen das Blau zu sehen und zu unterscheiden unfähig gewesen wären, zumal wenn wir in Betracht ziehen, wie mächtig die Entwickelung und Uebung des Farbensinns durch die Handhabung des religiösen Gesetzes gefördert ward, besonders im Bereiche der das Kranke vom Gesunden unterscheidenden Diagnose.

Schon in der Bibel gibt es keinen Abschnitt, in welchem so viel Farbennamen vorkommen, wie in dem Abschnitt vom Aussatz 3. Mos. Cap. 12—14, welcher von neueren wie alten Aerzten bewundert worden ist. Das traditionelle Gesetz hat die vom mosaischen aufgestellte Semiotik (Kennzeichenlehre) noch um vieles verfeinert. Es gibt eine gutartige lepra alba, das Weiß des Aussatzmales gilt aber in folgender aufsteigender Scala als bösartig: wenn es weiß ist wie die Membrane des Eies, weiß wie der Kalkbewurf des Tempels, weiß wie die Wolle eines eintägigen gebadeten Lammes, weiß wie Schnee. Ist das Weiß mit Roth gemischt, so nimmt diese Mischfarbe in folgenden vier Graden an Bösartigkeit zu: wenn sie dem Weißröthlich eines Bechers Milch gleicht, welcher mit 2 oder 4 oder 8 oder 16 Tropfen Blut gemengt ist. Dabei wird nicht außer Betracht gelassen, daß ein gleicher Aussatzfleck bei dem lichtfarbigen Germanen als mattweiß und bei dem schwarzen Aethiopen als hochweiß erscheinen wird, und es wird die Regel aufgestellt, daß bei Beurtheilung beider der mittelfarbige Teint des Israeliten, der als buchsbaumfarbig (wie noch jetzt der der Palästiner und Syrer als weizenfarbig) bezeichnet wird, zu Grunde gelegt und die entsprechende Mittelfarbe der Maler=palette bei der Grabmessung herzugenommen werde. Bei dem Häuser=aussatz, d. i. der aussatzähnlichen Ueberwucherung der Wände von pflanz=lichen Flechten, werden folgende Farben unterschieden: gelblich wie Wachs und wie Eidotter, schillernd grün wie der Pfauenflügel und wie Dattel=reis, röthlich gleich dem schönen Carmin des Meeres, d. i. dem tiefen Roth, in welchem sich zuweilen die Schattenseite des Meeres zeigt, während die Sonnenseite in Smaragdgrün glänzt.

Ebenso fein ausgebildet zeigt sich der Farbensinn in Bestimmung der Farben unreinen Blutes; hier treffen wir folgende Angaben rother Farbennüancen: roth wie der Aufguß von Wasser auf rothe Erde des Thales Beth=Kerem, roth wie die Mischung aus ²/₃ Wasser und ¹/₃ rothen Saron=Weines, roth wie das Roth der Lilie oder das Blut aus frischer Wunde, und dazu noch: schwarz wie der Niederschlag der Dinte am Boden des Dintenfasses, gelb wie ein schönes Krokusblüthenblatt — die Schule Schammais erklärt für unrein auch die Farbe des Jönkrautsaftes und des Fleischbratensaftes, streitig bleibt die gelbgrüne Farbe des Ethrog oder Paradiesapfels.

Es ist bekannt, welche peinlich genaue Vorschriften der jüdische Schächter zu beobachten hat, um jedes Thier, an welchem sich Kenn=zeichen der Krankheit zeigen, dem Genusse zu entziehen. Besonders unter=liegt hier die Lunge ihrer Farbe nach sorgsamster Prüfung. Sie gilt als gesund, wenn sie schwarz ist wie das orientalische Augenschminkpulver,

b. i. in's Bläuliche spielend, oder grün wie Lauch oder roth oder leber=
farbig, als ungenießbar aber, wenn schwarz wie Dinte, gelbgrün wie
Hopfen, gelb wie Eidotter, gelb wie Safflor oder Distelsafran, gelbroth
wie rohes Fleisch.

Ist das nicht eine buntscheckige Musterkarte von Farben? Blau ist
nicht darunter, denn Schminkschwarz ist nicht Lazur, wie der große
mittelalterliche Ausleger des babylonischen Talmud angibt. Daß Blau
nicht vorkommt, liegt aber in der Natur der Sachen. Man kannte die
blaue Farbe, denn man kannte von Alters her blaue Farbstoffe, nämlich
Purpurblau und Indigoblau. Die sogenannten Schaufäden, welche der
Israelit damals an den vier Enden des linnenen oder wollenen Ober=
kleides trug, waren aus purpurblauen Wollenfäden bestehende oder auch
aus Purpurblau und Weiß gemischte Troddeln; Indigo als Surrogat
des Purpurblau wird streng verboten: Gott wird Rache nehmen — heißt
es — an dem, welcher kalaïlan b. i. Indigo statt Purpurblau an sein
Kleid ansetzt.

Indem die Frage aufgeworfen wird, ob auch ein ohnehin purpur=
blaues Oberkleid solcher Schaufäden bedürfe, erfahren wir beiläufig, daß
Blau eine gangbare Oberkleidfarbe war. Es gab auch noch manche andere
Kleidfarben und auch um diese deutlich zu bezeichnen, mußte man ent=
weder wie bei dem Purpurblau den Farbstoff oder ein Ding nennen,
welches so aussah. Ein Judäer wollte sein Oberkleid verkaufen; befragt,
wie es aussehe, antwortete er: Wie Mangold über der Erde. Das wird
im Gegensatz zu galiläischer Incorrectheit und Unklarheit als Bestimmt=
heit des Ausdruckes gerühmt, der Fragende wußte nun, das Kleidungs=
stück habe die Farbe ausgezogener gelber Rüben. Hätte der Mann sich
des entsprechenden Farbwortes bedient, so hätte der Fragende nicht gewußt,
ob es gelb oder grün oder auch blau aussehe. Denn eben dasselbe Wort
bedeutet grün wie das Gras und gelb wie die Gelbsucht oder auch
fahl wie der Tod. Es kann allenfalls auch Blau bedeuten, wie z. B.
der blaue Purpur einmal redend eingeführt wird: Mein Wesen ist Purpur,
mein Aussehen aber wie die Gräser. Gegen Weiß gehalten bedeutet Grün
auch allerlei dunkle Farbentöne. „Seine Haut ist grün" will auf arabisch
sagen: er ist von dunkelfarbiger und also rein arabischer Race. Schwarzes
Land ist im Arabischen so viel als grünes Land, und weißes Land so
viel als wüstes von Pflanzenwuchs entblößtes Land. In diesem Sinne
von grün = dunkel sagt der Midrasch einmal von Esther, deren persi=
scher Name den Stern und deren nationaler Name Hadassa die Myrte
bedeutet: „sie war grünlich, aber der Faden der Anmuth war um sie
geschlungen." Ein grünes Gesicht würde uns selbst an einer Hamadryade
oder Undine als abgeschmackt gelten, wir lassen es nur etwa als Hyperbel
der Häßlichkeit passiren wie an der Rachel in Sacher=Masochs Juden=
geschichten: „ein kleines grünes Gesicht voll Sommersprossen und mit

rothen geschwollenen Augen"; aber die Sprache der Semiten nennt grün
in rühmender Weise nicht allein dunkeln Teint, sondern vergleicht auch
das glänzende Schwarz eines schönen Mannesbartes mit dem saftigen
tiefen Grün der Myrte. Wir Abendländer wissen ja sogar von einem
Ritter Blaubart. Freilich ist es der Unwille der Fee, welcher ihm einen
Bart dieser Farbe angezaubert, aber arabische Dichter vergleichen alles
Ernstes den keimenden Flaum des Jünglings mit Lilien, nämlich violetten,
welche zwischen Rosen, nämlich seiner Wangen, und Myrten, nämlich
seines Haupthaares, erblühen. Die menschliche Sprache hantiert in Be=
zeichnung der Farben als Lichterscheinungen im Grunde nur mit zwei
Fächern: hell und dunkel. Indem der Semit Blau in das Fach des
Dunkeln legt, nennt er die Augenkrankheit, die wir den grauen und
schwarzen Staar nennen, den blauen Staar. Selbst Hellblau gravitirt
im Bewußtsein des Alterthums als Blau zum Dunkeln. Ein indischer
Dichter nennt den Himmel, wie er in regnerischer Zeit erscheint, dunkel
wie die Flachsblüthe. So sehr überwiegt für ihn selbst im Hellblau der
Eindruck der Lichtschwäche und der Kälte.

Außer dem Oberkleid mit den purpurblauen Troddeln gehörten zur
jüdischen Tracht auch hellfarbige Schuhe oder doch schwarze mit weißem
Riemzeug; ganz schwarze galten als heidnisch. Ein Rabbi Baroka befand
sich einmal auf dem Markte von Be=Lefet, einer der vielen verschollenen
palästinischen Ortschaften. Da gesellte sich zu ihm Elia, jener Elia, dem
man noch jetzt beim Beschneidungsfest einen Stuhl hinsetzt, damit der
Gast aus der Geisterwelt darauf Platz nehme. Gibt's wol, fragte er
den Rabbi, hier auf dem Markte ein Kind der zukünftigen Welt? Der
Rabbi in seiner sittenrichterlichen Strenge meinte Nein. Indem sie so
sprachen, sahen sie einen Mann mit schwarzen Schuhen und ohne purpur=
blaue Schaufäden am Mantel. Dieser da, sagte Elia, ist ein Kind der
zukünftigen Welt! Da lief ihm Rabbi Baroka nach und fragte ihn:
Was hast du für ein Geschäft? Er aber wehrte ihn ab und sagte: Laß
mich und komme morgen! Als er des anderen Tages seine Frage wieder=
holte, erzählte er ihm, er sei Gefängnißwärter und habe alle Mittel der
Gewalt und List aufzubieten, um die Gefangenen in Zucht zu halten und
von den weiblichen Gefangenen darunter, besonders einem jüdischen
Mädchen, männliche Zudringlichkeit abzuwehren. Da fragte Baroka:
Warum hast du denn keine Schaufäden und trägst schwarze Schuhe? Er
antwortete: Ich gehe aus und ein zwischen Heiden und trage mich als
Heide, damit sie nicht merken, daß ich Jude bin und damit ich, wenn
irgend ein böser Anschlag gegen mein Volk im Werke ist, unseren
Lehrern es heimlich melden kann, damit sie Gottes Erbarmen anflehen,
ihn zu vereiteln; deshalb hatte ich gestern solche Eile. Mittlerweile
zeigten sich Zwei, welche brüderlich Hand in Hand gingen, und Elia
sagte: Diese da sind auch Kinder der zukünftigen Welt! Da fragte

Baroka: Welches ist denn euer Geschäft? Wir sind Lustigmacher, antworteten sie, wir erheitern Betrübte oder auch, wenn zwei in Streit
mit einander gerathen sind, geben wir uns Mühe, Frieden zwischen
ihnen zu stiften.

Das ist ein Stück Hagaba von der Gattung des „kleinen Zeisigvolks,
das lustig trillert". Nachdem wir es als Antidotum gegen die Langeweile
eingelegt, wenden wir uns zu unserer Kaschia, d. h. unserem heitelen
Controversgegenstand zurück und fragen: Ist es möglich, daß ein Volk,
zu dessen Männertracht Purpurblau erforderlich, blind für das Blau des
Himmels gewesen sein soll? Dr. Stein im Jahrg. 1877 der Gartenlaube
besteht darauf, indem er die Behauptung wagt, jenes Purpurblau sei
vielmehr eine Nüance des Schwarz. Nun ist zwar wahr, daß Purpurblau sich zu Purpurroth wie Schwarzblau zu Schwarzroth verhält, aber
wie Purpurroth als Roth galt, so Purpurblau als Blau, keins von
beiden galt dem Israeliten als Schwarz und auch nicht als Nüance des
Schwarz. Denn Weiß und Purpurblau sind die dominirenden unter den
vier mosaischen Cultusfarben, Schwarz aber ist absichtlich vom alttesta-
mentlichen Cultus absolut ausgeschlossen, weil, wie unser Gustav Jahn
in seiner Umdichtung des Hohenliedes sagt, „Schwarz ist vor Gott ver-
dammet, denn Gottes Kleid ist Licht." Auch wird das Purpurblau der
Schaufäden und des Tuches, mit welchem die Bundeslade bei der Wanderung
bedeckt ward, ausdrücklich als symbolischer Fingerzeig auf das Sapphirblau
des Himmels gedeutet, worauf Dr. Stein entgegnet: „Der Sapphir hat dann
vielleicht einen ähnlichen Eindruck wie Himmelsschwarz auf das Auge der
Alten hervorgebracht." Aber nein, er hatte für sie wie für uns keine andere
als blaue und, wenn besonders schön, tiefblaue Farbe wie der Lasurstein,
den man unter dem Namen Sapphir mitbefaßte, und es ist das Blau
des Taghimmels, nicht des Nachthimmels, welches in der Gesetzgebungs-
geschichte 2. Mos. 24, 10 mit Sapphirblau verglichen wird, wenn es da
von den auf den Sinai hinaufbeschiedenen Vertretern Israels heißt: sie
sahen über sich wie ein Gebilde durchsichtigen Sapphirs und gleich dem
trübungslosen Himmel an Reinheit. Aber allerdings ist diese Gleichung:
Sapphirblau = Himmelsreinheit ein vereinzelter Lichtblick, die Himmelsbläue wird sonst nirgends erwähnt, auch nicht in der um Jahrhunderte
jüngeren arabischen Poesie, ohne daß sich behaupten läßt, der Beduine
sei blind für das Ultramarin des über der grauen Wüste sich wölbenden
Himmels. Das sich geschichtlich Entwickelnde ist nicht die Fähigkeit des
Sehens an sich, deren Bedingungen ein für allemal naturgesetzlich gegeben
sind, sondern die Richtung und Uebung des Sehens durch Hinzutritt
reflectirender Beobachtung. Demgemäß ist es erst die arabische Schrift-
sprache gewesen, welche ein Wort für Hellblau gemünzt hat, indem sie
es himmelfarbig (samàwi) oder wasserfarbig (màwi) nennt. Der Hebräer
aber hat es bis heute zu keinem Adjectiv für Blau gebracht und würde

in großer Verlegenheit sein, wenn er z. B. die zwei Rückert'schen Zeilen übersetzen sollte:

Die Sonn' ist eine goldne Ros' im Blauen,
Die Ros' ist eine rothe Sonn' im Grünen —

er behilft sich mit griechischen Adjectiven wie kalaïnon indigofarbig, oder ianthinon violenfarbig, und hat nur ein Substantiv, welches das Violet der Conchylienfarbe bedeutet. Um die Zeit zu bestimmen, in welcher die Morgendämmerung in den Morgen übergeht, sagt der Talmud nicht nur: sobald man Hund und Wolf oder: Esel und Wildesel, sondern auch: sobald man Purpurblau und Weiß oder auch: Purpurblau und Lauch= farbe d. i. Grün unterscheiden kann. Man konnte also Blau und Grün unterscheiden, wenn man nur wollte. Man kannte auch das Blau des Himmels, aber es ist wahr: es hat den Semiten nicht begeistert, die Sprache ließ ihn hier im Stiche, sein Farbensinn ist in der oberen blauen Hälfte der Spectralfarben nie recht heimisch geworden. Weiß und Schwarz und Roth und Gelb oder Grün werden als Himmelsfarben auf= gezählt, aber Blau ist nicht darunter, es kommt nur zu vereinzelter in= directer Bezeugung.

Die Vergleichung eines verwandten Gebietes, nämlich der Farben= erscheinungen, von denen heftige Gemüthsbewegungen begleitet zu sein pflegen, zeigt, wie man sich hüten muß, vorschnelle Folgerungen zu ziehen. Der Affect der Scham hat in der h. Schrift Alten und Neuen Testa= ments die tiefste religiöse Bedeutung. Daß die Menschen, die, ehe sie sündigten, sich nicht zu schämen brauchten, nach dem Sündenfall sich schämen, das ist einer der Gründe ihrer Erlösbarkeit. Dennoch wird weder in den Büchern des Alten noch in den Büchern des Neuen Testa= ments die Schamröthe erwähnt. Zwar hat Luther mehreremal „sich schä= men" mit „schamroth werden" übersetzt, aber weder die so übersetzten hebräischen noch die griechischen Wörter sind Farbwörter. Wo eine Ge= sichtsfarbe genannt wird, welche den Affect der Scham begleitet, da ist es nicht Roth, sondern Weiß, wie Jes. 29, 22: „Nicht soll hinfort Jakob beschämt und nicht hinfort sein Antlitz weiß werden." Auch in beiden Talmuden ist „weiß machen" so viel als beschämen; seinen Nächsten öffent= lich zu beschämen gilt für eine ebenso große Sünde als blutvergießender Mord, denn — so wird dies begründet — „das Roth schwindet und Weiß tritt an dessen Stelle", wie Todtenblässe bei dem sich Verblutenden. Aber man würde sich doch irren, wenn man daraus folgerte, daß das Schamroth bei den alten Israeliten eine unbekannte Sache gewesen sei. Darwin in seinem Buche über den Ausdruck der Gemüthsbewegungen bei den Menschen und den Thieren hat Beobachtungen über das Erröthen aus allen Welttheilen gesammelt und es hat sich dabei ergeben, daß selbst das elfenbeinschwarze Gesicht des Negers, wenn er sich schämt, intensiver schwarz oder, wie wir sagen dürfen, purpur= oder zinnoberschwarz wird.

18*

An einigen Stellen der Talmude kommt auch wirklich die Schamröthe vor. Ein Frommer — wird einmal erzählt — ärgerte sich, daß eines Zöllners Sohn unter zahlreicher Betheiligung seiner Mitbürger ehrenvoll bestattet ward. Da sagte ihm eine Geisterstimme im Traum: Mein Sohn, verachte Gott deinen Herrn nicht! Jener Maon (so hieß er) hat etwas Gutes gethan, das ihm dadurch vergolten worden ist: er ging einmal auf der Straße und ließ einen Laib Brot fallen. Ein Armer sah es und hob ihn auf, er aber sagte nichts, um sein Antlitz nicht roth zu machen. Also die Schamröthe wird selten erwähnt und war doch bekannt, wie der blaue Himmel fast gar nicht erwähnt wird und doch gesehen ward.

Daß fast nur das Weißwerden vor Scham erwähnt wird, hat darin seinen Grund, daß die Affecte des Morgenländers jäher, heftiger, tiefer sind als des Abendländers. Roth und Weiß wechseln nach dem Grade des Affects. Bei dem trefflichen schwedischen Erzähler August Blanche sagt der Finder eines Billets, welches ein junges Mädchen in grünem Schleier verloren und ihm, angstvoll zurückgekehrt, entreißt: „Obgleich der Schleier ihre Gesichtszüge verhüllte, so konnte er doch nicht ganz das tiefe Erröthen und tödtliche Erbleichen verbergen; mir war als hätte ich durch das Laubwerk einer Hecke die Sonne hastig ihr Gold gegen das Silber des Mondes austauschen sehen." Und Levin Schücking sagt von einer Prinzeß, um deren Hand ein unebenbürtiger, aber doch von ihr insgeheim geliebter Mann anhält: Fast erbleichend antwortete sie mit hochgeröthetem Gesicht: Ihre Werbung ist sehr kühn. Darwin hörte von einer jungen Dame, daß sie in einer großen und sehr noblen Gesellschaft mit ihrem Haar so fest an dem Knopfe eines vorübergehenden Dieners hängen geblieben war, daß es lange währte, bis sie wieder loskam. Ihrer Empfindung nach meinte sie tief purpurn erröthet zu sein, und doch versicherte sie eine Freundin, daß sie äußerst blaß geworden. Die Erscheinung ist klar: Scham der Verlegenheit treibt das Blut in das Gesicht und überhaupt die exponirten Körpertheile, der Schrecken aber verengt in krampfhafter Weise die Arterien und staut das Blut zurück. Scham höchsten Grades wird zum Schrecken, und so hochgradig ist zumeist die Scham des Morgenländers. Ich sage: des Morgenländers, denn nicht blos im Talmudischen, sondern auch im Tamulischen heißt die Scham „Weiße" (vedkam).

Bei der bronzenen Gesichtsfarbe des Morgenländers aber erscheint dieses Weiß als Gelb. Wenn aus neuerer Zeit erzählt wird, daß von zwei jungen Leuten, welche aneinander geriethen und den Degen zogen, der Eine plötzlich gelb wurde, so daß der Andere, darüber erschroden, die Waffe sinken ließ: so ist das ein absonderlicher Fall, aber im Talmud ist dieses Gelbwerden bei gewaltiger innerer Erregung etwas Gewöhnliches. Das dafür gebrauchte Wort könnte zwar auch blau bedeuten; unterdrückte Zorngluth macht das Gesicht wirklich bleifarbig und so erklärt

es sich wol, daß das Schahname tiefes Erblassen des Gesichts und besonders der Wangen zuweilen als Lazurfarbigwerden bezeichnet. Aber
daß dort im Talmudischen gelbe Färbung gemeint ist, zeigt der damit
wechselnde Ausdruck: sein Gesicht wurde krokus= oder safranfarbig. Bei
den Arabern ist Gelb neben seltnerem Roth die ausschließliche Scham=
farbe. Das Gesicht weiß machen ist da so viel als es freudig lichten;
da, wo wir Jemandem ein Lebehoch bringen, bringt ihm der Araber das
weiße Banner, d. h. er ruft: Gott mache sein Antlitz weiß! Gelb aber
ist die Farbe des Beschämten und auch des Liebenden, der, weil er nicht
die erhoffte Erwiderung findet, sich in Sehnsucht verzehrt, weshalb der
Liebende und Geliebte mit zwei Seiten eines Apfels verglichen werden,
der Geliebte mit der rothen und der Liebende mit der gelben.

Der äußerste Termin, bis zu welchem die zwei Talmude zum Ab=
schluß gediehen waren, ist das Jahr 550. Immerhin ist es ein reich=
liches Jahrtausend, welches seitdem verflossen. In einem so langen
Zeitraum erleiden wie die Denkweise so auch die Empfindungsweise, der
Geschmack, die Mode manche Veränderungen. Wer von uns schwärmt
für Safranfarbe und Safranduft? Aber das ganze alte Abendland bis
in die römische Kaiserzeit ward durch die gelbe Farbe, welche die Staub=
fäden der Safranblüthe ergeben, entzückt, und wie das Gesicht, so kannte
auch der Geruch nichts Wonnigeres, so daß man Theater und Circus
des Wohldufts halber mit Safranwasser besprengte. Und welcher unse=
rer Dichter rühmte nicht die Himmelsbläue, aber das Alterthum und die
semitischen Dichter bis in neue Zeit schweigen darüber, als ob sie nicht
existirte. Und doch kannten schon die ältesten Inder das schöne dauer=
hafte Indigoblau, und die alten Aegypter kennen nicht nur unter dem
Namen chesteb ein mineralisches Blau, obenan das des lapis lazuli,
sondern sie malen auch in ihrer Hieroglyphenschrift den Himmel blau,
nicht nur den Himmel mit hinzugemalten Sternen, sondern auch den
Himmel schlechtweg; dennoch denken sie dabei an das Schwarzblau des
Nachthimmels, nicht an das Hellblau des Tageshimmels, welches sie als
Himmelsweiße, Himmelshelle, Himmelsreinheit bezeichnen. Wenn wir von
Himmelsazur reden, so thun wir dies nach dem Vorgang der Perser,
welche zuerst das Blau des Lasursteins auf das Himmelsblau übertrugen.
Aber auch sie fixiren in diesem Ultramarinblau das Ingrediens des
Dunkeln; das Schahname setzt den azurnen Himmel dem hellen entgegen.
So auch das semitische Alterthum bis in die talmudische Zeit. Der
Tageshimmel gilt als weiß, denn das Licht ist weiß. Ein Rabbi rich=
tete einmal an Rabbi Samuel ben Nachmani die Bitte: Da ich gehört
habe, daß du ein Meister der Hagada bist, so sage mir: Woher kommt
der Welt das Licht? Er antwortete: Der Heilige, gebenedeit sei Er,
hüllt sich in eine weiße Wolke, und die ganze Welt leuchtet von dem
Glanze seiner Majestät. Er sagte es ihm leise flüsternd, und der Fragende

entgegnete: Es ist ja doch ein ausdrückliches Psalmwort: Licht ist dein
Kleid, das du anhast, und du sagst es mir so heimlich. Er antwortete:
Wie ich es heimlich gehört, so sage ich es heimlich.

Anderwärts, wo von dunkelfarbigem Weizen, welcher mehr Mehl
gibt, sonnenfarbiger, welcher schöneres Brot gibt, unterschieden wird, veranlaßt dies eine Discussion über die Farbe des Tagesgestirns. Auf der
einen Seite wird behauptet, die Sonne sei roth und, wenn sie von uns
des Tages nicht roth gesehen wird, so liege dies an der Schwächung
unseres Gesichtssinnes durch die Tageshelle. Auf der anderen Seite aber
wird behauptet, die Sonne sei weiß und das Roth der Morgen- und
Abendsonne sei je nach ihrem Standort in Osten oder Westen der Wider-
schein des Feuers der Hölle oder der Rosen des Paradieses. Daß der
Purpur des Sonnenballs an einem Nebelmorgen in dem atmosphärischen
Lichtreflexe seinen Grund habe, wußte man freilich nicht. Aber man
wußte, daß sie ein in Glühhitze, sei es Rothglühhitze oder Weißglühhitze,
befindlicher Körper sei. Wie ein arabisches Ueberlieferungswort sagt, die
Sonne werde täglich von sieben Engeln mit Schnee und Eis beworfen,
damit ihre Hitze die Erde nicht zu Grunde richte: so sagt ein Ausspruch
des R. Nathan, die Sonne befinde sich in einem Behälter, den der
Psalmist ihr Zelt nennt, und davor sei ein Wasserteich; zur Stunde, da
sie aufgehen soll, flamme sie auf und der Heilige, gebenedeit sei Er,
schwäche ihre Kraft durch das Wasser, damit sie nicht die Welt verbrenne.
Dereinst aber werde Er sie in der Unmittelbarkeit ihrer Gluth aufgehen
lassen und während die Gerechten, denen sie Heilung mit ihren Fittigen
bringt, sich an ihr ergötzen, werde sie für die Gottlosen zum Feuer der
Hölle. Die alte Welt, auch die semitische, denkt in Bildern; zuweilen
ist es leicht, zuweilen auch schwer, den Kern des Gedankens zu enthülsen.
Ein arabisches Ueberlieferungswort sagt, daß die Sonne, um ihren Lauf
anzutreten, täglich von 7000 Engeln gemaßregelt werden muß. Der
Gedanke, der hier unterliegt, ist wol die Schwerfälligkeit des ungeheuren
Sonnenballs. Eine jüdische Hagada gibt diesem Gedanken eine leichter
begreifliche Wendung. Die Altväter im Jenseits, als sie von Mose
hören, was die Feinde dem jüdischen Volke angethan, beginnen zu weinen und zu klagen, und Mose, dadurch gerührt, bricht in Verwünschung
der Sonne aus, daß sie dazu geleuchtet habe, als die Feinde in den
Tempel eindrangen. Die Sonne aber erwidert: Bei deinem Leben, Mose,
getreuer Hirt, wie konnte ich finster bleiben, da man mir droben keine
Ruhe ließ, sondern mich packte und mit sechzig Feuerpeitschen bearbeitete
und mir zuherrschte: Geh hinaus und laß leuchten dein Licht! Der
Gedanke, daß Gott gern segnet und ungern straft, ist hier auf die Natur-
welt übergetragen; sie thut nur zwangsweise, was Gott selbst nur widerwillig thut.

Unwillkürlich sind wir wieder einmal in den „hochphantastischen"

Garten der Hagada hineingerathen; wir kehren nun zu dem Satze zurück, von dem wir ausgingen: der weiße Tag vertritt bei den Semiten den blauen Himmel. Der Sachverhalt ist bei den Aegyptern und Chinesen, bei den Persern und Arabern wesentlich der gleiche — das, was an dem wolkenlosen Taghimmel entzückt, ist da überall nicht die Lichtqualität, d. i. die Farbe, sondern die Lichtquantität und also das Weiß im Blau. Aber man sah das Blau, denn es kommt zu spärlicher, obwol verschwindend spärlicher Bezeugung, und der vorzugsweise dem Blau entnommene historische Beweis, daß die Netzhaut der alterthümlichen Menschen noch nicht so entwickelt gewesen sei, wie die unserige, steht also auf schwachen Füßen. Prof. Franz Boll in Rom hat neulich in drei Untersuchungsgängen, zu denen er nicht weniger als 3 mal 50 Frösche consumirt hat, das Ergebniß befestigt, daß die Netzhaut des Auges, in welcher der große Sehnerv sich ausbreitet, von rother Eigenfarbe ist; daß dieses aus einem Mosaik überwiegend rother und theilweise grüner Bestandtheile bestehende Nervenfasergewebe durch farbloses und farbiges Licht, auch durch blaues und violettes (ausgeschlossen das ultraviolette) verschiedenartige Wandelungen erleidet und daß diese Wandelungen wahrscheinlich ein mitwirkender Factor zur Herstellung der farbigen Bilder der Dinge sind, welche Gegenstand der Wahrnehmung werden. Immer aber bedarf es der Seele, ohne welche die Zusammenfassung der Lichteindrücke zur Einheit des Bildes und die Zurechtstellung des auf der Netzhaut mit dem Untersten zu oberst sich abprägenden Bildes und die Projection desselben an seine bestimmte Stelle in dem Raume außer uns schlechthin unbegreiflich ist. Wir sehen im Grunde nicht mit zwei Augen, sondern mit dreien, mit den zwei Augen des Leibes und dem dahinter befindlichen Auge der Seele. Und dieses Auge der Seele ist es, in welchem und an welchem sich die culturgeschichtlich fortschreitende Entwickelung des Gesichts- und insbesondere des Farbensinns vollzieht. Ja, nicht blos mit drei, sondern mit vier Augen sehen wir. Denn welch ein Unterschied ist zwischen dem Auge des Frosches, dessen Netzhaut durch Blau und Violett ebenso wie die des Menschen afficirt wird, und dem Auge des Forschers, welcher dies reflectirend beobachtet und Schlüsse daraus zieht, um, wo möglich, das Geheimniß des Sehacts zu lichten! Die Augen des Leibes nehmen die Bilder der Außenwelt auf, und das Auge der Seele nimmt sie wahr, und das Auge des Geistes macht die Functionen der drei andern Augen zu seinem Objecte und sucht sie zu durchschauen.

Verlag von Georg Stilke in Berlin, NW., 32. Louisenstraße.
Redigirt unter Verantwortlichkeit des Verlegers.
Druck von B. G. Teubner in Leipzig.

Unberechtigter Nachdruck aus dem Inhalt dieser Zeitschrift untersagt. Uebersetzungsrecht vorbehalten.

Druck von B. G. Teubner in Leipzig.

Band 5. — Heft 15.

Nord und Süd.

Eine deutsche Monatsschrift.

Juni 1878.

Berlin.
Georg Stilke.

Inhalt.

Hierzu das Porträt Heinrich Laube's, gestochen von J. Sonnenleiter
in Wien.

„Nord und Süd" erscheint am Anfang jedes Monats in Heften von 8—10 Bogen Lex.=8.
—— Preis pro Quartal 5 Mark. ——
Alle Buchhandlungen und Postanstalten nehmen Bestellungen an.

Nord und Süd.

Eine deutsche Monatsschrift.

Herausgegeben

von

Paul Lindau.

V. Band. — Juni 1878. — 15. Heft.

(Mit einem Porträt in Radirung: Heinrich Laube.)

Berlin.

Verlag von Georg Stilke.

NW. 32. Louisenstraße.

Ein Frühlingsnachmittag.

Von

Wilhelm Jensen.

— Freiburg i. Br. —

in Regentag in einer großen Stadt. In den engen, dumpf=
luftigen, altstädtischen Gassen drängte sich Handel und Wandel
über das schlüpfrige Pflaster, gleichgültig ob Himmelsblau oder
Blei darauf niedersah. Auf den breiten, von Palastbauten
und Hôtels eingefaßten Straßen rollten Equipagen und Miethsfuhrwerke
und spritzten von ihren Rädern den Vorübergehenden den nämlichen
Schlamm auf die Kleider. Der Regen rauschte, und matte Glocken klangen
hie und da von den Thürmen aus der grauen Luft, vielleicht als Hoch=
zeitsgeläut, vielleicht als Todtengeleit. Es war schwer zu unterscheiden,
was sie deuteten, doch noch weniger besaß Jemand Anlaß und Zeit, sich
darum zu bekümmern, welche Sprache sie redeten. Diejenigen verstanden
sie, welche das augenblickliche Geläut anging, das war genug. Die
Freude oder die Trauer bildeten eine Stunde lang irgendwo ein kleines
stilles Centrum inmitten des großen rastlosen Wirbelsturms, der rings=
umher die Räder fortrollen, die Schritte hallen, die Stimmen durch=
einander klingen und in einem Gesumme von Hunderttausenden jeden
Einzellaut gleichgültig verschlingen ließ. Gleichgültig wiederum allein
dem Einen nicht, dem er angehörte; sonst dem Tropfen gleich, der unter
seinen zahllosen Genossen unbeachtet herabfiel, von der Erde eingesogen
oder von der strömenden Gosse mit fortgeschwemmt.

Rundum, weit hinaus, ein breiter Gürtel von hohen Linden= und
Ulmenalleen, Bosquetanlagen, weiten englischen Rasenplätzen, Straßen,
Gärten und Villen dehnten sich die vornehmen, reichen, stillen Vorstädte.
In allen Stilarten blickten die Häuser aus dem Grün; Gothik, Renaissance,
Schweizerbau und Nachahmung alter Ritterburg, Geschmack und Geschmack=
losigkeit, doch immer der Reichthum. Er sah immer aus den nämlichen
großen Spiegelscheiben, vor denen die tadellos gehaltenen gelben Kieswege

19*

des Gartens sich kunstvoll verschlangen, die plätschernde Fontäne ein=
rahmten, umgürtet von schwer niederhängenden blühenden Syringen,
Schneeballen, Goldregen. Rother Dornstrauch leuchtete und weißröthliche
duftende Päonien wechselten mit seltsam geformten fremdländischen Coni=
feren auf dem glattgeschorenen Teppich des Rasens. Ueberall, vor jedem
Hause, auch der nämliche, gleichsam uniformirte Frühling in Blüthen=
pracht und Fülle, von grauem Licht und grauem Regen überdeckt. Ein
Frühling, den der Reichthum sich aus der Erde heraufgerufen, dem nur
das Eine fehlte, was jener vom Himmel nicht zu erkaufen vermocht, die
Sonne.

Hier zwischen den vergoldeten Eisengittern, welche auf beiden Seiten
die Vorgärten von der Straße abtrennten, bewegte sich kein eiliger Schritt,
glitt selten im Flug festgeschlossene Equipage vorüber. Zwecklos, un=
gesehen schien Alles zu blühen; kein Laut des Lebens regte sich vor, noch
hinter den spiegelnden Gläsern der hohen Fenster. Nur der Regen fiel
gleichmäßig von der bleiernen Wolkendecke, tropfte in gleichmäßigem Fall
von Baumeswipfel, Blüthe und Blatt weiter zur Erde. Dann und wann
nur noch rüttelte es wie mit unsichtbarer Hand leise hie und da am
Gesträuch, als ob ein Windhauch aufzuwachen und die monotone Stille
zu beleben trachte. Doch er schlief wieder ein und der flüchtige Athem=
zug des Lebens war verstummt.

Vor einem der größten Häuser in einer der stillsten, vornehmsten
Straßen hob sich eine überdachte graue Sandsteinterrasse dem Halbbogen
des breiten, kiesglimmernden Auffahrtsweges entgegen. Orangenbäume,
Oleander und Granaten verdeckten den Zugang, daneben zur Rechten und
Linken überspannten Clematis und Gaisblatt die ganze Vorderwand des
Gebäudes hoch bis über die Mitte des zweiten Stockwerts hinauf. Nur
an der einen Seite blickte ein farbigeres Stück aus der grünen Fläche,
ein Fenster, das ringsum von dichtblühenden, violettbläulichen Glycinien
umrankt war. Gleich hellen Trauben hingen sie noch weit über das
Gesims herab und umrahmten die ungetheilte Scheibe des Fensters wie
eine Bildfläche, und gegenwärtig, von der Straße aus betrachtet, wie ein
Porträt, das sich aus dem dunklen Hintergrunde des Zimmers abhob.

Kopf und Büste einer jungen Frau, reglos auch wie ein Bild.
Halb hingelehnt saß sie auf einer Chaiselongue am Fenster und las in
einem Buche. Sie schlug ein Blatt um, sah secundenlang darauf nieder
und blätterte weiter. Dann hob sie den Kopf und blickte mit großen,
unbewegten Augen in den tropfenden Garten unter dem grauen Himmel
hinaus.

Bild und Rahmen erschienen, aus einiger Entfernung gesehen, fast
gleich, denn das erstere glich selbst einer Glycinie. Nicht allein das
seidene Kleid, dessen violettbläuliche Farbe genau derjenigen der hängenden
Blumen entsprach, auch der feine Stiel des Halses, der zarte Schmelz des

Gesichtes darüber erinnerten an jene, trotzdem ein Thurmaufbau moderner Frisur aus fremdem Haar den Kopf in einen Gegensatz zu einfacher Natürlichkeit brachte. Doch ihr eigenes darunter hervorquellendes, braunglänzendes Haar stand so anmuthsvoll zu der schönen, leicht gewölbten Stirn, daß die Vorstellung jene falsche Last darüber hinwegzuräumen und sich den Reiz dieser Befreiung lebendig zu gestalten vermochte.

War sie jünger oder älter, als sie erschien? Es ließ sich nicht sagen, worin es lag, daß sich manchmal das Letztere aufdrängte. Vielleicht weil es unmöglich war, sie für ein Mädchen zu halten; ihre Augen, ein Zug um die Lippen, die Hände, selbst ihre Stellung widersprachen Dem, ohne daß Jemand deutlich anzugeben gewußt hätte, warum. Aber wer dies unbestimmte Etwas, das einer leicht verschleiernden Atmosphäre ähnlich um sie lag, verscheuchte, der erkannte, daß sie noch jünger sein müsse, als sie erschien, beinahe so jung wie die Syringen draußen im gleichmäßigen grauen Tropfenfall des Regens.

Ein schmales, feines Gesicht, nur wenig gefärbt, doch jede Braue und jede Wimper hob sich zugleich mit wundersamer Schärfe und Weichheit von dem sanften Untergrunde des Antlitzes. Wie ein Widerspruch schien's, daß ihr Profil an römisch=griechische Camee gemahnte, an eine aus Onyx geschnittene Artemis oder Athene; aber die altklassische Form war so von jungem, heutigem Leben überkleidet, daß nur ihre Schönheit, nicht ihre Strenge darunter Ausdruck gewann. In noch erhöhterem, im höchsten Maße vielleicht, wenn der Mund unter ihr lächelte; doch die kühl und gleichgültig geschlossenen Lippen lächelten nicht.

Nun zog die junge Frau ihre gracil abfallenden Schultern mit leichter instinctiver Bewegung in die Höh'. Es hatte sie überfröstelt, der regnerische Mai war kalt, kälter noch in dem hohen, mit allem Comfort des Reichthums ausgestatteten Zimmer, als draußen zwischen den triefenden Bosquets und Blumenbeeten des Gartens. Sie streckte die Hand nach einem kleinen in der Wand neben ihrem Sitz befindlichen Elfenbeinknopf und der schwirrende Ton einer elektrischen Klingel ging durch das Haus. Lässig verharrte die Hand noch in ihrer Stellung, welche den modisch= weiten Aermel, den duftigen Spitzenbesatz fast bis zum Ellenbogen von dem entblößten Unterarm herabfallen ließ, und gedankenlos sah sie daraufhin. Der Arm war voller gerundet, als ihre zarte Erscheinung die Vermuthung geweckt hätte, von vollendeter Fülle und Schönheit, unverkennbar wiederum nicht der eines Mädchens, sondern einer Frau, einer Aphrodite. Sie hob ihn langsam zurück und legte ihn einen Moment über ihre Stirn, die er mit einem weichen, warmen Hauch durchströmte, daß sie noch deutlicher als zuvor empfand, wie frostig es sei, und leise zusammenschauerte.

Eine mit außerordentlicher Sorgsamkeit in schwarzes Sammetmieder, weiße Hakelschürze und winziges weißes Häubchen gekleidete Dienstmagd trat ein. „Madame ter Möhlen haben befohlen?"

„Zünden Sie Feuer im Kamin, Brigitte."

Das Mädchen vollzog den Auftrag, kniete vor dem schwarzen Marmor=
rand des Kamins und blies auf die Kohlen, daß in einer Minute das
Holz knisternd Flamme fing. Frau ter Möhlen sah eine Weile in das
bläuliche Aufzüngeln hinein und nahm das Buch wieder zur Hand; Bri=
gitte stand auf und ging mit der Lautlosigkeit der Dienstboten großer
Häuser zur Thür. Die junge Frau drehte halb den Kopf:

„Ist Jemand dagewesen?"

„Madame hatten befohlen, ungestört zu bleiben."

„Ich glaube, Sie hören nicht gut, Brigitte. Ich fragte, ob Jemand
dagewesen, während ich allein sein wollte."

„Madame Ostertag und der junge Herr van der Horst haben Karten
abgegeben."

Frau ter Möhlen nickte und schlug ein Blatt um. Als das Mädchen
abermals die Thür erreichte, fragte sie:

„Wo sind die Karten?"

„Die Karten?" Brigitte sah fragend drein. „Auf der Schale im
Empfangzimmer."

„Ich habe Ihnen gesagt, daß Sie mir die Karten künftig hierher,
dort auf den Tisch legen sollten."

„Madame verzeihen, Madame haben es vermuthlich sagen wollen."

„Sie müssen wirklich wegen Ihres Gehörs zum Arzt. Damit Sie's
nicht wieder vergessen, bringen Sie mir gleich die beiden Karten."

Brigitte ging, kam zurück und ging wieder. Auf der Schwelle blieb
sie stehen und sagte:

„Madame verzeihen, ich hatte wirklich etwas vergessen. Herr van
der Horst hat hinterlassen, er werde sich erlauben, später wieder vorzu=
sprechen. Werden Madame zu Hause sein?"

„Sehen Sie, wie nachlässig Sie sind. Es ist gut; ich weiß es noch
nicht. Sie können gehen."

Die junge Frau hatte die Karten, welche Brigitte ihr überreicht,
noch gedankenlos in der Hand behalten und ließ den Blick darauf ver=
weilen. Vielleicht weil die oberste derselben ungewöhnlich, nicht üblicher
Art war; „Harald van der Horst" stand autographisch mit zierlichen, doch
charaktervollen Buchstaben darauf geschrieben. Nun rollte sie die Karte
um ihren schmalen Zeigefinger, glättete sie wieder aus und sah auf die
schwertropfenden Syringen hinaus. Das Holz im Kamin knatterte und
zog ihre Augen herum. Sie legte die Karte auf das Mosaiktischchen neben
sich und lehnte den Kopf mit geschlossenen Lidern zurück; aber ihre Hand
vermißte das Spielwerk, das sie betrieben, streckte sich mechanisch wieder nach
dem Blättchen aus und setzte das Auf= und Abrollen desselben um den Finger
fort bis allmählich beide Hände ihr reglos auf die Brust glitten. Sie schlief,
und zum ersten Mal bewegten sich ihre Lippen wie zu einem Lächeln.

Dann fuhr sie plötzlich auf, sah fast erschreckt um sich und zog mit hastigem Ruck die schwere Seide des Kleides über ihre Füße, aus deren kleinen Hausschuhen zwischen dem kunstvoll durchbrochenen Maschengewirk der Strümpfe ein rosiger Schimmer hervorgeleuchtet. Ein Geräusch hatte sie geweckt, die Thür öffnete sich, Brigitte kam und meldete:

„Madame Frida Göbeking."

Frau ter Möhlen blickte das Mädchen ungewiß und noch wie halb traumabwesend an, während ihre Linke mechanisch über Haar und Schläfe tastete. „Ich bin nicht — was sagten Sie, Brigitte? — sie ist mir willkommen." Ihr Auge glitt an ihrer Toilette nieder, entdeckte, daß sie noch wie beim Einschlafen die kleine Karte um den Finger der rechten Hand gerollt hielt, und das Blättchen hastig abermals ausglättend warf sie es auf den Tisch. Wie sie im Begriff stand, sich von der Chaiselongue zu erheben, trat Madame Frida Göbeking ein, rasch auf sie zu und rief:

„Steh' nicht um meinetwillen auf, liebste Sidonie, ich setze mich zu Dir. Du hast ein Bischen geschlummert und ich störe Dich; hätte ich es geahnt oder Deine Jungfer nur ein Wort davon gesagt, wäre ich später wieder vorgekommen. Ein abscheulicher Frühling, der Einen auf Selbst= mordsgedanken bringen könnte, wenn man allein zu Hause sitzt. Du hast doch keine Migräne? Ich wollte ein halbes Stündchen mit Dir plaudern; bleib', ich setze mich zu Dir auf's Tabouret, wenn Du Zeit und für den Abend nichts vorhast."

„Nichts, ich freue mich, Dich zu sehen," antwortete Sidonie ter Möhlen ein wenig gedehnt, „zumal da Du nicht nach Selbstmordsgedanken, son= dern so lebenslustig wie immer aussiehst. Ich lese ein halbes Dutzend der neuesten Neuigkeiten in Deinem Gesicht, um dem abscheulichen Früh= ling, wie Du ihn heißt, damit Trotz zu bieten. Findest Du ihn anders, als man ihn verlangen kann? Mich däucht, er ist nach seiner Art; wie sollte ein Frühling sonst sein?"

Frida Göbeking lachte: „Du hast gut optimistisch zu philosophiren, Sidonie. Es ist köstlich warm hier bei Dir, draußen blüht Dir der Mai vor'm Fenster, ohne daß Du seine Kälte spürst, und wenn seine Frost= temperatur Dich ernsthaft ärgerte, bedürfte es nur eines Wortes bei Deinem vortrefflichen Manne, daß er in der nämlichen Stunde mit Dir nach Italien oder bis unter die Wendekreise reiste. Wer im Glück sitzt, sitzt immer in der Sonne."

Sie hatte sich auf den niedrigen, gestickten Sessel neben der Freun= din niedergelassen, schüttelte lachend ihren jugendlichen, von hundert klei= nen gekräuselten Löckchen überflockten Kopf und fuhr fort:

„Nun, ich kann auch gerade nicht klagen und mit dem Selbstmord ist's noch nicht ganz so weit. Nur ein klein wenig langweilig ist's ab und zu; Du findest's natürlich wieder nicht, jetzt noch weniger, als im Institut, wo Du auch immer an Dir selbst genug hattest. Die Naturen sind

verſchieben, ich kann nicht den ganzen Tag ſitzen und leſen oder den Him=
mel anſehen oder denken. Woher ſoll man denn immer wieder neue Ge=
danken nehmen? Wenn man verheirathet iſt, läßt man ſeinen Mann für
ſich denken und genießt ſeine Freiheit und Liebhabereien. Es war frei=
lich ein Bischen boshaft von Dir, Sidonie, zu thun, als ſei meine Haupt=
liebhaberei, bei ſolchem Wetter herumzukutſchiren, wie ein Zeitungsreporter
die Stadt nach Neuigkeiten abzuhören und ſie nachher wie eine Zeitungs=
austrägerin von Haus zu Haus anzubringen. Aber worüber ſoll man
denn eigentlich ſprechen und was iſt denn intereſſant in der Welt? Mich
däucht, das, was unſere Mitmenſchen thun, iſt's doch am Meiſten, und
Anderes lieſt man in den beſten Büchern auch nicht. Da ſcheint's mir
am Anziehendſten, wenn ich die Menſchen noch obendrein kenne, mit denen
ſich etwas Beſonderes zugetragen, ſo daß ich Alles viel beſſer als in
einem Buch ſelbſt beurtheilen kann, wie es hat geſchehen können und
eigentlich müſſen und wer die Schuld daran trägt u. ſ. w. Die Männer
haben gut reden, wir Frauen klatſchten, wenn wir über ſolche Vorkomm=
niſſe eingehend ſprechen. Sie unterhalten ſich ebenſo oft und ebenſo gern
über die Angelegenheiten ihrer Geſchäftsfreunde und Bekannten, nur ge=
meiniglich über Bagatellen und Lappalien, die uns viel zu unbedeutend
und langweilig wären, ein Wort darüber zu verlieren."

Frau Frida Göbeking ſah allerliebſt in ihrer zierlichen, tadelloſen
Beſuchstoilette nach neueſter Modeſaçon aus und ſie ſprach ebenſo aller=
liebſt, hurtig wie eine Lacerte ihre Worte von den muntren Lippen fort=
ringelnd. Sie war ungekünſtelt, ohne Hinterhalt und vergnüglich und
brachte die Freundin durch ihre Beredtſamkeit zu einem flüchtigen Lächeln
der Mundwinkel.

„Du biſt auch die Nämliche geblieben, wie im Inſtitut der Madame
Sarraſin, Frida, nimmſt an Allem Intereſſe und haſt bei Allem tauſend
Gründe für Dein Intereſſe. Aber Deine heutigen Neuigkeiten müſſen
beſonderer Natur ſein, da Du ihnen ſo lange Vorrede als Mitgift vorauf=
ſchickſt. Du biſt zu gutherzig, irgend Jemanden zu quälen, darum thu's
auch nicht an Dir ſelber, ſondern erzähle mir. Ich höre."

Sidonie ſprach es, den ſchönen Kopf mit ein wenig ironiſcher Oſten=
tation zurücklehnend, als bereite ſie ſich auf ziemliche Dauer des An=
hörens. Frida entgegnete lachend:

„Spotte nur, was ich weiß, intereſſirt Dich auch und ich ſollte
eigentlich Dich ſtrafen und es jetzt verſchweigen. Aber Du ſagſt es ganz
richtig, ich bin zu gutherzig dazu, und es iſt kein halbes Dutzend von
Neuigkeiten, ſondern nur eine, doch eine gewaltige, welche den Herren
Moraliſten, Pädagogen, Dichtern, gelehrten Pſychologen, und wie ſie
heißen mögen, genug zu reden und zu ſchreiben geben würde. Weißt Du
noch, Sidi, die blonde Natalie bei der Madame Sarraſin —"

„Die verheirathete Goldberg?"

„Ja, die. Wie's manchem Menschen in den Schooß fällt, was er sich wünscht. Sie wollte schon damals immer einen Goldberg haben und hat ihn bekommen, größer noch, als sie sich wahrscheinlich ihn vorzustellen vermocht hatte, mit einem Landgut, einer Opernloge, Equipage, was sich nur denken läßt. Ich glaube, es gab keinen Menschen in der Stadt, außer mir — und Dir natürlich — der sie nicht beneidet hätte. Sie hatte ihre kleine Schwester, das heißt sechzehn Jahr' ist sie auch beinah', bei sich im Hause und der junge Doctor Baumann kam täglich, um derselben italienischen Unterricht zu geben — er war über zwei Jahre in Rom — und Jeder glaubte, daß er der Kleinen eigentlich etwas im Voraus den Hof mache. Statt dessen, denk' Dir, Sibi, ist ihre Schwester, die Natalie seit gestern Abend verschwunden, hat ein Billet an ihren Mann zurückgelassen, sie käme nicht wieder, und der Doctor Baumann ist ebenfalls fort, Niemand weiß, wohin. Und nun schreien alle Leute, wohin man kommt, über ihren Undank, ihre Schlechtigkeit, ihren —"

Sidonie ter Möhlen drehte den Kopf. „Mit Recht, däucht mich doch." Sie hielt einen Moment inne, ihre Stimme hatte etwas schärferen Klang gehabt als bisher und sie setzte hinzu: „Sie hat, wie Du selbst sagst, nichts Anderes verlangt, als einen Goldberg, hat ihn erhalten und damit jedes Recht aufgegeben, um fortan nur eine Pflicht zu erfüllen."

„Siehst Du, das sagst Du auch und verurtheilst sie auch. O über euch Moralprediger, die ihr Alles habt, was euer Herz begehrt, und dann den Stab sofort über etwas brecht, was ihr innerlich nicht kennt und nur von Außen ansehen könnt. Deshalb, sagte ich, ist man ganz anders gerecht, wenn man die Menschen und ihre Verhältnisse persönlich kennen gelernt hat und sie nicht nur wie Romanfiguren in einem Buch betrachtet."

Frida Göbeling schüttelte ihr lockiges Köpfchen, sah halb ernst-nachdenklich, halb überlegen-fröhlich darein und fuhr fort:

„Ich finde es gewiß nicht recht, was die blonde Natalie gethan hat, aber wer es begreift, kann es auch nicht schwerstes, unverzeihliches Unrecht nennen. Ein alter Schriftsteller, meine ich, hat einmal gesagt, es gäbe einen Conflict der Pflichten, und das ist hier genau der Fall. Vielleicht ist's kein Glück, schärfere Augen zu haben als die meisten Leute, doch ich sagte von jeher, die Natalie täuscht sich. Weil sie kein Vermögen hat, so glaubt sie, daß sie im Leben nichts weiter wünsche, als reich zu sein, einerlei, wem sie's verdanke. Da kam der Millionär, sie nahm ihn, er erfüllte jede Caprice, die sie hatte, und alle Leute beneideten sie um ihr kolossales Glück. Nur ich wußte mit Sicherheit, daß es auf die Dauer kein gutes Ende nehmen würde."

„Und warum?" Sidonie hatte sich aufgerichtet und ihr Gesicht sprach mit einer gewissen Lebendigkeit, doch zugleich fast mit zürnender Erregung, daß die Neuigkeit der Freundin in der That ihr Interesse geweckt.

„Warum?" Die junge Menſchenkennerin ſah der Fragenden einige Secunden mit einer Kunſtpauſe in die Augen. „Der Grund iſt ſehr ein= fach für denjenigen, der ſo etwas überhaupt zu begreifen ein Organ hat, und ebenſo unverſtändlich für alle, denen ſolche pſychologiſche Fähigkeit abgeht. Tout simplement hatte die Natalie ſich erſtens ſelbſt nicht ge= kannt und ſich zweitens unter ihrem Manne etwas Anderes vorgeſtellt. Für's Erſte iſt er ungefähr zwanzig Jahre älter als ſie, aber das hätte es nicht gethan. Im Anfang war natürlich Alles neu, überraſchend und bezaubernd für ſie, ſo daß ſie nach keiner Richtung in Verſuchung ge= rathen konnte, irgendwelchen andern Vergleich anzuſtellen, als daß ſie das große Loos gezogen habe. Es iſt leicht zu fühlen, aber ſchwer aus= zudrücken, was ſich darin allmählich änderte. Wenn ich es nach Dichter= art in einem Gleichniß wiedergeben ſollte, würde ich ſagen: Der Hunger hatte ſie geplagt und ſie ſchwelgte eine Weile in allem Köſtlichen, was der Reichthum ihres Mannes ihr nur zu bieten vermochte. Er ver= weigerte ihr nichts; wollte ſie Erdbeeren im December und Trauben im Mai — ich ſpreche noch immer bildlich wie ein Dichter — ſo hatte ſie dieſelben. Und ſo vergaß ſie lange Zeit über der herrlichen Befriedigung ihres Hungers, daß ſie auch Durſt hatte. Wonach? ſie wußte es viel= leicht anfänglich ſelbſt nicht, ſie fühlte nur und immer deutlicher, daß ihr etwas fehlte, deſſen ſie bedurfte. Zuletzt erkannte ſie's und ſuchte danach bei ihrem Manne. Aber es gibt Dinge, die der größte Reich= thum nicht kaufen und der reichſte Großhändler nicht verkaufen kann, zumal wenn Beide die verlangte Waare nicht einmal dem Namen nach kennen, und das war die Lage, in der ſich Herr Goldberg befand. Kein Preis wäre ihm zu hoch geweſen, ihr das Gewünſchte anzuſchaffen, nur verſtand er nicht, was ſie wünſchte. Du weißt, die Natalie war immer eine der Erſten im Inſtitut, machte am Beſten franzöſiſche und engliſche Converſation, tanzte am Graziöſeſten und Madame Sarraſin ſagte oft, daß ſie ſich — auch vor uns beiden, aber ich habe ihr nie darum gegrollt — durch ihre feinen Manieren auszeichne und etwas Ariſtokratiſches an ſich habe, ſo daß ſie eine Geſellſchaft im Faubourg Saint Germain be= ſuchen könne. Siehſt Du, Sidi, das war der Punkt, auf den es ankam, von dem ich vorher wußte, daß es darauf hinauskommen müſſe. Um es Dir begreiflich zu machen, müßte ich Dir ein genaues Bild von Herrn Goldberg entwerfen, und das iſt nicht leicht. Vor Allem gibt es wol keinen größeren Gegenſatz als zwiſchen ihm und einem Ariſtokraten. Er iſt ein außerordentlich guter, geachteter, rechtſchaffener und auch recht ſtattlich geſchaffener Mann, der ſeine Frau lediglich aus Zuneigung ge= heirathet hat und ſie im Herzen und auf den Händen trägt, aber — ja, wie drücke ich es am Beſten aus? — er —"

Frida Göbeling wurde der augenblicklichen Schwierigkeit in der beabſichtigten Wahl ihrer Worte durch eine doppelte Unterbrechung ent=

hoben. Draußen knirschte der Wegkies unter den Rädern eines aus seit=
wärts befindlichem Stallgebäude vor die Auffahrt heranrollenden Tra=
kehnergespanns, drinnen öffnete sich die Thür und ein noch jugendlicher
Mann im Anfang der Dreißiger trat herein. Seine Gestalt war schlank
und elegant, sein Gang leicht, elastisch, Behendigkeit eines auf mancher=
lei Gebieten des Sportswesens Geübten verrathend; Züge und Bewegungen
besaßen etwas Liebenswürdig=Einnehmendes, von einem leichten Anflug
der Zerstreutheit Ueberhauchtes. Frida war aufgestanden und begrüßte
den Ankommenden: „Ah, Herr ter Möhlen, ich vermuthe, wir sehen Sie
nur, um uns von Ihnen zu verabschieden."

Sie deutete durch's Fenster auf das Cabriolet hinaus, Herr ter
Möhlen versetzte artig:

„Leider errathen Sie es, Frau Göbeking. Hätte ich gewußt, daß
ich das Vergnügen genießen würde, Sie hier zu treffen — aber ich habe
versprochen, der Einweihung unseres neuen Clublocals beizuwohnen; die
Tage sind trotz dem Mai so kurz, man weiß nicht, wo die Stunden bleiben.
Es ist sehr hübsch von Ihnen, daß Sie Sidonie bei dem abscheulichen
Wetter, in dem sie selbst nicht ausfahren kann, Gesellschaft leisten. Ein
wahrhaft erbarmungswürdiger Frühling; sehen Sie die armen verklatschten
Blumen draußen, wie sie sich nach Sonne sehnen! Hoffentlich werden
wir Sie morgen bei der Ruder=Regatta haben; darf ich Ihnen einen guten
Zuschauerplatz mit Sidonie zusammen besorgen? Für die Rennen am
Ende der Woche werden Sie vermuthlich schon versehen sein. — Wie
geht es Dir, liebste Sidonie? Mir scheint, Du siehst etwas ange=
griffen aus."

Ter Möhlen hatte die Hand seiner Frau gefaßt, führte dieselbe
galant an seine Lippen und betrachtete sie mit leichter doch unverkennbarer
Besorgniß in den freundlichen Zügen. Sie entgegnete:

„Durchaus wie immer, gut; Du weißt ja, daß mir nichts fehlt,
Gustav, und sagst selbst, es scheint Dir nur, als sähe ich anders aus,
wie sonst. Es wird eher in Deinen Augen liegen; vermuthlich habe ich
gestern und vorgestern ebenso ausgesehen und Du hast es nur nicht be=
merkt. Aengstige Dich also nicht darum."

„Wahrhaftig, Du hast Recht und bringst mich erst darauf, daß ich
Dich wegen der verwünschten Angelwette überhaupt seit gestern Mittag
nicht wachend gesehen. Anfänglich hatte ich Glück, dann schlug's um, ich
hielt trotzdem fest und am Abend haben sie mich beim Souper zu meinem
Verlust noch tüchtig ausgelacht. Es ist unbegreiflich, wo solch' ein Tag
von vierundzwanzig Stunden bleibt, wenn die Geschäftsobliegenheiten ihm
am Morgen die Hälfte abgenagt haben. Ist er vorüber, so hat man
keinen Augenblick der Ruhe gehabt."

Sidoniens Finger spielten mit dem Buch, in dem sie zuvor gelesen.
„Wie Schade, daß Du nicht wußtest, Frida sei bei mir, sonst hättest Du

hier heut' Nachmittag, wie Du andeutetest, einen solchen gewünschten Augenblick finden können."

„Welch' komische Possen Einem unbewußt die Worte spielen können!" Gustav ter Möhlen lachte mit seinen hübschen Lippen heiter auf. „Hast Du eine Ahnung davon, was Du eben gesagt, mein Herz? Als ob ich lieber um Frau Göbekings, als um Deinetwillen hier geblieben sein würde. Wenn Ihr Mann das gehört —"

Er verbeugte sich schalkhaft gegen Friba, die ihm in's Wort fiel: „Würde er es so wenig glauben, als alle Welt, die weiß, daß Herr ter Möhlen für kein anderes weibliches Wesen Augen hat, als für seine Frau, wie sie für ihn."

Die Hand Sidoniens spielte schneller mit dem Buch, ein eigenthüm= liches, den Lippen fremdartig auferlegtes Lächeln ließ einen Moment ihre bläulichen Zähne leicht aufschimmern und sie sagte rasch, die Linke nach dem Fenster streckend:

„So will ich widerrufen und dem Kutscher mittheilen, daß er halb um Fribas, halb um meinetwillen ausspannen soll."

„Ganz, allein um Deinetwillen, Liebste — bei aller Verehrung vor Deiner liebenswürdigen Freundin — wenn es sein könnte." Gustav ter Möhlen hatte die nach dem Fenster bewegte Hand seiner Frau ge= hascht, hielt sie tändelnd fest und setzte hinzu:

„Hätt' ich's nicht versprochen — Du würdest keinen Mann wollen, der sein Wort nicht hielte. Ich fahre aus dem Club direct in die Soiree zum Consul Meibom und werde gegen zehn Uhr dort sein. Du kommst doch auch, liebes Herz, damit wir uns wenigstens dort sehen und den Abend miteinander verbringen?"

„Wenn wir zufällig in dasselbe Zimmer gerathen; die Räume bei Meiboms sind sehr groß und die Gesellschaft wird es ebenfalls sein."

Es klang nachlässig=müde von den Lippen der jungen Frau, in ihres Mannes Gesicht prägte sich einige Verwunderung aus, er ant= wortete:

„Du wirst nicht im Ernst glauben, daß wir uns dort verfehlen und nicht einmal zu Gesicht bekommen sollten, sondern ich vermuthe, Du wolltest einen Mangel an Neigung damit ausdrücken, die Soiree zu be= suchen."

„In der That, ich fühle mich etwas abgespannt, Gustav."

„Siehst Du, ich nahm es gleich bei meinem Eintritt wahr. Es thut mir leid, darauf verzichten zu müssen, Dich dort anzutreffen, doppelt, da die Regatta morgen mir den ganzen Tag ja das Zusammensein mit Dir unmöglich macht. Aber die Schonung Deiner Gesundheit geht meinen Wünschen vor; ich ertrüge es nicht, wenn Du krank würdest, mein Herz, obendrein weil mein Egoismus, mich an Deinem Anblick zu erfreuen, den Anlaß dazu gegeben. Leg' Dich frühzeitig zur Ruh', versprich's mir! Ich werde in meinem Zimmer übernachten, um Dich nicht zu stören, wenn ich nach Hause komme. Du hast doch keinen Kopfschmerz? Deine Hand fühlt sich ein wenig heiß an, soll ich nach einem Arzt —?"

Sidonie ter Möhlen zog langsam ihre Hand, die er sorglich gehalten, aus der seinigen. „Du bist zu ängstlich mit mir und wirst Dich in den Club verspäten."

„Wahrhaftig!" Er blickte auf seine Uhr und küßte Sidonie auf die Stirn. „Leb' wohl, liebstes Herz, und denke, daß Du mir versprochen, Dich zu schonen. Ich hätte ohne diese Zuversicht keine ruhige Stunde den Nachmittag und Abend hindurch. Meinen freundlichsten Gruß an Herrn Göbeking, ich empfehle mich den Damen zu geneigtem Wohlwollen und nachsichtigem Gedächtniß. Auf Wiedersehen!"

Madame Frida Göbeking knixte mit artiger Vertraulichkeit und erwiderte lachend: „Es ist eine der liebenswürdigsten Eigenschaften eines Mannes, sich nicht unentbehrlich zu halten, sondern zu fühlen, daß wir Frauen uns manchmal auch selbst genug sind. Geben Sie Acht, ob Ihnen draußen die Ohren nicht klingen werden!"

„Das könnte mich in Versuchung setzen, zu lauschen — wenn ich die Zeit dazu hätte. Die Zeit! Die Zeit!" Er lachte ebenfalls, verbeugte sich noch einmal und ging. Als er die Thür gefaßt, sagte Sidonie plötzlich:

„Gustav —"

„Ja, mein Herz?"

Sie sah ihn verwirrt, fragend an, was sie zu sagen beabsichtigt habe. „Mußt Du auch bei dem Consul Meibom ein gegebenes Wort halten?"

Er verstand sie nicht und sprach es aus: „Ich verstehe Dich nicht, Liebste. Wir haben die Einladung angenommen —"

„Aber, da Du sagst, ich sei unwohl —"

„Bist Du selbstverständlich entschuldigt. Sei unbesorgt, ich werde vollständigste Indemnität für Dich erstreben und Niemand Dir unter diesen Umständen Dein Ausbleiben verargen. Besäße ich nur ebenfalls einen triftigen Grund dafür, machte ich es in gleicher Weise und ließe absagen, zumal da ich nicht auf die Freude mehr rechnen kann, mit Dir dort zu sein. Doch so sind wir sogenannten freien Männer Sclaven unserer Verpflichtungen. Ihr Frauen habt es besser, weil ihr es leichter nehmt; wir könnten von euch lernen. Nochmals leb wohl! Denk' an mich und bemitleide mich ein wenig!"

Er warf noch eine Kußhand zurück und ging; es hatte aufgehört zu regnen und tropfte nur noch von Baum und Busch. Draußen schwang Gustav ter Möhlen sich behend selbst auf den Kutschersitz und ergriff die Zügel, während der Diener hinter ihm Platz nahm. Die Peitsche knallte, schnaubend sprangen die beiden Trakehnerrosse an und der Wagen

flog über die ſtiebenden Kieſel. Durch das glycinien=umrahmte Fenſter
blickten die zurückgebliebenen Frauen ſchweigend nach, bis das Geſpann
an der Ecke des Gartens verſchwand, dann ſagte Frida Göbeling:

„Siehſt Du, das iſt der Unterſchied — weißt Du noch, was ich
Dir darzuſtellen im Begriff ſtand, Sibi, als Dein Mann eintrat? Er
hat mir die Worte überflüſſig gemacht; einen ſolchen Mann hatte die
blonde Natalie ſich gedacht, als ſie heirathete, und der hätte alle ihre
Wünſche erfüllt. Wie männlich=ritterlich er ſich auf den Sitz ſchwang,
welche Aufmerkſamkeit und Verſtändniß er für Dich beſaß! Jedes Wort
von ihm kennzeichnet ſeine Bildung, geſellſchaftlichen Anſtand, vornehme
Lebensart und doch zugleich auch Herzensgüte und die vollſte Hingebung
an Dein Glück. Mit einem ſolchen Manne läßt ſich — verzeih das etwas
übelklingende Wort, doch ich ſpreche es im Sinne Nataliens — läßt ſich
vor der Welt ein wenig renommiren; auf ihn kann eine Frau ſtolz ſein,
wie Du es biſt. Wäre Herr Goldberg im Stande geweſen, der armen
Natalie einmal ſo die Hand zu küſſen, ſich ihr an Geiſt, Manieren und
Zartgefühl ebenbürtig zu zeigen, ſtatt daß ihr äſthetiſcher Sinn ſich ſeines
linkiſchen Weſens ſchämen mußte! Aber ihr verging kein Tag, der ſie
nicht zu der Empfindung nöthigte, was werden die Leute gedacht haben,
wie es möglich geweſen, daß ich dieſen unfeinen, mir an Bildung ſo
weit nachſtehenden Mann geheirathet! Ein derartig beſchämendes Gefühl
wächſt und iſt auf die Dauer nicht zu ertragen. Du wirſt ſagen, ſie
hätte das vorher wiſſen müſſen, aber welche Braut kennt ihren Mann
ſo genau vor der Hochzeit, daß ſie weiß, ob derſelbe Demjenigen, was
ihr unentbehrlich iſt, genügen wird? Sie ahnt es ja ſelbſt oft nicht,
was ſie mit Nothwendigkeit verlangen muß, um ſich glücklich zu fühlen
und das Gelöbniß wirklich halten zu können, das ſie ihm leiſtet. Dir iſt
das Alles über jede Steigerungsmöglichkeit geworden, Sibi, was die Natalie
entbehrt und ſie zu dem ſchlimmen Schritt getrieben hat, deshalb iſt
Deine Verdammung eine zu ungerechte und harte, denn Du beurtheilſt
ſie nur nach Dir ſelbſt und der Vorſtellung, wenn Du jenen Schritt
gethan haben würdeſt. Doch Du kannſt Dir dies eben gar nicht vor=
ſtellen; das iſt Dein Standpunkt, der kein Urtheil ermöglicht. Ich will
ihr Verfahren gewiß keineswegs damit beſchönigen, daß der junge Doctor
Baumann ein ungewöhnlich liebenswürdiger, bedeutender Menſch ſein
ſoll. Was mir für das pſychologiſche Verſtändniß die Hauptſache bietet,
ſpricht ſich darin aus, daß er eben der vollſte Gegenſatz zu Herrn Gold=
berg, ein Gelehrter, allſeitig Gebildeter iſt, der künſtleriſche und literariſche
Intereſſen beſitzt und ſie mit tactvollem Auftreten, mit gewinnendem Be=
nehmen verbindet. Das hatte die Natalie entbehrt, ſage meinetwegen,
war zu ſchwach, um es für den ganzen Verlauf ihres Lebens entbehren
zu können. Ich möchte nicht berufen ſein, in ſolchem Falle zu richten,
wo, wie mich däucht, Jeder nur in ſich ſelbſt fühlen kann, ob ihm vom

Leben ein derartiges Unrecht zugefügt worden, daß er sich berechtigt empfindet, sich dagegen aufzulehnen. Schließlich lebt Jeder doch nur einmal, und wer in der Sonne sitzt, kann es leicht als Gebot hinstellen, daß Jemand im Schatten nicht frösteln soll. Herr Gott, schlug es da schon fünf Uhr? Ich sage mit Deinem liebenswürdigen Manne, wo bleibt die Zeit? Wir sind heut' Abend zu Weißkopfs geladen, der Tenorist, den wir gestern bei Frederkings gehört, singt wieder. Ich kann mir lebhaft vorstellen, was die arme Natalie in solchen Situationen gelitten haben muß, wenn man ihren Mann nachher um sein Urtheil über irgend eine klassische Musikpiece befragte. Uebrigens sagt man, sie seien zusammen nach Italien; da er sich so lange in Rom aufgehalten, ist es nicht unwahrscheinlich. In der Idee — natürlich von dem Verwerflichen in diesem Fall abgesehen — finde ich das entzückend. Nirgendwo muß junges Glück köstlicher sein, als unter den Orangen und Granaten des hesperischen Himmels. Wenn ich Gesetzgeber wäre, so würde ich unverbrüchlich vorschreiben, daß alle Hochzeitsreisen nach Italien unternommen werden müßten. Glaubst Du nicht auch, daß ein Vortheil, eine Gemüthssteigerung für die ganze Menschheit daraus erwachsen würde? Wir Frauen sollten nur in die Legislatur berufen werden, gewissermaßen eine Kammer für die innersten, menschlichsten Angelegenheiten des Volkes bilden. — Was hast Du denn da liegen, Sidi?"

Frida Göbeking war von dem Tabouretsitz aufgestanden, hatte munter und ohne eine Antwort zu begehren, während sie ihren Blumenhut auf dem Hinterkopf befestigte, ihre philosophisch-psychologische Gedankenkette weiter entwickelt, streckte jetzt die Hand nach dem kleinen Blättchen auf dem Mosaiktisch und las: "Harald van der Horst." Dann lachte sie vergnügt:

"Ah, der junge Student, man sieht gleich, daß die Karte auch einem angehenden Gelehrten gehört. Unsere jungen Kaufmannsherren würden sich schämen, für ihre Visitenkarten etwas Anderes als das feinste goldgeränderte Glanzpapier mit den verschnörkeltsten Lettern darauf auszuwählen, und doch ist es viel charaktervoller und sinnreicher, seinen Namen mit eigner Hand auf solch einfaches Blatt zu schreiben. Ich möchte sagen, es ist eine andere Atmosphäre um Alles, was diese jungen Gelehrten thun und treiben. Wie hübsch der Name übrigens klingt; obgleich man weiß, daß das holländische „van" gar keine derartige Bedeutung hat, erregt es doch, zumal bei diesen beiden Namen, unwillkürlich einen adlig-aristokratischen Eindruck. Der Inhaber derselben soll indeß seinem Namen noch mehr Ehre machen, als dieser ihm, und wirklich in seiner ganzen Erscheinung und Art etwas Bezauberndes haben, obwol oder vielleicht gerade weil er sich, wie man sagt, noch wie ein halber Knabe von Gesicht und Wesen präsentirt. Kennst Du ihn, Sidi? Natürlich, wie käme sonst seine Karte hieher?"

„Er ist uns empsohlen worden und wir haben ihn einige Male bei uns gesehen," antwortete Sidonie ter Möhlen. „Es scheint, daß Du ihn genauer kennst, als wir. Willst Du schon gehen, Frida?"

„Der Regen hat eine Pause gemacht, und wenn ich mich beeile, komme ich grad' noch trocken nach Hause. Es wird auch höchste Zeit für die Toilette bei Weißkopfs; ich will die Frau Weißkopf ein Bischen durch eine neue Pariser Robe prickeln, die ich gestern erhalten; zu komisch ist's, was für Augen sie immer dazu macht, ohne aber je ein Sterbenswört= chen über die Lippen kommen zu lassen. Nein, ich habe den jungen Herrn van der Horst nie gesehen, nur von ihm gehört. Gehört freilich — wenn ich Zeit hätte —"

Jedensalls hatte Frida Gödeking noch so lange Zeit, sich für eine Minute wieder auf den kleinen Sessel niederzulassen und schnell fortzu= fahren:

„Ich will's Dir ein andermal erzählen, was ich gehört habe; es ist eine ganz romantisch=mysteriöse Geschichte, wie sie auch unter unseren jungen Kausherren nicht vorkommen würde. Er hat eine Cousine, gleich= salls ein blutjunges Ding und ebenso bildhübsch wie er, die soll ihn zum Sterben lieb haben. Sie haben sich alle beide von früh auf lieb gehabt, wie solch' ein paar Kinder, ohne es zu wissen, oft aneinander= hängen, bis sie Braut und Bräutigam geworden sind, auch beinah' ohne es zu merken. Doch seit einigen Wochen soll das Mädchen plötzlich furcht= bar unglücklich sein, sie sagt's Keinem, warum, aber es heißt, ihr Vetter sei mit irgend einem verführerischen weiblichen Wesen zusammengekommen und von diesem ganz und gar — vielleicht ohne ihren Willen und ihr Zuthun — gefangen, so daß er nicht mehr an seine Cousine denke. Ich bin überzeugt, daß er sie im Grunde noch immer ebenso liebt, er hat nur gar keinen Namen dafür, weil es ihm völlig zur Natur geworden ist. Aber das Andere ist ihm durchaus neu in seiner Unschuld und er glaubt nun, das sei der Himmel, über dem es nichts mehr geben könne. Möglicher= weise obendrein noch ein unerreichbarer; wer einige psychologische Kennt= niß dieses jugendlichen Alters besitzt, weiß, daß solch' ein halbes Kind sich gar nicht selten in eine verheirathete Frau verliebt. Für die muß es ein rührender Spaß sein, nur kann es gefährlich für beide werden, weißt Du, Sibi, wenn sie unglücklich ist, oder sich dafür hält und da= durch, ohne es sich klar zu machen, dahin kommt, ihm seine Thorheit nicht energisch, sei es durch Worte oder nur durch ihr Benehmen, vorzu= stellen. Ich möchte fast, daß sich in mich einmal solch' ein junger Mann verliebte; er sollte an mir ein Beispiel finden, wie eine Frau derartige Verirrung auf die richtige Bahn zurückleitet, daß ein Pädagog es in sein Lehrbuch aufnehmen könnte. Du hältst mich gewiß für eitel und arrogant, Sibi, daß ich das sage; aber ich weiß, daß ich gerade dazu die richtigen Eigenschaften hätte. Wie ironisch Du mich ansiehst — die richtigen Eigen=

schaften, um Jemanden in mich verliebt zu machen, meinst Du? Das
habe ich nicht gesagt; verlangst Du's indeß, so will ich ausdrücklich bei=
fügen, daß an dieser mangelnden Eigenschaft vermuthlich mein aufzu=
zählendes Beispiel in's Wasser fallen wird. Mein Gott, wie verplaudere
ich mich wieder! Aber es ist so hübsch, seiner Phantasie ein Bischen die
Zügel schießen zu lassen. Seiner Zunge auch, willst Du sagen, denn ich
glaube, ich habe bald seit einer Stunde ganz allein geredet. Du bist
wirklich etwas angegriffen, ich sehe es Dir an; mein vieles Sprechen
hat Dich heiß im Gesicht gemacht, doch es steht Dir reizend und wird
nichts schaden. Leb wohl, beste Sidonie! Verzeih' mir, aber mir ist's
noch immer wie bei der Madame Sarrasin; ich sitze am Allerliebsten ein
Stündchen mit Dir zusammen, denn es geht nichts darüber, bei einer
Freundin zu sein, die man wie sich selbst bis in jedes Eckchen und Winkel=
chen der Seele hinein durch und durch kennt. Empfiehl' mich Deinem
ritterlich=liebenswürdigen Gustav, sobald Du ihn wiedersiehst. Vielleicht
gehst Du doch noch zu Meiboms heut' Abend. Du bemerktest es nicht,
allein ich sah es Deinem Mann an, wie leid es ihm that, Dich nicht
dort zu treffen. Ich glaube fast, er empfand es als ein wenig lieblos.
Noch einmal abieu, liebste Sibi!"

Friba Gödeking küßte ihre Freundin, hüpfte leichtfüßig davon, nickte
noch unter der Thür lächelnd zurück und verließ das Haus. In dem
kostbar ausgestatteten Boudoirgemach, aus dem ihre hurtig=lebendige
Stimme fortgeschwunden, schien es stiller als vor ihrer Ankunft. Nur
die goldene Rococopendule über dem Marmorkamin tickte vernehmlicher
und Sidonie ter Möhlen hielt eine Zeit lang ihre Augen auf den
schwingenden Amourettenpendel gerichtet, als zähle sie etwas an den
gleichmäßigen Schlägen desselben, oder gegen diese gehalten, ab. Dann
nahm sie das Buch und las. Ein leichter Windstoß kam durch den
Rauchfang und stieß in den Kamin, daß die weiße Holzasche des erlosche=
nen Feuers leise über den messingenen Gitterrand wegstiebte. Die Leserin
fuhr zusammen und sah eine Minute erschreckt darauf hin und drehte
mit einer plötzlichen Hast den Blick durch das Glycinienfenster in den
Garten. Auch dort fiel es im Luftzug in schwereren Tropfen von Blüthen
und Blättern; immer das gleiche Bild, nur allmählich von einer leisen,
lebhafteren Färbung angehaucht. Fast unmerklich nahm sie zu und ge=
staltete sich langsam zu einem schwermüthigen Glanz, melancholischem
röthlichem Wolkennreflex, der zu der grünen Frühlingswelt und ihren
bunten Kelchen fast noch widerspruchsvoller stand, als das graue Regen=
gewebe zuvor. Aber dann schlug es wie eine Flamme auf und ein wirk=
licher Sonnenstrahl übergoß mit scharf abgegrenzter Goldgarbe vereinzelte
blaue Syringe und weiße Schneebälle. Fast blendend für das an Nebel=
dämmerung gewöhnte Auge; die traurig=farblosen Wassertropfen funkelten
in ihm plötzlich wie tausend Diamanten. Man brauchte den Horizont

nicht zu betrachten, um deutlich zu empfinden, es könne nichts Anderes sein, als ein flüchtiger Aufblitz des sinkenden Tages, der in kürzester Frist dem Regen, den Wolken, dem Nebel die alte Herrschaft zurückgeben werde. Aber es war schön für den Augenblick, von leuchtender, märchenhafter, bestrickender Schönheit.

Die junge Frau redete einige Worte halblaut vor sich hin, eine Sentenz, welche ihre Freundin ausgesprochen; offenbar rief der Anblick der Sonne sie ihr in's Gedächtniß. „Wer in der Sonne sitzt, kann es leicht als Gebot hinstellen, daß Jemand im Schatten nicht fröfteln soll."

Die Penbeluhr hub an, die sechste Stunde zu schlagen. Auch das kam ihr in's Gedächtniß, daß es fünf geschlagen, als die junge Menschenkennerin die Fülle ihrer Philosophie in jenem Satz zusammengefaßt. War eine Stunde seitdem vergangen?

Hatte sich in den letzten Schlag der Uhr ein anderer Klang, wie derjenige leis gezogener Thürglocke eingemischt? Sie wußte nicht, ob sie es gehört oder nur zu hören geglaubt, aber sie war aufgeflogen, gegen die Thür hin und ihr Mund sagte hastig: „Ich bin nicht zu Hause", als ob sie einer Magd Auftrag damit ertheile. Doch Alles blieb still und sie stand zweifelnd; offenbar hatte sie sich getäuscht und trat wieder an's Fenster. Hinter ihr öffnete sich die Thür so geräuschlos, daß sie erst die Anwesenheit eines Menschen im Zimmer vernahm, als die Stimme Brigittes sagte:

„Der junge Herr, der heut' Nachmittag die Karte abgegeben, fragt, ob Madame zu sprechen sind?"

Das violett-bläuliche Kleid, das die hohe, gracile Gestalt der jungen Frau weich gegen den Goldgrund des Sonnenstriches draußen abhob, regte sich nicht, nur die abgewandten Lippen versetzten nach einer Pause, als habe das Ohr die Frage aufgenommen, doch dieselbe nur undeutlich dem Verständniß übermittelt:

„Welcher Herr?"

„Herr van der Horst, glaube ich."

„Ich sagte Ihnen, Brigitte —"

Sidonie drehte jetzt den Kopf und sah, innehaltend, dem Mädchen in's Gesicht. „Sie sind von einer merkwürdigen Ungeschicklichkeit in letzter Zeit; auch wenn ich es Ihnen nicht ausdrücklich gesagt, hätten Sie es wissen können — Herr van der Horst? Man kann sich nicht verläugnen lassen, wenn Jemand so lange in Zweifel gelassen wird. Durch Ihr unbeholfenes Wesen versetzen Sie mich in die Nothwendigkeit — ich lasse bitten einzutreten."

Brigitte ging, ohne sich gegen den gemachten Vorwurf zu vertheidigen; die junge Frau setzte sich in einen Sessel und stand wieder auf. Wie sie in die Höh' blickte, warf ein Pfeilerspiegel ihr Bild vom Scheitel bis an den Robensaum zurück; nur einen Moment, denn ihr Auge glitt in

der nächsten Secunde auf die Uhr ab, deren Pendel eine so laute Schwin=
gung ausgeführt, daß es ihr im Ohre klang, als vibrire ein zitternder
Ton im Innern des treibenden Räderwerks nach. Nun wandte Sidonie
sich um und sagte höflich=vornehm: „Guten Abend, Herr van der Horst.
Sie haben mich heut' Nachmittag verfehlt, wie mir Ihre Karte gezeigt."

Ihre Hand lud mit einer Bewegung den angemeldeten, mit einer
Verbeugung an der Thürschwelle innehaltenden jungen Mann ein, sich
ihr gegenüber auf einen Sessel niederzulassen, während sie selbst durch
die Breite eines Tisches getrennt auf einem Divan Platz nahm. Der
Eingetretene war schlank und hoch, doch offenbar noch im Wachsthum
begriffen. Ueber seiner Lippe schattete es leise mit einem dunklen An=
hauch und ebenso begann es die weichen Linien seiner Wangen zu um=
spielen, sonst hätte sein Gesicht für das eines schönen Mädchens zu gelten
vermocht. Für ein sehr schönes Mädchenantlitz mit weichem, dunkelbraunem
Haar über blüthenheller Stirn, unter der wundervoll geschnittene leuchtende
Augen glänzten. Man sah in sie hinein, durch sie hin, wie durch ein
krystallenes Wasser auf schimmerndes Gestein und Rosenmuscheln des
Grundes; kein Schatten hatte die morgenfrische Klarheit ihres Lichtes
getrübt. Er war schöner, als ein Weib in seinen Jahren es sein konnte,
wie die griechische Kunst dem Jüngling in seiner vollendetsten Gestaltung
den Preis vor der Jungfrau zuerkannte, und er war es besonders, weil
er sich des Zaubers, den er ausübte, nicht bewußt erschien. So stand
er, einer Blume ähnlich, die sich auf schlankem Stiel im Winde bewegt,
unselbständig und unschlüssig, doch der Ausdruck der Schüchternheit in
Miene und Wesen hob nur seine knabenhafte Anmuth, und es war, als
müsse ein Duft ihn umfließen.

Ein anderer Duft entströmte in Wirklichkeit seinen Händen, die
einen großen Strauß eben aufbrechender weißer Maiglöckchen hielten.
Er hatte sich mit demselben gesetzt und blickte ungewiß darauf nieder,
erhob sich nun indeß mit plötzlichem Entschluß und trat mit den Blumen
gegen Sidonie hin. Dazu sagte er etwas, wie: „Ich kam heut' Nach=
mittag und wollte mir —"

Sie fiel ein: „Welch' köstlicher Duft, er kommt bis hieher. Sie
sind wie Schillers Mädchen aus der Fremde, das den Frühling bringt."

„Ich wußte — Sie sagten es einmal — daß Sie Maiglöckchen
besonders gern haben." Und er bot ihr mit ungewandter und doch na=
türlich hübscher Handbewegung den Strauß.

„Für mich?" Es schien sie so zu überraschen, daß sie, ohne den
Arm zur Annahme zu regen, auf die weißen Blumen sah. „Oh, blühen
sie also schon? Es sind die ersten, die ich sehe."

„Ueberall — oder vielmehr — ich erhielt heut' Morgen eines zu=
gesandt, in einem Briefe — daraus entnahm ich —"

„Sie sind sehr aufmerksam — auf ein zufälliges Wort. Unsere

jungen Herren wären vielleicht ebenſo galant und freigebig, aber der
Werth ihrer Gaben wäre geringer, duftloſer. Haben Sie freundlichſten
Dank! Nur hätte es gewiß Jemanden gegeben, den Sie dadurch — ich
will nicht ſagen, mehr erfreut — allein, dem ſie zu reichen, Sie mehr
erfreut hätte."

„Ich wüßte Niemanden — Sie — Sie und Ihr Herr Gemahl
haben ſich meiner ſo freundlich — es iſt nur ein armſeliges Zeichen
meiner Dankbarkeit. Verzeihen Sie, ich fühle es wohl, daß ich den jungen
Herren nicht gleiche, von denen Sie ſprachen, mich nicht mit ihnen meſſen
kann, ſondern ungeſchickt bin, mit der Zunge wie mit der Hand —"

Es kam befangen, abgebrochen aus ſeinem Munde und ein rother
Schimmer ſtrahlte ihm über die Stirn auf. Ihre Hand hatte ſich jetzt
nach dem Strauß ausgeſtreckt und zugleich die ſeinige ihn losgelaſſen,
als habe ſie denſelben ſchon gefaßt. So fiel er zwiſchen ſie zu Boden,
halb auf den Teppich und halb auf den ſeidenen Saum ihres Kleides
und beide blickten darauf nieder. Der junge Mann machte eine inſtinctive
Bewegung, ihn aufzuheben, doch wie von unſichtbarer Hand ſcheu an=
gehalten, führte der Arm ſeine Abſicht nicht aus und Sidonie lächelte:

„Nein, Sie gleichen jenen jungen Herren nicht —" ihre Augen be=
gegneten mit einem kurzen Blick den ſeinigen, und ſie fügte raſch hinzu:
„Denn von ihnen hätte jeder es als oberſte Vorſchrift der Höflichkeit
angeſehen, meine Ungeſchicklichkeit ſchon zehnmal wieder gut zu machen."

„Die meinige, wollen Sie ſagen. Oh, Sie ſehen, wie linkiſch ich
— aber ich wüßte nicht — ich fürchtete, meine Hand könnte das Kleid —"

Er bückte ſich nun haſtig, im ſelben Moment, wie Sidonie das
Nämliche that, und ihre Finger ſtreiften beim Erfaſſen des Strauſſes
einen Augenblick an einander vorüber. Dann hatte ſie die Maiglöckchen
genommen, tauchte ihr Geſicht in den Duft derſelben hinein und ſchwieg.
Er ſtand, etwas zurückgetreten, verlegen=unentſchloſſen; erſt als er nach
ſeinem Hut griff, ſah ſie auf:

„Wollen Sie Ihren Platz nicht wieder einnehmen?"

„Nein, ich habe Sie ſchon zu lange — Ihre Zeit wird von Wich=
tigerem — und ich will mich verabſchieden."

„Sie ſind ja kaum erſt gekommen. Das heißt diesmal, Ihre Zeit
iſt von Wichtigerem in Anſpruch genommen, als einer Frau Geſellſchaft
zu leiſten. Ich verdenke es Ihnen nicht; ſagen Sie gerad' heraus, es ſei
langweilig, Ihre Freunde, Ihre Bücher, alles Andere Ihnen intereſſanter.
Offenheit iſt nie kränkend, iſt jedenfalls immer gut, und wenn Ihr Mund
auch ſchweigt, haben Ihre Augen doch noch nicht gelernt, anders zu reden,
als ſie denken."

„Wenn ſie das ſagen, ſo haben ſie noch nicht gelernt, auszudrücken,
was ſie denken." Es war ihm von den Lippen geflogen, er brach etwas
verwirrt ab. „Ich meine, ich wüßte keine Stelle auf der Welt, wo —

wo bei solchem Wetter. etwas Besseres, irgend etwas —" und er sah in den Garten hinaus.

Ein Lächeln ging über die Lippen der jungen Frau. „Aus einem Complimentirbuch war die Antwort nicht, sondern offenherzig, wie ich Sie darum gebeten. Aber da Sie nichts Besseres zu thun haben — mir geht's wie Ihnen, ich will auch offen sein — so lassen Sie uns bescheiden uns mit dem minder Guten begnügen. Und doch blüht der Frühling und die Maiglocken bei solchem Wetter. Erzählen Sie mir etwas! Von Ihrer Heimat, Ihren Eltern, Geschwistern. Sind sie Ihnen ähnlich und haben Sie Heimweh nach ihnen? Gewiß wird Ihre Mutter Sie schmerzlich vermissen."

Er hatte sich mit stumm in den Augen aufleuchtendem Glück wieder gesetzt und entgegnete: „Wenn Sie es mir erlauben — Sie sind sehr gütig gegen mich, denn ich weiß, daß es Sie nicht interessiren kann, was ein junger Mensch wie ich — früher, auf dem Gymnasium war ich eitel und verblendet und hielt mich meinen Mitschülern gegenüber für etwas; ich habe hier erst einsehen, fühlen gelernt, was für ein unbedeutendes, werthloses Ding das Bischen Wissen ist, auf das ich stolz war, und welch' ein Nichts, das eigentlich gar nicht existirt, ich bin. Für gar Niemanden auf der Welt, als für meine Eltern — Geschwister, wirkliche Brüder und Schwestern, meine ich, besitze ich nicht — und deshalb hatte ich im Anfang, als ich hieher kam, Heimweh, besonders nach meiner Mutter. Bis vor Kurzem — die Leute sagen, daß ich ihr am meisten ähnlich sei. Sie fragten danach, sonst würde ich nicht — denn es kann ja für Sie kein Interesse — aber ich habe kürzlich ein Bild von ihr —"

Er zog eine, auf der Außenseite mit kleinen, blauen Vergißmeinnicht bestickte Brieftasche hervor, suchte darin und legte eine Photographie vor Sidonie ter Möhlen auf den Tisch. Sie streckte rasch die Hand danach:

„Ihre Mutter? Mich däucht, es ist nur menschlich, sagen Sie, schon aus Neugier begreiflich, daß man ihr Bild gern betrachtet, wenn man den Sohn kennt, vor sich hat und die Aehnlichkeit vergleichen kann."

Sie blickte abwechselnd auf die Photographie und in das lebendige, jugendliche Antlitz vor ihr; bei dem Zweck, den sie verfolgten, hefteten ihre Augen sich fester und länger als zuvor in sein Gesicht. In Manchem fand sie Aehnlichkeit, in Anderem nicht; der Sonnenstrich, der durch den Garten gefallen, war erloschen und nur ein röthliches Abendlicht lag auf dem Bosquet, den Syringentrauben, die jener vorhin mit Gold überflossen. Es dämmerte draußen noch nicht, doch drinnen begann es mit einer leisen Undeutlichkeit die Dinge zu umrinnen; auch die nickenden Glycinien über dem Fenstergesims schatteten etwas. „Sie sind's hauptsächlich, die das Licht nehmen," sagte die junge Frau, und sie stand auf und trat um einen Schritt näher an den Gegenstand ihrer Betrachtung, ihres Vergleiches heran. „Ihre Mutter muß noch jung und noch eine

ſehr ſchöne Frau ſein; wenn Sie das Haar gleich ihr an den Schläfen
herabgeſcheitelt trügen, glaube ich in der That, müßten Sie ihr ſprechend
ähnlich ſehen. Möchten Sie's zum Scherz einmal niederſtreichen, ſo bin
ich überzeugt —"

Seine Hand hob ſich, während ſein Blick ſtumm in dem ihrigen
haftete, empor und taſtete, gleichſam mechaniſch=willenlos über das Haar,
um es in die begehrte Lage zu bringen. Doch ſie verſetzte dasſelbe nur
in einen halbkomiſch verwilderten Zuſtand und die harrende Zuſchauerin
lachte: „Nein, ſo wird es nichts; zum Friſeur ſind Sie nicht geſchaffen.
Es war thöricht von mir und doch wäre es mit zwei Strichen —"

Sie ſtand vor ihm und wiederholte: „Mit zwei Strichen, ſo und
ſo," und ſie machte mit ihren Händen deutend die Bewegungen durch die
Luft. Er ſtotterte: „Wie?" und ſuchte den Geſten nachzuahmen, aber ſie
lachte wieder: „Es iſt unglaublich, wie ungeſchickt ſolch' ein junger Mann
iſt — Sie ſind wirklich noch ein Knabe," und plötzlich ſetzte ſie hinzu:
„Nein, ſo!" und ihre Hand glitt über ſein weiches Haar und glättete es
ihm ſchräg an der Stirn herab. „Wenn ich Ihnen nicht helfe, wird es
dunkel, eh' Sie damit zu Stande kommen, und nützt nichts mehr; bücken
Sie den Kopf ein wenig, daß ich auch auf der andern Seite — ſo —"

Sie ſtrich ihm das Haar auch an der linken Schläfe nieder; er ſaß
athemlos=unbeweglich, ihr Antlitz überragte ihn um Haupteslänge, ſie
neigte dasſelbe über ihn und ſtand mit zurückgebogener Bruſt, um ihr
begonnenes Werk zu vollenden. Nun legten ſich ihre beiden Handflächen
ihm auf den Scheitel und ſchloſſen mit leiſem Druck die auseinander ge=
theilten Hälften ſeines Haares nach den Seiten hinunter. Er hatte die
Augen geſchloſſen; ihm war, als hauche es ihn näher und näher wie
mit einem ſüß=betäubenden Duft an und es klang ihm im Ohr, daß ſie
geſagt, er ſolle den Kopf mehr herabneigen. Wie im Traum, unbewußt
faſt, um einige Linien that er's, dann hielt ſeine Stirn reglos inne,
denn ſie traf wider ein Etwas, das ihr Halt gebot. Er wußte, dachte
nicht, was es ſei; er empfand nur, daß es ihm weich und warm die
Stirn, die Lider begrenzte, daß es leiſe um ihn kniſterte und ſich wie
leiſe Welle hob und ſchwand und zurückkam. Nur wenige Herzſchläge
lang — „So," ſprach die Stimme Sidoniens über ihm, „nun ſind Sie
eine Tochter Ihrer Mutter und werden ihr gleichen." Aber ſie blieb
noch in ihrer Stellung, obwol ihre Hand ſeinen Scheitel verließ, und
als ob dieſelbe ihn bisher geſtützt, glitt ſeine Stirn, ihres Haltes beraubt,
willenlos feſter gegen die ſeidene Hülle, unter der die leiſe Welle aufſluthete
und ebbte. Jetzt nicht mehr, ſondern ſie ſtockte, wie plötzlich in ihrem
Emporſchwellen unbeweglich feſtgebannt, und nur der Pendel der Sockel=
uhr tickte dreimal laut und vibrirend durch die Stille. Dann ſtießen die
Lippen der jungen Frau aus:

„Oh, die Maiglöckchen — ſie verwelken, wenn wir nicht für ſie Sorge tragen. Wir müssen ihnen Wasser geben, das ist das Wichtigste. Wie kann man so undankbar für Das sein, was Einem Freude bereitet!"

Sie war hastigen Schritts zurückgetreten, nahm, sich abwendend, eine kostbare Sèvresvase vom Kaminsims und füllte dieselbe aus einer Karaffe. „Wollen Sie mir den Strauß geben, oder nein, halten Sie das Gefäß und ich setze ihn hinein."

Er trat auf sie zu und streckte mechanisch ihrer Aufforderung nach= kommend den Arm aus, doch seine Hand zitterte so heftig, daß die Vase in ihr hin= und herschwankte. „Sie werden das Wasser überschütten, Herr Ungeschick," lächelte Sidonie; „o was für unbeholfene Kinder seid ihr jungen Gelehrten! Nun stillt euren Durst, ihr armen Verschmachtenden!"

Sie tauchte den Maiglöckchenstrauß in das Gefäß, allein zugleich flog ein stammelnder Ton des Schrecks von seinem Munde. Ein klirrendes Geräusch begleitete denselben, und er starrte vor sich nieder zu Boden. Seine Hand hatte, von der ihrigen berührt, die kostbare Vase losgelassen und sie lag in Scherben zerbrochen auf dem Teppich.

„O mein Gott — welch' ein Unglück — wie tölpelhaft bin ich," stotterte er. „Wie soll ich das gutmachen —?"

„Was? Meine Ungeschicklichkeit, daß ich den Strauß zu fest hinein= gesetzt und Ihnen die Vase damit aus der Hand gedrückt?" Sidonie schob gleichgültig mit der Fußspitze einige der Bruchstücke aus dem Wege. „Die Blumen sind unbeschädigt, leben und duften, was liegt an solchem todten Geschirr? Jetzt sehe ich erst, wie ähnlich Sie mit dem gescheitelten Haar Ihrer Mutter sind; vielleicht gerad' in diesem Dämmerlicht am Meisten. Aber sie würde trotzdem über ihren Sohn erschrecken, wenn sie ihn so un= männlich sähe, glaube ich. Sie haben doch kein Mädchen=, sondern ein Knabengesicht — wer Schaden thut, muß Schaden bessern. Da sind Sie keine Haralbine mehr, sondern wieder ein Harald."

Sie ordnete ihm das Haar aus Stirn und Schläfen wieder über den Scheitel zurück. Das Zwielicht brach schnell herein und ließ die dunkle Färbung, welche seine Züge überströmt hatte, mehr ungewiß ahnen, als mit dem Blick erkennen; nur aus seinen Augen bebte ein halb irrer, be= herrschungsunfähiger Strahl. Die junge Frau setzte sich in die Divanecke zurück, der Schatten des vorspringenden Kamins fiel über sie, ihr Gly= cinienkleid verschwamm in einen allgemeinen hellen Schimmer, nur ihr Gesicht, die Hände und Unterarme zeichneten sich noch erkennbar von dem Untergrunde ab. Eine Minute lang hatte sie geschwiegen, ihre beider= seitigen Athemzüge gingen allein durch den Raum, dann fragte ihre Stimme aus dem Dämmerweben:

„Sie sagten vorhin, daß Sie im Anfang Heimweh nach Ihrer Mutter gehabt, bis vor Kurzem noch. Haben Sie es jetzt nicht mehr?"

Er blieb auf dem Fleck, den er in einiger Entfernung innegehabt, stehen und antwortete mit einem „Nein", das kaum verständlich klang.

Doch es war zweifellos, daß er die Frage mit ungestümem Nachdruck ver=
neint hatte, und Sidonie fuhr rascher fort:

„Und warum? Wenn Heimweh erlischt, kann nur der Grund sein,
däucht mich, daß man zu vergessen anfängt, was es früher erregt. Und
was man lieb gehabt, vermag man nur zu vergessen, wenn man Anderes
gefunden, das Einem noch lieber geworden. Oder irre ich mich? Darin
gewiß nicht, daß es Ihre Mutter schmerzen würde, wenn sie es wüßte.
Ich fühle es mit ihr, und mir ist, als hätte ich eine Pflicht, für sie zu
handeln, da sie weit von Ihnen ist — an ihre Stelle zu treten, für sie
zu sprechen. Ich bin ja auch eine Frau wie sie; hätten Sie Vertrauen
zu mir? Es ist dunkel, daß Sie sich denken könnten, Ihre Mutter säße
wirklich hier und fragte Sie: »Warum vergißt Du mich, Harald? Ist
Jemand, der mich aus Deinem Herzen verdrängt?« Kommen Sie und
beichten Sie der Stellvertreterin Ihrer Mutter!"

Halb scherzend, halb träumerisch waren ihre Worte aus der dunkeln=
den Ecke erklungen; ein stockender, unsicherer Laut antwortete ihr:

„Beichten? Was soll ich beichten? Ihnen —?"

Das Letzte klang wie in herzklopfendem Schreck hervorgestoßen. Si=
donie entgegnete:

„Halten Sie mich für strenger — als Ihre Mutter es wäre, und
fürchten sich vor mir? Sie brauchen mir nicht zu sagen, was der Grund
ist. In Ihrem Alter gibt es nur Einen, der das Heimweh erlöschen,
die Heimat vergessen läßt. Um Sie zu absolviren, verlange ich nur zu
hören, ob dieser Grund einen würdigen, einen edlen Gegenstand besitzt? Nun?"

Er war schwankenden Fußes herangetreten, nur seine Gestalt zeich=
nete noch ihre Umrisse gegen das Fenster ab, zitternd und schweigend, so
daß sie nach einer Weile wiederholte:

„Nun? So lassen Sie's, wenn Sie kein Vertrauen zu der Stell=
vertreterin Ihrer Mutter haben. Daß Sie etwas verändert hat in der
letzten Zeit, gewahrte ich gleich bei Ihrem Kommen. Sie waren anders,
als Sie zuerst unser Haus betraten, freier, offener und blieben gern.
Heut' wollten Sie wieder gehen, nachdem Sie mich kaum begrüßt. Zu
wem trieb es Sie? Zu keinem Freunde, las ich in Ihrem Gesicht. Das
ist's, worauf Ihre Beichtmutter Antwort verlangt!"

Noch immer blieb er stumm, aber man hörte, daß ihm Worte aus
der Brust aufrangen. „Ein Beichtkind steht nicht, sondern kniet," lächelte
sie, „das erleichtert ihm das Geständniß," und wie eine durch das Dunkel
rinnende weiße Blüthe machte ihre Hand eine deutende Bewegung auf
den Schemel zu ihren Füßen. Er stand gesenkten Kopfes, athemlos, als
blicke er starr in die Richtung, die ihre Hand ihm gewiesen, nieder; dann
plötzlich verschwand seine schlanke Gestalt aus dem matten Schimmer des
Fensterrahmens, denn er kniete willenlos herabgezogen auf den weichen
Schemel, doch sein Mund stammelte:

„Ich kann nicht —"

„Was können Sie nicht, Harald? Nicht aussprechen, daß Sie lieben, Jemanden anders lieben, als Ihre Mutter, zum ersten Mal? Mich däucht, es müßte selig sein, das sagen zu dürfen."

„Zu dürfen?" Der Klang seiner Stimme verrieth, daß er die Stirn emporgehoben und zu der jungen Frau in die Höh' blickte, allein zugleich schwand das Unsichere, Schwankende in dieser Stimme fort, glühte es in ihr auf, wie ein heißer Strom, der mit ursprünglicher Kraft aus der Tiefe emporbrechend seine Fesseln sprengt. „Ich darf es nicht, denn ich bin ein Sinnloser, ein Abscheulicher, Verworfener. Ich darf ihren Namen nicht aussprechen, es ihr nicht sagen, die ich liebe, denn sie ahnt es nicht, würde es nicht glauben, daß ich den Blick zu ihr zu heben gewagt, würde mich mit Verachtung von sich stoßen —"

„So will ich das Gegentheil von ihr thun, Harald, Ihnen beweisen, daß Ihr Vertrauen zu mir Sie nicht getäuscht." Die weiße Blüthe durchschwebte wieder die Luft und ihre Hand legte sich warm und wie Duft ausströmend auf seinen Scheitel. „Warum klagen Sie sich so heftig an? Ist es kein Mädchen, das Sie lieben, sondern eine Frau? Und lieben Sie dieselbe wirklich und täuschen sich nicht? Und würden Sie —?"

Ihre Stimme ward klanglos von einem leisen Beben verschlungen, aber ihre Lippen mußten dicht an ihn hinangeneigt sein, denn ihr Athem wehte ihm an Stirn und Augen, und mit der Gluth erster trunkener Leidenschaft rang er aus der Brust:

„Sie sprechen es aus und verdammen mich nicht? Sie stoßen mich nicht mit Abscheu fort? Soll ich Ihnen ihren Namen nennen? O ich Wahnsinniger — ich bin ein Gott — — ich wäre ein Gott — wenn ich sie einmal so mit meinen Armen —"

Und wie er es sprach, schlang er besinnungslos seine Arme um die Knie Sidoniens und preßte seine Stirn in die knisternde Seide ihres Schoßes. Der Pendel der Uhr tickte wie ein irrer Herzschlag einmal hin und einmal zurück, ein Schauder durchrann vom Scheitel bis zur Sohle den Leib der jungen Frau und rang ihn ohne Gedanken, ohne Wissen und Wollen vom Sitz empor. Sie stand, sich mit der Hand gegen die Divanlehne zurückstützend, aufrecht und sprach abgebrochen in's Dunkel:

„Es ist Nacht geworden — stehen Sie auf, Harald — wir müssen Licht anzünden. Dann will ich Ihre Beichte weiter —"

Sie tastete auf einer Marmorconsole und die Kuppel einer Lampe klirrte, doch ihre Hand ließ diese wieder fahren und schloß sich kurz auf die heiße Wange, die den Fingerspitzen, als wären sie mit Augen begabt, dunkelrothe Gluth entgegenflammte. Und um eine Secunde später fuhr die Stimme Sidoniens fort:

„Oder — wollen Sie — wenn Sie wiederum nichts Besseres wissen — wollen Sie in einer Stunde den Thee mit mir trinken, Harald?

Ich bin allein, denn mein Mann beſucht eine Geſellſchaft. Machen Sie
noch einen Spaziergang und wenn Sie zurückkommen, da will ich — da
nennen Sie mir den Namen der Glücklichen, die Sie lieben. Niemand
wird ihn hören als ich und Niemand uns ſtören. Auf baldiges Wieder=
ſehn —"

Der letzte Schimmer des Maitages ließ ihn ahnen, daß die weiße
Blüthe ihm wieder entgegenduftete. Er verſuchte etwas zu erwidern,
allein ſinnloſes Pochen in der Bruſt erſtickte ihm die Sprache und der
Mund brachte nur ein trunken ſtotterndes: „Ich komme — in einer
Stunde" hervor. „In einer Stunde," wiederholte er und hielt die Hand,
die ſie nach ihm ausgeſtreckt, und preßte ſeine glühenden Lippen darauf.
„Dann will ich Ihnen den Namen — ich glaube auch, daß mir die Luft
draußen —"

Seine Stimme klang einer Ohnmacht nahe; willenlos ihrem Gebot
Folge leiſtend, ging er. Die junge Frau blieb ſtehen, ſie hörte die Thür
knarren und ſie wollte einen Laut ausſtoßen, der wie „Bleib" verzitterte.
Doch er blieb nur tonlos gehaucht, denn die Lippen verſagten ihr. Ihr
Ohr horchte noch einen Moment auf den draußen verhallenden Schritt,
dann wankte ihr der Boden unter dem Fuß. Obwol ſie nichts ſah,
war es ihr, als müſſe das Zimmer im Sturm um ſie her kreiſen, und
die Hände über ihr Antlitz ſchlagend, fiel ſie vor einem Seſſel zuſammen.

Eine Weile tickten und klopften in dem völlig finſteren Boudoir die
Uhr und das Herz der regungslos Knienden gegeneinander. Das letztere
mit doppeltem Schlag die erſtere überholend, doch allmählich glich die
verſchiedenartige Schnelligkeit ihrer Bewegung ſich annähernd aus.
Sidonie ter Möhlen richtete den Kopf auf und ſagte mit halblauter
Stimme langſam: „In einer Stunde." Zugleich ſchlug die Uhr eine
Stunde, die achte, und ſie erhob ſich mit plötzlicher Haſt, daß ihr ſeidenes
Kleid rauſchte und trat an die Marmorconſole. Es klirrte wieder leiſe,
allein ſichere Hand nahm die geſchliffene Kuppel und das Glas der Lampe
herab, die gleich danach aufblitzte und das Zimmer erhellte. Ein halb=
dutzend Mal ſchritt die Inhaberin desſelben darin auf und nieder, ſie
warf im Vorübergehen einen Blick in den hohen Pfeilerſpiegel, ihre Hand
hob ſich und entfernte mit raſchem Griff die falſche Friſur vom Scheitel,
daß ihr eigenes ſchönes Haar frei ihr Blumengeſicht umrankte. Dann
ſetzte ſie ſich und der Lampenſchein fiel in ihr blaſſes, aber ganz ruhiges
Antlitz. Die Hand ſtreckte ſich nach dem Maiglöckchenſtrauß, und den
berauſchenden Duft desſelben einathmend, neigte ſich ihre Stirn tief darauf
herab; als die Augen wieder aufblickten, glitten ſie über die kleine, noch
auf dem Tiſch liegende Photographie. Daneben geöffnet lag die ver=
geſſene Brieftaſche Haralds, und Sidoniens Blick blieb auf derſelben
haften. Wiederum eine Weile; doch nun hatten ihre Finger jene an ſich
genommen und tändelten mit ihr. Die kleine Taſche war äußerſt zierlich

und konnte noch kaum benutzt sein, denn die gestickten Vergißmeinnicht
auf ihrem Deckel sahen der Betrachterin so frisch wie eben gepflückte ent=
gegen. Auch der geringfügige Inhalt besagte das Nämliche. Auf den
Notizblättern in der Mitte stand noch nichts verzeichnet; in einem Seiten=
täschchen befand sich ein zusammengefaltetes Blatt, das war Alles. Wie
die junge Frau das Papier hervorzog, fielen zwei Gegenstände aus dem=
selben, ein kleines Bild und ein vereinzeltes Maiglöckchen, das halb welk
schon die weißen Köpfchen hängen ließ; doch als Sidonie sich unwillkür=
lich darauf niederbeugte, war die Brieftasche noch von seinem Duft durch=
zogen. Ihre Hand schlug das Blättchen auseinander, von dem nur
wenige, höchstens ein paar Dutzend Zeilen mit seiner Schrift aufsahen:

„Lieber Vetter!

Dies erste Maiglöckchen fand ich heut' in der Waldecke, wo wir sie
immer im Mai zuerst miteinander gepflückt. Natürlich schicke ich es Dir
und wünsche, es möge Dir das Gegentheil von Dem bereiten, was es
mir gethan. Mich hat es traurig gemacht, ich weiß nicht warum; es
war recht dumm, ich mußte immerfort weinen, so lang' ich es in der
Hand hielt und ansah. Darum habe ich es in das Täschchen hier ge=
packt, das ich Dir zum Geburtstag geschickt; es soll mit seinen Glöckchen
läuten, wenn Du unvorsichtig bist, Harald, Dich zu sehr anstrengst, kalt
trinken willst, wenn Du heiß bist — Du siehst, ich spreche gerade wie
Deine Mutter. Sei achtsam, daß Dir nichts zustößt, hörst Du, und denk'
immer an — daran, daß Du Deiner Mutter und mir versprochen, gerad'
so wieder zu kommen, wie Du fortgegangen. In den Sommerferien,
sagtest Du; dann gehen wir in den Wald zu den Himbeeren und den
hohen Farrenkräutern, in denen wir im vorigen Jahr unser Häuschen
gemacht. Ist's bei euch eigentlich Frühling? Bitte, schreib' mir's. Hier
scheint die Sonne wohl und wir haben warme Luft, aber ich weiß nicht
weshalb, ein Mai ist es gar nicht. Schreib' mir doch auch, Harald —
wenn Du mich Dir noch so genau vorstellen kannst — ob dies Bild
ähnlich ist

Deiner Helene
oder Hel, oder Lenchen, oder welchen
Namen Du mir grad' geben willst."

Das Blättchen zitterte leise in Sidonie ter Möhlens Hand hin und
her; sie wandte das Auge zur Seite, wo das herausgefallene Bild lag,
und schnell wieder zurück. Nochmals ebenso, dann faßte sie mit plötzlichem
Griff nach der kleinen Photographie. Diese zeigte das Brustbild eines
Mädchens, eines Kindes fast, dessen schlichtes Kleid sich dort, wo das
Bildchen endete, noch kaum über leisbeginnender Wölbung hob. Die
Züge boten eigentlich keinerlei Aehnlichkeit mit denen Haralds van der
Horst, und doch erinnerten sie nicht nur daran, sondern wenn das

Auge eine Zeitlang darauf verweilt hatte, ging es wie mit einer Fata Morgana drüber hin, als seien sie die nämlichen. Es war der unsagbare Zauber süßer Jugend und krystallener Unschuld, der aus den hellen Augen, der Stirn, den holdseligen Kinderlippen sprach, wie aus den seinigen. Sie wußten alle nicht, daß sie sich nach etwas sehnten, um etwas bangten, und doch redete es traumhaft-heimlich wie Glück und Gram zugleich aus dem reinen Spiegel dieses Antlitzes, dem die Sonne durch warme Luft herabschien und für das doch dieser Frühling gar kein Mai war wie sonst.

Sidonie fuhr jäh zusammen. Vom Kamin her tönte hell einzelner Schlag der Uhr; sie mußte fast eine halbe Stunde gesessen und unverwandt mit reglosen Augen das Bild betrachtet haben. Ihre Hand zuckte mechanisch einen Moment nach ihrem Herzen, als ob der Halbschlag der Uhr den Schlag dort zu schreckhaftem Schmerz verstärkt habe, dann bog sie das Gesicht herab, zog einige Secunden lang mit geschlossenen Lidern den Duft des kleinen, halbverwelkenden Maiglöckchens ein, nahm darauf dieses, das Bild und das Blättchen zugleich mit der Photographie der Mutter Haralds und schloß Alles in die Brieftasche zurück. Nun stand sie auf, schritt einigemal, wie zuvor, hin und wieder, setzte sich an ihren Schreibtisch und ließ die Feder rasch über ein Blatt fliegen. Dann ging sie hinaus.

Die kurze Abendsonne hatte ihre Herrschaft rasch wie flüchtige Scheintönigin eines Bühnenspiels an die trüben Geister des Frühlings wieder abgetreten. Der Regen rauschte in schwerem Fall durch die Nacht, dumpf nur zitterte von einem Thurm der Schlag der neunten Stunde durch das gleichmäßige Brausen, als Harald van der Horst die Hand nach dem Glockenzug ausstreckte, unter dem vom schwanken Licht einer Gaslaterne überspielt der Name „Gustav ter Möhlen" aufsah. Zaubernd blieb die Hand, welche den kleinen Knauf gefaßt, eine Weile unbeweglich; ein Zittern durchrann sie, als wolle sie von ihrem Vorhaben abstehn; dann zog sie heftig, mit plötzlichem, besinnungslosem Ruck. Es läutete drinnen und die Thür ging wie von selbst auf; halb geblendet stand der Eingetretene auf dem vornehmen, von breiter Marmortreppe getheilten, gaslichtstrahlenden Flur. Fast eine Minute verging, eh' Brigitte mit einer gewissen Lässigkeit kam; gedankenlos hatte der Blick des Wartenden auf einem großen Strauß von Maiglöckchen verweilt, der, offenbar achtlos von einer Hand fortgeworfen, wie ein nicht in das glänzende Entree gehöriger Abhub in einem Winkel lag. Nun trat das Mädchen heran und Harald fragte:

„Befindet Frau ter Möhlen sich noch unten oder im Eßsaal?"

Er hatte den Fuß gegen die Treppe gehoben, Brigitte hielt ein kleines versiegeltes Packet in der Hand, das sie ihm entgegenreichte. Dazu antwortete sie:

„Madame lassen sich entschuldigen, sie hatten vergessen, daß sie heut'

Abend zu einer Soiree bei Consul Meiboms zugesagt hätten. Der Herr habe ebenfalls am Nachmittag etwas vergessen."

Die fliegende Röthe, welche das Gesicht des jungen Mannes bedeckt gehabt, wich einer plötzlichen, alles Blut zurückebbenden Bläffe. Ein Schwindel ging ihm durch die Augen, daß er sich unwillkürlich auf das vergoldete Treppengeländer stützte, und stotterte:

„Unmöglich — Sie haben sich — Frau ter Möhlen sollte aus= gefahren —?"

Brigitte zuckte leicht die Achsel; die Gelegenheit mochte ihr nicht ungünstig scheinen, ihrer Herrin die auferlegte Schweigsamkeit gegen Vor= würfe ein wenig zu vergelten. „Madame sind eine reiche Frau und haben ihre Laune am Mittag so und am Abend so. Sie macht's wie ein Kind, das seine Puppen streichelt und wegwirft; man kann bei ihr nie vor einer andern Grille sicher sein. Uebrigens hat sie gesagt, da sie den Herrn einmal zum Thee gebeten, solle ich Ihnen denselben, wenn Sie es verlangten und Ihre Abendmahlzeit deshalb vielleicht versäumt hätten, allein serviren."

Harald van der Horst blickte das Mädchen noch wie geistesabwesend an. Er murmelte mechanisch: „Nein — ich danke —", und ebenso mechanisch ging er nach der Thür. Brigitte trat ihm nach: „Dies Packet, es ge= höre Ihnen." Er nahm es antwortlos und die Thür fiel hinter ihm in's Schloß.

Der Regen strömte, ohne daß er daran dachte, seinen Schirm zu benutzen. Unter seinen Füßen knirschte der Kies des Auffahrtsweges, erst als er an die flackernde Laterne der Straße gelangte, fiel sein Blick auf das Packet, das er in der Hand trug. Sein Name stand darauf, er riß den Umschlag ab und erkannte sein Taschenbuch mit einem darüber gefalteten Briefbogen. Instinctiv spannte er den Schirm jetzt auf, um das Blatt vor dem Wassersturz zu schützen und zu lesen. Hin und her flimmernd ging das Licht über die Zeilen:

„Das Mädchen wird mich bereits bei Ihnen entschuldigt haben. Da ich den Namen Ihrer Zuneigung aus der Einlage ersehen, vermag ich Ihnen auch ebenso gut schriftlich zu sagen, daß ich den Gegenstand Ihrer Liebe als den würdigsten und edelsten, den Sie wählen konnten, betrachte, und daß Sie in der That ein Gott sind, von Ihrer Helene so geliebt zu werden — ein Sinnloser und Abscheulicher wären, wenn Sie Ihr diesen Himmelsreichthum, den sie für Sie hegt, nicht mit ganzem, rein= stem Herzen vergelten würden. Verzeihen Sie, wenn ich hinzufüge — und es wäre mir peinlich gewesen, dies mündlich zu thun — daß ich mich nach dem Werth der Sèvresvase erkundigt habe; der Preis, für den sie gekauft worden, betrug neunzig Thaler. Da ich morgen in der Frühe mit meinem Mann nach Italien reise, habe ich meinem Mädchen Auftrag gegeben, Ihnen mitzutheilen, in welchem Geschäft ein gleiches Exemplar zu haben ist. Selbstverständlich hat das jedoch, falls Ihre Mittel es gegenwärtig nicht erlauben sollten, durchaus keine Eile, da wir voraussichtlich bis zum Spätherbst fortbleiben werden. Mit freundlichem Gruß

Sidonie ter Möhlen."

Der Lesende sah plötzlich mit einem bittren Lachen irr auf. Unfern von ihm klirrte stiebender Kies und ein schnaubendes Gespann kam von der Villa ter Möhlen herab. Als es vorüberflog, blitzte der flackernde Laternenschein in das festgeschlossene Fenster des eleganten Wagens und zeigte einen Moment das Antlitz und die von Juwelen funkelnde Büste Sidoniens. Sie war noch nicht in die Gesellschaft gefahren, sie fuhr erst jetzt. Secundenlang fiel ihr Blick auf den jungen Mann hinaus, dann warf sie sich nachlässig in den Fond zurück und die Räder ihres Gefährts spritzten den Straßenschlamm bis zu Haralds Gesicht empor. Der Regen rauschte, und nur von den in Nacht versunkenen Gärten her zog unsichtbar durch Dunkel und Wolkensturz ein Syringenduft, der verkündete, daß es doch Frühling sei.

Eduard Devrient.

Von

Heinrich Laube.

— Wien. —

Eduard Devrient stirbt in Carlsruhe, und es weht kaum ein
Lüftchen der Nachrede über sein Grab.

Ueber den kleinsten Kram des Theaters werden lange
Artikel geschrieben — es stirbt aber ein Mann, der fünfzig
Jahre lang redlich für das deutsche Theater gewirkt, der als Schauspieler,
als Regisseur, als Director, als Schriftsteller für unser Theater thätig
gewesen, ein Mann, der die erste ganze Geschichte des deutschen Theaters
geschrieben — und fast Alles schweigt.

Hier in Wien, wo man sonst dem Theater große Aufmerksamkeit
zuwendet, hier in Wien besonders ist nichts als ein herkömmlicher Parte=
zettel über ihn angefertigt worden. Und auch in seiner Vaterstadt Berlin,
wo er die erste Hälfte seines Lebens im Dienste des Hoftheaters zugebracht,
hat man sich obenhin mit dieser Todesnachricht abgefunden.

Heißt dies Erschöpfung der Theilnahme an Theaterreform, für welche
Eduard Devrient ein strenger Apostel war? Ich glaube fast.

Die hundertfach auftretenden Reformvorschläge, die zehnfach ver=
suchten Ausführungen, die mehrfach nur stückweise geglückten und rasch
wieder unterlassenen praktischen Anstalten dafür haben Literaten und
Publikum abgespannt.

Die sogenannten Reformen sind an abgelegenen Stätten, in kleinen
Residenzen — wie in Carlsruhe durch Eduard Devrient selbst — be=
trieben worden, die großen Mittelpunkte aber im Norden wie im Süden,
in Berlin wie in Wien haben sich mit ihren reich dotirten Hoftheatern
an dieser Reformfrage nicht betheiligt.

Nur zu einer auffallenden That haben sich die beiden Hoftheater in
Wien und Berlin aufgerafft: sie haben die Shakespeare'schen „Historien",

jene dramatisch unfertigen Scenenspiele aus der englischen Königsgeschichte
mit erschreckender Vollständigkeit aufgeführt.

Jeder Kundige weiß, daß dieser Haufe von meist grimmigen Scenen,
wenn auch einzelne vortreffliche unter ihnen sind, niemals Repertoirestücke
bieten kann, weil sie keinen organisch dramatischen Zusammenhang haben,
und weil sie ein übermäßiges Personal für einen ganz speciellen Geschichts-
winkel verbrauchen, welcher einen grundsatzlosen Bürgerkrieg zeigt voll
grausamer Thaten und weit abseits liegt von dem Interesse des deutschen
Publikums. Jeder Kundige weiß, daß diese erkünstelte Aufgabe erstaun-
lich viel Zeit und Arbeit kostet, und nichts hinterläßt als einen wüsten
Eindruck.

Wenn diese historischen Skizzen — denn nur solche sind es — den
Engländer veranlaßten, seine Specialgeschichte in chronologischer Folge auf's
jetzige Theater zu bringen, so erklärte sich das aus der heimatlichen Theilnahme. Aber das geschieht nicht. Es gilt solch ein Unternehmen in
England für unverständig. Man wählt dort nur mitunter ein einzelnes
der in der Form für veraltet geltenden Shakespeare'schen Königsdramen,
man wählt eins zur Aufführung, wenn man einen großen Schauspieler
hat für eine Hauptfigur, und dann bringt man's mit einer ausgesucht
luxuriösen Ausstattung, überhäuft es mit opernhaftem Pomp und künstlichem Detail, um die schaulustige Menge anzulocken. Literarisch wird
kein Nachdruck darauf gelegt. Das bleibt unsern abstracten Literar-
historikern vorbehalten, welche den Schatten für das Leben ausgeben
möchten, weil sie mit dem Leben nichts zu thun haben.

Das Theater braucht aber doch nichts so dringend als das Leben,
wenn es lebendig wirken soll, und bei solchen Schattenspielen erstirbt das
Publikum, und verdirbt selbst der Schauspieler. Das bessere Publikum,
verlockt durch den großen Namen Shakespeares, interessirt sich einen
Augenblick dafür, weil es ihm als eine literarische That angekündigt wird,
und weil es meint, etwas Höheres anschauen und bewundern zu müssen.
In Wahrheit kommt es enttäuscht nach Hause und quält sich mit dem
peinlichen Kampfe: daß dies sogenannte höhere Theater doch nichts Rechtes
gewähre. Es wird im Grunde dadurch dem Theater entfremdet. Die
Schauspieler aber, deren Rollen großentheils ohne organischen Zusammenhang und voll schwülstiger Sprache sind, werden von gesunder Einfachheit
abgezogen und gewöhnen sich an gewaltsame Aeußerungen ohne innere
Verbindung. Sie gehen künstlerisch beschädigt aus diesem wüsten Schlachten-
lärm hervor.

Und so wie ich hier spreche, so sprechen alle diejenigen Kritiker,
welche dem lebenden Theater mit Aufmerksamkeit folgen und welche nicht
blos nachbeten, so sprechen sie alle über dies täuschende und so kostspielige
Experiment. Unter anderen sagt ein Theaterschriftsteller in Berlin Folgendes
über den Historien-Feldzug im Berliner Hoftheater:

„Leichenhaufen füllen die Bühne, daß kein Lebendiger mehr Raum zum Stehen findet. Immer und immer sei es wiederholt: Nur der gelehrte oder hochgebildete Leser vermag die volle Wirkung dieser Erscheinungen zu empfinden. Die Ereignisse eines ganzen Jahrhunderts können dem Zuschauer unmöglich auf einmal so nahe gerückt werden, daß er eine Sühne sehe, deren Schuld in einem andern Drama verborgen liegt. Die hundert Jahre, welche dazwischen liegen, würden die Phantasie viel weniger stören als die 48 Stunden zwischen den beiden Theaterabenden. Jeder Schulknabe muß sich für die heutige Stunde präpariren, will er den Zusammenhang mit der gestrigen nicht verlieren — und hier soll ein tausendköpfiges Publikum einer schwierigen historischen Entwickelung durch 14 Tage mit voller Theilnahme der Phantasie folgen können? Selbst die schönste Claque wird mich nicht davon überzeugen, daß der Cyklus der Königsdramen die bildungsfrohen Abonnenten innerlich befriedigt habe.

„Das Facit: eine exclusive Gesellschaft von einigen hundert Personen hat die Mode mitgemacht, Shakespeares Königsdramen in leiblichem Zusammenhange kennen zu lernen, einige Schauspieler hatten Gelegenheit, ihre Kraft am Shakespeare zu prüfen — monatelange Mühen wurden an ein Werk verschwendet, das trotz alledem und alledem unfruchtbar bleiben wird für die Entwickelung des deutschen Nationaltheaters."

Aber warum sage ich das Alles bei Gelegenheit Eduard Devrients? Er hat ja selbst diesen Shakespeare-Cultus eifrig betrieben und hat ja auch diese „Historien" aufgeführt.

Ja wohl. Aber wenn Zwei Dasselbe thun, so ist es doch nicht immer Dasselbe. Er hat es ganz anders gethan. Bei ihm gehörten die Shakespeare-Aufführungen zu einem vollen System der Reform, und was er übrigens als Reform anstrebte, das brachte er in Anwendung und Uebung bei den Shakespeare-Stücken. Sie waren ihm ein Uebungsfeld für die Ausbildung der Schauspieler, für die Aufmerksamkeit seines Publikums, nachdem und während er die Schauspieler vorbereitet hatte in gutem Sprechen und aufsteigendem Vortrage, und nachdem er sein Publikum durch andere schwere Stücke gezwungen hatte, im Theater ernst nachzudenken und die Phantasie anzustrengen. Wohlweislich hat er es immer vermieden, diese Phantasiethätigkeit — wie anderwärts so reichlich geschieht — durch großartigen und kleinartigen Schauplunder zu ersticken.

Man kann ihm vorwerfen, daß er sein ausgesprochenes Reformwerk mit Pedanterie betrieb, aber man kann ihm nicht vorwerfen, daß er den Shakespeare-Cultus abgerissen und zusammenhangslos, kurz wie ein unorganisches Experiment betrieben habe, wie ihn diejenigen betreiben, welche die innere Reform der Theatervorstellungen unbeachtet liegen lassen und dann äußerlich auf Shakespeares Autorität sündigen, um doch ein vornehmes Aushängeschild über die Pforte nageln zu können.

Eduard Devrient war es heiliger Ernst um eine Reform des deutschen Theaters.

Er war in Berlin geboren und in guter Schulbildung auferzogen. Der berühmte Ludwig Devrient war der Bruder seines Vaters, Carl und Emil Devrient waren seine Brüder. Er wurde für die Oper ausgebildet und trat unter das Personal des Berliner königlichen Opernhauses als wohlgeschulter Baritonist, besonders auch für die Spieloper ausgerüstet durch Sicherheit des Wortes und entsprechende Haltung des Körpers. Dieser Körper war von kleiner Mittelgröße und trug den scharf geschnittenen Kopf der Devrients mit Ruhe und Selbstbewußtsein. Ich hab' ihn noch als Figaro in Rossinis Barbier von Sevilla gesehen. Der ausgelassene Humor für solche Rollen fehlte ihm, er war vorzugsweise für gesetzte, streng ernsthafte Rollen geeignet.

Trotz literarischer Bildung in der Musikwissenschaft, welche ihn zum Beispiele in intimen Verkehr mit Felix Mendelssohn brachte, nahm er frühzeitig und streng ernsthaft ein tiefes Interesse am Schauspiele, zu welchem er später als Schauspieler gänzlich übertrat.

Seine jungen Theaterjahre fielen in eine Berliner Zeit, welche die Schauspielkunst mit großer Würde behandelte und betrieb. Der Intendant des königlichen Hoftheaters Graf Brühl hatte das Theater mit einer gewissen Feierlichkeit geleitet, und die alten Schauspieler Beschort, Mattausch, Lemm hatten sich ihrem Stande und ihrem Berufe mit hohem Pflichtgefühle gewidmet und mit berechtigtem Anspruche auf Bildung. Diese Atmosphäre hatte der junge Eduard Devrient mit Ehrfurcht eingesogen. Er war ganz und gar erfüllt von dieser Stimmung, und die Haltung des Schauspielers war ihm nahezu eine priesterliche.

Das ist ihm lebenslang verblieben.

Frühzeitig beschäftigte er sich auch mit dramatischer Schriftstellerei. Die Oper und der Verkehr mit Mendelssohn scheint dafür den ersten Anstoß gegeben zu haben. Ein Königreich für einen guten deutschen Operntext! war ja Mendelssohns täglicher Ruf. „Hans Heiling" war später die Frucht, welche Eduard Devrient für Marschner pflückte. Leider ein Stoff mit Erdgeistern, deren Seelen wir nicht kennen, und deren dramatische Entwickelung willkürlich ausfallen und für uns schlichte Menschen unbehaglich gerathen muß. In den Schauspielen, welche er schrieb, „Verirrungen" und „Treue Liebe" entwickelte er dafür behagliches Treiben und warme Menschlichkeit. Ich fand 1850 die „Verirrungen" noch als gern gesehenes Stück im Repertoire des Burgtheaters und hab' es oft aufgeführt. Es schließt sich in verständiger Art an die Iffland'sche Weise, welche ein getreuer Typus deutschen Wesens ist. Eben weil sie dies ist, behauptet sie sich immer wieder auf dem deutschen Theater, wenn sie mit Verstand und Talent angefaßt wird, sie behauptet sich leicht trotz allen Spotts und Hohns, welche die Schlegel'sche Aesthetik in idealistischer

Uebertreibung darüber ausgeschüttet hat zu großem Schaden des deutschen
Theaters. Eduard Devrient wußte bis in sein Alter diesen einfachen,
natürlichen Stil des deutschen Schauspiels zu würdigen, und die Inscene=
setzung Shakespeare'scher Historien machte ihn darin keinen Augenblick irre.
Darin unterschied er sich eben von jener Shakespearemanie, welche daneben
jegliche gesunde Form der Heimat verächtlich fallen läßt.

Vorzugsweise der Spieloper angehörend, fand er leicht den Ueber=
gang zum Schauspiele, und er wurde darin mannichfach beschäftigt, nament=
lich im milderen Charakterfache.

Es muß ihm nachgerühmt werden, daß er sein späteres Directions=
princip des würdigen Ensembles auch als Schauspieler einhielt, mit Auf=
opferung einhielt. Er übernahm bereitwillig kleine undankbare Rollen,
wenn man fand, daß dadurch dem Stücke gedient werde. So übernahm
er noch in späterer Zeit in meinen „Karlsschülern" ohne Weiteres den
„Hauptmann Silberkalb", nachdem er kurz vorher die wichtige Rolle des
„Gellert" in „Gottsched und Gellert", ja früher sogar den „Monaldeschi"
gespielt hatte. Monaldeschi paßte ihm gar nicht. Das wußte er. Aber
es war an der königlichen Bühne kein Darsteller für diese Rolle vor=
handen, und so übernahm er sie lächelnd und spielte sie mit sichtlicher
Verläugnung seines Naturells, welches keine Ader besaß für den leicht=
fertigen Abenteurer. Der kurz vorher auf den Thron gekommene
Friedrich Wilhelm IV. sah zu und sagte lachend: Wir haben kein Personal
für solche Aufgaben!

Seine schauspielerische Thätigkeit verlief ruhig und anständig. Er
gehörte damals zu den letzten Mohikanern des Hoftheaters, welche einen
höheren Zusammenhang festzuhalten suchten mit Tradition und Disciplin
des älteren deutschen Theaters. Neben ihm wandelte noch mit lahmem
Fuße der alte Weiß, ein Veteran der soliden Hamburger Schule, welche
von Schröder herab bis zum merkwürdigen alten Schmidt vorgehalten
hatte. Weiß war ein redlicher Schüler des alten Schmidt, ein Bekenner
der ehrlichen Wahrheit im Komödienspiel. In seiner Einfachheit, Klar=
heit und Tüchtigkeit war Weiß als Darsteller und Regisseur von großem
Werthe. Besonders in Lustspielen wirkte er vortrefflich mit seinem
sarkastischen Humor, und in bereitwilliger Hingebung für ein glaub=
würdiges Ensemble machte er Eduard Devrient die Palme streitig.
„Diese kleinste Rolle wollen Sie spielen, Papa?" fragte ich ihn bei
meinem „Rokoko". „Ah," erwiderte er, „wenn ich das Stück für beachtens=
werth halte, dann muß ich mitthun, falls ich auch nur einen Stuhl hinaus
tragen soll."

Neben diesem kleinen Männchen stand damals noch fest der dicke
große Stawinsky, ein verständiger, sehr zugeknöpfter Mann, ergraut im
Theaterdienste und zuverlässig als Regisseur, welcher mit genauer Kennt=
niß des neu aufzuführenden Stückes auf die erste Probe kam und dem

fein fragenden Devrient stets bündige kurze Antwort gab. Unbefragt schwieg er sorgfältig, und wenn er durchaus sprechen mußte, so geschah das sehr ruhig, und doch immer so, daß man im Hintergrunde eine genaue Kenntniß der Sache verspürte. Er übernahm nur noch kleinere Episodenrollen, die er ebenso ruhig erledigte, ruhig und sparsam, aber gut. Man erkannte den alten gewiegten Schauspieler, welcher sich nicht mehr in Unkosten setzen mochte. Er erschien blasirt, wenn man aber näher zufragte, bewies er mit ein paar einfachen Worten, daß er es nicht wäre, wenn er auch nicht lehrsam wie der jüngere Devrient den Zustand des deutschen Theaters bespräche. Jedenfalls war sein gemessenes Dasein ein Haltpunkt für das Ganze.

Sehr verschieden von ihm war ein Dritter, welcher wie Devrient die Schauspielkunst grundsätzlich behandelte, Louis Schneider. Immer geistig bewegt, immer genau unterrichtet, immer auf charakteristische Schärfe bedacht und zu idealen Anschauungen lächelnd, war er namentlich in letzterem Punkte ganz ein Gegensatz zu Devrient. Er war eine Autorität in allen Detailfragen, welche auf emsig gesammelten Kenntnissen beruhten. Sein Fleiß war staunenswerth. Er übernahm bereitwillig die fadenscheinigste, nur auf einen Moment sichtbare Rolle eines Tanzmeisters, studirte dann den alten französischen Tanz Gavotte, tanzte schon auf der Probe mit minutiöser Genauigkeit, und nahm nach der Probe noch Stunden lang Uebungen vor mit einigen Partnern. Nicht etwa als Regisseur, das war er nicht, sondern aus keuschem Eifer für die Sache, für die Sache der Komödie überhaupt. Devrient sah ihm stets aufmerksam zu. Wenn nun gar kleine militärische Evolutionen vorkamen, dann übte Schneider Tage lang mit Statisten, sie eifrig belehrend, wie man vor hundert, vor zweihundert Jahren marschirt sei und die Waffe gehandhabt habe. Es war sein Element, soldatische Genauigkeit auf der Bühne darzustellen, wie er sie bei preußischem und russischem Militär abgesehen hatte. Er ist später auch ganz in's politische Lager altpreußischen und russischen Wesens verschwunden, welchem er, die Bühne leider aufgebend, all seinen Fleiß und seine Kenntniß hingebend gewidmet hat. Nicht ohne Geist und behende Combination. Für das damalige Theater war auch er ein werthvolles Mitglied, welches Sorgfalt, Treue und Disciplin genau aufrecht erhalten half, für Eduard Devrient stets ein interessanter Gegenstand der Beobachtung.

Vor Allen wichtig war Seydelmann, welcher seine letzten Lebensjahre am Berliner Hoftheater zubrachte. Seiner geistigen Kraft wegen wurde ihm in Berlin eine große Bedeutung zugeschrieben und er beschäftigte Devrients Kritik sehr lebhaft.

Der Heldenspieler Rott, welcher trotz großer Mittel bald in's Lustspiel verwiesen werden mußte, weil ihm die kernige Wahrheit fehlte, blieb ein Fremdling in diesem Kreise. Vom weiblichen Personal aber gehörte Frau Crelinger mit ihren beiden Töchtern ganz dazu. Auch sie stützte

sich auf Tradition höchst würdiger Theatersitte, welche mit dem Berufe
einer Künstlerin in keiner Weise tändeln ließ.

Mit einem Worte: es war ein sehr respectabler Grundstock vorhanden
im königlichen Schauspielhause, welcher von der Intendanz des Grafen Redern
in die Leitung des Herrn von Küstner überging. Zu diesem Grundstocke
gehörte ganz und gar Eduard Devrient, und er hat unter und aus diesen
Elementen Hauptsätze seines Lebensprogramms gesogen. Er hat hier das
Hoftheater wie ein Staatswesen betrachten gelernt, welches grundsätzlich,
durch und durch grundsätzlich behandelt sein wollte, und zwar in Art
und Sitte preußischen Zuschnitts. Sein Augenmerk war ersichtlich schon
damals darauf gerichtet, selbst Leiter und Regent eines Hoftheaters zu
werden. Es hätte ihn gar nicht überrascht, wenn er statt Herrn von
Küstner zur Führung des Berliner Hoftheaters berufen worden wäre.
Für das Theater selbst wäre das auch wol vortheilhaft gewesen, da
Küstner bald nach oben mißliebig wurde und weder von dort noch von
anderswo Unterstützung fand.

Der Prophet, besonders wenn er noch jung ist, findet wenig Glauben
in seinem Vaterlande, und so folgte Eduard Devrient einem Rufe nach
Dresden. Dort meinte er als herrschender Regisseur sein vorbereitetes
System der Theaterführung in Vollzug setzen zu können.

Hier stieß er aber auf ein peinliches Hinderniß, auf seinen Bruder
Emil, welcher nicht im Entferntesten Willens war, sich im Sinne eines
grundsätzlichen Staatswesens regieren zu lassen, ja sich überhaupt regieren
zu lassen. In Emil Devrient trat dem Eduard Devrient das Virtuosen=
thum schroff entgegen. In Gestalt des eigenen Bruders! Welch' eine
Qual! Aber jeder war ein Devrient mit dem harten Familienkopfe,
mit dem unerschütterlichen Glauben an sich selbst. Emil war im Besitze
der Macht als beliebter ausübender Künstler, und Herr von Lüttichau,
der Intendant des Dresdener Hoftheaters, wagte es nicht, diese Macht
zu beschränken, er wagte es nicht, den blassen Systematiker Eduard, der
wie ein Puritaner erschien, durch irgend eine Maßregel zu unterstützen.
Der Puritaner erlag, der Virtuos triumphirte.

Hier hat Eduard Devrient den tiefen Widerwillen, ja den Haß ein=
gesogen gegen das Virtuosenthum, welcher ihn nie mehr verlassen hat.

Er zog sich in sein Zelt zurück, in sein Familienleben, welches sehr
innig und wohlgeordnet war. Er versammelte eine kleine Gemeinde
puritanischer Theaterfreunde um sich, welche ideale Vorstellung von einer
Bühnenregierung hatten, und ihr, der andächtig zuhörenden, las er
dramatische Poesien vor, welche über die gemeinen Hindernisse schnöder
Theatergrenzen nicht hinüber dringen können zur Darstellung auf öffent=
licher Scene.

Er las etwas eintönig und nicht ohne den Devrient'schen Nasalton,
aber mit deutlichem Hinweise auf den Geist der Dichtung.

Da kam von Süden her der lang ersehnte Ruf: der Großherzog von Baden berief ihn an die Spitze seines Hoftheaters in Carlsruhe, und nun konnte man gewärtig sein, eine gründliche Reform des Theaterwesens entstehen zu sehen.

Diese Erwartung hat denn Eduard Devrient thatsächlich erfüllt. Allerdings nicht ohne Erschrecken des kleinen Residenz-Publikums.

Ich kam in jener Zeit seines Reformbeginns — und jener Beginn dauerte Jahre — einmal nach Carlsruhe und hörte von allen Seiten die Seufzer und Schmerzensschreie der bedrängten Abonnenten. Sie klagten bitterlich über die Erziehung, welche sie auszustehen hätten. Das machte ihn nicht irre. Die Charakterzähigkeit der Devrients zeigte sich unerschütterlich. Ein Devrient glaubt fest an Das, was er sich als richtig zurechtgelegt, weil er an sich selbst fest glaubt, und er ist nicht abzubringen von dem Wege, welchen er erwählt hat. Und hier in Carlsruhe war Eduard Devrient an einen Herrn gekommen, welcher durch keinerlei Einflüsterung, ja durch keinerlei Geschrei bewogen werden konnte, seinen artistischen Director irgendwie zu stören. Der Großherzog hatte ihm einmal sein Vertrauen geschenkt, hatte ihm die unumschränkte Führung seines Hoftheaters zugesagt, und er hielt ihm vollständig Wort.

Das Ergebniß war denn auch nach einigen Jahren ein merkwürdig zufriedenstellendes. Das Theater war in seinem Inneren streng geordnet, war in seinem Repertoire gediegen, ja schwer wiegend, die Vorstellungen boten ein wohlgegliedertes Ensemble, in welchem wol Mangel an ersten Kräften war, aber keinerlei Mangel an zweckmäßiger Leistung, an genauer Abstufung, an promptem Zusammenspiel. Und das früher so klagsame Publikum, welches über Mangel an Unterhaltung geseufzt, hatte sich an strenge Kost gewöhnt, hatte Geschmack gefunden an schweren Aufgaben, ja war stolz geworden auf sein systematisch einherschreitendes Institut, und blickte überlegenen Sinnes auf das schlottrige Wesen anderer Theater.

Eduard Devrient hatte dies erreicht durch standhaften Sinn, durch standhaften Fleiß. Er redigirte seine in Scene zu setzenden Stück auf das Sorgfältigste, er setzte sie selbst in Scene und war auf den Proben der unermüdliche, Alles, aber Alles beobachtende und corrigirende Leiter. Er behandelte jede neue Vorstellung — sie mochte ein altes oder ein neues Stück betreffen — wie eine neu zu erledigende Kunstaufgabe. Er suchte die vielberufene Reform in Vervollkommnung aller einzelnen Bestandtheile eines theatralischen Kunstwerkes, nicht aber in inhaltloser Verkündigung großer Namen und Titel.

In Sachen Shakespeares bekannte er sich im Gegensatze zu den Shakespearomanen zu einer starken Betonung des heutigen Bildungsstandes und Geschmacks. Er wollte dem nahezu dreihundert Jahre alten Dichter den Zugang zur heutigen Generation erleichtern, und veranstaltete

sogar — wol unter Beihülfe seines Sohnes Otto — ganz neue Aus=
gaben selbst der bekanntesten Shakespearestücke. Es liegt ein solcher Hamlet
gedruckt vor mir, verändert in Sprache und Scenenreihe, und zwar als
Beginn einer zahlreichen Folge, welche wol ausgeblieben ist, weil Alter,
Krankheit und Tod dazwischen getreten. Und auch in diesem Punkte blieb
er dem virtuosen Bruder Emil gegenüber bei seiner Ansicht: als dieser,
in Carlsruhe gastirend, seinen Hamlet und nicht den von Eduard ein=
gerichteten Hamlet spielen wollte, erklärte der Director Eduard, Emil
werde ihn nach dem Carlsruher Buche spielen, oder gar nicht. Und
Emil spielte ihn gar nicht.

Neben all diesen aufreibenden Directionsarbeiten schrieb er unter
Zeit raubenden Studien seine Geschichte des deutschen Theaters, und
entzündete mit dem letzten Bande derselben, welcher bis in die neueste
Zeit reicht, einen großen Brand unter den Collegen. Auch solcher Brand
ist zum Guten.

Jeder menschlichen Schwäche freilich hat auch dieser Systematiker
nicht völlig Stand gehalten, und mancher Gegner hat sich darob gefreut,
an diesem steinernen Dogmatiker doch eine menschliche Regung zu ent=
decken. In den letzten Jahren seiner Directionsführung hat die Sorge
um seine Familieninteressen ihn überwältigt, und er hat zu Gunsten
dieser Interessen einige Paragraphen seines Systems verhüllt. Ja zuletzt
hat er, um ein Pressionsmittel in die Hand zu bekommen, heimliche
Unterhandlungen um das Stuttgarter Hoftheater versucht. Dies hat mit
Recht seinen Großherzog veranlaßt, seine Hand abzuziehen von dem Manne,
welchen er so lange standhaft aufrecht erhalten. Und so ist Eduard
Devrient nicht auf seinem Schlachtfelde, sondern seitab als Privatmann
gestorben.

Aber hier kann man wol sagen, daß ein kleiner Schatten das Licht
hebe, und ich kann schließen: Eduard Devrient hat sein Pfund redlich
verwerthet, er hat wacker gearbeitet, er hat vielfach maßgebend gewirkt
in Sachen des deutschen Theaters, und verdient mehr denn irgend ein
Anderer den Dank aller derer, welche sich wirklich für das Gedeihn des
deutschen Theaters interessiren.

Ueber das Nationalgefühl.

Rede zur Geburtstagsfeier des Kaisers
in der Akademie der Wissenschaften zu Berlin am 28. März 1878
gehalten von
E. du Bois-Reymond.*)

Répétons souvent des vérités utiles.
Voltaire.

Der zweiundzwanzigste März, der früher die Deutschen nur an den Verlust ihres größten Dichters erinnerte, ward ihnen seitdem ein Tag nationaler Freude. Der Frühlingsanfang schenkte uns den erhabenen Wiederhersteller des Reiches, von welchem in der deutschen Volksgeschichte ein neuer Frühling beginnt. Wie dem Frühling geziemt, ward auch dieser unter Stürmen geboren. Noch hören wir ihr Brausen: dürfen wir hoffen, bald der sonnigen Tage der Ruhe uns zu freuen?

Die ungeheuren Ereignisse, die zu erleben uns beschieden war, rücken „in der rollenden Jahre Vollendung" in immer weitere Ferne. Die Deutschen fangen an, sich in ihre neue Lage zu schicken, sie berechnen nicht mehr fortwährend, nach Art eines jungen Ehepaares, wie lange schon sie häuslich verbunden sind. Ein Geschlecht wächst auf, welches in den neuen Zuständen zu politischem Bewußtsein erwachte, und nicht, wie wir, die Tage nationaler Zerrissenheit und Bekümmerniß sah. Kaiser Wilhelm schenkte den Deutschen ein beruhigtes, kräftiges Nationalgefühl, und so ist es vielleicht nicht unangemessen, heut einmal von diesem Gefühle zu reden, welches, früher dem Namen nach unbekannt, in der Geschichte des neunzehnten Jahrhunderts solche Bedeutung erlangte.

Was man Vaterlandsliebe, Patriotismus, nennt, ist nicht nothwendig Nationalgefühl. Patriotismus ist begeisterte Anhänglichkeit an eine bestimmte Staatsgemeinschaft als solche, welche Gemeinschaft aber möglicher-

---

*) Aus den Monatsberichten der Akademie mitgetheilt vom Verfasser.

weise verschiedene Nationalitäten umfaßt. So gibt es einen schweizerischen, einen österreichischen Patriotismus. Vom Rassengefühle, welches anthropologisch verwandte Individuen, z. B. Weiße, unter einander verbindet, und sie von anthropologisch fremden Individuen, z. B. Schwarzen, scheidet, wird das Nationalgefühl in dem Maße leichter oder schwerer sich trennen lassen, wie es im einzelnen Falle leichter oder schwer sein wird, zwischen Rassen und Nationen die Grenze zu ziehen.

Patriotismus und Rassengefühl also sind nicht Nationalgefühl; was ist letzteres? Es liegt nahe zu sagen, es sei das Gefühl begeisterter Anhänglichkeit an eine aus Individuen gleicher Abkunft und Sprache bestehende Gemeinschaft, welches diese Individuen empfinden. Doch stößt diese Begriffsbestimmung auf Bedenken.

Wo hört eine menschliche Gesellschaft auf, Familie und Stamm, und fängt sie an, Volk, Nation zu heißen? Dürfen die von den Meuterern der „Bounty" abstammenden Bewohner der Pitcairninsel schon von ihrem Nationalgefühle reden?

Dann ist Gemeinsamkeit der Sprache hier nicht immer so entscheidend, wie es anfangs scheint. Engländer, Schotten, Iren reden jetzt Eine Sprache, und bleiben doch durch ein recht lebhaftes Nationalgefühl getrennt; die verschiedenen Zweige der slawischen Linde verstehen gegenseitig ihr Rauschen nicht, und fühlen sich angeblich doch Einem Stamm entsprossen.

Anderemal unterdrückt gemeinsame Sprache, durch politische Einheit unterstützt, den Einfluß verschiedener Abkunft, wie bei den mannichfaltigen Stämmen Frankreichs und Spaniens. Diese Bemerkungen, denen viele ähnliche sich hinzufügen ließen, genügen, um zu zeigen, daß dem Nationalgefühl eine allgemein gültige thatsächliche Grundlage fehlt. Dasselbe gilt folgerecht vom Nationalitätsprincip in der Politik, welches gemeinsames Nationalgefühl zur Voraussetzung jeder Staatsgemeinschaft macht. Dies Princip ist um so gefährlicher, als auf niederer Bildungsstufe, wo sie nicht sittlich geläutert sind, alle jene Triebe, Familien-, Stamm-, Volks-, Rassengefühl, meist nur durch ihr Widerspiel sich bethätigen, durch den sie natürlich begleitenden Familien-, Stamm-, Volks-, Rassenhaß. Anrufung des Nationalgefühles ist Anrufung des Nationalhasses.

Eine Geschichte des Nationalgefühles aus berufener Feder wäre ein verdienstliches und lehrreiches Werk.

Solche Geschichte hätte zuerst den Ursprüngen des Nationalgefühles in der Thierwelt nachzugehen, wie dies Hr. Darwin für die allgemein menschlichen Empfindungsweisen überhaupt und auch schon für den dem Nationalgefühle voraufgehenden Geselligkeitstrieb gethan hat. Es gehört die nur ihm zu Gebote stehende Fülle naturgeschichtlicher Kenntnisse dazu, um dergleichen psychologische Erscheinungen ursächlich zu begründen, ohne in seichten Rationalismus sich zu verlieren. Sicher wäre auch hier vielfach Vererbung an Stelle von Bedürfniß, Gewöhnung, Nachahmung, Vorurtheil zu setzen, und die Wirkung der natürlichen Zuchtwahl wäre zu verfolgen. Bei vielen geselligen Thieren, von den Vierhändern bis in die Reihen der Wirbellosen, findet sich etwas dem Stammgefühl Aehnliches; wenn es auch nur im Zusammenhalten der Individuen derselben Gesellschaft und in Feind= seligkeit gegen nicht dazu gehörige sich äußert. Rothe Ameisen rauben die Puppen kleiner schwarzer Ameisen, um sie als Sklaven groß zu ziehen, welche ihnen die Hausarbeit verrichten. Ameisen eines Baues begrüßen liebkosend ihre lange abwesenden Genossen, und fallen wüthend über die eines anderen Baues her, die sich zu ihnen verirren. Nicht viel anders geht es bei rohen Völkerschaften zu.

Wer könnte dann die Grenze ziehen zwischen den Empfindungen eines Steinmenschen=Häuptlings beim Kampfe seiner Horde um einen Jagdgrund oder eine Austernbank, und denen Rostoptschins, als er Moskau brennen sah? Niederen Ursprunges wie Vieles des Höchsten in uns, wird in dem sich selber steigernden Entwickelungsproceß der Menschheit das National= gefühl zu einer der mächtigsten Triebfedern unserer Handlungen; doch legt es, überall demselben Keim entsprungen, bei verschiedenen Völkern ihren psychologischen Eigenthümlichkeiten gemäß besonderes Gewand an.

In den Homerischen Gesängen spielt Nationalgefühl insofern keine Rolle, als es sich nicht um einen Kampf zwischen verschiedenen Nationen handelt. Achaeer und Troer haben gleiche Sprache, Götter, Sitten, Waffen; nur einzelne Spuren eines nationalen Unterschiedes kommen vor: die Troer rücken mit Geschrei, die Achaeer schweigend zur Schlacht an. Der troja= nische Krieg ist also bei Homer nur eine Fehde stammverwandter Clans. Herodot macht ihn zu einem der in den Mederkriegen gipfelnden Vorgänge, und es fragt sich, ob hier Homer zu trauen sei, denn auch des Aeschylos Perser entbehren der Localfarbe, und Burgunden und Heunen im Nibe= lungenliede, Perser und Türken bei Firdusi, Franken und Heiden bei Tasso unterscheiden sich wenig von einander, wie denn Shakespeares Griechen, Römer, Italiener nur verkleidete Engländer aus Elisabeths Zeit sind. Antike Bildwerke, wie die Aeginetensculpturen, ertheilen den Troern asiatische Merkmale. Doch hat die neuere Geschichtsforschung Homer Recht gegeben.

Den nicht griechisch redenden Völkern aller Rassen, besonders den knechtischen Unterthanen des Großherrn gegenüber, empfand sich der spätere Hellene als höher organisirter und ausgebildeter Mensch, und jene sind ihm insgesammt zungenlose, stumme Barbaren. Dies National= gefühl war der treibende Boden, dem die Kriegs= und Geistesthaten des Griechenthumes entsprangen. Der Gedanke, Hellene zu sein, spornte den Jüngling früh zu höchster Anspannung aller physischen und geistigen Kräfte. Der heutigen Weltanschauung kann das hellenische Nationalgefühl engherzig scheinen, um so mehr, als es noch weiter zum Stadtgefühl, so zu sagen, sich zersplitterte und einschrumpfte, ähnlich jenem Municipal= Patriotismus der italienischen Städte, die im Mittelalter auch oft ein=

ander bekriegten, und erst in unserer Zeit ihre Eifersucht in der Be=
geisterung für das Eine Italien rühmlich aufgehen ließen. Aber wenn
wir von Hellas sprechen, denken wir vor Allem an die Blüthe Athens,
und wie beschränkt auch diese in Raum und Zeit war, der Athener Stadt=
gefühl während dieser Blüthe war zugleich allgemein menschliches Gefühl,
denn es verschmolz mit dem Gefühle für das ewig Schöne, Gute und
Wahre, welches des Menschen höchste Sinnesart ist. Vermöge glücklicher
Volksanlage und geschichtlicher Fügung deckten sich diesmal Patriotismus,
Nationalgefühl und vollendetes Menschenthum. Die Feldherren und
Staatsmänner, Redner und Philosophen, Dichter und Künstler Athens
haben jeden Bürger der kleinen Athenischen Stadtgemeinde zu einem
Weltbürger gemacht, weil, so lange es eine Cultur geben wird, überall
in der Welt dieser Adel der Gesinnung, diese Schönheit der Form, diese
Fülle der Gedanken den höchsten Maßstab für das abgeben werden, was
außerhalb des inductiven Natur=Erkennens und =Beherrschens der Menschen=
geist zu erreichen vermag. Freilich dürfen wir nicht vergessen, daß die
solch erhebendes Schauspiel bietende Aristokratie der Menschheit Sklaverei
zum Untergrund hatte, so daß von Nation in unserem Sinne dort eigentlich
die Rede nicht ist.

Feindselig hebt sich gegen das hellenische Nationalgefühl die Caricatur
dieses Gefühles im Römerthum ab. Von seinem ersten Auftreten an
sehen wir das Römervolk krankhaft erregt. In keiner gewonnenen Stellung
kommt es zur Ruhe, um in friedlicher Gemeinschaft mit anderen Völkern
an der Arbeit für die Menschheit sich zu betheiligen. Angriffskrieg ist
sein natürlicher Zustand; unersättliche Herrschsucht treibt es, seine Waffen
weiter und weiter zu tragen, um den Kreis zu vergrößern, aus welchem
es seine Raubgier befriedigt. Es ist ein Zeichen guten Sinnes unserer
Knaben, die wir sonderbarerweise in Bewunderung des Römerthumes er=
ziehen, daß, wie Schulmänner bemerkten, stets ihr Herz mit Hannibal
und den Töchtern Karthagos ist, die ihre Flechten zu Bogensehnen im
letzten Kampf abschneiden. Wie viel Achtung in ihrer furchtbaren Folge=
richtigkeit auch die Politik einflöße, welche Karthago schleift, wie sehr
auch die auf so viel anderen ruchlos hingewürgten Nationalitäten er=
richtete Römergröße blende, endlich welche Dienste auch die Römer neben=
her und, man kann sagen, unwillkürlich der Menschheit leisteten, das

„Tu regere imperio populos, Romane, memento“

ist aus jenem zum Wahne verkehrten Nationalgefühle gesprochen, wie es die Ge=
schichte unserer Zeit wiedergesehen und als Chauvinismus gebrandmarkt hat.

Eine ganz andere Gestalt, als bei den indogermanischen Vätern un=
serer Bildung, nimmt das Nationalgefühl bei den Semiten an. Die
Juden sind sich das auserwählte Volk Gottes. Ihrer Meinung nach im
Besitze des allein wahren Glaubens, der Kenntniß des mächtigsten Gottes

und der allein ihm gefälligen Opfer und heiligen Gebräuche, verabscheuen
sie alle übrigen Völker als Götzendiener, gegen welche jede Gewaltthat
ihnen nicht nur erlaubt däucht, sondern sogar durch Priestermund ausdrücklich befohlen wird. Ohne Staatsleben, ohne Kunst und Wissenschaft,
gehen sie auf in einer auf besondere Zustände kleinlich zugeschnittenen
Ethik. Geistliche Hoffahrt und Unduldsamkeit waren das ursprüngliche
semitische Nationalgefühl, welches die bittere Schule der Unterdrückung
freilich vielfach gemildert, ja in Nathan'sche Weisheit umgewandelt hat.

Zum zweiten Male bricht die semitische Sinnesart, gleich einem
verzehrenden Wüstenwind, hervor im Islam, so mächtig, daß sie auch
des Rassengefühles Herr wird, und von den Malaien der Sundainseln
bis zu den Hamiten an den Säulen des Hercules, von den Mongolen
der asiatischen Steppe und den typischen Kaukasusstämmen bis in's Herz
des schwarzen Continentes, Millionen aller Farbe durch Glauben und
Blut zu Einem künstlichen Volksthume zusammenschweißt, welches noch heute,
nach mehr denn tausend Jahren, den Giaour anspeit, wie Ein Mann.

Eine ähnliche Versöhnung der nationalen Unterschiede bewirkte im
mittelalterlichen Abendland, auf dem durch die römische Weltherrschaft
vorbereiteten, durch die Völkerwanderung durchpflügten Boden, das semi-
tisch geborene, durch griechische Einflüsse allgemein menschlich gewordene
Christenthum. Neben dem Gegensatze zwischen Christenthum einerseits,
andererseits Heidenthum, Judenthum und Islam, verschwand der Gegensatz zwischen den europäischen Nationen, wie sie aus dem Gewühl jener
Katastrophe hervorgingen: um so mehr, als sie lange ein buntes Gemisch
der Eingeborenen mit den mehrfach übereinander gelagerten und durcheinander geschobenen Massen der Einwanderer darstellten. Noch heute
nennt sich der Spanier emphatisch Christiano, im Gegensatze zum Akatholiken
jeder Ueberzeugung, und zum Thier. Neben dem Gegensatze zwischen
der rohen Menge der Barbaren und den wenigen Gebildeten, in denen
die antike Cultur kümmerlich fortsickerte, verschwand der nationale Unterschied zwischen den Gebildeten: um so sicherer, als Latein die allen Gebildeten gemeinsame Umgangs-, Schrift- und Geschäftssprache blieb. Das
Lehnswesen, das römische Königthum griffen über alle nationalen Unterschiede fort. Schwäbische Kaiser hielten Hof in Sicilien. Vollends die
Kirche überwob die ganze Christenheit mit einem Netze national indifferenter
Machtfäden. Die besten Köpfe eder Nationalität reihte sie sich ein, um
sie als gleichartige Werkzeuge in die Welt zu senden; damals wie heute
hob die Tonsur die Nationalität auf. In den Klöstern, insbesondere
gleichen Ordens, lebten über die ganze Welt zusammenhängende Genossen-
schaften. Trotz den unausbleiblichen Reibungen zwischen den Kreuzfahrern
verschiedener Nation sahen die von der Kirche betriebenen Kreuzzüge die
europäischen Völker einiger denn jemals später. Im Templer- und
Johanniterorden vereinigte sich die Blüthe des europäischen Adels zum

Schutze der Pilger und zum Trutze wider den Halbmond. Da sämmt=
liche Universitäten nur Eine Sprache redeten, herrschte zwischen ihnen eine
Freizügigkeit wie die, welche jetzt nur noch die deutschen, deutsch=
österreichischen und schweizerischen Hochschulen verbindet. Jünglinge aus
allen Ländern strömten in den Universitäten Frankreichs und Italiens
zusammen, die, obwol in Nationen getheilt, doch, wie der Name sagt,
ein Gesammtheit bildeten. Berühmte Doctoren zogen mit leichtem Gepäck
durch die ganze christliche Welt, und fanden sich zu Hause, wo es zu
lernen, zu lehren, vor Allem wo es zu disputiren gab. Später, schon
im Beginne der Neuzeit, galt Aehnliches von den Landsknechten, welche
fochten wo es zu fechten gab, und deren letzte Nachfahren als Schweizer
Hellebardiere im Vatican Wache stehen. Nicht minder führten Baumeister
und Aerzte, Goldmacher und Sterndeuter damals ein internationales
Dasein, wie heute nur Musikvirtuosen.

Genug, obschon die Kämpfe zwischen Kaiser und Papst, zwischen
Frankreich und England, zwischen England und Schottland, und andere,
mehr oder minder deutlich einen nationalen Hintergrund hatten, so scheint
doch klar, daß im Mittelalter das Nationalgefühl im Vergleiche zu an=
deren, die Culturvölker geistig bewegenden Mächten mehr zurücktrat als
im Alterthum und als jetzt, und es entsteht die Aufgabe, das Wieder=
erwachen dieses Gefühles zu erfassen und sein Wachsen bis zur bedenklichen
Höhe zu verfolgen, welche es heut erreicht.

Das wesentlich dabei thätige Moment war unstreitig die Entwickelung
der Nationalliteraturen, welche nicht blos jedem Volk einen ihm eigenen
idealen Mittelpunkt gaben, sondern auch die völkerverbindende Herrschaft
der lateinischen Sprache untergruben. Daher die Italiener in Dante, als vor=
nehmstem Schöpfer der Vulgärsprache, trotz seiner Ghibellinischen Gesinnung,
mit Recht einen der geistigen Urheber ihres heutigen nationalen Daseins feiern.

Dann kommt in Betracht die Schwächung der römischen Kirche
durch die Reformation. Während der Humanismus seinem Wesen nach
ausgleichend auf die Nationalitäten wirkte, war er durch Vorbereitung
der Reformation doch auch im anderen Sinne thätig. In Deutschland
hätte die Reformation doppelt auf Entwickelung des Nationalgefühles
wirken können, weil es vorzüglich Sitz der Bewegung war, und weil
die Luther'sche Bibelübersetzung der neuen deutschen Sprache Aehnliches
bedeutet wie die Göttliche Komödie der italienischen; allein der dreißig=
jährige Krieg lähmte vorläufig jeden Aufschwung, und schüttelte die Völker
in Centraleuropa so durcheinander, daß sie erst allmählich zum Bewußt=
sein ihrer natürlichen Beziehungen kamen. Auch der Abfall der Nieder=
lande wäre hier zu nennen, der, anfangs nur auf Gewissensfreiheit ge=
richtet, bald nationale Färbung annahm.

Die Entdeckung der Neuen Welt steckte mehreren europäischen Na=
tionen eigene Ziele, und eröffnete ihnen besondere Vorstellungskreise.

Endlich entstanden auf den Trümmern der Lehnsherrschaft kräftig centralisirte Monarchien, deren Unterthanen aus dem früheren Völkerchaos
um bestimmte Anziehungspunkte sich ballten, und in deren stehenden
Heeren sich ein Gefühl von Zusammengehörigkeit entwickeln konnte. Das
britische Inselreich, wenn auch schroffe nationale Gegensätze bergend,
Skandinavien, der schismatische Osten bildeten von jeher schärfer ab-
gegrenzte Massen. So näherte sich Europa nach und nach Zuständen,
in denen die heutigen schon mit deutlicheren Umrissen angelegt sind.

Wenn nun auch in einzelnen Männern, einem Hutten und Frischlin,
das Nationalgefühl früh sich lebhaft regte, so dauerte es doch noch lange,
bis es in den Vorgrund der Weltbühne drang. Im sechszehnten und
siebzehnten Jahrhundert war es der Gegensatz zwischen römisch-katholischer
Rechtgläubigkeit und Ketzerei, wie auch zwischen den verschiedenen protestantischen Bekenntnissen, gegen den wiederum der nationale Unterschied
zurücktrat. Auch gegenüber der seit der Einnahme Constantinopels von
den Türken drohenden Gefahr empfanden sich die Völker Europas wieder
als Eins. Niederlande und Schweiz ausgenommen wurde der Continent
despotisch regiert; und während die Masse des Volkes in Rohheit ver-
sunken, jedenfalls politisch machtlos war, herrschten nach wie vor, durch
die Fürsten und neben ihnen, Adel und Geistlichkeit, diese grundsätzlich
international, jener oft wenigstens nicht national gesinnt. An Stelle
des Lateins trat Französisch als Sprache der Gebildeten und der Diplo-
matie. Wie früher durch den Gebrauch des Lateins, wurde dadurch internationale Freizügigkeit der Gelehrten, Schriftsteller, Künstler und Talente
aller Art ermöglicht. Der Lebenslauf der Menschen war noch minder
streng und einförmig geregelt, das administrative und militärische Fach-
werk lockerer, bei den mangelhaften Bildungsmitteln die Ueberfüllung
mit Capacitäten geringer als jetzt. Die willkürliche Finanzverwaltung
erlaubte vollends einem Fürsten, wenn er sonst Sinn dafür hatte, Talente
jeder Nationalität um sich zu versammeln und beliebig zu verwenden.
Während des Jahrzehends vor Aufhebung des Edicts von Nantes lebten
in Paris als Mitglieder der Akademie der Niederländer Christian Huy-
ghens, der Däne Olof Römer, welcher Lehrer des Dauphin, und der
Italiener Giovanni Domenico Cassini, welcher der erste Director der
neuerbauten Sternwarte war. Der Franzose Descartes war nicht lange
vorher bei Königin Christine in Stockholm gestorben. Durch die Aufhebung des Edicts wurden Tausende der besten Köpfe und geschicktesten
Hände Frankreichs in die protestantischen Nachbarländer zerstreut. Ihr
Erscheinen predigte Abscheu gegen der Maintenon bigottes Regiment; aber
gerade sie trugen viel dazu bei, die natürlichen Gegensätze zwischen deutscher
und französischer Volksart zu mildern und manche Vorurtheile zu berichtigen.

Im achtzehnten Jahrhundert treffen wir hier in Berlin Friedrichs
Tafelrunde, an der Spitze dieser Akademie den Franzosen Maupertuis,

später den Piemontesen Lagrange; in Paris eine literarische Rolle spielend die Deutschen Holbach und Grimm. Voltaire und den Encyklopädisten kam es nicht in den Sinn, mit ihren Ideen, Wünschen, Bestrebungen auf Frankreich sich zu beschränken. Wenn sie auch eingeengt blieben in gewisse ihnen als Franzosen angeborene oder unvertilgbar eingeprägte Vorstellungen, so dachten sie sich doch in's Weite. Ihre Theorien waren meist mehr als verfrüht, auf rationalistischen Sand hinfällig gebaut; aber sie meinten damit die ganze Menschheit zu beglücken, und darauf kommt es uns hier allein an. Philanthropie wurde die Losung der Zeit. Die Freimaurerei, welche keine Nationalität, sondern nur Menschenthum kennt, stand in höchster Blüthe. Der Kosmopolitismus, ausdrücklich zur Lehre erhoben, öffnete allen Völkern die Arme. Die jungen Vereinigten Staaten Nordamerikas durften am wenigsten im allgemeinen Bruderbunde fehlen, und selbst auf die fernen Polynesier, die man durch Cook anfangs etwas zu vortheilhaft kennen gelernt hatte, erstreckte sich die Zärtlichkeit. Es ist culturgeschichtlich bemerkenswerth, und ganz im Einklange mit der geringen Stärke des Nationalgefühles im vorigen Jahrhundert, daß zur Theilung Polens wol hier und da aus politischen Gründen scheel gesehen wurde, daß aber das Tragische des Ereignisses, wie es uns erscheint, an dem damaligen sonst so empfindsamen Geschlechte ziemlich spurlos vorüberging.

Dieselbe kosmopolitische Stimmung wiederhallt in Schillers jugendlichen Ueberschwenglichkeiten, dem Lied an die Freude, dem Don Carlos. Zwar machte sich in Deutschland, nach der Mitte des vorigen Jahrhunderts, eine nationale Strömung von einiger Gewalt bemerkbar. Zur Abwehr der seit dem dreißigjährigen Kriege die deutsche Literatur beherrschenden französischen Einflüsse holte Klopstock aus der skandinavischen Götterlehre und dem germanischen Alterthum einen national sein sollenden poetischen Apparat hervor. Der Göttinger Hainbund folgte Klopstock auf diesem Wege, und Goethe selber schlug im Götz und in der Jugendschrift über das Straßburger Münster vorübergehend, und mit dem ihm eigenen künstlerischen Tact, den nationalen Ton an. Aber dies bedeutete so wenig, wie die vereinzelten patriotischen Anläufe Lessings, Gleims, Justus Mösers und Anderer. Das deutsche Volk im Ganzen blieb national wie politisch gleichgültig, und die deutsche Literatur der klassischen Periode ist gerade einzig dadurch, daß sie allen Völkerstimmen gelauscht, in allen Tönen sich versucht, in hellenischem Schönheitsthau sich gesund gebadet, und mit Shakespeares Genius Umgang gepflogen hat. „Ihr unermeßlich Reich ist der Gedanke", und nichts verfehlter und widriger zugleich, als das Bestreben ungebildeter Agitatoren, Schiller zu sich in's Parteigewühl herabzuzerren, und ihn wegen einiger aus der dramatischen Situation hervorgegangenen Schlagwörter im Tell, denen eine Menge anders klingender entgegensteht, zum nationalen Dichter im Sinne des Wortes auf=

zubauſchen. Nationaler Dichter war er, ja, aber inſofern, als Welt=
bürgerthum das ächte deutſche Nationalgefühl iſt.

Während Deutſchland noch in kosmopolitiſchen Träumen ſich wiegte,
bereitete ſich jenſeit des Rheines der Umſchwung vor, der fortan das
Nationalgefühl zum wichtigſten Hebel der Weltgeſchichte machen ſollte.
Von der Levée en masse im Jahre 1792 ſchreibt ſich die übermäßige
Erregung dieſes Gefühles bei den Franzoſen her. Nur zu leicht gelang
es dem tiefen Kenner des gallo=römiſchen Weſens, dem erſten Napoleon,
dieſe Erregung weiter bis zur Volkspſychoſe des Chauvinismus zu ſteigern,
der ihm als Werkzeug ſeines eigenen Kaiſerwahnſinns dienen ſollte. Man
hat bisher vielleicht nicht gebührend beachtet, daß ſeltſamerweiſe Jean
Jacques Rouſſeau, unſtreitig ſehr gegen ſeine Abſicht, die Wege dazu
dem Imperator ebnen half. Denn er war es, der, in ſeiner Jugend
durch den Anblick des Pont du Gard für Römergröße entflammt, ſpäter
in Paris die Römertugend zur Mode machte. Auf die dem Mucius
Scaevola und Horatius Cocles, den Gracchen und Scipionen, dem Marius
und Sulla nacheifernden Republikaner war es dann ſchon leichter, einen
Caeſar folgen zu laſſen.

Das Weitere iſt bekannt. Ueberall im zertretenen Europa erhoben
ſich die Völker im Namen des mißhandelten Nationalgefühles. Spanien,
Rußland, Deutſchland gaben dem wiedererſtandenen Römerthum eine
nachdrückliche Lehre; und diesmal wurde Karthago nicht geſchleift. Aber
bei den kriegeriſchen Vorgängen hatte es ſein Bewenden nicht. Die em=
pörten Wogen des Nationalgefühles ließen ſich nicht wieder ſtillen. Ver=
gebens goß veraltete Staatskunſt diplomatiſches Oel in die brauſende
Völkerſee. Mit den nationalen Strebungen verbanden ſich zu gemein=
ſamer Wirkung politiſche Forderungen. Die Geſchichte des Jahrhunderts war
ſeitdem die Geſchichte nationaler Kämpfe, aus denen Hellas, Belgien, Ungarn,
Italien und das neue deutſche Reich als nationale Staaten hervorgingen.

Die Herrlichkeit des ſo für Deutſchland Errungenen zu preiſen, werden
wir ſo wenig müde, wie ſein Liebesglück zu ſingen der Dichter. Den
in frevlem Uebermuth uns zugedachten Ueberfall haben wir ſiegreich ab=
gewehrt. Dem „Tu regere imperio populos‟ haben wir mit dem „De=
bellare superbos‟ geantwortet. Wo wir zerſchlagen werden ſollten, ſind
wir doppelt gewaltig ſtehen geblieben. Einſt Spielball Europas, hat
jetzt Deutſchland faſt die Stellung inne, welche einzunehmen Friedrich
ſich getraute, wäre er König von Frankreich. Und wem danken wir dieſe
Erfolge, welche unſere Herzen mit vaterländiſchem Stolze ſchwellen?
Nächſt Kaiſer Wilhelm mit ſeinen Staatsmännern und Heerführern, dem
durch leichtſinnige Herausforderung entflammten, mächtig emporlobernden
Nationalgefühle des deutſchen Volkes.

Ein Gefühl, welches ſolche Thaten vollbringen hilft, iſt ſicher eine
der höchſten menſchlichen Regungen. Dies Gefühl hat das Große, daß

es zur opferfreudigen Hingabe bis in den Tod spornt. Es hat das Schöne, daß von Palast bis Hütte jeder nicht ganz verwirrte Sinn ihm sich beugt. Es hat das Edle, daß es Gehalt und Würde auch dem niedersten Dasein verleiht. Wie der Ahnenstolz, kann der Nationalstolz in lächerliche Aufgeblasenheit ausarten; denn mit fremden Federn sich schmücken ist albern. Aber gleich dem Ahnenstolze, richtet auch der National=stolz an die Einzelnen die Forderung, hinzugehen und derer sich würdig zu zeigen, mit deren Verdienst sie prangen.

Die Menschheit, bemerkt David Friedrich Strauß, ist für die meisten Menschen ein zu hoher, zu unbestimmter Begriff, um sich dafür zu er=wärmen; sie bedürfen des Mittelgliedes der Nation, ihrer Nation, um vermöge dieses faßbaren Gedankens aus der Beschränktheit ihres Daseins und der Enge ihrer Selbstsucht sich zu erheben: „zum Menschheitsgefühl rankt man sich nur am Nationalgefühl empor."

Es wäre leicht, im Lobe des Nationalgefühles fortzufahren. Im Augenblicke, wo bei allen europäischen Völkern dies Gefühl heftig ent=zündet ist, wo insbesondere wir Deutsche uns etwas darauf einbilden, daß wir, Versäumtes nachholend, im Nationalgefühl es anderen Völkern gleich= und zuvorthun: in diesem Augenblicke liefe solche Apologie wol auf bloße Redeübung hinaus. Dagegen bedarf es, bei so bewandten Um=ständen, vielleicht einer gewissen Unabhängigkeit des Urtheiles, um sich selber einzugestehen, und eines gewissen Freimuthes, um öffentlich aus=zusprechen, daß von etwas anderem Standpunkte gesehen das National=gefühl an Werth sehr verliert. Bei unbefangener allseitiger Erwägung erkennt man, daß seine Uebertreibung gefährliche Verirrungen zur Folge habe, und daß seine übermäßige Entwickelung in unserer Zeit in mehr=facher Beziehung ein Rückschritt sei, auf welchen künftige Jahrhunderte hoffentlich mit Befremden bliden werden.

Es ist sehr die Frage, ob die erhebende Wirkung, die das National=gefühl auf einen Theil des Volkes übt, nicht überwogen wird durch den Schaden, den es stiftet, indem es zur Ueberschätzung der eigenen, zur Unterschätzung der fremden Vorzüge verleitet; und die neueste Geschichte lehrt hinreichend die bedenklichen Folgen solcher Verblendung. Wie die Vervollkommnung des Einzelnen nicht damit anfängt, daß er seine Vor=trefflichkeit sich gegenwärtig hält, sondern damit, daß er seine Fehler begreift, so ist es auch für ein Volk gefährlich, Narcissusähnlich in Selbstbewunderung zu versinken. Als Voltaire im Discours aux Velches den Franzosen unverblümt die härtesten Wahrheiten sagte, ihnen die vielen fremden Quellen ihrer Cultur und die vorzüglichen Eigenschaften auch anderer Völker vorhielt, war der Zustand der Franzosen gewiß ersprießlicher, als da der Verführer sie mit der auf ihre Nationaleitel=keit nur zu sicher berechneten Phrase von der Grande Nation kirrte. So war praktisch wie ethisch dem heutigen Zustand der Deutschen der

Zustand vorzuziehen, da sie noch gern in vielen Stücken ihre Unterlegen-
heit zu bekennen pflegten. Unter Anführung eines Goethe'schen Wortes
hat man den Deutschen ihre zu große Bescheidenheit so oft vorgehalten,
daß man sie ihnen glücklich ausgeredet hat. Aber gerade in dieser Bescheidenheit, bei so viel wirklichen Vorzügen, wurzelte ihre Ueberlegenheit
nach anderen Richtungen. Gerade weil sie die Vorzüge anderer Nationen
bereitwillig anerkannten, gelang es ihnen in manchen Fällen, die von
Natur ihnen versagten Vorzüge durch gewissenhafte Arbeit sich anzueignen.
Gerade darum heimsten sie, wie ein eifriges Volk von Bienen, aus den
Blüthenfeldern des Menschengeistes zu allen Zeiten und bei allen Völkern
den Honig ein. Gerade darum gab es für sie allein im Goethe'schen Sinn
eine Weltliteratur. Gerade darum waren sie Deutsche; und wer ihnen ein-
reden möchte, daß sie von anderen Völkern nichts mehr zu lernen haben,
leistet ihnen einen schlechten Dienst.

Wie die Individuen, haben auch die Nationen die Tugenden ihrer
Fehler, und die Fehler ihrer Tugenden. Wir tadeln die Ruhmsucht der
Franzosen, ohne zu bedenken, daß die Franzosen eben so entbrannt sind
für literarischen, künstlerischen und wissenschaftlichen wie für kriegerischen
Ruhm; und daß, wenn sie einen tüchtigen Feldherrn mit uns übertrieben
scheinender Verehrung umgeben, sie einem guten Schriftsteller mit eben so
reich bemessener Huldigung begegnen. Wir freilich brüsten uns mit unserem
objectiven Urtheil, unserer besonnenen Kritik, unserer nüchternen Unbestech-
lichkeit durch schöne Form; wir vergessen aber, daß wir dafür auch schwer
zu entzünden sind wie nasses Stroh, und daß doch unsere Begeisterung
nur Feuer von trockenem Stroh ist. Wer in der französischen Literatur
einmal einen geachteten Namen, wenn auch geringeren Ranges, erwarb,
lebt unvergessen darin fort, und mit andächtiger Sorgfalt wird sein Andenken von späten Nachkommen gehegt. Wer liest bei uns noch Tieck,
Jean Paul, Hoffmann, de la Motte Fouqué, Achim v. Arnim, Clemens
Brentano, E. C. F. Schulze, Spindler und so viel Andere, ihrer Zeit
gefeierte Namen, jetzt Hüter der Leihbibliotheken? Entweder verdienten
sie den Beifall nicht, den man ihnen zollte: wo ist dann unser Geschmack?
Oder sie verdienten ihn: wo ist dann unsere Pietät?

Im Jardin des Plantes ist von den Erinnerungen an die großen dort
einst lebenden Forscher noch heut Alles so voll, daß man meint, einem
der Jussieu, oder Hauy, oder Cuvier im Gespräche mit Brongniart auf
den Pfaden begegnen zu müssen, die sie täglich wandelten. Wer spricht
bei uns noch von Eilhard Mitscherlich und Johannes Müller, die vor
nicht einem Menschenalter von uns schieden?

Der gegenwärtige Zustand Europas, in welchem die Nationalitäten
einander gereizt gegenüberstehen, ist einfach barbarisch, und diesen Zustand
heraufgeführt zu haben, eine der verderblichsten Thaten der Napoleoniden.
Wir sahen, daß die Entwickelung des Nationalgefühles, etwa wie die des

Gefühles für Naturschönheiten, eine neue Erscheinung im Geistesleben der
modernen Völker ist; daß im achtzehnten Jahrhundert, auf welches der
Menschengeist doch sonst stolz sein kann, das Nationalgefühl noch schlum=
merte; und daß erst die politischen Ereignisse um den Anfang unseres
Jahrhunderts es wachriefen und alsbald zu krankhafter Höhe steigerten.
Schmählich sticht diese geistige Scheidung der Völker ab gegen die gleich=
zeitige Ausbildung der Verkehrsmittel. Als die Gelehrten Europas ihre
Entdeckungen durch Briefe sich mittheilten, welche seltene Posten für schweres
Geld langsam und unsicher hin= und hertrugen, war in mancher Hinsicht
ihre Verbindung inniger, als in den Tagen des Weltpostvereins. Wir
sahen auch, daß das Nationalgefühl einer bestimmt angebbaren, thatsäch=
lichen Grundlage entbehrt. Einen aus der menschlichen Natur fließenden
zwingenden Grund für Spaltung der Culturmenschheit in lauter feind=
seligen Blickes einander messende Nationalitäten gibt es also nicht. Im
Gegentheil, wie das hell leuchtende Beispiel der Schweiz uns zeigt, können
verschiedene Nationalitäten in Staatsgemeinschaft leben, und nicht nur
gut sich vertragen, sondern sogar gemeinsames vaterländisches Gefühl
empfinden. Ob dies wol, wie in convexem Zauberspiegel gesehen, das
verkleinerte Bild eines zukünftigen Weltalters ist?

Leider ist so viel leichter, zu entzweien, als zu versöhnen, so viel
schwerer, die guten, als die schlechten Seiten der menschlichen Natur auf=
zuregen. Ein Zustand, wo die Nationalitäten zu gemeinsamer Annäherung
an die Ziele der Menschheit sich wieder friedlich die Hände reichen und
in diesem Streben als Glieder eines Ganzen empfinden; wo als Feind
nur gilt, wer dem Ganzen oder einem der Glieder irgend ein Joch auf=
zulegen, oder seinen Fortschritt zu hemmen unternimmt: solch glücklicher
Zustand wird nur in Utopien zu finden sein. Die Nationalitätenfrage,
mit den politischen Interessen zu Einem Wirrsal verflochten, wird sobald
nicht aufhören, die Welt zu beunruhigen; und so lange die Völker den
Kampf um's Dasein statt mit geistigen, mit leiblichen Waffen führen,
wird das Nationalgefühl der Massen dem Staate, für den es eintritt,
eine furchtbare Kriegsmaschine bleiben. Eine Nation ohne Nationalgefühl
wäre, wie ein nach dem Evangelium den andern Backen darbietender
Christ, zu gut für diese beste der möglichen Welten.

Lassen wir also, vom praktischen Standpunkt, das Nationalgefühl in
seinen Ehren und Würden. Schlagen andere Völker an das Schild ihrer
Nationalität, so wollen auch wir laut an das der unseren schlagen.
Aber bleiben wir uns bewußt dessen, was wir thun. Suchen wir uns
schwebend zu erhalten über dem Kampfe, zu welchem wir, unserer Natur
nach, nur ungern uns herbeilassen. Diese Stellung allein erscheint würdig
der deutschen Nation, ihres idealen Sinnes, ihrer Mäßigung und Un=
parteilichkeit, ihres angeborenen Weltbürgerthumes. Das Nationalgefühl
der Griechen war unbewußter Kosmopolitismus, weil seine Ziele einerlei

waren mit der Menschheit höchsten Zielen. Das Nationalgefühl der
Deutschen ist bewußter Kosmopolitismus, weil sie von der geistigen Höhe,
in der sie zu leben gewohnt sind, ringsum weit in die Welt schauen.
Lassen wir den Furor nationalis (wenn die Wortbildung erlaubt ist) den
Völkern engeren Gesichtskreises, vor Allem jenen halbgebildeten, unter-
geordneten Nationen, welche vor der Hand kein anderes Mittel haben,
ihr Volksthum geltend zu machen, als immer davon zu reden. Und obschon eine brüderlich geeinte Culturmenschheit, der die nationalen Unterschiede nur noch zur Unterhaltung belebenden Wetteifers dienen, als unendlich fernes Ideal erscheint, wollen wir für unseren Theil es doch
machen, wie in ähnlichen Fällen die Wissenschaft, und jenem Ziel uns zu
nähern streben, als wäre es erreichbar.

Es mag fremdartig klingen, wenn in akademischen Hallen eine Denkart gepriesen wird, die sonst nur Redner und Presse der schwarzen und
der rothen Internationalen predigen, die Feinde des Lichtes und die
Feinde der Ordnung. Allein die Wissenschaft ist ihrem Wesen nach welt-
bürgerlich. Wenn auch das nach dem Kriege plötzlich wieder hervor-
tretende, immer etwas erkünstelte Bestreben der deutschen Kunst, ihre
Motive den nebelhaften Anfängen deutscher Sage zu entlehnen, wenig
Sicherheit des Geschmackes verräth, so ist die Berechtigung der Kunst
überhaupt zu nationaler Haltung doch unverkennbar; die Wissenschaft ist
dieselbe für alle Menschen. Nur in gewissem Sinn ist es nicht sinnlos,
von einer französischen oder deutschen Physik oder Chemie zu reden.
Am Ausbau der Wissenschaft betheiligen sich alle Culturvölker im Maße
wie sie diesen Namen verdienen; jedes wirkt auf alle zurück, und auch
die begabteste und geistig fruchtbarste Nation könnte nicht ungestraft sich
wissenschaftlich absperren.

Daher darf die Wissenschaft beklagen, daß das Band, welches bis
über die Mitte des vorigen Jahrhunderts die lateinische Sprache um die
Gelehrten aller Nationen und aller Fächer schlang, für immer gelöst ist.
Hätten Naturforscher und Aerzte fortgefahren, zu ihren internationalen
Zwecken lateinisch zu schreiben, so wäre das Latein, dem Fortschritt der
Wissenschaft allmählich folgend, im Stande geblieben, ihnen als allgemeine
Gelehrtensprache zu dienen. Allmähliches Anschmiegen an neue Gedanken
hat aus Ciceros und Caesars Latein die Sprache Newtons, Linnés
und Hallers gemacht: sicher aber entfernte sich Hallers, Linnés und
Newtons Begriffswelt mehr von der Caesars und Ciceros, als von der
unseren. Mathematik und Astronomie wußten bis vor Kurzem sich
lateinisch auszudrücken; Botanik und Zoologie verfassen noch jetzt lateinische
Diagnosen; und die lateinischen Schriften Johannes Müllers, Ernst
Heinrich Webers, ja noch jüngere, beweisen, daß auch Anatomen und
Physiologen unserer Zeit die Toga nicht zu unbequem ist.

Uebrigens wäre es kein so großes Unglück, wenn der Zwang, den

immerhin das Latein auferlegen würde, das wissenschaftlichen Schriftstellern
etwas erschwerte. Ein kleines äußeres Hinderniß wehrt leichtsinniger
Production. Die Alten verdankten Kürze und Prägnanz ihrer Schreibart
zum Theil gewiß der Unvollkommenheit ihrer Schreibmaterialien. Wer
seine Worte in Stein hauen muß, schreibt Lapidarstil.

Doch das sind eitle Träume. Eine internationale Gelehrtensprache
kehrt nicht wieder, und die Naturwissenschaft wird fortfahren, eine französische, englische, italienische, holländische, skandinavische, deutsche Literatur
zu haben. Wie lange wird es dauern, und es werden auch die in verschiedenen anderen Sprachen schon jetzt erscheinenden Schriften nicht länger
unberücksichtigt bleiben dürfen, ja in fernen Zeiten müssen wir uns heute
noch ungeborene Literaturen als erwachsen und vollberechtigt vorstellen.

Wir Deutsche können damit insofern zufrieden sein, als uns so Gelegenheit gegeben ist, unsere linguistische Ueberlegenheit zu verwerthen.
Die westlichen Culturvölker sprechen und schreiben ihre Muttersprache im
Allgemeinen ungleich ·besser als wir die unsere; dafür gelingt ihnen meist
nur schwer, fremde Sprachen zu erlernen. Die deutschen Naturforscher
können leider oft kein Deutsch; dafür theilen sie mit denen anderer germanischen Völker den Vorzug, in allen Literaturen fast gleichmäßig zu
Hause zu sein, und die darin sich häufenden Thatsachen zu beherrschen.

Bei ihrer Unkenntniß des Deutschen entdeckten fremdländische Forscher
oft zum zweiten Mal bei uns längst bekannte Dinge. Auch eines Besseren
belehrt, entlehnten sie dann nicht selten der Selbständigkeit ihres Fundes
das vermeintliche Recht, ihren deutschen Vorgänger nur nebenher oder
gar nicht zu erwähnen. Die Deutschen dagegen bewiesen, was ihnen weit
mehr zum Lobe gereicht als ihre Sprachkenntniß, in der Wissenschaft stets
vollkommene nationale Unparteilichkeit. Ja sie dachten nicht einmal an
die Möglichkeit nationaler Eifersucht zwischen Gelehrten, welche nichts
suchen als die Eine Wahrheit, sondern lebten, in der Idee, mit den
Forschern aller Länder wie mit ihresgleichen, ohne zu ahnen, wie wenig
gegenseitig diese Empfindungsweise meist schon darum ist, weil die Ausländer so wenig von uns wissen.

Bei anderen Nationen gab man sich stets große Mühe, den Keim
neuer Entdeckungen bei sich nachzuweisen, was auf die eine oder andere
Art ja stets gelingt. Den deutschen Gelehrten verlangte es nur, den
wahren Keim zu finden, gleichviel ob bei einem Landsmann oder einem
Ausländer, und nie zögerte er, einen Ausländer als muthmaßlichen ersten
Urheber einer Entdeckung zu nennen, sobald im Geringsten Grund dazu
war. Einen Act geschichtlicher Gerechtigkeit zu üben, freute ihn viel mehr,
als es ihn kränkte, Deutschland eines zweifelhaften Ruhmes zu berauben.

Ebenso lag es dem deutschen Gelehrten fern, die Bedeutung einer
ersten, zufälligen Beobachtung zu übertreiben, um daraus für Deutschlands
wissenschaftliche Ehre Capital zu schlagen. Welches Gewicht hätte man

nicht anderswo der bei uns ganz unbeachteten Thatsache beigelegt, daß die erste galvanische Erscheinung, welche noch dazu Volta den Schlüssel zu Galvanis Versuchen gab, hier in Berlin von einem unserer Vor= gänger beobachtet wurde! Das Nationalgefühl verblendet den deutschen Gelehrten nicht darüber, daß Hervorsuchen solcher Priorität eine zwei= schneidige Waffe ist. Denn wenn ein in England lebender irischer und ein schottischer Physiker (deren Ruhm übrigens keiner Nachhülfe bedarf) zehn Jahre vor Kirchhoff und Bunsen die Spectralanalyse in der Tasche hatten, warum machten sie nicht daraus dasselbe wie Bunsen und Kirchhoff?

Warum? Ein neuerlich vielgenannter schottischer Gelehrter sagt es uns in seinen „Vorlesungen über einige neuere Fortschritte der Physik."*) Die deutschen Forscher sind von Allem unterrichtet, was in der Wissen= schaft geschah, oder sie haben wenigstens Jemand zur Seite, der es ist. Wenn nun ein Deutscher auf eine neue Idee kommt, so kann er sogleich erkennen, oder sich sagen lassen, ob schon ein Anderer sie hatte oder nicht, und im letzteren Falle die Idee drucken lassen und so sich die Priorität sichern; dagegen die armen Briten die schönsten Entdeckungen von der Welt machen, ohne auch nur zu ahnen, daß sie auf etwas Neues gestoßen seien: wie der Bourgeois gentilhomme reden sie Prosa, ohne es zu wissen, und lassen sich so die Priorität entgehen. Die arglistigen Deutschen, welche, anstatt wie andere harmlose Völker mit ihrer Muttersprache sich zu begnügen, noch in fremde Sprachen sich einschleichen, um zu belauern, was für Entdeckungen darin zu Tage treten!

Der unangenehme Eindruck, den diese von nationaler Mißgunst ein= gegebene Auseinandersetzung erweckt, wird durch andere Stellen derselben „Vorlesungen" erhöht. Der Verfasser macht sich zur besonderen Aufgabe, die Geschichte des Gesetzes der Erhaltung der Energie aufzuklären, und führt dabei dies Gesetz zurück auf das dritte Newton'sche Bewegungsgesetz der Gleichheit von Wirkung und Gegenwirkung. Newtons zweite Aus= legung seines dritten Gesetzes, sagt er, ist ein nahezu vollständiger Aus= druck der Erhaltung der Energie.

Da die Mechanik auf Newtons Bewegungsgesetzen ruht, läßt sich die Erhaltung der Energie natürlich irgendwie aus ihnen heraus= oder vielmehr in sie hineinlesen. Auch soll nicht bezweifelt werden, daß ein Kopf wie Newton im Stillen so viel von der Erhaltung der Energie wußte, wie zu seiner Zeit möglich war. Eine andere Frage ist, was er davon hielt, und welche offenkundige Stellung er in seinen Werken dazu einnimmt. Wer mit der Geschichte dieser Lehre vertraut ist, kennt Descartes' ursprünglichen, aber verfehlten Gedanken; dessen Berichtigung

*) P. G. Tait, *Lectures on some Recent Advances in Physical Science with a special Lecture on Force.* Second Edition, revised. London, Macmillan and Co., 1876. — Deutsche autorisirte Ausgabe von G. Wertheim. Braun= schweig, 1877.

durch Leibniz; Leibniz' mit der heutigen im Wesentlichen sich deckende
Auffassung der Körperwelt. Er weiß, daß Newton in der „Optik" Des=
cartes' Meinung gleichfalls widerlegt, jedoch ohne deren Berichtigung
durch Leibniz zu erwähnen, und ohne selber diese Berichtigung vor=
zunehmen; daß der Weltbau=Denker zur Ausbesserung des durch gehäufte
Störungen schadhaft gewordenen Planetensystemes Gott zu Hülfe ruft,
was schlecht zur Erhaltung der Energie paßt. Dem Kenner der damaligen
Zustände wird es nicht unmöglich scheinen, daß die Mißhelligkeiten zwischen
Leibniz und Newton diesem den Gegenstand verleideten, und Ursache
wurden, daß das Gesetz der Erhaltung der Energie in England weniger
Beifall fand. Sicher ist, daß auf dem Continente während der ersten
Hälfte des vorigen Jahrhunderts dies Gesetz, in der ihm von Leibniz
ertheilten Gestalt, Gemeingut der wissenschaftlich Gebildeten war wie
nur heute. Dies sind nicht etwa tief verborgene Dinge, sondern es
ist leicht, in der Literatur der letzten zehn Jahre sich darüber zu unter=
richten. Wem dies Alles vorschwebt, der kann zum künstlichen Bestreben,
Newton an die Spitze derer zu stellen, welchen wir das Gesetz der Er=
haltung der Energie verdanken, nur die Achsel zucken. Dem Verfasser
der „Vorlesungen" ist die Geschichte, auf welche er Licht zu werfen unter=
nimmt, und über deren spätere Wendungen er so schroff urtheilt, vielleicht
doch nicht hinreichend bekannt, und so stellt er sich dem Verdacht bloß,
den leider seine übrigen Schriften nicht entkräften, daß zuweilen das
feurige Keltenblut seiner Heimat mit ihm durchgeht und ihn dann zum
wissenschaftlichen Chauvin macht.

Der wissenschaftliche Chauvinismus, von welchem die deutschen Ge=
lehrten bisher sich frei hielten, ist gehässiger als der politische in dem
Maße, wie man von wissenschaftlichen Männern mehr als von politisch
erregten Massen sittliche Haltung verlangt. Bleibe er uns auch in
Zukunft fern! Lassen wir uns durch die gegenwärtige Wallung des
Nationalgefühles in Europa in unseren geistigen Gewohnheiten nicht
irren. Trotz der bei anderen Völkern bald hier bald da hervortretenden
gereizten Stimmung möge unter uns die Ueberlieferung einer ohne An=
sehen der Nation geübten wissenschaftlichen Gerechtigkeit, und der ernsten
literarischen Arbeit, welche sie voraussetzt, unverloren sein. Möge dem
deutschen Weltbürgerthume, wenn die Stürme der Zeit es denn anderswo
nicht mehr dulden, unser Musentempel eine sichere Zuflucht bleiben.

Kleopatra.

Von

H. Nissen.

— Göttingen. —

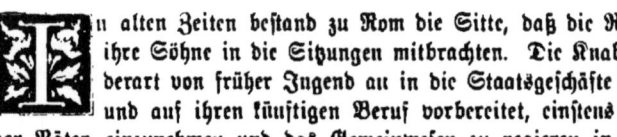

In alten Zeiten bestand zu Rom die Sitte, daß die Rathsherren ihre Söhne in die Sitzungen mitbrachten. Die Knaben wurden derart von früher Jugend an in die Staatsgeschäfte eingeweiht und auf ihren künftigen Beruf vorbereitet, einstens die Stelle der Väter einzunehmen und das Gemeinwesen zu regieren in Zucht und Ehren, mit Weisheit und Verstand. Eines Tages dauerte die Sitzung lange, der Senat verhandelte über eine schwierige Sache und verschob zuletzt den Beschluß auf den folgenden Tag, indem er Jedem einschärfte, einstweilen nichts von der Verhandlung verlauten zu lassen. Die Jungen gingen mit ihren Vätern ehrbar nach Hause; unter ihnen war einer der hieß Papirius, der klügste von allen. Wie Papirius nach Hause kommt, fragt seine Mutter, was denn der Senat so lange betrieben habe. Der Sohn nimmt eine Amtsmiene an und erwidert, das dürfe er nicht sagen. Die Mutter besteht darauf, es zu wissen, er weigert die Auskunft; sie wird ärgerlich und droht. Der Junge geräth in arge Verlegenheit; plaudern darf er nicht, Ohrfeigen will er nicht, also muß er lügen. Der Schalk besinnt sich nicht weiter. „Mutter," sagt er, „im Senat ist ganz etwas Wichtiges vor und Du darfst es keinem Menschen nachsagen, wenn ich Dir's verrathe." Die Mutter beruhigt ihn ihrer Verschwiegenheit. Der Schalk fährt fort: „Mutter, der Senat meint, so gehe es nicht länger; mit den Frauen sei kein Auskommen mehr. Den ganzen Tag haben sie darüber Reden gehalten, ob es für das gemeine Beste zuträglicher sei, jedem Mann zwei Frauen oder jeder Frau zwei Männer zu geben. Einig sind sie nicht geworden und wollen's noch mal beschlafen. Aber morgen wird abgestimmt und dann tritt das neue Gesetz sofort in Kraft." Nach dieser Meldung hatte Papirius' Mutter Besorgungen in der Stadt und bevor die Sonne sich neigte, war die wichtige Mär zur Kunde sämmt=

licher Matronen Roms gelangt. Die Frauen trafen ihre Verabredung in tiefster Stille, die Männer merkten nichts. Die Rathsherren legten sich ruhig schlafen, um Stärkung zu gewinnen für ihren schweren Beruf und am nächsten Tag fortzuregieren in alter Weise. Der Morgen kam und bedächtig wanderten sie dem Rathhause zu. Da entlud sich das Gewitter, das am gestrigen Abend über ihren Häupten aufgezogen war. Die Vorhalle, die Treppe zum Rathhaus, der ganze Markt, die Zugänge zum Markt: alles gedrängt voll von Frauen. Alt und jung, arm und reich, gesund und krank, keine Matrone Roms hatte sich von dem all= gemeinen Aufgebot ausgeschlossen. Die Herren vom Rath werden einzeln mit Bitten und Vorstellungen in Empfang genommen, mit Thränen und Beschwörungen geleitet. Sie wissen nicht, was das bedeuten soll. In den mannichfaltigsten Tonarten schlägt immer die gleiche Melodie an ihr Ohr: jede verlangt zwei Männer, jede erklärt, mit einer anderen Frau nun und nimmer auskommen zu können. Sie wissen nicht, ob in dem eigenen Kopf oder ob in den anderen Köpfen etwas sich verkehrt hat. Endlich sind sie alle im Rathhaussaal glücklich beisammen und harren des Räthsels Lösung. Der Senat sieht den Consul an, der Consul sieht den Senat an; sie hätten lange schweigend dasitzen und die Köpfe schütteln können, wenn nicht der kleine Papirius hervorgetreten wäre und gebeichtet hätte, wie er gestern gezwungen worden sei, seine Mutter zu belügen. Nun ward der Zusammenhang klar. Die alten Herren waren von der Ver= schwiegenheit und Klugheit des Knaben entzückt und gaben ihm alle der Reihe nach einen Kuß; dann setzten sie sich hin und faßten den Beschluß: um die Geheimnisse von Rath und Stadt nicht wieder zu gefährden, sollten alle Knaben bis auf Papirius nach Hause gehen und künftig fort= bleiben. Damit war der Schwank zu Ende, Alles verblieb wie bisher beim Alten und nur die Klugheit des kleinen Papirius war bekannt geworden. Meine Damen! Die Wahrheit dieser Geschichte will ich nicht verbürgen; der alte Cato hat sie mal den Römern erzählt zum Beweis, daß auch der größte Unsinn Glauben findet. Sie dürfen ihm nicht ver= argen, daß die Spitze der Erzählung sich gegen die Frauen richtet. Die Römer pflegten außer dem Hause in derartigen Späßen sich schadlos zu halten für das strenge Regiment, das ihrer daheim wartete. Der Einfall, als ob ein Mann zwei Frauen oder eine Frau zwei Männer haben könnte, war für die Römer zu Catos Zeiten ebenso komisch, weil ebenso unmöglich, wie für uns. Andere Völker, ja die meisten derselben würden den Spaß nicht verstanden haben, noch jetzt verstehen; denn die Monogamie ist die specifisch europäische Form der Ehe. Die Heiligkeit der Ehe bildet den Eckstein, auf dem die Civilisation des Abendlandes ruht, den Eckstein, auf dem die Europäer eine Herrschaft haben gründen können, welche nunmehr den ganzen Erdball umspannt. Unsere Auffassung der Ehe ist weder von Natur gegeben, noch wurzelt sie in dem Boden des

Erdtheils durch einen mühelosen Zufall gepflanzt; sie hat in hartem Kampfe errungen und behauptet werden müssen. Sie ist Naturvölkern unbekannt, wie sie denn zu Anfang unserer Zeitrechnung den Teutschen noch fehlte. Ariovist, der erste deutsche Fürst, von dem wir nähere Kunde besitzen, hatte eine deutsche Frau. Aber nachdem er im Elsaß unter den Galliern eine Herrschaft gegründet, so heirathete er eine gallische Prinzessin dazu. Aehnliche Doppelverbindungen sind unter dem hohen deutschen Adel nicht selten. Wie bei den Naturvölkern ist die Polygamie ferner in den Despotien des Morgenlandes zu Hause und hat sich hier behauptet von den ältesten Zeiten bis auf den heutigen Tag. Mehr als einmal hat die orientalische Despotie die Freiheit und die Sitte des Westens bedroht. Dritthalb Jahrtausende hindurch hat der Kampf zwischen Morgen- und Abendland hin und her getobt. Es ist zugleich ein Kampf gewesen zwischen Monogamie und Polygamie und wo immer die fremde Despotie Boden gefaßt, hat sie sich bemüht, die Frau aus der Stelle einer gleich berechtigten Genossin des Mannes zu entfernen und zur Dienerin herab zu drücken. Eine eigenthümliche Episode aus diesen Kämpfen möchte ich Ihnen in dieser Stunde schildern, die an den Namen einer großen, vielgeschmähten Königin anknüpft. Ich darf nicht erwarten, daß Sie ihr Sympathien entgegentragen. Kleopatra war dem Abendland eine gefährliche Feindin; der Haß, den sie im Leben erregt, hat ihr Andenken verfolgt. Sie gehört einer Welt an, die wir uns schwer vergegenwärtigen können und der wir deshalb auch nur mit Mühe Gerechtigkeit zollen. Aber ich darf hoffen, daß die Bedeutung des Gegenstandes Ihrer Beachtung werth erscheinen wird.

Von der letzten Königin Aegyptens habe ich zu erzählen, dem Abschluß einer vieltausendjährigen Geschichte. In unvordenklichen Zeiten hatte die Cultur an den Ufern des Nils ihre Stätte aufgeschlagen. Der große wunderbare Fluß mit seiner regelmäßigen Ueberschwemmung erweckte das frühe Geistesleben: in seinem engen Thal konnte die Gliederung der Gesellschaft, die Theilung der Arbeit durchgeführt werden, von welcher aller Fortschritt abhängt. Von dem klugen erfindungsreichen Volke des Nilthals sind die Elemente der Bildung geholt worden, die den Menschen erlösen sollten aus den Fesseln der Natur und der Barbarei. Allmählich befiel Aegypten das Loos, dem despotisch regierte Staaten schwer entgehen, die Schwäche des Alters. Das reiche Land ward die Beute fremder Eroberer, zuerst der Perser, dann der Griechen. Alexander der Große hat den erstarrten Organismus verjüngt und ihn befähigt, noch eine großartige Mission zu erfüllen. Er gab dem alten Lande eine neue griechische Hauptstadt am Meer, die bestimmt war, Mittelpunkt des Welthandels und der Weltwissenschaft zu werden. Unter allen Schöpfungen des großen Königs zeugt keine von gleicher Genialität wie die Anlage von Alexandria. Ptolemaeus Lagi und dessen Nachfolger haben den Gedanken des Urhebers

in würdigster Weise zur Ausführung gebracht. Die jüngste der Groß-
städte des Alterthums, ließ sie bald ihre Schwestern weit hinter sich.
Alexandria mit seinem vortrefflichen Hafen in der günstigsten Verkehrs-
lage ward der dominirende Weltmarkt am Mittelmeer. Seine Verbindungen reichten in Afrika bis tief unter den Aequator, sie umfaßten
Indien und den indischen Archipel, ja selbst das entlegene China. Mit
dem Handel verschwisterte sich die Industrie: Linnen-, Glas- und Papier-
fabrikation wurden hier besonders betrieben. Alexandria war die schönste
Stadt des Alterthums, nach großartigem Entwurf in einheitlichem Stil
erbaut, von seinen Königen wetteifernd mit Prachtanlagen ausgeschmückt.
Die Bevölkerung, gegen eine Million stark, bestand vorwiegend aus Griechen,
Aegyptern und Juden. Gewandt und thätig wußten sie die Schätze nicht
blos zu sammeln, sondern auch zu genießen, ihre geistige Begabung zeigte
sich in ihrem ungewöhnlichen Witze: nirgends gab es schärfere Zungen und
nirgends auch war man geneigter, vom Worte zur That zu schreiten, Auf-
läufe und Krawalle gehörten zur Tagesordnung. Der Zug, der im Charakter
der Alexandriner am meisten hervortrat, war ihr Verständniß und ihre
Begeisterung für Musik. Sie durchdrang alle Schichten, und der gewöhnliche Lastträger, der weder lesen noch schreiben konnte, erwies sich
als untrüglichen Richter gegen jeden verkehrten Griff und jede falsche
Note. Zu allen Vorzügen seiner Lage kam das günstige Klima hinzu;
Alexandria ist bereits im Alterthum als klimatischer Curort berühmt gewesen. Nach dem Gesagten konnte es nicht anders sein: diese reiche
üppige Stadt pflegte alle Künste, die zur Verfeinerung des Daseins dienten
und wußte sie in einem anderer Orten unbekannten Grade zu steigern;
sie wurde die hohe Schule des Lebensgenusses. Alexandria, schreibt ein
Besucher aus den 50er Jahren v. Chr., läßt an Schönheit, Größe, Reichthum, Comfort und Luxus alle anderen Städte weit hinter sich. Doch
nicht dies allein; um das Bild zu vervollständigen, müssen wir hinzufügen: auch an geistiger Bedeutung. Alexandria besaß nicht blos die großartigsten wissenschaftlichen Institute und Bildungsmittel, Bibliotheken, Ob-
servatorien, botanische und zoologische Gärten; es besaß auch ununterbrochen
die größten Gelehrten. Es ward die Heim- und Pflegestätte unserer
modernen Wissenschaften, von Mathematik und Astronomie, Naturkunde
und Medicin, Geographie und Philologie. Wenn man von einem univer-
salen Standpunkt aus die Leistungen der Weltstädte mißt, die sie zur
Vervollkommnung des menschlichen Wissens, zur Vergeistigung des Daseins, zur Erhöhung der Herrschaft des Menschen über die Natur beigetragen haben, so nimmt Rom die tiefste, Alexandria die höchste Stelle
ein. Die Stadt der Cäsaren und Päpste liegt auf geistig dürrem Boden,
in der Stadt am Nil haben der Genius Griechenlands und die alters-
graue Erfahrung des Morgenlandes sich gepaart und aus der Verbindung
sind die schöpferischen Gedanken hervorgegangen, welche den Umschwung

zum modernen Culturleben einleiten sollten. Doch ich kann nicht erwarten, mit wenigen Worten Ihnen Alexandria und seine Bedeutung zu charakterisiren; nehmen wir einen Vergleich zu Hülfe. Denken Sie sich die schönste anmuthigste Weltstadt der Gegenwart, die üppig genießende und doch in ernstem Wissen und Können Menschenalter lang unvergleichliche, denken Sie sich Paris an das blaue Mittelmeer versetzt, mit den Reizen einer Seestadt geschmückt, und denken Sie sich weiter das heilige Moskau in seiner urwüchsigen Kraft, seiner mit fremden·Culturfetzen geflickten Barbarei — so dürfte der Abstand der beiden Städte, die in den letzten 50 Jahren vor Christi Geburt um den Primat rangen, der Abstand von Alexandria und Rom richtig ausgedrückt sein.

Der Beherrscher Aegyptens ist seit Alters der reichste Mann auf Erden gewesen. Alljährlich in gesetzmäßiger Ordnung verläßt der Nil seine Ufer, überschwemmt die Felder und düngt sie mit seinem Schlamm zu unermeßlicher Fruchtbarkeit, ein fleißiges duldsames Volk bestellt sie und der Ertrag fließt dem König zu, dem einzigen Grundbesitzer des Landes. Ein ehernes Verhängniß lastet über dieser unverwüstlichen Race: vor 5- und 6000 Jahren mußten die Fellahs die Ziegel streichen für den Bau der Pyramiden, der größten Bauwerke, die Menschenhand je errichtet; ihr heutiges Loos ist äußerlich kaum verändert. Wol aber hat die elende Türkenwirthschaft den Nilsegen bedeutend verringert, viel Ackerland versanden lassen und in Folge dessen die Bevölkerung auf die Hälfte reducirt. Sie zählt gegenwärtig ca. 4 Millionen, im Alterthum ohne die griechische Hauptstadt 7½ Millionen. Der Schweiß von 4 Millionen Fellahs reicht freilich hin, um dem Khedive einen Luxus zu gestatten, an den kein Fürst der Erde denkt. Allein mit seinen Vorgängern im Alterthum darf er sich nicht messen: die Revenue von Kleopatras Vater bezifferte sich nach einer Angabe auf 10 Millionen, nach einer andern Angabe mehr als 20 Millionen Thaler und da der damalige Geldwerth das 3- bis 4fache von dem heutigen betrug, so handelt es sich um Summen, die jeder genaueren Schätzung spotten. Kleopatras Vater war ein leidenschaftlicher Musikfreund und hat von seinem Virtuosenthum auf der Flöte den Beinamen Auletes, d. h. Flötenspieler, bekommen. Seiner Schätze wurde er nicht froh. Mit der Dynastie der Ptolemaeer war es im Laufe der Zeiten abwärts gegangen, wie das in Despotien stets und mit Nothwendigkeit der Fall ist. Der Fluch der Polygamie zerrüttet ihr Haus und die göttliche Verehrung, welche die Massen im Staube darbringen, umnebelt ihren Verstand. Ein wüstes Treiben, welches orientalischen Höfen eignet, ein Regiment von Höflingen, Eunuchen und Söldnerführern, voller Greuel und Verwandtenmord hatte seit Langem seinen Sitz in Alexandria aufgeschlagen. Die Römer machten sich das zu Nutze. Sie hätten ohne sonderliche Mühe Aegypten erobern können, aber sie wußten nicht was damit beginnen. So lange Rom Freistaat blieb, war Aegypten gesichert. Keine Partei duldete, daß die

andere über die Beute herfiel, kein Staatsmann gönnte einem anderen den
kostbaren Fang. Aber alle um die Wette, Aristokraten und Demokraten,
Respectspersonen und Gassenhelden, Crassus, Cäsar, Pompejus, Gabinius,
Clodius, Cicero und wie sie immer heißen die leitenden Männer der
römischen Republik, Blutegeln gleich haben sie an dem König gehaftet,
um des süßen Nilsegens voll zu werden 30 Jahre lang hat er regiert
unter steten Demüthigungen durch die römischen Großen, seinen Unterthanen ein harter Gebieter. Nach dem Hausgesetz der Lagiden war
Ptolemaeus Auletes mit seiner eigenen Schwester Kleopatra vermählt.
Aus dieser Ehe stammten 5 Kinder; von ihnen hat die älteste Tochter
gegen den Vater sich empört, den Thron mehrere Jahre behauptet und
schließlich, als der Vater durch römische Waffen zurückgeführt ward, durch
Henkershand geendet. Somit fiel das Reich nach dem Tode des Auletes
im Jahre 52 der zweiten Tochter Kleopatra zu, welche mit ihrem ältesten
Bruder Ptolemaeus verlobt ward. Bei ihrer Thronbesteigung zählten
Kleopatra 17 Jahre, ihr Bruder und Gemahl 9 Jahre.

Die Alten haben meistens ihre Städte unter dem Bilde von Frauen
dargestellt, als erzbewehrte Göttinnen, wie Pallas Athene, oder mit dem
Füllhorn des Segens ausgerüstet als Copia und Abundantia: Vorstellungen,
welche die Neuzeit vielfach in ihren Allegorien entlehnt hat. Die Stadt-
göttin von Alexandria hieß Isis, die schaffende Herrin der Natur, die hier
im Nilland den Menschen so sichtbar ihren Segen spendete. Aehnliche
Anschauungen liegen der Aphrodite oder Venus, der Göttin der Liebe zu
Grunde. Kleopatra hat später sich von ihren Unterthanen gern als Isis
feiern lassen, sogar den Titel „neue Isis" angenommen. Sie hatte nicht
Unrecht. Selten ist eine Stadt treffender durch einen Menschen ver-
körpert worden als die Weltstadt am Nil durch ihre letzte Königin. Wir
sind nicht in der Lage, aus eigenem Urtheil von der Schönheit Kleopatras
zu reden; die erhaltenen Porträts auf Münzen und an ägyptischen Sculp-
turen besitzen einen geringen Kunstwerth und aus den Phantasiedarstellungen,
in denen die Künstler alter und neuer Zeit sich ergangen, können wir in
dieser Hinsicht noch weniger schließen. Die Zeitgenossen schildern sie
folgendermaßen: „ihre Schönheit an sich fand wol ihres Gleichen und
konnte die Sinne des Beschauers nicht durch bloßen Anblick berücken; aber
im Verkehr übte sie eine unwiderstehliche Anziehung aus. Der Zauber-
fluß ihrer Rede, die geistige Anmuth ihres ganzen Wesens verliehen ihren
Reizen einen Stachel, der tief in die Seele sich eindrückte. Eine Wonne
war es, den Klang ihrer Stimme zu hören. Ihre Zunge glich einer
vielbesaiteten Leier; sie handhabte jede Sprache mit der nämlichen Vollendung." Von der feinen Bildung Kleopatras liegen uns mancherlei Beweise vor. Für den hohen Flug, den ihr Geist bereits in jungen Jahren
nahm, zeugt ihr ausgedehntes Sprachstudium. In dem vielsprachigen
Orient gab es für den Herrscher keine bessere Empfehlung als die Fertig-

leit, mit den Nationen, über die er gebot, ohne Dolmetſch verhandeln zu können. Außer ihrer griechiſchen Mutterſprache kannte Kleopatra nicht nur die Sprachen ihrer Unterthanen: ägyptiſch, äthiopiſch, hebräiſch; ſie hatte ſich auch Arabiſch, Syriſch, Perſiſch und die wichtigſten Idiome Aſiens angeeignet. Man begreift es, daß eine Stadt wie Alexandria ſtolze Ge= danken nähren und ihnen die Richtung auf das höchſte Ziel menſchlichen Ehrgeizes verleihen mußte. Sie barg in ihren Mauern die Aſche des großen Alexander; eine alte Verheißung hatte an dieſen Beſitz die Ge= währ der Weltherrſchaft geknüpft. Sie barg die lange Reihe von Königen aus dem Hauſe des Ptolemaeus Lagi, deren Ruhm und Glück die Blätter der Geſchichte erfüllte. Freilich die Zeiten hatten ſich verändert. Der Oſten mit all ſeinem Reichthum und all ſeiner Bildung war einem fremden Barbarenvolk des Abendlandes unterthänig geworden. Vor den römiſchen Legionen waren die Heerſchaaren der Könige zerſtoben wie Spreu, den der Wind verweht. Alte Weiber pflegte Cato die Aſiaten zu nennen. In jenem goldenen Elend, das ich vorhin andeutete, wuchs Kleopatra auf. Das Elend ward durch ihre Thronbeſteigung um Nichts beſſer. Den Hofmännern war die junge energiſche Fürſtin, welche ſelber die Zügel der Regierung ergreifen wollte, nicht genehm. Sie ſtacheln den königlichen Knaben gegen ſeine ältere Schweſter und Gemahlin auf. Kleopatra muß fliehen und ſammelt an der Grenze Truppen, um ihr Recht zu erzwingen. In ihrer Kindheit hatte ſie die Schweſter in offener Rebellion wider den Vater geſehen, jetzt lag ſie ſelber in Krieg wider den Bruder. Die himmelſtürmenden Pläne Alexanders durchwogten ihren Buſen; ſie mußte ſie auf anderen Wegen und mit anderen Mitteln in's Werk ſetzen als der jugendliche Held, der an der Spitze ſeiner macedo= niſchen Ritter das Perſerreich zu Boden warf. Sie war eine Frau und trotz allen Muthes dem Kriegshandwerk nicht gewachſen. Indeß die Klugheit ihres Ahnherrn, des ſchlauen Ptolemaeus Lagi war auf ſie herab= geſtiegen und blieb ihr bis zum letzten Lebenshauche treu. Mit be= wundernswerther Conſequenz hat ſie an dem Plane feſtgehalten, die Kraft des Weſtens ſich dienſtbar zu machen, die verhaßte Republik am Tiber durch die eigenen Söhne zu vernichten, auf den Trümmern Roms das Großkönigthum zu errichten, das gebieten ſollte über das ganze Rund der Erde.

Wol durfte die vertriebene Fürſtin auf den Umſchwung des Glückes vertrauen. Das Abendland erbebte von Krieg und Kriegsgeſchrei, die römiſchen Großen hatten ſich in zwei Heerlager geſellt, zu entſcheiden, wer von ihnen Meiſter ſein ſolle. Bei Pharſalos im Sommer 48 ward die Frage gelöſt; der geſchlagene Pompejus kam Hülfe ſuchend nach Aegypten. Wie der Jäger auf der Fährte des blutenden Wildes, folgte Cäſar ihm nach. Die Rathgeber des jungen Königs ließen Pompejus ermorden, um aller weiteren Verwicklung mit den Römern überhoben zu ſein. Trotz=

dem landete Cäsar mit einigen tausend Mann in Alexandria; er brauchte
Geld und warf sich zum Schiedsrichter in dem Streit der ägyptischen
Könige auf. Ein kühnes Wagniß: die große Stadt murrte laut gegen
den römischen Feldherrn, der Hof sann sein Verderben und besaß die
Macht, ihn zu erdrücken. Da fand sich ein Freund, die Gefahr mit ihm
zu theilen. Auf einem kleinen Schiff fuhr die flüchtige Kleopatra in den
Hafen ihrer Residenz ein; sie ließ sich in einen Teppich einschnüren, ein
Diener trug den Ballen unter dem Schutz der Nacht auf's Schloß in
das römische Hauptquartier. Als Königin ohne Land kehrte sie in die
Burg ihrer Väter zurück, um sich und ihre Zukunft in die Hand des
großen Cäsar zu legen. Er nahm sie mild und freundlich auf und ver=
sprach ihr Thronrecht zu wahren. In dem täglichen Verkehr, der sich
entspann, vermochte er dem Zauber der wunderbaren Frau nicht zu wider=
stehen. Die beiden gewaltigsten Geister ihrer Zeit, der 52jährige römische
Held auf der Höhe des Lebens, die junge 21jährige griechische Fürstin
sie gaben ein Paar ab, wie die Geschichte kein zweites aufweist. Ihre
Vereinigung lieferte das Signal zum Ausbruch. Wüthend erhoben sich
die Alexandriner gegen den fremden Eindringling, eine überlegene Armee
kam der Bevölkerung zu Hülfe. Im Straßenkampf, unter unablässigen
Gefechten zu Land und Wasser vergingen die Tage, nur mit Mühe
konnten die Römer die Königsburg behaupten, Monate lang haben Cäsar
und Kleopatra in der äußersten Noth geschwebt. Bei diesen Kämpfen ist
auch die größte Büchersammlung des Alterthums, die berühmte alexan=
drinische Bibliothek mit ihren 400,000 Bänden in Flammen aufgegangen.
Wir mögen uns des Verlustes mit dem Gedanken trösten, daß Cäsar in
diesen Monaten den Anstoß zu seiner Kalenderreform erhalten hat; denn
die Jahresrechnung, die er einführte und deren wir uns noch jetzt bedienen,
verdankt den Weisen Aegyptens ihren Ursprung. Endlich im Januar 47
kam den Belagerten der lang ersehnte Entsatz; in einer großen Schlacht
wurden die Aegypter geschlagen, ihr junger König ertrank auf der Flucht
im Nil. So konnte Cäsar sein Versprechen einlösen, die Geliebte auf
den Thron ihrer Väter einsetzen und ihre Zukunft durch eine römische Be=
satzung sichern, die er zu ihrer Verfügung zurückließ. Seine Abreise
beeilte er nicht. Unter Waffengeklirr hatten sie ihren Bund geschlossen,
in harter Bedrängniß ihn eingeweiht, jetzt feierten sie ihn im Strudel
des Genusses. Die Feste drängten einander voll märchenhafter Pracht,
Kleopatra verstand sie zu ordnen wie Niemand sonst. In prunkender
Fahrt fuhr sie mit dem Herrn des Westens den Nil hinauf, ihm die
Wunder des Pyramidenlandes zu zeigen. Cäsar schien seine Aufgaben
als Römer, seine Pflichten als Römer völlig vergessen zu haben. 9 Monate
hat er in Aegypten verweilt und das steuerlose Reich allen Winden
des Zufalls preisgegeben. Der Hydra des Bürgerkrieges wuchsen neue
Köpfe: in Afrika und Spanien sammelten die Aristokraten neue Kraft.

Sie haben nachher in zwei mörderischen Feldzügen niedergeworfen werden müssen, mehr als 100,000 Bürger haben Cäsars Abenteuer in Aegypten mit ihrem Leben gebüßt.

Ein römischer Dichter erinnert an das alte Lied, das Vater Homer gesungen, wie um der schönen Helena willen Griechen und Troianer zehn Jahre lang kämpften, wie das hohe Ilion in Trümmer daniedersank und endloses Leid auch die Sieger befiel. Homer hat kein Wort des Tadels für die Urheberin so schweren Unheils; sein frommer Sinn erkennt in allem die Hand der Götter, das Walten des unentrinnbaren Schicksals. Wir können es den römischen Dichtern nicht verargen, daß sie den Jammer, welchen Kleopatra über Italien gebracht, nicht mit gleicher Resignation betrachten; wir begreifen die Fluth von Verwünschung und Verleumdung, die sich über die Feindin ergossen hat und achten in diesen leidenschaftlichen Wallungen die sittliche Energie des Patriotismus. Aber die Geschichte ist dem Streit des Tages entrückt; sie klagt nicht an, richtet auch nicht, sie sucht zu verstehen und verständlich zu machen. Bei solcher Auffassung muß sie allerdings darauf verzichten, als praktisches Nachschlagebuch hausbackener Moral zu dienen. Aber je mehr sie verstehen und verständlich machen lernt, desto eindringlicher wird sie zeugen von der Gerechtigkeit, welche mit den Völkern schaltet nach Verdienst und die Entwicklung des Menschengeschlechts leitet.

Es war nicht bloße Sinnenlust, die Cäsar in Aegypten festhielt. Er war ein anderer Mann geworden. Er hatte die Gruft Alexanders des Großen besucht und an dem Gedanken sich begeistert, zu vollbringen, was jenem sein früher Tod versagt, die bewohnte Erde sich zu Füßen zu legen, soweit die Sonne sie beschien von Aufgang bis Untergang. Kleopatra war dem Ziel ihrer Hoffnungen nahe. Als Cäsar schied, ließ er ihr ein Unterpfand ihres Glückes zurück. Sie genas eines Knaben und durfte ihn mit des Vaters Namen Cäsarion benennen. Es ist der einzige Sohn, der ihm beschert worden ist und mag uns wol gemahnen an den Cäsarensohn dieses Jahrhunderts, der schon in der Wiege König von Rom hieß. Im Jahre 46 brachte Kleopatra ihren Sohn zum Vater nach Rom.

Der Besuch eines orientalischen Fürsten bildet im Abendland heutigen Tags ein Ereigniß. Diejenigen, welche ihm mit freudigen Gefühlen entgegen sehen, gehören nicht gerade der besten Gesellschaft an: es sind Industrieritter verschiedenster Gattung, die dem fremden Vogel die goldnen Federn rupfen wollen, verkannte Größen, die ein Ordensband für das leere Knopfloch zu erhaschen hoffen u. s. w. Aber diejenigen, denen der Besuch gilt, pflegen erst dann seiner froh zu werden, wenn der Abschied hinter ihnen liegt. Das alte Rom ward häufig mit Besuchen von Königen aus dem Morgenlande beehrt und doch bildete ihre Ankunft stets ein großes Ereigniß. Freilich in anderem Sinne als heut zu Tage. Sie kamen in Geschäften

an den Senat, über Städte und Fürstenthümer, Provinzen und Reiche
zu verhandeln. Sie brachten ihre Schätze mit, um die Machthaber durch
Spenden zu gewinnen. Jedoch reichten sie damit nie zu Ende. Ob sie
auch bei ihrer Ankunft vollgesogenen Schwämmen glichen, unter der
energischen Behandlung Roms ward ihnen gar bald der letzte Tropfen
ausgepreßt. Auf diesen Moment lauerten die Jobber, eine Actien=
gesellschaft wird gegründet, die gegen wucherische Zinsen dem königlichen
Petenten unter die Arme greift und seine Sache zu Ende führt. Der=
gestalt trugen die Fürsten des Orients ihren römischen Gönnern goldene
Berge in's Haus. Die Gefühle, mit denen sie dafür gelohnt wurden,
waren freilich von zweifelhaftem Werthe. Die Herrscher, welche daheim
über viele Millionen unumschränkt schalteten und göttlicher Ehren genossen,
galten in Rom als Bettelfürsten und Bedienten. In der Regel über=
ragten sie die römischen Großen weit an wissenschaftlicher und künst=
lerischer Bildung. An Achtung gewannen sie damit nicht: im Gegen=
theil höchstens mochte manchem Granden ein wehmüthiger Seufzer
entlockt werden bei der Erwägung, daß er diesen oder jenen Selbstherrscher
nicht zu seinem Secretär machen, oder daß er einen Virtuosen wie
Ptolemaeus Auletes nicht ohne Umstände in seine Hauscapelle einstellen
könne.

Kleopatra kam nicht als Bittsteller; sie kam als Freundin Cäsars
und trat mit allem Pomp und allen Ansprüchen einer Königin auf.
Sie hat geraume Zeit, 1½ bis 2 Jahre hindurch zu Rom residirt. Die
launige Erzählung, welche der alte Cato den Urgroßvätern zum Besten
gab, hatte sich somit in bittern Ernst verwandelt. Als Oberpontifex, d. h.
als Haupt der römischen Kirche besaß Cäsar eine Amtswohnung am
Markt; sie stieß an das Heiligthum der Vesta, wo keusche Jungfrauen
die heilige Flamme nährten, das Sinnbild der Reinheit und Zucht der
Gemeinde. In seiner Amtswohnung lebte Cäsar mit der ihm angetrauten
Gattin Calpurnia in kinderloser Ehe. Eine Viertelstunde entfernt in
der Vorstadt am rechten Tiberufer besaß er eine Villa mit köstlichem
Park; hier hielt die Königin Hof, die Mutter seines Sohnes. Er be=
handelte sie offenkundig als legitime Gemahlin und wann ihr dieser Titel
nach formellem römischen Rechte zukommen würde, war lediglich eine
Frage der Zeit und eine Frage der Politik. Ein eigenes Gesetz war
vorbereitet, das ihm das ausdrückliche Privilegium ertheilen sollte, mehrere
Frauen zu haben. Ohnehin im Sinne des ganzen Alterthums gebührt
solches Vorrecht dem Herrscher von Gottes Gnaden von selber und um
die Begründung dieses absoluten Königthums von Gottes Gnaden dreht
sich Cäsars Thätigkeit, seitdem er Alexandria besucht hatte.

Was die römischen Großen empfanden, wenn sie bei der stolzen
Kleopatra antichambrirten, läßt sich schwer ausmalen. Leider sind nur
dürftige Zeugnisse auf uns gelangt von den Stimmungen jener ereigniß=

vollen Jahre. Ich kann Ihnen nur einen Zeugen vorführen, den be=
rühmten Redner Cicero. Derselbe liebte es, nach allen Seiten hin
Deckung zu suchen und hatte demzufolge auch Verbindungen mit Kleopatra
angeknüpft. Er erschien mit literarischen Anliegen, die Königin versprach
sie zu erfüllen, gab auch einem Geschäftsträger die erforderliche An=
weisung — aber o Schrecken, die Zusage, welche dem empfindlichsten
Manne gegeben war, gerieth in Vergessenheit. Einige Monate nach Kleo=
patras Abreise, als es ohne Gefahr geschehen konnte, macht er seinem
gepreßten Herzen in einem Briefe Luft: „Die Königin hasse ich; mit
welchem Recht, weiß auch ihr Geschäftsträger Ammonius, der die Aus=
führung ihres Versprechens verbürgt hatte. Es handelte sich um Lite=
ratur und Zusagen, die gegen meine Würde nicht verstoßen, ich könnte
öffentlich vor allem Volk von der Sache reden. Ihr Kammerherr Sara
ist ein Schuft und ein frecher Patron: ein einziges Mal habe ich ihn in
meinem Hause gesehen, ich frage höflich, was zu seinen Diensten steht,
und bekomme zur Antwort, er suche nicht mich, sondern einen mir be=
freundeten Bankier. An die Hoffahrt der Königin selbst, als sie in der
Villa zu Trastevere Hof hielt, vermag ich nicht ohne tiefsten Schmerz zu
denken. Mit jener Gesellschaft bin ich fertig; sie trauen mir kein Herz,
ja nicht einmal eine Galle zu."

Die Monarchie, wie Cäsar sie plante, war auf römischem Boden
nicht durchführbar. Der unverhohlene Widerstand, dem er begegnete,
unterstützte Kleopatra in ihren Bemühungen, den Schwerpunkt des
Reiches von Rom fort in das Morgenland zu verlegen. Ein bedeut=
samer Schritt ward in dieser Richtung hin gethan, der Feldzug gegen
die Parther eingeleitet. Die Parther hatten die alten Ansprüche der Perser=
könige erneuert, Oberherren der Erde zu heißen: ihre Bewältigung war
die erste nothwendigste Vorbedingung, um das Reich Alexanders wieder auf=
zurichten und dem Großkönigthum die Lehnsherrlichkeit über alle Lande
zu erringen; dann auch durfte Cäsar hoffen, das störrische Rom zum
Schweigen zu bringen. Und so erdröhnten die Straßen wiederum von
dem schweren Tritt der Legionen und die Adler, welche Frankreich er=
oberten, über den Rhein und die Themse drangen, die großen Siege in
Griechenland, Afrika und Spanien erfochten, nach Osten richteten sie ihren
Flug, dem Euphrat und dem Indus zu. Cäsar selber gedachte in der
letzten Hälfte des März zur Armee abzugehen. Auf den 15. März des
Jahres 44 war die entscheidende Senatssitzung angesetzt, in welcher ihm
der Königstitel außerhalb Italiens für den ganzen Umfang des Reiches
zuerkannt werden sollte. In dieser Sitzung fiel Cäsar unter den Dolchen
der Verschworenen; die Hoffnungen der Königin, die 4 Jahre lang der
günstigste Wind getragen, waren gescheitert. Doch entfloh sie nicht furchtsam
aus der feindlichen Stadt vor der entfesselten Anarchie. Sie suchte aus
dem Schiffbruch zu retten, was sich retten ließ, vor allem die Anerkennung

ihres Sohnes als Cäsars Erben zu erlangen. Daß ihre Bemühungen erfolglos blieben, mußte sie rasch einsehen, nach wenigen Wochen begab sie sich in ihre Staaten zurück, vor dem Unwetter sie zu schützen, das über all die schönen Länder, welche das Mittelmeer umrahmen, gleich= mäßig hereinbrach.

Endlich hatte es ausgetobt, bei Philippi im November 42 fielen die letzten Schläge. Diesmal war nicht Einer Meister geblieben, zwei theilten mit einander die Herrschaft, der junge Octavian erhielt den Westen, Marcus Antonius nahm den Osten. Antonius zählte 42 Jahre und über= ragte den Genossen nicht blos an Alter und Erfahrung, sondern dem entsprechend auch an Ansehen und Geltung. In dem Kreise talentvoller Führer, der um Cäsar sich geschaart hatte, gebührte ihm weitaus der erste Platz. Mit unverbrüchlicher Treue, mit edler Aufopferung hatte er Cäsar gedient; ganz von selber fiel ihm die Aufgabe zu, Cäsars Erbe und Nach= folger zu werden. M. Antonius leitete sein Geschlecht von Hercules ab und erinnerte in mehr als einer Beziehung an den gewaltigen Sohn des Jupiter. Am wohlsten fühlte er sich in der Schlacht, wenn er an der Spitze der Reiterei gegen den Feind sprengte: er focht mit der Kraft und dem Muth eines Löwen. Die höheren Tugenden des Feldherrn gingen ihm dabei keineswegs ab; seit Cäsars Tod that es ihm Keiner gleich in der Lenkung einer Schlacht auch nur von Weitem. Der Abgott der Soldaten hat er auch die Gunst der Massen wie wenig Andere zu erwerben und zu behaupten verstanden: seine ritterliche Tapferkeit, seine Hochherzigkeit und Herablassung, der Nimbus, der den starken schönen Mann umgab, gewannen ihm die Herzen. Seine Bildung ließ viel zu wünschen übrig, auch fand er zu Staatsgeschäften sich nicht hingezogen; doch wurden diese Mängel nach beiden Richtungen hin durch seinen natür= lichen Verstand oft in überraschender Weise ausgeglichen. Hingegen ge= schah seinen guten und glänzenden Eigenschaften durch zwei Fehler der wesentlichste Eintrag. Die selbstbewußte Thatkraft ging ihm ab, er ließ sich am liebsten durch Andere leiten und namentlich waren ihm wie dem starken Hercules, seinem mythischen Vorbild und Ahnherrn, die Frauen gefährlich. Auch gelangten seine Tugenden nur in Noth und Bedräng= niß zur wahren Entfaltung. Gute Tage ließen ihn zum Becher greifen und verleiteten ihn zu Schwelgerei und Thorheit aller Art.

Kleopatra war 28 Jahre alt geworden; ihre Geschwister hatte der Tod sämmtlich dahin gerafft; sie und ihr Sohn Cäsarion, als Kronprinz Ptolemaeus geheißen, waren die letzten aus dem Hause des klugen Ptole= maeus Lagi. Unter schwerer Noth und Sorge war sie den Stürmen des letzten Bürgerkriegs entgangen. Jetzt ward sie wegen ihres Verhaltens, wegen angeblicher Unterstützung von Cäsars Mördern zur Rechenschaft gezogen. Antonius hatte früher zu ihren Bewunderern gehört, nun war er ihr Richter geworden, von dessen Spruch ihr eigenes und das Schicksal

Aegyptens abhing. Die Herzenskennerin kannte auch ihren Richter. Ihn
zu gewinnen gebot die Berechnung, die Rücksicht auf ihre Sicherheit, der
schlummernde Ehrgeiz; aber damit verwoben sich in unzertrennlichem Gewebe die menschlichen Regungen der Frau. Wenn Einer ihrer Liebe
würdig war und den verwaisten Thron mit ihr theilen durfte, so war
es dieser Mann und um als einsame Wittwe den Untergang ihrer Lebens-
hoffnungen zu betrauern, dazu fühlte sich Kleopatra noch zu jung und
noch zu schön. Antonius hatte es an Werbungen nicht fehlen lassen: die
Hoffnung auf ein ungeahntes höchstes Glück, ein unbestimmter Drang
trieb ihn, dem Eisen gleich, welches der Anziehung des Magneten gehorcht.
Bei einer vorläufigen Begegnung im Sommer 41 zu Tarsos in Asien
verständigten sie sich. Im Herbst ging Antonius nach Alexandria, um
den Liebesbund zu schließen, welchen Shakespeare in seiner Tragödie mit
so leuchtenden Farben geschildert hat. Der große Dichter fand die Farben
bereits gemischt vor; denn über dies Verhältniß fehlt es nicht an theilweise vortrefflichen Quellen. Wie ein alter Schriftsteller sich ausdrückt,
ging Kleopatra zunächst an die Erziehung ihres Geliebten. Sie ließ ihn
weder Tag noch Nacht aus den Augen. Sie fischte mit ihm, sie ging
mit ihm auf die Jagd, sie sah seinen Turn- und Waffenübungen zu.
Sie würfelte und zechte mit ihm; sie schrak sogar nicht davor zurück, als
Knabe verkleidet ihm auf seinen nächtlichen Wegen zu folgen. Der Schlachten-
sieger liebte es nämlich, Nachts in den Straßen zu randaliren, ruhige
Bürgersleute aus dem Bette zu klopfen und zu foppen. Die Liebhaberei
war stadtbekannt und auch die Gefoppten fanden an dem Spaß ihren
Gefallen: dieser leutselige römische Herr stach gar vortheilhaft in ihren
Augen vor dem langweiligen Hochmuth seiner Race ab. Und wenn sie
gleich gelegentlich bei nächtlicher Weile einander rechtschaffen durchprügelten,
so that das der aufrichtigen Freundschaft zwischen Antonius und den
Alexandrinern nicht den geringsten Abbruch. Eine schwierige Erziehung
für die schöne Königin; doch sie war wenn irgend Jemand der Aufgabe
gewachsen: vor allem den Respect wußte sie zu wahren und wenn er sich
etwa beikommen ließ, in ihrer Gegenwart einen seiner derben Soldaten-
witze zu reißen, so wies sie ihn zurecht wie einen Schulknaben.

Antonius hatte das erträumte Glück gefunden und darüber alles
Andere vergessen, Vaterland, Herrschaft, Politik — auch seine Frau Fulvia.
Doch diese war aus härterem Holze geschnitzt als Cäsars Gemahlin
Calpurnia. Sie war schon zwei Mal verheirathet gewesen mit den
wildesten Raufbolden des römischen Adels und trotz ihrer Jahre nicht
gewillt, sich von einer fremden Nebenbuhlerin verdrängen zu lassen; denn
ihre Ehen schloß sie nur zu dem Zwecke ab, um ihrer Herrschsucht und
ihrer geradezu teuflischen Rachsucht zu fröhnen. Sie wählte ein drastisches
Mittel, sie entzündete den Bürgerkrieg in Italien gegen Octavian, den
Partner ihres Gatten. Nicht als ob das Mittel die gewünschte Wirkung

gehabt hätte: Antonius sah dem Kriege Monate lang mit größter Ge=
müthsruhe zu und ließ seine Gattin ihre Sache allein ausfechten. Fulvia
ward in Perusia eingeschlossen und nach einer hartnäckigen Belagerung
durch Hunger zur Uebergabe gezwungen. Sie hat ihre Niederlage durch
den jungen Octavian so schwer empfunden, daß sie bald darauf am Aerger
starb. Aber der ägyptischen Nebenbuhlerin hatte sie allerdings vorläufig
das Spiel verdorben. Antonius mußte in den Krieg, mußte Alexandria
vor beendigter Lehrzeit verlassen. Im Heerlager unter seinen Kameraden
gewannen andere Einflüsse die Oberhand über ihn. Wenn er am Nil
als Grieche gelebt und getollt hatte, so ward er nun wieder der waffen=
klirrende Imperator. Freilich ward es mit dem Kriege nicht Ernst. Die
beiderseitigen Freunde brachten eine Aussöhnung zwischen ihm und seinem
Gegner zu Stande. Und damit nicht genug: die römischen Großen pflegten
ihre politischen Bündnisse durch Heirathen zu bekräftigen, M. Antonius
führte Octavia, die Schwester seines Verbündeten, in sein Haus heim.
Von dieser Frau wird nur Gutes berichtet: edle Weiblichkeit und Milde
zierten sie. Es war ein schweres Opfer, das sie ihrem Bruder brachte,
als sie sich entschloß, dem wilden Antonius die Hand zu reichen. Doch
die Hand war zu schwach, den Löwen auf die Dauer zu bändigen. Drei
Jahre hielt sie ihn; als er seiner Knechtschaft inne ward, als er inne
ward, wie er in Gefahr stand, zum Werkzeug seines Schwagers herab=
zusinken, sprengte er die Bande, wandte der Heimat, Frau und Kind
von Neuem und auf immer den Rücken und begab sich in Kleopatras Dienst.

Kleopatra stand im 33. Lebensjahre; herbe Täuschungen waren ihr
zu Theil geworden; ihr Sinn blieb unverwandt auf die Träume ihrer
Jugend gerichtet. Wenn es eines Beweises bedürfte für ihren außer=
ordentlichen Geist, so liegt er in der geradezu romantischen Neigung,
welche sie dem Antonius eingeflößt hat. Die Alten haben sich darüber
weidlich die Köpfe zerbrochen und keine Lösung zu finden gewußt. Die
Reize ihrer Jugend waren verblüht, sie gehörte einem anderen verachteten
Volke an. Und doch enthielt sein Testament, das in Rom bei den Vestalen
deponirt war, die Vorschrift, man solle seine Asche nach Alexandria bringen,
wo er auch sterben möchte und in Kleopatras Nähe beisetzen. Und doch
hat er um ihretwillen das schwerste Verbrechen gewagt, das das Alter=
thum kennt, im Dienst der Fremde die Waffen erhoben wider das Vater=
land und die Götter der Heimat. Und als er endlich vom eigenen
Schwert getroffen in ihren Armen seine Seele aushauchte, hat er sie ge=
tröstet und gesegnet und sein Glück gepriesen. Der römische Senat hat
officiell erklärt, Antonius habe durch die Zauberkünste der Aegypterin den
Verstand verloren: die Erklärung trägt den Vorurtheilen und dem Fassungs=
vermögen der edlen Herren die gebührende Rechnung. Aber wol ver=
diente diese tragische Leidenschaft von dem größten Herzenkündiger aller
Zeiten, von Shakespeare gefeiert zu werden.

Antonius kehrte im Jahre 36 zur Geliebten zurück. Ihre Ehe ward mit drei Kindern geſegnet und der Vater mit ſeinen Legionen hat es ſich ſauer werden laſſen, ihnen Königreiche im fernen Oſten zu erobern. Die Jugendträume wurden zur Wirklichkeit, die alte Verheißung, welche Alexandria zur Welthauptſtadt beſtimmt, ging endlich in Erfüllung und Kleopatra herrſchte ſo weit wie noch nie der Scepter eines Ptolemaeers gereicht. Als Morgengabe verlieh ihr Antonius bei ihrer Verſöhnung Cypern, Phönizien, das hohle Syrien, Theile von Cilicien, Judäa und Arabien. Und zwei Jahre ſpäter bereitete er ihr ein Feſt, desgleichen die Nilſtadt weder vorher noch nachher geſchaut hat. Siegreich kehrte er aus Armenien zurück und hielt den feſtlichen Triumph ab: in römiſchen Augen ein gottloſer Frevel, denn nur in Rom dem Jupiter auf dem Capitol durfte ein Dankzug für den Sieg römiſcher Waffen gebracht werden. Vor dem Triumphwagen gingen Armeniens König und Prinzen in goldenen Ketten einher, wurden Trophäen und Beuteſtücke aufgeführt. Die Sieger brachten ihre Huldigung nicht einem todten Götterbild dar wie zu Rom, wo für ſolchen Feſttag dem alten Jupiter das Geſicht roth geſchminkt war; ſie brachten ſie einem lebenden Gott, der neuen Iſis, der Herrin dieſes Landes. Dann ward nach römiſcher Weiſe die ganze Stadt öffentlich bewirthet. Nach dem Mahl verſammelten ſich Volk und Truppen auf dem weiten Feſtplatz. Silberne Stufen führten zu den beiden Thronſeſſeln aus Gold hinauf, welche Kleopatra und ihr Gemahl einnahmen; auf den Stufen ſtanden die Seſſel der Prinzen und Prinzeſſinnen, ihrer Kinder. Antonius verlas ein Decret, welches Kleopatra zur Königin der Könige erhob, die früheren Schenkungen beſtätigte und Cäſarion= Ptolemaeus zum Mitregenten ernannte. Auch ſeine Kinder wurden mit dem Titel von Königen der Könige bedacht: der älteſte Ptolemaeus Philadelphos erhielt Aſien vom Helleſpont bis zum Euphrat, ſeine Zwillingsſchweſter Kleopatra Kyrene, der jüngſte Alexander Armenien und die Länder zwiſchen Euphrat und Indus. Ptolemaeus erſchien in macedoniſcher Königstracht mit dem Bockshelm, von einer macedoniſchen Leibwache umgeben, Alexander in perſiſcher Königstracht mit dem Turban und armeniſchem Gefolge. Und das Herrſcherpaar ſelber zeigte ſich allem Volk als Iſis und Oſiris.

Bald darauf erklärte die Republik Rom den Krieg an Kleopatra. Daß der Krieg nicht begann mit der Vernichtung des Gegners, lag allein an dem Mann, der ihn zu führen hatte. Mit Leichtigkeit hätte Antonius Italien und Octavian bezwingen können. Aber wenn er auch den Arm wider das Vaterland erhoben, den Streich zu führen, es in die Feſſeln der Fremde zu ſchlagen — dazu verſagte ihm das Herz. An dieſem ſitt= lichen Conflict iſt die Kraft des ſtarken Mannes zerbrochen und mit ihr zerbrach die Stütze, welche Kleopatra hielt. Freilich ſie blieb ſich ſelbſt getreu. Sie hat bis an's Ende ausgehalten und zu retten geſucht was fich retten ließ. Ihr Feind kannte nicht Mitleid noch Erbarmen; er hat ein grausiges Spiel mit ihr gespielt und sie auf die schwerste Folter gespannt, die es für eine Mutter gibt. Das Leben ihrer Kinder seiner Rache zu entreißen gelang ihr nicht. Aber die süßeste Rache hat sie ihm und der Stadt am Tiber geraubt — den Hochgenuß, die große Königin in Ketten vor dem Triumphwagen einherschreiten zu sehen. In strenger Haft mit zwei ergebenen Hofdamen hat die Enkelin des klugen Ptolemaeus Lagi die Mittel gewußt den Sorgenlöser zu rufen. Als die Wachen hereintraten, fanden sie Kleopatra todt ausgestreckt in vollem Schmuck, die eine Hofdame todt ihr zu Füßen, die andere im Sterben. „Schöne Dinge das, Charmion," bemerkt der Commandant. „Ja wol, schön und wie es sich für die Enkelin so vieler Könige ziemt." Mehr hat man aus der treuen Dienerin nicht herausgebracht und über die Todesart nur Vermuthungen anstellen können. Kleopatra war 39 Jahre alt geworden und hatte 22 Jahre regiert. Der Sieger hat ihr ein königliches Begräbniß gegönnt und sie neben ihrem Gemahl Antonius bestattet.

Die Bedeutung des Krieges empfinden wir noch heutigen Tages. Wir nennen den Erntemonat mit dem Namen des Siegers August und zwar deshalb, weil in diesem Monat Aegypten dem römischen Reiche einverleibt wurde. Der 1. August ist eines der Hauptfeste der katholischen Kirche, sie feiert an ihm den h. Petrus, aber der Geschichtskundige weiß und bis in die Neuzeit hinab wußte es auch das römische Volk, daß das Fest von Hause aus nicht dem Apostelfürsten, sondern eigentlich der Bezwingung Alexandriens galt; denn am 1. August 30 v. Chr. bat die stolze Meerstadt um Gnade. Der Besucher Roms wird durch die vielen Obelisken mit ihren fremdartigen Hieroglyphen an diese Kämpfe erinnert; sie sind durch August und seine Nachfolger aus dem alten Pharaonenlande verschleppt. Alexandria ist heute ein blühender Hafen, aber die Stadt der Ptolemaeer liegt unter dem Sand der Dünen begraben. Unter den wenigen erhaltenen Denkmälern ragen zwei 64 und 66 Fuß hohe Obelisken aus rothem Granit hervor. Sie standen vor Cäsars Tempel und haben das Andenken der Gründerin im Volksmund bewahrt. Sie heißen die Nadeln der Kleopatra. Eine derselben ist kürzlich unter mancherlei Fährlichkeiten nach London geschafft worden.

Schweizerische Bergseen.

Von

Eduard Osenbrüggen.

— Zürich. —

Die Schweiz, das Land der Mannichfaltigkeit und der Contraste, hat diesen Charakter auch in seinen Seen, welche in ihrer Größe, Form und Farbe, wie in ihrer Einfassung und Umgebung sehr verschieden von einander sind. Die Zahl der kleinen Seen ist außerordentlich groß, sie liegen oft sehr versteckt in der Höhe und wie von den Felswänden des Hochgebirges die Sagen und Naturmythen, einem schönen Echo gleich, wiederhallen, so sind manche dieser Bergseen sagenreich. Interesse gewährt es auch, die Menschen kennen zu lernen, welche in deren Nähe angesiedelt sind oder an ihre Ufer herankommen.

Wer einen oder den andern dieser lieblichen Bergseen geschaut hat, wird mit dem Dichter sagen: „Grüner Bergsee, Tannendunkel, seid viel tausendmal gegrüßet", aber nicht alle Bergseen sind so anheimelnd, man weilt nicht an ihnen, sondern eilt zu einem freundlicheren Bilde der Gebirgswelt. Wenn ich dennoch meine Rundschau mit ihnen beginne, so geschieht es, um ihren Gegensatz, die Anmuth der grünen oder blauen Wasserspiegel in der Alpenregion desto mehr hervortreten zu lassen.

Der Todtensee bei der Hauseck an der Grimsel verräth durch seinen Namen den Gegensatz zur Anmuth. Es ist ein düsterer kleiner See, in einer traurigen Trümmerwüste gelegen. Den größten Theil des Jahres ist er in seiner Felsenschale festgefroren und auch im Sommer fehlt ihm Bewegung und Leben. Fische hat er nicht und kein anderes Gethier auf der Oberfläche. Bei seinem Namen denkt man unwillkürlich an die Kämpfe der Oesterreicher und Franzosen an der Grimsel im Jahre 1799. Da tobte auch der heiße Kampf am Todtensee und von den durch die Franzosen überlisteten Oesterreichern fanden nicht wenige ein elendes Grab im kalten Todtensee. Aber sein Name ist viel älter, verdankt auch nicht der Oede umher seine Entstehung, sondern „todt" nennt man die Gebirgsseen, welche keinen sichtbaren Zufluß und Abfluß haben. Aehnlich verhält es sich mit dem mehrere Male in der Schweiz vorkommenden Namen Faulensee, aber hier darf man doch wol auf die ursprüngliche Bedeutung von „faul" zurückgehen, wie dieses Wort noch oft für schmutzig und unrein gebraucht wird. Nahe liegt die Vergleichung mit den Bergnamen Faulhorn, Faulberg, Faulen, welche auf Verwitterung hinweisen.

In trostloser Oede befindet sich der nicht mehr als eine Viertelstunde lange Daubensee an der Gemmi, in einer Höhe von 2206 M. Wenn man von Kandersteg zur Gemmi ansteigt, so kommt man eine halbe Stunde unter der Paßhöhe in die Nähe desselben. Er bleibt neun Monate im Jahre zugefroren und wenn er aufgethaut ist, so hat er ein trübes graugrünliches Wasser. Einst mögen Weiden an ihm gegrünt haben, aber längst hat fast alle Vegetation aufgehört, wie auch das Thierleben; nur Alpendohlen flattern zu ihm heran und ein Raubvogel, der hier nichts zu suchen hat, zieht über ihn hinweg dem Wallis zu. An der einen Seite senken kahle schwarze Felswände sich herab, an der andern Seite erblickt man in der Höhe einzelne Schneeflächen. Noch unheimlicher ist die Gegend dadurch geworden, daß Zacharias Werner den Schauplatz seines Schauerstücks „Der 24. Februar" in das etwa eine halbe Stunde nach Kandersteg zu vom Daubensee entfernte Bergwirthshaus Schwarenbach verlegt hat. Werner hat Goethe gegenüber das grausige Stück für eine Fiction erklärt und das ist richtig, weil in Schwarenbach nichts der Art geschehen ist; aber ohne Zweifel hatte Werner die in der Schweiz umlaufende Sage von der nächtlichen Ermordung eines nach langer Abwesenheit zurückgekehrten Sohnes durch seine geldgierigen Eltern, die ihn nicht erkannten, vernommen und wählte als besonders dazu passende Oertlichkeit das in einsamster Einsamkeit liegende Bergwirthshaus. Wahrscheinlich ist aber die schwarze That einmal geschehen in einem Wirthshause in Boschia bei Guarda im Unterengadin.

In Bergwildniß und Gletschernähe liegt der kleine Hagelsee am Faulhorn und hat oft Mühe im Sommer ganz aufzuthauen. Aehnliche Seelein, die einsam und versteckt liegen und wenig dazu beitragen, die Wildniß freundlicher zu machen, gibt es noch manche.

Bekannt ist der Märjelensee oder Aletschsee, höher gelegen (2350 M.) als der Daubensee, aber nicht unheimlich wie dieser, sondern ein merkwürdiges Stück im Bereich der Gletscherpoesie, als Zugabe zu dem größten Eismeer der Schweiz, dem Aletschgletscher, dessen Krystallwand sein westliches Ufer bildet. Im langen Winter ist der See ohne

Zweifel bis auf den Grund gefroren; wenn der Sommer seine volle Kraft geltend macht, ist dieser zwar nicht im Stande, den Aletschgletscher merklich zu verändern, aber die Eismasse des Sees zerreißt und kommt in's Schmelzen. Er ist dennoch nie ohne Eis, weil von Zeit zu Zeit Eisblöcke von der Gletscherwand herabfallen, die dann auf seiner Oberfläche wie Inseln schwimmen und im regelmäßigen Tempo sich einander nähern und abstoßen. Sehr bezeichnend nannte ein berühmter schweizerischer Wanderer über Eis und Schnee den Märjelensee „ein Miniaturbild des Polarmeeres". Man denke ja nicht, daß es diesen Männern nur darum zu thun sei, sich als Klettervirtuosen hervorzuthun, sie verfolgen, oder doch viele unter ihnen, wissenschaftliche Aufgaben und haben eine sehr poetische Auffassung der Gebirgswelt, wo diese am großartigsten ist. Sie bringen in die Mysterien des Hochgebirges ein, zu denen schwächere Menschenkinder nur mit der Phantasie heranflattern. Ein sehr bekannter schweizerischer Alpenklubist, Weilenmann in St. Gallen, der früher die besondere Passion hatte, Solosteiger zu sein, war lange einsam auf dem Aletschgletscher gewandert, hatte Gletscherspalten und Schründe zu überwinden gehabt, kein anderer Laut war an sein Ohr gedrungen, als dann und wann das Donnern einer Lawine, da kam er an den Märjelensee, welcher seine Schwärmerei für das Eis wieder neu anregte. Er sagt: „Ich schritt dem See zu, um an seiner grünblauen Fluth, an den stille darauftreibenden, wie Silber blinkenden Eisblöcken, an den schroff abstürzenden, in allen Nuancen von Azur spielenden Eisklippen mich zu ergötzen. Es war ein Stück Nordpol oder Märchenwelt."

Nicht blos die Bergsteiger und Gletschermannen besuchen diesen See, sondern derselbe hat auch für die Hirten der eine Stunde davon entfernten Märjelenalp Bedeutung, wenn auch nicht als Gegenstand der Naturschwärmerei. Der See hatte früher zuweilen in heißen Sommern die Neigung davonzulaufen, indem er unter dem Gletscher durch in's Thal nach Naters im Walliser Bezirke Brieg sich verfügte, wo sein Wasser dann nicht geringen Schaden anrichten konnte. Die Hirten waren für einen solchen Fall zu Wächtern des Sees bestellt und wenn sie das Sinken des Sees bemerkten, so eilte einer von ihnen nach dem ziemlich entfernten Naters hinab, um die Gefahr zu verkünden. Man konnte in Naters noch die nöthigsten Vorkehrungen treffen, denn das Wasser brauchte längere Zeit, um sich unter dem Gletscher durchzuarbeiten als der leichtfüßige Aelpler, um nach Naters zu kommen. Für die Botschaft erhielt der Springer jeweilen ein Paar neue Schuhe. Vor einigen Jahrzehnten ist durch einen Stollen dem Wasser bei einer solchen Steigung des Sees der Lauf in das Bieschertobel angewiesen, wo er keinen Schaden bringt.

Zu den eisigen Bergseen gehört besonders auch der kleine See bei dem Hospiz auf dem Großen St. Bernhard (2472 M.). Er ist nicht nur während des mindestens neun Monate dort herrschenden Winters ganz zugefroren, sondern auch im Sommer, wo die Wärme bei dem Hospiz um die Mittagszeit selten über 7° Reaumur steigt, am Morgen regelmäßig mit Eis belegt. Das Leben der Menschen, welche in dem Convent wohnen und derer, welche hier einen kurzen Aufenthalt machen, kann ich hier, wo ich mich der Kürze befleißigen muß, nicht schildern, aber als eine Merkwürdigkeit will ich erwähnen, daß vor einigen Jahren ein junges Liebespaar in diese Höhe kam, um in dem kalten See den Tod zu finden. Ein wunderbarer Contrast: Liebesgluth und das eiskalte Seelein mit der Firn= und Gletscherwelt umher, — ein noch nicht dage= wesener Stoff für eine Novelle!

Berühmt sind die unter der Paßhöhe des Bernina liegenden Lago bianco und Lago nero (2220 M.). Wenn man diese beiden so nahe verbundenen, nur durch einen schmalen Damm getrennten Seen ein Ehe= paar nennen wollte, so wären der an den weißen See sich anreihende Lago della Scala und das sehr kleine namenlose Seelein, welches man allenfalls blau nennen kann, bei dem schwarzen See ihre Kinder. Die Wasser des größeren und etwas höher gelegenen Lago bianco, der vom Cambrenagletscher gespeist wird, gelangen in Vermittelung und Verbin= dung mit der Abda und dann mit dem Po in's adriatische Meer, der Lago nero, auf Moorgrund ruhend, läuft dem Inn zu, durch diesen in die Donau und da müssen dann, freilich stark gemischt, Wassertheile des schwarzen Sees vom Bernina in's schwarze Meer gelangen.

Auch auf der Höhe des Flüelapasses (2405 M.), welcher von Davos in das Unterengadin führt, liegen zwei kleine Doppelseen bei ein= ander, deren Wasser nach den entgegengesetzten Seiten des Berges ab= fließen. Liebliche Bergseen kann man sie nicht nennen, aber ihre grünen Spiegel sind doch mild in der starren Wildheit der Steinwüstenei umher. Immer und immer sind seit Jahrhunderten Felsstücke von beiden Seiten herabgestürzt und bedecken weithin die obere Partie des Passes. Auch Lawinen kommen in jedem Frühling herab und ich sah noch im August am Rande des einen Sees einen zähen Lawinenrest. Sicher fahren jetzt die großen Postkutschen auf der wahren Kunststraße in vielen Kehren hinüber und in der Höhe von mehr als 8000' ist mit der Poststation nicht nur eine gute Wirthschaft verbunden, sondern auch ein Telegraphenbureau.

Graubünden, eine Schweiz für sich, ist es auch in seinen Seen. Es hat deren in großer Zahl und von allen Arten. In dem mystischen Bündnerlande mit seiner eigenartigen Bevölkerung ist mehr als anderswo an den Bergseen die Poesie der Sagen und Naturmythen thätig geworden. Die wiederkehrenden Naturerscheinungen machen auf die in der Einsam= keit des Gebirges lebenden Menschen einen starken Eindruck. Sie wissen dieselben nicht zu erklären wie die Naturforscher, aber sie erklären sich dieselben in ihrer Weise. Als Naturkinder bilden sie aus diesen Er= scheinungen eine Naturreligion.

Sicherer als es durch den Barometer geschehen kann, erkennen die
Hirten das Umschlagen der Witterung an der sich verändernden Farbe
des Bergsees; wenn die noch eben spiegelglatte Oberfläche sich kräuselt,
obgleich noch kein Wind sich erhoben hat und wenn dann murmelnde
Töne sich hören lassen, die sich zu einem Brummen verstärken, so wissen
sie, daß ein Ungewitter nahe ist.

Im Jahre 1700 meldete ein Pfarrer von Andeer an der Splügen=
straße dem berühmten Naturforscher J. J. Scheuchzer in Zürich: „Im
Schamser=Gebiet findet sich ein See, Calandari genannt, auf Arosen=Alp,
welcher gar klein, daß man ihn an allen Seiten mit einem Stein über=
werfen kann, ist aber unergründlich, hat seinen Einfluß, aber keinen Aus=
gang. Wenn ein ungestümes Wetter vorhanden, so schwellet sich in Mitten
dieses Sees ein gewaltig großer Wirbel auf, welcher in zunehmendem
Wachsen so stark brüllet, daß man ihn von einem Berg zum andern,
wol sechs Stunden weit, hören kann. Es hat dieser See noch eine andere
verborgene Eigenschaft, daß er die Menschen, so dabei schlafen, an sich
ziehe, wie ich denn gehört und von alten Personen bin versichert worden,
daß eine Frau ziemlich weit von diesem See geschlafen und von dem=
selben angezogen und verschlungen worden. Nach diesem hat man ihren
Gürtel mit Schlüsseln an dem Ufer des Rheins gefunden, welcher Fluß
von dem See vier Stunden entlegen. Es sind noch mehr Leute im
Leben, welche auch bei diesem See eingeschlafen, und da sie erwachen,
schon mit ihren Füßen in dem Wasser gewesen.“ Der Pfarrer meldet
noch weiter, vor etlichen Jahren hätten einige junge Knaben aus Ueber=
muth sieben Pferde in diesen See gesprengt, seien dann aber sehr er=
schrocken gewesen, als die Pferde nicht wieder herausgekommen; nach drei
Stunden hätten jedoch die Thiere sich wieder ans Land begeben, wo sie
anfangs wie todt gelegen, dann aber zurecht gekommen seien. Besonders
merkwürdig sei dabei noch, daß die Pferde alle beschlagen gewesen, aber
ohne Fußeisen aus dem See zurückgekommen seien.

Scheuchzer, der aufgeklärte Naturforscher meint, wenn diese Geschichten
wahr seien, „sollten sie manchem spitzfündigen Welt= oder Naturweisen
genug zu schaffen geben“, er will seinerseits die magnetische Kraft gewisser
Bergseen weder zugeben noch ableugnen.

Ueber die wunderbaren Erscheinungen dieses Sees, den man aber
gewöhnlich anders nannte, berichten mehrere bündnerische Schriftsteller.
Auch die Entstehung desselben ist der Sage einverleibt. J. K. von Tscharner
erzählt:

In die wilde Bergwelt zwischen dem Weiß= und Rothhorn drängt sich
oberhalb Tschiertschen das kleine Seitenthal Urden; in seinem Grunde ruht
von schauerlichen Sagen umweht der Urdensee. Wo aber jetzt der
Spiegel des Sees glänzt, deckten einst saftige Wiesen den engen Thal=
grund und in geräumiger Hütte wirthschaftete ein roher und geiziger Senn.

Zu dem kam ein altes und schwaches Mütterlein von Crosa, das mit unsicherem Tritt zum letzten Mal nach dem fernen Gotteshaus Obervatz wallfahrten wollte, um dort ihre Rechnung mit der Welt abzuschließen, und bat um einen Trunk Milch. Der Unmensch fuhr die von Durst und Müdigkeit erschöpfte Pilgerin zuerst mit Scheltworten hart an, melkte dann seine rothe Kuh, warf Magen (Säure) in das Milchgefäß und reichte ihr mit verbissenem Hohnlachen diesen Trank. Die Alte hatte ihre Pilgerfahrt kaum wieder angetreten, als sie von grimmigen Schmerzen befallen wurde und, nachdem sie dem Herrn ihre Seele befohlen und die Rache des Himmels über den Gottlosen herabgerufen, unter schrecklichen Zuckungen verschied. Da erbebte die Erde ringsum im ganzen Gebirge, in fürchterlichem Krachen gähnte weitauf ein ungeheurer Abgrund, Weiden, Hütten und Heerden wurden mit dem gottlosen Senn verschlungen und trübes Wasser füllte die Tiefe. Das ist der Urdensee. Je im siebenten Jahre, wenn im Brachmonat die Tage am längsten sind, werden seine Wasser ungewöhnlich wild und brüllen aus der Tiefe in fürchterlichen Wallungen auf, dann sieht man den verwünschten Senn mitten auf dem tobenden See seine rothe Kuh melken; hat er dies Geschäft beendigt, so ringt er dreimal die Hände gen Himmel und fährt mit schauerlichem Gewimmer in den Abgrund hinab. Schrecklicher rast dann der See und ein dumpfes Getöse rollt durch Gebirg und Thal und verkündet schwere Unwetter.

Wir haben hier eine Localisirung der weit verbreiteten Sage auf ethischem Grunde, daß durch Hartherzigkeit und Uebermuth der Menschen blumenreiche Alpen zur Strafe untergegangen sind, aber die Sage weicht von der gewöhnlichen Form ab. Gewöhnlich sind auch die Alpen in Eis und Schnee verwandelt.

Im Glauben der Hirten sind viele Bergseen unergründlich und sie scheuen sich, etwas hineinzuwerfen, denn in der Tiefe ist ein großer Fisch oder ein Ungeheuer, das dann an die Oberfläche kommt und den See aufbrausen und Schaden anrichten läßt.

Sehr gewöhnlich nannte man die in und an den Bergseen hausenden Ungethüme Drachen. Der treffliche bündnerische Topograph und Historiker Campell, um die Mitte des 16. Jahrhunderts, theilte noch den Glauben an diese schlangenartigen, oft mit Flügeln versehenen Thiere. Sein Großvater mütterlicher Seite habe in der Steinwüste am Fuße des Berges Alpiglia bei Süs ein solch großes schreckliches schlangenartiges Thier erblickt, sei dadurch plötzlich krank geworden, habe sein Haupthaar gänzlich verloren und die Haut an den, dem Anblick des Unthiers ausgesetzt gewesenen, nicht von Kleidern bedeckten Stellen des Körpers habe sich abgelöst. Ein anderer Mann der Zeit erblickte einen Drachen oder Lindwurm in der Schlucht, welche der Inn bei seinem Ausfluß aus dem See von St. Moriz durchbraust, wurde davon krank und starb. Johann Branca von Guarda dagegen bedeckte den kleinen See auf Alpiglia mit

Hülfe eines Beschwörers mit Zweigen und Blättern und nöthigte dadurch
den Lindwurm in einem greulichen Unwetter den Ort zu verlassen, in
Folge dessen er den Inn abwärts bis Innsbruck geschwemmt und dort
nicht ohne große Gefahr getödtet wurde. So berichtet Campell.

Bevor ich Abschied nehme von den zwar interessanten, aber in der
Wilde und Oede liegenden, nicht eben anheimelnden Seen, um mich zu
den zerstreuten anmuthigen kleinen Seen in romantischer Berglandschaft
zu begeben, muß ich noch einen Bergsee aus jener Classe erwähnen,
welcher lange Zeit den Menschen der unheimlichste von allen gewesen ist
und eine große Geschichte hat, die aber damit endigt, daß der See gar
nicht mehr existirt. Es ist der Pilatus=See.

Dieser See lag an der Luzerner Seite des Berges, welcher von dem
See oder dessen Gespenst erst den bekannten Namen erhalten hat, sonst
in alter Zeit Fralmont (mons fractus) von seinen vielen Klüften und
Spalten in den Felswänden hieß. Der See war eine Viertelstunde von
der Alp Brünlen entfernt, hatte eine Länge von etwa 100 Schritt, eine
Breite von 50. An der einen Seite deckte ihn ein Tannengehölz, an
den anderen Seiten waren starre Felsen. So lag er geschützt vor den
Winden, hatte keinen Zufluß und Abfluß, nahm weder zu noch ab,
schweigsamer Ernst war sein Charakter, aber das brachte ihn in den
Bereich der Sage. Seine Ruhe durfte nicht gestört werden, geschah es,
so war das Frevel mit verderblicher Folge. Aber nicht ein großer Fisch
oder ein ähnliches Ungethüm kam dann an die Oberfläche, sondern sein
Insasse war der unselige, zur Strafe in ihn und die öde Bergeinsamkeit
gebannte Landpfleger Pilatus. Der Unruhige kam hier nicht zur Ruhe,
er stürmte auf dem Gebirge hin und her, jagte die Heerden, daß sie in
den Abgrund stürzten, dann watete er auch in seinem See herum und
schickte wilde Wasser in's Thal. Endlich wurde ein fahrender Schüler
gegen ihn angerufen und brachte ihn bis zu einem gewissen Grade zur
Ruhe. Auf die stärksten Bannformeln hin ging Pilatus ein Compromiß
ein, er versprach, sich in den See zurückzuziehen und sich dort ruhig zu
verhalten, wenn man ihn nicht beunruhige. Darauf folgten Verbote auf
Verbote der Obrigkeiten von Luzern und von Obwalden, den See zu
berühren und auch nur sich ihm zu nähern. Fremde, welche den Berg
besteigen wollten, mußten dazu eine besondere Erlaubniß einholen; im
Frühling wurden die Sennen der Alpen in Eid genommen, keinem
Fremden den Weg an den See zu zeigen. Wer jenen Verboten zuwider=
handelte, wurde hart gestraft. Im Jahre 1545 konnte aber der Stadt=
pfarrer Müller von Luzern es wagen, ohne Zweifel nach Rücksprache
mit den regierenden Herren der Stadt, dem merkwürdigen Aberglauben
entgegenzutreten. Er kam mit einer Gesellschaft an den See, man rief
den Landpfleger in verschiedenen Sprachen, warf Steine in den See,
aber weder erhob sich Pilatus, noch erhob sich ein Unwetter; es wateten

einige Leute durch das Wasser und es zeigte sich, daß der See gar nicht
bodenlos oder auch nur tief sei, wie man geglaubt hatte. Neun Jahre
später wurde der See abgegraben und er blieb ein unschöner kleiner
Sumpf, der sich zur Zeit der Schneeschmelze etwas mehr mit Wasser
füllte. Im Jahre 1661 schrieb Cysat von Luzern in seiner genauen
Schilderung des Vierwaldstättersees: „Was aber von des Pilati See
und desselben armseligen verdammlichen Geist in und außerhalb dem
Schweizerland geschrieben und gesagt wird, das ist lauter Fabelwerk und
Gedicht." Die Sennen ließen sich aber den alten Glauben nicht ganz
nehmen. Bis zur Neuzeit war es Gebrauch, daß sie auf den Alpen des
Berges beim Sonnenuntergang durch den Milchtrichter einen Segens-
spruch ausriefen, der den Pilatus verhindern sollte, ihnen und ihrem
Vieh in der Nacht Schaden zu thun. Es ist das übrigens eine Sitte,
die, wenn auch nicht in Beziehung auf den Pilatus, noch auf manchen
Alpen der Schweiz sich findet. In dem nach ihm benannten Berge ist
aber dem Landpfleger Pilatus doch noch der Ruhm oder Ruf des Wetter-
machens geblieben, wie der bekannte Spruch sagt: „Hat der Pilatus
einen Hut, so wird das Wetter gut, hat er einen Degen, so gibt es
Regen" und diese Wetterzeichen haben Wahrheit. Um den Pilatus=See
kümmert sich aber jetzt Niemand.

Zu den Bergseen, an denen das Verweilen in „süße Melancholei"
versetzt, gehören noch nicht die Gotthardseen, wie interessant sie sonst auch
sind, diese „ewigen Seen, die von des Himmels Strömen selbst sich füllen",
welche Bezeichnung des Dichters freilich gar nicht buchstäblich zu nehmen ist.
Ihre kleinen Wasserspiegel verleihen zwar der starren, ernsten, baumlosen
Landschaft etwas Glanz, aber lächelnde Seen sind es durchaus nicht. Man
hat zwar den Lucendro=See gepriesen, dem die Hauptquelle der Reuß
entströmt und es gibt auch Farbenbilder, auf denen er sehr freundlich sich
ausnimmt, aber das ist Dichtung des Pinsels. Wenn ein Tannenwald an
einer Seite seinen Schatten in einen kleinen klaren Bergsee wirft, den an
der andern Seite hellgrüne Matten einfassen, so gibt das ein freundliches
Bild, aber bei dem Lucendro=See ist es der Schatten von den hohen Felsen,
welcher dem Bilde überwiegend die Färbung verleiht und das wol zu
keiner Jahres= und Tageszeit heiter sein kann. Es mag sein, daß ich mit
einer unrichtigen Vorstellung ihrer Schönheit zu den Gotthardseen herankam,
daß ich eben nur ernste Alpenbilder in ihnen und an ihren Ufern hätte
erwarten sollen, aber mir ist nun einmal der Eindruck geblieben, daß sie
zu den lieblichen Bergseen nicht gehören. Die Schweiz ist aber auch an
diesen reich und von manchen derselben gilt, was ein berühmter Kenner
der Gebirgswelt, Desor, sagt: „Diese glänzenden Wasserspiegel mildern mit
ihrem zarten Wellenschlage die Wildheit der Hochregionen, und der ermüdete
Wanderer grüßt sie mit Entzücken, wie der Pilger der Wüste die ersten
Palmen bebauten Landes, die am Horizonte auftauchen."

Die schönen Seen des Oberengadins, der See von Silvaplana, von Sils und von St. Moritz, sind zwar nach ihrer Höhenlage, fast 6000', und in ihrem Zusammenhange mit den Gletschern Bergseen, aber ich möchte doch an meinem speciellen Thema, den kleineren in der Bergeinsamkeit liegenden Seen festhalten. An jenen größeren Seen ist jetzt bekanntlich nicht Bergeinsamkeit zu finden, sondern, im Sommer wenigstens, Weltverkehr im großen Maßstabe. Dasselbe gilt vom See bei Davos und dem schönen Lago di Poschiavo am Fuße des Bernina.

Meine Rundschau wird mich in verschiedene Berggegenden der Schweiz führen, in denen die Menschen eine verschiedene Sprache reden und verschiedene Sitten haben.

Recht nahe bei meinem Wohnorte Zürich und dessen großem blauen See, aber wenig bekannt, ist der Türlersee oder Türlersee am südlichen Fuße des Albis, der kleine See ist beachtenswerth durch Lage und Sage.

Vom fernen Meeresstrande her war einst eine fremde Familie in diese Gegend eingewandert. Der Mann war von friedlicher Gemüthsart, rüstig zur Arbeit wie zum Gebet, die Frau finster und ungesellig, doch dem Manne eine treue Gehülfin und dem wunderlieblichen Kinde eine sorgsame Mutter. Hinter Vollenweid, auf dem Berge am Türlersee, bauten sie eine Hütte und erwarben bedeutendes Grundeigenthum daneben. Wundersam gedieh die Arbeit ihrer Hände und was sie gepflanzt hatten, blühte und reifte in üppiger Fülle, vor allem aber erfüllte der bald in herrlicher Pracht stehende Garten die Nachbarn mit Bewunderung und auch mit Neid. Doch nicht nur für die Besitzer blühten und dufteten die Blumen, mit freundlichem Sinn bot der Mann sie dem Wanderer über die Hecke und das liebliche Mägdlein trug manchem Armen und Kranken saftige Früchte und heilsame Kräuter unter das niedrige Dach. Sah auch die Mutter, Chriemhilde war ihr Name, mit scheelen Blicken solcher Freigebigkeit zu, schnell schmeichelte das süße Kind den Unmuth von ihrer Stirne weg und mit freundlicher Mahnung beschwor der Gatte den bösen Geist. So flossen Jahre dahin, Regen und Sonnenschein zogen über ihre Häupter und segneten ihren Fleiß. Da kam der Sturm, welcher dieses stille Glück zerstörte. In den Wogen des Türlersees fand der wackere Mann ein nasses Grab und mit ihm entwich der Schutzengel des Hauses. In finsterer Trauer arbeitete das Weib fort, aber in ihrem Herzen schlugen verzehrende Habsucht und starrer Menschenhaß giftige Wurzeln. Nur für ihr Kind hatte sie Liebe, aber das liebliche Wesen siechte dahin und die Frau stand allein in der freudlosen Welt. Um die Zuneigung der Nachbarn hatte sie sich nie bemüht, bald entwickelte sich ein offenbares Feindschaftsverhältniß. Man warf ihr unbefugte Erweiterung der Grenzen ihres Gutes vor und im Rechtsstreit verlor sie ihre Ländereien, nur der Garten blieb ihr. „So kann ich doch noch gartnen," sprach sie im wilden Unmuth; aber der Segen war gewichen. Da nahte ihr der Böse mit

arger Versuchung und das an Gott und Menschen verzweifelnde Herz
konnte ihm nicht widerstehen. Als man sie auch ihres Gartens beraubte,
da lebte sie nur noch im Gefühl der Rache. Vernichten wollte sie die
verhaßte Brut, und das Gewässer, das ihren Mann verschlungen hatte,
sollte alle bedecken, vom wankenden Greise bis zum Kinde an der Mutter=
brust. Ein Hügel trennte den Türlersee von dem Dorfe und dieser sollte
durchstochen werden. In dunkler Nacht stand sie riesiggroß da, eine tenn=
thorgroße Schaufel in wilder Hast hebend und senkend und mit jedem
Spatenstich schuhweit vorrückend. Kalter Schweiß stand auf ihrer Stirn
und der bebende Mund öffnete sich bald zu einem grinsenden Lächeln,
bald bewegten sich die Lippen zum Fluchen, aber leise, denn sie hatte mit
dem Bösen den Pakt geschlossen, während der Arbeit zu schweigen wie
das Grab. Nun hebt sie zum letzten Mal die Schaufel, um das schöne
Gefilde ist es geschehen; da kann sie ihr Entzücken nicht mehr bändigen
und wild jauchzend ruft sie: „So ist's geschehen, Gott zu Lieb oder zu
Leid!" Ein brausender Sturm führte die Hexe durch die Luft, auf die
blumigen Halden des Glärnisch, aber zu Eis erstarrten die Kräuter unter
ihr. Noch heutzutage steht sie dort, auf ihren Spaten gelehnt, ein zackiger
Eisblock, der nimmer aufthaut.

In den Jahrhunderten, welche seitdem vergangen sind, lag der Türler=
see wieder ruhig da und unter ihm ist eine fruchtbare Landschaft. Nahe
am See finden wir den kleinen Weiler Türlen oder Törlen. Nicht wie
Chriemhilde es wollte, strömt das Wasser verheerend in's Thal, sondern
Fruchtbarkeit spendend enteilt ein nicht unbedeutender, klarer Bergstrom,
die Reppisch, dem See, um sich mit der Limmat zu verbinden.

Für das Alter jener Sage spricht, daß in einer Rechtsurkunde von
1412, der Offnung von Borsikon, in einer Grenzbeschreibung dreimal
„Kriemhilten Graben" vorkommt. Da dieser Frauenname, soviel ich weiß,
sonst in der Schweiz gar nicht üblich ist, so verdient er in seiner Hin=
weisung auf die Nibelungen Beachtung, wie der im Canton Bern ver=
breitete Geschlechtsname Ritschart und der dem Drachentödter in Unter=
walden beigelegte Name Schrutan (Winkelried).

Der Chriemhildengraben, gewöhnlich Hexengraben genannt, ist noch
zu sehen und den Leuten sehr bekannt. Daß hier ein Abgraben des
Sees versucht ist, leidet keinen Zweifel. Er ist etwa 12 Fuß tief; die
neue Straße nach Aeugst führt darüber hin.

Wenden wir uns von hier zum Vierwaldstättersee, so gehört zwar
dieser große vielbuchtige See, der Spiegel der Urschweiz, nicht in die
Reihe meiner Bergseebilder, aber in seiner Nähe finden wir das grüne
Seeli, von welchem der beliebte Luftcurort Seelisberg den Namen hat.
Der kleine See, etwa eine Viertelstunde lang, liegt, zum Schwärmen ein=
ladend, am Fuße des Niederbauen oder Seelisberger Kulms und aus der
Höhe dieser Bergpyramide (1925 M.) schließt man auf eine enorme

Tiefe des Sees. Mit dieser angenommenen Tiefe steht dann weiter in
Verbindung der Glaube an einen großen Fisch oder vielmehr ein Fisch-
ungeheuer, den Elbst, der die kleinen Fische verzehre und selten an die
Oberfläche komme.

Ein mythologischer Forscher hat den Gedanken ausgesprochen, es sei
solch ein großer Fisch, wie die Anwohner eines Binnensees ihn als In-
sassen des Sees sich vorstellen, ursprünglich nichts anderes als der Geist
des Sees, der Seegenius, woraus man dann später ein Seeungeheuer
machte. Ich halte den Gedanken für sehr richtig. In der heidnischen
Geisterwelt mußten die Seen ihre Dämonen haben wie die Berge und
die Wälder und solche geisterhafte Wesen wurden in der christlichen Folge-
zeit immer mehr zu gefährlichen Gespenstern, wie ja auch der Teufel
ursprünglich gar nicht so schlimm war, als man ihn später machte. Der
Seegeist in der Tiefe des Wassers konnte kaum anders gestaltet sein als
fischartig. Mit der Menschenwelt hatte er nichts zu schaffen; er wollte
aber auch in seinem Reiche nicht beunruhigt werden von den Menschen.
Wenn in Graubünden Drachen in die Bergseen verlegt sind, so waren
doch die eigentlichen Wohnungen der Drachen Felshöhlen, wie namentlich
des großen Drachen in Nidwalden, den Schrutan von Winkelried erlegt
haben soll. Man zeigt hier noch das Drachenloch.

Der Canton Uri, zu dem Seelisberg gehört, hat, näher an der
Gotthardsstraße, noch einen kleinen See, den man das Muster eines Alp-
sees nennen darf. Es ist der Golzernsee, an dem seit zehn Jahren
so beliebt gewordenen Maderanerthal. Von Amsteg steigt man nach
Bristen hinan, erfrischt sich beim Kaplan, um den etwas strengen Aufweg
zur kleinen freundlich im Mattengrün liegenden Häusergruppe von Gol-
zern zu machen. Noch eine kleine Stunde von dort entfernt ist der
Golzernsee (1413 M.), von dem ein Engländer im Fremdenbuch des
Gasthauses im Maderanerthal schrieb: The Golzernsee is a perfect bijou.
Das Seeli mit seinem klaren Spiegel ist lieblich durch die ihn umgeben-
den Tannen und kleinen Felspartien und „der Matten warmduftiges
Grün", aber zu dem Landschaftsbilde gehören auch die Berggipfel in der
weiteren Umgebung. Größer ist die Rundschau, und das Idyll des
Alpenlebens vervollständigt sich, wenn wir den Weg nicht scheuen zur
Alp Bernetsmatt, über 600', wo die freundlichen Hirten uns willkommen
heißen und auch ein Wesen, von dem man anfangs nicht weiß, zu welchem Geschlechte es gehöre. Es ist die schwarzäugige Tochter des
Sennen Lorez, welche in männlicher Kleidung bei ihrem Vater als Knecht
fungirt. So war es wenigstens vor zehn Jahren.

Obwalden hat drei größere Seen, da man schon mit dem Alp-
nacher-See, einem Arm des Vierwaldstättersees, die Zählung beginnen
darf. Es folgt, weiter ins Land hinauf, der schöne Sarnersee, in welchem
sich Sarnen und der Landenberg und am obern Ende das ansehnliche

Sachseln spiegelt. Auf einer höheren Terrasse, neben der Brünigstraße, ist der kleinere, seit seiner Tieferlegung im Jahre 1836 nicht mehr schöne Lungernsee. Das Anmuthige hat dem Nützlichen weichen müssen. Die Anwohner haben durch den mittelst eines Stollens bewirkten Abfluß und die Verkleinerung des Sees bedeutend an ertragfähigem Uferland gewonnen. Früher war der See drei Viertelstunden lang und zehn Minuten breit und, wie mir ein Mann sagte, der ihn aus Anschauung genau kannte, boten seine Ufer eine der interessantesten Scenen der schweizerischen Gebirgsnatur dar. Er war theils mit dunkler Waldung besetzt, theils mit dem schönsten Grün der Alpweiden bekleidet und in seinem krystallreinen Wasser spiegelten sich die ihn umgebenden Berge und selbst die entfernteren beeisten Gipfel der Wetterhörner. Jetzt reflectirt der Seespiegel nicht mehr in solcher Weise die Bergwelt.

Einen hübschen kleinen Bergsee hat Obwalden hoch oben im Melchthal, den Melchsee (6000'). Auch die dortige Alp, zu welcher Sennhütten und eine Kaplanei gehören, führt den Namen Melchsee. Dem westlichen Ende des Sees entströmt der Melchbach, der sich aber sofort in unterirdische Höhlen stürzt und erst nach mehr als einer Stunde in dem Stäubibach springend und sprudelnd wieder zum Vorschein kommt, weiterhin, durch Zuflüsse verstärkt, den Namen Melchaa führt und als klarer Bergstrom hinabeilt, um sich endlich in dem Alpnachersee zu verlieren.

Das Melchthal ist ein rechtes Hirtenthal, aber doch nicht gerade ein „Thal bei armen Hirten", denn es sind dort sehr schöne Alpen. Bekanntlich ist diesem Thal eine Hauptrolle zugetheilt in der Heldensage der Schweiz, insofern nach der ältesten uns bekannten Ueberlieferung, nach der Chronik des weißen Buchs in Sarnen, hier die erste der zum Befreiungskampfe führenden Gewaltthätigkeiten der Vögte vorkam, indem der Landvogt dem Arnold von der Halden, wie Schiller ihn einführt, die Ochsen vom Pfluge nehmen und darauf den Vater desselben blenden ließ. Wir haben es hier nun freilich mit der Sagengeschichte zu thun, aber wer das Melchthal kennt, dem muß es auffallen, daß hier gepflügt und Ackerbau getrieben sein soll. Es ist nun zwar nachgewiesen, daß in den Berggegenden der Schweiz und speciell in Obwalden der Ackerbau einst höher hinauf ging, dann aber gegen die Alpenwirthschaft zurücktrat, aber eine neue Untersuchung in der Urgeschichte der Schweiz hat es wahrscheinlich gemacht, daß der Ausdruck „im Melchi", den die Chronik des weißen Buchs gebraucht, nicht auf das Melchthal, sondern auf eine noch jetzt so genannte Oertlichkeit weiter unten nach Sarnen zu sich beziehe.

In Obwalden sind wir schon den Grenzen des Cantons Bern nahe und wir werden nicht getäuscht, wenn wir in diesem rechten Gebirgslande der Schweiz interessante Bergseen zu finden hoffen, außer dem großen Geschwisterpaar, dem Thunersee und Brienzersee.

24*

Eine große fruchtbare Alp ist die Engstlenalp (1839 M.), zum
Genteltal und dem Amtsbezirk Oberhasle gehörig. Sie ist nicht blos
den Touristen sehr bekannt, welche über den Jochpaß aus dem Haslithal
nach Engelberg oder umgekehrt wandern, sondern dient auch denen zum
Aufenthalt, welche durch Alpenluft erster Qualität neue Lebenskraft suchen.
Man nennt diese Classe von Menschen bekanntlich jetzt Sommerfrischler,
aber auch wol Luftschnapper. Der letztere Name ist übrigens erfunden
von dem früheren Wirth auf dem Uetli bei Zürich und zwar für die
Engländer, welche bei ihrem Eintritt in die Schweiz nach Vorschrift des
rothen Buchs den Berg bestiegen und ohne in dem Wirthshause einzu-
kehren, Vorgeschmack der Alpenluft suchten. Wie sehr die Zahl der
Sommerfrischler zugenommen hat in den letzten Jahrzehnten, das zeigt
uns auch die Engstlenalp. Als ich vor 22 Jahren zum ersten Mal
hinaufkam, fand ich ein sehr bescheidenes Unterkommen und Nachtherberge
in einer großen Sennhütte, welche im Begriff war, zu einem Hause sich
zu gestalten. Jetzt sind dort zwei Kurhäuser moderner Art.

Die Engstlenalp ist auch wichtig als Ausgangsstation für die Er-
steiger des Titlis, dessen Spitze von hier in kürzerer Zeit erreicht werden
kann als von Engelberg.

Wenn man nach der Einkehr auf der Alp über den Jochpaß nach
Engelberg strebt, so kommt man in einer halben Stunde an den ge-
priesenen Engstlensee (1852 M.). Derselbe ist kaum eine halbe Stunde
lang und eine Viertelstunde breit und füllt hier den Thalgrund ganz
aus, so daß nur ein schmaler Weg an den Halden des Querstocks übrig
bleibt. Gegenüber senken sich schroffe Felsen der Gabmerfluh bis zu dem
gräulichen Seespiegel hinab. Einzelne alte Arven am westlichen Ufer
harmoniren mit dem Ernst der Gebirgswelt, mit den graubraunen Felswänden und den Gletschern und Firnen umher, aber die liebliche Vegetation von Alpenrosen und Enzianen fehlt nicht auf kleinen Hügeln am
nördlichen Ufer.

Auf der wasserreichen Engstlenalp steht mit dem See in Verbindung
der Wunderbrunnen, nahe bei den jetzigen Kurhäusern. Er gehört zu
der Classe der sogenannten Zeitbrunnen, welche periodisch fließen. Ich
erfuhr dort, daß die Quelle im Sommer, nicht im Winter, den Tag
über, von 8 Uhr Morgens bis 4 Uhr Nachmittags fließe, in der Nacht
aber ruhe. Da liegt der Schluß nahe, daß in diesen Tagesstunden die
Sonne thätig sei, Eis und Schnee in der Höhe zu schmelzen und daß
dann das Wasser durch diesen Kanal abströme.

Die Schönheit des Engstlensees kam mir wieder zum Bewußtsein,
als ich von dort den Jochpaß übersteigend, den schon auf dem Gebiete
Unterwaldens liegenden kleinen Trübsee vor mir hatte. Er ist reizlos
wie sein Name.

Im Kandergrund liegt ein wunderlieblicher kleiner Bergsee, der so wenig Reclame macht, daß er nicht einmal auf Specialkarten seine Existenz kund thut. Er ist aber doch aufgefunden worden und wird nicht selten besucht, seit Tschudi ihn ein landschaftliches Kleinod genannt hat. Es ist der „blaue See", nahe bei dem zur Pfarrgemeinde Frutigen gehörigen Weiler Bunderbach. Ein anderer Name konnte diesem kleinen Seelein gar nicht gegeben werden, er ist ein wahres „Vergißmeinnicht", intensiv blau, so daß selbst die Tannenzweige, welche hinein gefallen sind und auf seinem Grunde liegen, blau erscheinen. Ein paar bei einem Schifferhäuschen angebrachte Bänke laden zum Ausruhen und Schwärmen ein und ein kleines Boot, um über den blauen Spiegel zu gleiten. An der einen Seite hat er als Einfassung einen schönen Tannenwald und dahinter erheben sich mächtige Schneeberge.

Die sehr verschiedene Färbung der schweizerischen Seen, von dem lieblichsten Blau bis zum Smaragdgrün und zur Bleifarbe ist noch nicht gehörig erklärt. Der Lago bianco und Lago nero auf dem Bernina lassen freilich keinen Zweifel übrig und daß der Umschlag der Witterung den Seen oft eine andere Farbe bringt, ist augenscheinlich genug. Die Landkarten haben alle Seen hellblau gemacht, aber das ist Schönfärberei.

In kurzer Zeit kann man, von dem träumerischen kleinen blauen See wieder einlenkend auf die Straße nach Kandersteg, sich den Genuß des Besuchs eines berühmteren Bergsees verschaffen, welcher einen ganz andern Charakter hat. Es ist der graublaue Oeschinensee (1588 M.) in dem Oeschinenthal bei Kandersteg. Dieses Thal, zwar nur klein, ist rings umgeben von riesigen Bergen, deren Gletscher und Formen in dem See sich spiegeln. Zu andern Zeiten, namentlich im Frühling, wenn die Lawinen herabkommen, mag es anders sein, aber jetzt ist auch dieser See ein Bild der Ruhe, in ihrer stillen Größe liegt die Alpenwelt da. Am See ist die Stille nur unterbrochen durch das Murmeln und sanfte Rauschen der zahlreichen Bergbäche und Wasserfälle, welche dem See seine Zuflüsse bringen. Besonders diese Wasserfälle haben den See be= rühmt gemacht. Es ist ein Kahn zur Hand, um zu ihnen heranzufahren.

In märchenhafter Schweigsamkeit stehen die Bergriesen ringsum, ihre blendend weißen Häupter in den blauen Aether streckend. Das Doldenhorn senkt seine Basis in den Oeschinensee, östlich davon ist der mächtige Kegel des Fründenhorns und weiter nach Osten die Pracht= gestalt der Blümlisalp, welche wol von allen Schneebergen des Berner Oberlandes in Eleganz der Formen am meisten mit der Jungfrau wett= eifert.

Alte und junge Tannen finden sich noch in ziemlicher Zahl in der Nähe dieses Sees, aber sonst ist die Vegetation arm. Mattengrün ist nur wenig zu entdecken. Auch vom Menschenleben ist keine Spur. Doch da kommt ein Geißbube mit seiner kleinen Ziegenheerde heran. Er braucht sie nicht zu führen; in der heißen Tageszeit wissen die Thiere

die Bergwasser von sich aus zu finden. Nachdem sie ihren Durst vorläufig gelöscht haben, legen sie sich zu ihrem Beherrscher und träumen
in halbem Wachen wie er. Aber eine alte Ziege ist am Seerande
stehen geblieben und tiefsinnig schaut sie in den Spiegel auf ihr eignes
Bild und sucht das Problem zu lösen, aber wie so mancher Philosoph
kommt sie an die Lösung nahe heran, findet sie jedoch nicht.

Gepriesen ist auch das Oberhornseeli, oberhalb des Ammerten-
thals, nicht weit vom Tschingelgletscher. Ich kenne den kleinen See
nicht aus eigner Anschauung, für seine Schönheit in der großartigsten
Gebirgswelt bürgt aber E. von Fellenberg, der sich über ihn äußert:
Malerische Steinblöcke umgeben den kleinen türkisblauen See, dessen Ufer
von der glühendsten Alpenflora geziert sind. Man steht hier mitten in
einem der imposantesten Berg= und Gletscheramphitheater, die nur zu
finden sind. Rings herum strecken mächtige Gletscher sich zum Thal,
hohe, halbbewachsene und ganz vegetationslose Moränen stehen gewaltigen
Festungswällen gleich. Darüber hinaus braunrothe Klippen, blaue Gletscher-
wände, glänzende Firnhalden, und der freundliche azurne Sommerhimmel
über diese feierliche Sonntagsstille ausgebreitet.

In der deutschen Schweiz sind noch sehr beachtenswerth zwei Berg=
seen des Glarnerlandes.

Der Oberblegisee auf der Oberblegialp, oberhalb Luchsingen im
Großthal, liegt in einer muldenförmigen Vertiefung und hat einen Um=
fang von einer halben Stunde. Seine Farbe ist meistens dunkelblau und,
je nach dem Stande der Sonne, in's Schwärzliche übergehend an der
Seite, wo die Felsenriffe des Bächistocks sich erheben, während an der
andern Seite grüne Alpentriften den See einfassen. Der See hat einen
unterirdischen Abfluß, welcher weiter unten aus dem Berge hervortritt
und als der klare Leuggelbach der Linth zuströmt. Daran knüpft sich
folgende sonderbare Sage.

Wo das Wasser in diesen See kommt, sieht man, aber wo es aus=
läuft, das hat man erst gemerkt, als der Geißer von Leuggelbach ge=
meint hat, er müsse kreuzweis hinüber und herüber schwimmen. Der
Bauer in der Alphütte hat's ihm gewehrt und gesagt: Sei kein Narr;
man muß nicht Gott versuchen, steht in der Schrift. Aber der Geißer
erwidert: Sei es jetzt dem Herrgott lieb oder leid, so will ich hinüber.
Der Bauer denkt: Versuche es! und schaut zu, wie er schwimmt. Schier
wäre er drüben gewesen, da nimmt es ihn auf einmal hinab (— der
Haggema wird ihn, denk' ich, beim Wein genommen haben —). Um
dieselbe Stunde holt seine Mutter im Leuggelbach Wasser. Was meint
ihr, daß ihr in die Gelte (großes Wassergefäß, auf dem Kopfe zu tragen)
gesprungen sei? Der Kopf von ihrem Buben, welcher über den See hat
schwimmen wollen.

Wenn man im Canton Glarus die Kinder vor dem Wasser warnen

will, so sagt man: Nehmt euch in Acht, sonst holt euch der Haggema!
und sehr gewöhnlich deutet man diesen Namen als Hauemann, als den
Wassermann, der mit seiner Haue (oder seinem Haken) die Unvorsichtigen
und Uebermüthigen in die Tiefe ziehe. Mythologen haben aber natürlich
den Namen mit Wuotan in Verbindung gesetzt.

Die schönste Ansicht genießt man am See von dem Walle aus,
welcher nach der Thalseite hin dessen Abfluß hindert; da hat man die
grünen Terrassen des Leuggelerberges, auch einen Buchenhain, unter sich
und das in seiner ganzen Länge ausgebreitete, mit schönen Dörfern
übersäete Großthal und umher schweift das Auge zu den mannichfachen
kühnen Bergformen des Glarnerlandes.

Bekannter als dieser See ist der Klönthalersee. Wenn das
Klönthal unbestritten eins der schönsten kleinen Thäler der Schweiz ist,
so ist sein See der Spiegel, in welchem die Pracht der Farben und
Formen wiederstrahlt.

Wenn man von Glarus oder noch leichter von Nettstal herankommt,
so hat man bald und recht lange auf der mäßig ansteigenden Straße,
welche von der Bergwand und auch reichlich von Bäumen beschattet ist,
den herabspringenden rauschenden Bergstrom, den Lönsch, zur Seite.
Bald scheint er sich unten in Felsentobeln zu verlieren, dann hat man
den hastenden Springer wieder unmittelbar neben sich. Zuletzt bewegt
er sich in einem ruhigeren Tempo und plötzlich steht man vor dem Seespiegel, dessen stille Ruhe sehr contrastirt zu dem Wildbach, wie seine
Weichheit und Milde zur schroffen Wand des ungeheuren Glärnisch an
seiner nördlichen oder rechten Seite.

Der See, drei Viertelstunden lang und etwa 20 Minuten breit,
füllt fast den ganzen Thalgrund aus, so daß nur zur linken Seite des
Wassers genügender Raum für eine Fahrstraße ist. Gegenüber ist die
fast senkrechte breite Wand des riesigen Glärnisch, unten noch mit Laub
und Tannen besetzt, wie zur Vermittelung zwischen der Lieblichkeit und
der Großartigkeit, dem weichen See und der starren Felswand, welche
hoch oben mit Schnee und Eis gekrönt ist.

Unauslöschlich ist der Eindruck, den man empfängt, wenn man gegen
Abend am See wandelt und schon deshalb allein lohnt es sich, das
Klönthal aufzusuchen. In vollkommener Klarheit sieht man alle Farbentöne des Glärnisch im Seespiegel, alle Nuancen des Grün, im Herbst
auch das Gelb der Laubhölzer und das Roth der Vogelbeeren, das Grau
und Braun der Felsen, das glänzende Weiß der Bergkrone. Man er-
schrickt fast, wenn man hinabschaut, als ob man in eine Tiefe von etwa
10,000' hinabfallen könnte.

Hinter dem See erweitert sich das Thal zu einem herrlichen Schluß,
Vorauen genannt. Liebliche Matten, mancher schöne Ahorn, klare Bergbäche, unter ihnen die dem See zufließende Klön, von welcher das Klön-

thal seinen Namen hat, der hübsche Sulzbachfall, machen das von hohen
Bergwänden umfangene Vorauen zu einem wahren Idyll.

Ich würde mich einer Unterlassungssünde schuldig machen, wenn ich
nicht auch die Seen des grünen jodelnden Appenzeller-Ländlis, Appenzell-
Innerrhodens, das ganz und gar ein Hirtenland ist, erwähnen wollte.
Von seinen Seen kann man aber nur einen lieblich nennen. Der
Semtiser-See liegt einsam im südlichen hintersten Bergthal (1210 M.)
und hat ein eigenthümliches Steigen und Fallen. Der Fählensee, eine
Stunde höher (1355 M.), in wilder und öder Berggegend, ist ähnlich.
Freundlicher und größer ist der Seealpsee (1142 M.). Hat er auch
nicht die concentrirte Schönheit des Klönthalersees, so ladet er doch zum
Ausruhen ein. Dem Auge ist das Grün seiner spiegelglatten, eine halbe
Stunde langen, weniger als eine Viertelstunde breiten Fläche wohlthuend.
Abwechselung bietet die Rundschau in seiner Umgebung: kühne Bergformen und Felszacken, große hellgrüne Alpen, von denen dann und
wann ein heller Jodler herabtönt, ein Wasserfall, welcher neben einer
dieser Alpen dem See zustürzt und aus der Schneeregion ragen dahinten
der Säntis und der Altmann empor. An Reizen fehlt es also diesem
Landschaftsbilde nicht.

Kleine liebliche mit Sagen geschmückte Bergseen hat auch das Waadt-
land. Da ist in dem idyllischen Unter-Ormont, Ormont dessous, der
Lac Seray, auch der grüne See genannt. Sein Umfang mag etwas
mehr als 2000 Schritte betragen. An seinen Ufern wechseln grüne
Weiden, Tannengruppen und zerklüftete Felsen, in denen „das Echo
schlummert und der Uhu nistet". Es ist ein landschaftliches Miniaturbild, in welchem man ungern ein paar Hütten vermißt. Ehemals sah
man auf dem See einen Drachen mit schneeweißem Gefieder. Wenn er
mit seinen langen und breiten Flügeln auf dem Wasserspiegel dahin-
ruderte, so floh alles übrige Geflügel oder er verschlang es, so daß von
solchem bald nichts mehr zu sehen war. Nahten sich aber junge schöne
Mädchen dem Ufer, so schwamm er langsam und hellsingend an dasselbe,
um sie nicht zu erschrecken und aß gar fein und zierlich den frischen
Käse, den sie ihm darboten, und aus Dankbarkeit machte er dann auch
vor ihnen alle seine schönen Schwimmkünste, bis er untertauchte und verschwand. Jetzt hat man ihn lange nicht mehr gesehen.

An der Alp Lioson in Ober-Ormont, Ormont dessus, findet sich
in einer Höhe von mehr als 6000' der Lac Lioson, welcher in Prosa
und in Versen als der schönste Alpensee gepriesen ist, wie die Alp als
das wahre Arkadien der französischen Schweiz. Das schimmernde Seeli
in der Bergeinsamkeit war nur den Hirten bekannt, bis Bridel es im
Jahre 1799 entdeckte und einige Jahre darauf ihm eine begeisterte
Schilderung widmete. Wie für die deutsche Schweiz Ebel, so hat für
die französische Schweiz Bridel das Hauptverdienst, zu Gebirgswanderungen

angeregt zu haben, als die Lust dazu noch kaum im Keimen war. Bridel, Pfarrer und Dekan in Montreux, starb 1845 im achtundachtzigsten Jahre und hatte sich den wohlverdienten Namen des Patriarchen von Montreux erworben.

Bridel kam mit seiner kleinen Begleitung von Chateau d'Oex her in das hohe Alpenthal les Mosses, welches Ober-Ormont mit dem Oberlande (Pays d'Enhaut) verbindet. Es war noch früh am Tage in der ersten Sommerzeit, als sie den See vor sich sahen. Die Sonne hatte einen Theil des Sees verklärt, die andere Hälfte lag noch im Schatten. Die Farbe des Sees war ein herrliches Meergrün und durch seinen treuen Spiegel, den kein Windhauch berührte, sah man die noch mit Schnee bedeckten nahen Berge, den kleinen Wald, welcher ein Ufer ziert, die malerische Sennhütte und sogar die Kühe und Ziegen, welche daneben auf den blumigen Matten weideten.

Der See, 1600 Schritte im Umkreis, 112 Fuß tief, enthält die Quelle des Hongrin, welcher in vielen Krümmungen und Fällen in fünf bis sechs Stunden der Saane zuströmt.

Auf der großen Alp Liosou wird im Monat Juni, wenn das Vieh auf die höheren Weiden geführt werden soll, ein Viehmarkt gehalten, unter dem Namen Poya de Liauson. Poya bedeutet aber nicht Markt, sondern nach Bridel Auffahrt, was zu der angeführten Bedeutung des Tages paßt. Früher fand dort nach uralter Sitte eine eigenthümliche Wahlversammlung statt. Vielleicht hat sie sich noch erhalten, denn die Hirten sind sehr conservativ.

Der Obersenn, welcher die Alp für den Sommer von der Alpgemeinde in Pacht genommen hat, steigt auf einen Baumstamm bei der Sennhütte, den Schlüssel zu derselben als Symbol des Besitzes in der Hand haltend und schlägt der vor ihm versammelten Gemeinde die Knechte und Hirten vor, welche auf der Alp verwendet werden könnten. Jeder Wähler gibt mit lauter Stimme in dem überaus kräftigen Patois der Gegend und mit aller Freimüthigkeit vor dem zahlreichen Publikum die Gründe an für die Verwerfung des oder der Candidaten: der eine stehe nicht zur rechten Zeit am Morgen auf, der andere mache nächtliche Gänge oder denke mehr an's Essen als an das Melken oder er behandle das Vieh zu roh. Die Ge= wählten empfangen ihre Löhnung, wenn die Heerden im Herbst die Alpen verlassen, nicht in Geld, sondern in Käse, welchen die Versammlung ihnen nach Pfunden, je nach ihren Leistungen, bewilligt hat. Diese Methode der Zahlung hängt zusammen mit dem Ueberwiegen des Tauschgeschäfts über den Kauf, wie es in dem Verkehr der Aelpler unter sich in den Hochthälern bis zur Gegenwart allgemein gewesen ist.

Bridel nimmt mit den Worten von dem See Liosou Abschied: „Keiner der kleinen Seen unseres Schweizerlandes, das an reizenden Bergseen so reich ist, gleicht diesem See, weder durch seine Lage in einem Becken, von dem man keine Ahnung hat, bevor man an dasselbe herantritt, noch durch die Leichtigkeit, mit welcher man seine Ufer begehen kann, noch durch die

Klarheit feiner Waffer, welche fortwährend durch das Schmelzen des Schnees in der Höhe genährt werden, noch durch den ergreifenden Eindruck, den die Ruhe dieser tiefen Einsamkeit hervorbringt, wo nichts den Gedanken zur übrigen Welt zurückführt, als der Anblick einer Hütte, einer Heerde und einiger Hirten. Die bewältigende Majestät dieser enormen Bergmaffen, von denen der See zum Theil wie mit einem unzugänglichen Wall um= geben ist, erhöht noch seine Reize durch den Gegensatz ihrer wilden er= schreckenden Formen zu den lachenden, sanften Formen, welche der See und die Matten umher darbieten."

Man begreift die Bewunderung Bridels aus seiner Schilderung dieses Sees, wenn man auch des Glaubens sein darf, daß andere Bergseen der Schweiz nicht minder schön sind.

Der Normalarbeitstag.

Von

J. Baron.

— Berlin. —

chon oft ist die Bemerkung gemacht worden, daß die beiden größten Gesetzbücher der Welt, diejenigen, welche den nachhaltigsten Einfluß auf die culturtragenden Nationen geübt haben (ich meine die Bibel und das Corpus juris des römischen Kaisers Justinian), eine wächserne Nase haben. Man kann ganz entgegengesetzte Anschauungen auf Aussprüche derselben stützen.

Ich erinnere mich hieran, wenn ich an die Auffassung der Arbeit in der Bibel denke. Im alten Testament ist sie die Folge des über die Menschheit ausgesprochenen Fluches; zugleich mit dem Menschen wird der Acker verflucht: er kann nichts mehr ohne Arbeit des Menschen hervorbringen; die Arbeit selbst ist mühevoll und drückend, den Schweiß treibt sie dem Menschen in's Angesicht. Im neuen Testament (im zweiten Paulinischen Brief an die Thessalonicher) ist die Arbeit das Zeichen eines ordentlichen Lebenswandels; wer arbeitet, gilt als das rechte Vorbild; „so Jemand nicht will arbeiten, der soll auch nicht essen", denn er treibt Vorwitz, und der Apostel rühmt sich, daß er, als er in Thessalonich war, von Niemandem das Brod umsonst genommen, sondern arbeitend dahin gestrebt habe, Niemandem beschwerlich zu fallen. „Bete und arbeite" ist die Devise des Apostels.

Aber der Gegensatz der in der Bibel vorfindlichen Beurtheilungen der Arbeit nimmt mich nicht Wunder; denn mir scheint, daß auch durch die Bevölkerungen sich zwei entgegengesetzte Anschauungen hindurchziehen, welche in den angeführten Stellen der Bibel ihren Ausdruck gefunden haben. Der eine Theil des Volkes sieht die Arbeit als die harte Noth= wendigkeit an, die auf ihm bis zum Erdrücken unaufhörlich lastet; dem

anderen ist sie die erwünschte Gelegenheit für Krafterprobung und Kraft=
übung. Auch ist es nicht schwer zu sagen, wo die eine oder andere
Anschauung vorwaltet; das Unterscheidende bildet die Geistesrichtung; es
ist der alte Gegensatz zwischen denjenigen, welche ein Ideal (und sei es
auch ein noch so winziges) besitzen, dem sie als Lebensziel nachstreben,
und denjenigen, welchen ihr ganzes Leben in der unmittelbaren Thätigkeit
aufgeht. Das bewahrheitet sich sofort an den beiden biblischen Schrift=
stellern, von denen oben die Rede war; den alttestamentarischen entsetzt der
Gedanke, daß das großartigste Ideal, ein sündenloses Dasein, die Einigung
des Menschen mit Gott, der Welt verloren gegangen ist; dem neutestament=
lichen winkt dessen Wiederherstellung, darum wirkt er fleißig an seinen
Teppichen*) und an der Vorbereitung der Menschheit für die Erlösung.

Denkbar ist es hiernach, daß der Kreis derjenigen, welche sich der
sogenannten geistigen Arbeit hingeben, für beide Anschauungen ein
Contingent stellt. Sie haben bekanntlich weder Feierabend noch Ruhetag;
die Probleme, welche sich von selbst einstellen, lassen sie oft genug nicht
einen Augenblick los; sie stehen unter ihrer Zwingherrschaft; es gibt
drückende wissenschaftliche und künstlerische Sorgen; aber so lange nur in
der Ferne jener leuchtende Punkt sie lockt, welchen ich oben als das Ideal
bezeichnet habe, wissen sie sich aufrecht zu erhalten; ist er entschwunden,
dann werden auch sie flügellahm, und nur Auserlesene haben die Kraft,
dem Bekenntniß des Ignorabimus den Vorsatz sed laboremus folgen zu
lassen.

Gewiß ist, daß die Classe der Lohnarbeiter am meisten und schwersten
nicht blos den Druck, sondern das Erdrückende der Arbeit empfindet. Es
mag Vieles vereint dazu beitragen. Ich nenne an erster Stelle die —
wenigstens vor Einführung des Normalarbeitstages — ungebührlich lange
Arbeitsdauer, so lang, daß der Arbeiter kaum seiner selbst bewußt, ge=
schweige denn seines Lebens froh werden konnte. Ich nenne sodann das
mangelnde Wissen; es entspringt daraus die Unfähigkeit, dasjenige Höhere
zu erkennen, welches in der Lebenssphäre der Arbeiter der rechte Zielpunkt
ihres Strebens sein möchte. Sodann die Einförmigkeit der Thätigkeit, welche
in moderner Zeit in Folge der sog. Theilung der Arbeit unglaublich zuge=
nommen hat und die Arbeit in gewissem Grade unerträglich macht. Endlich das
sog. eherne Lohngesetz — wenn es wahr wäre; aber gerade die letzten hundert
Jahre mit ihrer fast fortwährend vermehrten Frauen= und Kinderarbeit waren
geeignet, den Glauben an den Satz zu erschüttern, daß der Arbeiter durchschnitt=
lich nie mehr und stets so viel erhalte, als er zu seinem und zu seiner Familie
Unterhalt braucht; die letzten Jahre mit ihren unerhörten Lohnsteigerungen
und ebenso raschen Lohnreductionen mußten diesen Satz geradezu um=
stoßen. Aber das, was an seine Stelle zu setzen ist, ist vielleicht nicht

---

*) Paulus war Teppichweber.

minder traurig; es ist einerseits die Erfahrung, daß es der Lohnarbeiter-
classe ungleich schwerer und durchaus nicht im Verhältniß zu ihrer großen
Kopfzahl gelingt, eine wirthschaftliche Selbständigkeit zu erlangen,
(— ein Satz, der nicht blos wahr bleibt, wenn man die sog. besitzenden
Classen zur Vergleichung zieht, sondern auch wenn man den Handwerkerstand
gegenüberstellt, der doch nur ein höchst geringfügiges Capital zum
Etablissement bedarf —); andererseits die Unsicherheit der Lage der
Lohnarbeiter, welche ebenso sehr aus der natürlichen Hinfälligkeit der
Menschen (Alter, Krankheit), wie aus den von Lassalle so treffend gezeichneten „gesellschaftlichen Zusammenhängen" (Conjuncturen, Handels-
krisen, Krieg) entspringt. Das einzige Ideal, welches bei solchen Zuständen
denkbar ist, wäre (wenn man von dem religiösen Gebiet absieht) das
Familienleben, die Freude am Wiederauf- und Fortleben in den Kindern,
die Hoffnung auf eine den Kindern beschiedene leibliche Zukunft. Aber
gerade das Familienleben wird durch die Frauen- und Kinderarbeit
zerstört.

Ich sprach von dem mangelnden Wissen und der daraus hervorgehenden
Unfähigkeit, ein Höheres zu erkennen. Nichts ist dafür bezeichnender als
das Sprichwort und der Schlachtruf der Arbeiterclasse in England, in
demjenigen Lande, welches im Streite der Arbeiter mit den besitzenden
Classen bisher stets im Vorkampfe war. Das Sprichwort ist alt: all
work and no play makes Jack a dull boy (stete Arbeit und kein Spiel
macht Jedermann schwachköpfig); der Schlachtruf stammt aus den letzten
dreißig Jahren:

> eight hours of labour,
> eight hours of play,
> eight hours of sleep,
> eight shilling a day.

(Acht Stunden Arbeit, Acht Stunden Spiel, Acht Stunden Schlaf, Acht
Shilling als Tagesverdienst.) Das Play, das Spiel ist es, woran das
Herz des Arbeiters hängt. So sehr ich geneigt bin, auf die Ueberlieferung
vom „lustigen England" Rücksicht zu nehmen: immerhin bleibt das ge-
wählte Wort höchst bezeichnend; das Spiel soll an die Stelle der Arbeit
treten. Man kann daraus einen sittlichen Vorwurf ableiten; mit demselben Rechte aber kann man behaupten, daß in Folge der drückenden
Thätigkeit dem Arbeiter die Erkenntniß dessen, was ihm Noth thut, ab-
handen gekommen sei.

Im selbigen England ist der Streit um die Länge des Arbeitstages
zu allererst entbrannt und zwar aus dem doppelten Grunde, weil in
England der Arbeiterstand in früheren Jahrhunderten kürzere Zeit als
im übrigen Europa arbeitete, und weil England vermöge seiner Industrie
einer größeren Arbeitszeit als das übrige Europa bedarf. Beides bedarf
noch weiterer Ausführung.

Um mich nicht in's Mittelalter zu verlieren, sondern, da es sich um eine Tagesfrage handelt, um bei den Zeiten zu beginnen, in welchen diese Frage zum ersten Male debattirt wurde, so haben wir genaue Berichte darüber, daß noch im letzten Viertel des vorigen Jahrhunderts zwar der ländliche Arbeiter die ganze Woche hindurch auf Arbeit ging, der industrielle Arbeiter hingegen war (abgesehen von dem Fall einer Theuerung) durchschnittlich blos vier Tage thätig, weil der Lohn der viertägigen Arbeit für die ganze Woche genügte. Bei den Holländern, bei den Franzosen wurde die ganze Woche hindurch gearbeitet, nur daß bei den letzteren eine Reihe sog. katholischer Feiertage die Arbeit unterbrach. Kein Wunder, daß man auf die Gewohnheit der anderen Völker aufmerksam machte, und nun entstand sofort eine Parteiung; die Einen sahen in der blos viertägigen Arbeit Gottlosigkeit (denn der Herr ruhte erst am siebenten Tage), Faullenzerei, Gelegenheit zu Ausschweifungen, vor Allem den Anlaß zu romantischer Freiheitsduselei, zu dem Bewußtsein der Freiheit und Unabhängigkeit, das für einen eigenthumslosen Menschen nichts tauge; die Anderen erklärten die sechstägige Arbeit für eine beständige Sclaverei, sie führten die Genialität und Gewandtheit der englischen Handwerker und Manufacturarbeiter auf die Verbindung von Arbeit und Zerstreuung zurück, auf das Bewußtsein ihrer unabhängigen Stellung. Man sprach hinüber und herüber, — vorläufig ohne praktischen Erfolg, aber doch genug, um für eine thatsächliche Aenderung der Verhältnisse vorzubereiten.

Die Aenderung trat bald mit den mechanischen Erfindungen auf dem Gebiet der Spinnerei und Weberei ein; es ist die Ersetzung des Handstuhls durch den mechanischen Stuhl und dessen Combination mit der Wasser- und Dampfkraft. Seitdem ist die Massenproduction möglich geworden. Verspricht nun aber die größere Production (abgesehen von dem Falle der sog. Ueberproduction) einen um so größeren Gewinn, so ist der Maschinenbetrieb ohne Großbetrieb nicht rentabel; denn er hat eine gewaltige Vermehrung des sog. stehenden Capitals zur Folge, d. h. derjenigen Productionsmittel, die auf die einzelnen producirten Stücke nur zu einem sehr kleinen Theile übergehen; je massenhafter producirt wird, um so rascher wird das stehende Capital abgezahlt, und dies thut namentlich in einer Zeit Noth, wo eine Erfindung der anderen folgt, und wo deshalb eine Maschine jeden Augenblick in Gefahr schwebt, werthlos zu werden. Je länger die Maschine läuft, um so massenhafter kann producirt werden, und auf je größere Massen sich die Betriebsauslagen für Aufsicht, Versicherung, Gebäudereparaturen sowie die Steuern vertheilen, um so billiger wird producirt, um so länger freilich muß auch die tägliche Arbeitszeit sein.

Nur durch diese Erwägungen versteht man den eben so plötzlichen wie bedeutenden Umschwung in dem letzten Viertel des vorigen Jahrhunderts. Bei Beginn dieses Viertels viertägige Arbeit, und am Schluß

deſſelben iſt tägliche Arbeit ausnahmslos und die Arbeitszeit iſt an den
einzelnen Tagen bereits ſo lang geworden, daß ſchon in den erſten Jahren
des 19. Jahrhunderts die Geſetzgebung auf eine Abkürzung bedacht iſt.
So entſteht der Normalarbeitstag, d. h. die geſetzliche Fixirung einer
höchſten Arbeitszeit in den Fabriken; er iſt faſt ſo alt wie die moderne
Großinduſtrie; er iſt vielleicht die erſte Reaction des Staates gegen die
Reichthumsquelle der neuen Zeit: die Maſchine; man fürchtet, daß der
Reichthum gegen gewiſſe unerſetzliche Güter eingetauſcht, mit der Geſund-
heit und dem Leben der Arbeiter bezahlt werden möchte; man ahnt, daß
er ganze Generationen vor der Zeit ihrer Reife conſumiren könnte, und
deshalb wendet man ſich an diejenige Inſtitution, welche die Macht hat,
dem Egoismus in ſeinem rückſichtsloſen Aufbrauchen der fremden Kräfte
einen Damm entgegen zu ſetzen; dieſe Inſtitution iſt der Staat. Deshalb iſt die Einführung des Normalarbeitstages eine echt ſocialiſtiſche
Staatshandlung, denn ſocialiſtiſch iſt Alles, was der Staat im öffentlichen
Intereſſe, zugleich aber unter Verletzung der individuellen Freiheit und
ohne Entſchädigung anordnet. Wohlverſtanden: der individuellen Freiheit; ich ſpreche nicht von den politiſchen Rechten, von dem activen und
paſſiven Wahlrecht, von dem Petitionsrecht u. ſ. w.; ſie ſind mit dem
Socialismus wohl vereinbar. Aber in die individuelle Freiheit greift
der Socialismus fortdauernd ein, ein Recht nach dem andern bröckelt er
aus ihr ab; die freie Selbſtbeſtimmung, die Freiheit der Bewegung und
des Verkehrs wird von ihm Schritt für Schritt immer mehr eingeengt.
Die Nothwendigkeit hiervon beſtreite ich durchaus nicht: im Gegentheil,
unſere ganze Wohlfahrt ſcheint mir von einer Reviſion der Geſetzgebung
im ſocialiſtiſchen Sinne abzuhängen; aber man darf die davon unzertrenn-
liche Einſchränkung der individuellen Freiheit nicht überſehen noch unter-
ſchätzen. Auf den Arbeitstag angewendet lautet dieſe Einſchränkung folgendermaßen: Arbeitgeber und Arbeitnehmer ſind einig, daß ein Stück
Arbeit zu einem beſtimmten Preiſe gemacht werden ſolle; da ruft das
Geſetz dem erſteren zu: „du darfſt dir Abends nach 9 Uhr keine Arbeit
leiſten laſſen," und dem letzteren: „du darfſt Abends nach 9 Uhr nicht
arbeiten, ſonſt werdet ihr beide beſtraft." Ich zweifle nicht, daß mancher
Leſer einem ſolchen Geſetz gegenüber ſeinen Gleichmuth verliert, am meiſten
wahrſcheinlich der juriſtiſch gebildete Leſer; denn es hat einen ungeheuren
Kampf gekoſtet, und es iſt eine lange Reihe von Jahrhunderten darüber
hinweggegangen, ehe ſich die Geſetzgebung zu dem großen Grundſatz von
der Freiheit der Verträge bekannt hat; es bildet ein Stück unſerer Freiheit, daß wir, wofern wir uns nur innerhalb des Natur- und Sitten-
geſetzes bewegen, Verträge aller Art abſchließen dürfen; gerade unſerem
Jahrhundert ſchien es vorbehalten zu ſein, dieſem Princip von der Freiheit
der Verträge durch Abſchaffung der Zünfte, durch Beſeitigung der Bann-,
Zwangs- und Näherrechte den Sieg zu verſchaffen; da erfährt es in dem

Moment, wo es die Herrschaft anzutreten gedenkt, von einer bisher ver=
deckten Seite aus einen neuen Angriff; die sociale Frage ist da, und die
Freiheit der Verträge wird wieder auf Jahrhunderte zurückgestellt.

Das Beispiel, das ich oben gewählt habe, um den Normalarbeitstag
zu veranschaulichen, war etwas craß; es entspricht wol einigen Gesetz=
gebungen des Continents sowie den Forderungen der socialdemokratischen
Partei in unseren Tagen, die meisten Gesetzgebungen aber haben bei Auf=
stellung des Normalarbeitstages den Eingriff in die individuelle Frei=
heit nicht so weit getrieben; sie verordnen ihn nur für Kinder, jugend=
liche Personen und Frauen, lassen hingegen die Arbeitszeit der Männer
unbeschränkt; der Gedanke des Gesetzgebers ist offenbar der, daß jene
Personen zu schwach und zu wenig einsichtig sind, um sich der An=
forderungen des großcapitalistischen Arbeitgebers zu erwehren; daß der
natürliche Schutz, auf welchen sie angewiesen sind, der Schutz durch den
Vater, Vormund, Ehemann, kurz der Schutz durch die Familie ihnen
unzählige Mal nicht zu Theil wird, sei es aus mangelndem Pflichtgefühl,
sei es wiederum wegen der Uebermacht des Capitals; endlich daß es
Sache eines wohlorganisirten Staatswesens ist, sich nicht blos der Armen,
sondern auch der „Mühseligen und Beladenen" anzunehmen. Auf Kinder,
jugendliche Personen, Frauen beschränkt, gewinnt der Normalarbeitstag
anscheinend ein ganz anderes Gepräge; er verliert den socialistischen
Charakter, und selbst die Anhänger der entgegengesetzten Parteien können,
ohne ihrem Princip zu vergeben, ihn aus Humanitätsrücksichten in ihr
Programm aufnehmen. Allein auch in dieser Einschränkung ist die Wirk=
samkeit des Normalarbeitstages eine ungeheure; er hat im Großen und
Ganzen auch für die Männer dieselbe Begrenzung der Arbeitszeit zur
Folge, und zwar aus einem doppelten Grunde; einmal weil bei vielen
Arbeiten der geschmeidige Körper, die kleinen Finger der Kinder und
jugendlichen Personen nicht entbehrt werden können und sodann (dies ist
der Hauptgrund) weil die Massenproduction billige Löhne voraussetzt,
wie sie wol Kinder, jugendliche Personen und Frauen, nicht aber Männer
sich gefallen lassen. Deshalb ist die bereits von einigen Gesetzen aner=
kannte Forderung der socialdemokratischen Partei, welche die Ausdehnung
der Gesetze über den Normalarbeitstag auf die Männer verlangt, praktisch
von keiner einschneidenden Bedeutung; sie macht in Fällen einer steigen=
den Conjunctur die längere Männerarbeit dem Fabrikbesitzer unmöglich;
theoretisch freilich werden Viele es unerhört nennen, daß der Staat
einen solchen Eingriff in die Freiheit von selbständigen, unabhängigen,
für sich selbst sorgenden Menschen wagt.

Nun, das erste englische Gesetz über den Normalarbeitstag bezog
sich blos auf „Lehrlinge" in Baumwoll= und Wollenfabriken; die Be=
zeichnung erklärt sich aus der Entstehungszeit des Gesetzes, dem Jahre 1802;
damals hatte der Fabrikbetrieb den Gegensatz des Gesellen und Lehrlings

noch nicht aufgehoben; ein heutiges Gesetz würde sich des Ausbrucks „jugendliche Personen" bedienen. Für sie wird der Normalarbeitstag eingeführt und zwar auf täglich höchstens zwölf Stunden zwischen 6 Uhr Morgens und 9 Uhr Abends. Seinen unmittelbaren Anlaß fand das Gesetz in den Epidemien des Fabrikdistricts von Manchester; es ging damals durch die ackerbauenden Grafschaften Englands ein allgemeines Elend, und die gewissenlosen Armenverwaltungen, welche sich die Armenkinder möglichst rasch vom Halse schaffen wollten, trafen mit den Fabrikbesitzern der nördlichen Districte rasch ein Uebereinkommen, wonach sie die arme Jugend zu wohlfeilen Preisen beschäftigen sollten. Da geschahen nun Transporte von Kirchspielkindern aus den Agriculturbezirken in die industriellen, wo sie in engen, an die Fabrik anstoßenden Gebäuden untergebracht und zu langer Arbeit angehalten wurden; Tag und Nacht wurde gearbeitet, die Betten wurden nicht kalt, da eine Reihe Kinder sich zur Ruhe legte, wenn die andere eben zur Arbeit ging, und man für die Zahl der Kinder eben nur die Hälfte Betten aufstellte. Die Folgen eines solchen Zustandes konnten nicht ausbleiben, und grassirende Fieber erschreckten bald die ganze Bevölkerung, namentlich in dem durch ungesunde Lage und Schmutz damals berüchtigten Manchester. Hiergegen brachte R. Peel 1802 das gedachte Gesetz durch; es wurde (wiederum durch Peels Bemühungen) 1819 durch ein neues Gesetz ergänzt, indem danach Kinder unter 9 Jahren überhaupt nicht in die Fabrik aufgenommen werden dürften, der zwölfstündige Arbeitstag aber für Personen von 9—16 Jahren vorgeschrieben wurde; freilich bezog sich das neue Gesetz blos auf Baumwollspinnereien, während die Schafwollspinnereien, die gerade in dem dritten Jahrzehnt in England in ungeheurem Maße zunahmen, gar keiner gesetzlichen Beschränkung unterworfen waren. Aber gerade das erhielt die Bewegung im Gange, und es dauerte nicht lange, so wurde ein Gesetz mit blos zehnstündiger Arbeit gefordert. Die Agitation für dasselbe wurde durch die gleichzeitige Bewegung für die Reformbill verstärkt; es stellten sich, abgesehen von den Philantropen und den Arbeitern, die Tories und Staatskirchenmänner, welche in der Reformfrage nicht auf den volksthümlichen Seiten standen, an die Spitze der Zehnstundenbewegung; die Tories benutzten dieselbe gern, um den liberalen Forderungen nach Ausdehnung des Wahlrechts auf die Mittelclasse ein populäres Paroli zu bieten; da gab es Meetings, die nach Tausenden zählten und an denen nicht blos Arbeiter, sondern auch ihre Weiber und Kinder Theil nahmen; das Unterhaus setzte ein Specialcomité nieder und es ging ein Aufschrei nicht blos durch England, sondern durch ganz Europa, als man zum ersten Male die Leiden der kleinen Fabrikkinder, welche unter grausamer Behandlung 13—14 Stunden täglich arbeiten mußten, die Verwilderung der jungen Mädchen und die Erschöpfung der früh gealterten Männer in lebhaften Farben schildern hörte; die Unwissenheit der Kinder war eine unglaubliche,

sie wußten nichts von Gott, Christus, dem König oder gaben die un=
sinnigsten Antworten. Damals wurde von Seiten der Arbeiter und ihrer
Protectoren die Forderung aufgestellt, den zehnstündigen Normalarbeits=
tag auch für die Männer einzuführen; damals gründete Lord Ashley, der
heut als Earl of Shaftesbury es allen Staatskirchenmännern zuvorzuthun
sucht, seinen Ruf als Volksfreund; die Tories waren inzwischen in der
Reformfrage unterlegen; in ihrer Erbitterung zogen sie alles an's Tages=
licht, was der zur Herrschaft gelangten industriellen Mittelclasse schaden
konnte, und bildeten Vereine for the improvement of the condition of
factory children. Das Parlament war vorsichtig und erfinderisch. Vor=
sichtig, denn die allgemeine Einführung des Normalarbeitstages (d. h.
auch für Männer) lehnte es ab, weil der Ausfall, welcher in der Production
durch die Beschränkung der Arbeitszeit eintreten würde, dem concurriren=
den Ausland zu Gute kommen mußte, und weil ein solcher Eingriff in
die Rechte des freien erwachsenen Arbeiters nicht zu rechtfertigen sei.
Erfinderisch, denn es beschränkte zwar die Arbeitszeit der Nicht=
erwachsenen in erheblicher Weise, aber es gab den Fabrikanten gleich=
zeitig einen Rath, um darunter nicht zu leiden; das Parlament erfand
das sog. Relaissystem. Genauer gesprochen: es ward durch ein Gesetz
von 1833 in Baumwoll=, Schafwoll=, Kammwoll=, Hanf=, Flachs=, Leinen=
spinnereien und Webereien die Beschäftigung von Kindern unter 9 Jahren
— mit einigen Ausnahmen*) — verboten, Kinder von 9—13 Jahren
sollten fortan nur 8 Stunden, jugendliche Personen von 13—18 Jahren
12 Stunden täglich beschäftigt werden; die Arbeitszeit konnte zwischen
$5\frac{1}{2}$ Uhr Morgens und $8\frac{1}{2}$ Uhr Abends liegen; Nachtarbeit (d. h. zwischen
$8\frac{1}{2}$ Uhr Abends und $5\frac{1}{2}$ Uhr Morgens) war für alle Personen zwischen
9 und 18 Jahren verboten. Das Relaissystem bestand darin, daß der
Fabrikant, um die nothwendigen jungen Hülfsarbeiter während des ganzen
Tages zu erhalten, doppelte Arbeitsreihen anwenden, also in den zwei
Tageshälften mit den Kindern wechseln sollte, wie die Post auf den
einzelnen Stationen ihre Pferde wechselt (relay).

Das Relaissystem empfahl sich nicht blos vom gesundheitlichen Stand=
punkt aus, sondern ebenso sehr aus Rücksichten auf den Unterricht, denn
die bisherige Zulässigkeit der Zwölfstundenarbeit gestattete nur den Besuch
von Abend= und Sonntagschulen; in den Abendschulen waren aber die
Kinder viel zu ermüdet, um etwas zu lernen, die Sonntagschulen waren
selbstverständlich unzureichend; das Gesetz schrieb denn auch einen täglich
mindestens zweistündigen Schulbesuch vor. Das Interesse der Fabrikanten
schien durch das Relaissystem gleichfalls gewahrt. Trotzdem eröffneten
sie dagegen eine mehrjährige wirksame Opposition; sie fürchteten, daß sie

---

*) In Seidenfabriken durften auch Kinder unter 9 Jahren Aufnahme finden
(weil die Seidenhaspelei zarte Finger voraussetzt) und Kinder unter 13 Jahren
10 Stunden lang beschäftigt werden.

nicht die genügende Anzahl Kinder für die doppelten Arbeitsreihen finden und daß sie den Lohn der Kinder trotz der kürzeren Arbeitszeit nicht leicht um den entsprechenden Betrag würden herabsetzen können; endlich aber scheuten sie die Controle der behufs Durchführung des Gesetzes eingesetzten Beamten (der sog. Fabrikinspectoren); es ist kein Zweifel, daß man sie gleichsam unter eine fortwährende polizeiliche Aufsicht stellte, und man weiß, wie sich hiergegen das Selbstgefühl (zumal beim reichen Manne) auflehnt.

Es folgt nun während einer Reihe von Jahren ein Kampf der Fabrikbesitzer gegen die Fabrikinspectoren, angefüllt mit soviel Chicanen, Hinterlist und unverhohlener Gesetzesübertretung seitens der ersteren, daß alle unsere Anschauungen von dem traditionell gesetzlichen Sinne der besitzenden Classen in dem Lande des constitutionellen Musterregiments zu Schanden werden. Ich werde später im Anschluß an die Fabrikacte von 1844 Einzelnes herausheben; vorläufig genüge die Bemerkung, daß wegen der praktischen Mißstände die Agitation nicht zur Ruhe kam. Auch verbanden sich damit, wie früher die Reformbill, wiederum politische Fragen: einerseits die chartistischen Umtriebe, andererseits die Anticornbillbewegung; die Tories, wenn sie auch Furcht vor der demokratischen Tendenz der Chartisten hatten, unterstützten die Bestrebungen der Arbeiter gegen die freihändlerischen Fabrikbesitzer nach Kräften. Lord Ashley brachte im Parlament die Lage der Kinder, jugendlichen Personen und Frauen in den Bergwerken und in den gesetzlich nicht geregelten Industrien zur Sprache und der Bericht der in Folge hiervon eingesetzten Commission enthüllte die schreiendsten Uebelstände. In den Bergwerken wurden Kinder bereits vom vierten Lebensjahre an beschäftigt, ein sehr großer Theil der Arbeiter war unter 13 Jahren, da sie wegen ihrer geringen Körpergröße in den niedrigen Stollen zum Ziehen der Lasten am tauglichsten waren; häufig arbeiteten Kinder verschiedenen Geschlechts zusammen in halbnacktem Zustande; die Arbeitszeit war in der Regel 10—12, oft aber 16 Stunden, und wenn große Nachfrage nach Kohlen war, so gab es auch Nachtarbeit; Unglücksfälle waren bei der Unvorsichtigkeit der Kinder natürlich sehr häufig; bei abnormer Entwickelung einzelner Muskeln waren sie oft verkrüppelt und zahlreichen Krankheiten, namentlich der Athmungswerkzeuge, unterworfen; Immoralität und Unwissenheit waren in erschreckendem Maße verbreitet; Kirchspielwaisen wurden mittels Vertrags bis zum 21. Lebensjahr gebunden und erhielten außer Kost und Kleidung keinen baaren Lohn. Infolge dessen erging 1842 ein Gesetz, welches die unterirdische Arbeit von Frauen jeden Alters und von Knaben unter zehn Jahren verbot, im Uebrigen aber die Arbeitszeit nicht beschränkte, die Nachtarbeit nicht verbot, die Schulpflicht nicht einführte. In den gesetzlich nicht geregelten Industrien (Nagel-, Nadel-, Spitzen-, Wirkwaaren-, Tabakmanufacturen, Töpfereien und Druckereien) wurden

von der Commission nicht minder erschreckende Zustände an's Licht ge=
bracht: Beschäftigung von Kindern von 4, 5, 6, 7 Jahren, lange Ver=
träge mit Kost, Kleidung und Wohnung aber ohne Geldlohn, Arbeits=
dauer von 10—12 Stunden, große sittliche Verwilderung und Unwissen=
heit; Sonntagschulen ganz ungenügend, Abendschulen wegen Ermüdung
der Kinder unwirksam. Trotz alledem wurde für diese sogenannten freien
Gewerbe erst 1864 ein Gesetz gegeben.

Dahingegen kamen 1844 und 1847 für die bereits bisher geregelten
Industrien zwei neue Fabrikgesetze zu Stande, in deren Berathung wiederum
Lord Ashley in glänzender Rede die Rechte des Arbeiterstandes — zum
Theile vergeblich — geltend machte. Am bedeutendsten ist ihre Be=
stimmung, daß Frauen über 18 Jahren denselben Schutz wie jugendliche
Personen genießen sollten; zum ersten Male wurde also die Fabrikarbeit
erwachsener Personen, freilich mit Rücksicht auf das Geschlecht, gesetzlich
controlirt; die Arbeit von Kindern unter 13 Jahren wurde auf $6\frac{1}{2}$,
unter gewissen Bedingungen auf 7 Stunden reducirt, freilich aber das
Minimalalter der Kinder (statt bisher auf 9 Jahre nunmehr) auf 8 Jahre*)
heruntergesetzt; die Arbeitszeit der jugendlichen Personen und Frauen
wurde (abgesehen von einem Uebergangsstadium) auf 10 Stunden be=
schränkt, auch Kinder unter 13 Jahren dürfen täglich 10 Stunden ar=
beiten, müssen aber dann drei Wochentage ganz arbeitsfrei bleiben und an
diesen einen fünfstündigen Unterricht erhalten. Die Zehnstundenbewegung
hatte endlich unter der Cooperation der wegen der aufgehobenen Korn=
gesetze „racheschnaubenden" Tories den Sieg errungen.

Die beiden Gesetze hatten keineswegs die Wirkung, die Fabrikbesitzer
gehorsam zu stimmen und mit der nunmehr bereits ein halbes Jahr=
hundert gesetzlich anerkannten Forderung der Arbeiter auszusöhnen. Im
Gegentheil, sie versuchten zunächst die Suspension der Gesetze zu bewirken,
und als dies nicht gelang, so begannen sie mit einer Umgehung der Ge=
setze, wandten sich dann zu ihrer offenen Uebertretung und fanden hierbei
leider die Unterstützung durch die Gerichte des Selfgovernments, weiter
sogar durch den obersten Gerichtshof des Staats.

Bezüglich der Kinder suchten die Fabrikbesitzer die Controle seitens
der Fabrikinspectoren völlig unmöglich zu machen. Die Anfänge hierzu
stammten aus älterer Zeit; schon vor 1844 stellten sie die einzelnen Kinder
zu verschiedenen Zeiten ein; es bildete sich ein „falsches Relaissystem";
es wurde nicht die eine Reihe Kinder am Mittag entlassen, um am Nach=
mittag einer zweiten Reihe Platz zu machen; die Arbeitsreihen A und B
arbeiteten z. B. von $5\frac{1}{2}$ bis $8\frac{1}{2}$ Uhr (3 Stunden), die Reihen A und C
von 9—12 Uhr (3 St.), die Reihen B und C von 1—4 Uhr (3 St.),
die Reihen A und B von $4\frac{1}{2}$ bis $6\frac{1}{2}$ Uhr (2 St.), C dann bis $8\frac{1}{2}$ Uhr

---

*) Später in der Textilindustrie auf 10 Jahre erhöht.

(2 St.); die Arbeitsdauer blieb also überall innerhalb des gesetzlichen Maximums von 8 Stunden, allein die Kinder wurden 13 Stunden in der Fabrik festgehalten. Wie auf der Bühne hatten dieselben Personen abwechselnd in den verschiedenen Scenen aufzutreten, aber wie ein Schauspieler während der ganzen Dauer des Dramas der Bühne gehört, so gehörten die Kinder jetzt fast während des ganzen Normalarbeitstages der Fabrik, nicht eingerechnet die Zeit, um von und zu ihr zu gehen. Ueberdies mußte der Fabrikinspector, um eine Contravention festzustellen, alle Fabrikkinder verhören. Deshalb bestimmte das Gesetz von 1844, daß der Arbeitstag für Kinder (jugendliche Personen und Frauen) von der Zeit an zu rechnen sei, wo irgend ein Kind zu arbeiten anfange, und daß die Kinder, die ihre Arbeit vor 12 Uhr Vormittags beginnen, nicht wieder nach 1 Uhr Nachmittags verwendet werden dürfen; die Nachmittagsreihe mußte also aus anderen Kindern bestehen als die Vormittagsreihe. Das Gesetz schwieg aber von der Nachmittagsarbeit, also warf sich die Chicane auf diese; man stellte die Kinder um 12 Uhr ein und hielt sie bis 8½ Uhr (mit Pausen) fest, oder man stellte sie um 2 Uhr ein und ließ sie ohne irgend welche Pause (man bedenke, daß es sich um Kinder von 8 Jahren an handelt!) bis 8½ Uhr arbeiten.

Die unmittelbare Folge war die Unmöglichkeit einer Controle, die weitere die Ueberschreitung der gesetzlich zulässigen Arbeitsdauer; man brauchte blos noch die Kinder aus einem Theile der Fabrik in einen anderen, aus dem Spinnsaal in den Websaal und wieder zurück zu schieben, um das Auge des Fabrikinspectors völlig zu täuschen; und dies wurde Thatsache: das shifting system wurde bald zur weitverbreiteten Gewohnheit. „Wie soll man ein System controliren (berichtet ein Fabrikinspector), welches das Wort Ablösung mißbraucht, um die Hände*) in endloser Mannichfaltigkeit wie Karten durch einander zu mischen, und die Stunden der Arbeit und der Rast für die verschiedenen Individuen so zu verschieben, daß ein und dasselbe Assortiment von Händen niemals an demselben Platz zur selben Zeit zusammenwirkt!" Es ist selbstverständlich, daß bei solchen Zuständen die Männer aus dem für die Kinder ꝛc. vorgeschriebenen Normalarbeitstage keinen Nutzen zogen; im Allgemeinen arbeitete man in den Fabriken von 6 Uhr Morgens bis 7½ Uhr Abends (13½ St.), in einzelnen von 5½ bis 9 Uhr (15 St.).

Wurde nun von den Fabrikinspectoren vor den Gerichten Anklage erhoben, so fanden sie dieselben (die county magistrates) mit Fabrikanten besetzt, welche natürlich nach dem Grundsatze clericus clericum non decimat verfuhren. Der Eine erzählt, daß ein Baumwollenspinner den anderen von der Anklage falschen Relaissystems freisprach, und dann, auf seine eigene Entscheidung gestützt, dieses selbe System in seiner Fabrik einführte;

---

*) Hand ist der technische Ausdruck der Engländer für Arbeiter.

er schließt seinen Bericht mit den Worten: „wie sehnt man sich in allen solchen Fällen nach einem bezahlten Richter!" Aber selbst diese ließen die Fabrikinspectoren im Stich; 1850 erklärte die Court of Exchequer das shifting system für gesetzlich zulässig, und viele Fabrikanten, welche bisher gezögert hatten, mit Hülfe dieses Relais lange Zeit zu arbeiten, folgten jetzt dem Beispiel ihrer Concurrenten.

Bezüglich der jugendlichen Personen und Frauen wurde das Schieb=system gleichfalls, natürlich aber wegen der gesetzlich zulässigen längeren Arbeitsdauer, in geringerem Umfange eingeführt. Man griff aber außer=dem zu reiner Chicane; die Fabrikanten erklärten, daß es ihr Recht sei, die Arbeiter während zehn Stunden ohne Pause zu beschäftigen, nur aus Mitleid gewährten sie eine halbe Stunde zum Mittagessen; vom Rechts=standpunkte aus behaupteten sie, von den Arbeitern verlangen zu können, daß sie vor dem Eintritt in die Fabrik und nach Austritt aus derselben ihre Mahlzeiten verzehrten. Es ist dies charakteristisch für die Stimmung, in welcher die Fabrikantenkreise sich befanden; die Arbeiter antworteten mit drohenden Meetings, und der Classenantagonismus spannte sich bis zu unglaublicher Höhe.

Da trat das Parlament ein und entschied die Sache im Allgemeinen im Sinne der Arbeiter, zugleich aber mit einer kleinen Concession an die Fabrikbesitzer. Durch zwei Gesetze von 1850 und 1853 wurde der Normalarbeitstag für Kinder, jugendliche Personen und Frauen auf die Zeit von 6 Uhr früh bis 6 Uhr Abends festgesetzt, und die $1\frac{1}{2}$ Stunden für die Mahlzeiten innerhalb verlegt, so daß die wirkliche Arbeitsdauer für jugend=liche Personen und Frauen auf $10\frac{1}{2}$ Stunden (bisher 10 St.) erhöht wurde; dafür wurde die Arbeitszeit am Sonnabend gekürzt: nach 2 Uhr darf keine der geschützten Personen mehr beschäftigt werden; in den Winter=monaten darf der Normalarbeitstag von 7 Uhr Morgens bis 7 Uhr Abends angesetzt werden.

Mit diesen Gesetzen trat eine Versöhnung der Gemüther ein, der Widerstand der Fabrikbesitzer gegen den Normalarbeitstag erlosch all=mählich. Die Fabrikanten gewannen bei den jugendlichen Personen und Frauen (und vermöge der Rückwirkung auf Männer auch bei diesen) durch Erhöhung der Arbeitsdauer auf $10\frac{1}{2}$ Stunden einige Stunden während der Woche; die Arbeiter ließen sich die halbe Stunde Mehrarbeit an den ersten fünf Wochentagen gefallen, da sie dafür am Sonnabend den freien Nachmittag eintauschten*). Es verstummte das Geschrei, daß bei der kurzen Arbeitsdauer die industrielle Suprematie Großbritanniens nicht

---

*) Sie erreichten übrigens 1874 die Aufhebung dieser halben Stunde, so daß seitdem wieder der zehnstündige Normalarbeitstag in Geltung ist; gleichzeitig pflegen die Arbeiter auf die halbstündige Vesperpause (watering time) zu verzichten, und die Arbeit wird bereits um $5\frac{1}{2}$ Uhr Abends beendigt.

aufrecht erhalten werden könne; man überzeugte sich, daß aufmerksame und willige Arbeit bei Stücklohn in kürzerer Frist ebenso viel leistet als lässige und widerwillige in einer längeren; man erkannte die Unrichtigkeit der von dem englischen Nationalökonomen Senior aufgestellten Behauptung, daß 10 Stunden Arbeit blos den Lohn des Arbeiters bezahlen, und daß der Gewinn des Fabrikanten gerade in dem Ueberschuß der Arbeit über 10 Stunden bestehe; es gelang, einen großen Theil der Kinderarbeit durch Maschinenverbesserungen zu ersetzen, denn das erfinderische Genie kam den Aufträgen der geschäftlichen Nothwendigkeit in überraschend schneller Weise nach; man datirte von den Gesetzen der Jahre 1850 und 1853 einerseits die physische und moralische Wiedergeburt der Arbeiterbevölkerung, andererseits eine wundervolle Entwickelung der Textilindustrie bis in den amerikanischen Bürgerkrieg hinein, und allseitig machte sich die Ueberzeugung geltend, daß der Normalarbeitstag nicht auf die Textilindustrie beschränkt, sondern auf die anderen, die „freien" Gewerbe ausgedehnt werden müßte.

Daß diese Ausdehnung nicht mehr halbhundertjährige Debatten erfordern würde, war vorauszusehen; die Herrschaft des Princips war gesichert und es handelte sich blos darum, in seiner Anwendung auf die einzelnen Manufacturzweige deren specielle Bedürfnisse zu berücksichtigen. Einzelheiten anzuführen, verlohnt nicht der Mühe; sie würden lediglich in den Ueberschriften der Gesetze, in ihren Jahreszahlen und einer Menge von Detailbestimmungen bestehen können.

Dahingegen darf ich nicht diejenigen gesetzlichen Bestimmungen übergehen, welche den Normalarbeitstag von den Fabriken auf die Handwerke übertragen. Ein schwieriges Unternehmen! Denn die Handwerksstätte pflegt mit dem Hause verbunden zu sein; derselbe Raum dient dem Handwerker als Arbeitsstätte und Wohnung; mit seiner Gewerbthätigkeit trifft man sein Familienleben, eine Controle über jene ist eine Ueberwachung dieser, namentlich wenn Frau und Kind sich an der Arbeit des Handwerkers betheiligen. Und doch war die Uebertragung des Normalarbeitstages auf die Handwerke eine Nothwendigkeit; so lange sie unterblieb, war eine Prämie auf Kinderarbeit im Handwerksbetrieb gesetzt; die Armuth auf der einen, die Gewinnsucht auf der anderen Seite mußten, wo es nur anging, die Kinder dorthin treiben, wo sie bei längerer Arbeit mehr verdienen konnten. Die englische Gesetzgebung ging schrittweis zu Werke. Im Jahre 1863 ward in Bäckereien den jugendlichen Personen die Nachtarbeit zwischen 9 Uhr Abends und 5 Uhr Morgens untersagt, im Uebrigen aber volle Freiheit gelassen. Im Jahre 1864 nahm sich das Gesetz, da frühere Vorschriften aus den Jahren 1834 und 1840 vergeblich gewesen waren, der Kaminfegerjungen von Neuem an; man hatte bisher Kinder von 5 bis 10 Jahren in barbarischer Weise als Borstwische für rußige Schornsteine benutzt, und die Krankheiten der

climbing boys waren von einer Parlamentscommiffion so drastisch ge=
schildert worden, daß sich freiwillige Vereine zur Verfolgung der Meister
bildeten. Das Gesetz von 1864 bestimmte das Aufnahmealter der Lehr=
linge auf 10 Jahre, untersagte den Personen unter 16 Jahren das Auf=
steigen in Schornsteinen sowie die Hülfsarbeit für Schornsteinkletterer,
beließ aber sonst volle Freiheit. Von principieller Bedeutung ist erst
das Gesetz von 1867; es führte bei allen Handwerken für Kinder,
jugendliche Personen und Frauen dieselbe Arbeitsdauer wie in Fabriken
ein ($6\frac{1}{2}$ resp. $10\frac{1}{2}$ Stunden, seit 1874 10 Stunden); die Arbeitszeit
ward für Kinder auf 6 Uhr Morgens bis 8 Uhr Abends, für jugend=
liche Personen und Frauenzimmer von 5 Uhr Morgens bis 9 Uhr Abends
festgesetzt, der Sonnabendnachmittag muß von 2 Uhr an (wie in den
Fabriken) arbeitsfrei sein; wo es erforderlich, kann der Staatssecretär des
Innern gestatten, daß männliche Personen von 16 Jahren an täglich
15 Stunden oder während der Nacht arbeiten, aber dies darf monatlich
blos an 12, jährlich blos an 72 Tagen stattfinden.

Es ist oben auf den zweischneidigen Charakter einer Controlirung
der Handwerke hingewiesen worden: was die Hülflosigkeit gewinnt, das
büßt die Abgeschlossenheit des Hauses und die Selbständigkeit der Familie
ein. Das Gesetz von 1867 blieb denn auch in den ersten Jahren ein
todter Buchstabe; freilich trug dazu der Umstand bei, daß die Sorge für
die Ausführung des Gesetzes den Localbehörden überlassen wurde; viele Stadt=
räthe faßten dies so auf, als wenn es ihrem Belieben anheimgegeben sei,
ob sie in ihrem Bezirke das Gesetz zur Anwendung bringen wollten oder
nicht, und erklärten schlechtweg, „daß sie sich in die Handwerksverhältnisse
ihrer Gemeinden nicht einmengen würden“; andere sprachen nicht so kühn,
handelten aber in demselben Sinne. Es mußte deshalb 1871 eine eigene
Verordnung erlassen werden, welche die Durchführung des Gesetzes den
Fabrikinspectoren auftrug; bei der bekannten Energie derselben wurde es
rasch zur allgemeinen Geltung gebracht. Die Ueberzeugung ist jetzt in
England allgemein, daß durch den Normalarbeitstag eine größere Stetig=
keit der Arbeit herbeigeführt und zugleich eine freiere Bewegung der
Arbeiter ermöglicht ist; man betrachtet ihn als ein werthvolles Stück der
socialen Reform und das Geburtsland der Manchesterpartei bezeugt den
glücklichen Erfolg der Staatsthätigkeit auf einem Gebiete, welches man
völlig der Willkür und den Verträgen der Privatpersonen anheimgegeben
glaubte.

Ich habe mich verhältnißmäßig lange bei der Schilderung der eng=
lischen Verhältnisse aufgehalten; ich kann mich dafür bezüglich des euro=
päischen Continents um so kürzer fassen.

Von einem der größten deutschen Rechtslehrer ist vor wenigen Jahren
darauf hingewiesen worden, daß das Recht zum größten Theile nicht (wie
die in dieser Zeitschrift neulich besprochene historische Schule es annimmt)

allmählich und still in der Seele des Volkes heranreife und gleichsam kraft allgemeiner Volksüberzeugung geboren werde, sondern daß das, was Recht sein soll, im Kampfe der Interessen gefunden, von den entgegengesetzten Berufsständen geltend gemacht und angegriffen, endlich von dem Vertreter der größeren geistigen oder materiellen Kräfte zum Siege geführt werde. Wenn irgendwas, so bestätigt die Geschichte des Normalarbeitstages in England die Anschauung, daß das Recht ein Product des Kampfes, oft nur ein Waffenstillstand behufs Sammlung von neuen Kräften, oft ein wirklicher, eine Reihe ruhiger Jahre einleitender Friedensschluß ist. Aber in dem Kampfe handelt es sich nicht um ein concretes Mein und Dein, sondern um den abstracten Rechtsgedanken, und nichts steht im Wege, daß die auf gleicher Culturstufe stehenden Völker sich den letzteren zu eigen machen. Nicht blos bezüglich der materiellen Güter gibt es einen Austausch unter den Völkern; was aber das geistige Gebiet anbetrifft, so verlangen dieselben wirthschaftlichen Verhältnisse dieselben Rechtsinstitutionen und, wenn diese Voraussetzung zutrifft, so möchte es nicht leicht etwas geben, was das eine Volk von dem anderen besser entlehnen könnte als rechtliche Ordnungen; deshalb ist der Kampf eines Volks für die Verwirklichung einer Rechtsidee mehr oder weniger ein Kampf für die ganze Welt; die fremden Nationen begleiten ihn mit ihren Sympathien und fördern ihn mit Zuruf.

So verbreitete sich denn der Normalarbeitstag von England aus über das ganze industrielle Europa, — überall selbstverständlich mit Modificationen, welche entweder durch die besonderen Verhältnisse der einzelnen Länder begründet waren oder als Verbesserungen der englischen Vorschriften beliebt wurden. Daß auf dem Continent der Normalarbeitstag nirgends urwüchsig auftritt, ist kein Wunder. War doch in der ersten Hälfte unseres Jahrhunderts England allein das Land des industriellen Großbetriebs, und entwickelte sich doch das Bedürfniß des Normalarbeitstages erst aus dem Maschinenwesen! Die continentalen Regierungen aber warteten nicht, bis die Arbeiter mit bringender Forderung an die Oeffentlichkeit traten; sie kamen ihnen zuvor und bewilligten ihnen oft mehr als in England geschehen war. Ein Land muß ich freilich ausnehmen; es ist das Musterland der constitutionellen Charte, der freien Kirche und der in gewissen Stücken höchst entwickelten Industrie; Belgien hat den Normalarbeitstag von sich fern gehalten, denn die drei soeben genannten Mächte gestatten nicht eine eingreifende Staatsthätigkeit. Der liberale Minister Rogier erklärte 1862 dem englischen Gesandten, daß die Regierung sich bereits drei Jahre mit dem Gedanken eines Gesetzentwurfes trage, daß sie aber stets ein unüberwindliches Hinderniß an der eifersüchtigen Angst gegen irgendwelche mit dem Princip vollkommener Freiheit (!) der Arbeit in Widerspruch stehende Gesetzgebung finde. In Belgien kann man denn noch heute Zustände der Verwilderung

fehen, wie fie früher in England beftanden: fünfjährige Kinder maffenhaft
in den Fabriken befchäftigt, eine Unwiffenheit fonder Gleichen, von Schul=
unterricht keine Rede, Hungerlöhne, eine verliederte und ftumpffinnige
Arbeiterbevölkerung. In einem Briefe, den ich vor einigen Wochen von
dort empfangen habe, fpricht der Schreiber feinen Wunsch nach einem
Fabrikinfpector und nach einem focialdemokratifchen Agitator aus; nur
beiden in Gemeinfchaft könne eine Verbefferung der Zuftände gelingen.
Nach einem Zeitungsbericht aus jüngfter Zeit wird jetzt in der belgifchen
Volksvertretung über einen Gefetzentwurf verhandelt, nach welchem Knaben
unter 12 und Mädchen unter 13 Jahren nicht in Bergwerken unter der
Erde arbeiten dürfen; das ift die belgifche Auffaffung des Normalarbeits=
tages!

Unter den continentalen Staaten ift Preußen allen anderen mit zwei
Gefetzen von 1839 und 1853 vorangefchritten; ihm folgte Baiern mit
zwei Gefetzen von 1840 und 1854; dahingegen ftand Sachfen bis 1861
auf belgifchem Standpunkt, und war auch dann noch nicht bereit, den
jugendlichen Arbeitern die ihnen in Preußen verftattete Muße zu gönnen;
ift es ein Wunder, daß dort das befte Material für die Socialdemokratie
fich befindet? Frankreich führte 1841 den Normalarbeitstag ein und
verfchärfte die betreffenden Beftimmungen 1874; in Oefterreich gilt der
Normalarbeitstag feit 1859. In Frankreich war das Gefetz von 1841
in den erften Jahren viel hinterrieben worden, denn in dem Lande, „in
welchem jede Maus polizeilich adminiftrirt wird", fehlte es an ftaatlichen
Organen zur Ueberwachung der Fabriken. Da kam die Februarrevolution
und mit Einem Schlage proclamirte fie den Normalarbeitstag in dem
craffen Umfange, den ich oben S. 362 gefchildert habe; das, was in den
anderen Staaten nur im Namen von Kindern, Unerwachfenen und Frauen=
zimmern erkämpft worden war, wurde als allgemeines Recht für alle
Arbeiter aufgeftellt; der zwölfftündige Arbeitstag wurde den Fabriken und
Hüttenwerken zur Regel gemacht und nur für Nothfälle und gewiffe
Induftrien eine Ausnahme geftattet. Auf diefem Weg hat Frankreich in
neuefter Zeit in der Schweiz eine Nachfolgerin gefunden; das fchweizerifche
Gefetz vom 23. März 1877 proclamirt den 11ftündigen Normalarbeitstag
zwischen 6 Uhr Morgens und 8 Uhr Abends für alle Arbeiter, die
Nachtarbeit darf (abgefehen von dem Fall der Reparaturen) nur dann
ftattfinden, wenn der Fabrikationszweig feiner Natur nach ununterbrochenen
Betrieb erfordert, und auch hier nur mit Erlaubniß des Bundesraths
und nur unter der Vorausfetzung, daß der Einzelne innerhalb 24 Stunden
blos 11 Stunden arbeitet; Frauen und jugendlichen Perfonen unter 18 Jahren
ift die Nachtarbeit unterfagt; Kinder unter 14 Jahren dürfen in Fabriken
nicht befchäftigt werden; bei den jugendlichen Perfonen von 14—16
Jahren darf der Schul= und Religionsunterricht zufammen mit der Fabrik=
arbeit nicht mehr als 11 Stunden betragen.

Uns interessiren vor Allem die Bestimmungen im Deutschen Reich. Die Reichsgewerbeordnung von 1869 übertrug die bisher in Preußen geltenden Grundsätze auf ganz Deutschland. Danach dürfen Kinder unter 12 Jahren in Fabriken und Bergwerken zu einer regelmäßigen Beschäftigung nicht angenommen werden; Kinder von 12—14 Jahren dürfen täglich nur 6 Stunden arbeiten und müssen täglich einen wenigstens dreistündigen Schulunterricht erhalten; junge Leute von 14—16 Jahren dürfen nur zehn Stunden beschäftigt werden; Nachtarbeit (zwischen 8½ Uhr Abends und 5½ Uhr Morgens) ist für Kinder und junge Leute verboten. Die Reichsgewerbeordnung enthält also keine schützende Bestimmungen für erwachsene Frauen*) und bezieht sich nicht auf Handwerke; abgesehen hiervon ist sie, wenn man sie mit der Gesetzgebung anderer Länder vergleicht und das neueste schweizerische Gesetz bei Seite läßt, entschieden dem Arbeiterstande am günstigsten; nirgends sonst ist das aufnahmefähige Alter der Kinder durchgängig auf 12 Jahre hinausgerückt, nirgends sonst die Arbeitsdauer der Kinder von 12—14 Jahren auf 6 Stunden beschränkt; selbst die zehnstündige Arbeitsdauer der jungen Leute ist nicht in allen fremden Ländern anerkannt.

Nun hat gegenwärtig die Reichsregierung dem Reichstag einen Gesetzentwurf vorgelegt, welcher einige der bisher geltenden gesetzlichen Bestimmungen abzuändern bezweckt. Kinder unter 12 Jahren sollen fortan in Fabriken und Bergwerken überhaupt nicht mehr beschäftigt werden (bisher „nicht regelmäßig"); Kinder von 12—14 Jahren sollen entweder täglich 6 Stunden oder einen Tag um den andern 10 Stunden arbeiten dürfen; in Verbindung damit steht die Vorschrift, daß nicht ein täglicher Unterricht von 3 Stunden erforderlich, sondern ein wöchentlicher von 18 Stunden genügend ist. Wo es erforderlich ist, kann der Bundesrath die Nachtarbeit der Kinder und jungen Leute, sowie eine längere Tagesarbeit als die sechs= resp. zehnstündige gestatten, vorausgesetzt nur, daß die wöchentliche Arbeitsleistung blos 36 resp. 60 Stunden beträgt. Andererseits kann der Bundesrath in besonders gefährlichen Fabrikationszweigen die Verwendung jugendlicher Arbeiter von besonderen Bedingungen abhängig machen. Sämmtliche wirthschaftliche Parteien, die Socialdemokraten, die Gewerkvereinler, die Schutzzöllner haben in ihren öffentlichen Versammlungen ihre Unzufriedenheit mit diesen Bestimmungen ausgesprochen; die ersteren beiden, weil der Schutz der Kinder und jungen Leute vermindert wird, letztere, weil die zehnstündige Arbeit der Kinder von 12—14 Jahren nur einen Tag um den anderen erlaubt wird, alle drei, weil die Befugnisse des Bundesraths den Anlaß zu allerhand Willkür geben.

Ohne Zweifel liegt in den Vorschlägen des Regierungsentwurfs

---

*) Doch ist nach deutscher Sitte Frauenarbeit in Bergwerken (unter Tage) unzulässig.

großentheils eine Concession an die Fabrikbesitzer; die Nachtarbeit von Kindern und jungen Leuten unter 16 Jahren ist höchst bedenklich; auch scheint die Gefahr nahe zu liegen, daß in fabrikreichen Gegenden die Kinder sich an den einen drei Tagen in der einen Fabrik, an den andern drei Tagen in der anderen zur Arbeit verdingen, mit anderen Worten, daß die Kinderarbeit, deren allmähliche Beseitigung wir anstreben, vermehrt werde *).

Eine andere Frage ist es, ob die Lage der Dinge nicht die Concessionen rechtfertigt. Wir leben in einem Lande, dessen Gesetzgebung außer der englischen allein dem Freihandel entschieden huldigt; innerlich zu begründen ist der Freihandel zwischen zwei industriellen Ländern nur dann, wenn die Fabrikationsbedingungen dieselben sind; denn der Freihandel soll aus zwei Ländern Ein Absatzgebiet machen, und wie ist dies denkbar, wenn in dem einen unter anderen Bedingungen fabricirt wird als im zweiten? Es bedarf keines Beweises, daß zu den Fabrikationsbedingungen auch die größere oder geringere Zulässigkeit von Kinderarbeit gehört; es hängt hiervon die Billigkeit der Löhne ab. Ich behaupte demnach: ein Land, welches dem Freihandel ergeben ist, darf in der Frage der Kinderarbeit wie überhaupt des Normalarbeitstages nicht selbständig verfahren; es muß seine Gesetzgebung nach der der anderen Staaten einrichten; es kann nicht dem Arbeiterstande Concessionen machen, welche diesem im Nachbarstaate verweigert werden; will er eine arbeiterfreundliche Fabrikgesetzgebung annehmen, so kann dies nur auf dem Wege der internationalen Verträge geschehen; die Fabrikgesetzgebung, namentlich die Bestimmungen über den Normalarbeitstag müssen international werden; sie müssen einen Platz in den Handelsverträgen erhalten, sie müssen zum Gemeingut aller Nationen werden. Der Freihandel ist mit einem Normalarbeitstage unverträglich, welcher in dem einen Staate für den Arbeiterstand günstiger geregelt ist als in dem anderen; der Staat, in welchem dies stattfindet, muß unterliegen; es sei denn, daß er andere günstigere Fabrikationsbedingungen zur Compensation stellen kann. Man mißverstehe mich nicht: ich will hier nicht das Freihandelsprincip discutiren, ich will seine Anhänger auf einen Angriff aufmerksam machen, welchen unsere Schutzzöllner gerecht und geschickt führen; sie sagen, daß der Schutzzoll nicht blos ein Factor zur Hebung der einheimischen Industrie, daß er vielmehr zuweilen von hoher socialer Bedeutung sei und ich muß ihnen so lange beitreten, als derselbe Normalarbeitstag nicht durch Handelsverträge zu einem Rechtsinstitut der ganzen industriellen Welt geworden ist. Jetzt, wo die Beseitigung oder die Erneuerung unserer Handelsverträge auf der Tages-

---

*) Nach englischen Verhältnissen zu schließen, ist die Furcht unbegründet; die Schriftsteller berichten übereinstimmend, daß das alternirende System wenig Anwendung findet.

ordnung steht, ist es wohl angebracht, mit aller Kraft eine internationale Gesetzgebung über den Normalarbeitstag zu fordern.

Niemand wird den wohlthätigen Einfluß dieser Rechtsinstitution ver=
kennen. Ein so hohes Gut eine entwickelte Industrie ist, so gefährlich
ist der Industrialismus; er ist im Stande, sittlich und ökonomisch ein
Volk zu verwüsten, und die Freiheit hat nicht die Kraft, dem zu steuern;
nur die Staatsgesetzgebung vermag es. Denn nicht allein, daß das Capital
die Tendenz hat, möglichst ununterbrochen ausgenutzt zu werden: die Ver=
suchung zur Verlängerung des Arbeitstages wird durch unsere Gewohn=
heiten und Einrichtungen ungemein befördert; ich meine hier die Mode
und die Eisenbahnen. Die Mode ist die Urheberin jener „Saisonartikel",
welche ebenso rasch auffliegen als sie verschwinden und die Eisenbahnen
begünstigen die „kurzen Bestellungen", welche kaum gegeben auch schon
ausgeführt werden sollen. Gegen solche Ausschreitungen unserer Laune,
gegen den Uebermuth und die Lässigkeit wirkt nichts sicherer als ein ge=
setzlich firirter Normalarbeitstag; er schützt, wie die erwähnten Fälle be=
weisen, nicht blos die Arbeiter, sondern auch die Producenten, namentlich
die humanen, welche ohne ihn gegenüber ihren inhumanen Con=
currenten sich nicht halten können; er verhütet unfruchtbare Unter=
nehmungen, welche nur dadurch sich durchführen lassen, daß man für
immense Arbeit einen Hungerlohn zahlt.

Man darf freilich den Nutzen des Normalarbeitstages nicht über=
schätzen; nur den wirklich beschäftigten Arbeitern schafft er eine bessere
Lage; aber einem von Uebervölkerung strotzenden Proletariat gibt er
kein Brod; er trägt etwas zur Lösung der socialen Frage bei; die Lösung
selbst setzt das Gleichgewicht der Bevölkerung und der Subsistenzmittel
sowie die Vertheilung der letzteren unter eine möglichst große Menge
voraus; er verhindert die extreme Ausbeutung der Arbeiter, die inhumane
Concurrenz der Fabrikbesitzer und die Etablirung unfruchtbarer Unter=
nehmungen, aber die große Frage unserer Zeit, wie das Verhältniß
zwischen Capital und Arbeit zu reguliren sei, läßt er unbeantwortet.
Daß er auf die landwirthschaftliche Arbeit nicht übertragen werden darf,
leuchtet Jedem ein; hier gibt es „natürliche Saisons", und gegen diese
kann die Macht des Staatsgesetzes nicht aufkommen.

In zweiter Lesung hat der Reichstag im Großen und Ganzen die
Regierungsvorlage angenommen; das alternirende System hat er ver=
worfen; für Frauen, welche bisher jedes Schutzes in Deutschland ent=
behrten, hat er einige schützende Bestimmungen getroffen; dahingegen hat er
dem Bundesrath das Recht eingeräumt, in Spinnereien die Arbeitszeit der
jungen Leute um eine Stunde (also auf 66 Stunden wöchentlich) zu erhöhen.

Die Großmutter.

Novelle
von
Carl Thomas.
— Prag. —

Wenn so die Julisonne unerträgliche Hitze, Staub und dicke Luft als lange Gäste nach Paris gebracht, flüchtete ich gern weit fort nach einem stillen Fleckchen des schönen Frankreichs. So kam ich einst, dem gewohnten Zug des Herzens folgend, nach Nantes. Hier wollte ich nicht bleiben, in den finstern Straßen, den verrußten Häusern, der rauchgeschwängerten Luft. Auslugen wollte ich nur von hier und sehen, wo ich mich für den Rest des Sommers nieder= lassen solle. Bald hatte ich die Küste bereist und war bis Brest hinauf= gefahren, an der todten Landzunge von Quiberon vorbei, vorbei an dem felsigen Vorgebirge von Ray. Oberhalb Brests, an dem Vorgebirge St. Matthieu, zerschellen mit furchtbarer Gewalt die Wellen des Oceans und hoch an den Riffen empor stäubt der weiße Gischt. Mancher Schiffer findet hier sein Grab, manches Boot zerschellt an den tückischen Felsen und sinkt hinab in die schweigende Tiefe. Schon Cäsar hat sie kennen gelernt, diese traurigen, unheilschwangern Ufer: „Wilde Fahrt!“ ruft er aus. „Diese Küsten bieten keinen Zutritt, weder dem Menschen, wenn das Meer emporsteigt, noch den Schiffen, wenn des Meeres strömende Fluth sie trocken auf dem Sand zurückläßt!“ Und finstere Menschen wohnen hier, leidenschaftlich und wild wie das Meer, finster wie der Himmel, schweigend und ernst wie die Felsen. Und diese Menschen sollen immer so gewesen sein, vor einem Jahrtausend und mehr schon als sie einzogen in das öde Land, das einst der Druide geweiht und das an vielen Stellen heut noch bedeckt ist mit den keulenförmigen Felsen, den Denksteinen gefallener keltischer Helden. Lange Jahrhunderte sind darüber hingegangen. Viel wilde Kämpfe sind hier gefochten worden, viele finstere

Thaten wurden in den Boden des Landes der Bretonen eingeschrieben. Fast ist es schon ein Jahrhundert vor uns, seit die Geschichte mit ehernem Finger Thaten und Ereignisse in die verwüstete Erde gezeichnet, deren Spuren wir noch heut überall finden. Von den Priestern aufgeregt, erhob sich das Volk und vertheidigte seinen Gott und seinen König gegen die Wuth der Revolution. Schon brauste der Sturm der Freiheit durch ganz Frankreich, als hier der Bauer noch im dumpfen Frieden der Feudalwirthschaft sein Feld bestellte. Er theilte sein spärlich Einkommen nach tausendfältigen Abgaben und Lasten mit dem Lehnsherrn, dem Adel und der Kirche. Die erste Nationalversammlung hat die Frohnden, die Zehnten abgeschafft, aber der Bauer hier dankte es ihr nicht. Man goß Kanonen schon aus den Kirchenglocken des ganzen Landes, als hier die Gemeinde noch dem Geläute folgte, das sie zum Gebete rief und den Priester verehrte, der sie mit Blindheit schlug und ihr dabei das Mark aussaugte. Und auf das Jubelgeschrei der Revolution: „Freiheit und Gleichheit" antwortet der finstere Bauer der Vendée: „Gott und unser König!" —

Schon hatte ich den südlichen und westlichen Theil des Landes durch=wandert und zog jetzt den Bäumen nach, die der Sturm von Westen mit Blüthen und Blättern nach dem Osten gekehrt, bis ich nach St. Malo kam, fast an der Grenze der Bretagne. Dies ist auch heute noch eine ziemlich bedeutende Stadt. Sie liegt knapp am Meer, das im guten stillen Hafen fast bis in's Herz der Stadt hineinspült. Ernste, düstere Straßen, mit prächtigen, grauer Vorzeit angehörigen Häusern führen von allen Seiten zu den Ufern und zu den felsigen Zungen, die das Land hinausstreckt weit in's Meer. Hier ließ ich mich nieder.

Große Männer waren hier im Lande geboren, deren Namen weit über die Grenzen Frankreichs und über die Jahrhunderte gedrungen, in denen sie lebten.

Wer kennt nicht den Mann, dessen Philosophie man schon vergessen, dessen theologische Studien man kaum mehr nennt, aber dessen Liebe sprüchwörtlich geworden, dessen Liebestreue das Ideal aller jugendlichen glückseligen Herzen geworden ist. Fern seiner Heimat, in Paris ist sein Grabmal, zu dem wol Jeder wandelt, der die Weltstadt mit neu=gierigen Blicken durcheilt. Aber bei Clisson, hier im Land, nennt sich Wald und Hain, Thal und Hügel nach seinem Namen und dem seiner treuen Geliebten! „Abaillard! der Sokrates von Frankreich," sagt der Geschichtschreiber der Bretagne, „der Plato des Westens, unser Aristoteles, der Meister des Jahrhunderts, das fruchtbare und reiche Genie, begabt mit einem solchen Verstande, daß nur seine eigene Weisheit ihm ver=glichen werden kann." Und Heloise! Wer nennt Abaillard ohne Heloise!

Und Jahrhunderte nach ihm ward hier ein anderer Dichter und Denker geboren und begraben. Er liegt weit drinnen im Meer, auf

einem wüsten Felsblock in einem Grab, das man in das Herz des harten
Steines gesprengt, unter einem kahlen Kreuz, das man aus demselben
Stein gemeißelt. Kein Name, kein Wort sagt dem Wanderer, wer hier
ruht, aber die Frauen und Mädchen, die Morgens, zur Zeit der Ebbe,
mit dem Gebetbuch dahin wallfahrten, die Männer und Jünglinge, die
nicht vorübergehen, ohne einen Blick auf dies Grab zu werfen, sie nennen
alle auf ihrem Wege den Namen Chateaubriands und erzählen sich von
seinem Leben und seinem Glauben und schweigen von seinen Eitelkeiten.
Und neben den Dichtern, die Anfang und Ende von fast einem Jahr=
tausend bezeichnen, nennt das Volk noch große Namen sein eigen, seinen
Ruhm und seinen Stolz. Fréron und Geoffroy waren Bretonen, der
kühne Schiffer Jacques Carlier, der wilde Seeheld Duguay=Trouin ent=
sprangen der bretonischen Erde. Duguesclin der Kriegsheld, der ge=
schworen, sein Schwert nicht einzustecken, so lange noch ein Engländer
auf französischem Boden, Lamenais, der kühne Philosoph, der die Finsterniß
der Geister bekämpfte, Descartes, der Held der Analyse, sie alle wurden
hier geboren und noch andere große und berühmte Männer! Balzac,
Chapelain und Andere haben hier in tollen Freuden gehaust. Frau von
Sevigné entfloh den berauschenden Festen von Versailles und suchte in
den Thälern der Bretagne, in der Umgebung des freundlichen Rennes
den Frieden der Einsamkeit. Bossuet, Racine und Molière eilten hierher.
Conti, Condé, Turenne suchten hier Frieden und Ruhe nach großen
Thaten und reichen Genüssen.

Sollen die Menschen, die hier wohnen, nicht zu Allem fähig sein,
zu allem Großen, zu allem Kühnen und Mächtigen, selbst zu allem
Furchtbaren? Welche Erinnerungen umgeben sie, welche Männer und
welche Thaten haben die Macht ihres Daseins hier in's Land gedrückt!
So dachte ich oft, wenn ich auf dem Felsen des Dichtergrabes saß und
hinaus sah in's Meer und bald den, bald jenen Namen aussprechen hörte
von denen, die vorübergingen.

Ich sah ihnen nach, den mächtigen, breitschultrigen Gestalten, mit
den gestrählten, in den Nacken fallenden Haaren, den dunklen, heißen
Augen und dem festgeschlossenen Mund. Ich staunte und zitterte, wenn
die verwegene That eines Schiffers erzählt wurde, der da in mitter=
nächtiger Stunde hinausfuhr in's stürmische Meer, der Geliebten die
Blume zu holen, die vom Felsen herabhing. Sie aber, die es mit sahen,
die Männer und Frauen der Bretagne, sie zitterten nicht. Schweres
Unglück hörte ich oft aus dem Kreis dieser oder jener Familie berichten.
Dann sah ich den Vater, die Mutter oder den Bruder und die Schwester,
und nichts verrieth in den festen Zügen den Schmerz, der ihre Brust
durchwühlte. Ich sprach darüber mit einem würdigen und klugen Mann,
den ich hier auf dem Felsen Chateaubriands, den er, wie ich, wegen
seiner Einsamkeit liebte, kennen gelernt. Er hatte hier sein Amt als

Richter verwaltet und lebte, schon weit über die achtzig ausschauend, einsam und allein in seinem ererbten Elternhaus. Er war mir gut und liebte und vertraute dem jungen lebensfrohen Mann. — Es war am 4. September und gar herrlich schien die Sonne vom blauen Himmel herab. Wir sprachen von vergangenen Zeiten, da ich bemerkte, daß mein Freund heute nicht gern von Menschen sprach, die leben, und nicht von den Dingen, die wir sehen und greifen konnten. Lange saß Herr Duplan, so vor sich hinschauend, als ob er in weiter, unendlicher Ferne etwas suchen, als ob er von einem unsichtbaren Ort etwas sehen möchte.

Da warf ich so halblaut hin: „Zwei Dinge geben doch allein Ruhm, ewigen Ruhm: die Feder des Dichters und das Schwert des Helden!" „Und zwei Dinge," sagte der Greis mit seiner wohlklingenden, weichen Stimme, „zwei Dinge geben allein Schmerz, ewigen Schmerz: das Amt des Richters und das Amt des Priesters!"

Dann stand er auf und zog mich mit fort; mit so aufgeregten, hastigen Schritten, daß ich, wie ich auch fragend ihn anblickte, doch nicht zu sprechen wagte.

„Kommen Sie," sagte er dann, „kommen Sie zu mir, ich werde Ihnen die Acten eines Processes zeigen, die ich für mich einst abgeschrieben und aufbewahrt habe. Ich werde sie bald nicht mehr lesen können! Mögen Sie es thun und die Lectüre mitnehmen als Andenken an Ihren Aufenthalt hier und an mich."

Dankend drückte ich den Arm des greisen Mannes, der in dem meinen lag. Bald kamen wir zu seinem Häuschen. Wir traten in sein Arbeitszimmer. Hastig eilte er zu seinem Schreibtisch und nahm ein Bündel Acten heraus. Er gab es mir mit den Worten: „Es ist heute der Jahrestag!"

Dann ging er. Ich folgte dem Blick, mit dem er die letzten Worte gesprochen. Er hatte ein Bild gesucht, das da dem Schreibtisch gegenüber an der Wand hing. Ich schob jetzt den Schleier zurück, der es halb verhüllte. Ein großes, ernstes, schönes Weib stand vor mir. Ich habe solche Frauen nur in der Bretagne gesehen. Der breite, volle Nacken, den ein blauer Spenser mit aufgeschürzten Aermeln einschloß, wölbte sich herrlich zur üppigen Brust. Ein weißer, reich mit silbernen Knöpfen besetzter Busenlatz, ein rothes, goldgesticktes Mieder schnürte leicht den prächtigen Leib ein, von dem herab über einen hellen, gestreiften Rock ein nachlässig geschlungener Gürtel fiel. Auf diesem Leib, der kaum mehr als einige zwanzig Jahre zählen konnte, saß ein jugendlich ernster Kopf, von schwarzen, glatt gescheitelten, nach rückwärts in einen dicken Knoten zusammengewundenen Haaren umrahmt. Die Stirn war leicht gefaltet, wie wenn in stiller Wehmuth die Augenbrauen sich zusammenziehen. Sie waren auch so leicht zusammengedrängt und beschatteten ein großes, schwarzes, wie frühzeitig im Schmerz getrübtes Auge. Die feine Nase, der volle Mund mit seinen rothen Lippen würden kaum zu diesen Augen gepaßt haben, wenn nicht auch hier ein leiser Schmerz, wie angeboren, darüber hinzuckte. Die eine Hand war auf's Herz gepreßt, die andere hielt einen erbrochenen, aber wieder zusammengefalteten Brief.

„An Margaretha Bressant" las ich auf der Adresse. Margaretha Bressant? das war der Name, der auch auf dem Actenbündel stand. Jetzt schlug ich es auseinander und las das erste große Heft, das, wie es schien, die ganze Geschichte des Processes enthielt.

Was ich gedacht, als ich es gelesen, ich will es verschweigen, was ich gefühlt, mit tiefem innigen Schmerz gefühlt, ich brauche es nicht zu sagen! Ihr werdet es mir nachdenken, und wenn Ihr weinen könnt, werdet Ihr es mir nachfühlen. Hört Margarethe Bressant, wie sie vor dem Gerichtshof sprach.

I.

Ihr Herren Geschworenen und Ihr Herren vom Gericht. Ihr habt die Anklage gehört und das Verbrechen, dessen sie mich zeiht. Ich sah Euch erbleichen, als Ihr hörtet, wie furchtbar die That. Sie ward auch mit den bittersten und doch so wahren Worten geschildert.

Entsetzlich ist das Verbrechen, entsetzlich vor Allem, wenn Ihr Euer Auge von dem Mund des Anklägers herüberschweifen laßt auf mich, die Angeklagte. Ein Weib steht vor Euch mit grauen Haaren und abgehärmtem Antlitz. Noch zuckt der Schmerz um seinen Mund, die Hände zittern, wie sie zum Gebet sich falten, und die Knice schwanken, wenn es sich aufrichtet, um vor Euch zu sprechen. Doch was ist all Euer Entsetzen, was ist die That selbst gegen den Wahnsinn des Schmerzes, gegen den Fluch der Gedanken, die mich zu ihr getrieben! Ich will sie Euch erzählen die Geschichte dieser Schmerzen, die Geschichte dieser Gedanken Euch erzählen, und wenn es scheint, als ob ich Euch anklagen wollte, Euch und Euresgleichen, o! glaubt es nicht! Was die Sünde Aller und der Fluch der Gesammtheit, das darf nicht der Einzelne wagen anzuklagen oder wagen zu richten! Es ist! und daß es ist, das ist die Quelle alles Bösen! — Doch damit Ihr mich versteht, hört mich, und wenn Ihr am Ende mich richten könnt, ohne über Euch zu weinen, über Euch und Euresgleichen, dann verflucht mich und lehrt den Kindern meinen Namen als Fluch — dann bin ich grenzenlos schuldig!

Ich bin ein uneheliches Kind! Wißt Ihr, was das bedeutet? Nein! Ihr habt wol davon in Euren Gesetzbüchern gelesen, Ihr wißt, was es bedeutet, weil Ihr einmal ein solches Kind in der Schule, auf den Straßen oder wol auch in der Kirche geschmäht habt. Aber was ein solches Kind für sich selbst bedeutet, wenn es sich erkennt in der Schmach, die Eure herrliche, wohlgeordnete, heilige bürgerliche Gesellschaft ihm anhaftet — — nein — das wißt Ihr nicht. Und wenn Ihr es denken könnt, sagt, sollte man der Mutter nicht fluchen, die einem solchen Kind das Leben gab, sollte das eigene Kind der Mutter nicht fluchen? Und seht, ich habe es nicht gethan, nicht als ich schon viel um sie gelitten. Ich habe sie geliebt, treu und zärtlich geliebt, weil sie um mich geweint in mancher stillen Nacht und weil sie den Mann so treu geliebt, der sie so unglücklich gemacht, den Mann, der mein Vater war und den ich nie gekannt, dem ich nie die zärtlichen Augen küssen, in dessen Hand ich nie die kleinen Kinderhändchen legen konnte.

Meine Mutter war die Tochter eines Pächters auf den Gütern der Herren Duplessis, die sich weit im Kreise um St. Malo hinzogen. Meister Bressant nannte man ihn in der ganzen Provinz. Denn neben seiner Wirthschaft trieb der Mann noch manche Künste. Er malte und schnitzte Bilder und Kreuze. Eure Väter, Ihr Herren, haben ihn wol noch gekannt und in mancher Ehrenstube von Euch hängt wol auch ein Kreuz, das er geschnitzt, in mancher Dorfkirche ein Heiligenbild, das er gemalt! Von seiner Wirthschaft nun lebte Meister Bressant und von dem Erwerb durch seine Kunst sorgte er für seine Tochter. Es war nicht viel, was er in beiden verdiente, doch es reichte aus. Es war auch nicht sicher, für wie lange er verdiente. Aber es braucht lange Zeit, eh' einer daran denkt, daß er verlieren könnte, was er so in seiner Arbeit und in seiner Ehre sein nennt.

Meister Bressant war nämlich ein flüchtiger Zeitpächter, den man, wie es einst Sitte war, fortschicken konnte, wann man wollte. Es mag eine schlimme Zeit gewesen sein, wie da der Bauer die Hände blutig sich arbeitete und doch in Frohnden, Zehnten und Zwanzigsten wieder hingab an den Adel und die Priester, was er schwer und sauer erworben.

Nun, Meister Bressant wußte von dem Elend nichts, er nicht und seine schöne Frau nicht und auch seine noch schönere Tochter. Wenn sie so Sonntags zur Kirche gingen, da blieben die Nachbarn und Andere stehen und zeigten mit den Fingern nach ihnen und der eine frug: „Ist das der glückliche Meister Bressant?" Der andere sagte: „Das ist die schöne Frau Bressant!" und ein dritter rief ganz laut, daß sie über und über roth wurde: „Grüß Gott, schöne Louison!" So hieß Meister Bressants Tochter, meine Mutter. Am Sonntag Nachmittag, da sprach gar der Herr Intendant der Herrschaft bei Meister Bressant vor! Er scherzte und lachte mit ihm und mit der Frau und der Louison. Jedermann hielt ihn für einen gnädigen Freund und Beschützer des Hauses. Nachsichtig war er bei den Frohnden, selbst beim Zins und bei den Zehnten zählte er gar lässig und leicht.

„Ich will Euch ein Kreuz einmal schnitzen, Herr Intendant," rief da an einem Sonntag Meister Bressant, „ein Kreuz, das Euren Ehrensaal schmücken soll wie kein anderes aus der Provinz."

26*

„Ei," antwortete da der Herr Intendant, „dann schnitzt mir Eure Tochter in das Kreuz, daß ich vor ihr niederknien und sie anbeten darf."

„Herr!" schrie Meister Bressant und schlug auf den Tisch und sah ihn an und sprach kein Wort mehr. Der mächtige und reiche Mann ging damals fort und kam nie wieder. Er war verheirathet und hatte schon Kinder. Aber er drängte sich gern an andere Frauen heran und sündigte viel in seiner ungemessenen Macht. Die Bauern haben ihn erschlagen, als er im Jahre 1791, er der feilste Knecht der Herrschaft, zum Sturm sie in das Schloß führte, um es niederzubrennen und den Herrn daraus zu vertreiben. Sie thaten dies auch, aber zuvor schlugen sie dem Intendanten das Hirn ein und schleuderten ihn dann in die Flammen.

Seit dem Tag, als der Intendant so schnöde den Vater zum Kuppler bei der eigenen Tochter machen wollte, erging es dem Meister Bressant schlecht.

Er ward gar viel gequält und in seinem Pacht gestört. Zwei Jahre darnach, die Frühjahrsarbeit stand gar herrlich auf den Feldern und die Hoffnung auf reiche Ernten erfreute schon das Herz, ward er aus seinem Pacht getrieben und mit einem blutigen Lohn als Entschädigung der Arbeit abgefertigt. Was wollte er thun? Er kam hierher nach St. Malo und lebte vom Malen und Bilderschnitzen. Frau Bressant trieb's nicht lange. Sie konnte ihr Stübchen in der Mitte der Felder nicht missen, ihre Kuh nicht und nicht ihr Dutzend Schafe. Sie starb und kaum zwei Jahre nach ihr starb auch Meister Bressant. Er starb, als ihm sein eigen Kind das Herz brach.

Wie soll ich Euch, Ihr Herren, Louisons Geschichte erzählen? Ihr habt sie schon oft gehört mit anderen Namen und von anderen Orten, doch mit denselben Schmerzen und demselben Jammer! Es ist die Geschichte des Elends, das dem Einen die Herzenshärte des Andern aufzwingt, der Noth, die die Armuth schafft, weil der Reichthum nur im Reichthum seines Gleichen sieht!

Nach den Gütern der Herren Duplessis sandte von hier aus der Stadt der reichste Kaufmann die edlen Waaren der Colonien Frankreichs. Ducroque war sein Name und kaum wird Einer von Euch seiner sich erinnern und keiner des Sohnes gedenken, der ihm im Geschäft zur Seite stand. Der Sohn leitete den ausgedehnten Handel im Lande und kam so auch auf die Güter der Herren und Edelleute. Da lernte er denn auch Louison kennen und, wie er sie kannte, gar innig lieben. Die Liebe junger Herzen hat Windesflügel und, eh' wir's denken, sind wir fortgerissen und schnell erzeugt ein schöner Traum den andern! In jene Zeit fällt die Uebersiedelung Meister Bressants nach St. Malo, und oft sah jetzt Louison den Geliebten. Doch wie sie ihn auch oft sah, so wurde ihre Seligkeit doch schon durch Schmerz getrübt. Und oft, gar oft weinte sie um ihre Liebe! Sie hatte jetzt den Glanz des Hauses der Ducroque gesehen und hatte

oft gehört, wie dieser Glanz ein hartes, grausam hartes Herz verdecke.
Der alte Ducroque war reich und suchte seinen Reichthum zu vermehren.
An anderes dachte er nicht!

Die beiden jungen Leute aber hielten fest zu einander und wollten
sich nicht lassen. Da kam einmal der Geliebte und sagte Louison, daß
er sie nicht mehr sehen werde. Der Vater habe ihm die Braut gesucht,
das reichste Mädchen in der Stadt! Und morgen soll Verlobung sein,
und wenn sie nicht ist, so werde er, der mächtige reiche Mann, den Bauern
und sein nichtsnutziges Kind aus der Stadt peitschen lassen! Das sagte
er Louison, sagte ihr aber auch, daß er den Tag nach dieser Verlobung
nach Amerika gehen und daß nur seine Louison sein Weib werden würde!
Dann nahm er Abschied von ihr, wie man von seinem treuen Weibe Ab=
schied nimmt und herzte und küßte sie! Und sie glaubte ihm Alles, Alles!
Und ach! Es geschah auch Alles, wie er gesagt. Am anderen Tag ging
es gar lustig her im Hause der Ducroque und Abends ging der Sohn
zu Schiff. Louison hatte rothe Augen, als sie nach Hause kam. Der
Vater sah es nicht und Louison schwieg. Wer spricht denn, wenn er
liebt, und wer weint nicht, wenn er unglücklich liebt? Die Liebe hat
tausend Zungen, doch nur für die Liebenden. Doch es kam die Zeit, in
der Louison bekennen mußte.

Es war am Neujahrstag des Jahres 1775, an dem sie ihrem Vater
Alles gestand und nichts von ihrem Glück, nichts von ihrem Unglück ver=
schwieg. Er hörte zuerst unruhig zu, dann aber ward er bald aufmerk=
samer und wie er immer weiter hörte, stemmte er die Fäuste auf den
Tisch und sah sein Kind an, daß die Augen ihm aus dem Kopfe traten.
Und sie sprach und er hörte, und sie sagte Alles und er hörte Alles, und
als sie ausgesprochen, da schrie er nur einen Fluch über sein Kind und
stürzte todt zu den Füßen des stummen bleichen Weibes nieder! — Wenige
Tage nach dem Tode Meister Bressants genas Louison eines Mädchens.
Es ward Margaretha getauft, ich bin es!

Der schwache, wenn auch treue Mann, der mein Vater war, ist nie
zurückgekehrt. Er hat für meine Mutter und mich gesorgt, hat nie eine
Andere geheirathet, aber er fürchtete den Fluch seines harten Vaters. Und
als der Krieg zwischen Amerika und England ausbrach, da stürzte er sich
mit hinein in den Kampf um die Freiheit, als wollte er seine Liebe be=
graben, und drüben in den Feldern von Richmond liegt sie eingesargt
und er mit ihr!

II.

Die schöne Louison lebte mit ihrem Kinde von dem, was ihr Vater
ihr hinterlassen, was der Geliebte und Vater ihres Kindes ihr weit aus
Amerika hergesandt und von dem, was sie mit ihrer Hände Arbeit sich
verdiente. Es war genug und reichte für sie und ihr Kind vollkommen

aus. Wie sie in einfachen, ernsten Trauerkleidern bis an's Ende ihres stillen Lebens sich trug, so kleidete sie ihr Kind, und so war, was das Kostspieligste in jenen Tagen, die Kleidung für sie das Billigste. Freilich, was es an Geld nicht gekostet, das haben Lebensfreude und Thränen bezahlt! Ich sehe meine Mutter noch vor mir in ihrem schwarzen Kleid, die schönen braunen Haare bald gebleicht, die großen dunklen Augen stets voll Thränen, und blaß und durchsichtig die Haut der schmalen Wangen und der kleinen Hände. Und wie ich sie immer so sah, füllten sich auch meine Augen oft mit Thränen und ich legte gern das Köpfchen, das an die Gespielen dachte und an die Felder und den Wald, oder an die Muscheln am Meeresufer, ihr in den Schooß und weinte mit ihr still vor mich hin. Sie frug mich oft, warum ich weine und ich konnte ihr immer nur sagen, daß ich's thue, weil ich sie weinen sähe! Als Kind von sieben Jahren, als Kind von zwölf Jahren sah ich mit ernstem Auge in die Vergangenheit und sah nur Thränen! Ach — ich sollte bald in die Zukunft sehen lernen und nichts als Thränen, bittere Thränen sehen!

Ich blieb der Sorge meiner Mutter überlassen so lange sie lebte. Sie lehrte mich nähen und stricken, zeichnen und malen. Und wenn ich aus der Schule kam, da prüfte sie meine Schrift und wie ich die Sätze bilde und die Worte lese. Für Alles sorgte sie, nur in meinem Spiel ließ sie mich gewähren. Sie sagte mir oft, ich sei ein gutes Kind und daß ich in den Wald gehen könne und auf die Felder und zur Zeit der Ebbe an's Meer, ohne daß sie mich begleite. Und wie munter sprang ich hinaus, mit einem kleinen Körbchen am Arme, Muscheln am Meeresstrand zu suchen, Beeren im Wald, oder Blumen auf dem Feld. Es gingen andere Kinder auch dahin, größere und kleinere als ich war. Sie kamen mit den Eltern oft und oft mit Dienern und Mägden. Ich sah durch Wochen dieselben Kinder und wie auch sie Muscheln am Meere, Beeren im Walde und Blumen auf dem Felde suchten. Ich fühlte mit ihnen gleich und sorgte nicht, ob dies das Kind eines reichen Kaufherrn, jenes das Kind eines angesehenen großen Mannes sei. Ich rief sie an, wie sie mich anriefen und gab ihnen von meinen Blumen, Muscheln und Beeren, wie sie mir von den ihren gaben. Ich sah es lange nicht, wie sie die Muscheln wegwarfen, wenn sie zu ihren Eltern kamen oder den Dienstleuten, die sie begleiteten. Ich sah nicht, daß sie die Beeren nicht aßen, die ich ihnen gab, die Blumen aus dem Strauß rissen, die ich ihnen gepflückt! Und als ich es sah und sie frug, da antworteten sie mir nicht. Ich ging zur Mutter und sagte es ihr und als ich sie darüber weinen sah, da meinte ich, sie möge mir nur ein Kleid geben, wie die Anderen es trügen, oder ein Netz zum Fischen, wie die Anderen es haben, dann würden sie meine Muscheln und Blumen behalten, meine Beeren essen. Und sie that es, aber schüttelte das Haupt dabei und weinte.

Ich kam mit meinem neuen Kleid in den Wald und die großen

Leute lachten über mich. Ein großer Bursche frug sogar, welcher Vater
mir das Kleid geschenkt. Ich kam mit meinem Netz an's Meer und als
ich es in's Wasser tauchte, da rief eine Frau so voll Hohn und Bosheit,
daß es mir in's Herz schnitt, was ich doch nicht verstand! Fisch' Dir
einen Vater heraus, rief sie und lachte, und die andern großen Leute
und die Kinder lachten mit! Ich kam nach Haus und sagte es der Mutter.
Sie drückte mich an ihr Herz und küßte mich und streichelte mich und
weinte über mich. Sie sagte mir damals oft, daß mein Vater ein edler,
guter, treuer Mann gewesen, der fort, weit fort von hier gemußt und
fern von uns gestorben sei. Und wie ich frug, wie er ausgesehen, da beschrieb sie ihn mir nach seiner schlanken Gestalt, mit seinen warmen
dunklen Augen und seinen schwarzen Haaren und blassem Gesicht. Wie
ward ich nun stolz, als ich das Alles mir gemerkt! Jetzt ging ich in den
Wald und an's Meer und ging in die Schule und sah die Leute gar
muthig und kühn an. Wenn man mich nun nach meinem Vater frägt,
ich weiß jetzt, was ich sage, so dachte ich. Und sie frugen mich wieder
die Leute, und ich erzählte getreu, was mir meine liebe Mutter gesagt,
und beschrieb meinen Vater, wie er so gut gewesen, so edel, so schön!
Sie hörten mich an die Leute und lachten wieder und sagten: der war
nicht Deiner Mutter Mann, der war ihr Geliebter! Es fielen wol noch
andere Worte, die gar böse gewesen sein mußten, denn sie sahen mich
dabei so kalt und hart an, daß ich weinte. Und weil ich darüber weinen
mußte, sagte ich es meiner Mutter nicht mehr. Doch ich ging dorthin
im Wald, wo die Andern nicht hingingen und dorthin am Meeresufer,
wo die Andern nicht hin sich wagten. Ich wollte Niemand mehr sehen,
die großen Leute nicht und nicht die kleinen Kinder. Nur einen kleinen
Knaben sah ich gern. Sein Vater hatte nicht fern von uns sein Haus.
Darin lebte er, ein reicher, wohlangesehener Mann. Wenn er aus dem
Thor seines Hauses trat, mit dem ernsten festen Gesicht, die Hände so
auf den Rücken zurückgeschlagen und das starke Rohr haltend mit dem
goldenen Knopf daran, und wenn ich ihn da sah, da schlich ich mich schnell
in die Thüre des Häuschens, in dem wir wohnten und sah ihm so lange
nach, bis ich ihn nicht mehr sehen konnte. Und der Mann war des Königs
Procurator und war gar angesehen und auch gefürchtet. Sein Söhnchen
war ein guter freundlicher Knabe. Er war so alt wie ich und kam gern
zu mir und nahm meine Muscheln und behielt sie und nahm meine Beeren
und aß sie und schmückte mit meinen Blumen seinen Hut. Nie hat er
mich nach meinem Vater gefragt und ich liebte ihn darum und wußte
doch nicht wie das kam. Einstens kam der Knabe heraus an's Meeresufer, ich saß auf einem Felsblock und sah dem Tanzen der Wellen zu
und dem Schillern und Glänzen des Sandes. Er winkte mir, damit ich
ihn nicht rufe und wie er näher, wie er ganz nahe bei mir war, da
sah ich seine Wangen dunkelroth und die großen blauen Augen sahen

zornig drein. Seine Lippen waren weiß und zitterten und er schüttelte die langen blonden Locken.

„Sie wollen nicht," sagte er zu mir, „daß ich zu Dir gehe und mit Dir spiele, aber ich thue es doch. Mein Vater sagte mir, daß Deine Mutter eine unglückliche Frau und Du ein armes unglückliches Mädchen."

„Warum?" fiel ich ihm trotzig und herausfordernd in's Wort.

„Weil der Geliebte Deiner Mutter in Amerika gestorben ist," antwortete er und die Thränen traten ihm in die Augen.

„Meine Mutter hatte keinen Geliebten," erwiderte ich ihm und glühende Röthe stieg mir in die Wangen. „Der Mann, der in Amerika gestorben, war mein Vater!"

Da erröthete der Knabe und sah sinnend einen Augenblick in den feuchten Sand. Dann frug er mich schüchtern und mit zitternder Stimme: „So weißt Du nichts weiter?"

„Was soll ich wissen," rief ich und mit eines Kindes Ungeduld stampfte ich mit den kleinen Füßen in den Sand und fing nun selber an zu weinen.

„Daß ich Dich liebe, Margaretha, und daß ich Dir gut bin," rief der Knabe und legte die Hand auf's Herz und schlang den Arm um meinen Nacken.

Ich duldete es, denn ich war dem Knaben gut, weil er mich nie gekränkt mit den bösen Fragen. „Ich geh nach Hause," sagte ich ihm dann, „denn ich mag nicht mehr spielen und mag nicht hier allein mit Dir sein."

„Aber Du kommst wieder, Margaretha," rief er mir nach, als ich schon weit von ihm.

Ich antwortete nicht und ich bin nicht wieder gekommen. Ich ging nach Hause durch die stillen Gassen, und wie ich ging, dachte ich nach über das, was mir der Knabe gesagt, und konnte doch in Allem nichts Schlimmes finden. Und wie ich so dachte und nichts fand und nur die bösen Leute im Geiste mir folgen sah, die alle nach meinem Vater riefen, da fing ich an zu weinen und lief wie ich nur konnte: um schnell in's Haus zu kommen. Ich zählte damals 13 Jahre. Der Knabe auch. Ich dachte oft an ihn und seine treuen, blauen Augen. Jetzt sah ich ihn immer vor mir und hörte seine Worte. Ich sah ihn erröthen und frug ihn so vor mich hinredend, warum er erröthe. Ich weiß nicht, wie mir wurde, als ich die Schwelle des Hauses überschritt. Mir war so weh um's Herz, daß ich weinen wollte und doch so trotzig in der Brust, daß ich die Hände zu Fäusten ballte und den Leuten drohte, die ich nicht sah und die nicht da waren. Ich trat in's Zimmer und sah die Mutter am Fenster sitzen bei ihrer Arbeit. Sie mochte wol geweint haben, denn ihre Augen waren so roth. Ich ging zu ihr und im Gehen wiederholte ich so vor mich hin die Worte des Knaben und die Mutter hörte sie.

„Was ist Dir, Kind?" frug sie mich und strich mir die schwarzen

Locken aus der Stirn und sah mich mit ihren traurigen Augen an. Da zögerte ich keinen Augenblick mehr, sondern frug sie knieend nach meinem Vater.

Sie seufzte auf. „Heute ist sein Sterbetag. Ich will Dir Alles sagen."

Dann erzählte sie mir die Geschichte ihrer Jugend, ihrer Liebe, ihres Unglücks — ihres Glücks. Und als ich Alles gehört, da frug ich sie: „Und ist es denn Sünde, daß Du den Mann geliebt?"

„Nein," antwortete die Mutter.

„Oder ist es Sünde, daß Du mich liebst?"

„O nein, mein geliebtes Kind," rief sie aus und herzte und küßte mich.

„So soll ich wol Dich nicht lieben, da mich die Leute schelten?"

Sie schüttelte schweigend das Haupt.

„O warum sind die Menschen so bös gegen mich! Soll ich denn nicht leben?"

„Das ist es, das nennen sie Dein Verbrechen und meine Schande!" und weinend bedeckte sie ihr Gesicht mit beiden Händen.

„O meine Mutter!" rief ich aus und stürzte ihr um den Hals und drückte sie an meine Brust und weinte an ihrem Hals. Ich fing an zu begreifen, nein, ich habe in dem Augenblick Alles begriffen und wie ich in Schmerz und Scham und Verzweiflung zur Welt gebracht wurde, so ward ich auch in Schmerz, Scham und Verzweiflung zur Jungfrau gereift. Ich habe Tag und Nacht darum geweint und Nacht und Tag, ich ging nicht mehr aus, ich lebte mit meiner Mutter und meinem Sinnen und hab' doch nie erkennen können, was mein Verbrechen war!

Zwei Jahre waren so vergangen. Den Knaben, der mein ganzes Denken aufgeregt, seit jenem Tag am Meeresstrande habe ich ihn nicht wiedergesehen. Und nur selten wie im Traum hörte ich seine Frage: „Daß ich Dich liebe, Margaretha, daß ich Dir gut bin, weißt Du das?" und wenn ich an die Frage dachte, da fühlte ich meine Wangen erröthen und mein Herz lauter schlagen.

So stand ich einmal in unserem kleinen Gärtchen. Da eilt ein hochaufgeschossener, blonder, schmucker Jüngling auf mich zu.

„Ich komme Abschied nehmen, Margaretha," sprach er mit seiner klaren, weichen Stimme. „Sie kennen mich ja noch, wenn wir uns auch lange nicht gesehen."

„André!" rief ich aus und reichte ihm die Hand und drückte sie und frug ihn, warum er Abschied nehme. Ich hatte, als ich den Engel meiner Kindheit wiedersah, ganz vergessen, daß ich keinem Menschen offen in's Auge sehen, keinem treu wie ein Anderer die Hand drücken darf. Und so hielt er meine Hand und sah mir in die Augen und führte mich im Gärtchen hin und her und sagte mir, daß er die Rechtsschule in Orleans besuchen werde, morgen schon abreise und wol durch Jahre nicht zurückkehren werde.

„Doch wenn ich wiederkomme, Margaretha, werden Sie sich meiner
erinnern?"

„Ich werde es, André," antwortete ich und schlug die Augen nieder
vor seinem forschenden Blick und erröthete und zitterte. Er neigte sich
auf meine Hand, küßte sie und ging.

Er ging und bald folgte Brief auf Brief von seiner lieben, treuen
Hand. Und so, als ob er den stillen, an meinem Herzen nagenden
Gram aus den Antworten, die ich seinen Briefen gab, errathe, so schrieb
er immer stolzere Worte von des Menschen Würde, die allein den Menschen
adle, von Tugend und Keuschheit, von der reinen Seele und vom un=
getrübten Geiste, sie, welche allein den Menschen über alles Uebel erheben,
das die Welt nun so mit sich bringt und der Götze, den die Menschen
Gesellschaft nennen und den sie anbeten. Er schrieb mir in seinen Briefen
die Geschichte der Befreiungskriege Amerikas, wie er sie nun erst mit aller
Hingebung lese und verstehe, und sagte mir oft, daß ich stolz sein könne,
den meinen Vater zu nennen, der einer der Ersten mit den eingebornen
Bürgern der Republik das Schwert für die Freiheit gezogen. O wie
mich das erhob, wie mich das stolz allmählich und ruhig machte — ich
kann es Euch nicht sagen!

Jahre zogen darüber hin. Die schöne Margaretha nannten mich
die Leute, die mich nun einmal nicht vergessen wollten! Ich trat in die
Welt. Die Briefe André's waren bisher meine Welt. Da hörte ich,
was er that und lernte, da hörte ich, was die Welt bewegt und daß der
Sturm durch Frankreich endlich brause und zu den Waffen das Volk
rufe für Recht, Freiheit und Gleichheit! O wie jubelte ich den Helden
entgegen, die er mir alle in seinen Briefen nannte und von denen er
mir schrieb, was sie im Ballhaus zu Versailles, was sie in Paris ge=
sprochen und gethan.

Ich segnete den König, die Königin, die Frieden mit dem ganzen
Volke schließen wollten und nicht mehr die Herren über Sclaven, nein, die
Segner und Leiter eines freien Volkes sein wollten. Und noch jubelte
mein Herz, als André's Briefe schon ernster und kühler der großen Be=
wegung in Frankreich folgten, als er zu fürchten begann um die Früchte
der ersten Kämpfe. Da, nicht seine Briefe haben es mir erzählt, da
sagte man mir, daß König Ludwig aus Paris entflohen, um den Gewalt=
thaten des rohen Pöbels zu entgehen, daß man auf der Flucht ihn ein=
geholt, daß man zu Paris ihn gefangen halte. Finstere Gesichter sah ich
vom Lande her zur Stadt strömen, Waffen sah ich an die Bauern ver=
theilen und hörte den Ruf erschallen, gegen die Revolution sich zu be=
waffnen für Gott und den König. Ich hörte es und schrieb mit hastiger
Feder einige Zeilen an André. Er antwortete traurig, fast verzweifelt.

„Wer jetzt kann," so schloß der Brief, „der flüchte sich in den Frieden
und das Geheimniß eines liebenden Herzens und weine dort seinen Schmerz

aus, daß ein Werk, das so groß, so heilig begonnen, so entarten mußte. Mirabeau ist todt! Die Andern werden auf dem Richtplatze sterben!"

Ich verstand nicht recht, was er sagte, aber ich war beglückt, daß er meiner dachte! Ach! ich mußte ja an sein Herz, an seine Liebe mich anklammern, denn ich hatte verloren, was allein mich noch neben ihm geliebt. —

III.

Meine Mutter war schon durch Jahre leidend. In den Tagen, von denen ich Euch eben erzählt, mußte sie schon das Bett hüten und aß und trank nicht. Ich trat am Morgen, als ich Andrés letzten Brief wieder und wieder gelesen, in ihr Stübchen, sie zu grüßen, zu küssen. Da lag sie in ihrem Bett und war todt! — Ich kniete vor ihr nieder und betete. Dann küßte ich die bleichen Lippen und legte den schönen kalten Leib zurecht, verhüllte das theure Antlitz und ging zur Kirche.

Ich sprach mit dem Priester, ich kaufte den Sarg, ich bettete die Leiche hinein mit meinen eigenen Händen. Ich folgte dem Sarg als Leidtragende allein, nur weit hinter mir ging noch eine Schaar Gleichgültiger. Ich weinte allein und fühlte schmerzlich, daß ich nun auch allein weiter leben müsse und wie schwer das werden wird. Da, als ich zurückkehrte und nur an die geliebte Todte dachte, da höre ich hinter mir lautes Reden, so laut, daß ich es hören mußte.

„Es war ein schönes Weib, die Louison Bressant," meinte der Eine.

„Schade," sagte der Andere, „daß sie sich so weggeworfen und ihren Ruf nicht geschont."

„Was wird jetzt wol aus der schönen Margaretha werden?" frug so keck der Erste, daß es mir in die Seele schnitt.

„Bah," meinte der Gefragte, „sie wird jetzt schon zu leben verstehen."

Und so sprachen sie noch mehr vom Apfel, der nicht weit vom Stamm fällt, und wie die Tochter wol der leichtsinnigen Mutter nachgerathen wird und so noch Manches und sprachen es so recht laut hinter mir her, daß ich es hören mußte. Ich wollte schon stehen bleiben, wollte mich umdrehen, mich auf sie stürzen und die frechen Buben an der Kehle packen und würgen, daß sie an ihrer Lüge ersticken, aber ich war wie festgebannt. Beschimpft ehe die Seele eine Sünde gedacht, verflucht zur Sünde schon, ehe das Herz wußte, was Sünde ist, verlästert und gerichtet, ehe ich gesündigt, so schrie mein Herz mir in die Ohren und pochte, daß der Athem mir stockte und daß ich an den Mauern der Häuser mich festhalten mußte, um nicht zu stürzen. So kam ich endlich an mein Haus. Da drinnen ist Friede und Versöhnung! So dachte ich und trat ein. Doch wie ich mich da umsah, und nichts Liebes mich grüßte, keine Hand sich mir entgegen streckte, die verwandt meinem Herzen und vertraut mich trösten und lieben könnte, da schrie ich auf und stürzte auf meine Knie nieder und rutschte zum Kreuz, das der Großvater geschnitzt und in der Ecke der Stube aufgehängt hatte. Ich flehte zu ihm dem Erlöser um Schutz und Barmherzigkeit, ich frug ihn, was ich denn verbrochen, daß ich so viel von den Menschen gequält werde, und ich weinte, daß er mich behüten möge vor Verzweiflung. Es war ein Fluch, daß ich geboren wurde, aber mich kann er nicht treffen. Verflucht kann die Mutter sein in ihrer Sünde, nicht ich.

Doch dies Wort war kaum gesprochen, so starrte das Auge in die Luft, es zitterten die Lippen, und wie ich aufblickte zu ihm am Kreuze und er mich ansah, so ernst und finster, als blicke der Fluch aus seinen Augen, den der Vater einst gesprochen für seine Tochter und den sein Enkelkind erbte, da brach ich zusammen, und erst in heißen Thränen löste aller Schmerz, alle Verzweiflung sich auf. Wie lange ich so auf den Knieen lag, ich weiß es nicht. Ich weiß nur, daß ich erwachte aus meiner Betäubung, als ich laute, hastige Schritte hörte. Es öffnet sich die Thür. Ein Mann erscheint und breitet die Arme aus und ruft: „Mar= garetha!" „André!" schrie ich auf und sank ohnmächtig in seine Arme. Er war zurückgekehrt aus Orleans, ein fertiger, tüchtiger Mann. Hier in seiner Vaterstadt wollte er seine Laufbahn beginnen, hier an der Seite seines Weibes. Ich, ja, ich sollte sein Weib werden, so sprach er und bat und beschwor mein zögerndes Herz. Ach, es hat ihn geliebt von den Tagen der Kindheit an, es liebte ihn wie nichts anderes auf der Welt! Da, war es denn ein Wunder, da, in einem Augenblick des Glücks, da vergaß ich, daß ein ganzes Leben voll Schmach mich um= kreist und gab ihm Herz und Hand. So eilt er zu seinem Vater.

Es müssen schmerzliche Stunden gewesen sein, die André jetzt durch= lebt, denn als ich ihn nach Tagen wiedersah, da war er bleich und seine Augen eingesunken und matt. Ich sah ihn, wie er in einen Wagen stieg. Er erkannte auch mich, und wie er mich von fern grüßte, preßte er die Hand auf's Herz, als wollte er ihm Schweigen gebieten. Dann jagte der Wagen mit ihm fort. Ich wußte nicht, was das bedeutet. Sinnend schritt ich am Hause seines Vaters vorbei, sinnend trat ich bei mir ein. Da schreckte mich ein leises Husten auf. Ich erkenne den alten Diener Andrés. Er gab mir ein Schreiben, und wie er mich ansah, traten ihm die Thränen in die Augen. „Ach, Fräulein," sagte er mit zittern= der Stimme, „glauben Sie mir, er hat viel darum geweint!"

Ich sah ihn groß an, als er das sagte und sah lange auf das Schreiben und hatte es noch nicht geöffnet, als der Diener schon lange die Thüre wieder geschlossen und sich entfernt hatte. Ich dachte, ich weiß nicht was, und sah, ich wußte nicht wohin. Da öffnete ich das Schrei= ben und las es. Nun, Ihr Herren, was konnte ich lesen!

André hatte dem Vater seine Liebe bekannt. Der Vater hatte ihm das Herz zerrissen, denn er befahl ihm, diese Liebe zu vergessen. Seinen

Fluch würde er ihm geben, nie aber seinen Segen zu der Ehe mit einem unehelichen Kinde. Tagelang rangen sie mit einander, bis der Sohn dem Vater unterlag. André reiste auf des Vaters Befehl nach Paris, dort sollte er die Ereignisse der Revolution mit offenen Augen verfolgen, Zerstreuung suchen und die Braut, die sein Vater ihm bestimmt. Das schrieb mir André, und ich sah die Thränen, die den Brief benetzt hatten. Und was ich las, ließ mir durch den Sohn der Vater sagen. Es war ein ernster, fester Mann, ein Mann von unantastbarer Ehre, der nie geduldet, daß man Unrecht thue, nicht ihm, nicht Andern, der mich und die Mutter oft vertreten, wenn man uns schmälte, der dem Sohn die Mutter als eine arme unglückliche Frau geschildert, aber die Tochter der Frau, das vaterlose Kind, dem Sohne zu geben, das vermochte er nicht, seine Ehre sträubte sich dagegen.

Als Bonaparte Consul, als Napoleon Kaiser ward, wußte er die tüchtigen Rechtsgelehrten vor Allem zu ehren. Er fand auch ihn, an dem mein schmerzlich Sinnen wie festgekettet war. Er zeichnete ihn aus, er machte ihn zum Ritter der Ehrenlegion und in den letzten Jahren seiner Regierung, die Bretagne fester an sich zu ketten, sandte er ihn hierher in seine Vaterstadt zurück und machte ihn zum Präsidenten Eures Gerichts. Er ist es noch heute. O André, senken Sie nicht Ihr Haupt! Was ich sage, muß ich sagen, denn sie Alle würden ja nicht begreifen, wie ich zur Verbrecherin, zur Mörderin werden konnte. Sie aber André, Sie werden wol Alles verstehen, denn Sie wissen, wie man mein Herz zerrissen und wie man Margaretha gequält.

O daß ich schweigen könnte über Alles, was geschehen und was im ewigen Geschehen mich zum Verbrechen trieb! O daß ich sagen könnte, wie der Dieb, den man auf der That ertappt, ich habe gestohlen, weil mich hungerte; daß ich wie der Mörder sagen könnte, von dessen Händen noch das Blut zum Himmel dampft, ich habe gemordet, weil es mich nach Blut gelüstet! Aber nein! ich that es nicht darum, denn als ich's that, da weinte ich heiße Thränen und hielt mein Herz fest, daß es nicht zerspringe.

Seit jenem Tag, an dem das bittere Abschiedswort einer getreuen Liebe mir das Herz zerriß, versank ich immer mehr in tiefes Brüten. Ich ging meiner Arbeit nach, und nur wenn diese mich zwang oder wenn die Glocken mich zur Kirche riefen, ging ich aus. So lebte ich die Tage hin, die Wochen, die Monde und die Jahre! Da lauschte ich denn oft hinaus in die schwarze Nacht und hörte dem Brausen und Rauschen der Wellen zu, wie sie die Fluth an das Ufer warf. Wie war mir bange oft, wie sehnte ich mich hinaus an den stillen Ort, wo die Mutter ruhte und die Großeltern. Gar wehmüthig war mir da um's Herz, und immer wieder lösten mitleidsvolle Thränen die bangen Sorgen langsam wieder auf. So war ich 22 und 23 Jahre alt geworden, ja 26 und 27 Jahre alt und hatte nichts gelebt als Schmerz und Kummer. Ich hatte wol auch geliebt, doch das lag ja so fern, so unendlich fern, daß ich es nicht glauben wollte.

Da, es war in den Maitagen, der Himmel hing so blau und klar über dem Fenster und so frühlingsmunter war es rings um St. Malo, da lockte es mich wieder einmal hinaus an's Meer. Die Wogen wollte ich wieder einmal rauschen hören und auf und niederströmen sehen, die Schiffe, wie sie sich mit ihren weißen Segeln schaukeln auf der anströmenden Fluth. So schlang ich ein Tuch um den Nacken und trat hinaus und stieg die lange schmale Straße hinab zum Meer. O wie erquickte mich der Geruch der salzigen Luft, wie trugen die spielenden Winde von Quiberon herüber der Frühlingsblumen ersten Duft. Ich sog die Luft ein und lebte im Wohlgefühl. Schon neigte die Dämmerung sich hernieder und ganz verloren schritt ich meiner Wohnung zu. Da höre ich plötzlich ganz dicht hinter mir die Frage:

„Wer ist das schöne Weib?"

„Ich will sie Euch zeigen, Vetter," antwortete eine kecke Stimme.

Und zwei Männer traten schnell hervor und vor mich hin. Der eine griff mir an's Kinn und hob mir den Kopf in die Höhe, ehe ich's versah und lachte mir in's Gesicht.

„Ein Kind der Liebe und ein Kind für die Liebe, die schöne Margaretha!"

Der helle Zorn stieg mir in die Wangen. Ich hob wie von Sinnen die Hand und schlug ihm den Arm nieder, daß er laut aufschrie, und sah ihn mit so wilden Blicken an, daß er an die Wand taumelte. Dann eilt' ich fort und hörte hinter mir nur noch das Schelten einer ernsten, erregten Stimme, die den Buben, der mir das gethan, zu Recht wies. Sie verhallte in meinen Ohren, es verhallte das Rauschen der Wellen, das Brausen des Sturmes, der von Süden her sich erhob und durch die Lüfte pfiff. Ich hörte nur das kecke Wort des Unverschämten und sank in den Stuhl, als ich nach Hause kam und hörte es immer noch, den Abend lang, die Nacht hindurch und hörte es noch am Morgen, als ich zum Gebete niederkniete. Der Regen schlug an die Fenster, der Wind tobte um sie herum und an der Thüre vorbei, daß sie knarrte und ich ging unruhig und unstät im Zimmer lange hin und her. Ich glaube, die Mittagglocken läuteten schon und ich ging noch immer so auf und ab und seufzte und rang die Hände. Da öffnet sich die Thüre und ein hochgewachsener Mann tritt herein. Das blasse, nicht mehr jugendliche Gesicht bartlos, das Haar, wie es die Revolution zur Mode gemacht, gescheitelt und zurückgestrichen. Eine hohe leicht gefaltete Stirn, unter der dunkle, sanft blickende Augen hervorsahen, eine feingeschnittene Nase, ein festgeschlossener Mund — so war das Gesicht des Mannes, den ich vor mir sah. Und wie er da stand so ernst und fast bittend mich ansah,

da erkannte ich ihn. Es war einer von den Beiden, die mich gestern so
beschimpft, es war aber derjenige, der mich vertheidigt, dessen Stimme
so ernst, so erregt gesprochen, als ich schon fortgeeilt. Ich taumelte zurück
und mußte mich an einen Stuhl halten, um nicht zu stürzen. Ich starrte
ihn an und meine Lippen zitterten. Er sah das Alles und blieb einen
Augenblick ruhig vor mir stehen, mich voll Mitleid betrachtend. Dann
trat er näher und sprach. Er sprach mit so voller, warmer Stimme, er
sprach so vertrauenerweckend, daß ich zuerst hörte und staunte, dann hörte
und ihn verstand und endlich ihn hörte und ruhig seinen Worten lauschte.

„Mein Fräulein," sagte er, und ich höre die Worte noch, denn es
waren die ersten Worte des Trostes aus fremdem Mund. „Mein Fräulein,
der Bube, der Sie gestern beschimpft, ist bestraft wie er es verdient.
Er wird wol nie mehr vor Ihren Augen erscheinen. Vergessen Sie die
böse That, ohne sie zu verzeihen; doch vergessen Sie sie um meinetwillen,
der leider durch seine Frage sie heraufbeschwor. Doch sie drängte sich
mir auf die Lippen, denn nie sah ich so edle, so gebietende Schönheit
in so einfachem Gewande. Als ich mit dem Burschen vortrat, leider ist
es mein nächster Verwandter, und ich schleuderte mit ihm durch die
Straßen St. Malos, wo ich lange nicht gewesen, als ich vortrat und
Ihre Augen und den zornburchglühten Blick sah, da wußt' ich, wie frech
der Bube gelogen und wie rein Ihr Herz! Gönnen Sie mir eine
Stunde, Ihnen zu sagen, wer ich bin, wie alt ich geworden und wie viel
Schmerz und Freude, Glück und Unglück ich erlebt."

Ich deutete auf einen Stuhl und setzte mich fern von ihm an's
Fenster; kein Wort kam über meine Lippen. Ich hörte nur, was er
sprach, so überrascht und doch so hingezogen zu ihm und seinem edlen
Wesen, war ich in der Stunde, in der ich ihn so bestimmt und sicher
betrachten konnte.

„Ich bin Kaufmann zu Rennes, mein Fräulein," hub er an, „und die
Leute sagen daß ich ein reicher Mann! Daß ich ein glücklicher Mann,
sagen sie nicht. Frühzeitig heirathete ich ein Mädchen, das nichts als
Schönheit und Tugend besaß. Das gab schwere Stunden, als ich das
Vorurtheil und die Interessen des reichen Vaters besiegen mußte. Und
dennoch siegte ich. Doch ach! mein Glück war nur von kurzer Dauer!
Der Tod entriß den zärtlichsten Armen die holde zarte Gestalt meines
Weibes und trübe und traurig gingen meine einsamen Tage hin! Ich
habe kämpfen und tragen gelernt. Ich weiß, daß Muth gehört zum
Leben! Und darum bewunderte ich Sie, als ich Ihr Unglück erzählen hörte
und wie die Menschen Sie mit ihren Vorurtheilen quälen!"

So sprach er und noch mehr, küßte mir die Hand und ging. Er
war schon fort, ehe ich ihm danken konnte für das, was er gesagt und
was er mit seinen Worten mir gegeben: Vertrauen, Ehre und Achtung.
Das erste Mal im Leben war mir, deren Seele ohne jeden Flecken,

beren Ehre tabellos, zum ersten Mal war mir im Leben ein Mensch entgegengetreten, der mir Alles gab, was ich durch das ganze Leben mir
ersehnt. Doch, Ihr Herren, ich darf Euch nicht mein Glück schildern,
denn das Glück erzeugt kein Verbrechen! Mein Unglück muß ich Euch
erzählen und den Gram, der mich zur Verzweiflung trieb. Doch vorher
muß ich Euch sagen, daß der edle Mann nun öfter nach St. Malo kam,
daß er jedesmal bei mir vorsprach, daß er endlich meine Hand erbeten.
Ich gab sie ihm. Nicht Liebe, wie ich sie einst gefühlt, führte mich ihm
zu. Dankbarkeit und treue Hingebung für den Mann war es, der mich
mir selbst und allem Guten und Schönen, das in mir lag, wiedergegeben.
Verehrung war es für den Mann, der es wagte, seinen Namen einem
armen verachteten Mädchen zu geben, das seinen Namen nicht nennen
durfte ohne zu erröthen, denn es war der Name seiner Mutter, nicht
seines Vaters. Als ich mich entschlossen so reiche Gabe anzunehmen, da
athmete ich zum ersten Mal in meinem Leben frei auf, so sorgenlos und
frei, denn nun durfte ich glauben, daß Alles, Alles vergessen sein würde,
was mir so viel Gram gebracht. Doch — es sollte nicht vergessen sein!
nicht vergessen, was ich so gern ausgelöscht sehen wollte in der Menschen
Gedächtniß, damit ich gut sein konnte, wie ich war und die Menschen
lieben könne! Hört nur, Ihr Herren! Ich ging zur Kirche. Es war Sonntag
nach dem Osterfest und mein Herz jubelte, denn heute nach der Predigt
sollten wir unter den Brautpaaren der Stadt aufgeboten werden. Und
als ich in die Kirche kam, da hörte ich gerade noch ein wenig von der
Predigt, die über die Nächstenliebe handelte. Dann wurden die Braut-
paare verkündet. Ich war die letzte und man hatte den Namen meines
Bräutigams genannt und den Namen seines Vaters und seiner Mutter
und dann nannte der Priester mich und meiner Mutter Namen und da
verließ er die Kanzel! Und ich hörte, wie die Leute sagten: Da ist sie
die schöne Margaretha, der schönen Louison Tochter! Macht die ein
Glück! Ein uneheliches Kind und so ein achtbarer anständiger Mann!
O sie sind bös die Menschen, Ihr Herren, und schwer ist's sie zu
lieben! So dachte ich als ich zum Altar schritt und drückte die Hand
auf's Herz und kniete nieder und betete und dachte der bösen Menschen
nicht mehr! Es wird ja bald Alles vorüber sein. Ein anderer Name
wird den meinen vergessen machen und die Frau eines geachteten Mannes
wird die Tochter einer geschmähten Mutter begraben. Und so war es
wirklich in den nächsten Tagen schon. Margaretha Bressant wurde nur
selten genannt, Margaretha Riccard, die schöne Frau des reichen Kaufherrn aus Rennes, wurde besprochen, beglückwünscht, vielleicht auch beneidet.
Und das Alles geschah noch, eh' ich verheirathet war! Beglückt schritt
ich mit dem verehrten Mann zur Kirche, den Bund einsegnen zu lassen.
Wir sind ja in der Bretagne strenge Christen geblieben und nicht die
Herren vom Convent und nicht die Göttin der Vernunft konnt' uns die

Kirche sperren und uns den alten Gott entreißen. Wir hielten in der
Bretagne auch lange an der kirchlichen Trauung fest mit allen ihren
Formalitäten. So thaten auch wir und ließen uns in die Pfarrbücher
eintragen und uns von der Kirche den Trauschein geben. Es machte
einige Schwierigkeiten, da ein fremder theilnahmsloser Priester uns traute,
der gerufen worden, weil unser Pfarrer schwer erkrankt. So steh' ich
denn im Kreis der wenigen Freunde und Zeugen, die mein Mann von
Rennes herüber eingeladen hatte. Es waren Kaufleute, weitblickende,
nur auf das Große bedachte Geschäftsmänner. Sie hatten mich erst als
die Braut des Freundes kennen gelernt und wußten sonst nichts von mir.
Meine Hand auf den Arm meines Mannes gelegt, stehe ich mit ihm und
den Anderen nach der Trauung am Tisch des Priesters und sehe ihm
auf die Feder und das Papier, wie er den Trauschein niederschreibt.
Da frägt er meinen Mann nach Namen, Eltern, Stand. Er sagte es
ihm und wie der Priester dann es niederschreibt und sich so halblaut
selbst in die Feder dictirt „ehelicher Abkunft" da sagt der Kirchendiener,
um dem Priester die Fragen zu ersparen: „Die Braut heißt Margaretha
Bressant, Tochter der Louise Bressant, unehelicher Abkunft." Unehelich?
hör' ich einen Zeugen hinter mir fragen. Die Kniee zitterten und
meine Hand im Arm des Freundes. Der ergriff die Hand und drückte
sie an sein Herz und zog mich so ganz leise nahe an sich. O das that
mir wohl! Es stärkte mich, gab mir Trost und Vertrauen, doch des
Tages heilige Freude war mir getrübt.

Ich zog nach Rennes hinüber. Die Trauungszeugen brachten mit,
was sie in St. Malo gehört und wo ich fremd ein neues Leben zu genießen hoffte, da sah ich bald die alten bösen Schatten wieder auftauchen,
die alle Liebe meines Gatten nicht zu bannen vermochte und die mir
in reichem schönem Glück oft bittere Thränen erpreßten. Nur ein Gedanke
konnte mich ganz beseligen und oft sprach ich ihn leise in meinem Zimmer
vor dem Bild des Erlösers aus:

„Segne meinen Leib, du Gütiger und gib mir ein Kind, daß es
den Namen eines ehrlichen braven Mannes trage! Es wird durch meine
Liebe glücklich werden, wie ich durch der Mutter Liebe glücklich war,
und nicht durch der Mutter Namen elend werden, wie ich elend war!"

So betete ich und betete oft und lang, bis ich an meiner Hoffnung,
meinem Glauben fast verzweifelte! Doch endlich nach drei langen Jahren
erhörte der Himmel mein Gebet und ich hielt bald ein Töchterchen in
meinen Armen und dankte Gott für seine Gnade!

IV.

— — — — — Meinen Mann habt Ihr nicht gekannt, Ihr Herren,
nur einer war ihm Freund geworden von Euch, der Präsident des Gerichts,
das mich richten soll. Mein Mann war gütig und sanft, er hat mein ge-

trübtes Herz dem stillen Frieden erschlossen, mit sorgender Hand alles Böse, alles Fremde fern von mir gehalten, damit ich an seiner Brust genese! Er hat mich nicht zu Dem gebracht, nicht hingedrängt zu Dem, was ich gethan! — In der Freude meines Herzens über die Geburt des Kindes bat ich ihn, die Taufe hinauszuschieben, bis ich genesen und ihr selbst im Kreis der Freunde beiwohnen könne. Es geschah so und herrlich hatte ich das für die heilige Handlung bestimmte Zimmer mit Blumen geschmückt, den Boden mit Teppichen bedeckt, und ganz in den Blumen verborgen zierten den Tisch, der als Altar dienen sollte, die Lichter. Es war so feierlich in dem Zimmer und doch so traulich, daß ich bis zur Stunde, da der Priester erscheinen sollte, mich nicht daraus entfernte. Ich dachte an mein Glück und wie im Sinnen vergangene Zeit an meinem Geist vorüberzog, da war es, als ob fremde Gestalten mir erschienen und unbekannte Gesichter. So glücklich fühlte ich mich, daß mir alles Unglück, das ich erlebt, fremd geworden. Ich sollte bald wieder damit vertraut werden. Es kamen die Freunde, auch der Freund meiner Jugend kam für den Tag aus St. Malo. Dann kam der Priester. Der Meßner folgte ihm und trug die dicken Bücher, in die er den Täufling eintragen wollte. Auch daran hatte ich gedacht und in der Fensternische ein Tischchen hingestellt mit Tinte und Feder. Die heilige Handlung ging zu Ende, der Priester setzte sich an das Tischchen und schrieb. Unser Trauschein lag daneben. Er sah ihn und schrieb. Er schrieb den Namen meiner kleinen Louise und den Tag ihrer Geburt, dann sah er in den Schein und schrieb den Namen meines Mannes ein und seiner Eltern. Die bürgerliche Ordnung, der Friede der Gesellschaft erheischt ja all die Formalitäten und fordert die Genauigkeit. Und wieder sah er in den Schein, legte die Feder nieder und winkte meinem Mann. Ich sah und merkte, daß den Priester etwas sehr erstaune. Mein Mann aber beugte sich plötzlich tief über ihn, schob ihm das Buch hin und den Schein. Doch ich hatte gesehen, was sie gethan, gehört, was sie gesprochen. Margaretha Bressant, hörte ich den Priester fragen, und unehelich? setzte er gezogen und in neugierigem Staunen hinzu. Ich hatte es gehört und legte das Kind in die Arme seiner Wärterin und ging hinaus. Weinen mußte ich, weinen in der Stunde, die mir so herrlich, so erhaben schien! Doch ich mußte meine Thränen trocknen, den Gästen gehören und durfte nicht zeigen, was mich im Innersten schmerzte und quälte.

Ich segnete die Stunde, in der die Gäste Abschied nahmen. Ich eilte in das Zimmer, in dem mein Kind schlief, setzte mich an sein Bettchen und sang ihm leise fromme Lieder vor. Ich hatte lange so vor mich hingeträumt, als mich die lauter werdenden Stimmen über mir aus meinem Sinnen weckten. Es war mein Mann mit André, die in der geräumigen Gaststube, die Letzterer bei uns bewohnte, auf- und abgegangen waren. Die Fenster waren offen und ich hörte und verstand jedes Wort, das sie sprachen.

„Nie hätte ich geglaubt, werther Freund," sagte mein Mann zu dem Gast, „nie hätte ich geglaubt, daß die Sünde der Mutter sich so fest an die Ferse der Tochter heften würde."

„Sie hat viel darum gelitten," erwiderte der Freund. „Ich habe Margaretha geliebt und ich habe, das fühle ich oft, die stille Dulderin, das schmerzerfüllte Herz mehr in ihr geliebt, als das schöne Weib!"

„O ich glaube es Ihnen!" sagte darauf mein Mann. „Habe ich selbst Margaretha in einem Augenblick lieben gelernt, in dem die gröbste Frechheit sie beleidigt. Mitleid und ihre Schönheit brachen mein Herz. Und ich liebe sie heute noch so wahr und treu und innig, aber ich fange an zu fürchten, seit sie mir das Kind geschenkt. Sehen Sie, mein Freund, in den heiligsten Augenblicken des Lebens drängt sich die Sünde der Mutter an sie heran. Und der Himmel weiß, ob es eine Sünde war!"

„Ich habe das oft gedacht! Als Jüngling sagte ich mir das schon und als Mann habe ich es mir wiederholt! Aber wir stehen da vor einem eisernen Gesetz der gesellschaftlichen Ordnung des Staates, und wenn wir nicht Alles zertrümmern wollen, müssen wir auch das Harte, Gewaltthätige, ja fast Ungerechte dieses Gesetzes achten und festhalten!"

„Ja, ja und dreimal ja, Freund," rief da mein Mann mit bewegter Stimme. „Aber wo ist das Ende des Fluches, den eine That bringt und vererbt?"

„Dort mein Freund," sagte ernst und sanft Andr., „dort mein Freund, wo unsere Liebe anfängt, die stärker ist als aller Gram!"

Ich hörte nichts mehr. Ich war, während ich lauschte, vom Stuhl herabgesunken in die Kniee und hatte die Hände ausgestreckt über das Bettchen des Kindes. Ich drückte meinen Kopf in die Kissen, als ob ihn Centnerlast bedrücke und weinte heiße, bittre Thränen. Auch er, stöhnte ich, auch er, den ich verehre und liebe und der mich so warm und treu liebt, auch er verfolgt von dem Fluch meines Lebens und wankend in seinen Sinnen und prüfend, ob es Weisheit war, als er um mich geworben und mich zum Weibe nahm! O Du elendes Leben, kannst Du denn nicht den Leib verlassen und Friede denen geben, die Du liebst! Was klammerst Du Dich denn an das Herz, das sich nach keinem Glück mehr sehnt und keines mehr erwartet! Da berührte das leise Wimmern meines Kindes mein Ohr! Es streckte seine Händchen flehend aus als sollte ich ihm helfen. O Du mein Kind, Du mein liebes Kind, Du rufst mir, damit ich Dir helfe, Du brauchst die Mutter. Alle Andern haben Dich verlassen, die doch auch sagen, daß sie Dich lieben. Nur die Mutter ist da, sie schläft nicht, sie träumt nicht, sie ist bei Dir, sie will Dir helfen, Du herziges Kind. Ja, bei Dir will ich bleiben, bis Du groß und schön und klug und weise bist. Dann wenn Du mich nicht mehr brauchst, dann will ich sterben und selbst wenn ich mit Thränen von Dir scheide, gerne sterben. So redete ich mit dem Kind und gab ihm die Brust zur Nahrung, sah es an und schwur mir zu, nicht mehr zu wanken, nicht mehr zu weinen und nicht mehr zu klagen. Und mit dem Kind im Arme schlief ich ein. Ich habe den Schwur gehalten lange, lange gehalten, bis ein Bube, ein wahnsinniger Schurke ihn mich brechen ließ. Nur noch kurz, Ihr Herren, hört, daß ich noch 6 Jahre des Glückes genoß an der Seite meines Mannes. Da starb er. Er hinterließ mir und dem Kinde sein ganzes, großes Vermögen. Ich zog nach einem Jahr von Rennes herüber nach St. Malo. Ich brauche nicht zu sagen, wer mich darum bat und wem zu Liebe es allein geschah. Den sichersten Freund, den nur der Tod von mir reißen konnte, hatte ich begraben, den ältesten, den treuesten Freund, den Freund der Jugend und des Alters hatt' ich hier in St. Malo.

Und so lebte ich denn, von seinem Rath in der Verwaltung des Vermögens unterstützt, von seiner Hingebung in Freud und Leid gestärkt und getröstet, hier wieder, wo ich das Licht der Welt erblickt, wo ich geliebt und gehaßt, geehrt und verleumdet worden und sah von Allem nichts mehr und hörte von Allem nichts, denn wer ich einst gewesen, war vergessen. Man kannte mich kaum mehr!

V.

Mein Mädchen wuchs heran, Ihr Alle habt sie ja gekannt, ihr habt das Kind gesehen und habt die Jungfrau mit frohem Gruße oft gegrüßt. Ihr wißt auch Alle recht gut, wie vor drei Jahren, von einem heftigen Herbststurm verfolgt, ein Kriegsschiff in unsern Hafen eingelaufen. Es war ein schönes schlankes Schiff, das König Ludwig hatte bauen lassen und das man Suleika nannte, weil seine erste Fahrt nach Constantinopel ging, für die grausam im langen Kampfe hingemordeten und noch be= drohten Griechen Fürsprache zu erheben. Wir standen damals alle dicht gedrängt am Ufer und sahen dem Kampf des Schiffes mit dem Sturme zu. Da kam es endlich in den Hafen und warf die Anker aus. Wir schwenkten die Tücher und klatschten Beifall den wackern Matrosen und ihrem Capitain. Und wie die Boote sie ans Ufer brachten, drängte die Menge nach rechts und links und ließ unter Grüßen und Glück= wünschen die Leute mitten durch in breiter Reihe. Da kam auch ihr Capitain und grüßte und dankte. Ihr wißt, es war ein schöner junger Mann, so hoch und stattlich gewachsen, so stolz in seinem Gang und doch so einschmeichelnd in seinem ganzen Wesen. Und wie er um sich schaute im Grüßen, hält er plötzlich seine Schritte an und blickt mit frohen glänzenden Augen auf mein Kind. Sie stand so ganz herausge= drängt von den freundlichen Leuten, die sie nicht drücken wollten und nicht stoßen. Ich war mit ihr ausgegangen an's Meer und stand hinter ihr.

Da tritt der Mann auf das Mädchen zu, zieht etwas aus der Brusttasche und sagt zu dem Mädchen, das purpurroth dastand und nicht aufzusehen wagte:

„Schönes Fräulein, nehmen Sie dies zur Erinnerung an den Sturm, aus dem auch Sie uns Rettung erflehten. Wo solche Engel beten, hat der Böse keine Macht."

Dann ging er, nicht ohne sich oftmals umzusehen und zurückzugrüßen.

Nun, man nahm in jenem Augenblick wol Keinem etwas übel, so sehr war Jedermann erfreut, die Leute und das schöne Schiff gerettet zu sehen. So sahen wir denn das Geschenk an, das der Capitain dem Mädchen gegeben. Es war ein Holzsplitter des Mastbaumes, den der Sturm wie einen Strohhalm geknickt. Auf dem Splitter stand, wahrscheinlich während der Einfahrt in den Hafen geschrieben: Erster Sturm der Suleika, 10. October 1824.

Da Niemand etwas Schlimmes dabei sah, nahm das Mädchen das seltsame Geschenk mit nach Hause. Ein Erinnerungszeichen sollte es sein, und o du mein Gott, es war schon ein Zeichen der Liebe, die ein einziger Augenblick den beiden Herzen eingehaucht.

Am andern Tage schon kam der junge Mann mit einem Gruß meines verehrten Freundes. Er war ein Duplessis! Ein Duplessis aus jener Familie, die einst hier in der Provinz große Güter hatte und deren Haupt meinem Großvater so weh gethan. Ich erschrak, als ich den Namen hörte, nicht weil ich des Vergangenen dachte, nein, weil ich nicht wußte, was adelig Blut in meinem Hause suchen kann. Ich beruhigte mich wol in Etwas, als er sagte, sein Adel gelte ihm nur noch das, was er sich verdiene, er sei ein Drittgeborener, für den ohnedies sehr wenig übrig bleiben würde. Die Revolution habe die Seinen gar arg mitgenommen und kaum einen kleinsten Theil des einst so großen Vermögens haben sie gerettet. Doch wie er auch sprach, ich konnte die Unruhe nicht bemeistern. Ich fürchtete ihn und wußte nicht, waren es die flammenden Augen, die ich nicht sehen konnte, oder waren es die einschmeichelnden Worte, die ich ja nie gehört! Und doch — was sollte ich thun? Hatte doch selbst der treue Mann, der ihn uns gesandt, kein Arg! O sagen Sie es, Herr Präsident, daß selbst Sie getäuscht waren und dem Herzen glaubten, das der Mann so auf den Lippen trug. Und so kam er denn und kam immer wieder und kam, so lange als das Schiff im Hafen lag und ausgebessert wurde, und kam, als es schon unter Segel ging und kam noch oft und oft von Brest herüber. So um die Weihnachtszeit des vorigen Jahres, Ihr Herren, da fiel es mir auf, so sehr hatte ich schon an den Besuch mich gewöhnt, daß Duplessis schon einige Wochen nicht gekommen war. Und auch nach Weihnachten kam er nicht und kam im neuen Jahre nicht. Eines Tages, es kamen schon Frühlingswinde, da traten Sie, Herr Präsident, in mein Zimmer. Sie wissen es ja, wie Sie zu mir kamen und so arglos mir ein Zeitungsblatt gaben und sagten: Sehen Sie, Verehrte, da steht, was wir doch auch hätten früher wissen sollen. Duplessis hat in Paris geheirathet.

Noch war das Wort nicht ganz von seinen Lippen, so bringt ein Schrei an unsere Ohren, ein Schrei, so voll Verzweiflung und Schmerz, daß wir erbleichten, als wir uns ansahen. Ich springe auf, eile in's andere Zimmer, meiner Tochter Zimmer, und sehe sie ausgestreckt auf dem Boden, das bleiche Haupt an die Kante des Bettes gelehnt, leblos, ohne Athem — ich glaubte sie todt. Sie war es nicht, und wie sie die Augen auf= schlug und mich knieen sah neben sich, da rang sie die Hände und schlang sie um meinen Hals und bekannte mir Alles, Alles, was ich nicht ge= wußt, nicht geahnt und was sie jetzt zu erdrücken drohte, da sie allein es tragen sollte und nicht der falsche, elende, sündhafte Mann mit ihr!

Was in meinem Hause seit jenem Tag geschah, das wußte Niemand. Niemand wußte, wie wir klagten, Niemand wußte, wie wir weinten. Nie= mand ahnte, was wir hofften ich und mein Kind, Niemand ahnte, wie wir fürchteten. Selbst er nicht, der Alles wußte, was ich lebte, dachte, fühlte, selbst er nicht, der stets getreue Freund. Die Zeit verrann als wär's ein einziger Tag! So gleich war unser Leben an Trauer und Schmerz, so gleich jeder Tag an schmerzlichem Hoffen und Fürchten.

Da einmal, es war im Monat Juni, wir saßen im Gärtchen hinter'm Haus, da sagte mir mein Freund, daß man wieder Nachricht habe von dem Vetter meines seligen Mannes, der so lang verschollen war.

„Ein Vetter?" frug ich, „ein Vetter meines Mannes?"

„Der," antwortete der Freund, „der Sie einst in der Straße zum Meer so beschimpft und den Sie geschlagen."

„Der, ja der," sagte ich so vor mich hin und schwieg und sann zu= rück in die Vergangenheit. Bald war mir Alles klar. In späteren Jahren hatte mein Mann mir die Geschichte erzählt, die ich angefangen mit zu erleben und die ich, ohne es zu ahnen, bis an's Ende mit 'erlebt! Wie ich die Straßen damals fortgeeilt, hatte ich harte Worte, die zwischen den Männern fielen, mir nachtönen hören. So heftig wurde der Streit, daß der freche Bursche den Stock aufhob gegen den, der mich vertheidigt und der dann mein Mann geworden. Sie waren mit einander verwandt, doch nur des Burschen Vater stand meinem Manne näher und als er starb, übertrug er meinem Mann die väterliche Gewalt. Nach jenem bösen Tage in St. Malo hatte er den Burschen, von dem er überhaupt nur Schlechtes gehört und gesehen, nach Amerika geschickt in Geschäften. Er kam nicht mehr zurück und war für uns verschollen. Und nun, nach so vielen Jahren, erzählte mir Andrè, daß ein Matrose aus Brest nach seiner Heimat hergekommen und erzählt habe, daß seit zwei Jahren ein verhungerter Geselle dort im Hafen sich herumtreibe und Handlangerdienste verrichte, da er zu nichts Besserem zu brauchen. Er sei von Amerika zurückgekehrt und führe Papiere mit sich, die ihn zu Dem machen, dem ich nie im Leben mehr zu begegnen hoffte! Doch das Gehörte ging spurlos an mir vorüber. Wie sollt' ich auch jetzt an das Leid meiner

Jugend benken, an Den benken, ber nur meinem Schmerz verbunden war, jetzt ba ein Kind mir die Seele erfüllte, ein Kind, das noch nicht wußte, was das Leben alles an Gram und Sorge bringen kann, ein Kind, dem ich Alles war, ba ich allein seinen ganzen Jammer kannte. Ich dachte nur an das Kind, für das ich lebte, und durch das ich allein, wie ich glaubte, so lange gelebt. Und so kam der Tag heran, der bange Tag, vor dem ich so lange gezittert. Er kam und brachte mir ein Enkelchen, so zart, so lieblich anzuschauen. Ich glaub', es sind zwei Monate seit jenem Tage her. Ich zähl' die Tage nicht, seit ich in Eurer Gewalt und zähl' die Nächte nicht, ich denke, es ist ein Tag und eine Nacht, die mich dem Ziele meiner Wünsche entgegenbringt — dem Tode! Und heut glaub' ich, ist September schon.

Während brin meine Tochter lag, verborgen vor aller Welt und eingeschlossen, daß kein Mensch sie höre in ihrem Weinen und Lachen, sorgte ich im Zimmer daneben um das Kind. Es war acht Tage alt geworden und ich hatte noch an Nichts gedacht, an Nichts, als daß es lebe und daß es leben möge. Da trat ich einmal Nachmittags vor das Thor. Es war so heiß und ich wollte kein Fenster öffnen, selbst den Vorhang fürchtete ich zu verschieben. Sie schliefen Beide darin, die junge Mutter und das Kind. Kaum war ich herausgetreten, kaum sah ich die liebe Sonne, so springt ein Mann vom Brunnen her, der meinem Hause gegenüberstand und wo er wol auf mich gewartet haben mag, auf mich zu. Ihm folgen lärmende Knaben, Mägde und Knechte, die so mit ihm am Brunnen gestanden. Der Mann sah verkommen aus, das Haar war ergraut und hing ihm wild um die Schläfen und vermischte sich mit seinem struppigen schwarzen Bart. Wie ich ihn sah, wollte ich zurück in's Haus. Er aber faßt mich am Arm und zerrt mich auf die Straße. „Bleib da," rief er laut und grinste mich an und lachte laut auf. „Bleib da, Margaretha Bressant, Du Kind der Liebe und Du Kind für die Liebe! Glaubst Du, weil Du Dir einen Mann erkuppelt und einen ehrlichen Namen, daß Du mehr bist als ich, daß Du mir ausweichen, daß Du mich nicht kennen darfst? Ich habe Dir ja gesagt, was Du bist und was Deine Mutter war, die schöne Louison! Seht Ihr Leute, das ist ein uneheliches Kind und hat so viel Glück gehabt im Leben und ich, der eheliche Sohn meines Vaters, hatte so viel Unglück. Mich hat sie nach Amerika jagen lassen in ihrem Hochmuth, damit sie den reichen Vetter fischen konnte! Und sie ist doch, was ich immer gesagt! an ihrer Tochter könnt Ihr es sehen! Die liegt brin und kreißt vielleicht und jammert in Wehen! Sie hat sich weggeworfen an einen vornehmen Herrn. In Brest hat er's erzählt seinen Kameraden im Wirthshaus und ich hab's gehört und da hab' ich gewartet, bis die Zeit kommt. Und nun ist die Zeit da, und ich! Ich wollte Dich noch einmal treffen, Margaretha Bressant! Du hast mich geschlagen, und Dich hat Gott geschlagen, Dirne! Mach' doch die Fenster auf und zieh' die Vorhänge

zurück, daß wir es sehen, das Kind, das Dich beerbt. Hat es schon
Deinen Enkel im Arm? Siehe Margaretha, Du bist alt geworden und
warst einst so schön, jetzt kannst Du sterben, Du hast ja dafür gesorgt,
daß was Besseres nach Dir lebt, ein anderes Kind der Liebe, ein Kind
für die Liebe!"

Da schrie ich auf und griff mir an die Schläfe und fuhr mir durch
die Haare, denn ich dachte, ich hätte die Besinnung verloren, und wollte
mich auf den niederträchtigen Burschen stürzen. Doch er war fort und
die Leute waren fort, die mit ihm gehöhnt und gelacht und gespottet und
gebrüllt. Dort sah ich ihn fern schon in der Straße und sah, wie er
die Hände in die Luft warf und klatschte, und hörte ihn lachen und lachen
hört' ich die ganze Horde, die mit ihm war. Da griff ich mir an's Herz
und eilte in's Zimmer, wo das Kind schlief und die Mutter schlief! Und
ich nahm das Kind und sah es an und küßte es und drückte es an meine
Brust, und herzte und küßte es und drückte es mit dem Bettchen so lang
an meine Brust, so zärtlich, lang und fest, bis es nicht mehr athmete,
bis es todt war! — Einen Tag gelebt, Ihr Herren, und schon geschmäht,
einen Tag gelebt und schon verhöhnt und verflucht!

Allmächtiger Gott! Du magst vergeben! Richten mögen die Menschen
meine That, Du aber wirst meine Schuld prüfen. Ich war ja die Groß=
mutter des kleinen Engels, ich war alt geworden und grau, ich mußte
weise sein und klug und mußte es vor Gram und Schmerz bewahren!
Das war meine Pflicht und ich erfüllte diese Pflicht. Ich that's und
dann sagte ich es der Tochter, die das Kind geboren und hab' sie mit
dem Wort zum Wahnsinn getrieben. Sie lachte auf und sprang aus dem
Bett und stürzte vor mir nieder. Ist sie schon todt, Ihr Herren? Ge=
wiß, sie muß ja todt sein, da ich ihr ihr Liebstes geraubt. Ich wäre
gestorben, hätte man mir mein Kind getödtet!

Und nun genug, Ihr Herren! Ihr kennt die That, Ihr mögt sie
richten, doch macht schnell, denn ich fühle nicht die Kraft, noch lange zu
leben! Mein Urtheil — Ihr Herren — sonst kommt der Henker um
die Freude, dem Volk meinen Kopf zu zeigen und zu sagen: Das war
Margaretha Bressant, ein unehelich Kind, ein verfluchtes Kind! — —

*   *
*

Am Ende der Schrift, am Ende, so ganz am Rande stand ge=
schrieben: "Noch vor dem Urtheil gestorben am 4. September." — Und
neben diesen Worten waren runde Flecken wie von Thränen! Es waren
wol Thränen, die ein Mann geweint, dem die Verstorbene werth gewesen!

Verlag von Georg Stilke in Berlin, NW., 32. Louisenstraße.
Redigirt unter Verantwortlichkeit des Verlegers.
Druck von B. G. Teubner in Leipzig.

Unberechtigter Nachdruck aus dem Inhalt dieser Zeitschrift untersagt. Uebersetzungsrecht vorbehalten.